W0188945

DEUTSCHLAND UND DIE WELT 2030

DEUTSCHLAND UND DIE WELT

2030

Was sich verändert und wie wir handeln müssen

Econ

Vorwort

Von Wilhelm Krull

An der Schwelle zu den 2020er-Jahren steht nicht nur Deutschland vor großen Herausforderungen. Auch die Welt um uns herum befindet sich in einem von hoher Veränderungsdynamik geprägten Prozess der Neuorientierung und Umgestaltung nahezu aller Lebensverhältnisse.

Welche Wege müssen wir beschreiten, um zu nachhaltigen Lösungen für die vielfältigen ökonomischen, ökologischen, kulturellen und sozialen Probleme zu gelangen? Können wir mittels Digitalisierung und Automatisierung neue Plattformen schaffen für wissenschaftsbasierte Innovationen? Wie werden sich diese jeweils auf die künftige Arbeitswelt auswirken? Welche sozial-, wirtschafts- und außenpolitischen Herausforderungen stellen sich im europäischen wie im globalen Kontext?

Dies sind nur einige der Fragen, die im vorliegenden Band »Deutschland und die Welt 2030« aufgegriffen werden, und zwar mit einem Zeithorizont von zehn bis zwölf Jahren. Dieser erscheint notwendig, um den Blick zu öffnen für langfristig wirksame Trends, für die großen globalen Herausforderungen und nicht zuletzt für die daraus resultierenden Handlungserfordernisse. Zugleich gilt es, die wirtschaftlichen, wissenschaftlichen, politischen und sozialen Gegebenheiten genau zu analysieren und die regulatorischen ebenso wie die finanziellen Rahmenbedingungen künftigen Handelns zu berücksichtigen.

Jenseits der allenthalben vorherrschenden Hektik und Betriebsamkeit werden in einem weiten Spektrum unterschiedlicher Themenfelder und Regionen Pfadabhängigkeiten, Wertorientierungen, Entwicklungslinien und Gestaltungsoptionen, aber auch Unsicherheiten und Paradoxien zur Sprache gebracht, die uns Anlass geben, realitätsnah und zugleich zukunftsträchtig über neue konzeptionelle Ansätze nachzudenken und frühzeitig daranzugehen, die Ergebnisse in entschlossenes politisches, wirtschaftliches, kulturelles und soziales Handeln umzusetzen.

Nun ist es für Forscherinnen und Forscher keineswegs selbstverständlich, sich mit klaren Aussagen über künftige Entwicklungen vorzuwagen. Denn trotz aller durch Digitalisierung, künstliche Intelligenz und »Big Data« erweiterten Analysemöglichkeiten bleiben die daraus abgeleiteten Szenarien, Modelle, Trends und Prognosen mit erheblichen Unsicherheiten und Ungewissheiten behaftet. Die auf mehr oder minder großen Datenmengen beruhenden Projektionen fußen zumeist auf Grundannahmen und Parametern, die sich selbst nur allzu rasch als ihrer jeweiligen Zeit verhaftete Setzungen erweisen. Daher ist nicht nur ihre Prognosekraft bisweilen begrenzt. Es können auch keine punktgenauen Vorhersagen gemacht werden. Angesichts erheblicher Unsicherheiten gilt es, stets aufs Neue die Chancen und Risiken solch probabilistischer Herangehensweisen abzuwägen und gleichwohl den Mut aufzubringen, Herausforderungen und Handlungserfordernisse zu benennen sowie dazu beizutragen, dass frühzeitig Gestaltungs- und Anpassungsstrategien entwickelt werden können.

Getreu ihrer Devise »Erneuern als Tradition!« hat die VolkswagenStiftung schon sehr früh damit begonnen, zukunftsoffene Forscherinnen und Forscher dabei zu unterstützen, im Bereich der Erforschung und Modellierung komplexer Prozesse und Systeme Erkenntnisfortschritte zu erzielen. Mit zahlreichen Förderinitiativen hat sie seit den 70er-Jahren zur Entwicklung neuer nichtlinear-dynamischer Methoden, zur mathematischen Modellierung komplexer Prozesse und Extremereignisse, aber auch zur Adressierung der globalen ökonomischen, sozialen und ökologischen Herausforderungen sowie zur Innovationsforschung ebenso beigetragen wie konkret zur Förderung des wissenschaftlichen Nachwuchses in der Umwelt- und Klimaforschung und nicht zuletzt auch zur Politikberatung, unter anderem auf dem Feld der Migration und Integration.

Vor diesem Hintergrund ist die Stiftung gerne die Partnerschaft mit den drei Herausgebern Dirk Messner, Stefan Mair und Lutz Meyer eingegangen und hat gemeinsam mit ihnen die Konzeption dieses Bandes diskutiert sowie einzelne Autorinnen und Autoren rekrutiert. Ihnen allen und den weiteren Förderern dieses Vorhabens, allen voran dem Goethe-Institut und dem Institut für Auslandsbeziehungen, danke ich sehr für ihre Bereitschaft und ihr Engagement, als es galt, dieses Vorhaben tatkräftig ins Werk zu setzen.

Nur so war es möglich, Ihnen, liebe Leserinnen und Leser, eine Fülle von Analysen, Denkanstößen und Handlungsempfehlungen vorzulegen. Viele davon, da bin ich sicher, werden uns bis weit in die 2020er-Jahre begleiten. Einige von ihnen betreffen den internationalen Handlungsrahmen mitsamt den zu erwartenden geopolitischen Achsenverschiebungen sowie den weithin unbewältigten Krisen- und Konfliktherden. Andere fokussieren Fragen des deutschen Selbstverständnisses, der Wissenschafts- und Innovationspolitik sowie der Nachhaltigkeitspolitik und der »Agenda 2030«. Wiederum andere Beiträge adressieren deutsche und europäische Herausforderungen, von der Bildungs- und Kulturpolitik über die Migrations- und Asylpolitik bis hin zu Fragen des künftigen Zusammenlebens. Dabei werden zugleich vielfältige Lösungsansätze und konkrete

Vorschläge, wie etwa für neue strategische Allianzen, eine engere Verknüpfung von Digitalisierungs- und Nachhaltigkeitspolitik oder eine strukturell und institutionell verbesserte Zukunftsplanung, unterbreitet. Insgesamt entsteht so eine vielfältige und zugleich komplementäre, nahezu alle Felder des politischen und gesellschaftlichen Koordinatensystems herausfordernde Palette von Zukunftsentwürfen und Handlungsoptionen, über deren Validität und Realisierungschancen die Debatte gerade erst eröffnet wird. Bleibt zu hoffen, dass sie möglichst breit und ergebnisoffen geführt wird.

Ich wünsche eine anregende Lektüre und eine veränderungsbereite, zukunftsoffene Aufnahme der jeweiligen Handlungsempfehlungen.

Bis 2030 sind es nur noch zwölf Jahre

Von Dirk Messner, Stefan Mair, Lutz Meyer

»Deutschland und die Welt 2030« ist ein »Ruck-Buch« mit einer klaren Aussage: Das Ambitionsniveau der Politik muss höher werden, unsere Gesellschaft muss schwierige Probleme angstfrei anpacken und entscheiden, Deutschland muss endlich internationale Gestaltungsmacht werden. Dafür bedarf es eines politischen Koordinatensystems, das über Tagesroutinen hinausgeht und Weit- und Weltblick schafft.

Bis 2030 sind es nur noch zwölf Jahre. Wenig Zeit. Im Jahre 2015 haben die Regierungen dieser Welt eine gemeinsame »Agenda 2030 für nachhaltige Entwicklung« beschlossen, die Ziele und Lebensvorstellungen beschreibt, die die meisten Menschen der Welt teilen. Seither stockt die Umsetzung, in Deutschland, in Europa, erst recht im internationalen System. Und es sind neue Problemlagen seit 2015 dazugekommen.

1997 hielt der damalige Bundespräsident Roman Herzog seine berühmte »Ruck-Rede« – ein Ruck müsse durch Deutschland gehen, um zehn Jahre nach der Wiedervereinigung Lähmung und Mutlosigkeit zu überwinden, Zukunft anzupacken und zu gestalten. Heute ruckt es kaum mehr in Deutschland. Schon zu lange fahren wir auf Sicht. Erst vor Kurzem haben wir begonnen, die Augen für die grundlegenden Veränderungen zu öffnen, die die Globalisierung aller Lebensbereiche mit sich bringt. Das Bewusstsein, dass wir vor großen Umbrüchen stehen, ist gewachsen – die Unsicherheit, in welche Richtung diese Umbrüche gelenkt werden können und sollen, allerdings auch. An die Stelle von Verzagtheit muss Gestaltungswille treten.

Die Geschichte hat gezeigt, dass die großen Fortschritte und Verbesserungen der Lebensbedingungen und Perspektiven der Menschen immer durch internationalen Austausch entstanden sind. Nach dem Zweiten Weltkrieg nahmen wir Deutschen die Ideen von Freiheit und Demokratie, von Rechtsstaatlichkeit und Gewaltenteilung begeistert auf und veränderten mit ihnen unsere Gesellschaft. Auch der kulturelle Veränderungsschub der Jahre nach 1968 war ein international inspirierter Aufbruch, der in Frankreich, Großbritannien, den USA und Deutschland in ähnlicher Weise ablief.

Heute importieren wir sehr viele Waren aus China, digitale Sozial- und TV-Plattformen aus den USA, ein fröhliches Lebensgefühl und moderne Kultur aus Italien und Spanien, Wissen, Technologien und Innovationen aus Start-ups, Ideenschmieden und Universitäten rund um den Erdball. Die Globalisierung hat unser ganzes Leben erfasst und verändert es in großer Geschwindigkeit – für viele zu schnell.

Deutschland hat immer wieder großen Einfluss auf die Gestaltung der Welt ausgeübt. Es galt einst als Land der Dichter und Denker, das Kultur und Ideen exportierte, und wurde dann Verursacher von Krieg, Genozid und Gewaltherrschaft. Heute dominiert die Außenansicht Deutschlands als eines Ortes der Stabilität, der wirtschaftlichen Stärke und als eines Ursprungs von Qualitätswaren. In Summe gehört Deutschland im Moment zu den Gewinnern der Globalisierung. Aber diese Zeit kann enden, und sie wird enden, wenn wir Globalisierung nicht als Gestaltungsaufgabe begreifen.

Wir sind Zeugen und Akteure einer Zeit, in der sich die politischen Achsen und Mehrheitsverhältnisse verändern, in Deutschland, in Europa und weltweit. Unser Selbstverständnis und unsere Erfahrungen mit der Welt erleben bemerkenswerte Schockwellen: Neue Nationalismen kommen auf, eine wachsende Zahl von Staaten, Parteien und Bewegungen unterliegen autoritären Versuchungen, die Europäische Union wird infrage gestellt, wir erleben Angriffe auf die multilaterale Ordnung, Zweifel am Wert offener Gesellschaften und Demokratieverachtung, sogar in den Ländern der westlichen Welt, auch in Europa und auch in Deutschland. Woran liegt das?

Globalisierung und weltweite digitale Vernetzung haben unsere Gesellschaften neu strukturiert: An einem Extrem eine wachsende Gruppe von Kosmopoliten, die von globalen Handelsströmen, vernetzten Dienstleistungen und globalem Wissensaustausch profitiert und ihre Lebenswelten mit großer wirtschaftlicher Dynamik und kulturellem Kapitel weiter ausbaut – die meisten Autorinnen und Autoren dieses Bandes gehören wohl zu diesem Segment unserer Gesellschaft. Am anderen Extrem jene, die in den traditionellen Sektoren arbeiten, mit niedrigem Einkommen leben und ihr Selbstverständnis aus dem Zusammenhalt ihrer Region, der Nation und gegebenenfalls auch aus der Abgrenzung von allzu Fremdem beziehen. Dazwischen das Gros der Gesellschaft, das gerade in Deutschland ein hohes Wohlstandsniveau genießt, im Grunde offen und am Austausch interessiert ist, gleichzeitig aber auch Ängste vor zu schneller, unkontrollierter Änderung und Verlusten des Erreichten hegt.

Deutschland steckt mittendrin in dieser neuen Welt, und wir können von der Welt keine Antwort erwarten, wie wir unsere Gesellschaft zusammenhalten können. Wir müssen aber Antworten finden, um im Jahre 2030 eine stabile, freie, soziale, ökologisch verantwortliche, prosperierende und weltoffene Gesellschaft sein zu können. Im Grunde brauchen wir einen erneuerten Gesellschaftsvertrag, ein gemeinsames Bekenntnis großer Teile unserer Gesellschaft, wie wir mit den Herausforderungen der Zukunft umgehen wollen.

Ein Gesellschaftsvertrag ist kein Stück Papier, er ist eine Metapher und entsteht aus dem Gefühl des einzelnen Bürgers, ein respektierter Teil einer Gesellschaft zu sein, die gute Lebensperspektiven eröffnet. Dies ist der Kern, und der gilt in allen Gesellschaften dieser Erde und zugleich für die Weltgemeinschaft als Ganzes. Also muss Deutschland eine Antwort auf die großen Veränderungen, die die Menschen in ihrem Alltag betreffen, geben: Antworten auf einen sich beschleunigenden Wandel des Klima- und Erdsystems, Antworten auf die fortschreitende Digitalisierung sowie den Wandel der internationalen Wirtschaftsordnung und schließlich Antworten auf die Veränderung unserer Kultur und die immer komplexer werdenden Prozessen der nationalen und internationalen politischen Meinungsbildung sowie Entscheidungsfindung.

Dies sind zentrale Aufgaben, die Deutschland und die Welt bis zum Jahr 2030 vor sich haben. Sie werden niemals erledigt sein, aber es ist die Zeit von heute bis 2030, in der wesentliche Weichen gestellt werden. In Phasen schneller und grundlegender Veränderungen genügt es nicht, auf Sicht zu fahren. Langfristorientierungen sind wichtig, ja sie sind notwendig. Denn ohne

zu wissen, wohin wir wollen, können wir keinerlei Einfluss nehmen. Ohne diese Selbstvergewisserung wird Deutschland zum Treibholz der Weltgeschichte. Wir sichern Demokratie, Toleranz, Weltoffenheit, Freiheit, universelle Menschenrechte, soziale Gesellschaften, Marktwirtschaft und all die anderen Werte und Errungenschaften nicht, indem wir sie nur beschwören. Wir erreichen unsere gewollte Welt nur, wenn wir kulturelle Grundlagen und die materielle Basis für die Zukunft absichern, weiterentwickeln, erneuern.

Aus diesem Ziel ergibt sich ein Plan, ein Weg und Arbeitsprogramm für Politik, Wirtschaft und Gesellschaft. Gemeinsam müssen wir

— unsere Wirtschafts- und Innovationskraft stärken und die Chancen von Digitalisierung, lernenden Maschinen, Virtualisierung erkennen, deren Nebenwirkungen reduzieren und unsere Gesellschaft auf das digitale Zeitalter vorbereiten.

— die für uns wichtigen internationalen Märkte offen halten, mit Partnern für eine regelbasierte Weltwirtschaft kämpfen und die europäische Vorstellung einer sozial und ökologisch eingebetteten, weltoffenen Marktwirtschaft weiterentwickeln und verteidigen.

— jenseits der etablierten internationalen Organisationen neue internationale Partnerschaften und Netzwerke mit Staaten und Akteuren knüpfen und ausbauen, die unsere Vorstellungen unterstützen, um zum Beispiel Antworten auf das wirkungsmächtige Projekt der chinesischen Seidenstraße zu entwickeln.

— die globale Erwärmung mit möglichst marktwirtschaftlichen Methoden vehement abbremsen und weltweite Allianzen von Staaten, Unternehmen und Wissenschaft schaffen, mit denen wir rasch eine an die Grenzen des Erdsystems angepasste Energieerzeugung und Wirtschaftsweise erreichen können.

— die Funktionsfähigkeit unseres Arbeitsmarktes und unserer Sozialsysteme durch wirtschaftliches Wachstum erhalten und die Steuerung von

Zuwanderung in diese Systeme so gestalten, dass humanitäre Verpflichtungen und sozialer Frieden ausbalanciert werden.

— die gesellschaftliche Integration aller in unserem Land lebenden Menschen durch eigene Erwerbsarbeit, gemeinsame Sprache, offene Bildungssysteme, funktionierende Rechtsstaatlichkeit und politische Repräsentation sichern.

— die parlamentarische Repräsentation und politische Kultur durch einen Mentalitätswandel beleben, der den großen Veränderungsdruck und die Langfristwirkungen unseres gegenwärtigen Handelns aufnimmt und nicht verdrängt sowie auf mutige und zukunftsfähige Reformen und Problemlösung setzt, statt aus Sorge vor vermeintlich reformunwilligen Bürgern in Schockstarre und Bewegungslosigkeit zu verfallen. Politik, die Zukunft aktiv gestaltet und nicht nur auf Krisen reagiert, stärkt auch den demokratischen Entscheidungsprozess.

— die Stärkung unserer politischen Handlungsfähigkeit durch längerfristige Planung und bessere Umsetzung bewirken.

— für Europa streiten und hier neue Dynamiken erzeugen, denn keine der zuvor genannten Aufgaben könnte Deutschland im Alleingang erledigen.

Die in diesem Buch versammelten Beiträge geben Antworten darauf, was auf uns zukommt und wie wir handeln müssen. Sie sind verfasst von sehr klugen Köpfen, die für ihr jeweiliges Gebiet eine fachliche Einordnung, Orientierung und einen kurzen, klaren Katalog von Handlungsempfehlungen liefern. Ergänzt werden diese längeren Beiträge durch kürzere Einwürfe von internationalen Denkern, die einen persönlichen Blick auf Deutschland werfen.

Alle Autorinnen und Autoren vertreten ihre eigene Meinung, nicht aber die Meinung aller anderen, denn niemand überblickt alle Felder gleichermaßen, und ob dieser Komplexität und Breite ist unser Band sicher eine Zumutung. Daher haben wir uns erlaubt, in der Mitte des Werkes ab Seite 199 eine Zusammenfassung vorzunehmen von dem, was mit Blick auf 2030 zu unternehmen ist. Diese Auswahl stellt wiederum nicht die Meinung aller Autorinnen und Autoren dar.

Wir danken den Autorinnen und Autoren für ihre Mitwirkung. Sie alle tragen mit neuen Texten und Ideen zu einem wichtigen und auch gewichtigen Projekt bei: der Vorausschau und Erreichung einer besseren Zukunft. Wir danken dem Hauptpartner dieses Projektes, der VolkswagenStiftung, für das große Engagement und den Mut, ein Werk wie dieses in die Welt zu bringen. Der gleiche Dank gilt dem Goethe-Institut und dem Institut für Auslandsbeziehungen, die ebenfalls maßgeblich zum Gelingen beigetragen haben. Und nicht zuletzt danken wir dem klugen Redaktionsteam, Anton Kleihues, Lucie Rüdisühli und Donald Sandmann, für das engagierte und umsichtige Management der vielen Texte, Zahlen und Abstimmungen und für die eigenen Beiträge.

Vor Ihnen, liebe Leserinnen und Leser, liegt viel Neuland, welches es zu betreten gilt. Die bereits beschlossenen globalen Selbstverpflichtungen der »Agenda 2030« müssen weltweit und in Deutschland bereits in zwölf Jahren erbracht sein. Das ist sehr bald. Wenn Deutschland diese Marke verfehlt, macht es sich international unglaubwürdig und beschädigt die Lebensgrundlagen kommender Generationen. Wenn wir unsere Vorstellungen von einer fairen und freien Weltordnung nicht durchsetzen können, droht uns das Ende der liberalen Epoche.

Damit das nicht passiert, müssen wir jetzt über unsere Zukunft, unsere Vorhaben und die Sicherung unserer Werte und Lebensvorstellungen sprechen. Dazu dient dieses dicke Buch.

Wir wünschen Ihnen eine gewinnende Lektüre.

»Autokratien haben es einfacher in der politischen Steuerung. Wenn wir unsere Idee von politischer Freiheit verteidigen wollen, brauchen wir einen umfassenden, unabhängigen und fordernden Zukunftskompass.«

Deutschland und die Welt. Warum wir auf 2030 nicht vorbereitet sind

Von Lutz Meyer[1]

Im weltweiten Spotify-Angebot findet sich eine Podcastserie, die über das chinesische Engagement in Afrika berichtet. Sehr lobend, versteht sich, schließlich wird der Kanal von China finanziert.[2] Denn China hat das wirtschaftliche Potenzial von Afrika erkannt und erschließt den Kontinent mit langfristiger Vorausschau und strategischer Planung, weltweite lobende und selbstbewusste Begleitkommunikation eingeschlossen.

Den USA wird ein solch strategischer Weitblick in den europäischen Medien derzeit abgesprochen, doch auch hier folgt die Politik nicht erst seit Trump einem Kurs, der die Wahrung der eigenen Interessen zur obersten Maxime hat. Eine wichtige Grundlage für den großen Masterplan der Amerikaner haben die US-amerikanischen Nachrichtendienste erstellt und in einem umfassenden Report veröffentlicht.[3] Nach einer Befragung von 2.500 Wissenschaftlern, Diplomaten und Vertretern von zivilgesellschaftlichen Organisationen in mehr als 30 Staaten beschreiben die 250 Mitautoren die wichtigen Treiber der weltweiten Veränderungen und konstruieren zum Teil atemberaubende Szenarien, die konsequenterweise aus der Perspektive 2035 formuliert sind. Nicht schön zu lesen, und die rein US-amerikanische Perspektive ist für uns zuweilen verwunderlich. Aber die beschriebenen Zukunftsszenarien sind detailliert, praktisch und in ihrer Strukturiertheit ein besonderes Dokument politischer Vorausschau, das in dieser Form in Deutschland und Europa fehlt.

Dabei interessieren wir Deutschen uns ungemein für die Welt, sind Exportweltmeister, Reisekönige, Konferenzdiplomaten und Anhänger einer planvollen internationalen Ordnung. Wir finanzieren die Europäische Union und ihre Rettungsschirme, die UNO, internationale Fonds und unsere eigenen weltumgreifenden und ambitionierten Projekte in der internationalen Entwicklungshilfe. Und dennoch führen wir die Erkenntnisse über den Wandel der Welt und dessen Auswirkungen auf unsere Gesellschaft, auf unsere politische Ordnung und wirtschaftliche Entwicklung nicht systematisch zusammen.

Die deutsche Bundesregierung hat bislang keinen zentralen Zukunftsradar aufgestellt.

Die Bundesregierung hat bislang keinen zentralen Zukunftsradar aufgestellt. Immerhin ist im Kanzleramt seit 2018 die politische Langfristplanung und Vorausschau in einer neuen eigenständigen Abteilung mit starker Führung organisiert. Damit ist die Bundesregierung den allermeisten großen Unternehmen in Deutschland und Europa ein Stück voraus. Gerade wir Deutschen sollten auf diesem Feld vorangehen: als moralische Wirtschaftsmacht, mit unserem steten Bekenntnis zu stabilen internationalen Strukturen, als Land der Menschenrechte und des Multilateralismus, als ausgleichender Vermittler in der Welt und als Achsenkraft in Europa. Die Welt schaut auf Deutschland, aber sie sah bisher wenig. Bei den Unternehmen sogar noch weniger als in der Politik.

So schrieb Laurence »Larry« D. Fink, Chef des weltgrößten Vermögensverwalters BlackRock, Anfang des Jahres 2018 einen dreiseitigen Mahnbrief an die »dear CEOs« der deutschen DAX-Konzerne.[4] Darin fordert er die deutschen Unternehmenslenker auf, doch bitte langfristiger zu denken und die Regierungen mehr zu treiben. Von der Finanzierung der Renten und ausbleibenden Investitionen in die Infrastruktur über Rahmenbedingungen für Digitalisierung bis hin zur schleppenden Qualifizierung von Arbeitnehmern beschreibt er, warum die allermeisten Regierungen in der Vorbereitung auf die Zukunft scheitern.

Die Empfänger seines Briefes sieht er in der Verantwortung, nicht mehr nur auf vierteljährliche Ziele hinzuarbeiten, sondern langfristig zu denken. Der Fokus der Unternehmen müsse darauf liegen, ihren Anteilseignern bestmöglich zu dienen, ergo den Erfolg auch für die Zukunft zu sichern. Und das bedeutet konkret, dass sich ein Vorstand höchstselbst in die Entwicklung einer langfristigen Strategie involviert und diese auch öffentlich artikuliert.

BlackRock ist mit mehr als 6,3 Billionen US-Dollar verwalteten Vermögens der größte unabhängige Vermögensverwalter der Welt und mit teils erheblichen Beteiligungen an allen 30 DAX-Unternehmen der mit Abstand größte Einzelaktionär an der Deutschen Börse. Der Einfluss des Briefes auf die Führungsetage ist schwer zu messen, aber er dürfte erheblich sein, denn bislang haben nur wenige Konzerne eine langfristige Szenarienplanung und entsprechende Foresight-Stäbe aufgebaut. Und weil dies fehlt, muss auch die Bundesregierung nicht liefern. Ein großer blinder Fleck, der nun gefährlich wird.

Foresight-Planung als strategisches Zukunftsfeld

Global agierende Unternehmen stehen nicht nur mit ihren Produkten, sondern auch mit ihrer Zukunftsprognose im Wettbewerb. Nur wer eine möglichst präzise strategische Voraussicht entwickeln kann, wird die Zukunft auch erfolgreich vorbereiten und gewinnen können. Unternehmen, die globale Entwicklungslinien und Technologiesprünge, politische Veränderungen und Kundenbedürfnisse früher als andere erkennen und in strategische Planung umsetzen, werden neue Märkte besser als andere erschließen. Und so ergeben sich für global agierende Unternehmen vier Handlungsebenen der strategischen Voraussicht: die Schaffung der Wissensgrundlagen durch Zukunftsszenarien und Technologieprognosen, die Etablierung von regelmäßigen und klar strukturierten Abwägungen und Entscheidungen, die Umsetzung in eine dauerhaft hohe Innovationskraft des Unternehmens und schließlich die Marktpräsenz in den richtigen Märkten. Nur in diesem Vierklang kann die Wettbewerbsfähigkeit eines Unternehmens auf lange Sicht gesichert werden.[5]

Bislang haben nur wenige Konzerne eine langfristige Szenarienplanung und entsprechende Foresight-Stäbe aufgebaut. Und weil dies fehlt, muss auch die Bundesregierung nicht liefern.

Obwohl die strategische Voraussicht vor diesem Hintergrund das wichtigste Instrument der Unternehmensentwicklung ist, sind Voraussichtprozesse nur selten organisatorisch richtig implementiert. Es scheint, als sei die Institutionalisierung eine große Hürde. Die Gründe für dieses Umsetzungsversagen sind vielfältig: keine unmittelbare betriebswirtschaftliche Ertragskraft, Personalmangel, unklare Zuständigkeiten und Kompetenzgerangel im Vorstand und mangelndes Verständnis für die Methoden von Foresight-Prozessen.[6]

Beliebt sind allenfalls Vorträge von selbst ernannten Trendforschern, die mit allerlei bildstarken Charts und zusammengetragenen Geschichten die Vorstände von kleinen und großen Unternehmen in ein Gruppengespräch über die Zukunft verwickeln. Das ist unterhaltsam und oft auch interessant, hat aber mit professioneller Zukunftsforschung nur wenig gemein: Während sich Trendforschung mit der Erkennung und Deutung von sozialen, ökonomischen, technologischen und kulturellen Entwicklungen beschäftigt, geht es bei der Zukunftsforschung darum, mögliche Zukunftsbilder zu antizipieren und daraus Handlungsempfehlungen für die Gegenwart abzuleiten.

Die Tools für Strategic-Foresight-Prozesse

Die Szenarienplanung macht den Unterschied, und sie wird in der Regel in drei Phasen unternommen: Am Anfang steht eine *Input-Phase*, in der das momentane Unternehmensumfeld in technischer, vertrieblicher und politischer Hinsicht ausgewertet wird. Daran schließt sich die eigentliche *Foresight-Phase* an, in der konkrete Zukunftsszenarien und ihre Folgen für das Unternehmen entwickelt werden. Am Schluss dieses Prozesses steht eine *Output-Phase*, die Schlussfolgerungen aus den erstellten Zukunftsszenarien zieht und Ableitungen für die Unternehmensstrategie und Entwicklungsplanung formuliert. In diesem Prozess kann auf eine ganze Reihe von fundierten Methoden zurückgegriffen werden, die auf der nächsten Seite zusammengestellt sind.

Bei einer Abfrage, die wir im April 2018 für diesen Band, vorgenommen haben, vermochte nur einer der angefragten deutschen Konzerne eine gute Antwort auf die Frage, ob und in welcher Form sie strategische Vorausschau als eigenständigen und strukturierten Prozess organisiert haben, zu geben.[7] Das ist erstaunlich wenig Foresight für ein führendes Industrieland und bestätigt die Sorgen und Forderungen aus dem CEO-Brief von Larry Fink.

Hervorgehoben werden muss der Chemiekonzern Evonik, der diesem Thema signifikant viel Personal und Aufmerksamkeit schenkt und überaus ambitionierte Methoden und Berichte eingeführt hat. Evonik hat dazu eine eigenständige Einheit »Corporate Foresight«

Die wichtigsten Foresight-Methoden

Backcasting: eine Methode, um von einem hypothetischen zukünftigen Ereignis (typischerweise ein gewünschtes Ziel) in die Gegenwart zurückzukehren, um kurz- und mittelfristige Schritte, notwendige und ausreichende Bedingungen und mögliche Abfolgen von Ereignissen, die dorthin führen würden, zu visualisieren.

Cross-Impact-Analyse: eine Methode zur Vorhersage der Wahrscheinlichkeiten von Ereignissen auf der Grundlage ihrer möglichen Wechselwirkungen untereinander. Jedem Hypothetischen in einer Menge wird eine Anfangswahrscheinlichkeit zugeordnet; bedingte Wahrscheinlichkeiten werden mithilfe einer Matrix bestimmt, um ihre möglichen Wechselwirkungen miteinander zu berücksichtigen.

Delphi-Befragungsmethode: eine Methode der Vorhersage, die einen Fragebogen verwendet, um Vorausschauanalysen von Experten anzuhäufen, deren Antworten gesammelt und dann anonym rezirkuliert werden, um die Bandbreite der Antworten zu reduzieren und einen Expertenkonsens über die Zukunft zu erreichen. »Real-Time Delphi« ist eine Online-Version des Delphi-Fragebogens.

Environmental Scanning: systematische Überwachung eines internen und/oder externen Umfelds, um Chancen und Risiken zu erkennen und frühzeitig zu handeln.

Gaming: eine strukturierte Übung für Stresstest-Entscheidungen in einer simulierten komplexen Umgebung, die auf einem Szenario basiert, das es den Teilnehmern erlaubt, mit minimalen Kosten im Kopf zu testen, was sonst in der Realität zu unkalkulierbaren Kosten getestet werden müsste.

Horizontscanning: systematische Beobachtung und Untersuchung aktueller Ereignisse, um frühzeitig Hinweise auf mögliche bevorstehende Entwicklungen und deren Einfluss auf die Zukunft zu erkennen, damit frühzeitig gehandelt werden kann.

Roadmapping: eine Planungstechnik, die eine Abfolge von Zielen, voraussichtlichen zukünftigen Entwicklungen und zukünftigen *on-ramps* und *off-ramps* für die Entscheidungsfindung identifiziert.

Szenarien: Fallstudien der Zukunft, die detailliert darstellen, wie Ereignisse von der Gegenwart in die Zukunft führen können. Szenarien sollten eine Reihe von möglichen Zukunftsszenarien umfassen, die die Ergebnisse alternativer Handlungsweisen visualisieren, ihre hypothetischen Folgen unter verschiedenen Kombinationen von Annahmen analysieren und logische Abläufe verknüpfen.

Simulation/Modellierung: eine quantitative Methode zum Verständnis der Wechselwirkungen eines Systems unter Verwendung eines Prototyps oder einer anderen vereinfachten Darstellung eines realen Systems. Modelle und Simulationen erlauben es den Nutzern, mit verschiedenen Variablen (oft aus großen Datenmengen) für eine bestimmte Dauer zu experimentieren, um das Verhalten, die Wahrscheinlichkeiten und die Bandbreite möglicher Ergebnisse eines Systems zu verstehen.

STEEP-Implikationsanalyse: eine Methode zur systematischen Analyse der sozialen (S), technologischen (T), ökonomischen (E), ökologischen (E) und politischen (P) Implikationen und Fragen in Bezug auf einen Trend oder eine Entscheidung.

SWOT-Analyse: eine hinlänglich bekannte Methode zur Analyse und Gewichtung der internen Faktoren – Stärken (S) und Schwächen (W) – und externen Faktoren – Chancen (O) und Gefahren (T) –, um Ressourcen und Fähigkeiten strategisch der Umwelt anzupassen.

Trendprojektion: eine Extrapolation einer aktuellen Trendlinie in die Zukunft, basierend auf historischen Daten, Veränderungsraten und anderen Variablen. Die Prognosen basieren auf der Annahme, dass die Faktoren konstant gehalten werden, ohne dass es zu Diskontinuitäten kommt.

aufgebaut, die unternehmensrelevante Indikatoren be-
obachtet und die Entwicklung von Märkten und Umfeld
bewertet. Ein »Foresight Radar« stellt die Erkenntnisse
und Prognosen dem gesamten Unternehmen zur Verfügung und trägt zur Anpassung der Forschungs- und
Geschäftsentwicklung bei.

Die Mehrheit der deutschen Unternehmen scheint indes auf Sicht zu fahren und investiert ohne einen übergreifenden Blick allein in direkte Produktionsinnovationen. Eine sichtbare Folge dieser Ausrichtung ist der
Rückstand der Automo-
bilindustrie im Bereich
Elektromobilität und
die Schwäche der deut-
schen Unternehmen in
der digitalen Plattform-
ökonomie. Eine weitere
Folge dieser Kurzsich-
tigkeit ist die eklatante Schwäche der deutschen Unternehmen in der Formulierung einer klaren politischen
Agenda in Bezug auf die Gestaltung des Marktumfeldes.

**Die Mehrheit der deutschen
Unternehmen scheint indes
auf Sicht zu fahren und investiert ohne einen übergreifenden Blick allein in direkte
Produktionsinnovationen.**

Die eher zurückhaltende politische Einmischung deutscher Unternehmen jenseits unmittelbarer Eigeninteressen ist Ausdruck des Mangels von Zukunftsszenarien
und Bedrohungen, denn diese lassen sich nur aus einer
langfristig angelegten Unternehmensentwicklungspla-
nung ableiten. Mehr politische Involvierung der Unternehmen ist aber dringend notwendig, wenn sich der
Wirtschaftsstandort Deutschland und Europa im internationalen Wettbewerb behaupten will, denn nur die
politische Gestaltung von wirtschaftlichen Rahmenbedingungen sichert uns Wachstum, Wertschöpfung und
Wohlstand.

Auch die Ministerien der Bundesregierung sind bis auf
wenige Ausnahmen nur unzureichend aufgestellt. Es
gibt lediglich zwei Ressorts, die eine ernsthafte Fore-
sight-Planung betreiben. Das erste ist das Bundesministerium für Verteidigung. Dessen Abteilung »Politik« hat Ende 2017 das Projekt Metis ins Leben gerufen,
in dessen Rahmen an der Universität der Bundeswehr
München sicherheitspolitisch relevante internationale Entwicklungen untersucht und aufbereitet werden.

Es knüpft an das 2016 gegründete »Netzwerk Strategie und Vorausschau« an, das sich mit Tagungen und wissenschaftlichen Kooperation besonderen Themen wie der maritimen Sicherheit, China, Extremismus und Terror widmet. Der Fokus liegt auf der deutschen Sicherheitspolitik, die nach Beschlusslage der Bundesregierung strategiefähiger werden soll.[8] Im »Weißbuch 2016« zur Sicherheitspolitik listet die Bundesregierung dazu zahlreiche Trends auf, die für Deutschland ein wachsendes Risiko bedeuten. Transnationaler Terrorismus, Cyberangriffe, fragile Staatlichkeit, Massenvernichtungswaffen, Rohstoffversorgung, Energieversorgung, Klimawandel, Pandemien und Seuchen, Migration, der Bedeutungsverlust regelbasierter internationaler Ordnung und die Steuerungsfähigkeit der Europäischen Union. Auch wenn das »Weißbuch« ein Dokument der gesamten Bundesregierung ist, so ist es doch klar auf sicherheitspolitische Fragen zugeschnitten, und so hat kaum ein anderes Ministerium den Impuls aufgenommen und eine eigene Szenarienplanung entwickelt.

Im internationalen Vergleich sind es vor allem Großbritannien, Finnland und Singapur, die sich mit expliziten Foresight-Einheiten aufgestellt haben.

Einzig das Bundesministerium für wirtschaftliche Zusammenarbeit und Entwicklung, welches sich um die Umsetzung der deutschen Entwicklungsengagements in aller Welt kümmert, erarbeitet mithilfe von Szenarioanalysen und Horizontscanning-Verfahren sehr fundierte Einschätzungen über die Veränderungen der Welt und die Auswirkung auf unser Leben, unsere politische und wirtschaftliche Ordnung. Die Steuerung dieser Verfahren ist direkt dem Minister zugeordnet und erbringt regelmäßige Berichte, die in Struktur und Aufbereitung außergewöhnlich gelungen sind.[9]

Auch wenn das Kanzleramt nun den Bereich politische Planung und Vorausschau weiter ausbauen will, es fehlt an einer geeigneten Struktur von Zukunftsszenarien.

Es ist zu hoffen, dass andere Ressorts an diesem Standard Maß nehmen. Immerhin verweist das Bundesfinanzministerium bei der Begründung, warum es selbst keine umfassende Zukunftsplanung vornimmt, direkt auf die Arbeiten der Kollegen im Ressort Entwicklungszusammenarbeit. Das Auswärtige Amt hat intensiv am »Weißbuch« der Bundesregierung mitgewirkt. Das Bildungs- und Forschungsministerium veröffentlicht in größeren Abständen, zuletzt 2014, eigenständige Foresight-Berichte, die sich auf die Felder Technik und Forschung fokussieren. Hinzu kommt die Methodenarbeit des Dezernats Zukunftsanalyse des Planungsamtes der Bundeswehr. Das war's. Keine zentrale Koordinierung, kein abgestimmtes Vorgehen, kein gemeinsames Berichtswesen und vor allem keine kongruente Politikplanung für Deutschland als Ganzes.

Die Foresight-Planung von Staaten
Ein sehr ähnliches Bild zeichnet sich auf der europäischen Ebene ab. Die EU-Kommission legt regelmäßig umfangreiche Reporte vor allem zu technischen Entwicklungen vor[10], es entsteht daraus aber keine übergreifende Zukunftsplanung, und dies trotz eines mehr als 32.000 Personen umfassenden Mitarbeiterstabes. Dabei gibt es einige sehr gut organisierte und ergebnisorientierte Planungsprozesse in Staaten, die zum Vorbild genommen werden könnten.

Im internationalen Vergleich sind es vor allem Großbritannien, Finnland und Singapur, die sich mit expliziten Foresight-Einheiten aufgestellt haben. Die Niederlande ist für eine Betrachtung kurzfristig anzugehender Foresight-Bemühungen interessant zu beobachten.

Zukunftsplanung in Großbritannien
Die Wurzeln des britischen Foresight-Programms liegen in den 60er-Jahren, als das Aufkommen neuer Informationstechnologien und ein Bedarf an Investitionen die Regierung dazu bewegten, neue Schwerpunkte in der wirtschaftlichen Entwicklung Großbritanniens zu setzen. Es war notwendig, Prioritäten zu setzen. Daher beauftragte eine interministerielle Arbeitsgruppe vier akademische und private Institutionen mit der Entwicklung von Methoden zur Identifizierung und Priorisierung neuer, für Großbritannien wichtiger Trends und Technologien. Die daraus resultierende Vision von Schlüsseltechnologien ebnete den Weg zu dem, was 1994 zum britischen Foresight-Programm wurde. Heute

besteht das britische Foresight-Programm grob aus drei Säulen: den Horizontscans, den Zukunftsprojekten und dem Public-Outreach-Programm. Der Wissenschaftliche Hauptberater der Regierung leitet das britische Foresight-Programm. Da dieser den Premierminister und das Kabinett direkt berät und auch dem Regierungsamt für Wissenschaft vorsitzt, ist es dem Premierminister direkt unterstellt.

Die Horizontscans (Delta Scan/Sigma Scan) blicken über einen Zeitraum von bis zu 50 Jahren in die Zukunft. Sie decken Widersprüche und Unklarheiten auf und weisen den Weg, indem sie Trends analysieren. Sie beziehen hierfür Informationen von Thinktanks, Presse, NGOs und aus der Wissenschaft und bilden damit eine große Vielfalt verschiedener Informationsquellen ab. Die zweite Säule bilden sogenannte Zukunftsprojekte, mit denen das britische Foresight-Programm qualitativ hochwertige Übersichten und Visionen zu einem bestimmten Thema entwickelt und analysiert, wie die Regierung mit diesem Thema verbundene zukünftige Herausforderungen bewältigen kann. Dabei

Deutschland braucht eine unabhängige, wissenschaftlich fundierte und lesbar verdichtete Aggregation der globalen Veränderungen und einen Empfehlungskanon für den Bundestag und die Bundesregierung.

müssen sich die Zukunftsprojekte mit etwas befassen, was in der Zukunft ein größeres Potenzial haben dürfte. Die dritte Säule des Foresight-Programms ist eine breite Öffentlichkeitsarbeit, die Netzwerke von Zukunftsdenkern aus dem öffentlichen, privaten, akademischen Bereich aufbaut. Hierfür wurde ein Forum eingerichtet, in dem sich diejenigen treffen, die Interesse an Horizontscans und Zukunftsanalysen haben, um Ideen auszutauschen.

Strategic Foresight in Singapur

In den 80er-Jahren hatte Singapur bereits mit verschiedenen Elementen von Strategic Foresight experimentiert und beispielsweise Szenarioplanungen für mögliche wirtschaftliche Eruptionen entwickelt. Um die Jahrtausendwende merkte man indes, dass die bisherigen Bemühungen ausgeweitet werden mussten, um die nationale Sicherheit weiter zu garantieren und die

heimische Wirtschaft gut auf die Zukunft einzustellen. Daher wurde die Kapazität, Risikobewertungen und Horizontscans durchzuführen, aufgebaut. Die angegebenen Ziele lauteten, die Regierung in die Lage zu versetzen, schwache Signale und Indikatoren für exogene Schocks frühzeitig zu erkennen und die Zusammenarbeit zwischen den Behörden mit klaren Analysen zu fördern.

Um dies zu erreichen, sind Risk-Assessment und Horizontscans dem Premierminister in einer Untergruppe des National Security Coordination Centre direkt unterstellt. Es umfasst das National Security Research Centre, das strategische Analysen zu terroristischen Bedrohungen liefert und beim Aufbau der Kapazitäten seiner Partneragenturen zur Terrorismusbekämpfung hilft, und das National Security Coordination Centre, das der politischen Koordinierung und der Antizipation strategischer Bedrohungen dient. Neben diesen beiden verfügt Singapur über ein regierungsweites Informationsnetzwerk von Agenturen, die sich mit Terrorismusbekämpfung, biomedizinischer und Cyberüberwachung, maritimer Sicherheit und Energiesicherheit befassen. Jede Agentur beteiligt sich zum Beispiel durch Datenaustausch mit anderen Agenturen und trägt so zur Schaffung einer interoperablen Kooperationsumgebung bei. Jede Agentur füttert das eine System mit Informationen, die sowohl aus eigenen Scans als auch aus offenen Quellen stammen, und profitiert von den Daten anderer.

Auch Singapurs Foresight-Programm ist heute im Wesentlichen auf drei Säulen aufgeteilt: ein regierungsinternes Informationsnetzwerk, ein technologieorientiertes Kompetenzzentrum für Forschung und Entwicklung und – wie in Großbritannien – ein öffentliches Outreach-Programm. Das regierungsinterne Informationsnetzwerk strukturiert Daten so, dass es der Regierung erlaubt, einfach und schnell auf große Mengen an Informationen zu wissenschaftlicher Zukunftsforschung zuzugreifen. Das technologieorientierte Kompetenzzentrum für Forschung und Entwicklung liefert dabei große Teile des Inhalts. Es arbeitet an Experimenten und Fallstudien mit verschiedenen Regierungsbehörden und geht deren Probleme mit Zukunftsforschung an. Dabei fungiert es als Innovationszentrum und führt Technologiescans durch. Außerdem ist es die Hauptanlaufstelle für die Zusammenarbeit zwischen Regierungsbehörden, akademischen Einrichtungen und dem Privatsektor. Das Outreach-Programm zielt darauf ab, ein Netzwerk von Experten im Privatsektor aufzubauen, um auf deren Expertise zurückgreifen zu können. Längerfristig soll das Foresight-Programm über die Grenzen Singapurs hinaus erweitert werden, indem Austauschprogramme mit internationalen Partnern entwickelt werden.

Die Planung in Finnland

Das finnische Foresight-System ist nicht wie in den Fällen von Großbritannien und Singapur zentral gebündelt. Vielmehr sind die Funktionen zwischen verschiedenen öffentlichen, privaten, staatlichen und nicht staatlichen Akteuren verteilt. In dieser Organisationsform liegt die große Stärke des finnischen Foresight-Systems:

Je klarer die Risiken der Zukunft beschrieben und vermittelt werden, desto alternativloser zeigen sich viele Veränderungen, denen wir uns heute verweigern.

Es zeichnet sich durch seine allgemeine Flexibilität und die Fähigkeit aus, die gesamte Gesellschaft zu durchdringen und dabei viele Beteiligte einzubeziehen. Man kann es in vier Säulen aufteilen:

Der Foresight-Bericht der Regierung blickt 20 bis 30 Jahre in die Zukunft und wird in das Regierungsprogramm, das immer nach der Wahl veröffentlicht wird, integriert.

Das Foresight-Netzwerk der Regierung ordnet und koordiniert die Arbeit, die verschiedene Ministerien leisten. Dabei dient es dem Austausch von produziertem Foresight-Wissen und der Diskussion von Foresight-Methoden. Es besteht aus je zwei Mitgliedern aus den zwölf finnischen Ministerien und vier zusätzlichen Sekretärinnen, wodurch sich die Zahl der Mitglieder auf 28 erhöht.

Das finnische Parlament hat einen Ausschuss für Zukunftsfragen. Den Mitgliedern gelingt es immer wieder, neue Themen auf die Agenda der Regierung zu setzen

und dadurch Debatten zu Foresight in den Parlamentssitzungen auszulösen. Das Sitra-Foresight-Netzwerk hat sich zum Ziel gesetzt, die transsozialen Herausforderungen zu bewältigen, wobei der Schwerpunkt auf der Zukunft Finnlands liegt. Die Stärken des Innovationsfonds liegen in der Unabhängigkeit, der schnellen Reaktionsfähigkeit und der starken Vernetzung zwischen öffentlichen und privaten Akteuren. Das Hauptziel ist es, das finnische Innovationssystem und die nationale Wettbewerbsfähigkeit zu stärken.

Strategieplanung in den Niederlanden

Im Gegensatz zu den ständigen Kapazitäten Großbritanniens, Singapurs und Finnlands, die formal aufgestellt und strukturell integriert sind, war der niederländische Horizontscan im Jahre 2007 ein einmaliges Projekt. Er wurde von einem Team von Vertretern aus Forschung, Industrie, Regierung und Thinktanks durchgeführt. Das Projekt zielte darauf ab, das Bewusstsein für zukünftige Bedrohungen und Chancen und deren Auswirkungen auf die Gesellschaft zu schärfen.[11] Zu diesem Zweck sollte das Projekt die Themen von Foresight-Studien identifizieren und priorisieren, Wissenslücken und Themen für weitere Studien aufdecken und die Ergebnisse in Diskussionen mit Ministerien, Forschungsorganisationen und anderen einbringen.

Zusammenfassend zeigt der niederländische Horizontscan, dass ein umfassender strategischer Scan einen wertvollen Beitrag zur Politikgestaltung leistet, indem er zukünftige Trends, Themen und Entwicklungen identifiziert, bewertet und bündelt. Die in einem solchen Projekt aufgeworfenen Themen sind jedoch nur dann von nachhaltigem Wert, wenn sie einen umfassenderen Foresight-Prozess einleiten, der das identifizierte Wissen (und die Wissenslücken) in Erkenntnisse für strategische Entscheidungen umwandelt. Hierfür müssen Foresight-Prozesse zentral geplant und einem Körper mit Initiativrecht oder Exekutivgewalt direkt gebündelt unterstellt sein.

Deutschland fehlt die Koordination der Zukunftsplanung

In der deutschen Regierung werden täglich zahlreiche politische, wirtschaftliche und gesellschaftliche

Vorausschauen verarbeitet und verdichtet. Doch mit aufsteigender Hierarchie sinkt die Aufmerksamkeit für die langfristigen Trends, sind es doch die tagesaktuellen Krisen und Termine, die die Aufmerksamkeit der politischen Leitung vollständig aufbrauchen. Auch wenn das Kanzleramt nun den Bereich politische Planung und Vorausschau weiter ausbauen will, fehlt es doch an einer geeigneten Struktur von Zukunftsszenarien, die zu einer ressortübergreifenden Entscheidungsgrundlage gebündelt und verdichtet werden.

Selbst an höchster Stelle muss die Regierung also mit Krisen umgehen, ohne über ein Verwaltungssystem zu verfügen, das diese Komplexität in einem umfassenden Sinne erfassen, abbilden und reduzieren kann. Dabei hat die Regierung viele Beiräte und Expertenkreise eingesetzt, die die Wirklichkeit der globalen und nationalen Entwicklungen zumindest für einen Ausschnitt untersuchen und zu entscheidungsrelevantem Wissen zusammenführen.

Mit aufsteigender Hierarchie sinkt die Aufmerksamkeit für die langfristigen Trends.

So gibt es den bekannten »Sachverständigenrat zur Begutachtung der gesamtwirtschaftlichen Entwicklung«, die sogenannten Wirtschaftsweisen, der bereits 1963 per Gesetz eingerichtet wurde und jährlich einen Bericht vorlegt. Der »Wissenschaftliche Beirat der Bundesregierung Globale Umweltveränderungen« wurde 1992 als unabhängiges wissenschaftliches Beratungsgremium eingesetzt und legt jährlich ein thematisch orientiertes Hauptgutachten sowie unterjährig Sondergutachten und Stellungnahmen vor. Es gibt den Normenkontrollrat, die Ethik-Kommission, den Wissenschaftsrat, einen Beirat für Spätaussiedlerfragen, einen völkerrechtswissenschaftlichen Beirat und viele mehr. Alle Bundesministerien verfügen über eine Vielzahl von Beiräten, darunter allerlei Kuriositäten wie die Tierschutzkommission der Verteidigungsministerin und der Beirat für »schießsportliche Fragen« beim Innenminister. Im Jahre 2010 listete der Bundestag insgesamt 94 Beiräte auf, die in nahezu allen Fragen für Bundesregierung und Bundestag beratend tätig sind.[12] Eine aktuelle Liste gibt es nicht.

Keiner dieser Beiräte leistet jedoch eine in die Zukunft gewandte Verdichtung der großen Veränderungen, und keiner dieser Beiräte integriert die Erkenntnisse und Empfehlungen aus den wesentlichen Politikfeldern. Keiner dieser Beiräte entwickelt Zukunftsszenarien, die als Begründung für tiefer greifende politische Veränderungen dienen können. Ein solcher Beirat fehlt, wohl auch, weil seine Aufgabe ungemein komplex, kompliziert und koordinationsintensiv wäre. Und dennoch ist er notwendig.

Deutschland braucht eine unabhängige, wissenschaftlich fundierte und lesbar verdichtete Aggregation der globalen Veränderungen und einen Empfehlungskatalog für Bundestag und Bundesregierung. Ein Beirat mit unabhängigen Experten für alle relevanten Bereiche unserer Gesellschaft, für die internationalen Rahmenbedingungen und für das Selbstverständnis der Bevölkerung. Er würde einen jährlichen Masterbericht vorlegen, mit wechselnden Schwerpunkten, mit einheitlichem Vorgehen für die Verdichtung der Trends und Szenarien und mit klaren und lesbaren Empfehlungen.

»Beirat für Globale Trends« einrichten
Der Bundestag sollte einen solchen Beirat einsetzen und sich sachlich begründete politische Maßnahmen vorschlagen lassen, die sich aus den großen globalen Trends ableiten lassen. Der jährliche Bericht wäre dann Gegenstand einer öffentlichen parlamentarischen Debatte und kann in allen Ausschüssen in die Parlaments- und Regierungsarbeit eingebracht werden. So ergäbe sich eine handlungsfähige Struktur, die den Erfolg des Regierungshandeln messbar macht, politische Ziele stark an der Wirklichkeit ausrichtet und Öffentlichkeit herstellt im Herzen der deutschen Demokratie. In diesem Sinne hat sich das Parlament in Österreich jüngst einen Foresight-Monitor durch einen externen wissenschaftlichen Beirat eingerichtet, der die für das Land relevanten[13] globalen Veränderungen verdichtet und lesbar aufbereitet.

Ein solcher Beirat, nennen wir ihn probehalber »Beirat für Globale Trends«, wäre eine große Chance zur Versachlichung der öffentlichen Diskussion. Wenn die auf uns zukommenden Probleme in wissenschaftlicher

Wie wir handeln müssen

Deutschland fehlt ein aussagekräftiges Foresight-Programm. Der Bundestag sollte einen »Beirat für Globale Trends« einsetzen, der Experten aus allen wichtigen wissenschaftlichen Feldern und Politikbereichen versammelt. Dieser Beirat legt jährlich einen Bericht über die großen globalen Trends vor, verdichtet deren Wechselwirkungen und beschreibt die konkreten Auswirkungen auf Deutschland und Europa. Er empfiehlt dem Parlament und der Bundesregierung konkrete Maßnahmen, die sich aus dem Zusammenspiel der globalen Entwicklungen ergeben, und liefert damit Handlungsanleitungen, die über das Fach- und Ressortdenken hinausgehen.

- Der »Beirat für Globale Trends« sollte als eigenständige Einrichtung gegründet werden, die die reichlich vorhandene Expertise in Deutschland in einer neuen Struktur zusammenführt.

- Der jährliche Bericht des »Beirates für Globale Trends« sollte Gegenstand einer großen parlamentarischen Debatte sein, mit der der Bundestag Außenpolitik und Innenpolitik in neuer Weise verbinden kann. Die Empfehlungen des Berichtes sollten über die Ausschüsse in die Parlaments- und Regierungsarbeit eingebracht werden.

- Die Ressorts der Bundesregierung und das Bundeskanzleramt können über den »Beirat für Globale Trends« Sondergutachten in Auftrag geben, die bestimmte Sektoren und Entwicklungen vertieft in den Blick nehmen.

Nüchternheit und in verständlicher Sprache benannt und konkrete Lösungen vorgeschlagen werden, so wird dies den politischen Verantwortlichen helfen, aufkeimende Ressentiments und spontane Gefühlslagen als Treiber für politische Entscheidungen zurückzudrängen. Methodisch muss ein solcher Beirat über die klassischen Instrumente des Foresight hinausgehen. Alle Zukunftsszenarien brauchen Ableitungen in die Gegenwart, Handlungsoptionen und die Vernetzung von bestehenden Trends und Systemen. Es geht nicht um Trendforschung, sondern um Netzwerksimulationen, aus deren Szenarien Erkenntnisse für aktuelle Entscheidungen gewonnen werden können. Das Aussterben der Biene ist eine solche Netzwerksimulation, die es ob ihrer dramatischen Auswirkungen zu einer großen öffentlichen Aufmerksamkeit gebracht hat. Wenn als Folge des Bienentods 60 Prozent der Lebensmittel wegfallen und leere Regale im Supermarkt[14] gezeigt werden, steigt der politische Handlungsdruck und führt Entscheidungen in die richtige Richtung.

Wenn wir unsere Idee von politischer Freiheit verteidigen wollen, brauchen wir einen umfassenden, unabhängigen und fordernden Zukunftskompass.

Je klarer die Risiken der Zukunft beschrieben und vermittelt werden, desto alternativloser zeigen sich viele Veränderungen, denen wir uns heute verweigern. Zukunftsplanung und die öffentliche Kommunikation über alle relevanten Szenarien für unser künftiges Leben und das der nächsten Generationen sind der Schlüssel zu guten Ergebnissen der demokratischen Verfahren. Das Herstellen dieser Weitsicht und einer effektiven Verarbeitungsfähigkeit von Wissen wird zur Schlüsselfrage der parlamentarischen Demokratie westlicher Prägung. Autokratien haben es einfacher in der politischen Steuerung. Wenn wir unsere Idee von politischer Freiheit verteidigen wollen, brauchen wir einen umfassenden, unabhängigen und fordernden Zukunftskompass. In diesem Sinn wollen die in diesem Band versammelten Köpfe einen Anfang machen.

DR. LUTZ MEYER *(50) ist Berater für Interessengruppen, Parteien und Unternehmen und entwickelt Kampagnen für gesellschaftspolitische Themen, für die er zahlreiche Auszeichnungen erhielt. Meyer war Pressesprecher in der Bundesregierung, Geschäftsführer bei Scholz & Friends und Gründer der Kampagnenagentur Blumberry. Heute führt er »Lutz Meyer & Company«, eine auf komplexe Themen spezialisierte Kommunikations- und Kampagnenberatung. Lutz Meyer hat Politikwissenschaft, Sozialpsychologie und internationales Recht studiert und über »Weltinnenpolitik« promoviert und ist Dozent für politische Kommunikation und Kampagnenmanagement.*

Inhalt

10 Empfehlungen an Deutschland

I Machtpolitische Veränderungen

IV
Gesellschaftliche Veränderungen

Anhang

**Die Website zum Buch.
Alle Beiträge und Grafiken
zum Teilen**

www.deutschland-und-die-welt-2030.de

I

Machtpolitische Veränderungen

»Der Zerfall der internationalen Ordnung ist eine existenzielle Herausforderung für Deutschland. Leider fehlt es an Problembewusstsein und an strategischen Konzepten zum Umgang mit diesem Problem.«

Der Wandel der internationalen Ordnung

Von Joachim Krause

Die Feststellung, dass die internationale Ordnung in Gefahr sei, gehört seit einigen Jahren zum Standardrepertoire deutscher Politik. Die deutsche Politik sieht sich in der Pflicht, diese Ordnung zu schützen. Diese Forderung war eines der Ergebnisse des Global Review, den der damalige Außenminister und heutige Bundespräsident Frank-Walter Steinmeier im Jahr 2014 durchführen ließ. In der Folge wurde eine Abteilung im Auswärtigen Amt geschaffen, die sich dem Erhalt und dem Ausbau internationaler Ordnung widmet und die ihren primären Wirkungsbereich bei den Vereinten Nationen sowie in der Abrüstungsdiplomatie sieht.

Es spricht vieles dafür, dass im kommenden Jahrzehnt (also in den Jahren bis 2030) die Aufrechterhaltung und die Anpassung der internationalen Ordnung zentrale Aufgaben deutscher und europäischer Politik sein werden.

Die heutige internationale Ordnung

Aber: Was kann ein Land wie die Bundesrepublik tun, um die internationale Ordnung zu retten? Und ist das, was die Bundesregierung derzeit zum Schutz und zur Anpassung der internationalen Ordnung betreibt, tatsächlich angemessen? Diese Fragen sollen im Folgenden aufgegriffen werden, wobei in vier Schritten vorangegangen wird: Zum Ersten wird ein Begriff von *internationaler Ordnung* vorgestellt, der sich an der internationalen Theoriediskussion zu diesem Thema orientiert. Zum Zweiten wird die *Entwicklung der heutigen internationalen Ordnung* aufgezeigt. In einem dritten Schritt wird danach gefragt, welches die *wesentlichen Herausforderungen der internationalen Ordnung* sind, um dann in einem abschließenden Schritt zu fragen, *ob die deutsche Politik auf dem richtigen Weg ist, mit dieser Herausforderung umzugehen.*

Im Ergebnis kommt der Verfasser zu der Erkenntnis, dass – von wenigen Ausnahmen abgesehen – weder die Bundesregierung noch die politischen Parteien und die sie begleitende journalistische und wissenschaftliche Diskussion ein klares Verständnis davon haben, was die heutige internationale Ordnung konstituiert und was diese wirklich herausfordert. Eine entsprechende deutsche Politik ist dringend erforderlich, weil ansonsten im Jahr 2030 die derzeitige Ordnung einer weitgehenden Anarchie gewichen sein wird, mit der umzugehen sich die Bundesrepublik extrem schwertun wird.

Verrechtlichung internationaler Beziehungen

Die meisten Menschen verstehen heute unter *internationaler Ordnung* einen Zustand, bei dem die internationalen Beziehungen geregelt sind (Verrechtlichung) und in dem sich internationale Organisationen um grenzübergreifende Probleme kümmern. Ziel ist es, den Frieden zu sichern und die Zusammenarbeit zwischen den Staaten zu organisieren. Dieser Begriff von internationaler Ordnung lehnt sich eng an die *politikwissenschaftliche Theorieschule des Institutionalismus* an, dessen Vertreter davon ausgehen, dass internationaler Friede und Kooperation gewährleistet werden können, wenn Staaten es in ihrem eigenen Interesse sehen, dass Regeln aufgestellt und befolgt werden und dass Organisationen geschaffen werden, in denen die Staaten Regeln aufstellen und gemeinsam Probleme so lösen, dass alle davon profitieren.[1]

Vertreter der konkurrierenden *politikwissenschaftlichen Schule des Realismus* erkennen zwar die ordnende Rolle von Regeln und Institutionen an und befürworten auch ein geregeltes internationales System. Sie betonen aber, dass Ordnung nicht allein durch das Setzen von Regeln und die Schaffung von internationalen Organisationen hergestellt wird, sondern dass es entsprechender Anstrengungen machtvoller Nationen bedarf, die eine Ordnung entweder allein oder im Zusammenwirken mit anderen herstellen und erhebliche Machtressourcen aufwenden, um diese zu stützen. Internationale Ordnung kann nur in der Regelung der Kriegsvermeidung zwischen den Großmächten bestehen, sie kann aber auch die Schaffung einer weltumspannenden wirtschaftlichen Ordnung des Freihandels und der Kooperation umfassen.[2] Ähnlich argumentieren Vertreter der sogenannten *Englischen Theorieschule.*[3]

> **Weder die Bundesregierung noch die politischen Parteien und die sie begleitende journalistische und wissenschaftliche Diskussion haben ein klares Verständnis davon, was die heutige internationale Ordnung konstituiert.**

Eine weitere politikwissenschaftliche *Denkschule, die des Liberalismus*, geht davon aus, dass man nur dann von einer internationalen Ordnung sprechen kann, wenn diese auf der Achtung der Rechte des Individuums (Menschenrechte und grundlegende Freiheiten), dem Freihandel und dem Vorherrschen demokratischer Regierungssysteme beruht. Friede und internationale Kooperation können nur unter republikanisch verfassten Staaten dauerhaft gewahrt bleiben, die untereinander Handel treiben und einen regen gesellschaftlichen Austausch haben.[4]

Die heutige liberale Weltordnung

Das, was heute als liberale internationale Weltordnung bezeichnet wird, spiegelt den Einfluss aller oben genannten Denkschulen wider und lässt deutlich werden, dass internationale Politik nicht nur durch das Spektrum einer Theorie erklärt werden kann. Die Grundlagen dieser internationalen Ordnung wurden in der Spätphase des Zweiten Weltkrieges durch die USA gelegt, die damals gemeinsam mit Großbritannien, Frankreich und der Sowjetunion eine Weltordnung schaffen wollten. Diese sollte auf einem multilateralen System des Freihandels, einem funktionierenden System der kollektiven Sicherheit der Vereinten Nationen sowie einer Demokratisierungsstrategie beruhen.[5] Das ursprüngliche Konzept konnte anfangs nicht umgesetzt werden, weil die UDSSR dieses völlig ablehnte und weil auch Frankreich und Großbritannien abweichende Vorstellungen hatten. Erst im Rahmen eines langwierigen Verhandlungsprozesses kam es Mitte der 50er-Jahre zu einem komplexen *settlement*, das die Grundlage einer bis heute fortbestehenden westlichen internationalen Ordnung konstituierte. Sie entstand letztlich aus dem Bemühen, eine neue große Depression zu verhindern, den Wiederaufbau Europas und Deutschlands zu ermöglichen, den Frieden unter den Staaten Europas zu wahren und die Grundlage für dauerhafte zwischenstaatliche Kooperation zu legen.[6]

Die zentralen Elemente dieser Ordnung waren: Eine *freihändlerische Weltwirtschaftsordnung* durch den Abbau von Zöllen und die Schaffung von Institutionen, die den internationalen Handel und die wirtschaftliche Entwicklung fördern (Weltbank und Weltwährungsfonds). Ziel war die Wiederherstellung der durch den Krieg geschwächten Volkswirtschaften Europas und Asiens sowie die Entwicklung einer international verflochtenen Marktwirtschaft und die damit erwarteten Wohlfahrtsgewinne.

Die *Wahrung des Gewaltverbots* entweder durch ein funktionierendes System kollektiver Sicherheit oder – solange dieses wegen sowjetischer Obstruktion nicht möglich war – durch die Schaffung eines Systems multilateraler oder bilateraler Bündnissysteme (wie der NATO), die die Aufgabe hatten, Angriffskriege durch Abschreckung und Gegenmachtbildung zu verhindern.

Die *Organisation und Institutionalisierung internationaler multilateraler Kooperation*. Anfangs wurde diese vor allem zur Verteilung der Marshallplan-Gelder und zum koordinierten Aufbau Westeuropas sowie der Integration der Bundesrepublik Deutschland in den sich neu konstituierenden Westen geschaffen (OEEC, Montanunion, NATO, Westeuropäische Union, Europäische Wirtschaftsgemeinschaft). Später entwickelte sich Multilateralismus als ein eigener Bereich der zwischenstaatlichen Kooperation in der westlichen Welt, insbesondere die Europäische Wirtschaftsgemeinschaft sowie andere westlich geprägte internationale multilaterale Foren.

Die *Orientierung an einem liberalen Leitbild*, welches individuelle Freiheiten und Schutz vor Ausbeutung ebenso betont wie den Schutz von Umwelt, Klima und der natürlichen Lebensgrundlagen.

Die westliche internationale Ordnung

Diese westliche internationale Ordnung entwickelte sich während des gleichzeitig beginnenden Ost-West-Konfliktes und wurde durch diesen auch indirekt gefördert: Ohne die sowjetische Bedrohung wären die westeuropäischen Staaten nicht zusammengerückt und hätten vor allem den Wiederaufstieg des westdeutschen Staates nicht so rasch zugelassen. Diese Ordnung wurde ermöglicht durch die wohlwollende Hegemonie der USA,

Ohne die sowjetische Bedrohung wären die westeuropäischen Staaten nicht zusammengerückt.

die als Garant der internationalen Wirtschaftsordnung ebenso fungierte wie als Garant des Gewaltverbots.[7] Zudem waren es vor allem die USA, die die Europäer gegen Ende der 40er- und Anfang der 50er-Jahre mehr oder weniger dazu zwangen, miteinander zu kooperieren (vor allem bei der Umsetzung des Marshallplans). Dadurch konnte ein entscheidender Impuls für die Schaffung der europäischen Integration gegeben werden, die Ende der 40er-Jahre schon als gescheitert galt.[8]

Der »Sieg« des Westens im Wettstreit um das bessere politische und wirtschaftliche System war im Wesentlichen dem Funktionieren dieser internationalen Ordnung zu verdanken.

Die westliche internationale Ordnung konnte aber auch nur deshalb funktionieren, weil eine innere Beruhigung in den westeuropäischen Staaten durch die Schaffung von Sozialstaatlichkeit und verstärkter Intervention des Staates in die Wirtschaft eintrat (»eingebetteter Kapitalismus«). Unter diesen Bedingungen konnten sich auch demokratische Regierungssysteme stabilisieren. Für die internationale Ordnung war es dabei entscheidend, dass damit eine Transformation vom Territorialstaat zum Wohlfahrtsstaat einherging – das heißt von einem Staat, der primär die Sicherheit nach außen und nach innen besorgte, zu einem, der sich primär um die Wohlfahrt seiner Bürger und die Stabilität der Wirtschaft kümmerte.

Diese internationale Ordnung erwies sich als erfolgreich. Das Wachstum des internationalen Handels führte zu einer Belebung der westeuropäischen Volkswirtschaften und trug zusammen mit der Sozialstaatlichkeit dazu bei, dass eine breite Wohlstandsentwicklung in der westlichen Welt eintrat. Der »Sieg« des Westens im Wettstreit um

Mit der Verlagerung industrieller Fähigkeiten und Technologien in Schwellenländer und mit dem enormen Transfer finanzieller Ressourcen in rohstoffreiche Länder sind Probleme entstanden.

das bessere politische und wirtschaftliche System, der sich von den 60er-Jahren an abzeichnete, war im Wesentlichen dem Funktionieren dieser internationalen Ordnung zu verdanken.

Mit dem Ende des Ost-West-Konflikts wurde die westliche internationale Ordnung unter den Bedingungen einer militärischen und wirtschaftlichen Vormacht der USA zum Kristallisationskern einer global wirkenden Ordnung, die zunehmend Schwellen- und Entwicklungsländer einbezog. Sie gab ihnen die Möglichkeit, einen Weg der nachholenden wirtschaftlichen Entwicklung einzuschlagen. Die Erleichterungen im internationalen Handel, die massiven Reduktionen bei den Kosten für Transport, Verkehr und Kommunikation sowie entsprechend verbesserte politische Rahmenbedingungen führten ab den 90er-Jahren zu einer immer stärker verflochtenen und durch Arbeitsteilung und gegenseitige Abhängigkeit gekennzeichneten Globalisierung.

Zur besseren Durchsetzung des Gewaltverbots beschlossen 1992 alle Mitglieder des VN-Sicherheitsrates, fortan das System der kollektiven Sicherheit wirksam werden zu lassen. Da infolge der Globalisierung eine Vielzahl von Folgeproblemen auftrat (Umwelt, Klima, Schutz geistigen Eigentums, Investitionsregelungen, Wahrung sozialer Standards, Menschenrechte), kam es in immer mehr Bereichen zu enger multilateraler Kooperation, die auch nicht staatliche Akteure einbezog (Global Governance).

Die Gefährdung der internationalen Ordnung

Wenn heute von der Gefährdung dieser internationalen Ordnung die Rede ist, dann betrifft das alle vier Kernbereiche: den Freihandel, das Gewaltverbot, den Multilateralismus und auch die Orientierung an einem liberalen Leitbild.[9] Dafür lassen sich zwei Ursachen identifizieren: Zum einen hat die erfolgreiche Globalisierung zu einer Verschiebung der wirtschaftlichen, technologischen, politischen und auch militärischen Gewichte beigetragen und eine Dynamik ausgelöst, die die Fundamente der liberalen Ordnung erschüttert. Zum anderen ist auch innerhalb der westlichen Welt das Bewusstsein dafür immer weniger vorhanden, wie wichtig diese Ordnung ist, was ihre zentralen Leitlinien sind und dass sie nur dann aufrechterhalten werden kann, wenn man sie auch verteidigt.

Am deutlichsten werden beide Ursachenbündel bei *der Entwicklung der internationalen Wirtschaftsordnung.*

Diese sollte nicht nur dazu beitragen, dass die bereits entwickelten Industriestaaten weitere Wohlfahrtsgewinne einfahren, auch Entwicklungs- und Schwellenländer sollten davon profitieren und die Gelegenheit zu einer nachholenden industriellen Entwicklung bekommen. Diese Chance hat eine ganze Reihe dieser Länder genutzt, allen voran Singapur, die Volksrepublik China, Südkorea und Taiwan, aber auch die Türkei, Malaysia, Brasilien, Indien, Sri Lanka und andere. Durch eine konsequente Strategie der Industrialisierung haben es diese Länder in den vergangenen 30 Jahren geschafft, erhebliche Wachstumsraten zu erzielen und damit etwa eine Milliarde Menschen aus der Armut zu holen, davon allein 600 Millionen in China. Einige von ihnen sind heute voll entwickelte Industriestaaten. Andere Staaten, die mit Rohstoffen und Energieträgern

Mehr und mehr Protektionismus wird dazu führen, dass das Volumen des internationalen Handels mit Gütern und Dienstleistungen sowie das der Auslandsinvestitionen stagniert und sogar zurückgeht.

reichhaltig ausgestattet sind, haben zudem vom weltweiten Wirtschaftswachstum profitiert und hohe Einnahmen aus deren Exporten erzielt. Vor allem Russland, Saudi-Arabien, Katar sowie die Vereinigten Arabischen Emirate sind hier zu nennen. Mit der Verlagerung industrieller Fähigkeiten und Technologien in Schwellenländer und mit dem enormen Transfer finanzieller Ressourcen in rohstofffreie Länder sind allerdings Probleme entstanden, die die internationale Ordnung beschädigen:

Hierzu gehört die Abwanderung ganzer Industriezweige und der damit verbundenen Kernkompetenzen in Schwellenländer, die diese Abwanderung zum Teil durch einen ausgeprägt merkantilistischen Staatskapitalismus befördert haben (wie die Volksrepublik China). Die Schattenseite ist die weitgehende Deindustrialisierung in den klassischen Industrieländern des Westens, die nicht überall durch eine Verlagerung auf Dienstleistungsbereiche oder die Konzentration auf bestimmte Industriezweige hat abgefangen werden können. Heute findet sich in großen Teilen der Mittelschicht der

Industrieländer eine große Verunsicherung, die zu einer Wiederbelebung von Nationalismus und Protektionismus führt.

Durch die Verlagerung grundständiger industrieller Kapazitäten nach China sowie in andere Schwellen- und Entwicklungsländer hat eine Relativierung sozialstaatlicher und ökologischer Standards stattgefunden. Versuche, diese Problematik im Rahmen globalen Regierens im Einvernehmen zwischen Staaten und Nichtregierungsorganisationen zu lösen, haben nur teilweise Erfolg gehabt.

In jenen Ländern, die hauptsächlich durch den Export von Rohstoffen und fossilen Energieträgern zu hohen Einnahmen gelangt sind, haben sich nicht nur die typischen negativen ökonomischen Folgen von Rentierstaaten eingestellt (»Holländische Krankheit«), häufig haben sich dort auch mafiös strukturierte Machtvertikalen entwickelt, die die Kontrolle über die Einnahmen für sich beanspruchen. Manche dieser Kleptokratien kompensieren ihre inneren Legitimationsprobleme durch externe Aggressivität.

Derzeit nimmt die Wirksamkeit der unterschiedlichen Varianten des Gewaltverbots innerhalb der liberalen Weltordnung drastisch ab.

Die Verlagerung wirtschaftlicher und technologischer Machtressourcen in Schwellenländer bewirkt auch die Verlagerung militärischer Ressourcen. In der Folge kommt es zu einer Verschiebung regionaler Mächtebalancen und damit zur Relativierung der amerikanischen militärischen Vorherrschaft, die bislang in Europa, im Nahen und Mittleren Osten, in Lateinamerika sowie in Ostasien für einigermaßen stabile Sicherheitsordnungen gesorgt hatte.

Die internationale Wirtschaftsordnung im Wandel

Für die internationale Wirtschaftsordnung bedeuten diese Entwicklungen, dass die traditionelle Gleichung, wonach mehr Handel letztlich allen Beteiligten zugutekommt, nicht überall Gültigkeit beanspruchen kann. Es ergeben sich Trends und Dynamiken, die geeignet sind, die Globalisierung umkehren zu lassen.

Besorgniserregend ist, dass die USA, die bislang der Garant der internationalen liberalen Wirtschaftsordnung waren, unter Präsident Trump einen dezidiert protektionistischen Kurs in der Wirtschafts- und Außenhandelspolitik eingeschlagen haben. Mehr und mehr Protektionismus wird dazu führen, dass das Volumen des internationalen Handels mit Gütern und Dienstleistungen sowie das der Auslandsinvestitionen stagniert und sogar zurückgeht. Es ist darüber hinaus zu befürchten, dass nationale Strategien zur Sicherung des Absatzes industrieller Güter und Verbrauchsgüter, zur Kontrolle internationaler Finanzströme und des Zugangs zu Rohstoffen und Energieträgern zunehmen werden und teilweise neoimperialistischen Zuschnitt bekommen. Letzteres trifft vor allem auf die Bemühungen Chinas zu, eine eigene Infrastruktur des Exports chinesischer Waren und des Imports von Rohstoffen und Energieträgern ebenso zu schaffen wie eigene internationale Finanzinstitutionen und ein staatlich kontrolliertes Internet.

Aber auch die zweite Säule der liberalen internationalen Ordnung ist in Gefahr. Das *völkerrechtliche Gewaltverbot* soll im Kern alle Staaten dazu veranlassen, in ihren Beziehungen untereinander keine Gewalt anzuwenden. Vor allem soll es große Kriege verhindern. Das Gewaltverbot ist aber nur dann praktikabel, wenn es ein funktionierendes System kollektiver Sicherheit gibt, in dem strittige Fragen diplomatisch beraten und gelöst werden und in dem die »internationale Gemeinschaft«, vertreten durch dazu berufene Institutionen und Staaten mit entsprechenden Machtmitteln, bei bestehenden Konflikten vermittelnd auf alle Beteiligten einwirkt oder gegen offenkundige Friedensbrecher auch unter Anwendung von Gewalt einschreitet. Das System der kollektiven Sicherheit der Vereinten Nationen hat diese Aufgabe und gibt vor allem den fünf ständigen Mitgliedern des Sicherheitsrates eine herausragende Kompetenz. Seit ihrer Gründung hat dieses System jedoch weitgehend versagt. Dass das Gewaltverbot dennoch über viele Jahrzehnte relativ erfolgreich war – und es vor allem keine großen Kriege mehr gab –, lag daran, dass im Rahmen der liberalen internationalen Ordnung der Hegemon USA dessen Wirksamkeit im Rahmen unterschiedlicher Formate herstellen konnte:

Eine Form waren Bündniszusagen und Existenzgarantien für Staaten, die einem schwer bewaffneten militärischen Gegner gegenüberstehen, der sich nicht an das Gewaltverbot hält. Bündniszusagen und Existenzgarantien können entweder bilateraler Natur sein oder aber im Rahmen eines multilateralen Bündnisses umgesetzt werden.

Bündnissysteme hatten und haben zudem die Funktion, dass sie untereinander den Frieden wahren, vorausgesetzt sie entwickeln eine permanente Kooperation auch in Friedenszeiten.

Angesichts der Erosion des Freihandelssystems und des Gewaltverbots ist es keine Überraschung, dass sich der *Multilateralismus in der Krise* befindet.

In anderen Fällen haben oftmals Koalitionen von Staaten entweder im Rahmen der Vereinten Nationen oder außerhalb versucht, Gewaltanwendung auf unterschiedliche Art und Weise zu verhindern, zwischen Konfliktparteien zu vermitteln und gegebenenfalls auch durch Sanktionen oder gar militärische Interventionen zu einer Konfliktbeendigung beizutragen. Im extremen Fall muss es dabei möglich sein, eine Regierung zu ersetzen, die permanent den Frieden stört. Anderenfalls droht das Gewaltverbot sehr schnell zu erodieren, wenn sich niemand in der Pflicht sieht, gegen Friedensstörer vorzugehen.

Es können auch regional beziehungsweise überregional wirksame Sicherheitsordnungen vereinbart werden, die auf dem Prinzip des Gewaltverbots und der Achtung der territorialen Integrität der Staaten beruhen. Derartige Sicherheitsordnungen können Abrüstungs- und Rüstungskontrollregelungen und vertrauensbildende Maßnahmen umfassen sowie Mechanismen der Konsultation und Kooperation beinhalten. Eine derartige Sicherheitsordnung zur Verfestigung des Gewaltverbots wurde in den 90er-Jahren für den europäischen Raum zwischen dem Westen und der Sowjetunion/Russland entwickelt.

Die Wirksamkeit von Gewaltverboten nimmt ab

Derzeit nimmt die Wirksamkeit der unterschiedlichen Varianten des Gewaltverbots innerhalb der liberalen Weltordnung drastisch ab. Dafür gibt es mehrere Ursachen:

Russland sucht seit einigen Jahren – trotz umfänglicher Bemühungen der führenden westlichen Staaten um Partnerschaft – die strategische Gegnerschaft zum Westen und wendet Gewalt gegen Nachbarstaaten an (wie die Ukraine, aber auch Georgien) oder droht damit. Die Ursachen hierfür sind in der russischen Innenpolitik zu finden.[10] Dadurch ist nicht nur die gesamteuropäische Sicherheitsordnung zerstört worden, es wird für die NATO wieder notwendig, Verteidigungsmaßnahmen im Sinne einer neuen Abschreckungspolitik gegenüber Russland zu ergreifen.

China versteht sich zunehmend als strategischer Herausforderer und Gegner der USA und Japans in Ostasien und versucht mithilfe militärischen Drucks die Kontrolle über weite Seegebiete zu erlangen. Zudem baut es eine strategische Nuklearwaffenkapazität auf.

Der Iran versucht immer stärker durch militärische Interventionen mittels verdeckter Kräfte und Milizen Kontrolle über Syrien, den Irak und die Arabische Halbinsel zu erhalten. Dadurch entstehen Stellvertreterkriege und Bürgerkriege, die andere Mächte (vor allem Saudi-Arabien) auf den Plan rufen. Erklärtes Ziel des Iran ist es zudem, Israel zu vernichten.

Das System der kollektiven Sicherheit der Vereinten Nationen funktioniert angesichts der zunehmenden strategischen Gegnerschaft zwischen den Staaten des Westens auf der einen Seite und Russland und China auf der anderen Seite immer weniger. Es ist nur noch dort funktionsfähig, wo es um strategisch irrelevante Konflikte geht (zum Beispiel in Afrika).[11]

Die Bereitschaft westlicher Staatenkoalitionen, zum Zwecke der Beendigung oder Verhinderung von Gewaltanwendung dann militärisch zu intervenieren, wenn das System der kollektiven Sicherheit der VN nicht funktioniert, ist nach einer Hochphase in den 90er-Jahren weitgehend außer Kraft gesetzt. Anlass hierfür war der innerwestliche Streit über den Umgang mit dem irakischen Diktator Saddam Hussein. Dieser war der Prototyp des internationalen Friedensstörers, aber es gelang den USA nicht, ihre Partner von der Notwendigkeit einer militärischen Intervention für einen

Regimewechsel zu überzeugen. Als dann die erhofften positiven Folgewirkungen der Intervention im Irak ausblieben und sich die USA dort in einem jahrelangen Krieg gegen sunnitische und schiitische Milizen und Terrorgruppen verschlissen, war das Thema bewaffnete Intervention zur Gewaltprävention in der westlichen Welt vom Tisch.

Die Erosion des Gewaltverbots ist mittlerweile allgegenwärtig. In Syrien tobt seit 2011 ein Bürgerkrieg zwischen dem Baath-Regime und der Mehrheit der eigenen Bevölkerung unter Mitwirkung Russlands und des Irans, der bislang über 400.000 Todesopfer gekostet hat. Im Osten der Ukraine findet seit 2014 ein noch begrenzter Krieg zwischen Russland und der Ukraine statt, das Südchinesische Meer und das Ostchinesische Meer sind Gegenstand heftiger Dispute über die Kontrolle maritimer Gebiete, China bereitet systematisch die militärische Eroberung von Taiwan vor, und im Ostseeraum entwickelt sich eine militärische Konfliktlinie zwischen Russland und der NATO.

Multilateralismus in der Krise

Angesichts der Erosion des Freihandelssystems und des Gewaltverbots ist es keine Überraschung, dass sich auch der *Multilateralismus in der Krise* befindet.[12] Diese wird vor allem dadurch augenfällig, dass der amerikanische Präsident Donald Trump derzeit nur auf unilaterale Politik zu setzen scheint. Die laute Politik des »America first« ist für einen Multilateralismus schädlich, der jahrzehntelang darauf angewiesen war, dass die Führungsmacht USA auch für reale Ergebnisse sorgt. Allerdings wäre es zu kurz gegriffen, lediglich den derzeitigen Präsidenten der USA für diese Entwicklung verantwortlich zu machen. Tatsächlich gibt es weitere Ursachen für die heutige Krise des Multilateralismus:

In dem Maße, wie der westliche Multilateralismus schwächelt, geht auch der *Einfluss liberaler Ideen* zurück.

Die Europäische Union als hochgradig integrierte und verdichtete Form des Multilateralismus hat sich durch strategische Fehlentscheidungen der 90er-Jahre selbst in eine existenzielle Krise hineinmanövriert. Die Einführung der gemeinsamen Währung ohne eine gemeinsame Wirtschaftspolitik hat dazu geführt, dass die Eurozone zu einer Art Transferunion geworden ist, die Nord- und Südeuropa politisch auseinanderdividiert. Die Einführung der Schengenzone ohne gleichzeitige Sicherstellung der Grenzkontrollen an der Süd- und Südostflanke Europas hat ein Migrationsproblem verursacht, welches Ost- und Westeuropa spaltet. Die Handhabung der Eurokrise (ab 2010) und der Migrationskrise (2015) durch die Bundesregierung hat zudem altes Misstrauen gegen angebliche deutsche Alleingänge und Hegemoniestreben wiederaufleben lassen. Das Aufkommen populistischer Parteien und der Brexit sind nicht zu übersehende Warnzeichen.

Die NATO ist derzeit in einem kritischen Zustand, weil die USA nicht mehr bereit sind, einen unverhältnismäßig hohen Anteil an den Verteidigungslasten zu tragen, während Staaten wie Deutschland nicht einmal das Notwendige leisten, um einsatzbereite Streitkräfte auf einem niedrigen Niveau zu unterhalten. Dieser Streit ist nicht neu, sondern wird durch Präsident Trump nur in besonderer Schärfe ausgetragen.

Die Welthandelsorganisation WTO hat es nur teilweise verstanden, zu einem universalen multilateralen Forum der Regelung des Welthandels zu werden. In wesentlichen Fragen der Liberalisierung des Welthandels konnte bislang keine Einigung erzielt werden. Die vor allem von westlichen Staaten betriebene Erweiterung der Agenda um Fragen der Sozialstandards, der Menschenrechte und des Umweltschutzes wird von vielen Mitgliedstaaten nicht unterstützt. Zudem hat die WTO zu viele Staaten aufgenommen, die die satzungsmäßigen Erfordernisse nicht erfüllen.

In der Klimapolitik hat sich gezeigt, dass der von Deutschland und anderen europäischen Staaten favorisierte Ansatz verbindlicher Zuschreibungen von Reduzierungsquoten (Kyoto-Protokoll) nicht machbar ist. Der heutige Multilateralismus in der Klimapolitik ist durch das Nebeneinander unterschiedlicher nationaler Anstrengungen gekennzeichnet.

In dem Maße, wie der westliche Multilateralismus schwächelt und die Bedeutung der westlichen Staatenwelt in der Weltwirtschaft sowie im militärischen Bereich relativ gesehen sinkt, geht auch der *Einfluss liberaler Ideen* zurück. Das offenkundigste Beispiel ist die Volksrepublik China, wo ein funktionierender (Staats-) Kapitalismus mit einer politischen Kontrolle über Information, Kommunikation und das Privatleben einhergeht, die mittlerweile totalitäre Züge annimmt. Aber auch mildere Formen einer nicht liberalen Marktwirtschaft gibt es allenthalben, vor allem in Asien.

Was die deutsche Politik tun kann und sollte

Wie sieht die Bundesregierung die Zukunft der internationalen Ordnung? Das 2016 erschienene »Weißbuch« der Bundesregierung zur Sicherheit und Verteidigung lässt erkennen, wie in der Großen Koalition aus CDU, CSU und SPD darüber gedacht wird. Darin heißt es: »Die internationale Ordnung, wie sie nach dem Ende des Zweiten Weltkriegs geschaffen wurde und noch heute mit ihren Organisationen und Institutionen den Rahmen der internationalen Politik setzt, ist im Umbruch.« »Multipolarität« und »Machtdiffusion« seien die wesentlichen Faktoren, die zu diesem ordnungspolitischen »Umbruch« beigetragen hätten. Vor allem Schwellenstaaten wollten mehr Mitsprache bei der Gestaltung der internationalen Ordnung. Daher entwickelten sich regional unterschiedliche Ordnungssysteme, die insgesamt zu einer »Fragmentierung konkurrierender Ordnungssysteme« führten. Dieser Fragmentierung könne nur entgegengewirkt werden, wenn sich die Multipolarität angemessen in den Vereinten Nationen widerspiegele. Schutz der internationalen Ordnung bedeutet für die Bundesregierung: die Stärkung des Multilateralismus und dessen Anpassung an die Wünsche der »Schwellenstaaten«, wobei vor allem an China und andere aufsteigende Mächte gedacht ist. Dabei sollen die Vereinten Nationen und andere globale Foren genutzt werden.[13]

Die hier aufgezeigten Trends lassen eines deutlich werden. Wir haben es nicht nur mit einer Umbruchsituation zu tun, in der ungenannt bleibende »Schwellenmächte« nach weitergehenden Mitspracherechten bei der Gestaltung der internationalen Ordnung streben und in der man schlimmstenfalls damit rechnen muss, dass regionale Ordnungen entstehen, die zueinander in Widerspruch stehen. Wir sind nicht mit der »Fragmentierung konkurrierender Ordnungssysteme« konfrontiert, sondern mit der realen Möglichkeit, dass die liberale internationale Ordnung kollabiert. Diese Möglichkeit ist real, weil Russland, China und der Iran die Grundlagen der liberalen Sicherheitsordnung und der damit verbundenen liberalen weltbürgerlichen Sicht grundlegend infrage stellen. Die Möglichkeit eines Kollapses ist aber auch deshalb real, weil sich die USA unter Präsident Trump nicht mehr als Betreiber und Garant einer liberalen Handelsordnung verstehen – zumindest solange die USA davon schwerwiegende Nachteile haben – und weil sie die Aufrechterhaltung ihrer Rolle als Garant des Gewaltverbots davon abhängig machen, dass die von ihrer Sicherheitsgarantie profitierenden Staaten (wie die Bundesrepublik Deutschland) entsprechend ihrer Wirtschaftskraft auch mehr im Bereich der Verteidigungspolitik leisten. Die Möglichkeit des Kollapses ist auch deshalb real, weil die Europäische Union heute als Gravitationszentrum eines liberalen Multilateralismus ausfällt – und zwar aus eigener Schuld aufgrund von Versäumnissen in den 90er-Jahren.

Erhaltung und Stärkung des »kleinen Multilateralismus«

Was bedeutet das für deutsche Politik im kommenden Jahrzehnt? Es reicht nicht aus, den Verfall des Multilateralismus zu bedauern und den Schuldigen in Gestalt des derzeitigen amerikanischen Präsidenten zu benennen. Der Verfall der liberalen internationalen Ordnung ist viel vielschichtiger und komplexer. Verantwortungsvolle Politik bedeutet in der derzeitigen Situation, Schadensbegrenzung vorzunehmen und gegenzusteuern, um von dieser Ordnung so viel wie möglich zu retten. Es wäre fatal, wenn deutsche Politik auf den Verfall der internationalen Ordnung nur mit der Beschwörung der Vorteile des Multilateralismus angesichts der anstehenden globalen Probleme (insbesondere des Klimawandels) reagiert.

> Wir sind nicht mit der »Fragmentierung konkurrierender Ordnungssysteme« konfrontiert, sondern mit der realen Möglichkeit, dass die liberale internationale Ordnung kollabiert.

Die internationale Ordnung

Wie wir handeln müssen

- Die heutige internationale Ordnung ist in all ihren vier Kernbereichen gefährdet: dem Freihandel, dem Gewaltverbot, dem Multilateralismus und der Orientierung an einem liberalen Leitbild.

- Ursache der Gefährdung ist die weltweite Verschiebung der wirtschaftlichen, technologischen, politischen und auch militärischen Gewichte.

- In der westlichen Welt ist kaum noch Bewusstsein dafür vorhanden, dass diese Ordnung nur dann aufrechterhalten werden kann, wenn man sie auch aktiv verteidigt.

- Für deutsche Politik reicht es nicht, den Verfall des Multilateralismus zu bedauern und den Schuldigen in Gestalt des derzeitigen amerikanischen Präsidenten zu benennen.

- Verantwortungsvolle Politik bedeutet, Schadensbegrenzung vorzunehmen und gegenzusteuern, um von dieser Ordnung so viel wie möglich zu retten.

- Will Deutschland ein Verfechter des Multilateralismus bleiben, liegen die zentralen Aufgaben in der Erhaltung und Stärkung des westlichen Multilateralismus, nicht der Vereinten Nationen.

- Um Europa zu stärken, müssen die Strukturprobleme der Eurozone ebenso angegangen werden wie die Migrationsprobleme, die durch die mangelhafte Grenzsicherung entstehen konnten.

- Auf transatlantischer Ebene ist es wichtig, den USA zu signalisieren, dass es Deutschland mit der Erhöhung der Verteidigungsausgaben auf zwei Prozent des Bruttosozialproduktes und mit der Übernahme von Verantwortung zur Sicherung des Gewaltverbots ernst meint.

Natürlich sollte Deutschland ein vehementer Vertreter des Multilateralismus globaler Art sein. Aber die zentralen Aufgaben liegen erst einmal in der Erhaltung und Stärkung des »kleinen Multilateralismus«: Mehr als alles andere zählt heute die Wiederbelebung des Multilateralismus in Europa.

Die Strukturprobleme der Eurozone müssen ebenso angegangen werden wie die Migrationsprobleme, die durch die mangelhafte Grenzsicherung entstehen konnten. Auch ist ein Weg zu finden, wie die EU und Großbritannien nach dem Brexit eng zusammenarbeiten können. Auf transatlantischer Ebene ist es wichtig, den USA zu signalisieren, dass es Deutschland mit der Erhöhung der Verteidigungsausgaben auf zwei Prozent des Bruttosozialproduktes und mit der Übernahme von Verantwortung zur Sicherung des Gewaltverbots ernst meint.

PROF. DR. JOACHIM KRAUSE (67) *ist Vorsitzender der Stiftung Wissenschaft und Demokratie und Direktor des Instituts für Sicherheitspolitik an der Universität Kiel (ISPK). Er ist zudem Begründer und geschäftsführender Herausgeber von »Sirius – Zeitschrift für strategische Analysen« (Verlag De Gruyter). Von 2001 bis 2016 war er Professor für Internationale Politik an der Universität Kiel. Er ist Autor und Herausgeber einer Vielzahl von Artikeln und Büchern über internationale Sicherheit, deutsche und europäische Außenpolitik sowie zu Fragen politischer Theorie.*

»Wenn Konflikte vorhersehbar sind, werden
Bevölkerungen den Ausbruch von Gewalt
nicht mehr tolerieren.«

Verteidigungsplattformen als Streitkräfte der Zukunft

Von Ayad Al-Ani und Jörg Stenzel

Wenn künstliche Intelligenz die Möglichkeit eröffnet, die Zukunft zu antizipieren, wird das Ausbrechen von Gewaltkonflikten nicht mehr hingenommen. Die Streitkräfte der Zukunft werden in derartige Vorhersagen investieren und vor allem neue Kooperationen mit der Wirtschaft, Politik und Zivilgesellschaft suchen, um diese Konflikte zu verhindern.

Streitkräfte werden sich in Richtung von Plattformen entwickeln, die mithilfe ihres Ökosystems diese Fähigkeiten schnell und punktgenau kombinieren und aufbauen können. Gerade Staaten wie Deutschland, die nicht die Möglichkeiten von Großmächten beim Aufbau derartiger Plattformen haben, stehen vor Herausforderungen, haben aber auch einzigartige Möglichkeiten, weil sie mehr auf Kooperation und Diversität setzten müssen.

Konflikte im digitalen Zeitalter und die Rolle der Verteidigungsplattformen

Seit dem Irakkrieg sind die Chancen hoch, dass keine unterlegene Macht mehr eine offene Feldschlacht gegen einen hoch entwickelten Staat suchen wird. Wenn auch die Wahrscheinlichkeit nicht ausgeschlossen ist, dass es zu großen Konflikten kommt, die mit entsprechenden Truppenteilen ausgetragen werden, muss man wohl eher damit rechnen, dass durch die Digitalisierung die Anzahl der Konflikte in den Ländern des Südens zunehmen wird, etwa weil ganze traditionelle Industrien durch Roboter obsolet werden und sich auch die globalen Wertschöpfungsketten ändern werden.[1] Der Westen wird dann möglicherweise in diese Konflikte involviert oder mit deren Auswirkungen konfrontiert. Verteidigungskräfte werden deshalb folgende Aufgaben meistern müssen:

Man muss wohl damit rechnen, dass durch die Digitalisierung die Anzahl der Konflikte in den Ländern des Südens zunehmen wird.

Antizipieren: Mithilfe von Big Data und Algorithmen können Konflikte mit entsprechenden Wahrscheinlichkeiten vorhergesagt werden. Verteidigungskräfte können *heatmaps* von Ländern oder Regionen errechnen und Informationen über die Kontrahenten auswerten, damit entsprechende Strategien entwickelt und – fast wichtiger noch – auch *early actions* gesetzt werden können: Schwache Signale werden verdichtet, und auf Basis von historischen Daten und Erfahrungen werden Maßnahmen definiert.[2]

Auflösen: Ist das wahrscheinliche Bedrohungs- beziehungsweise Konfliktpotenzial erkennbar, können Verteidigungsorganisationen in Kooperationen mit zivilen nationalen und internationalen Partnern Gegenmaßnahmen entwickeln und über Plattformen zur Verfügung stellen. Hierzu zählt etwa der Aufbau von neuen politischen Narrativen über Partnern, die den Konfliktdiskurs unterwandern[3], der Aufbau von Dienstleistungen im Bereich Sicherheit, Medizin, Bildung und auch Nahrungsversorgung, der teils auch die betroffenen Bürger und Parteien zu Produzenten dieser Leistungen macht und so eine neue Art von Kollaboration und Vertrauensbildung zwischen passiven oder antagonistischen Parteien fördert.[4] Weiters könnten Entscheidungsfindungsprozesse und -verfahren virtuell angeboten und gesteuert werden, die die betroffenen Parteien nutzen können und die zudem Lernprozesse auslösen.[5]

Abriegeln: Die Digitalisierung wird zu mannigfaltigen Konflikten führen. Besonders hoch scheint die Sorge zu sein, dass ganze Regionen nicht mehr beherrschbar werden. Dieses Szenario kann ganze Länder betreffen (Somalia, Afghanistan) oder aber auch die großen Metropolen dieser Welt, die ein durch die Digitalisierung »nutzlos« gewordenes Proletariat beherbergen werden, welches sich staatlicher Ordnung widersetzt.[6] In diesen Situationen werden Verteidigungskräfte derartige »No go«-Areas isolieren, mit automatisierten Sperranlagen eingrenzen und mittels Drohnen überwachen.

Aktivieren: Wenn Konflikte trotz der vorangegangenen Stufen ausbrechen, werden Verteidigungsplattformen Maschinen und Menschen aufbieten, die in den Konflikt eingreifen. Zunächst wird dies wohl ein virtueller Kampf der Plattformen untereinander (Hackingangriffe und -gegenangriffe, die auch auf die physische Welt Auswirkungen haben werden beziehungsweise auch keine Unterscheidung zwischen militärischen und zivilen Zielen mehr erlauben (Zerstörung ziviler Infrastruktur et cetera).[7] Möglicherweise wird dann auch der Einsatz physischer Kräfte notwendig, bei dem der Mensch aber durch Maschinen unterstützt und geschützt »sparsam« eingesetzt wird (hybride Kriegsführung).[8]

Neue Kooperationen mit Wirtschaft, Politik und Zivilgesellschaft

Abb. 1: Die drei Ebenen von Verteidigungsplattformen.

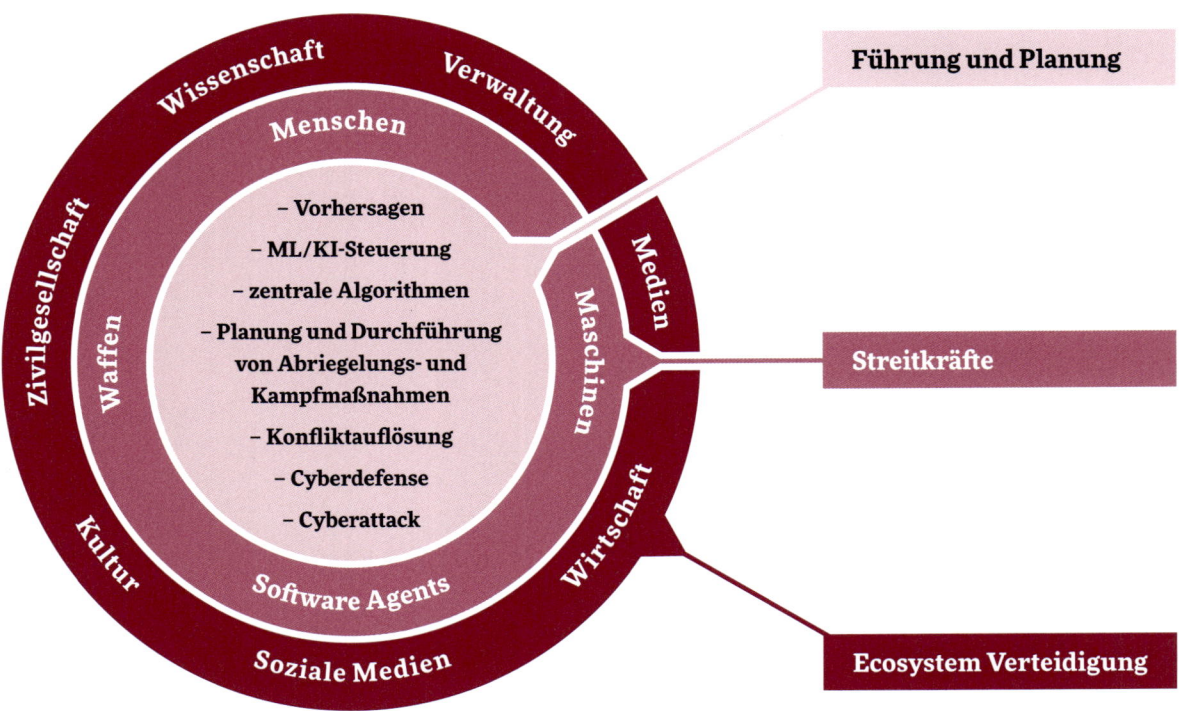

Welche Arten von Technologien und Organisationen sind in der Lage, derartige komplexe und umfassende Aufgabe umzusetzen? Militärinstitutionen herkömmlicher Art werden hierfür nicht ausreichen. Analog zu den Veränderungen der Wirtschaftsorganisation (»Industrie 4.0«, Internet der Dinge) kommen für die skizzierten Aufgaben vor allem Plattformen infrage. Verteidigungsplattformen sind komplexe, zum Teil virtuelle Organisationsformen, die aus einem großen Ökosystem an Kooperationspartnern bestehen und Maschinenlernen (ML) zum Steuern ihrer Abläufe und zum Vorhersagen verwenden (Abbildung 1).

> **Welche Arten von Technologien und Organisationen sind in der Lage, derartige komplexe und umfassende Aufgabe umzusetzen? Militärinstitutionen herkömmlicher Art werden hierfür nicht ausreichen.**

Neue Beziehungen

Obschon das »Industrie 4.0«-Zielbild hier noch mehr als vage ist, lassen sich doch einige technologische und strukturelle Eckpunkte herausheben. Dieses Konzepte besteht zunächst aus der Verbindung von Elementen, welche Software, Rechner, aber auch mechanische und elektronische Komponenten beinhalten (*cyber-physical*

systems), sich im Extremfall über die gesamte Welt verteilen können und über das Internet verbunden sind. Eine Neuerung betrifft Gestalt und Wandelbarkeit solcher Systeme: Während der Mensch aus einer festen Anzahl von »Komponenten«, etwa Gliedmaßen, Sinnesorganen et cetera, besteht, bilden nun mit einer Teilautonomie ausgestattete Komponenten eine Art »Community«, deren Mitglieder »kommen und gehen«, wie sie wollen beziehungsweise wie es die Gegebenheiten erlauben. Darüber hinaus können einzelne Komponenten gleichzeitig zu mehreren, also verschiedenen *cyber-physical systems* gehören – intelligente »Maschinen« haben damit Fähigkeiten der »Eigengestaltung« und darauf basierender Optimierung in einem bis dato in der Technik unbekannten Maße.[9]

Neben Maschinen, die untereinander kommunizieren, werden natürlich auch Menschen in dieses Konzept integriert, die mit den Maschinen via Schnittstellen interagieren. Die menschliche Rolle in diesen Technikkonzepten ist manchmal nicht ganz klar. Dies hat mit dem Technikfokus dieser Konzepte zu tun, aber auch mit der Unklarheit darüber, welche Fähigkeiten Maschinen erreichen werden und welche Tätigkeiten dann für den Menschen sinnvoll sind.[10] Selbst im Bereich der

Steuerung dieser Konstrukte ist eine eindeutige Rollenverteilung nicht einfach. Obwohl sich Maschinen nun auch untereinander steuern und selbst aktiv werden können (*smart machines, smart devices*), kann dieses komplexe Konstrukt wohl nicht mehr allein durch den Menschen gelenkt werden. Hierzu bedarf es der Technik des Maschinellen Lernens (ML) beziehungsweise der »schwachen« künstlichen Intelligenz (*artificial intelligence*, AI), welche in definierten Situationen mithilfe einer vorgegebenen Zielfunktion Muster auf Basis gespeicherter ähnlicher Fälle erkennen und Entscheidungen treffen kann beziehungsweise diese dem Menschen vorschlägt. Allerdings zeigt sich bereits, dass der Mensch in hochechtzeitfähigen Anwendungen schon zu langsam für die Maschine ist (Bremsautomat, Trading). Neben den bekannten – und niemals unproblematischen – Beziehungen zwischen den menschlichen Akteuren in Organisationen kommen also neue Ebenen hinzu, die, übertragen auf die Situation von Streitkräften, wie folgt skizziert werden können:

Allerdings zeigt sich bereits, dass der Mensch in hochechtzeitfähigen Anwendungen schon zu langsam für die Maschine ist.

Beziehung Maschine-Maschine
Mithilfe von Sensoren können Maschinen, oder auch nur Dinge *(smart objects)*, selbstständig Aktivitäten auslösen (ein Lastkraftwagen fordert zum Beispiel Betankung oder Wartungsaktivitäten an). Andere Maschinen können selbstständig tätig werden, um diese Aktivitäten zu erledigen (selbstfahrender Tankwagen). Man kann sich leicht vorstellen, welche mannigfaltigen Beispiele sich im Verteidigungsbereich finden lassen: Sperren erkennen zum Beispiel Aktivitäten und fordern Drohnen an, um die Situation zu klären; Maschinen antizipieren mittels ML Wartungsnotwendigkeiten und lassen einen 3-D-Drucker Ersatzteile ausdrucken oder in einer weitgehend automatisierten Roboterfabrik (*lights-out factory*) herstellen, und diese werden mit Drohnen zum Fahrzeug geflogen.[11] Damit

Auf der anderen Seite wird die Maschine dem Menschen als seine persönliche künstliche Intelligenz, als sogenannter *software agent*, Vorschläge machen, wie bestimmte Situationen zu deuten sind.

kann dann das hohe Verhältnis von Unterstützungskräften (Logistik, Sanitätsdienst et cetera) und Kampftruppen verändert werden.

Beziehung Mensch-Maschine
Hier erteilt der Mensch der Maschine Zielvorgaben, die diese umzusetzen hat. Die Kommunikation erfolgt über unterschiedliche Interfaces (Sprachkommando, Tastatur, Visor et cetera). Auf der anderen Seite wird die Maschine dem Menschen als seine persönliche künstliche Intelligenz, als sogenannter *software agent*, Vorschläge machen, wie bestimmte Situationen (Ressourcenallokationen, Personalentscheidungen, aber auch taktische und strategische Entscheidungen) zu deuten sind, welche Handlungsoptionen mit welchen Erfolgschancen zur Verfügung stehen.[12] Und natürlich kann der Mensch mit der Maschine den Ernstfall üben: Die Rolle des Gegners wird von der KI übernommen und so der Schwierigkeits- beziehungsweise Realitätsgrad durch ein selbstlernendes System gesteigert.

Schnittstellen zur Umwelt
Damit Maschinen derartig funktionieren, benötigen sie beständig Informationen sowie Skills, die in der Organisation selbst nicht immer ausreichend zu finden sind. Hierzu sieht das Konzept eine gewisse Öffnung der Plattformen vor, damit externe Informationen, aber auch bestimmte Fähigkeiten (*point skills*) an die Plattform situativ angeschlossen werden können. Hier ist insbesondere an Informationen zu denken, welche etwa im Zuge von *open source intelligence*-Ansätzen (OSINT) von offenen Quellen (Wissenschaft, Wirtschaft, Politik, Medien et cetera) eingespeist werden und somit die Entscheidungsbasis – etwa über die Wahrscheinlichkeit von Konflikten oder gegnerisches Verhalten – allgemein verbessern sollen.[13] Ein weiterer Grund für die Öffnung von militärischen Plattformen für andere Partner und auch zivile Plattformen ist der Zugriff auf Leistungen, Produkte und Fähigkeiten dieser Kooperationspartner, die die eigenen Kapazitäten steigern werden.[14] Etwa auch die Möglichkeit, Expertenwissen problembezogen und über spezifische Plattformen zu nutzen und zu integrieren, wie dies Crowdworking-Plattformen tun.[15] Die zugrunde liegende Technologie, insbesondere ML, wird zudem in beiden Bereichen eingesetzt, und es gibt

Synergien (und Kämpfe um knappe Ressourcen), welche natürlich von jenen Staaten effizient adressiert werden, die beide Sektoren unter Kontrolle haben.[16]

Schnelle und flexible Kooperation von Organisationen

Bei Verteidigungsplattformen werden traditionelle Verteidigungsorganisationen den Kern ausmachen. Es kommen aber eine Vielzahl von externen Akteuren und vor allem neue Steuerungsinstrumente hinzu. Plattformen sind für derartige umfassende Aufgaben geeignet, weil sie eine große Anzahl von Akteuren beziehungsweise deren Ressourcen über definierte oder standardisierte Schnittstellen anlassbezogen und über die Grenzen der traditionellen Organisation hinweg organisieren können.[17] Plattformen können also Leistungen für bestimmte Aufgabenstellungen auswählen, bündeln und virtuell anbieten. Plattformen sind »offen« im Gegensatz zu herkömmlichen Organisationen, die exklusiv sind und Barrieren und komplexe Protokolle für eine etwaige Kooperation auferlegen. Die dargestellten Aufgaben verlangen in einem drohenden Konfliktfall die schnelle und flexible Kooperation einer Vielzahl von Organisationen. Für die umfassende Aufgabe der Konfliktvorhersage und -auflösung werden Verteidigungsplattformen sich gegenüber den unterschiedlichen Bereichen der Gesellschaft öffnen und Kooperationen eingehen: mit der Wissenschaft, Kultur, Medien, Verwaltungen, der Zivilgesellschaft et cetera. Die Verteidigungsplattform schafft somit ein eigenes Ökosystem, welches sich um den traditionellen Kern anlagert und anlassbezogen genutzt wird:

> **Für die umfassende Aufgabe der Konfliktvorhersage und -auflösung werden Verteidigungsplattformen sich gegenüber den unterschiedlichen Bereichen der Gesellschaft öffnen und Kooperationen eingehen.**

»Können wir uns Planungsprozesse zur Verteidigungsfähigkeit vorstellen, die nicht nur ihre ›eigenen‹ Fähigkeiten berücksichtigen, sondern auch ein besseres Gleichgewicht zwischen diesen ›eigenen‹ Fähigkeiten und solchen anstreben, die verschiedenen Akteuren des Ökosystems mehr Handlungsmacht verleihen? Wobei unter ›Verteidigung‹ nicht mehr nur der Akteur zu verstehen ist, der massiv, physisch und spät in eine Konfliktdynamik interveniert (wir sehen weiterhin einen Bedarf für diese Sicherheitsfunktion); sondern es

ist eher ein strategischer Administrator, der nach Möglichkeiten sucht, zu einem frühen Zeitpunkt mit digitalen Mitteln in den Prozess einzugreifen. Ein Kurator, der überlegt vorgeht und sich für ein besseres Gleichgewicht zwischen konflikt- und resilienzorientierten Anstrengungen einsetzt, um das Nutzenversprechen der Verteidigung zu maximieren.«[18]

Hilfsgüter in Roboterfabriken erstellt

Die aus diesen Kooperationen resultierende Komplexität muss dann auch entsprechend gesteuert werden. Hierzu verwenden Plattformen nicht die Top-down-Kommandobrücke der traditionellen Hierarchie, sondern algorithmisch unterstützte Steuerung.[19] Die Technik des ML identifiziert dann in einer konkreten Aufgabenstellung mithilfe einer vorgegebenen Zielfunktion Muster auf Basis gespeicherter ähnlicher Fälle und kann so Entscheidungen treffen beziehungsweise diese dem Menschen vorschlagen.[20] ML antizipiert also auf Basis vergangener Erfahrungen zukünftige Situationen. Algorithmen können Muster in der Kommunikation sozialer Medien auswerten und so auf drohende Konflikte schließen, sie können dann relevante menschliche Akteure, aber auch Maschinen auf Basis ihrer Erfahrungen in ähnlichen Situationen auswählen, die diese Konfliktsituation auflösen können.[21] Sie können dann die Kooperation mit diesen Akteuren (Menschen und Maschinen) autonom oder teilautonom steuern.[22] Also etwa Hilfsgüter von Kooperationspartnern spezifizieren, welche dann in Roboterfabriken erstellt oder vor Ort »ausgedruckt« werden beziehungsweise mit Drohnen an den richtigen Ort befördert werden. In Fällen, in denen der Algorithmus unsicher ist oder ethische Gründe vorliegen, kann vorgesehen werden, dass der Mensch das letzte Wort (*human-in-the-loop*) hat.[23] Diese Entwicklung ist noch nicht abgeschlossen, doch es zeigt sich bereits, dass maschinelles Lernen auch schon ohne menschliche Vorgaben, durch Trial-and-Error-Verfahren erfolgen kann (*reinforcement learning*).

Verteidigungsplattformen als digitales HQ

Analog zu der Diskussion in der Wirtschaft, in der angenommen wird, dass der Mensch zukünftig in der Entscheidungsfindung zunächst durch ML unterstützt und später zunehmend ersetzt wird, es also zu

Robo-Bossen kommen wird, kann man annehmen, dass auch Verteidigungsplattformen eine Art digitales HQ oder zumindest eine zentrale digitale Leitstelle beziehungsweise Gehirn haben werden.[24] Vieles spricht dafür, dass Polizeiführungsstellen, die im Rahmen von *predictive policing* entstehen, hier illustrativ sein können. So etwa in Los Angeles die »Real-Time Analysis Critical Response«-Einheit (RACR):

»Ein Notruf. Ein möglicher Bandenkrieg ist im Gange. Die RACR-Kommandozentrale leitet die Streifen zum Tatort und überwacht gleichzeitig ihr Vorankommen in Echtzeit. Daten über die Auseinandersetzung werden an die Mobiltelefone der Polizisten weitergeleitet. Warnmeldungen über vergangene Schießereien und Bandenkonflikte bereiten sie auf Gefahren vor, die sie noch nicht vor Augen haben (...) Die Beamten wischen über Fotos, um sich ein Bild von der Gegend zu machen, bevor sie dort ankommen. (...) Appell. Montagmorgen. Die Streifenpolizisten erhalten Karten mit der Kriminalitätsvorhersage für den heutigen Tag. Kleine rote Kästchen kennzeichnen Bereiche, wo sich Straftaten ereignen könnten. Diese Kästchen sind Resultat einer algorithmischen Vorhersage erhöhter krimineller Aktivität. Lange Jahre des Verbrechens, von leistungsstarken Computern zerlegt und aufbereitet, damit sich zielgenau einzelne Häuserblocks vornehmen lassen.«[25]

Der Nationalstaat wird zum »Zuschauer« einer technischen Auseinandersetzung.

Schlussendlich ist dies ja auch der Endpunkt der Vernetzungsanstrengungen, die unter Überschriften wie etwa »*netcentric warfare*« und »Vernetzte Operationsführung« schon um die Jahrtausendwende begannen, ohne dass man damals die Möglichkeiten von ML vollständig erfassen konnte.

Derartige Verteidigungsplattformen und ihr umfassendes Ökosystem sind der Ausdruck politischer Macht im internationalen System. Die Möglichkeiten, Menschen, Organisationen und Maschinen mithilfe von KI zu steuern, bestimmen den Platz, den eine Nation oder eine Koalition im Machtgefüge einnimmt.[26] Und damit wird auch erkennbar, dass derartige Plattformen und ihre

Maschinen die Stellung eines Landes gegenüber der jetzigen Position massiv verändern können, da diese nicht mehr von der Anzahl der Bewaffneten, den ökonomischen Möglichkeiten oder den Einwohnern abhängt: »(...) wie in der ersten industriellen Revolution wird sich staatliche Macht viel weniger an der Größe der Bevölkerung messen lassen. Kleine Länder, die in der KI-Technologie einen deutlichen Vorsprung haben, werden weit oberhalb ihrer Gewichtsklasse boxen.«[27]

Machtpositionen werden dann also konsequenterweise auch zwischen einzelnen Plattformen »ausgehandelt«. Wenn die Erfahrungen von zivilen Plattformen irgendeine Art von Hinweis erlauben, dann ist davon auszugehen, dass sich die Verteidigungsplattformen in einer Art von permanentem Konfliktzustand mit anderen, vielleicht sogar nominell verbündeten Verteidigungsplattformen befinden werden. Die gegnerische Plattform muss penetriert werden, man muss sich dort einnisten, um Informationen zu erlangen, Informationen zu verändern und damit die Entscheidungsfindung des Gegners zu erschweren und seine Abläufe zu stören. Die heutigen Übergriffe und Attacken im Cyberspace geben einen guten Ausblick darauf, wie dieser permanente Reibungszustand aussehen wird:

»Wie alle anderen können wir auch nicht genau vorhersagen, ab wann die Nutzung von KI im Angriffsvektor sehr häufig sein wird. Vor etwa sechs Monaten hatten wir einen Fall, der ein Netzwerk in Indien betraf. Die Sache war nicht besonders durchdacht. Ich würde es keinen ausgereiften KI-Angriff nennen. Aber dabei kam maschinelles Lernen zum Einsatz, um herauszufinden, was sich normalerweise in dem Netzwerk tut, und um ins Hintergrundgeräusch einzutauchen. Zum Glück entdeckten wir das Vorkommnis anhand des ungewöhnlichen Verhaltens und der Bewegungen, was unsere Modelle deutlich zeigten. Vielleicht war die Absicht dahinter gar nicht der Diebstahl von Daten, vielleicht wollte hier jemand nur eine Weile herumhängen und etwas lernen. Ist das nicht denkbar? Wenn Sie etwas über neue medizinische Forschung oder alternative Energiequellen erfahren möchten, dann sollten Sie vielleicht einfach mal in einem Netzwerk ihr Lager aufschlagen und zugucken. Aber vielleicht geht es auch darum, Daten, Patientenakten,

Blutgruppen, Kontostände fast unmerklich zu verändern. Was fürchterliches Chaos verursachen wird, weil am Ende keiner mehr weiß, welchen Daten er noch trauen kann.«[28]

Sind derartige Plattformen nicht der höchste Ausdruck eines Militärzynismus, welcher den Wunsch abbildet, zu gewinnen, und zwar ohne eigenen Einsatz und Gefährdung?

Und vielleicht übernehmen globale Technikplattformen diese Art der Auseinandersetzung. Anlässlich der internen Diskussion bei Google, ob Rüstungsaufträge übernommen werden sollten oder nicht, wurde die intermediäre Rolle dieser Plattformen als Argument aufgeführt: »(...) es wäre besser für den Frieden, wenn die Militärs der Welt mit internationalen Organisationen wie Google verflochten wären, statt nur mit nationalistischen Verteidigungsunternehmen zusammenzuarbeiten«.[29]

Duellierende Maschinen

Diese Verschiebung der Auseinandersetzungen auf die Techniksphäre ist durchaus etwas, was die Fantasie schon lange anregt. So skizzierte Nikola Tesla die Maschinenduelle bereits um 1900 und betrachtete sie als Ausweg aus blutigen Auseinandersetzungen: Solange der Mensch noch Teil der Auseinandersetzung ist, werden seine Emotionen immer neue Konflikte produzieren.[30] Die Maschine muss also den Platz des Menschen übernehmen, dieser beziehungsweise der Nationalstaat wird zum »Zuschauer« einer technischen Auseinandersetzung:

Möglicherweise besteht nun der Ausblick, ethisch konstruierte und handelnde Plattformen zu entwickeln, die alles tun, damit Konflikte nicht ausgetragen werden.

»Aber was ist nun die nächste Phase in dieser Entwicklung? Noch nicht der Frieden, gewiss nicht. Was sich als Nächstes aus den modernen Entwicklungen ergibt, wird sicher sein, dass sich die Anzahl von Personen, die an Kampfhandlungen teilnehmen, kontinuierlich verringern wird. Die Kriegsmaschinerie wird zu höchsten Leistungen fähig sein, aber nur noch wenige Personen zu ihrer Bedienung benötigen. Diese Evolution wird dazu führen, dass die Maschinen oder Mechanismen, die mit den wenigsten Menschen auskommen, Vorrang in der Kriegsführung

erhalten. Ein Verzicht auf große Einheiten, die schwerfällig sind, nur langsam vorankommen und sich nicht kontrollieren lassen, wird unausweichlich Folge davon sein. Größtmögliche Geschwindigkeit und maximales Tempo der Energiezufuhr durch den Kriegsapparat werden zum Hauptziel. Der Verlust an Menschenleben wird immer kleiner, und schließlich wird die Zahl der beteiligten Menschen immer mehr abnehmen, bis sich lediglich Maschinen in einem Wettkampf ohne Blutvergießen treffen, während die Nationen als Zuschauer mitfiebern.«[31]

Die Rolle des Menschen

Ähnlich wie beim »Industrie 4.0«-Konzept stellt sich auch beim Konzept der Verteidigungsplattform die Frage nach dem Ausmaß und Wesen menschlicher Rollen und Aufgaben. Diese werden natürlich vom Fortschritt des ML-Konzeptes abhängig sein. An der Zielsetzung, den Menschen physische Kampfhandlungen zu ersparen und damit das, was Clausewitz als »Anstrengungen« bezeichnete (insbesondere die Angst, getötet oder verwundet zu werden), kann es aber kaum Zweifel geben. Der Akt des Tötens ist den allermeisten Menschen zuwider und hinterlässt traumatische Spuren. Gelang es bis zum Vietnamkrieg etwa, die »Bereitschaft zum Töten« massiv zu erhöhen (von 25 Prozent im Zweiten Weltkrieg auf nunmehr über 90 Prozent der Kombattanten), so sind die negativen Folgewirkungen selbst bei Drohnenpiloten damit nicht überwunden.[32] Des Weiteren werden sich vor allem die Staaten des Westens bei vielen Konflikten, insbesondere in den Ländern des Südens, in moralischen Dilemmata befinden, und hier ermöglichen Maschinen einen auf den ersten Blick »einfachen Ausweg«, was sich etwa im Afghanistankonflikt bereits zeigt.[33]

Insofern kann davon ausgegangen werden, dass nach wie vor Menschen auf Verteidigungsplattformen aktiv sein werden, allerdings vielleicht eher in zweiter Reihe beziehungsweise geschützt durch autonome Maschinen der Plattform. Die Zielsetzung des russischen Militärs, in den nächsten Jahren etwa 30 Prozent der Kampfkapazitäten durch Maschinen abzubilden, erscheint in diesem Kontext also nicht abwegig.[34]

Die hier geschilderten Militärplattformen – so viel kann man bei aller Unsicherheit sagen – werden

Streitkräfte der Zukunft

Wie wir handeln müssen

Beim Aufbau derartiger Plattformen scheinen Länder, die zentrale und damit gleichzeitig immer auch globale Plattformen bauen können, einen Vorteil zu haben, da sie hierzu entsprechend umfassende Steuerungen, Datenstrukturen und -registraturen vorsehen können, die auch im militärischen Bereich verwendbar sind.[40] Mithilfe vernetzter Verteidigungsökosysteme könnte der »Nachteil« Deutschlands und Europas kompensiert werden, und die Vielfalt könnte zu Maschinen und Plattformen führen, die klüger und ethischer sind als jene der Großmächte.[41]

— *Forcierung des ML-Sektors in Deutschland und Europa.* Wenn Maschinenlernen der Schlüssel der ökonomischen, politischen und militärischen Positionierung eines Landes ist, müssen die Prioritäten entsprechend gesetzt werden. Die Maßnahmen müssen darin bestehen, Investitionen und Forschungen auch auf nationaler, besser noch auf EU-Ebene zu bündeln, zu vernetzen und mit einer mittel- und langfristigen Perspektive zu versehen: Technologieentwicklung

und -führerschaft müssen verstärkt als geopolitischer Faktor erkannt und genutzt werden.[42]

— *Intensivierung der militärisch-zivilen Kooperation.* Die Kooperation zwischen militärischen und zivilen Plattformen ist essenziell. Ohne zivile Plattformen mit globaler Wirkung ist die Position eines Landes nicht zu halten. Militärische Plattformen brauchen zudem Dienstleistungen und Produkte ziviler Plattformen, um ihre Aufgaben im Bereich der Konflikterkennung und -auflösung erfüllen zu können.

— *Gesellschaftlicher Buy-in.* Maschinen, Roboter und Algorithmen spiegeln immer auch die Werte derer wider, die sie programmieren. Es ist zu erwarten, dass diese ethische Programmierung eine Sache auf »Leben und Tod« für die digitale Zivilisation werden wird.[43] Die in die Maschinen eingebauten Werte müssen deshalb auf Basis eines breiten Diskurses entwickelt werden.

komplexe und schwer aufzulösende Implikationen mit sich bringen und nicht nur die Wirtschaftsstrukturen und die Axiometer der internationalen Politik verschieben. Würden denn derartig ausgetragene Konflikte nicht auch das Problem der Verantwortung offenlassen?

Sind »tugendhafte« Konflikte mit Maschinen möglich?
Sind derartige Plattformen nicht der höchste Ausdruck eines Militärzynismus, welcher den Wunsch abbildet, zu gewinnen, und zwar ohne eigenen Einsatz und Gefährdung?[35] Würden denn Konflikte und der Verlust an Menschenleben damit ernsthaft verhindert, oder würde nur die Umsetzung an Maschinen übergeben, ohne die Wurzeln des Konfliktes zu beheben?[36] Wären denn »tugendhafte« oder »heilige« Konflikte mit Maschinen überhaupt möglich, solange etwa die Verluste, insbesondere in der zivilen Bevölkerung des technisch unterlegenen Gegners, so hoch bleiben?[37] Schlussendlich: Ist die maschinelle Plattform nur eine weitere Facette des Menschheitstraums von der Superwaffe, die endlich den Frieden bringen und sichern soll, aber immer nur zu weiteren Konflikten führt?[38] Möglicherweise besteht nun der Ausblick, ethisch konstruierte und handelnde Plattformen zu entwickeln,

die alles tun, damit Konflikte nicht ausgetragen werden. Und dies, und nur dies, scheint eine Perspektive zu sein, die die Technologie mit der menschlichen Zivilisation in Einklang bringt: »Die Militärgeschichte der Zukunft wird an einer völlig neuen Front geschrieben werden: dort, wo der Kampf um das Unterlassen der Kämpfe geführt werden wird. Die entscheidenden Schläge werden diejenigen sein, die nicht geschlagen werden.«[39]

PROF. DR. DR. AYAD AL-ANI (54) *forscht am Alexander von Humboldt Institut für Internet und Gesellschaft, Berlin, ist Lehrbeauftragter an der Universität Basel, außerordentlicher Professor an der School of Public Leadership der Universität Stellenbosch, Südafrika, und Visiting Professor an der FernUniversität in Hagen. Er war Executive Partner bei Accenture, Rektor und Professor an der ESCP Europe Wirtschaftshochschule in Berlin sowie Professor an der Hertie School of Governance.*

JÖRG STENZEL (42) *ist studierter Offizier der Bundeswehr. Hier gibt er ausschließlich seine persönliche Meinung wider.*

»Die Europäische Union muss sich intern konsolidieren, Machtressourcen ausbauen und diese in internationale Gestaltungsmacht übersetzen.«

Das nächste Europa.
Die EU als Gestaltungsmacht

Von Daniela Schwarzer

Europa muss sich 2030 in einer Welt kompetitiver Multipolarität und im Wettbewerb illiberaler und liberaler Gesellschaften behaupten. Technologischer Fortschritt und Digitalisierung eröffnen autoritären Regimen neue Instrumente zum Machterhalt im Inneren und zur internationalen Einflussnahme. Angesichts komplexer hybrider Bedrohungen müssen Deutschland und die Europäische Union (EU) ihre Resilienz stärken. Der soft power- und Transformationsansatz allein garantiert der EU weder ihre Selbstbehauptung noch die Stabilisierung der Nachbarschaft oder der globalen Ordnung oder gar die Gestaltung derselben in ihrem Sinne.

Die deutsche Außenpolitik ist traditionell auf die Stärkung multilateraler Organisationen, Partnerschaften und das Handeln im Verbund liberaler Demokratien ausgerichtet. Konsensorientierte Abstimmung im Rahmen der Europäischen Union und im transatlantischen Bündnis NATO sind aus deutscher Sicht bewährte und bevorzugte Herangehensweisen. Das starke Engagement für die Vertiefung der EU und die Pflege enger Beziehungen mit den USA haben Deutschland nicht nur politisch und wirtschaftlich genutzt. Sowohl starke Partner mit weitreichendem außen-, sicherheits- und verteidigungspolitischem Engagement, wie etwa die USA, Frankreich oder Großbritannien, als auch funktionierende Ordnungsstrukturen haben es Deutschland erlaubt, sich international vergleichsweise wenig zu engagieren und trotzdem Sicherheit für die Bevölkerung zu garantieren.

Die Leitidee von internationaler Kooperation als einem Positivsummenspiel ist einer Welt der strategischen Konkurrenz gewichen, in der der eine gewinnt, was der andere verliert.

Eine kompetitivere und unsichere Welt

Seit einiger Zeit geraten allerdings genau diese globalen Ordnungsstrukturen und Institutionen unter Druck – und damit auch die außenpolitischen Grundannahmen und Handlungsroutinen. Drei Faktoren sind dafür zentral: Erstens, die Verschiebung wirtschaftlicher, politischer und militärischer Gewichte nach Asien und die relative Unterrepräsentation aufstrebender Mächte in internationalen Institutionen haben die Strukturen und Institutionen der Nachkriegsweltordnung reformbedürftig gemacht.[1]

Der zweite Faktor ist, dass das westliche Modell liberaler Demokratien sich nicht in dem Maße ausbreitet, wie es noch in den 1990er-Jahren angenommen wurde. Es besteht eine anhaltende Systemkonkurrenz, die auch Folgen hat für die Anerkennung von Werten und Rechtsgrundsätzen, die in das internationale Recht und internationale Organisationen Eingang gefunden haben.

Der dritte Faktor ist, dass sich erstarkende autoritäre Kräfte, wie etwa in Russland oder der Türkei, explizit vom westlichen Politik- und Gesellschaftsmodell abwenden, gar ein Feindbild des »Westens« in kultureller wie in politischer Hinsicht definieren und versuchen, dies zu untergraben. Mittlerweile wird in vielen Hauptstädten, sogar in Washington, D. C., in Freund-Feind-Schemata gedacht. Die Leitidee von internationaler Kooperation als einem Positivsummenspiel ist einer Welt der strategischen Konkurrenz gewichen, in der der eine gewinnt, was der andere verliert. Nicht nur Staaten wie Russland und China, sondern auch die USA sind auf unterschiedliche Art und Weise für Europa zu großen Unsicherheitsfaktoren bis hin zur Bedrohung geworden.

Russland und die EU

Russland fordert die internationale Ordnung, insbesondere die europäische Sicherheitsarchitektur nach Ende des Kalten Krieges, grundlegend und explizit heraus. Es sieht sich selbst als Großmacht, die das Recht hat, regionale und globale Ordnung zu gestalten. Dafür darf es sich in innere Angelegenheiten kleinerer Staaten einmischen: etwa in die postsowjetischen Staaten, um diese von der weiteren Annäherung an die EU abzuhalten, oder auch in Staaten, die bereits Mitglied von EU und NATO sind. Für die Einflussnahme in der eigenen Nachbarschaft und weltweit greift Russland vermehrt auf alte und neue technologische Instrumente zurück, ebenso wie es dies für den inneren Machterhalt tut.

Russische Eliten gehen davon aus, dass in der multipolaren Welt das Recht des Stärkeren gilt und es nur begrenzte interessensorientierte Allianzen mit anderen Staaten geben kann. In einer aus russischer Sicht zunehmend angespannten Situation hat Moskau seit 2004 viel in die Modernisierung seiner Waffenarsenale investiert. Die Bereitschaft, nukleare Waffen in die strategische und militärische Planung einzubeziehen, ist gewachsen.

Präsident Wladimir Putin scheint zu versuchen, Russlands Platz in der globalen Ordnung neu zu definieren, indem er das System untergräbt, um es dann neu mitverhandeln zu können. Die Schwächung der regelbasierten internationalen Ordnung durch US-Präsident Donald Trump bietet ihm Gelegenheit, seine Position gegenüber den USA und der EU zu stärken, auch in Konflikten, unter anderem im Nahen und Mittleren Osten. Stellvertreterkriege wie in Syrien nutzt er, um die eigene Macht zu demonstrieren, zu erhalten und auszubauen. Dieses Vorgehen und die Versuche, das europäische Modell zu untergraben und ein alternatives Narrativ aufzubauen, stehen im Zusammenhang mit dem Ziel des internen Machterhalts.

Russische Eliten gehen davon aus, dass in der multipolaren Welt das Recht des Stärkeren gilt und es nur begrenzte interessensorientierte Allianzen mit anderen Staaten geben kann.

China und die EU

Die größte Herausforderung für Deutschland und die EU stellt auf absehbare Zeit China dar, auch wenn die Führung mit eigenen internen Risiken zu kämpfen hat. Während Russland eine absteigende Macht mit einer revisionistischen außenpolitischen Agenda ist, deren primäre Machtressourcen das Militär und die Nutzung hybrider Mittel gegen andere Staaten sind, baut China in politischer, wirtschaftlicher, militärischer und technologischer Hinsicht seine Macht aus. Die »Made in China 2025«-Strategie legt das ehrgeizige Ziel fest, bis 2025 zu den Industrienationen aufzuschließen und bis 2049 selbst eine weltweit technologisch führende Industrienation zu werden. Spätestens seit 2014 zeigt sich, dass China diese Strategie konsequent umsetzt. So zielt Pekings »Neue Seidenstraße«-Initiative darauf ab, für China Handelsrouten zu erschließen, und verwandelt den eurasischen Raum in einen neuen Schauplatz wirtschaftlicher und geopolitischer Einflussnahme. Bis in die EU

China entwickelt sich im Inneren zu einem technologiebasierten Überwachungsstaat.

hinein ist der Einfluss Chinas zu spüren, der auch hier mit strategischen Investitionen in Schlüsselindustrien und Infrastruktur einhergeht. Auch Kooperationen mit deutschen und europäischen Unternehmen, auch in Forschungs- und Entwicklungseinrichtungen, verschaffen China immer mehr technologisches Knowhow. Die chinesische Hochschul- und Forschungspolitik könnte im Zuge einer Neuausrichtung die Grundlage legen für ein enormes Innovationspotenzial im Land, sofern es China gelingt, internationale Expertise einzubinden. In Kernbereichen droht die EU ihren Innovationsvorsprung zu verlieren. Auch in Afrika und Lateinamerika sichert sich China Einfluss und Ressourcenzugang, etwa durch den Aufbau von Infrastruktur und auch durch eine Entwicklungszusammenarbeit, die an keine Auflagen gebunden ist.

Chinas determinierte Rückkehr auf die Weltbühne katalysiert einen fundamentalen Wandel im System, der mit Chancen, aber auch erheblichen Gefahren einhergeht. China hat mit seinem merkantilistischen Staatskapitalismus eine Dynamik in der liberalen Weltwirtschaftsordnung ausgelöst, die die bisherigen Gestalter dieser Ordnung, die USA, Europa und Japan, mit schwer lösbaren ökonomischen und gesellschaftlichen Problemen konfrontiert. Gleichzeitig entwickelt sich China im Inneren zu einem technologiebasierten Überwachungsstaat, in dem die herrschende Partei ihre Steuerungsmöglichkeiten ausbaut – gegenüber der Gesellschaft ebenso wie in der Entwicklung des Wirtschafts- und Innovationssystems.

Die wachsende Wirtschaftsmacht Chinas bildet die Grundlage dafür, dass die Volksrepublik ihre geostrategischen Interessen, potenziell ihre territorialen Ansprüche und die Kontrolle von Seewegen in Zukunft noch wirksamer verfolgen kann und militärtechnologisch voranschreiten wird. Es ist nicht auszuschließen, dass China mittelfristig seine Ablehnung militärischer Bündnisse zurückstellt und etwa versucht, die traditionellen Rivalitäten mit Russland zu überwinden, sollte dies als sinnvoller Schritt gesehen werden, um kooperative Sicherheit zu gewährleisten oder um Chinas globale Vormachtstellung auszubauen.

China verfolgt nicht die Strategie, westliche oder globale Institutionen zu zerstören, da es wirtschaftlich sehr von der Stabilität im internationalen System und der EU profitiert. Es sucht allerdings Einflussnahme in den bestehenden Systemen, etwa den Vereinten Nationen (VN), baut zudem neue Strukturen auf, wie etwa die Asian Infrastructure Investment Bank (AIIB), und verstärkt seinen Einfluss auf Regierungen einzelner Staaten. China wird den Westen mehr verändern als andersherum, insbesondere wenn dieser nicht mehr an einem Strang zieht, wenn es darum geht, die Strukturen und Prinzipien der derzeitigen Weltordnung aufrechtzuerhalten.

China verfolgt nicht die Strategie, westliche oder globale Institutionen zu zerstören, da es wirtschaftlich sehr von der Stabilität im internationalen System und der EU profitiert.

Trumps USA – strategische Konkurrenz zur EU als Leitmotiv

Unter der Führung von Präsident Donald Trump entwickeln sich die USA vom engsten Partner der EU und vieler ihrer Mitgliedstaaten zum strategischen Konkurrenten: Noch sind die USA und die EU wirtschaftlich eng verflochten und unterhalten über lange Jahre gewachsene politische und gesellschaftliche Beziehungen. Europa hofft mangels Alternativen darauf, dass die USA im Rahmen der NATO Schutzmacht Europas bleiben, doch dies ist unsicher.

In einer zunehmend globalisierten und arbeitsteilig organisierten Welt gestalten die USA die transatlantischen Wirtschaftsbeziehungen so um, dass sie größere Gewinne erzielt werden. Regelbasierte Ordnungsstrukturen werden dabei als wirkungslos und teuer oder gar als Hindernis bei dem Versuch gesehen, die eigene Situation zu verbessern. Es ist historisch einzigartig, dass der führende Staat eine selbst etablierte Ordnung – in diesem Falle die Weltordnung – aus eigenem Antrieb von innen heraus schwächt und abbaut.

Die Idee, die liberale Weltordnung ohne oder gar gegen die USA aufrechtzuerhalten, erscheint unmöglich und gleichzeitig absolut notwendig. Eine bis 2030 entscheidende Frage ist daher, in welchem Maße und für wie lange die USA sich zurückziehen und wie groß der Schaden an den Strukturen in der Post-Trump-Ära sein wird. Auch wenn es nach wie vor so scheint, dass die USA zumindest von Teilen der regelbasierten Ordnung profitieren, ist eine Rückkehr zu den Zeiten vor Trump unwahrscheinlich. Dafür steht die Wahl Trumps zu sehr für gesellschaftliche Spaltung und dauerhaftere Polarisierung als für einmaligen Protest.

Zudem erlaubt der Rückzug der USA Staaten wie China und Russland, in die »Lücken« zu stoßen und ihre Strategien zur Stärkung der eigenen Position umzusetzen. Heute sprechen die großen Mächte in ihren nationalen Sicherheitsstrategien von strategischer Balance im Sinne eines Nullsummenspiels. Gleichzeitig steigt angesichts ihrer demonstrierten Stärke, angesichts teils erfolgreicher Aufhol- und Überholanstrengungen gegenüber Europa und im Falle Chinas seiner Finanzkraft und Marktstärke, ihre Anziehungskraft in der internationalen Gemeinschaft. Die liberal-demokratischen Mächte hingegen sehen ihre Anziehungskraft und damit *soft power* sinken und müssen diese verteidigen.

Interne Konsolidierung und internationale Gestaltung

Deutschland und die EU stehen vor einer dreifachen Aufgabe, um überhaupt als Gestaltungsmächte tätig sein zu können. Erstens müssen sie trotz aller schwierigen Rahmenbedingungen an den Beziehungen zu den USA und an den Institutionen, Werten und Prinzipien der liberal-demokratischen Welt festhalten, um diese im fortschreitenden Wandel der internationalen Ordnung ansatzweise zu erhalten. Grundsätzlich ist es natürlich denkbar, dass die EU und auch Deutschland einen grundlegenden Präferenzwandel durchlaufen und für sich Vorteile in geschlossenen, illiberalen Gesellschafts-, Staats- und Wirtschaftsmodellen entdecken. Dies ist allerdings angesichts der bestehenden tiefen internationalen Verflechtung unwahrscheinlich und würde einen Abschied von westlichen Wertevorstellungen bedeuten. Zweitens müssen sie die eigenen Fähigkeiten zur Machtprojektion politisch, wirtschaftlich, militärisch und technologisch ausbauen, auch in Abgrenzung zu den USA und illiberalen Regimen wie Russland und China, um nicht von genau diesen Staaten untergraben,

Die internationalen Gestaltungsaufgaben der EU

Abb. 2: Übertragung innerer Entwicklungsziele und Machtressourcen der EU in internationale Gestaltungsaufgaben.

Innere Entwicklungsziele und Machtressourcen der EU / **Internationale Gestaltungsaufgaben**

Wirtschaft
- Interne sozioökonomische Kohäsion
- Größte Handelsmacht, zweitwichtigste Währung der Welt
- Erhöhte Krisenresilienz

→ Einsatz für internationale Wirtschaftsabkommen und Freihandel

Regulierung
- Wissenschaftliche und technologische Vorreiterrolle
- Marktmacht
- Politischer Einfluss

→ Internationale Regulierung

Sicherheit/ Verteidigung
- Höhere Resilienz
- Militärische Fähigkeiten
- Zivile Fähigkeiten

→ Gestaltung der europäischen Sicherheitsarchitektur
→ Weiterentwicklung der NATO

Regionale Entwicklung
- Neue Ansätze in der Nachbarschaftspolitik
- Alternativen zur Vollmitgliedschaft

→ Einfluss auf Entwicklungen in der direkten EU-Nachbarschaft
→ Einfluss auf multilaterale Abkommen

Wertebasis
- Gefestigte liberaldemokratische Ordnung
- Attraktivität von Demokratie, Rechtsstaatlichkeit, Menschenrechten

→ Weiterentwicklung der liberaldemokratischen Weltordnung
→ Gestaltung der regionalen Nachbarschaft

---

auseinanderdividiert und zerrieben zu werden. Ziel ist es auch, ihnen aus einer stärkeren Position heraus begegnen zu können, um zumindest in einzelnen Politikfeldern Kooperationen auszuloten. Drittens muss die EU ihre eigene Resilienz erhöhen, denn Angriffe hybrider Natur wird es zunehmend geben. Schutz können weder die EU noch nationale Regierungen allein gewährleisten.

Unter der Führung von Präsident Trump entwickeln sich die USA vom engsten Partner der EU und vieler ihrer Mitgliedstaaten zum strategischen Konkurrenten.

Dies sind umfassende und schwierige Aufgaben in einer Zeit, in der die Spannungen in der EU-28 so groß geworden sind wie nie zuvor seit Beginn der Integration. Interessensdivergenzen bestehen über die weitere Entwicklung der Eurozone und die des europäischen Wirtschaftsraums sowie hinsichtlich sozialer Aspekte. Das Thema Migration und Asyl spaltet die Mitgliedstaaten der EU ebenso wie die Frage nach den Grundprinzipien der Gemeinschaft, wie offene Grenzen, Rechtsstaatlichkeit und liberale Demokratie. Die innere Kohäsion in der EU und das internationale Umfeld stehen dabei in direktem Zusammenhang: Externe Akteure stehen für alternative politische Modelle und bieten Partnerschaften oder Finanzierung, die Teile der EU-Staaten nutzen. Unabhängig davon, ob sie dies tun, weil sie davon überzeugt sind oder um ihre Verhandlungsposition in der EU zu verbessern: Sie schwächen die EU weiter.

Die EU lebt von der Globalisierung, vom freien Handel und von einer geregelten und friedlichen Koexistenz. Weder für Deutschland noch für Europa ist ein geschlossenes Wirtschaftsmodell eine Option, für die meisten EU-Staaten sind auch illiberale Staats- und Gesellschaftsmodelle inakzeptabel. Dementsprechend sollte die EU liberale und multilaterale Normen aktiv und im eigenen Interesse verteidigen und gestalten – im Inneren wie nach außen. Nur so wird sie auch von ihren Mitgliedern als relevant akzeptiert. Intern normativ konsolidiert, kann und muss sich die EU mit aller Kraft für die Aufrechterhaltung multilateraler Strukturen einsetzen, diese aber gleichzeitig fairer, inklusiver und nachhaltiger gestalten als in der Vergangenheit. Nur so können diese Strukturen so attraktiv werden, dass sie weiterhin eine überlegene Alternative zu den Modellangeboten Chinas oder Russlands darstellen. Die Anstrengung dieser Parallelität darf nicht unterschätzt werden und muss jetzt beginnen. Nur wenn die EU geschlossen und stark auftritt, kann sie verhindern, zum Spielball der Systemkonkurrenz zu werden und durch sie zermalmt zu werden.

Die Wirtschaft und den sozialen Zusammenhalt stärken

Die EU und die Eurozone verzeichnen zwar moderate Wachstumsraten, doch dreierlei Schwächen bestehen weiterhin. Alle drei gehen darauf zurück, dass mit dem Binnenmarkt und der Eurozone wichtige Schritte der Entgrenzung und der Schaffung eines gemeinsamen Geldwesens realisiert wurden. Doch politische Steuerungsmöglichkeiten gingen verloren, weil auf EU-Ebene analog zur Geldpolitik nicht auch haushalts-, finanz-, wirtschafts- und sozialpolitische Instrumente geschaffen wurden.

Gleichzeitig verloren die Regierungen der Mitgliedstaaten Steuerungsmöglichkeiten durch die neuen Rahmenbedingungen bei entgrenzten Märkten und europäisierter Geldpolitik, und durch europäische Regeln, die nationaler Haushalts- und Wirtschaftspolitik Grenzen setzen. Insofern geht es bei der Diskussion um die Vervollständigung der Eurozone und der Gestaltung des Binnenmarkts nur vordergründig um die Frage von Kompetenztransfers. Die Idee eines gemeinsamen Rückgewinns von Souveränität und Gestaltungsmöglichkeit auf europäischer Ebene beschreibt die Situation viel besser.

Nur wenn die EU geschlossen und stark auftritt, kann sie verhindern, zum Spielball der Systemkonkurrenz zu werden und durch sie zermalmt zu werden.

Die erste Schwäche besteht darin, dass die Eurozone trotz relevanter Reformen der Governance-Strukturen als Reaktion auf die Krisen seit 2008 längst nicht krisenresilient ist. Instabilität und Vertrauensverlust in den Märkten, keine ausreichende Konsolidierung im Bankensektor und die Zunahme politischer Risiken und digitaler Verwundbarkeiten im Finanzsektor könnten Krisen noch größeren Ausmaßes verursachen, auf die die Eurozone bis heute nicht vorbereitet ist. Da die politische Polarisierung innerhalb der EU und auch im Inneren von Mitgliedstaaten zugenommen hat, dürfte es schwieriger sein, ad hoc zu reagieren und im Zuge des Krisenmanagements erst die dafür notwendigen Instrumente zu erschaffen, wie es ab 2010 mit den ersten Rettungspaketen im Zuge der Staatsverschuldungs- und Bankenkrise, später mit der Schaffung des Europäischen Stabilitätsmechanismus gelang.

Zum Zweiten löst die EU aus Sicht vieler Bürgerinnen und Bürger ihr Wohlstandsversprechen nicht mehr ein, im Gegenteil: Sie wird von vielen als Motor einer als Bedrohung empfundenen Globalisierung gesehen. So zeigt eine Eurobarometer-Umfrage von 2017, dass 43 Prozent der Befragten die EU nicht in der Lage sahen, sie vor den negativen Effekten der Globalisierung zu schützen.[2] Diese Wahrnehmung wird durch populistische Parteien ausgeschlachtet und gegen die EU verwandt. Es ist daher eine dringende politische Aufgabe, im Bereich der Wirtschafts- und Sozialpolitik europäische Maßnahmen zu beschließen, die es erlauben, schon kurzfristig das Gefühl von Gefährdung und Entgrenzung durch die EU und den Welthandel zumindest etwas zu reduzieren und die Rolle der EU als Schutzmann erfahrbar zu machen. Dazu gehört auch eine realistischere Wirtschaftspolitik gegenüber China, etwa Maßnahmen zur Investitionskontrolle, um strategische Aufkäufe relevanter Schlüsselindustrien abwehren zu können. Die EU und ihre Mitgliedstaaten brauchen eine entschiedenere Industriepolitik, um im Wettbewerb gegenüber Spielern, die marktliberale Prinzipien selbst nicht respektieren, handlungsfähig zu sein.

Dies alles wird drittens allerdings nur funktionieren, wenn die EU den digitalen Wandel der Arbeitswelt und Gesellschaft in Europa gestaltet und reguliert. Denn nur dann kann sie globale Standards auch in Zukunft wirksam mitdefinieren. Im europäischen Interesse ist es, hier möglichst proaktiv zu sein. Dafür wird sich Europa allerdings nicht darauf konzentrieren können,

Entwicklungen in anderen Staaten und Regionen zu beobachten und darauf zu reagieren, sondern muss seine eigene Wettbewerbsfähigkeit und Attraktivität als strategische Ressource in den Vordergrund stellen.

Außen- und sicherheitspolitische Konsolidierung
Auch im Bereich der Außen- und Sicherheitspolitik (GASP) ähnelt die EU einem halb fertigen Haus. Seit Langem etablierte Institutionen und Prozesse werden zwar weiterentwickelt. Doch die EU verfolgt nur oberflächlich eine gemeinsame strategische Richtung, denn die meisten EU-Regierungen wollen keine »Nebenaußenpolitik« aus Brüssel. Deshalb handelt die EU außenpolitisch selektiv und letztlich inkohärent. Zudem fehlen ihr Ressourcen, um selbstständig handlungsfähig zu sein. Insbesondere im traditionellen Kernbereich von Sicherheit, bei der Verteidigung, ist die EU von den USA abhängig. Die viel zitierten Initiativen der EU für verbesserte militärische Fähigkeiten, die Ständige Strukturierte Zusammenarbeit (PESCO) und die Entwicklung einer leistungsfähigen verteidigungsindustriellen Basis, unter anderem durch den Europäischen Verteidigungsfonds (EDF), werden erst in zehn bis 15 Jahren wirksam.

> Die EU und ihre Mitgliedstaaten brauchen eine entschiedenere Industriepolitik, um im Wettbewerb gegenüber Spielern, die marktliberale Prinzipien selbst nicht respektieren, handlungsfähig zu sein.

Die sicherheitspolitischen Herausforderungen gehen heute weit über das Militärische hinaus. Die Räume innerer und äußerer Risiken verschmelzen. Zudem erweitert sich die Grauzone zwischen Krieg und Frieden, vor allem in »nicht militärische« Felder wie Politik, Wirtschaft und Gesellschaft. Gewalt kann in ganz unterschiedlichen Formen auftreten, sei es Erpressung durch wirtschaftliche Abhängigkeiten, Desinformation oder Cyberangriffe, die Daten stehlen, aber auch Infrastrukturen gefährden. Dieser Konfliktaustrag findet

> Um nach außen als glaubwürdiger liberaldemokratischer Akteur auftreten zu können, muss sich die EU wieder auf die gemeinsamen Werte, die ihrer Gründung und Erweiterung zugrunde lagen, verständigen.

unterhalb der Schwelle eines klassischen Krieges statt, was eindeutige Reaktionen erschwert. Regierungen müssen neue Kategorien und Zuständigkeiten sicherheitspolitischen Handelns erwägen.

Dies ist für die EU umso schwieriger, da es ihr an Strategiefähigkeit fehlt. Diese Fähigkeit, weitreichende Zielsetzungen zu definieren und zu verfolgen, muss gerade in multilateralen Kontexten gezielt erarbeitet werden, weil unterschiedliche strategische Kulturen bestehen und in vielen Bereichen, ob nun bei der Betrachtung der internationalen Sicherheitslage oder der Bewertung von Risiken in der Eurozone, nationale Perspektiven bereits in der Problemanalyse stark variieren. Die gemeinsame Strategiediskussion sollte unterschiedliche Traditionen und Stärken ausnutzen und verbinden, braucht aber eine explizite Verständigung über die Ausgangslage, gemeinsame Ziele und Wege der Lastenteilung. Selbst eng kooperierende Partner wie Deutschland und Frankreich operieren aus unterschiedlichen sicherheits- und verteidigungspolitischen Kulturen heraus und müssen sich deswegen umso expliziter über gemeinsame Ziele und Instrumente austauschen.

Deutschland und Frankreich
Trotz dieser Defizite ist die EU als Akteur besser in der Lage, mit der bestehenden Komplexität umzugehen als jeder einzelne Mitgliedstaat allein. Deutschland sollte sich aktiv dafür einsetzen, dass der EU die notwendigen Ressourcen bereitgestellt werden und notwendige Kompetenztransfers stattfinden. Dass die EU besser mit der komplexen Bedrohungslage umgeht, ist im Inneren notwendig, um die Akzeptanz für das Integrationsprojekt aufrechtzuerhalten. Nach außen ist es eine Machtressource, damit sich die EU in der zukünftigen ordnungspolitischen Auseinandersetzung behaupten kann. Anknüpfungspunkte für eine notwendige Debatte über die Ambition und Vision der EU als Gestaltungsmacht, als Raum liberaler Ordnung und als kooperativer, aber stärker unabhängiger Akteur in der internationalen Politik bietet die Global Strategy der EU, etwa mit dem Begriff der »strategischen Autonomie«, den sie in Reaktion auf die großen ordnungs- und sicherheitspolitischen Umwälzungen etabliert. Auch das sicherheitspolitische Narrativ einer EU, die schützt, findet sich hier.

Deutschland sollte sich gemeinsam mit Frankreich und anderen Partnern proaktiv dafür einsetzen, dass die EU eigenständige Handlungsfähigkeit in drei Bereichen aufbaut: Strategie (politische Ziele), Entscheidungsfähigkeit (Institutionen und Prozesse) und Handlungsfähigkeit (Instrumente und Ressourcen). Die Stärkung der europäischen und nationalen Strategiefähigkeit im Rahmen der NATO ist notwendig, um als glaubwürdiger Akteur in der Sicherheitspolitik und in sicherheits- und verteidigungspolitischen Bündnissen entlang der eigenen Prinzipien aufzutreten und Politik zu machen. Schafft die EU dies, stärkt das auch ihre Möglichkeiten, in anderen Bereichen als Gestaltungsmacht eigene Interessen und Vorstellungen durchzusetzen.

Normative Selbstversicherung

Um nach außen als glaubwürdiger liberaldemokratischer Akteur auftreten zu können, muss sich die EU wieder auf die gemeinsamen Werte, die auch ihrer Gründung und Erweiterung zugrunde lagen, verständigen. Eine bedeutende Herausforderung dabei ist zu verhindern, dass sich Staaten wie Ungarn und Polen, teilweise auch unter externem Einfluss Russlands, weiter vom europäischen Demokratiemodell und Wertekonsens entfernen, obgleich dies Prinzipien sind, die sie bei ihrem Beitritt unterzeichnet haben. Nicht nur in Ungarn und Polen sind Regierungen an der Macht, die das Funktionieren ihrer demokratischen Ordnung untergraben und wichtige Elemente liberaler Gesellschaften einschränken. Dies betrifft etwa die Freiheit der Medien, das Bestehen einer unabhängigen Zivilgesellschaft und die Unabhängigkeit der Justiz. Das EU-System ist bislang daran gescheitert, diese Entwicklungen einzudämmen oder gar umzukehren. Sollten die vorhandenen Instrumente keinen Erfolg zeigen und sollte sich innerhalb der betroffenen Gesellschaften kein eindeutiger Protest gegen diesen Weg abzeichnen, muss überlegt werden, ob Staaten, die sich in einen dauerhaften Widerspruch zu den Prinzipien von Demokratie und Rechtsstaatlichkeit begeben, die EU verlassen sollten. Sie könnten in abgeschwächter Form an die EU gebunden werden.

> **Eine Verschärfung der physischen Abwehrmaßnahmen sowie Flüchtlingsabkommen werden keine ausreichende Antwort auf den Migrationsdruck sein.**

Die EU muss darüber hinaus in Bereichen politisch gestalterisch und regulierend tätig werden, in denen demokratische Prinzipien betroffen sind. Das betrifft etwa den Bereich der Digitalisierung und des Datenschutzes. Die EU muss hier zunächst ein gemeinsames inneres Verständnis entwickeln, wie sie selbst diese Bereiche regulieren beziehungsweise sich gegen Untergrabungen und Attacken schützen will. Nur wenn Grundprinzipien und konkrete Regulierungsansätze im Inneren formuliert sind, kann sie als Akteur in der internationalen Regulierung auftreten.

Entwicklung und Handel nachhaltig und fair gestalten

Die Welt, wie wir sie kennen, wird sich in den nächsten Jahrzehnten dramatisch verändern: Bis 2030 werden bis zu 135 Millionen Menschen wegen Desertifikation aus ihrer Heimat abwandern müssen. Die VN gehen davon aus, dass dabei auch rund 60 Millionen Menschen aus der Subsahara nach Nordafrika und Europa migrieren. Der Klimawandel wird auch Wirtschaftszweige zerstören und kreieren, Handels- und Produktionsketten verändern.[3]

Wenn die EU mehr tun will, als auf diese Umbrüche mit Abschottung zu reagieren, sollte sie zunächst ihre Handlungsprioritäten definieren, denn eine Verschärfung der physischen Abwehrmaßnahmen sowie Flüchtlingsabkommen werden keine ausreichende Antwort auf den Migrationsdruck sein. Um erstens die Fluchtursachenbekämpfung zu verstärken, sollten Stabilisierungspolitik und auf die Schaffung von Chancen ausgerichtete entwicklungspolitische Maßnahmen sowie eine faire Handelspolitik miteinander verknüpft werden. Ein Beispiel, wie dies funktionieren kann, ist die Allianz für den Sahel, in deren Rahmen Deutschland und Frankreich Bleibeperspektiven in der Region stärken, wobei Arbeitsmarktmaßnahmen, Migrationsmanagement und -beratung vor Ort mit militärischer Ertüchtigung für lokale Terrorismusbekämpfung zusammengedacht werden. Die EU sollte darüber hinaus konkrete Maßnahmen definieren, wie sie die 17 Ziele für nachhaltige Entwicklung der VN umsetzt. Zudem sollten Partnerschaften mit Staaten geprüft werden, die selbst in fragilen Regionen engagiert sind, wie etwa China.

Deutschland sollte sich im EU-Rahmen dafür einsetzen, die Debatte über den Nexus zwischen freiem und fairem Handel und Entwicklung voranzubringen. In internationalen Verhandlungen kann sich die EU vermehrt für qualitative Verbesserungen wie nachhaltige Produktionsketten und Menschenrechtsstandards einsetzen. Die Förderung der Wirtschaft von Schwellenländern durch Handelsabkommen und ähnliche wirtschaftliche Abkommen sollte vermehrt als Instrument der Fluchtursachenbekämpfung gedacht werden. In dem Rahmen muss die EU auch die handels- und entwicklungspolitischen Konsequenzen ihrer Landwirtschaftssubventionen neu bewerten. Zwar ist die handelsverzerrende Wirkung von europäischen Handels- und Subventionsmaßnahmen durch verschiedene Reformen gesunken. Es besteht jedoch großes Potenzial, europäische Märkte weiter für Produkte aus Entwicklungs- und Schwellenländern zu öffnen.

Eine weitere Priorität liegt in der Neugestaltung der europäischen Nachbarschaftspolitik. Die EU muss zu einem neuen Selbstverständnis in ihrer Rolle als Regionalmacht finden und wieder verstärkt den Blick auf ihre Nachbarn richten, wobei deutlich scheint, dass einerseits das Erweiterungsnarrativ zu großen Teilen ausgeschöpft ist, andererseits die halbherzige Konditionalität der Nachbarschaftspolitik noch viele Punkte offenlässt. Deshalb sollten die Ansätze zu den Beziehungen mit MENA-Staaten oder ewigen Beitrittskandidaten wie der Türkei überdacht werden. Die EU benötigt eine Vision für die Nachbarschaft, die sowohl wirtschaftlichen und gesellschaftlichen Austausch als auch Mobilität fördert, ehrliche Anreize schafft und den Migrationsdruck menschenwürdig abfedert. Dabei können bestehende Strukturen ausgebaut werden, wie die Östliche Partnerschaft, die südliche Nachbarschaftspolitik in Bezug auf die MENA-Staaten oder auch die Union für den Mittelmeerraum, oder neue Anbindungsformen unterhalb der Vollmitgliedschaft, die den gemeinsamen Herausforderungen besser gerecht werden, entstehen.

Gefährlich sind in dieser Situation populistische Versuche, den Nationalstaat gegen Europa auszuspielen, denn Gestaltungsmacht kann Europa nur gewinnen, wenn beide an einem Strang ziehen.

Europäische Gesellschaft entwickeln

In der nächsten Dekade werden Deutschland und die EU außenpolitisch weiter umdenken müssen. Für die Bundesrepublik war die Westbindung im Rahmen der EU und NATO identitätsstiftend, die eigene Außen- und Verteidigungspolitik zurückhaltend. Heute geht es darum, im internationalen System, das einen grundlegenden Wandel durchläuft, europäische Gestaltungsideen und Gestaltungsmacht zu entwickeln. Die Faktoren des Wandels sind bekannt, doch weder die EU noch ihre Mitgliedstaaten haben eine realistische Zielvorstellung oder ein strategisches Vorgehen definiert, wie sie den Übergang von der Nachkriegsordnung in eine neue Welt mitgestalten.

Dabei sind sicherheitspolitisches und ordnungspolitisches Vorgehen gleichzeitig gefragt. Zunächst muss die strategische Grundentscheidung getroffen werden, ob die EU gemeinsam mit westlichen Partnern an einem offenen System liberaler Gesellschaften festhalten will. Wenn dies so ist, muss die EU mit größerer Nachdrücklichkeit versuchen, Globalisierung und ihr neues machtpolitisches Umfeld entsprechend zu gestalten beziehungsweise einzubeziehen. Sie braucht einen unverstellten Blick auf die Strategien anderer Akteure und die Konsequenzen der beschriebenen Trends und Umbrüche, um die Handlungsnotwendigkeiten und -optionen, die sich aus über Jahre nicht konsequent beantworteten Bedrohungslagen ergeben, zu bewerten. Weder die Bundesregierung noch die europäischen Partner werden umhinkommen, angesichts der tatsächlichen Herausforderungen unbequeme Forderungen an die Gesellschaft zu stellen, etwa was die Bereitstellung von Ressourcen und die Notwendigkeit gemeinsamen Handelns anbelangt. Die Unterstützung hierfür wird sich politisch allerdings nur organisieren lassen, wenn die EU nach innen Konvergenz, Sicherheitsempfinden und Resilienz steigert. Die Aufgabe, die EU zur Gestaltungsmacht in einem ablehnenden Umfeld zu entwickeln, erfordert im Inneren wie hinsichtlich der äußeren Handlungsfähigkeit weitsichtige politische Entscheidungen, die Deutschland gemeinsam mit seinen Partnern herbeiführen sollte. Gefährlich sind in dieser Situation populistische Versuche, den Nationalstaat gegen Europa auszuspielen, denn Gestaltungsmacht kann Europa

Wie wir handeln müssen

Deutschland sollte eine Schlüsselrolle dabei einnehmen, die EU im Inneren und in der externen Handlungsfähigkeit so zu stärken, dass sie in einer komplexeren und konfliktgeladeneren Welt als Gestaltungskraft auftreten kann.

— Deutschland und die EU müssen darauf reagieren, dass die kompetitive Multipolarität und der Wettbewerb illiberaler und liberaler Gesellschaften die regelbasierte Weltordnung schwächen. Versuche autoritärer Regime, innerhalb der EU und ihrer Nachbarschaft Einfluss zu nehmen, müssen entschiedener abgewehrt werden.

— EU-interne Spaltungen zwischen Nord und Süd sowie Ost und West müssen überwunden werden. Zu tief greifende Auffassungsunterschiede über die normativen Grundlagen der Zusammenarbeit, Demokratie und Rechtsstaatlichkeit schwächen die EU im Inneren und untergraben ihre internationale Gestaltungsmacht.

— Sozioökonomische Kohäsion ist entscheidend, um die Resilienz zu erhöhen und externe Einflussnahme und Spaltbarkeit zu reduzieren. Daher müssen die Krisenresilienz der Eurozone und die wirtschaftliche und soziale Konvergenz durch entschiedenere Maßnahmen gefördert werden. Gelingt dies nicht, wird die Offenheit des europäischen Modells infrage gestellt – und die Gestaltungskraft der EU untergraben.

— Die EU muss Strategiefähigkeit aufbauen. Deutschland sollte dies, zunächst in kleineren Gruppen, maßgeblich vorantreiben. Großbritannien sollte in den Bereichen Außen-, Sicherheits- und Verteidigungspolitik auch als Nicht-EU-Staat eng eingebunden werden.

— Die EU muss eigene Fähigkeiten zur Machtprojektion politisch, wirtschaftlich, militärisch und technologisch ausbauen, auch in Abgrenzung zu den USA und illiberalen Regimen wie Russland und China.

nur gewinnen, wenn beide an einem Strang ziehen. Wahrscheinlich ist, dass sich die EU in den kommenden Jahren weiter ausdifferenziert und vermehrt in Teilgruppen zusammenarbeitet, um Handlungsfähigkeit zu erhalten.

Das Risiko einer internen Zerfaserung, Unübersichtlichkeit und Schwächung der Institutionen als Kitt im Gefüge muss dabei bewusst minimiert werden. Gleichzeitig bieten sich durch die interne Differenzierung Anknüpfungsmöglichkeiten für relevante Akteure außerhalb der EU an. Dies gilt etwa für Großbritannien, das gerade im Bereich der Verteidigung und Sicherheit möglichst eng angebunden sein sollte. Auch für die Staaten des Westbalkans, die der Östlichen Partnerschaft und südlichen Nachbarschaft und, je nach innenpolitischer Situation, auch für die Türkei könnten neue Anbindungsformen unterhalb der Vollmitgliedschaft geschaffen werden, die Stabilität und Kooperation fördern. Um die EU zur Gestaltungsmacht zu entwickeln, in ihrer Nachbarschaft ebenso wie auf globaler Ebene, hat Deutschland mit seinen Partnern angesichts der

bestehenden Herausforderungen eine große Verantwortung, neues Denken und entschiedenes Handeln zu entwickeln.

DR. DANIELA SCHWARZER *(45) ist Direktorin der Deutschen Gesellschaft für Auswärtige Politik (DGAP). Von 2014 bis 2016 war sie Forschungsdirektorin im Vorstand des German Marshall Fund of the United States. Davor leitete sie bei der Stiftung Wissenschaft und Politik die Forschungsgruppe Europäische Integration, nach fünfjähriger Tätigkeit bei der »Financial Times Deutschland« als Leitartiklerin und Frankreich-Korrespondentin. 2014 wurde sie zur Senior-Research-Professorin an der Johns Hopkins University ernannt und war Fritz-Thyssen-Fellow an der Universität Harvard.*

Schweden
328.000

Großbritannien
162.000

Deutschland
1.413.000

Österreich
173.000

Frankreich
402.000

Italien
355.000

Spanien
18.000

Griechenland
83.000

Erzwungene Migration. Flüchtlinge, Asylbewerber und Binnenvertriebene

Abb. 3: Die Gesamtzahl der Vertriebenen nimmt weltweit zu, von 19,7 Millionen im Jahr 2003 auf aktuell 68,5 Millionen. Davon sind 40 Millionen in ihren Ländern verblieben, 25,4 Millionen sind in andere Staaten geflohen und weitere 3,1 Millionen haben politisches Asyl beantragt.[1]

 **Binnenvertriebene**

Asylbewerber und Flüchtlinge
(beinhaltet Staatenlose und weitere)

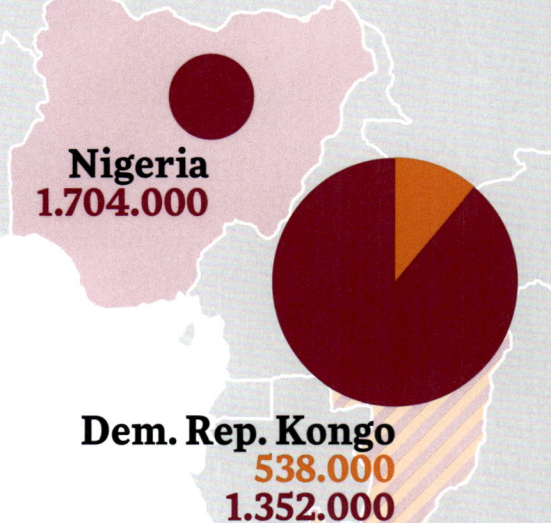

Nigeria
1.704.000

Dem. Rep. Kongo
538.000
1.352.000

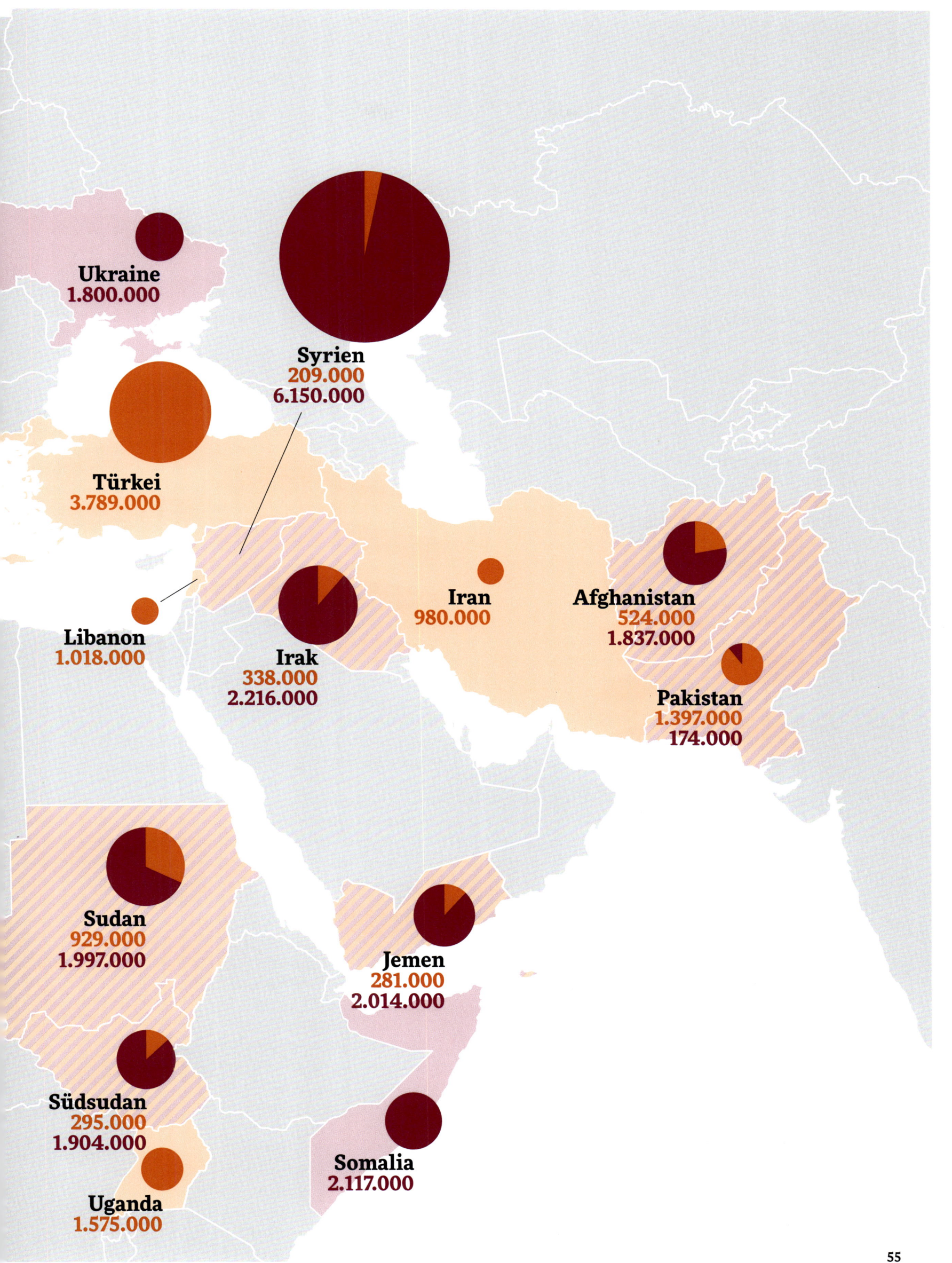

Ukraine
1.800.000

Syrien
209.000
6.150.000

Türkei
3.789.000

Iran
980.000

Afghanistan
524.000
1.837.000

Libanon
1.018.000

Irak
338.000
2.216.000

Pakistan
1.397.000
174.000

Sudan
929.000
1.997.000

Jemen
281.000
2.014.000

Südsudan
295.000
1.904.000

Somalia
2.117.000

Uganda
1.575.000

Die neue Hanse 2030

Von Daniel Hamilton

15. November 2030
Ihre Teilnahme am Euromark-Rat

Sehr geehrter Herr Bundeskanzler,

es ist doch recht ironisch, dass Ihr Treffen mit dem Euromark-Rat fast genau auf den Tag vor fünf Jahren fällt, an dem die Europäische Union einem Rettungspaket für Italien zum ersten Mal zustimmte. Man ging lang davon aus, dass Griechenland als Erster die Eurozone verließe; doch die Tatsache, dass Italien, ein Gründungsmitglied der EU, gezwungen war, den Euro aufzugeben, angesichts der doppelten Last der eigenen Bankenkrise und der zweiten Rezession im Jahr 2024, war ein herber Schlag für die europäische Integration. Als dann weitere südeuropäische Länder folgten, bestand die einzige Möglichkeit, eine wirtschaftlich lebensfähige Zone der Währungsstabilität in Europa zu retten, darin, eine neue Euromarkzone mit überwiegend nordeuropäischen Ländern zu schaffen. Gebeutelt durch zwei große Rezessionen innerhalb von 16 Jahren und angesichts des ungebremsten Migrationsdrucks wird das politische Leben in den meisten Mitgliedstaaten aktuell hauptsächlich von der Gesundheit der Nation bestimmt: nationales Wohlergehen, nationale Finanzen sowie religiöse und ethnische Zustimmung. Während die Öffentlichkeit, die sich selbst als »europäisch« betrachtete, in einer früheren Ära Kosten, Führung, Identität und Opfer hinnahm und Vorteile von den EU-Institutionen erwartete, akzeptiert die Öffentlichkeit heute jenseits der nationalen Ebene weder Kosten noch Vorteile. Europa entwickelt sich zunehmend wieder hin zu einem geografischen als zu einem politischen Konzept. Angesichts dieser veränderten Erwartungen war die faktische Entwicklung eines Europas der zwei Geschwindigkeiten – der zehn Euromarkländer im Norden und des Rests in der Peripherie – nur eine natürliche Entwicklung. Diese neue Hanse, wie die Euromarkzone zunehmend genannt wird, lastet schwerer auf den Schultern Deutschlands, als es die EU jemals getan hat. Doch Sie wissen vielleicht besser als jeder andere politische Führer, dass sogar die Euromarkzone weiterhin langfristigem wirtschaftlichem Druck ausgesetzt sein wird. Die Konkurrenz aus Asien und Amerika ist weiterhin hart. Aber zumindest hat sich das Wohlbefinden der Bevölkerung in dieser Zone verbessert, dank der revolutionären Durchbrüche, die Nordeuropa im sich anbahnenden biokognitiven Zeitalter erzielt hat. Die jungen Unternehmen, die neue globale Märkte für Telerobotik, Telepräsenz, molekulare Nanotechnologie, *nano-bio manufacturing*, Telemedizin und maßgeschneiderte Gesundheitsdienstleistungen geschaffen und prompt erobert haben, verleihen Nordeuropa eine neue Dynamik als einer der innovativsten Regionen der Welt.

Dies führt uns zurück zum Thema des Euromark-Rates an diesem Wochenende. Der Kopenhagener Gipfel von 2028 hat erste Schritte unternommen, um die Trümmer der Eurozone zu beseitigen: die Änderung des Vertrags von Lissabon, die Beseitigung der Brüsseler Bürokratie, die Einrichtung von Koordinierungsmechanismen zwischen den europäischen Volkswirtschaften der Euromarkzone und denen außerhalb der Euromarkzone und die Wiederherstellung der nationalen Souveränität bis auf Belange, die ausschließlich den Binnenmarkt betreffen. Die Versammlung an diesem Wochenende wird diese Aufgabe abschließen. Sie wird eine weniger ehrgeizige, dafür aber nachhaltigere europäische Ordnung kodifizieren. Vergangen sind die Träume von einem Europa als wichtigem globalem Akteur, von einer einheitlichen Union, einem ökonomischen Kraftwerk, das seine Stärke nutzen kann, um die eigene sanfte Macht wirksam in der Welt einzusetzen. An dessen Stelle tritt ein vielfältiges Europa mit einem Binnenmarkt, jedoch mit erheblichen Unterschieden in der Wirtschaftsleistung, im Lebensstandard und in den Außenbeziehungen.

DR. DANIEL S. HAMILTON (62) *ist Professor der Österreichischen Marshallplan-Jubiläumsstiftung an der Johns Hopkins University, SAIS. Zuvor hatte er die Richard von Weizsäcker-Professur an der SAIS inne. Er war Deputy Assistant Secretary of State for European Affairs und arbeitete als Associate Director of the Policy Planning Staff für zwei US-Außenminister. 2008 diente er auch im Planungsstab des deutschen Auswärtigen Amtes. Er lehrte an der Freien Universität Berlin, der Hertie School of Governance und der Universität Innsbruck.*

> **Der Kopenhagener Gipfel von 2028 hat erste Schritte unternommen, um die Trümmer der Eurozone zu beseitigen.**

»Vergangen sind die Träume von einem Europa als wichtigem globalem Akteur, von einer einheitlichen Union, einem ökonomischen Kraftwerk, das seine Stärke nutzen kann, um die eigene sanfte Macht wirksam in der Welt einzusetzen.«

»Die Länder des Nahen und Mittleren Ostens sind schlecht aufgestellt für ein friedliches Zusammenleben und eine nachhaltige wirtschaftliche Entwicklung.«

Konflikt- und Krisenlandschaft in Europas Nachbarschaft. Naher und Mittlerer Osten

Von Muriel Asseburg

Schreibt man die Trends der letzten zehn Jahre fort, dann dürfte es den Führungen im Nahen und Mittleren Osten[1] bis 2030 kaum gelungen sein, die großen Herausforderungen, vor denen die Länder und das Staatensystem stehen, konstruktiv zu bearbeiten oder sie gar zu bewältigen. Dabei stehen drei Themenkomplexe im Zentrum: die Ausarbeitung neuer Gesellschaftsverträge für das Nach-Öl-Zeitalter, die dauerhafte Stabilisierung von Nachbürgerkriegsländern sowie die Einigung auf regionale Spielregeln, die es ermöglichen, Konflikte künftig friedlich auszutragen.

Deutschland ist von den Entwicklungen in der direkten Nachbarschaft Europas besonders betroffen. Bislang lässt es allerdings einen aktiven Gestaltungswillen deutlich vermissen und setzt vor allem auf kurzfristige Gefahren- und Migrationsabwehr.

Nach den Projektionen der Vereinten Nationen wird die Bevölkerung im Nahen und Mittleren Osten bis 2030 um rund ein Viertel auf etwa 500 Millionen zunehmen.[2] Während zunächst vor allem der Anteil der jungen Bevölkerung steigt, wird bis 2030 infolge einer höheren Lebenserwartung auch der Anteil der über 60-Jährigen deutlich anwachsen. 2030 wird der Anteil der unter 25-Jährigen im regionalen Durchschnitt bei etwa 45 Prozent liegen, der der über 65-Jährigen bei acht Prozent. In einzelnen arabischen Ländern (Ägypten, Jordanien, Syrien) wird der Anteil der unter 25-Jährigen sogar bei knapp 50 Prozent liegen; in den Palästinensischen Gebieten noch darüber (55 Prozent).

Mangelnde Bildungschancen, prekäre Beschäftigungsverhältnisse und hohe Arbeitslosigkeit bei Jugendlichen und Heranwachsenden bergen ein hohes Risiko, politisch destabilisierend zu wirken.

Damit sind die Länder in der Region vor allem mit der enormen Herausforderung konfrontiert, den nachwachsenden Generationen Zugang zu einer Schulbildung und beruflichen Bildung zu bieten, die sie auf die Arbeitswelt des 21. Jahrhunderts vorbereiten.[3] Auch geht es darum, ausreichend Arbeitsplätze für die Millionen junger Menschen zu schaffen, die jedes Jahr auf den Arbeitsmarkt drängen, sowie Frauen in den Arbeitsmarkt zu integrieren. Denn während Frauen im Bereich der Bildung und Ausbildung in der Region deutlich aufgeholt haben, sind sie nur zum geringen Teil ins Erwerbsleben integriert: Ihr Anteil an den Erwerbspersonen liegt im regionalen Durchschnitt bei rund 20 Prozent, in einzelnen Ländern wie dem Jemen sogar unter zehn Prozent.[4]

Herausforderung eins: neue Gesellschaftsverträge

Schon seit Jahrzehnten fordern die internationalen Finanzinstitutionen von den Führungen im Nahen und Mittleren Osten Maßnahmen der Liberalisierung und mahnen Bürokratieabbau und Effizienzsteigerung sowie Verbesserungen bei Transparenz, Rechtsstaatlichkeit und Regierungsführung an, um staatliche Ausgaben zu senken, Investitionen attraktiv zu machen und freies Unternehmertum zu ermöglichen. Bislang haben Wirtschaftsreformen in fast allen Ländern der Region allerdings nur zu einer teilweisen und ungleichgewichtigen Liberalisierung geführt. Profitiert haben von Privatisierung in der Regel die politischen Eliten aus dem Umfeld der Herrscherfamilien. Tief greifende Strukturreformen wurden hingegen kaum durchgeführt – nicht zuletzt, weil autoritäre Herrscher ihre Patronagenetzwerke nicht gefährden wollen. Infolgedessen hinken viele Länder der Region, was die internationale Wettbewerbsfähigkeit angeht, weit hinterher. Nach wie vor sind aufgeblähte öffentliche Sektoren, Korruption und Vetternwirtschaft die Regel. Austeritätsmaßnahmen stoßen zudem auf Widerstand in der Bevölkerung, vor allem, da es an zielgerichteten Sozialprogrammen mangelt, die ihre Auswirkungen auf die armen Bevölkerungsschichten abfedern würden.

Nur wenn es gelingt, diese Herausforderungen zu bewältigen, kann der demografische Wandel in einen demografischen Bonus im Sinne von Wirtschaftswachstum und erhöhtem Steueraufkommen verwandelt werden. Das würde es dann auch erlauben, angemessene soziale Sicherungssysteme, nicht zuletzt zur Alterssicherung, zu etablieren. Mangelnde Bildungschancen, prekäre Beschäftigungsverhältnisse und hohe Arbeitslosigkeit bei Jugendlichen und Heranwachsenden hingegen bergen ein hohes Risiko, politisch destabilisierend zu wirken. Entsprechend hatten die Proteste und Aufstände des sogenannten Arabischen Frühlings, die mit wenigen Ausnahmen 2010/2011 alle arabischen Länder

der Region erfassten, ihre Ursache nicht nur in politischen Missständen, sondern vor allem auch in mangelnden sozioökonomischen Perspektiven der jungen Bevölkerung.[5]

Die Ausgangsbedingungen, unter denen die Volkswirtschaften im Nahen und Mittleren Osten diese Herausforderungen bewältigen müssen, sind alles andere als günstig. Denn nicht nur können sich die Erdöl und Erdgas produzierenden Länder nicht auf Dauer auf die Renteneinnahmen aus der Ressourcenausbeutung verlassen, auch verbrauchen sie selbst infolge des Bevölkerungs- und Wirtschaftswachstums einen immer höheren Anteil an der Energieproduktion.[6] Damit stehen die ressourcenreichen Staaten der Region (neben den arabischen Golfstaaten vor allem Algerien und Libyen) unter Druck, ihre Energieträger, Volkswirtschaften und Staatseinnahmen zu diversifizieren. Tatsächlich haben Länder wie Saudi-Arabien und Katar mit ihren Visionen für 2030 entsprechende Ansätze zur Diversifizierung und Modernisierung vorgelegt.[7] Allerdings fließt ein großer Teil der Staatsausgaben in Militär und Rüstung statt in die Zukunftsfähigkeit der Länder.[8]

> **Länder wie Libyen, Syrien, der Jemen und der Irak sind durch Bürger- und Stellvertreterkriege Jahrzehnte in ihrer Entwicklung zurückgeworfen worden.**

> **Es wird darum gehen, neue Gesellschaftsverträge auszuhandeln, in denen die Bürgerinnen und Bürger für das Gemeinwohl in die Pflicht genommen werden. Auf der anderen Seite müssten ihnen mehr Mitspracherechte eingeräumt werden.**

In den meisten Staaten existiert ohnehin keine vorausschauende Planung, die dazu führen würde, dass entsprechende Modernisierungsprogramme aufgelegt und Ressourcen zielgerichtet zur Diversifizierung eingesetzt werden. Ebenso dürfte es den ressourcenarmen Staaten, die bislang aufgrund ihrer geostrategischen Lage und ihrer politischen Positionierung vom Ressourcenreichtum durch politische Renten profitiert haben (zum Beispiel Jordanien und Ägypten) schwerfallen, entsprechende Weichenstellungen vorzunehmen. Denn ihnen mangelt es an entsprechenden Rücklagen beziehungsweise weisen sie teils bereits jetzt eine hohe Staatsverschuldung auf. Länder wie Libyen, Syrien, der Jemen und der Irak sind durch Bürger- und Stellvertreterkriege Jahrzehnte in ihrer Entwicklung zurückgeworfen worden; eine vorausschauende Planung und zukunftsorientierte Wirtschaftspolitik sind derzeit kaum möglich.

Eine Konsequenz ist, dass der bisherige Gesellschaftsvertrag in den meisten Ländern der Region zunehmend infrage gestellt wird. Denn weder Modernisierungsdiktaturen noch die ressourcenreichen Wohlfahrtsstaaten können ihren Teil der Abmachung auf Dauer einlösen. Während einzelne Länder, wie bereits erwähnt, Visionen für eine wirtschaftliche Differenzierung und gesellschaftliche Modernisierung vorgelegt haben, fehlen neue Ansätze für den Umgang mit Forderungen nach politischer Teilhabe oder der Besserstellung von bislang diskriminierten Bevölkerungsgruppen. Solche Forderungen werden weiter zunehmen, wenn die Rentierstaaten nicht mehr länger Wohlfahrtsleistungen zur Verfügung stellen können, sondern die Bürgerinnen und Bürger besteuern müssen, um grundlegende staatliche Funktionen gewährleisten zu können. Denn dann greift die altbekannte Forderung der Boston Tea Party: »No taxation without representation.«

Das heißt auch, dass es mit wirtschaftspolitischen Maßnahmen allein nicht getan ist. Es wird vielmehr darum gehen, neue Gesellschaftsverträge auszuhandeln, in denen auf der einen Seite die Bürgerinnen und Bürger nicht mehr länger als politisch unmündige Empfängerinnen und Empfänger von Wohlfahrtsleistungen gesehen, sondern für das Gemeinwohl in die Pflicht genommen werden. Auf der anderen Seite müssten ihnen mehr Mitspracherechte eingeräumt werden. Bislang sind keine Anzeichen zu erkennen, dass die autoritären Regime in der Region bereit sind, sich auf entsprechende Aushandlungsprozesse einzulassen. Vielmehr setzen sie auf eine Anpassung, die in der Regel mehr Repression statt politischer Öffnung mit sich bringt (sogenanntes *authoritarian upgrading*).

Herausforderung zwei: Stabilisierung von Nachbürgerkriegsländern

Die Proteste in der arabischen Welt zum Jahreswechsel 2010/2011 haben in drei Ländern – in Libyen, Syrien und im Jemen – zu Bürger- und Stellvertreterkriegen geführt, die destabilisierend auf die gesamte Region ausstrahlen. Schon die US-geführte Intervention im Irak 2003, die den Sturz des langjährigen Diktators Saddam Hussein und eine weitgehende Zerschlagung staatlicher Strukturen mit sich brachte, hatte dort einen Bürgerkrieg entfacht und das regionale Kräftegleichgewicht zugunsten des Iran verschoben. Bis heute ist das Verhältnis der Volksgruppen nicht einvernehmlich geregelt worden, wie das kurdische Unabhängigkeitsreferendum im Herbst 2017 und die heftigen Reaktionen darauf deutlich vor Augen führten. Es ist davon auszugehen, dass es auch bis 2030 nicht gelingen wird, die vier Länder zu befrieden und nachhaltig zu stabilisieren.

Bis heute sind sämtliche Bemühungen der UN gescheitert, die kriegerischen Auseinandersetzungen im Jemen, in Syrien und in Libyen durch eine Machtteilung zu beenden. Im Jemen und in Libyen konnten Machtteilungsabkommen nicht verhindern, dass Konflikte andauerten beziehungsweise neu ausbrachen. In Syrien gelang es den UN noch nicht einmal, direkte Verhandlungen über eine Machtteilung zwischen den Bürgerkriegsparteien zustande zu bringen. Dies liegt in erster Linie an den schwierigen Bedingungen, unter denen die UN in den drei Staaten versuchen, eine Konfliktbeilegung auszuhandeln. Dass viele der lokalen Konfliktakteure nicht ernsthaft an Verhandlungen interessiert sind, liegt nicht nur an sich verändernden Kräfteverhältnissen und Allianzen, sondern auch an der Unterstützung, die sie von Regional- und Großmächten erhalten. Alle drei Konflikte sind nicht nur Machtkämpfe zwischen lokalen Kräften, sondern bieten auch rivalisierenden externen Mächten eine Arena. Zudem sind die UN-Vermittler in ihrer Handlungsfähigkeit durch einen Sicherheitsrat eingeschränkt, der entweder (wie im Falle Syriens) uneins über den richtigen Weg der Konfliktlösung ist oder sich (wie im Falle des Jemen) mit einer Konfliktpartei assoziiert, was die UN parteiisch macht. Und schließlich ist eine Absicherung möglicher Abkommen durch Blauhelme in allen drei Ländern keine realistische Option – nicht nur, weil dafür keine einhellige Unterstützung durch die fünf ständigen Mitglieder des Sicherheitsrats gegeben ist, sondern auch, weil ein Großteil der lokalen Konfliktakteure die Präsenz

einer internationalen Friedenstruppe ablehnen würde.[9] Somit ist nicht zu erwarten, dass die kriegerischen Auseinandersetzungen durch Verhandlungen zwischen den lokalen Konfliktparteien beendet werden, sondern eher durch den militärischen Sieg einer Konfliktpartei sowie durch Absprachen zwischen Regional- und Großmächten, die deren Hauptinteressen wahren.

Die geostrategische Bedeutung Syriens

Dabei steht der Konflikt in Syrien aufgrund der geostrategischen Bedeutung des Landes, der Vielzahl der involvierten Akteure und der Ausstrahlung in die Gesamtregion im Zentrum. Hier wendete das direkte militärische Eingreifen Russlands im September 2015 das Blatt im Bürgerkrieg zugunsten des Regimes. Mit Unterstützung Moskaus und Teherans sowie Iran-geführter Milizen gelang es Damaskus, Schritt für Schritt Territorium zurückzuerobern, das zuvor unter Kontrolle der Opposition oder des Islamischen Staates gestanden hatte. Russland trat als Ordnungsmacht auf und versuchte die militärischen Erfolge bei der Stabilisierung seines Verbündeten ab 2017 auch in Fortschritte bei der Konfliktberuhigung und einer politischen Regelung zu übersetzen. Dazu etablierte es mit dem Iran und der Türkei ein neues Verhandlungsformat im kasachischen Astana. Gemeinsam richteten die drei Garantiemächte vier sogenannte Deeskalationszonen ein, die vorübergehend unter der Kontrolle von Rebellen verbleiben und in denen Waffenruhen gelten sollten. Auch sollte der humanitäre Zugang verbessert werden. Tatsächlich führte der Ansatz zu einer beträchtlichen Abnahme der Gewalt. Doch bis Mitte 2018 waren bereits zwei Deeskalationszonen (in den östlichen Vororten von Damaskus und nördlich von Homs) vom Regime zurückerobert, eine Militäroffensive zur Rückeroberung der Zone im südwestlichen Grenzgebiet mit Jordanien und Israel war eingeleitet worden. Verhandlungen über eine politische Regelung brachten auch unter russischer Vermittlung keine Ergebnisse.

Die Wahrnehmung, dass sich der Bürgerkrieg in Syrien nach dem russischen Eingreifen auf sein Ende zubewegte, veranlasste die Regionalmächte dazu, ihre Interessen durch Stellvertreter und direkt militärisch durchzusetzen. So besetzte die Türkei mithilfe von salafistischen und

Innerstaatliche Konflikte in der arabischen Welt

Abb. 3: Konfliktintensität.[10]

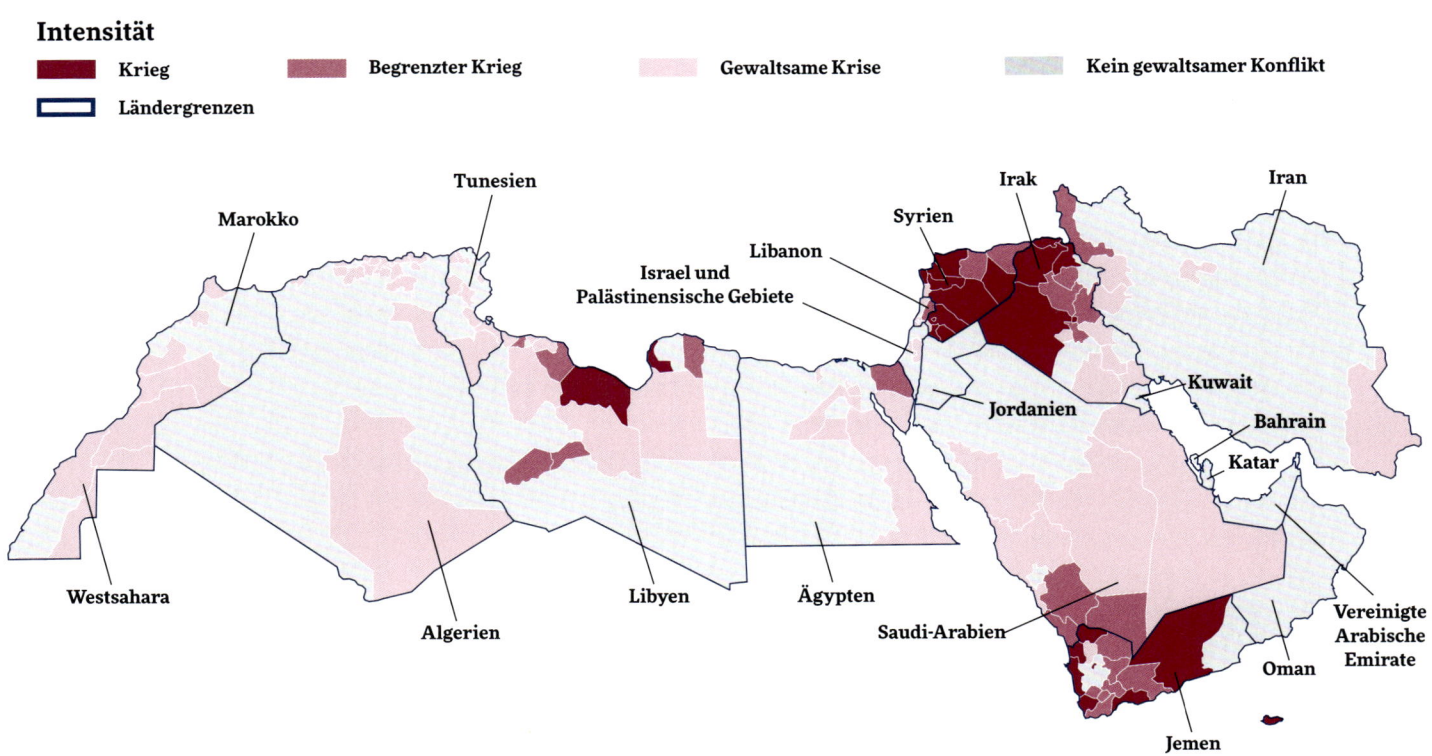

Intensität

- ███ Krieg
- ███ Begrenzter Krieg
- ███ Gewaltsame Krise
- ░░░ Kein gewaltsamer Konflikt
- ▭ Ländergrenzen

dschihadistischen Kämpfern Teile des syrischen Nordens, um ein zusammenhängendes von der dominanten Kurdenpartei PYD kontrolliertes Gebiet entlang ihrer Grenze zu verhindern, dort loyale lokale Regierungsstrukturen zu etablieren und künftig Flüchtlinge dorthin abschieben zu können. Der Iran nutzte seine Involvierung, um den Boden für eine langfristige Präsenz zu bereiten, loyale Milizen aufzubauen und einen Korridor einzurichten, der ihm über Land direkten Zugang zum Mittelmeer gewährleistet. Dies wiederum rief große Sorgen insbesondere bei Israel hervor, das zunehmend offensiv mit Militärschlägen gegen die Präsenz des Iran und Iran-unterstützter Milizen vorging, um zu verhindern, dass sich in Syrien eine ähnliche Situation wie im Libanon einstellt. Dies führte im Frühjahr 2018 zum ersten Mal zu einem direkten israelisch-iranischen Schlagabtausch und birgt ein hohes Risiko militärischer Eskalation, auch wenn beide Seiten beteuern, sie vermeiden zu wollen.

Das Land dürfte damit kaum zur Ruhe kommen, solange Regional- und Großmächte unvereinbare

Mit Unterstützung Moskaus und Teherans sowie Iran-geführter Milizen gelang es Damaskus, Schritt für Schritt Territorium zurückzuerobern.

Ordnungsvorstellungen für Syrien haben und bereit sind, diese auch militärisch durchzusetzen.[11] Die Gewalt dürfte zudem so lange andauern, bis das Regime die Kontrolle über das gesamte Staatsterritorium zurückerlangt. Wie lange dies dauert, hängt nicht zuletzt davon ab, ob beziehungsweise wie lange die USA ihre Militärpräsenz östlich des Euphrats aufrechterhalten und damit eine Rückeroberung dieses Gebiets durch die Regimetruppen verhindern.

Doch selbst wenn die Waffen endlich schweigen: Mit einer nachhaltigen Stabilisierung ist unter der Herrschaft von Baschar al-Assad nicht zu rechnen. Denn dieser wird seine Kontrolle auch nach der Wiedereroberung des gesamten Territoriums wesentlich auf Milizen stützen, die wirtschaftliche und politische Eigeninteressen verfolgen. Es ist zudem anzunehmen, dass das Regime wie in bisher zurückeroberten Gebieten Rachefeldzüge vornimmt und dabei insbesondere Vertreterinnen und Vertreter der Zivilgesellschaft und oppositioneller Selbstregierungsstrukturen kaltzustellen versucht. Es gibt bereits deutliche Hinweise darauf, dass das Regime wenig Interesse daran hat, Binnenvertriebene und Flüchtlinge mit offenen Armen aufzunehmen. Vielmehr bereitet es den Boden dafür, die demografischen Veränderungen, die durch den Krieg entstanden sind, durch Planungsverfahren für den Wiederaufbau zu zementieren. Dies wird auch mit sich bringen, dass ein großer Teil der Geflüchteten nicht zurückkehren wird. Auch eine Bereitschaft, tief greifende Reformen anzugehen, die die strukturellen Probleme angehen, die Mitauslöser der Unruhen waren, ist nicht abzusehen.[12] Vielmehr haben Vertreter des Regimes deutlich gemacht, dass sie eine entsprechend konditionierte Unterstützung für den Wiederaufbau nicht annehmen wollen. Damit aber dürften nicht nur Milizenherrschaft, Kriegswirtschaft, Vetternwirtschaft und Korruption auch in Friedenszeiten fortdauern, sondern auch die Diskriminierung von Bevölkerungsgruppen sowie ein politisches System, das weite Teile der Bevölkerung von einer effektiven politischen Teilhabe ausschließt. Eine Verantwortlichkeit für schwere Kriegsverbrechen und Menschenrechtsverletzungen dürfte kaum etabliert werden; Maßnahmen der Übergangsjustiz werden ausbleiben.

Mit einer nachhaltigen Stabilisierung ist unter der Herrschaft von Baschar al-Assad nicht zu rechnen.

Staatliche Kontrolle im Jemen und in Libyen dürfte kaum gelingen

Wie in Syrien besteht auch im Jemen und in Libyen wenig Hoffnung, dass es vor dem Hintergrund von massiven Kriegsverbrechen und einer ethnisch-konfessionellen Aufladung der Auseinandersetzungen gelingt, eine neue Basis zu finden, die das Zusammenleben in multiethnischen und -konfessionellen Gesellschaften erlaubt. Selbst wenn die internationale Gemeinschaft Grenzänderungen und Sezessionen nicht zulässt: In Fällen wie Jemen und Libyen dürfte es kaum gelingen, (wieder) staatliche Kontrolle im gesamten Territorium zu etablieren. Nationalstaaten bestehen dann lediglich als Hüllen fort.

Dies birgt nicht zuletzt die Gefahr, dass sich dort dschihadistische Gruppierungen festsetzen. So hatte der mit den Bürgerkriegen einhergehende Kontrollverlust der Staaten bereits den Boden für die rasche Ausbreitung von dschihadistischen Kräften wie dem sogenannten Islamischen Staat bereitet. Dieser eroberte 2014 große Teile Syriens und des Irak, errichtete dort ein Kalifat mit globalem Anspruch und etablierte auch in anderen Ländern der Region Ableger, etwa im ägyptischen Sinai. Zwar gelang es bis Ende 2017, den Islamischen Staat weitgehend zu zerschlagen und ihn seiner territorialen Basis in Syrien und im Irak zu berauben. Die überlebenden Kämpfer werden aber weiterhin eine Gefahr für die Stabilität in der Region und darüber hinaus darstellen. Denn nicht nur wird ein Teil von ihnen vor Ort den Kern einer neuen Aufstandsbewegung bilden. Auch werden die ausländischen Kämpfer großenteils in ihre Heimatländer – nicht zuletzt in Europa – zurückkehren. Manche dürften sich dort kaum ins zivile Leben eingliedern, sondern werden ihre Ideologie weiterverbreiten und Anschläge verüben.

Herausforderung drei: regionale Sicherheitsarchitektur

Von der Entwicklung einer funktionsfähigen regionalen Sicherheitsarchitektur dürften die Staaten des Nahen und Mittleren Ostens auch 2030 weit entfernt sein.[13] Schreibt man die aktuellen Trends fort, ist sogar zweifelhaft, ob auf regionaler Ebene zumindest eine Einigung auf Spielregeln gelingen kann, die es ermöglicht, gutnachbarliche Beziehungen zu wahren, Konflikte friedlich auszutragen und zu regeln und künftige kriegerische Auseinandersetzungen zu verhindern. Denn der Nahe und Mittlere Osten entwickelt sich immer stärker zu einer Konfliktlandschaft, in der sich der Wettbewerb um regionale Vorherrschaft, lang andauernde Konflikte und innenpolitische Machtkämpfe miteinander verquicken und sich gegenseitig verstärken. So können sie immer schwerer einer Lösung zugeführt werden. Ein Scheitern des Atomabkommens mit dem Iran birgt zudem die Gefahr eines atomaren Rüstungswettlaufs in der Region.

Dabei hat das Fehlen einer regionalen Sicherheitsarchitektur zunächst innenpolitische Gründe: Die überwiegend autoritären Staaten der Region sind durch eine hohe Zentralisierung sowie eine Fixierung auf Regimesicherheit und nationale Souveränität geprägt. Damit wirken auch »kooperationsfeindliche Sicherheitskulturen« fort.[14] Die politischen Eliten verfügen über eine geringe Neigung und Fähigkeit zu

multilateralem Handeln. Regionale Integration entsprechend einer funktionalistischen Logik wie im Rahmen der EU findet bei ihnen kaum Anklang; Denken in Freund-Feind-Schemata und Nullsummenkalkulationen herrschen vor. Daher verbleiben wirtschaftliche, politische und militärische Kooperation auf einem sehr niedrigen Niveau und können kaum zur Vertrauensbildung und Eindämmung der Gefahr einer kriegerischen Eskalation sowie zu Konfliktregelungen führen, von denen alle Beteiligten profitieren würden.

Der Nahe und der Mittlere Osten entwickeln sich immer stärker zu einer Konfliktlandschaft, in der sich der Wettbewerb um regionale Vorherrschaft, lang andauernde Konflikte und innenpolitische Machtkämpfe miteinander verquicken.

Hinzu kommt die Destabilisierung der gesamten Region, die durch den US-geführten Krieg im Irak 2003 angestoßen und durch den sogenannten Arabischen Frühling drastisch verstärkt wurde. In den drei Bürgerkriegsländern Jemen, Libyen und Syrien unterstützen

Regional- und Großmächte eine Vielzahl unterschiedlicher einheimischer und ausländischer Kämpfer und intervenieren zunehmend selbst direkt militärisch, um ihre jeweiligen, oft miteinander unvereinbaren Interessen durchzusetzen. Damit wurden diese Konflikte rasch zu Stellvertreterkriegen, in denen die Konkurrenz um regionale Vorherrschaft (insbesondere zwischen Saudi-Arabien und Iran sowie Israel und Iran) militärisch ausgetragen wird. Gleichzeitig strahlen die Kriege durch das Übergreifen von Kampfhandlungen, Fluchtbewegungen, die Involvierung von Gewaltakteuren in mehrere Konflikte und die Zunahme von ethnischen und konfessionellen Deutungsmustern destabilisierend und polarisierend auf die Gesamtregion aus. Nach wie vor ist eine kriegerische Eskalation vor allem zwischen Israel und Iran sowie zwischen Saudi-Arabien und Iran nicht gebannt.

Der Palästinakonflikt als Unruheherd der Region
Regionale Sicherheitskooperation wird auch dadurch verhindert, dass die lang andauernden territorialen und sicherheitspolitischen Konflikte in der Region

nicht gelöst sind. Dabei ist der Palästinakonflikt nur ein Streitpunkt neben vielen anderen. Für ihn gilt: Auch wenn er schon lange nicht mehr der »Schlüsselkonflikt« im Nahen und Mittleren Osten ist:[15] Er bleibt ein Unruheherd in der Region und verhindert trotz einer Annäherung zwischen Israel und den Golfstaaten eine offene Kooperation zwischen ihnen.

Tatsächlich wird eine friedliche Regelung der Palästinafrage im Rahmen von zwei Staaten zunehmend unmöglich. Selbst wenn die Trump-Administration wie angekündigt den »Deal des Jahrhunderts« vorlegen sollte:

Tatsächlich wird eine friedliche Regelung der Palästinafrage im Rahmen von zwei Staaten zunehmend unmöglich.

Es ist nicht zu erwarten, dass es ihr gelingt, Verhandlungen in Gang zu setzen, die zu einem israelisch-palästinensischen Friedensabkommen, einem Ende der Besatzung und palästinensischer Unabhängigkeit in einem lebensfähigen und demokratischen Staat führen. Dem stehen vor allem drei Faktoren entgegen:

Erstens herrscht in beiden Bevölkerungen ein großes Misstrauen gegen den Friedenswillen der jeweils anderen Seite; die Beziehungen sind von Dämonisierung geprägt. Selbst wenn immer noch zumindest relative Mehrheiten auf beiden Seiten eine Zweistaatenregelung befürworten, entsteht so kein Druck auf die Führungen, sich kooperativ und kompromissbereit zu zeigen. Sie werden vielmehr in ihrer harten Haltung bestätigt.

Zweitens sind die Palästinensischen Gebiete seit der gewaltsamen Machtübernahme der Hamas im Gazastreifen 2007 politisch gespalten; alle Bemühungen um eine Aussöhnung und politische Machtteilung sind bislang gescheitert. Der palästinensische Präsident kann folglich nicht für alle Palästinenser sprechen; ein etwaiges Abkommen könnte er nur teilweise umsetzen. Zudem ist er aufgrund fortgesetzter Kooperation mit der Besatzungsmacht bei ausbleibenden Erfolgen hinsichtlich palästinensischer Unabhängigkeit immer unpopulärer geworden. Auch das engt seinen Handlungsspielraum ein.[16]

Drittens zeigt die Rechtsregierung unter Benjamin Netanjahu kein Interesse an einer verhandelten Konfliktregelung und einem Ende der Besatzungsherrschaft. Vielmehr hat sie in den letzten Jahren den Weg für eine Annexion von Teilen des Westjordanlandes geebnet. In ihrer Haltung sieht sie sich durch eine US-amerikanische Regierung noch bestärkt, die aus ihrer Bevorzugung israelischer gegenüber palästinensischen Interessen keinen Hehl macht und dabei auch nicht davor zurückschreckt, den internationalen Konsens über eine Konfliktregelung (etwa, was den Status von Jerusalem angeht) über Bord zu werfen.

Dass der Konflikt ungeregelt bleibt, hat Begleiterscheinungen. So werden den Palästinenserinnen und Palästinensern elementare Rechte verweigert. Insbesondere wird der Zivilbevölkerung im Gazastreifen, die unter einer strikten Abriegelung leidet, eine normale Entwicklung verwehrt. Sie wird vielmehr zum Hilfeempfänger degradiert, wobei mittlerweile auch die internationale Unterstützung zunehmend infrage steht.[17] Zudem können gravierende Umweltprobleme dort nicht konstruktiv bearbeitet werden, sodass der Gazastreifen rasch zu einem lebensfeindlichen Gebiet wird.[18] Es ist daher damit zu rechnen, dass der Konflikt immer wieder gewaltförmig eskaliert. Das verschafft auch radikalen Kräften in der Region, die sich die Befreiung Jerusalems auf die Fahnen schreiben, immer wieder neuen Zulauf. Nicht zuletzt geht ein Fortdauern des Konflikts in beiden Gesellschaften mit einer weiteren Einengung des Spielraums für zivilgesellschaftliche Kräfte einher – in den Palästinensischen Gebieten sind demokratische Institutionen und Verfahren ohnehin seit 2007 weitgehend außer Kraft gesetzt worden. Außerdem trägt die international zunehmend akzeptierte israelische Besatzungs- und Annexionspolitik zur Erosion von Völkerrecht und Kriegsvölkerrecht bei.[19]

Fortschritte im Hinblick auf eine engere politische, sicherheitspolitische und wirtschaftliche Zusammenarbeit waren in den 2000er-Jahren auf subregionaler Ebene, insbesondere im Rahmen des Golfkooperationsrates und der Afrikanischen Union, gemacht worden. Allerdings fielen sie am Golf der Konkurrenz um regionale Vorherrschaft und den Streitigkeiten um die

Ausrichtung der regionalen Politik gegenüber dem Iran und den Muslimbrüdern zum Opfer, die unter anderem die weitgehende Isolierung Katars zur Folge hatten.

Das Scheitern subregionaler Zusammenarbeit

So ist es bislang in keiner Subregion gelungen, ein effektives System kollektiver Sicherheit, ein inklusives Dialogforum oder wenigstens funktionsfähige Krisenmechanismen zu etablieren. Auf der Ebene der Gesamtregion sind keine Fortschritte dabei erzielt worden, alle relevanten Akteure einzubeziehen. Wichtige nicht arabische Player – Israel, der Iran und die Türkei – sind nicht Mitglieder in den Regionalorganisationen (Afrikanische Union, Arabische Liga, Golfkooperationsrat) und daher nicht in umfassende und institutionalisierte Dialogstrukturen eingebunden. Hinzu kommt: Die Entwicklungen der letzten Jahre haben die regionale Ordnung weiter erodiert. So sind in den Kriegen im Jemen, in Libyen und in Syrien massive Kriegsverbrechen und Verbrechen gegen die Menschlichkeit (unter anderem durch den Einsatz von Chemiewaffen) begangen worden. Hier tritt das Versagen der internationalen Gemeinschaft offen zutage, Normen durchzusetzen, die dem Schutz der Zivilbevölkerung dienen sollen. Im Gegenteil: In Syrien zeichnet etwa Russland durch die Bombardierung ziviler Einrichtungen selbst für Kriegsverbrechen verantwortlich. Durch die einseitige Aufkündigung des Atomabkommens mit dem Iran seitens der USA ist nicht nur der Wert internationaler Verhandlungen und Abkommen generell in Frage gestellt worden. Auch besteht die akute Gefahr, dass der Gemeinsame umfassende Aktionsplan (Joint Comprehensive Plan of Action, JCPOA) scheitert und der Iran sein militärisches Atomprogramm wieder aufnimmt – und damit einen atomaren Rüstungswettlauf in der Region auslöst.

Deutschland und Europa sind von Entwicklungen in ihrer direkten Nachbarschaft besonders betroffen – denn nur wenige Kilometer Seegrenze trennen den europäischen Kontinent vom Nahen und Mittleren Osten.

Europa und die Konfliktlandschaft Naher und Mittlerer Osten

Den meisten Ländern im Nahen und Mittleren Osten mangelt es an zentralen Voraussetzungen, um bis 2030 eine friedliche Entwicklung zu nehmen. So sind sie nicht durch vorausplanende Regierungen und internationale Wettbewerbsfähigkeit geprägt, sondern durch schlechte Regierungsführung, einen aufgeblähten öffentlichen Sektor, Korruption und Repression. Bildung und Ausbildung bereiten die heranwachsenden Generationen nicht angemessen auf die Anforderungen der Arbeitswelt des 21. Jahrhunderts vor. Es fehlt an einem innovativen privaten Unternehmertum, und Frauen sind im Arbeitsleben marginalisiert. Statt durch sozialen Zusammenhalt zeichnen sich viele Gesellschaften durch die Exklusion von Bevölkerungsgruppen und soziale Ungleichheit aus. Die Zunahme des Anteils Jugendlicher und Heranwachsender übersteigt in der Regel das Wachstum von Arbeitsplätzen bei Weitem. Dies birgt politische Sprengkraft, insbesondere weil gleichzeitig die bisherigen Gesellschaftsverträge immer stärker infrage stehen.

In jeder der drei Subregionen tobt ein Bürgerkrieg, in den regionale und internationale Akteure direkt militärisch involviert sind. Im Zusammenwirken mit den immer gewaltsameren Auseinandersetzungen um die regionale Vorherrschaft und lang andauernden Konflikten heizen diese die ethnischen und konfessionellen Spannungen in der ganzen Region an. Und sie führen dazu, dass – selbst wenn der sogenannte Islamische Staat derzeit in Syrien und im Irak weitgehend eingehegt ist – ständig neue Milizen, vagabundierende Söldnereinheiten und Aufstandsbewegungen entstehen. Dabei verquicken sich die unterschiedlichen Krisen und Konflikte immer mehr, verstärken sich gegenseitig und können daher kaum mehr einer Lösung zugeführt werden.

Deutschland und Europa sind von Entwicklungen in ihrer direkten Nachbarschaft besonders betroffen – denn nur wenige Kilometer Seegrenze trennen den europäischen Kontinent vom Nahen und Mittleren Osten. Andauernde Instabilität dort birgt nicht nur die Gefahr des Übergreifens von Konflikten, etwa in Form von terroristischen Anschlägen. Es ist auch damit zu rechnen, dass der Migrationsdruck aus der Region aufgrund des Einkommens- und Wohlstandsgefälles zwischen Europa und den weniger entwickelten Staaten in der Region andauert – ebenso wie Fluchtbewegungen infolge von Kriegen und politischer Verfolgung. Deutschland sollte gemeinsam mit

Wie wir handeln müssen

Drei Stoßrichtungen sollten bei der konkreten Politik gegenüber dem Nahen und Mittleren Osten im Vordergrund stehen:

Es geht um die Unterstützung von Reformen, die auf gesellschaftliche Inklusion, die Stärkung staatlicher Institutionen sowie wirtschaftliche und politische Liberalisierung und den Aufbau sozialer Sicherungssysteme abzielen. Dabei zeigt die Erfahrung: Die Möglichkeiten, tief greifenden Wandel von außen herbeizuführen, sind begrenzt.[20] Sinnvoller ist es daher:

— Reformen dort, wo sie von den lokalen Eliten initiiert und vorangetrieben werden, großzügig zu unterstützen;

— anderenorts vor allem in Bildung und Ausbildung und vermehrten Austausch zu investieren;

— darauf zu achten, dass deutsche und europäische Politik langfristigen Reformvorhaben und staatlicher Stabilisierung nicht zuwiderlaufen (etwa durch die Kooperation mit Milizen bei der Verhinderung von Migration);

— Menschenrechtsverstöße und Rückschritte bei der Liberalisierung klar zu benennen.

Es gilt, nicht zuletzt vor dem Hintergrund alternder und schrumpfender Gesellschaften in Deutschland und Europa,

— dem um sich greifenden rechtspopulistischen Abschottungsdiskurs klar entgegenzutreten;

— legale Migrationsmöglichkeiten aus der Region zu schaffen;

— die Anstrengungen zu intensivieren, Migrantinnen und Migranten in Deutschland eine neue Heimat zu geben.

Berlin sollte aktiv und konsistent auch und gerade im Nahen und Mittleren Osten, wo es an einer regionalen Sicherheitsarchitektur mangelt,

— sich für verhandelte Konfliktregelungen, die Einrichtung von Krisenmechanismen und eine Absicherung von Friedensabkommen durch Friedenstruppen stark machen;

— Maßnahmen der Übergangsjustiz unterstützen;

— sich für eine Stärkung von Völkerrecht und Kriegsvölkerrecht einsetzen.

seinen europäischen Partnern dem erwarteten Fortdauern von Instabilität und Entwicklungsdefiziten im Nahen und Mittleren Osten entgegenwirken, statt in erster Linie kurzfristige Interessen (Außenwirtschaftsförderung, Gefahrenabwehr, Migrationseindämmung) umzusetzen. Dazu braucht es nicht nur Gestaltungswillen, sondern auch europäische Partner, die ihr wirtschaftliches, politisches und sicherheitspolitisches Gewicht geeint in die Waagschale werfen und die bereit sind, die Ausstrahlungskraft des europäischen Modells – als Hort liberaler Demokratie, supranationaler Kooperation und einer wertebasierten und regelorientierten Außenpolitik – wiederzubeleben. Auch wenn dies angesichts des Erstarkens rechtspopulistischer Bewegungen eine formidable Herausforderung darstellt: Im Hinblick auf die der Erosion der liberalen Weltordnung, einer zunehmend erratischen US-Politik und des Einflusszuwachses autoritärer Staaten wie Russland und China in der Region wird es umso wichtiger.

DR. MURIEL ASSEBURG *(50) ist Senior Fellow in der Forschungsgruppe Naher/Mittlerer Osten und Afrika an der Stiftung Wissenschaft und Politik (SWP) in Berlin. Ihre aktuellen Forschungsschwerpunkte liegen auf Konfliktdynamiken und Friedensbemühungen im Nahen Osten, auf deutscher, europäischer und amerikanischer Nahostpolitik sowie auf Fragen von Staatsbildung, politischer Reformen und Sicherheit im östlichen Mittelmeerraum. Sie hat Politikwissenschaft, Völkerrecht und Volkswirtschaft an der Ludwig-Maximilians-Universität in München studiert und dort im Jahr 2000 promoviert.*

Deutschland muss einen Ausgleich jenseits der Westbindung finden

Von Stephen Szabo

Deutschland wird im Jahr 2030 in einer Welt leben, in der der Westen, den es seit dem Ende des Zweiten Weltkriegs kennt, gespalten und weniger zentral im globalen System verankert sein wird. Die *Westbindung*, die für die deutsche Identität und Außenpolitik der Nachkriegszeit von zentraler Bedeutung war, wird in einer Welt, die zunehmend von China und weniger von den Vereinigten Staaten gesteuert wird, viel schwächer sein. Doch nicht nur die Weltordnung wird weniger stabil sein, vielmehr wird Deutschland in einer Europäischen Union nach dem Brexit agieren und die eigene Wirtschafts- und Außenpolitik gegenüber China, Asien und anderen nicht westlichen aufstrebenden Mächten neu angeglichen haben. Deutschland wird weiterhin eine wichtige geoökonomische Macht bleiben, über eine exportorientierte Wirtschaft und über eigene globale Unternehmen verfügen, die einen guten Teil der außenpolitischen Agenda bestimmen.[1] Die Prioritäten des deutschen Staates und des Privatsektors werden den Märkten und der Nachfrage nach natürlichen Ressourcen folgen, die die Exportwirtschaft ankurbeln. Deutschland wird eine globale *Gestaltungsmacht*,[2] die keine Pazifikachse führen, sondern vielmehr um einen erneuten Ausgleich zwischen einem geschwächten Westen und einem aufstrebenden Osten in einer Welt ohne Ordnungsmacht bemüht sein wird.

> **Die Präsidentschaft Trumps kennzeichnet keine Pause, sondern die Rückkehr der amerikanischen Außenpolitik zu Traditionen des Zweiten Weltkriegs.**

Westbindung von nationalen und internationalen Trends geschwächt.

Die deutsch-amerikanischen Beziehungen waren für die deutsche Identität und ihre Innen- und Außenpolitik über drei Generationen deutscher Politiker hinweg von zentraler Bedeutung. Der amerikanische Anker der *Westbindung* wird von sowohl nationalen als auch internationalen Trends geschwächt werden. Auf der internationalen Seite werden der Aufstieg Chinas und die Verlagerung des Zentrums der Weltpolitik nach Asien die Vereinigten Staaten sich in Richtung Asien orientieren lassen und den langfristigen Niedergang Europas in der amerikanischen Außen- und Sicherheitspolitik fortsetzen.[3]

Nach den Kriegen im Irak und in Afghanistan wird auf nationaler Ebene die Übersättigung der öffentlichen Meinung gegenüber Auslandsverpflichtungen die USA weiterhin dazu veranlassen, sich den Problemen im eigenen Land zu widmen. Die politische Polarisierung der amerikanischen Gesellschaft, die durch eine wachsende soziale und Einkommensungleichheit sowie eine sich wandelnde ethnische Zusammensetzung der Bevölkerung ausgelöst wird, wird weiterhin ein geteiltes und nach innen gerichtetes Land prägen. Dieses Amerika wird sich weniger mit der Projektion westlicher liberaler Werte im weiteren globalen Kontext befassen und weniger in der Lage sein, konsequent als außenpolitischer Akteur zu agieren. Die Präsidentschaft Trumps kennzeichnet daher keine kurzfristige Pause, sondern vielmehr eine Rückkehr der amerikanischen Außenpolitik zu Traditionen des Zweiten Weltkriegs. Das Hauptaugenmerk wird auf amerikanischen nationalen Interessen liegen, die bereits unter der Regierung Obamas ihre Vorläufer hatten.[4] Die europäische Säule des Westens dürfte nicht besser dastehen als der transatlantische Anker. Die deutschen Hoffnungen auf eine enge Zusammenarbeit mit Frankreich und anderen westeuropäischen Ländern dürften enttäuscht werden. Die deutsche Führungsposition wird sowohl innenpolitisch als auch durch das Problem der deutschen Macht in Europa weiterhin immanent beschränkt sein. All diese Trends werden die nächste Generation deutscher Politiker, die in den frühen 2020er-Jahren an die Macht kommen werden, vor große Herausforderungen stellen.

DR. STEPHEN F. SZABO *(75) ist Senior Fellow am American Institute for Contemporary German Studies und Lehrbeauftragter für Europäische Studien an der Johns Hopkins University, SAIS. Er war Vorstandsmitglied der Transatlantic Academy und Interim-Dekan und Universitätsdekan der School of Advanced International Studies sowie an der Fakultät des National War College. Er war Stipendiat der Alexander von Humboldt-Stiftung, des Woodrow Wilson International Center for Scholars, der American Academy in Berlin und des Instituts für Humanwissenschaften in Wien. Sein zuletzt veröffentlichtes Buch heißt »Germany, Russia, and the Rise of Geo-Economics«.*

»Die deutsche Führungsposition wird sowohl innenpolitisch als auch in Europa beschränkt bleiben.«

»Die deutsche Führungsposition wird sowohl innenpolitisch als auch in Europa beschränkt bleiben.«

Deutschland muss lernen, strategisch zu führen

Von François Heisbourg

Das demokratische Deutschland fühlt sich bekanntlich nicht sehr wohl bei dem Gedanken an eine strategische Führung mit einer militärischen Dimension. Dies rührt wohl zum Teil aus der Geschichte: Die Hegemonie eines vereinten Deutschlands endete mit zwei katastrophalen Niederlagen in den Jahren 1918 und 1945, die Millionen Tote forderten, Europa in die Knie zwangen und Deutschland erneut teilten.

Unabhängig davon, dass Deutschland es ablehnte, den amerikanischen Krieg im Irak zu unterstützen, haben wir in jedem Konflikt die deutsche Selbstbeschränkung erlebt: Die zahlreichen Vorbehalte gegen den Bundeswehreinsatz in Afghanistan, die Verweigerung gegenüber den von den Vereinten Nationen beauftragten und von der NATO geführten Operationen in Libyen, die Entsendung von Soldaten nach Mali ohne Beteiligung an ständigen Anti-Terror-Organisationen, der Einsatz von Flugzeugen für die elektronische Kriegsführung gegen den sogenannten Islamischen Staat unter Ausschluss kinetischer Mittel und die Verweigerung der Teilnahme an gemeinsamen Operationen gegen die Streitkräfte von Baschar al-Assad nach dem Einsatz von chemischen Waffen gegen Zivilisten in Syrien.

> **Schon lange vor 2030 wird Deutschland mehr für die Rüstung ausgeben als Russland.**

Es handelt sich dabei um ein Muster mit System, unabhängig davon, ob Deutschland dies in strategischer oder politischer Hinsicht befürwortete (zum Beispiel in Mali, Syrien) oder kritisierte (Libyen). Dieselbe Feststellung lässt sich für jeden Konflikt in Bezug auf die internationale rechtliche Legitimität machen: Einige der erwähnten Auseinandersetzungen waren ad hoc und wurden von Deutschland (zum Beispiel Mali, Syrien) unterstützt, während andere zwar von der UNO in Auftrag gegeben, aber nicht von Deutschland gebilligt (Libyen) oder mit Vorbehalten unterstützt wurden (Afghanistan). Fragen der strategischen Zustimmung oder der rechtlichen Legitimität waren daher für die typische Zurückhaltung Deutschlands nicht ausschlaggebend.

Bis zum Jahr 2030 wird sich ein Wandel einstellen. Die einfachste Veränderung betrifft die zunehmenden Militärausgaben. Schon lange vor 2030 wird Deutschland mehr für die Rüstung ausgeben als Russland.

Unterschiedliche strategische Kulturen in Frankreich und Deutschland

Der nächste Schritt ist die Schaffung eines ständigen Ausschusses zwischen dem Kanzleramt, den Bundesministerien für Verteidigung, internationale Zusammenarbeit und Entwicklung sowie dem Auswärtigen Amt mit erheblichen Haushaltsbefugnissen, die in der Lage sind, sogenannte »3D«-Richtlinien (Development, Defence, Diplomacy) umzusetzen. Bisher hat Deutschland viel und vernünftig über die Notwendigkeit gesprochen, die Ausgaben für Entwicklungszusammenarbeit als Beitrag zur nationalen Sicherheit zu betrachten, ohne dies in eine tatsächliche Politik zu übertragen. Die Schaffung eines solchen 3D-Körpers ist machbar, ohne eine tief greifende Veränderung beim Einsatz von militärischer Gewalt in Kauf nehmen zu müssen. Dies erfordert jedoch ein strategisches Denken in Bezug auf die südlichen und östlichen Nachbarstaaten Europas.

Die Veränderung mit der größten Herausforderung wird die Annäherung zwischen den strategischen Kulturen Frankreichs und Deutschlands sein. Frankreich wird wahrscheinlich weiterhin den Einsatz militärischer Gewalt betonen, während sich Deutschland zurückhaltender zeigen wird. Es sollte jedoch zumindest für beide Länder möglich sein, sich entlang der Linie positionieren, die zur Zeit des Kosovokrieges herrschte. Es wäre natürlich günstiger, wenn dies bis zum Jahr 2030 erledigt wäre.

FRANÇOIS HEISBOURG (69) ist Leiter des International Institute for Strategic Studies und Sonderberater der Fondation pour la recherche stratégique. Er arbeitete für die französische Regierung, die Rüstungsindustrie und war im akademischen Bereich sowie in der Welt der Denkfabriken und politischen Meinungsbildner tätig. Er war Mitglied in Blue-Ribbon-Komitees wie der Kommission auf dem Balkan und der Internationalen Kommission für nukleare Nichtverbreitung und Abrüstung, beteiligte sich an den Whitepapers zur nationalen Sicherheit und Verteidigung Frankreichs und beriet außerdem Emmanuel Macron während seiner Präsidentschaftskampagne.

»Eine große Herausforderung wird die Annäherung zwischen den strategischen Kulturen Frankreichs und Deutschlands sein. Frankreich wird weiterhin den Einsatz militärischer Gewalt betonen, während sich Deutschland zurückhaltend zeigen wird.«

»2030 wird eine globale Welt zur Global Governance drängen. Diese globale Regulierung wird teils durch einen multilateralen Ansatz alten Stils, aber auch zunehmend durch andere institutionelle Rahmenbedingungen gewährleistet.«

Global Governance 2030

Von Jan Aart Scholte

Die Welt von 2030 wird global sein und Global Governance benötigen. Das Wesen dieser Global Governance ist jedoch im Umbruch. Die alte Abhängigkeit von multilateralen Institutionen wie den UN weicht anderen Formen globaler Regulierung. Vielfältige Interventionsformen lösen das alte Vertrauen in Marktkräfte ab. Die genaue Richtung dieser institutionellen und politischen Veränderungen – jenseits des Multilateralismus und der Märkte – wird hitzig diskutiert.

Vorhersagen sind in der heutigen Welt der radikalen Unsicherheit ein heikles Geschäft; jedoch werden die nächsten zwölf Jahre bis 2030 zweifellos zeigen, dass die großen globalen Herausforderungen und der dringende Bedarf an weltpolitischen Reaktionen anhalten.

Globale Verbindungen verlangen Global Governance.

Weltweite Probleme wie Waffenverbreitung, Klimawandel, Seuchenbekämpfung, finanzielle Stabilität, Geschlechterdiskriminierung, Kulturerhalt, Internetkommunikation und Migrationsströme werden nicht enden. Vielmehr werden solche globalen Fragen bald akuter werden. Der grenzüberschreitende Charakter dieser Aspekte bedeutet, dass sie nicht allein von Staaten reguliert werden können. Globale Verbindungen verlangen Global Governance.

Governance regelt die Gesellschaft mit Normen, Gesetzen, Standards und Prinzipien

»Global Governance« bezieht sich auf Regulierungsvereinbarungen für globale Anliegen. Pauschal gesagt, regelt »Governance« die Gesellschaft mit Normen, Gesetzen, Standards und Prinzipien. Solche Regeln verwaltet in der Regel eine Institution, unter anderem (jedoch nicht allein) der Staat. Gesellschaftliche Regulierung erfordert zudem meist die eine oder andere ideologische Orientierung wie Liberalismus, Sozialismus et cetera. Kurz: Global Governance erfordert Regeln, Regulierungsinstitutionen und politische Rahmen für globale Belange.

Die Frage lautet also nicht, *ob* die Welt im Jahr 2030 Global Governance haben wird. Die Frage ist vielmehr, welche Art von Global Governance in den kommenden Jahren entstehen wird. In welche Richtungen könnte

sich Global Governance entwickeln? *Welche Arten* von Global Governance sollten gefördert werden, sofern Optionen vorhanden sind? Und welchen Richtungen sollte man sich besser widersetzen?

Dieser Beitrag untersucht diese Fragen unter zwei Aspekten: institutionelle Rahmen und politische Paradigmen. Beim institutionellen Design geht die Debatte davon aus, dass sich bis 2030 eine anhaltende Stagnation des Multilateralismus und ein weiterer Anstieg anderer Formen der Global Governance wie Transgovernmentalismus, private Regulierung und Multistakeholder-Initiativen abzeichnen werden. Zu den politischen Ansätzen: Die Untersuchung nimmt an, dass der Wettbewerb um Global Governance zwischen marktzentriertem Neoliberalismus und Alternativen wie Protektionismus, globaler Sozialdemokratie und Transformationsideologien anhält. Dieser Beitrag drängt auf gewagte Innovationen auf institutioneller wie auch politischer Ebene.

Multilateralismus: eine beschränkte Zukunft?

Aus dem letzten Jahrhundert hat die heutige Welt eine Global Governance in Form multilateraler Institutionen geerbt. Dieser Ansatz konzentriert sich auf das Völkerrecht und formelle zwischenstaatliche Organisationen (englisch: *intergovernmental organizations*, IGOs). Der Multilateralismus tritt am deutlichsten im System der United Nations (UN) und in anderen Gremien wie der Welthandelsorganisation (WTO) zutage. Dies sind rechtsstaatliche, permanente, globale Stellen mit eigenen Ressourcen und Nationalstaaten als ihre einzigen Mitglieder.

In seiner Blütezeit der 40er- bis 70er-Jahre galt der Multilateralismus durch »internationale Organisation« (IO) weithin als gleichbedeutend mit Global Governance. Man ging davon aus, dass zur Lösung weltweiter Probleme eine formal institutionalisierte zwischenstaatliche Zusammenarbeit nötig sei. In der Tat betrachteten viele frühe Befürworter der UN diese als Keim einer künftigen globalen Regierung.

Nur hart gesottene Weltföderalisten beharren heute noch auf dieser Vorstellung. Obwohl die UN nach wie vor ein wichtiger Beratungsort für die globale öffentliche Ordnung ist, genügen die Ressourcen und die für ein angemessenes Vorgehen bei globalen Belangen nötige Legitimität bei Weitem nicht. Der reguläre Haushalt der UN ist kleiner als der der Stadt Stockholm, und die Feuerwehr von New York beschäftigt mehr Menschen als das UN-Sekretariat. Wie engagiert die Mitarbeiter und Unterstützer der UN auch sein mögen, sie können unter den gegebenen Umständen nicht im erforderlichen Maß zur Global Governance beitragen.

So bleibt nach 25 Jahren der UN-Klimarahmenkonvention (UNFCCC) die globale Erwärmung ungebremst. Der Internationale Währungsfonds (IWF) ist angesichts der globalen Finanzmärkte machtlos. Die Weltgesundheitsorganisation (WHO) kann grenzüberschreitende Epidemien nicht allein bewältigen. Ebenso werden die UN-»Agenda 2030« und die »Ziele für nachhaltige Entwicklung« (SDGs) allein durch multilaterale Kanäle kaum zu erreichen sein.

Der Multilateralismus tritt am deutlichsten im System der United Nations (UN) und in anderen Gremien wie der Welthandelsorganisation (WTO) zutage.

Defizite im Multilateralismus sind auch im Hinblick auf die WTO offensichtlich. Die Vision, diese reguliere den Welthandel umfassend, ist Geschichte. Die Doha-Entwicklungsrunde der Welthandelsgespräche ist seit einem Jahrzehnt stagniert. WTO-Ministerkonferenzen, die einst Tausende von Teilnehmenden und Demonstranten anzogen, werden kaum mehr wahrgenommen.

Nur wenig deutet darauf hin, dass die kommenden Jahre den multilateralen Institutionen für Global Governance eine bedeutende Verjüngungsreform bescheren werden. Selbst offensichtlich berechtigte Anpassungen an den UN-Sicherheitsrat und die multilateralen Finanzinstitutionen sind trotz 30-jähriger Bemühungen kaum vorangeschritten. Ehrgeizigere Reformvorschläge – zum Beispiel Ressourcen für den Multilateralismus durch globale Besteuerung zu erhöhen – stoßen auf taube Ohren.

Die multilaterale Global Governance wird keineswegs demnächst enden. Bis 2030 wird die Welt ein UN-System und eine WTO beibehalten. In den nächsten Jahren werden die multilateralen Institutionen jedoch kaum einen plötzlichen Ressourcenanstieg und gesellschaftliche Akzeptanz erfahren.

Vom Multilateralismus eine angemessene Global Governance zu erwarten ist verfehlt. Könnten Regierung, Zivilgesellschaft und Wissenschaft in Deutschland (wie in anderen Ländern) sogar in Betracht ziehen, den IGOs die Bemühungen um Global Governance teilweise zu entziehen?

In der Tat sind andere institutionelle Formen der Global Governance entstanden, um IGOs zu ergänzen (und in manchen Fällen sogar zu ersetzen). Dieser Trend hin zu unterschiedlichen Global-Governance-Organen scheint sich bis 2030 fortzusetzen. Politische Entscheidungsträger, Forscher, Journalisten und Bürger täten daher gut daran, die multilateralen Denkweisen des 20. Jahrhunderts zu verwerfen und mit der Global Governance, wie sie sich heute entwickelt, aufzuholen.

Jenseits des Multilateralismus: alternative institutionelle Designs

Neben multilateralen Institutionen hat Global Governance heute auch organisatorische Gestalt in überstaatlichen Netzwerken, privaten Regulierungsstrukturen und Multistakeholder-Initiativen. Die nächsten Absätze beschreiben zunächst diese drei alternativen institutionellen Entwürfe. Es wird dann angeregt, dass globale Probleme zunehmend durch »polyzentrische« Prozesse gesteuert werden, die die vier Organisationsformen kombinieren. Eine erfolgreiche Global Governance besteht daher künftig in erster Linie im Aufbau eines konstruktiven Polyzentrismus.

Transgovernmental Networks

Die Regierungsebene überschreitende Netzwerke (englisch: *transgovernmental networks*, TGNs) erfordern Global Governance durch eine reguläre informelle Zusammenarbeit zwischen Beamten aus mehreren Staaten. Im Gegensatz zu IGOs haben TGNs in der Regel keine Rechtsgrundlage in einem internationalen Vertrag, keine ständigen Büros und keine eigenen Ressourcen. Zudem fallen die Entscheidungen der TGN normalerweise nicht unter das traditionelle internationale Recht, sondern das sogenannte »globale Verwaltungsrecht«.

TGNs haben sich primär seit den 70er-Jahren entwickelt. Die für die Öffentlichkeit deutlichsten Beispiele sind die G7 und die G20. Zu den unzähligen anderen TGN-Beispielen gehören das Internationale Den Haager Richternetzwerk (IHNJ), die Nuclear Suppliers Group (NSG) und die 250 Ausschüsse und Arbeitsgruppen der Organisation für wirtschaftliche Zusammenarbeit und Entwicklung (OECD). TGNs entstanden oft als Entschluss, die aus Sicht der Gründer umständliche und unbequeme Politik von IGOs zu umgehen. Befürworter argumentieren, dass TGNs »Dinge erledigen« können, während sich IGOs in bürokratischen Verfahren und diplomatischen Streitigkeiten verlaufen. Obwohl genaue Vergleichsmessungen nicht verfügbar sind, scheinen TGNs heute in der Global Governance so aktiv zu sein wie IGOs, indem sie in vergleichbarem Maß Entscheidungen treffen, Compliance erzielen und effektiv sind – wenn nicht mehr.

Auch wenn TGNs seit einem halben Jahrhundert immer wichtiger werden, erhalten sie von Forschung und Politik viel weniger Aufmerksamkeit als IGOs. Abgesehen von der G7/G20 entzieht sich diese informelle Global Governance weitgehend den Medien, der parlamentarischen Kontrolle, dem zivilen Engagement und dem akademischen Studium. Folglich werden sie größtenteils unzureichend verstanden. Zukunftsorientierte Journalisten, Politiker, Aktivisten, Pädagogen und Forscher müssen dieses Versäumnis bis 2030 nachholen.

Private Global Governance

Ähnliche Unaufmerksamkeit erfährt auch Private Global Governance (PGG). In dieser weiteren Alternative zum multilateralen System alten Stils regulieren kommerzielle und/oder zivile Akteure globale Verbindungen ohne direkte staatliche Beteiligung. Der Aufstieg der PGG, insbesondere seit den 90er-Jahren, unterstreicht, dass gesellschaftliche Regulierung durch sowohl nicht staatliche als auch staatliche Kanäle erfolgen kann.

Eine erfolgreiche Global Governance besteht künftig in erster Linie im Aufbau eines konstruktiven Polyzentrismus.

Viel PGG ist formal in permanenten Organisationen mit eigenem Budget und Personal institutionalisiert.

Beispiele für Global Finance sind das International Accounting Standards Board (IASB) und die Wolfsberg-Gruppe. Auch in vielen Systemen für soziale Verantwortung von Unternehmen (CSR), wie Social Accountability International (SAI), herrscht eine globale Regulierung der privaten Haushalte vor. Weitere prominente private globale Standardgeber sind Fairtrade International (FLO) und die Internet Engineering Task Force (IETF).

Zudem vergeben einige IGOs wesentliche Teile ihrer Strategieumsetzung an private Akteure. Beispielsweise sind Nichtregierungsorganisationen (NGOs) bei der Bereitstellung humanitärer Hilfe und an vielen Entwicklungsprojekten maßgeblich beteiligt. Kommerzielle Sicherheitsfirmen nehmen mittlerweile häufig an zahlreichen Konfliktbewältigungsübungen teil. Es wird oft behauptet, dass solche privaten Akteure effizienter und kompetenter seien als öffentliche Dienste.

PGG ist im Allgemeinen freiwillig und bei der Durchsetzung nicht juristisch abgesichert, allerdings können diese Maßnahmen hohe Compliance und Auswirkungen aufweisen. Zum Beispiel sind die Protokolle der IETF für ein integriertes globales Internet entscheidend. Die Normen des IASB prägen maßgeblich die Investitionen und Besteuerung transnationaler Unternehmen. Die CSR könnte eine stärkere Regulierung des globalen Kapitals durch den öffentlichen Sektor verhindern. Fair-Trade-Standards existierten heute ohne zivile Initiativen kaum. Globale private Sicherheitsdienste verdrängen teilweise die staatlichen Armeen.

Also fällt die PGG ins Gewicht. Wie bei TGNs wird die PGG jedoch von politischen Parteien, zivilen Vereinigungen, Massenmedien, Schulen und Forschern generell unterschätzt. Es herrscht immer noch die Annahme vor, dass Global Governance und IGOs gleichzusetzen seien. Diese Situation ist zudem politisch beunruhigend, da PGG gegenüber besonderen Interessen häufig offen ist.

Multistakeholderism

Eine dritte bedeutende Art institutioneller Alternative zu IGOs in der heutigen Global Governance sind Multistakeholder-Initiativen (MSI). Während IGOs und TGNs

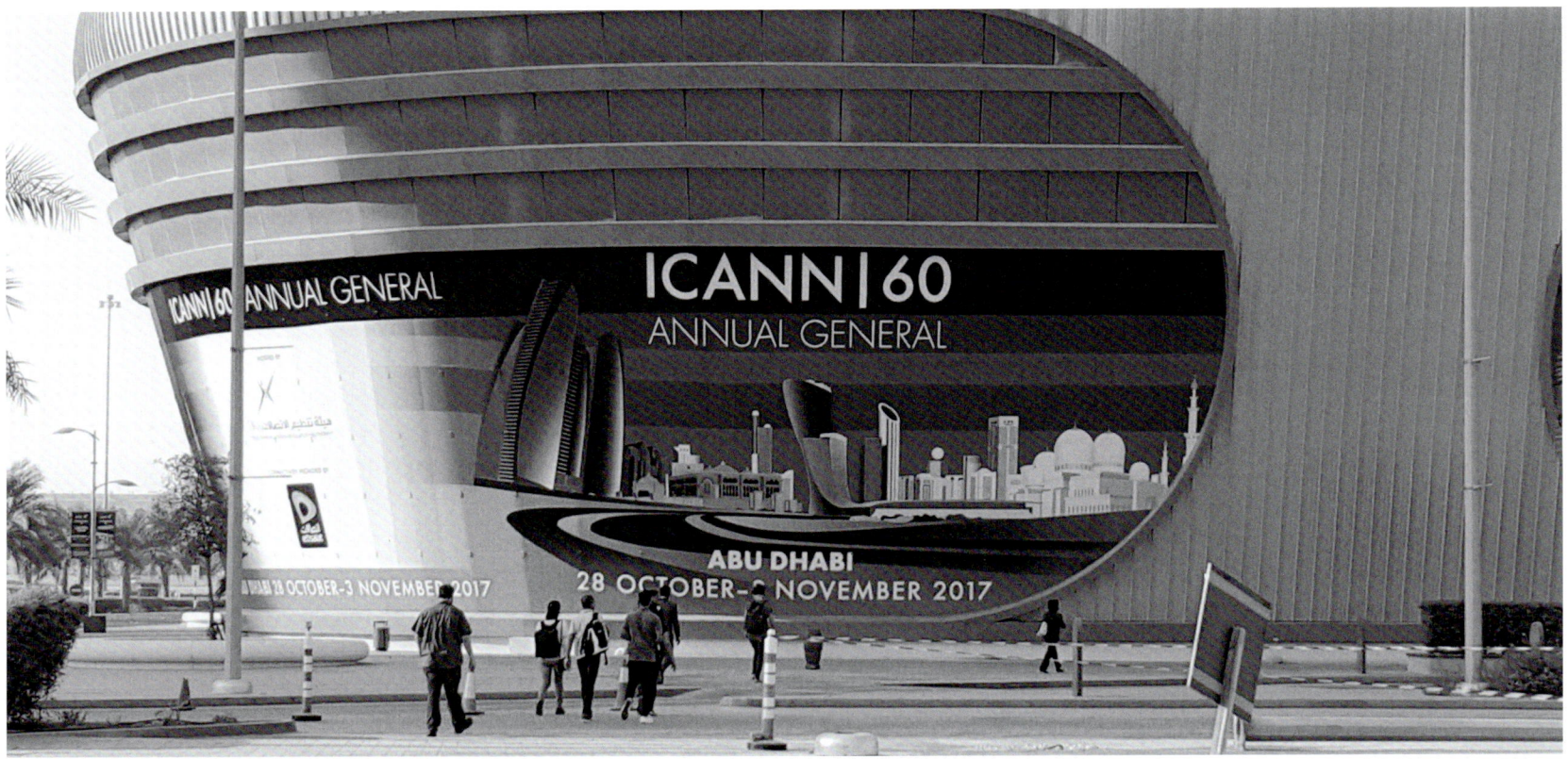

Staaten vereinen und PGG über kommerzielle Akteure oder NGOs arbeitet, ziehen MSIs Teilnehmer aus verschiedenen sozialen Sektoren an. So könnte eine MSI ein gemeinsames Vorgehen von Regierung, Wirtschaft, Zivilgesellschaft, Berufsgruppen und Wissenschaft bewirken. Wie IGOs und PGG haben MSIs in der Regel eigene Büros, Mitarbeiter und eigenes Budget.

Globale MSIs sind relativ neu. Frühe Beispiele sind die 1920 gegründete Internationale Arbeitsorganisation (ILO) und die 1947 gegründete Internationale Organisation für Normung (ISO). Die meisten MSIs stammen jedoch aus den letzten 30 Jahren. Beispiele hierfür sind die Internet Corporation for Assigned Names and Numbers (ICANN), der Kimberley-Prozess (KP), der Forest Stewardship Council (FSC), der Globale Fonds zur Bekämpfung von AIDS, Tuberkulose und Malaria (GFATM) und der Global Compact der UN (GC).

Abgesehen von der G7/G20 entziehen sich *transgovernmental networks* weitgehend den Medien, der parlamentarischen Kontrolle, dem zivilen Engagement und dem akademischen Studium.

Befürworter des »Multistakeholderism« argumentieren, dass er das Beste aus marktorientierter Innovation (aus der Wirtschaft), Bürgerbeteiligung (aus der Zivilgesellschaft), technischem Fachwissen (aus der Berufswelt), Wissen (aus der Wissenschaft) und Überwachung des Gemeinwohls (aus der Regierung) vereine. So stellen solche Befürworter etwa fest, dass MSIs die schnelle weltweite Verbreitung des Internets maßgeblich beeinflusst haben, und fragen rhetorisch, ob IGOs wie die Internationale Fernmeldeunion (ITU) ein solches Ergebnis hätten erzielen können. Die kommenden Jahre könnten eine erhebliche Ausweitung der MSIs erleben.

Bei MSIs ist jedoch auch Vorsicht geboten. Obwohl sie oft als »Bottom-up«-Initiativen mit bester Expertise bezeichnet werden, können MSIs in der Praxis selbst ernannten und sich selbst erhaltenden Insidern vorbehalten bleiben. Darüber hinaus können MSIs nicht minder als andere Formen der Global Governance von den globalen Nord- und Eliteklassen dominiert werden. Die Legitimität des Multistakeholderism verlangt daher bis 2030 vermehrte Aufmerksamkeit.

Polyzentrismus

Die bisherige Diskussion zeigt, dass sich Global Governance vom Fokus auf Multilateralismus im 20. Jahrhundert weg zu einer Situation multipler institutioneller Regelungen hinbewegt. Völkerrecht und internationale Organisationen nach alter Manier enden nicht, aber sie expandieren auch nicht. Stattdessen werden Lücken in der Global Governance zunehmend durch alternative Gebilde wie TGNs, PGG und MSIs angegangen.

Folglich werden globale Herausforderungen durch mehrere globale institutionelle Formate zugleich angenommen. Bis 2030 werden wohl weitere Schritte in Richtung einer *polyzentrischen* Global Governance folgen, in der »viele Zentren« jedes globale Problem behandeln werden. Hierzu gehört eine Mischung aus IGOs, TGNs, PGG und MSIs. Es wird nicht über einzelne Institutionen reguliert, sondern durch deren Kombination, Kooperation und deren Wettbewerbe innerhalb polyzentrischer Governance-Komplexe.

Betrachten wir etwa die Global Governance des Internets. Auf der einen Seite sind hier IGOs wie die ITU und WTO beteiligt. Relevante TGNs umfassen OECD-Arbeitsgruppen sowie das Government Advisory Committee (GAC) in der ICANN. Aktive PGG sind *inter alia* die IETF und das World Wide Web Consortium (W3C). Zu den wichtigsten globalen MSIs zählen ICANN und das Internet Governance Forum (IGF). Ähnliche polyzentrische Kombinationen von IGOs, TGNs, PGGs und MSIs finden sich in beinahe jedem anderen Problembereich: Konflikt, Ökologie, Gesundheit, Erbe, Menschenrechte, Migration, Geld und so weiter.

Der Polyzentrismus verursacht weit komplexere Folgen, da die Erscheinungsformen globaler Institutionen nicht nur untereinander, sondern auch mit Regulierungsorganen auf anderen geografischen Ebenen zusammenhängen. So umfasst die Internet-Governance wichtige regionale Institutionen wie die zwischenstaatliche EU und das nicht staatliche African Network Information Centre (AFRINIC). Die meisten Online-Inhalte werden inzwischen von einzelnen Nationalstaaten reguliert, oft in Zusammenarbeit mit kommerziellen inländischen Internetdienstleistern. Lokale Verwaltung kommt etwa dann zum Tragen, wenn zum Beispiel Bundesstaaten in den USA eigene Richtlinien für Online-Glücksspiele haben oder wenn (wie in der Türkei) eine Universität eine länderspezifische Top-Level-Domain (ccTLD) verwaltet. Insgesamt ist die polyzentrische Steuerung globaler Herausforderungen nicht nur sektorübergreifend (Verbindung öffentlicher und privater Bereiche), sondern auch

Die Legitimität des Multistakeholderism verlangt bis 2030 vermehrte Aufmerksamkeit.

transskalar (Vernetzung globaler, regionaler, nationaler und lokaler Bereiche).

Die globale Welt zu regieren ist daher heute ein schmutziges Geschäft. Die nächste Generation bis 2030 und darüber hinaus muss mit einer polyzentrischen Governance zurechtkommen: dezentriert und diffus, fließend und instabil, ambig und schwer fassbar, kopflos und oft recht steuerlos. Es hat keinen Sinn, sich einfacherer Zeiten zu besinnen, in denen Global Governance gleichbedeutend mit internationaler Organisation war. Der Polyzentrismus ist gekommen, um zu bleiben.

Diese verworrene Situation birgt sowohl Zuversicht als auch Probleme. Zu den positiven Potenzialen gehören reichhaltige Reservoirs unterschiedlicher Erfahrungen und Einsichten, die über polyzentrische Governance-Netzwerke verteilt sind. Ferner kann der Wettbewerb zwischen den Behörden die Regierungsinstitutionen dazu anregen, schneller, relevanter, kreativer, anpassungsfähiger, hochwertiger und verantwortungsvoller auf politische Herausforderungen zu reagieren. Zugleich kann die Zusammenarbeit zwischen polyzentrischen Standorten die jeweiligen Stärken verschiedener Institutionen kombinieren. Der Polyzentrismus könnte auch zu Experimenten in alternativen und tiefgründigeren Formen der Demokratie einladen.

Eine polyzentrische Governance birgt jedoch auch erhebliche potenzielle Gefahren. Zum einen fehlen den meisten Menschen heute Werkzeuge und Ressourcen, um sich effektiv mit polyzentrischen Gebilden auseinanderzusetzen. Selbst klügste und wohlhabendste Akteure kämpfen sich durch die Labyrinthe der polyzentrischen Regulierung. In dieser Situation ist eine gründliche Politikkoordinierung, die alle Größenordnungen und Sektoren vereint, nicht erreichbar. Stattdessen erzeugt der Polyzentrismus eher Verwirrung, Doppelung und Grabenkämpfe. Zu den weiteren großen Herausforderungen in diesem Governance-Modus gehören das Aushandeln kultureller Vielfalt (aufgrund der Tatsache, dass die Teilnehmer aus allen Regionen und Sozialsektoren kommen) und die Gewährleistung der Compliance (angesichts dessen, dass viele der Institutionen fragile Durchsetzungsmechanismen und

Legitimität aufweisen). Situationen einer diffusen Governance können auch von dominanten Akteuren (zum Beispiel großen Staaten und großen Unternehmen) ausgenutzt werden, um ihre Macht zu stärken und der öffentlichen Rechenschaftspflicht zu entgehen. Der Anstieg des Polyzentrismus birgt also große Risiken für die Effektivität der Politik sowie für Demokratie und Gerechtigkeit.

Die globale Welt zu regieren ist heute ein schmutziges Geschäft.

Daher besteht eine wichtige Aufgabe bis 2030 darin, zu lernen, wie die positiven Möglichkeiten einer polyzentrischen Governance besser zu realisieren sind und wie mögliche Gefahren besser zu vermeiden sind. Fortschritt an diesen Fronten wird von angepassten Denkweisen und differenzierteren Praktiken aller Beteiligten abhängen: Beamte, Aktivisten, Berater, Journalisten und Forscher. Jenseits von besserer Theorie und Praxis wird es jedoch auch von einer besseren Politik abhängen, Nutzen zu erwirken und Schäden durch Polyzentrismus zu vermeiden.

Marktgesteuerte globale Politik: eine beschränkte Zukunft?

Der institutionelle Wandel vom Multilateralismus zum Polyzentrismus fiel im späten 20. Jahrhundert mit einer ideologischen Verschiebung des übergeordneten politischen Paradigmas der Global Governance zusammen. Anstelle des sozial eingebetteten Liberalismus, der in der internationalen Organisation von den 40er- bis in die 70er-Jahre weitverbreitet war, herrschte in den Jahrzehnten nach den 80er-Jahren der marktzentrierte Neoliberalismus in der globalen Politik. Die Parallelentwicklung von Polyzentrismus und Neoliberalismus bedeutet jedoch nicht, dass beide intrinsisch miteinander verbunden sind. Im Gegenteil: In dem Maße, in dem der Neoliberalismus das negative Potenzial des Polyzentrismus hervorgebracht hat, könnte man andere politische Rahmenbedingungen erkunden wollen.

Neoliberalismus

Der Neoliberalismus schreibt vor, dass die Gesellschaft in erster Linie von den Marktkräften reguliert werden sollte. Das Paradigma betrachtet die Gesellschaft als einen Marktplatz, auf dem Individuen als Produzenten und Konsumenten interagieren, um ihre eigenen Interessen zu verfolgen. Um diese Mittel zu maximieren, fordert der Neoliberalismus *laissez faire*. Das Modell fördert Regeln, die Marktkräfte erleichtern (zum Beispiel Vertrags- und Eigentumsgesetze), und lehnt Regeln ab, die die Dynamik von Angebot und Nachfrage beeinflussen (zum Beispiel Preiskontrollen und Umverteilungsmaßnahmen). Zu den Eckpfeilern der neoliberalen Global Governance zählen die Liberalisierung grenzüberschreitender Wirtschaftsströme und die Kontraktion staatlicher Aktivitäten.

Der Neoliberalismus wurde durch alle vier primären institutionellen Formate der polyzentrischen Global Governance vorangetrieben. In Hinblick auf die IGOs haben zentrale Entwicklungen für den Neoliberalismus die Schaffung der WTO und die Verfolgung sogenannter Strukturanpassungsprogramme durch multilaterale Finanzinstitutionen bewirkt. TGNs haben marktgesteuerte Politik unter anderem durch die G7- und OECD-Ausschüsse vorangetrieben. Neoliberales Vertrauen in Marktlösungen hat auch eine starke Selbstregulierung im Finanzsektor und die Abhängigkeit von der Verbraucherwahl zur Förderung des fairen Handels bewirkt. Ebenso wurden große globale MSIs wie ICANN und der GFATM wesentlich von Unternehmen und privaten Stiftungen finanziert.

Bestimmt sind einige neoliberale Ansätze der Global Governance innovativ und produktiv gewesen. Eine marktgesteuerte Governance hat im Bankwesen, in globalen Wertschöpfungsketten und der Telekommunikation zu mehr Effizienz und Ertrag geführt. Die neoliberale Regulierung hat die Marktkräfte durch die Recyclingindustrie und den Emissionshandel für ökologische Anliegen nutzbar gemacht. Der neoliberale Fokus auf individuelle Rechte und Verantwortlichkeiten hat zudem die Aufmerksamkeit der modernen Global Governance auf die bürgerlichen und politischen Freiheiten gelenkt.

Doch die Abhängigkeit von Marktkräften und Eigenverantwortung hat oft weder materiellen Wohlstand noch Menschenrechte garantiert. Kritiker verbinden den

Neoliberalismus mit anhaltender Armut, sich verschärfender Ungleichheit, unzugänglicher Gesundheitsversorgung, finanzieller Instabilität, Arbeitsmissbrauch, ökologischen Schäden, extremem Konsum, korporativer Erfassung regulatorischer Prozesse, Korruption und allgemeinen Rückgängen sozialer Solidarität und Moral. Auch wenn einige Vorwürfe übertrieben sind, konzentrierten sich in den letzten Jahrzehnten persönlicher Reichtum und Unternehmensmacht erheblich, während eine »unterste Milliarde« weiter in bitterer Entbehrung lebt. *Laissez faire* verursachte auch wiederkehrende Finanzkrisen und erhöhte den Druck auf die ökologische Nachhaltigkeit. Bei solchem Übel rufen viele Menschen nach Alternativen.

Globale soziale Märkte

Bis jetzt war die zentrale Antwort auf die Schäden des Neoliberalismus eine Hinwendung zu »sozialen Marktansätzen«. Dieser qualifizierte Neoliberalismus unternimmt bescheidene, bewusste Eingriffe in die Marktkräfte: zum Beispiel soziale Sicherheitsnetze in Strukturanpassungsprogrammen, CSR-Programme, Antikorruptionsprogramme und Umweltvorschriften. Mit solchen Interventionen behauptet heute keine Global-Governance-Institution mehr, freie Märkte seien ein Allheilmittel.

In der Tat könnte eine polanyische »Doppelbewegung« derzeit in der globalen Regierungsführung im Gange sein. Karl Polanyi argumentierte, dass im modernen Kapitalismus die Schäden der Ultraliberalisierung (der »ersten Bewegung«) eine interventionistische Reaktion der Staaten (eine »zweite Bewegung«) auslösten. Heute postulieren Neopolanyier, dass der Aufstieg der neoliberalen Global Governance im späten 20. Jahrhundert eine weitere erste Bewegung sei und dass das frühe 21. Jahrhundert eine zweite Bewegung der Wiedereingliederung des (globalen) Marktes in die (Welt-) Gesellschaft erlebe.

> **In den letzten Jahrzehnten konzentrierten sich persönlicher Reichtum und Unternehmensmacht erheblich, während eine »untere Milliarde« weiter in bitterer Entbehrung lebt.**

Eine neopolanyische Lesart würde in den kommenden Jahren weitere Maßnahmen zur Global Governance erwarten, um Schäden am freien Markt entgegenzuwirken. Die SDGs könnten in diesem Sinne als prominente Initiative betrachtet werden. Vielleicht werden weitere globale Finanzkrisen in den 2020er-Jahren größere offizielle Eingriffe in die Geld- und Kapitalmärkte auslösen. Vielleicht werden weitere globale Unternehmensskandale CSR verstärken. Aber werden mehr solch bescheidener Reformen genügen, um das Vertrauen der Elite und der Bevölkerung in die polyzentrische Global Governance zu stützen, geschweige denn zu steigern?

Antiglobalismus

Die Labilität der neoliberalen und sozialen Marktordnung zeigt sich bereits in der gegenwärtigen Welle des Antiglobalismus. Die »Zuerst mein Land«-Agenda hat wenig Zeit für eine institutionalisierte globale Kooperation. Der Brexit und der Aufstieg rechtsextremer Parteien in ganz Europa spiegeln große Ängste vor globalen Märkten wider. Im globalen Süden sind viele Regierungen und Bürger dem Neoliberalismus nur unter Zwang gefolgt.

Antiglobalismus ist natürlich nichts Neues. Volksproteste gegen neoliberale Strenge waren im globalen Süden in den 80er-Jahren weitverbreitet. Eine weltweite »Antiglobalisierungsbewegung« hatte um die Jahrtausendwende besonders multilaterale Wirtschaftsinstitutionen im Visier. Dennoch ist die Opposition in den späten 2010er-Jahren noch stärker als die früheren Rückschläge und scheint zudem länger zu währen.

Kann die neoliberale Global Governance genug überzeugende soziale Marktreformen hervorbringen, um die gegenwärtige Antiglobalisierungsflut zu stoppen? Wenn nicht ehrgeizige Änderungen angestrebt werden, könnte die Welt von 2030 mit großen Defiziten einer institutionalisierten globalen Zusammenarbeit konfrontiert sein, sollte der Bedarf an einer solchen Zusammenarbeit weiterhin steigen.

Jenseits der Märkte: alternative Visionen

Bis heute hat die ideologische Debatte über Global Governance den Neoliberalismus (einschließlich seiner sozialen Marktvarianten) gegen den Antiglobalismus ausgespielt. Insofern spiegelten die Dispute der letzten Jahrzehnte weitgehend die seit über drei Jahrhunderten währenden Auseinandersetzungen zwischen *laissez faire* und Protektionismus wider. Eine zentrale Frage bis 2030 wird sein, ob kreative Politik diese Sackgasse mit neuen Visionen überwinden kann.

Globale Sozialdemokratie

Eine Alternative wäre, die neopolanyische Doppelbewegung über die globalen sozialen Märkte hinaus in die globale Sozialdemokratie zu befördern. In diesem Sinne würde sich die polyzentrische Global Governance von heute auf die Demokratie und Umverteilung auf globaler Ebene hinbewegen, die zuvor den Wohlfahrtsstaat auf Staatsebene schuf. Eine stärkere Stimme der Bürger und mehr Gerechtigkeit in der Global Governance könnten zu mehr Akzeptanz in der Bevölkerung führen. Im Gegenzug ermöglichte eine größere Akzeptanz den globalen Regimen, mehr Ressourcen, Entscheidungsfähigkeit, Compliance und erfolgreichere Problemlösungen zu erwirken.

Eine zentrale Frage bis 2030 wird sein, ob kreative Politik diese Sackgasse mit neuen Visionen überwinden kann.

Die globale Sozial*demokratie* unterscheidet sich von einem globalen sozialen Markt dadurch, dass der Öffentlichkeitsbeteiligung und -kontrolle hohe Priorität zukommt. Der Neoliberalismus nahm an, die Marktkräfte sorgten automatisch für ausreichende Demokratie, während der Antiglobalismus annahm, dass eine globale Demokratie unmöglich sei. Die globale Sozialdemokratie betont dagegen, dass die Bürger zum Kern der Global Governance werden könnten. Vielleicht müssten andere Instrumente (und keine Direktwahlen für Volksvertreter) her, um den öffentlichen Willen in die Global Governance zu integrieren. Multistakeholder-Initiativen und Foren der Zivilgesellschaft können neben multilateralen Treffen neue globale demokratische Praktiken für 2030 und darüber hinaus begründen.

Die globale Sozialdemokratie könnte zudem viel für eine progressive globale Ressourcenumverteilung leisten. Während der Antiglobalismus auf die zunehmenden wirtschaftlichen Ungleichheiten unter dem Neoliberalismus reagiert, indem er sich in geschützte Territorien zurückzieht, setzt die globale Sozialdemokratie regulierende Interventionen ein, um Ressourcen gerechter in der Weltgesellschaft zu verteilen. Beispiele für solche Maßnahmen könnten globale Steuern, universelles Grundeinkommen, gelockerte Regeln für geistiges Eigentum und präferenzieller Zugang zu Krediten für Benachteiligte sein. Solche Politik umzusetzen erforderte eine erhebliche Ausweitung der Global-Governance-Institutionen. Diese erhöhte Macht der globalen Behörden würde wiederum durch die parallele Entwicklung einer größeren globalen Demokratie kontrolliert werden.

Zusammengefasst würde die globale Sozialdemokratie ehrgeizigere Reformen des globalen Kapitalismus durchführen, die zwei Jahrzehnte globaler sozialer Marktansätze abgelehnt haben. Zudem ist die globale Sozialdemokratie ein positives Programm, um die erforderliche Erweiterung der Global Governance für 2030 und darüber hinaus zu schaffen, während Antiglobalismus nur Protest ohne Änderungsvorschlag bietet. Wenn der Neoliberalismus einmal diskreditiert ist und der Antiglobalismus keine brauchbaren Antworten bietet, könnte die globale Sozialdemokratie zur attraktiven Option werden, so groß die praktischen Hindernisse für die Umsetzung im Jahr 2018 auch sein mögen.

Globale Transformationen

Allerdings könnten andere die globale Sozialdemokratie als zu zahm empfinden und stattdessen radikalere transformative Visionen für eine globale Regierungsführung für 2030 befürworten. Diese schärferen Kritiker argumentieren, dass die Schäden der gegenwärtigen globalen Regulierung nicht nur vom Neoliberalismus, sondern auch vom zugrunde liegenden Kapitalismus und der Moderne herrührten. Aus transformativer Sicht geht die globale Sozialdemokratie nicht weit genug, um systemische Missstände wie kulturelle Gewalt, ökologische Schäden, wirtschaftliche Ungerechtigkeit, Militarismus und soziale Schichtung zu bewältigen.

Wie wir handeln müssen

Die Bundesregierung muss anerkennen, dass Global Governance in den kommenden Jahren umfangreicher als der multilaterale Ansatz des alten Stils sein wird, der sich auf zwischenstaatliche Organisationen konzentriert. Direkte, stärkere politische Aufmerksamkeit für überstaatliche Netzwerke, private Global-Governance- und Multistakeholder-Initiativen ist daher dringend notwendig. Deutschland sollte:

— nicht einzelne Regulierungsorgane für sich betrachten, sondern polyzentrische Arrangements gemeinsam angehen. Die Governance globaler Probleme erfolgt nicht durch isolierte Institutionen, sondern durch polyzentrische Komplexe, die mehrere regulatorische Standorte über Horizonte und Sektoren hinweg miteinander verbinden.

— die Praktiken der polyzentrischen Global Governance verbessern. Einerseits sollen die Früchte einer schnelleren, relevanteren, anpassungsfähigeren und demokratisch verantwortlichen Regulierung der globalen Herausforderungen genutzt werden. Andererseits sollen mögliche Schwierigkeiten (zum Beispiel Koordination, Compliance, kulturelle Vielfalt, Machtungleichheiten und Legitimität) angegangen werden.

— erkennen, dass Einschränkungen und Schäden einer marktzentrierten neoliberalen Global Governance in der Bevölkerung Unbehagen verursacht haben, die zwei Jahrzehnte bescheidener Reformen nicht angemessen beantwortet haben.

— es wagen, die globale Sozialdemokratie und mehr transformative politische Visionen als Wege zu erkunden, um das Patt zwischen Neoliberalismus und Antiglobalismus zu überwinden und damit die dringend notwendige Ausweitung der Global Governance für 2030 zu erreichen.

Transformationsvisionen künftiger Global Governance sind vielfältig. Bisherige Transformationsvisionen dümpelten meist im Schatten der globalen Politik, an Orten wie dem Weltsozialforum, der Climate Justice Action und dem International Network of Engaged Buddhists. Radikale Bewegungen tendierten zu kurzen Aufschwüngen mit begrenzter Wirkung. Ihr Fortbestand legt jedoch nahe, dass beachtliche Bevölkerungsgruppen den Bedarf an tief greifenden strukturellen Veränderungen in der Global Governance erkennen. Vielleicht könnten diese Folgen in den kommenden Jahren noch wachsen, da der Antiglobalismus globale Herausforderungen nicht konkret beantwortet. Selbst wenn Transformationsparadigmen nicht obsiegen, könnten sie den Druck auf Reformen der bestehenden Global Governance erhöhen.

Global Governance

2030 wird eine globale Welt zur Global Governance drängen. Diese globale Regulierung wird teils durch einen multilateralen Ansatz alten Stils, aber auch zunehmend durch andere institutionelle Rahmenbedingungen – informeller und privater Natur und für Multistakeholder – gewährleistet. Jede globale Frage bestimmt ein polyzentrischer Komplex, der geografische Skalen und soziale Sektoren vereint. Eine zentrale Herausforderung für die kommenden Jahre besteht darin, den politischen Entscheidungsträgern und Bürgern zu ermöglichen, polyzentrische Arrangements für eine demokratische, effektive und gerechte Regulierung der Weltgesellschaft zu nutzen. Um diese positiven Ziele zu erreichen und den protektionistischen Globalisierungsgegnern zu widerstehen, müssen politische Paradigmen über Märkte hinausgehen und sich einer globalen Sozialdemokratie oder tief greifenderen Transformationsprogrammen zuwenden. Die Frage ist, ob genügend politische Kräfte aufgebracht werden können, um neu erdachte globale Ordnungen anzustreben.

JAN AART SCHOLTE (59) *ist Professor für Frieden und Entwicklung an der School of Global Studies der Universität Göteborg sowie Co-Direktor des Zentrums für globale Kooperationsforschung an der Universität Duisburg-Essen. Er wirkt zudem an Projekten zu »Legitimität in Global Governance« und »Legitimität außerhalb des Staates: Das globale Internet regieren« mit. Zu seinen Publikationen zählen »Globalization: A Critical Introduction«, »Building Global Democracy?« und »New Rules for Global Justice«.*

»Wirtschaftliche Stärke wird ein immer wichtigerer Faktor bei der Gestaltung internationaler Beziehungen. Deutschland verfügt über sie im beträchtlichen Maße, stellt sie aber bisher nicht in einen strategischen Kontext. Andere tun das verstärkt.«

Von der Geopolitik zur Geoökonomie

Von Stefan Mair

Das Ende der von einer Supermacht dominierten Weltordnung hat ein Politikfeld wiedererstehen lassen, das nach dem Ende des Kalten Kriegs für annähernd zwei Jahrzehnte wenig Interesse gefunden hatte: die Geopolitik. Die Annexion der Krim und die Besetzung der Ostukraine durch russische und Russland-nahe Kräfte, die Aktivitäten Chinas im Südchinesischen Meer, der Konflikt in Syrien und Jemen, die geopolitische Rivalität der Regionalmächte Iran und Saudi-Arabien sowie die »America first«-Politik des amerikanischen Präsidenten sind die prominentesten Beispiele hierfür.

Im Schatten der Geopolitik hat sich in den vergangenen zehn Jahren ein weiterer Trend verfestigt, der für die Weltpolitik und die internationale Rolle Deutschlands darin wohl langfristig der weitaus wichtigere sein wird: die wachsende Bedeutung der Geoökonomie.

Geoökonomie

Der Begriff beinhaltet zwei Aspekte: zum einen den Einsatz politischer Mittel, um wirtschaftliche Ziele zu erreichen. Das umfasst die klassischen Mittel der Außenwirtschaftspolitik wie Handels- und Investitionsabkommen, staatliche Außenwirtschaftsförderung wie Exportkreditversicherung, Außenhandelskammern und Delegationsreisen, aber auch zunehmend staatliche Eingriffe zur Rohstoffsicherung. Zum anderen den Einsatz wirtschaftlicher Mittel, um politische Ziele zu erreichen: Kontrolle von Märkten, Handelsüberschüssen und Währungsreserven, strategische Investitionen, Wirtschaftssanktionen.

Schon immer war wirtschaftliche Stärke ein zentraler Aspekt staatlicher Machtentfaltung, sowohl in der Form von *hard power* wie auch als *soft power*. Die wirtschaftliche Leistungskraft eines Landes ist ein entscheidender Parameter dafür, wie viele Ressourcen eine Regierung für Diplomatie und Militärausgaben aufwenden kann. Nicht umsonst wird das viel diskutierte Zwei-Prozent-Ziel der NATO für die Militärausgaben seiner Mitglieder an einer Quote des jeweiligen Bruttoinlandsprodukts festgemacht.

Wirtschaftlicher Druck gerät immer mehr zur einzigen verbleibenden Zuflucht, wenn Diplomatie versagt.

Wirtschaftliche Leistungskraft ist auch von zentraler Bedeutung für technologische Fähigkeiten, die sich wiederum in Machtmittel übersetzen lassen. Wirtschaftlich starke Länder können mit der Blockade von Ex- oder Importen, mit der Unterbindung von Kapitalflüssen und der Einschränkung von Investitionen drohen. Sie können diese Elemente aber auch positiv wenden und damit entscheidende Kooperationsanreize setzen. Wirtschaftliche Leistungsfähigkeit ist darüber hinaus ein wichtiger Faktor für die Anziehungskraft und damit für die *soft power* eines Staates. Wirtschaftlicher Erfolg steigert die Aussichten, dass andere Länder dem eigenen Beispiel freiwillig folgen, und befördert häufig eine positive Einstellung fremder Gesellschaften.

Ebenso gehört der Einsatz außenpolitischer Mittel, um die Wirtschaftskraft des eigenen Landes zu steigern, zum Standardrepertoire selbst der prinzipienfestesten marktwirtschaftlichen Staaten. In Deutschland werden diese Maßnahmen gemeinhin unter dem Begriff der Außenwirtschaftspolitik subsumiert. Abkommen mit anderen Staaten werden geschlossen, um den eigenen Unternehmen Marktzugang und Investitionssicherheit zu gewähren; Institutionen wie die Außenhandelskammern werden durch öffentliche Gelder unterstützt, um die Marktchancen von Unternehmen zu verbessern; staatliche Exportkreditversicherungen helfen, um Unternehmensrisiken zu mindern. Andere Staaten gehen über diese offiziellen Fördermaßnahmen deutlich hinaus. Frankreich hat eine lange Geschichte intensiver Bemühungen fast aller Präsidenten der Fünften Republik, durch politisches Einwirken auf andere Staatschefs seinen Unternehmen erfolgreiche Geschäftsabschlüsse zu ermöglichen. China betreibt eine intensive Politik der Rohstoffsicherung für die eigene Wirtschaft und greift Unternehmen mit Subventionen und verbilligten Bankkrediten bei strategischen Übernahmen von Auslandsunternehmen unter die Arme.

Ein relevanter Trend

Dies alles sind wohlbekannte und zumeist auch breit akzeptierte Phänomene. Was ist also neu und macht Geoökonomie zu einem relevanten Trend? Dreierlei: Erstens wächst die Bedeutung der Wirtschaftskraft als Machtfaktor deutlich gegenüber anderen Faktoren.

Dies ist zum einen darauf zurückzuführen, dass der Einsatz oder gar nur die Androhung militärischer Gewalt in den meisten Staaten deutlich an gesellschaftlicher Akzeptanz verloren hat. Vor allem westliche Demokratien haben große Schwierigkeiten, Militäreinsätze als legitim und damit verbundene Verluste als angemessen zu rechtfertigen. Wirtschaftlicher Druck gerät deshalb immer mehr zur einzigen verbleibenden Zuflucht, wenn Diplomatie versagt. Zum anderen ist aufgrund der modernen Medien wirtschaftlicher Erfolg sichtbarer, die *soft power* erfolgreicher Staaten größer.

Sanktionen können heute zielgerichteter eingesetzt werden, ihr Schaden kann weitaus größer sein als je zuvor. Gleichzeitig sind auch die Anreize zu wirtschaftlicher Kooperation stärker.

Zweitens haben der beschleunigte Prozess der Globalisierung in den vergangenen 25 Jahren und die damit verbundene Herausbildung globaler Wertschöpfungsketten und die Verdichtung internationaler Finanzströme Staaten verwundbarer für den Einsatz wirtschaftlicher Machtmittel gemacht. Sanktionen können heute zielgerichteter eingesetzt werden, ihr Schaden kann weitaus größer sein als je zuvor. Gleichzeitig sind auch die Anreize zu wirtschaftlicher Kooperation stärker. Freihandels- und Assoziierungsabkommen sind beispielsweise für die EU entscheidende Mittel, um andere Staaten an die Union zu binden und ihre Regeln durchzusetzen.

Chinesische Geoökonomie

Drittens gibt es seit einigen Jahren einen sehr machtvollen Staat, der zunehmend Geoökonomie zum zentralen Anker seines geostrategischen Vorgehens macht: China bindet andere Staaten durch Rohstoffabkommen und große Infrastrukturprojekte an sich, schafft dadurch im ersten Zug wirtschaftliche Abhängigkeiten, die sich in weiteren Schritten politisch instrumentalisieren lassen. Mit der »Belt and Road Initiative« (BRI) hebt es diese Anstrengungen auf ein neues Niveau. Die USA scheinen unter der Trump-Administration diesem Beispiel folgen zu wollen. Die jüngste Version der National Security Strategy macht das Zusammenspiel zwischen nationaler Sicherheit und Wirtschaftskraft zu einem Kernthema.

Schon 2013 verkündete Chinas Staats- und Parteichef Xi Jinping das neue Großprojekt »One Belt, One Road« (OBOR), mittlerweile unbenannt in BRI, in Deutschland eher bekannt unter dem Begriff »Neue Seidenstraße«. Beim 19. Parteikongress der KP Chinas in Peking wurde 2017 die Bedeutung des Projekts als Kernaufgabe der Präsidentschaft Xis hervorgehoben. Wenige Monate zuvor hatte eine große internationale Konferenz stattgefunden, bei der Vertreter von circa 100 Staaten anwesend waren. Die Dimensionen sind in der Tat gewaltig. Das Projekt sieht die Schaffung von sechs eurasischen Landkorridoren und einer maritimen Seidenstraße vor. Es umfasst dabei 65 Staaten Asiens, Europas und Afrikas, die 62 Prozent der Weltbevölkerung aufweisen. Kalkuliert wird mit einer Investitionssumme von mehr als einer Billion US-Dollar. Besonders ehrgeizig sind die Planungen von Transport- und Infrastrukturkorridoren durch Pakistan, Südostasien und Zentralasien bis hin nach Duisburg und Rotterdam. Um die Beteiligung Osteuropas und Mittelosteuropas sicherzustellen, hat China zusätzlich das 16+1-Format eingerichtet, in dem es sich mit den Staaten dieser Region über wirtschaftliche Kooperationsvorhaben austauscht.

US-amerikanische Geoökonomie

Die Bewertung dieses geoökonomischen Großprojektes variiert erheblich. Die anfängliche dominierende Betrachtung, das Projekt bestehe im Wesentlichen aus der Reetikettierung bestehender Vorhaben oder diene vor allem dem Export chinesischer Überkapazitäten in der Bau- und Grundstoffindustrie ist mittlerweile in den Hintergrund gerückt. Jetzt wird die »Neue Seidenstraße« primär als Versuch Chinas gewertet, neue Märkte zu erschließen, wirtschaftliche Abhängigkeiten zu schaffen und in der dann erschlossenen Region chinesische Normen und Technologiestandards durchzusetzen. Letztendlich dienen diese wirtschaftlichen Maßnahmen dann wiederum dem Ziel, politische Macht zu entfalten. Der ehemalige australische Premierminister und herausragende China-Kenner Kevin Rudd meinte dazu: »China has already become a more important partner than the United States to practically every country in wider East Asia. We all know where the wider strategic logic takes us: from economic power proceeds foreign policy power; and from foreign policy power proceeds strategic power. That is China's strategy.«[1] Besser lässt sich die geoökonomische Dimension der »Neuen Seidenstraße« kaum zusammenfassen.

Die Vereinigten Staaten haben ihrerseits unter der Trump-Administration erhebliche Schritte unternommen, um Geoökonomie und Geopolitik miteinander zu verbinden. Die letzte Version der National Security Strategy aus dem Jahr 2018 hebt an mehreren Stellen hervor, dass wirtschaftliche Stärke die zentrale Vorbedingung politischer Macht und nationaler Sicherheit ist und dass politische Interventionen gerechtfertigt sind, um diese wirtschaftliche Stärke zu erhalten. Deshalb kann kaum überraschen, dass die USA die jüngsten Schutzzölle gegen Stahl- und Aluminiumimporte damit begründeten, dass durch diese die nationale Sicherheit der USA gefährdet werde. Die enge Verbindung, die mittlerweile zwischen Außenwirtschaft und Sicherheit hergestellt wird, spiegelt sich auch darin wider, dass neuerdings regelmäßige gemeinsame Sitzungen des National Security Council mit dem National Economic Council im Weißen Haus stattfinden. In der amerikanischen Thinktank-Szene zirkuliert mittlerweile der Begriff des economic warfare.[2] Allerdings steht die Entwicklung einer geoökonomischen Strategie in den USA noch auf wackligem Grund. Anders kann kaum erklärt werden, dass die erste Maßnahme des neu eingeschworenen Präsidenten der Rückzug aus der Trans-Pacific Partnership war – einem Freihandelsabkommen, das außer den USA elf weitere asiatische und amerikanische Länder umfassen sollte (darunter Japan, Kanada, Mexiko, Australien und Vietnam). Neben der Schaffung eines großen wirtschaftlichen Raums sollte es vor allem der Eindämmung des chinesischen Einflusses im pazifischen Raum dienen.

Die »Neue Seidenstraße« zielt auf die Schaffung von sechs eurasischen Landkorridoren und einer maritimen Seidenstraße ab. Sie umfasst dabei 65 Staaten Asiens, Europas und Afrikas, die 62 Prozent der Weltbevölkerung aufweisen. Kalkuliert wird mit einer Investitionssumme von mehr als einer Billion US-Dollar.

Deutsche Geoökonomie?
Abgesehen von China und den USA gibt es ein weiteres Land, das primär genannt wird, wenn es um geoökonomische Macht thematisiert wird: Deutschland! Jene, die Deutschland als geoökonomische Macht begreifen, führen eine Reihe von Argumenten ins Feld. Aufgrund der Selbstbeschränkung beim Einsatz militärischer Gewalt sei wirtschaftliche Macht der einzige nennenswerte Faktor von *hard power*, der der Bundesregierung zur Verfügung stehe. Dieser Faktor sei vor allem bei der Gestaltung der Europäischen Union nach deutschen Grundsätzen und der Ausgestaltung der europäischen Nachbarschaftsbeziehungen zu tragen gekommen. Andererseits diene die deutsche Außenpolitik gegenüber Russland und China vorrangig der Verfolgung wirtschaftlicher Interessen: der Sicherung von Energieimporten, der Steigerung deutscher Exporte und der Absicherung deutscher Investitionen.

Diese Herleitung ist für viele deutsche Außen- und Sicherheitspolitiker wiederum überraschend. Sie relativieren die Bedeutung wirtschaftlicher Interessen und gern auch die Größe des wirtschaftlichen Einflusses Deutschlands und dessen Instrumentalisierung. Vor allem wird der wirtschaftliche Einfluss in keinen strategischen Rahmen gestellt, noch werden wirtschaftliche Interessen eindeutig definiert. In der Konsequenz kann man folgern, dass Deutschland zwar über erhebliche wirtschaftliche Macht verfügt, sich dieser aber kaum bewusst ist – beziehungsweise sich diese nicht bewusst macht. Allerdings mehren sich in jüngerer Zeit die Reden deutscher Politiker, in denen sie auf die wirtschaftliche Stärke des Landes als Grund dafür verweisen, warum Deutschland von anderen Staaten für wichtig gehalten wird. Und wie wichtig es deshalb für die deutsche Außenpolitik sei, diese Stärke zu erhalten. Zudem ist erkennbar, dass wirtschaftliche Instrumente wie Freihandelsabkommen oder staatliche Transferleistungen (die Vergabe von EU-Mitteln und Entwicklungshilfe) verstärkt in einen geostrategischen Kontext gestellt werden.

Geoökonomie 2030
Wohin führt die Fortschreibung der wachsenden Bedeutung der Geoökonomie im nächsten Jahrzehnt? Zunächst ist davon auszugehen, dass sich die wirtschaftlichen Gewichte zwischen den Staaten der Welt bis 2030 erheblich verschieben werden. Extrapoliert man die

Wachstumsraten der vergangenen Jahre, wird China die USA als größte Volkswirtschaft abgelöst haben; wird sich Indien vor Japan, Deutschland, Großbritannien und Frankreich schieben; und Brasilien, Indonesien, Südkorea, Italien, Mexiko und Russland werden in den Top Ten folgen. Das bedeutet, dass sich, gemessen am Bruttoinlandsprodukt (BIP), die Macht etablierter Industrieländer deutlich relativieren wird und sogenannte aufstrebende Schwellenländer einen deutlichen Machtzuwachs erfahren werden.

Doch die Größe des BIP ist nicht der einzige wirtschaftliche Machtfaktor. Ein weiterer ist die Verfügungsgewalt über strategische Rohstoffe. Im Energiebereich waren dies bisher Öl und Gas, was die besondere Bedeutung Russlands für Europa und des Nahen Ostens für die Welt begründete. Sollte es gelingen, diese Energieträger zunehmend durch erneuerbare Energie und Kernkraft zu substituieren, dürfte dies wiederum die wirtschaftliche Macht Russlands und

90 Prozent Seltener Erden werden derzeit in China gefördert.

Saudi-Arabiens deutlich abschwächen. Allerdings könnten andererseits die Staaten Nordafrikas, des Sahels und auch der arabischen Halbinsel deutlich von einem Ausbau der Solarenergie profitieren und einen Bedeutungszuwachs erfahren.

Aktive staatliche Rohstoffpolitik in China

Es gibt aber über die Energieträger hinaus eine Reihe weiterer strategischer Rohstoffe, deren Kontrolle erhebliche wirtschaftliche Macht begründen kann. Aufgrund der derzeitigen technologischen Entwicklungen zählen hierzu vor allem Seltene Erden, Lithium, Kupfer und Kobalt. China hat sich durch eine aktive staatliche Rohstoffpolitik erhebliche Verfügungsgewalt über diese Rohstoffe gesichert. 90 Prozent Seltener Erden werden derzeit in China gefördert; massive Investitionen in den Lithium-Bergbau in Lateinamerika und Australien sowie in Kobaltminen in Kongo und in Kupferminen dort und in weiteren Ländern Afrikas sichern die Rohstoffversorgung der chinesischen Volkswirtschaft. China hat in der Auseinandersetzung mit Japan um die Senkaku-Inseln bereits demonstriert, dass es bereit ist, die Kontrolle über Rohstoffe als strategische Waffe einzusetzen. Es verhängte einen temporären Boykott des Exports Seltener Erden gegenüber dem Nachbarland.

Noch wichtiger als die Kontrolle über Rohstoffe wird in den kommenden Jahren die Fähigkeit zu technologischer Innovation als Machtfaktor. Auch hier drohen die Länder Europas aufgrund unzureichender Investitionen in Forschung und Entwicklung sowie des zunehmenden Mangels an Fachkräften an Boden zu verlieren. Deutschland steht zwar aufgrund seiner breiten industriellen Basis hier noch am relativ besten da, läuft aber gerade im Bereich künstliche Intelligenz Gefahr, deutlich hinter den USA und China zurück zufallen. Wer künftig Schüsseltechnologien kontrolliert, wird sie nicht nur mittelbar zur Ausübung wirtschaftlicher Macht verwenden können, indem er beispielsweise die wirtschaftliche Entwicklung anderer Länder durch das Vorenthalten dieser Technologien behindern kann. Er wird sie auch direkt zur Schädigung anderer Länder oder zumindest zu deren Bedrohung einsetzen können. Schon heute gelten staatlich gesteuerte Cyberattacken auf kritische Infrastrukturen als fast ebenso große Bedrohung für die nationale Sicherheit wie militärische Gewalt. In wenigen Jahren sind Szenarien der Kriegführung denkbar, in denen voll automatisierte Drohnen und Roboter die Konflikte austragen. Technologische Vormacht, insbesondere im Feld der künstlichen Intelligenz, wird in einem solchen Szenario die bestehende Machtverteilung gründlich verändern.

Abgesehen von China und den USA gibt es ein weiteres Land, das primär genannt wird, wenn es um geoökonomische Macht thematisiert wird: Deutschland!

Durchsetzung von Standards

Ein wirtschaftlicher Faktor zur Ausübung von Macht wird häufig übersehen: die Fähigkeit, international Standards und Normen durchzusetzen. In der Vergangenheit war es vor allem das Zusammenspiel zwischen den USA und der EU, das Standards universelle Gültigkeit verliehen hat. Diese geoökonomische Macht ist durch zwei Entwicklungen bedroht: zum einen durch die Infragestellung multilateraler Abstimmungsprozesse durch die Trump-Administration. Zum anderen

hat mittlerweile auch China die Bedeutung der internationalen Durchsetzung von eigenen Standards als zentrales Element wirtschaftlicher und politischer Einflussnahme entdeckt. Es gibt Stimmen, die die Standardsetzung als das zentrale Element des Projekts der »Neuen Seidenstraße« erachten. Der Vorstandsvorsitzende der Siemens AG, Joe Kaeser, wird mit der Aussage zitiert, dass Chinas »Neue Seidenstraße« die neue Welthandelsordnung definiere. Andererseits wird gerade der EU zugeschrieben, dass sie die eigentliche regulatorische Macht der Zukunft sein könnte. Ihre Erfahrung in diesem Bereich, ihre Fähigkeit durch Abstimmungsprozess mit 28 Mitgliedern regulatorische Harmonisierung herbeizuführen, prädestiniert sie geradezu dazu, in diesem Feld eine Vorrangstellung einzunehmen. Schließlich haben die Auswirkungen der amerikanischen Iran-Sanktionen auf die europäische Wirtschaft noch einmal die zentrale Bedeutung eines weiteren wirtschaftlichen Machtmittels verdeutlicht: die Rolles des US-Dollars als Reservewährung. Sie zwingt europäische Banken dazu, sich an amerikanische Vorgaben zu halten, da sie andernfalls den Zugang zur Reservewährung verlieren würden.

Letztlich hängt jedoch der Wert von wirtschaftlicher Stärke, ihre Übersetzung in geoökonomische Macht von der Fähigkeit und Bereitschaft ab, sich ihrer strategisch zu bedienen. Die größten Vorteile besitzt hierbei zweifellos China. Die chinesische Form des Staatskapitalismus stellt der politischen Führung nicht nur wirtschaftliche Machtmittel nahezu unbeschränkt zur Verfügung. Die KP Chinas verfügt auch über die strategische Vision, diese in einen außen- und sicherheitspolitischen Kontext zu stellen. Auf bei Weitem niederem Niveau der Ausstattung und Ausübung wirtschaftlicher Macht ist dies auch Russland, Indien, Iran, Saudi-Arabien und vielleicht auch der Türkei zuzurechnen. Länder wie die USA, Frankreich und Großbritannien verfügen zwar über sehr große beziehungsweise große wirtschaftliche Macht und geostrategische Konzepte, allerdings wird der Zugriff auf diese Machtfaktoren durch ihre marktwirtschaftliche Ordnung stark begrenzt. In Deutschland fehlt wiederum beides: Zugriff und geostrategische Vision. Erstellte man auf Basis dieser Überlegungen eine Rangfolge geoökonomischer Macht im Jahr 2030, würden drei Staaten das Bild dominieren: China vor den USA, gefolgt von Indien. Gelänge es der EU wiederum, tatsächlich eine gemeinsame Außen- und Sicherheitspolitik herbeizuführen sowie ihre wirtschaftliche Stärke als Machtfaktor zu begreifen und einzusetzen, wäre Europas Abstand zu China und den USA gering.

Wer Trends fortschreibt, muss sich möglichen Brüchen dieser Trends stellen. Die Weltgeschichte weist viele Momente auf, in denen vermeintliche Randerscheinungen der Extrapolation von Trends ein plötzliches Ende bereitet haben. Auf Basis der Wachstumsraten und der Innovationsfähigkeit der 70er- und 80er-Jahre wäre heute Japan die unangefochtene Nummer eins der Weltwirtschaft. Technologische Disruptionen und überraschende Explorationen von Vorkommen können die strategische Bedeutung von Rohstoffen grundlegend verändern. Auch gibt es berechtigte Zweifel, dass die chinesische Methode der staatlich bestimmten, häufig planwirtschaftlichen Steuerung von Innovation und Forschung letztendlich erfolgreich sein wird. Schließlich entzieht sich die Setzung von Standards immer mehr dem regulatorischen Zugriff von Staaten. Mittlerweile herrscht in einigen Bereichen der technologischen Entwicklung eine Geschwindigkeit, die es staatlichen Institutionen nahezu unmöglich macht, sie durch regulatorische Vorgaben einzudämmen oder in eine bestimmte Richtung zu lenken. Microsoft, Google und Amazon haben weltweit verbindliche Standards gesetzt, die wenig Rücksicht auf staatliche Vorgaben genommen haben. Die Instrumentalisierung des Dollars kann wiederum andere Staaten zunehmend zur Flucht aus der Reservewährung und zur Entwicklung von Alternativen veranlassen.

Gelänge es der EU, tatsächlich eine gemeinsame Außen- und Sicherheitspolitik herbeizuführen sowie ihre wirtschaftliche Stärke als Machtfaktor zu begreifen und einzusetzen, wäre ihr Abstand zu China und den USA gering.

Militärische Fähigkeiten ohne Hemmung
Die zweite Bruchlinie zur wachsenden Bedeutung der Geoökonomie ist bereits deutlich erkennbar und war immer Bestandteil internationaler Beziehungen: das Primat der Sicherheitspolitik und die Überlegenheit militärischer Gewalt. Staaten und auch nicht staatliche Akteure, die über ein kritisches Maß militärischer Fähigkeiten verfügen und wenig Skrupel haben, sie einzusetzen, können wirtschaftlich machtvolle Akteure jederzeit in ihre Schranken weisen und geoökonomische Strategien leicht scheitern lassen. Wirtschaftliche Leistungsfähigkeit begrenzt zwar auch die Fähigkeit militärischer Machtausübung, aber zumindest temporär können konfliktbereite Staaten deutlich über ihrer Gewichtsklasse boxen. Das Vorgehen Russlands seit seiner militärischen Intervention in Georgien im Jahr 2008 ist ein herausragendes Beispiel hierfür. Während westliche, wirtschaftlich starke Staaten zunehmend Schwierigkeiten haben, die Kosten und menschlichen Opfer militärischer Gewaltanwendung gegenüber ihrer Bevölkerung zu rechtfertigen, nutzte Präsident Putin den Einsatz russischen Militärs in Georgien, später auf der Krim und schließlich in Syrien, um Russland als relevanten Spieler in der internationalen Politik zu reetablieren und eine Einflusszone abzustecken. Zugleich brachte ihm dieser Erfolg hohe Sympathiewerte in der Bevölkerung ein. Russland ist nicht das einzige Beispiel dafür, wie sich Militärmacht gegenüber ökonomischen Faktoren durchsetzen kann. Auch das Vorgehen Irans in der Region des Mittleren Osten, die Nuklearbewaffnungsstrategie Nordkoreas und die Militärmacht Pakistans können in diese Reihe gestellt werden. Sollte sich der Erfolg militärisch bestimmter Strategien – auch wenn er nur temporären Charakter hat – immer wieder einstellen, kann dies dazu führen, dass auch Staaten, die in den vergangenen Jahren vorrangig auf wirtschaftliche Instrumente in der Außenpolitik zurückgegriffen haben, sich reorientieren und der Geopolitik deutlich mehr Bedeutung als der Geoökonomie einräumen.

Eine dritte Bruchlinie setzt an einer der drei eingangs genannten Ausgangsbedingungen für den Trend zur Geoökonomie an: der Globalisierung und den dadurch entstandenen wirtschaftlichen Verflechtungen. Sie schaffen die wechselseitigen Abhängigkeiten, die den Einsatz wirtschaftlicher Zwangsmittel beziehungsweise das Setzen wirtschaftlicher Anreize erst effektiv machen. Seit Jahren deutet sich eine Abschwächung der Globalisierung an. Verstärkt wird dies durch wachsende Neigungen zum Protektionismus.

Die Trump-Administration spricht offen vom wirtschaftlichen Nationalismus, der sich bisher vor allem in der Zurückdrängung von Importen und der Rückverlagerung von Wertschöpfung in die USA äußert. Damit werden globale Wertschöpfungsketten deutlich abgeschwächt. Aber auch Staaten, die Ziel wirtschaftlicher Sanktionen sind oder waren, unternehmen beträchtliche Anstrengungen, wirtschaftliche Abhängigkeit zu verringern. Schließlich gibt es auch in China eine – wenngleich derzeit geschwächte – Strömung, die die Außenorientierung der chinesischen Wirtschaft für eine Fehlentwicklung hält und die Rückbesinnung auf die Nationalökonomie fordert. Damit würde zweifellos eine Relativierung der Bedeutung der Geoökonomie einhergehen.

Die Aufgaben der deutschen Außenpolitik

Dennoch: Obwohl Brüche im Trend zur Geoökonomie nicht auszuschließen sind, ist Deutschland dennoch gut beraten, sich auf diesen Trend einzustellen. Dieses Einstellen muss drei Komponenten enthalten: den Erhalt wirtschaftlicher Stärke, die Minderung wirtschaftlicher Abhängigkeiten und die Entwicklung einer Strategie, die die wirtschaftliche Stärke in Wert setzt.

Die wirtschaftliche Stärke Deutschlands beruht im Wesentlichen auf der Wettbewerbsfähigkeit seines Industriesektors und dessen Einbettung in den europäischen Binnenmarkt. Anders als andere klassischen Industrieländer weist Deutschland noch immer einen hohen Anteil industrieller Wertschöpfung auf. Sie beträgt annähernd ein Viertel des BIP. Eine kürzlich veröffentlichte Studie des Instituts der deutschen Wirtschaft in Köln verdeutlicht, wie sehr dieser industrielle Sektor über den unmittelbaren Anteil am BIP durch den Bezug von Vorleistungen und Verbundwertschöpfung hinauswirkt.[3] Die Produkte der deutschen Industrie machen wiederum den Löwenanteil der deutschen Exporte aus. Industrieunternehmen stehen für einen Großteil der Auslandsinvestitionen und damit auch für die Durchdringung ausländischer Märkte. Die Wettbewerbsfähigkeit der Industrie hat zwei Hauptquellen: erstens den hohen Aufwand für Forschung und Entwicklung. Und zweitens die Verfügbarkeit von gut ausgebildeten Fachkräften – nicht nur auf der Ebene von Ingenieuren, sondern auch und insbesondere bei Facharbeitern. Eine Wirtschaftspolitik, die zum einen Forschung und Innovation fördert, zum anderen zum Erhalt der Qualität der Fachkräfte beiträgt, ist unverzichtbare Bedingung für die wirtschaftliche Stärke Deutschlands. Wie bereits beschrieben, läuft Deutschland zur Zeit Gefahr, in wichtigen Zukunftssektoren wie der künstlichen Intelligenz hinter anderen Wettbewerbern zurückzufallen.

Auch die zweite Quelle der wirtschaftlichen Stärke, die Einbettung in den Binnenmarkt, ist gefährdet. Zwar haben die unmittelbaren Bedrohungen durch die Krisen in der Eurozone in den vergangenen Monaten abgenommen, doch ist die Stabilität in der Währungsunion noch immer fragil und die Gefahr, dass andere Staaten sich aus der EU verabschieden oder den Integrationsstand des Binnenmarkts infrage stellen, immer noch nicht gebannt. Deshalb sind eine weitere Konsolidierung der Währungsunion und eine Vertiefung des Binnenmarktes dringend geboten.

Je größer und sicherer der Binnenmarkt der EU, je dynamischer seine Entwicklung, desto weniger wird eine wirtschaftliche Schwäche Deutschlands zutage treten: die Abhängigkeit von zwei großen Auslandsmärkten außerhalb der EU, die ihrerseits kaum zaudern, ihre wirtschaftliche und politische Macht auszuspielen. China und die USA stehen jeweils für circa sieben bis acht Prozent des deutschen Außenhandels und sieben beziehungsweise 28 Prozent des Bestands der deutschen Auslandsinvestitionen. Die wirtschaftliche Abhängigkeit von den USA wurde aufgrund der Enge der transatlantischen Beziehungen bis vor wenigen Jahren kaum als Problem empfunden. Allerdings hat die extraterritoriale Wirkung amerikanischer Sanktionen und das rigide rechtliche Vorgehen in den USA gegen einzelne europäische Firmen, insbesondere im Bankensektor, dieses Bild deutlich eingetrübt. Mit dem Amtsantritt der Trump-Administration sieht sich Deutschland

Staaten und auch nicht staatliche Akteure, die über ein kritisches Maß militärischer Fähigkeiten verfügen und wenig Skrupel haben, sie einzusetzen, können wirtschaftlich machtvolle Akteure jederzeit in ihre Schranken weisen.

nunmehr einer US-Regierung gegenüber, die bereit ist, wirtschaftliche Verwundbarkeit im Rahmen einer geoökonomischen Strategie auszunutzen. Ähnliches ist seit geraumer Zeit in China feststellbar. Zwar trifft hier wirtschaftlicher Druck seitens der chinesischen Regierung bisher fast ausschließlich Privatunternehmen. Doch ist im Rahmen der geoökonomischen Ausrichtung der chinesischen Außenpolitik nicht auszuschließen, dass auch die Bundesregierung zu einem Adressaten wird. Bei anderen Staaten – Japan, Südkorea und kleineren ost- und südosteuropäischen Ländern – ist dies bereits feststellbar. Zudem besteht die Gefahr, dass Unternehmen, auf die wirtschaftlicher Druck ausgeübt wird, diesen an eine Regierung weitergeben. Neben der Festigung des Binnenmarktes ist deshalb eine Diversifizierung der Auslandsmärkte und der Investitionsstandorte zur Abschwächung von einseitigen Abhängigkeitsverhältnissen erforderlich. Zudem muss die EU Wege finden, wie sie die Rolle des Euros gegenüber dem US-Dollar stärkt und der Instrumentalisierung der Reservewährung für politische Zwecke entgegentreten kann.

Die wirtschaftliche Stärke Deutschlands beruht im Wesentlichen auf der Wettbewerbsfähigkeit seines Industriesektors und dessen Einbettung in den europäischen Binnenmarkt.

Ähnliches gilt auch im Bereich der strategischen Rohstoffe. Dabei ist weniger – als landläufig angenommen – der Energiesektor ein Problem. Hier ist Deutschland die Diversifizierung der Ölversorgung gelungen. Im Gassektor ist dies zwar weniger der Fall. Durch die hohen Investitionskosten in Pipelines sind die Lieferbeziehungen zwischen Gasproduzenten und Gasabnehmern jedoch weniger durch einseitige Abhängigkeit als durch Interdependenz geprägt. Mehr Augenmerk verdient allerdings die Abhängigkeit von wenigen Lieferländern bei einer Reihe strategischer nicht mineralischer Rohstoffe. Das Problem der Verfügbarkeit von Seltenen Erden ist bereits lange bekannt, ähnliche Konstellationen könnten sich bei Kupfer, Kobalt und Lithium ergeben. Deshalb ist eine nachhaltige Unterstützung des Auslandsbergbaus und des Abschlusses langfristiger stabiler Lieferverträge wichtig. Die Bundesregierung hat hier 2010 mit ihrer Rohstoffstrategie den richtigen Pfad beschritten, seither aber relativ wenig unternommen, um hier weiter voranzukommen.

Sollte es Deutschland gelingen, seine wirtschaftliche Stärke zu erhalten und seine wirtschaftlichen Abhängigkeiten zu verringern, besitzt es für die Zukunft gute Voraussetzungen, erfolgreich mit anderen geoökonomisch zu konkurrieren oder als Kooperationspartner für diese attraktiv zu sein. Letztendlich sind diese guten Voraussetzungen jedoch wertlos, wenn die wirtschaftliche Stärke nicht in eine umfassende Strategie eingebettet wird. Und hier steht Deutschland vor einem Dilemma: Die wirtschaftliche Stärke resultierte in den letzten zehn Jahren gerade daraus, dass deutsche Politik darauf verzichtete, die Wirtschaft durch staatliche Vorgaben und Eingriffe zum Objekt beziehungsweise Instrument ihrer Außen- und Sicherheitspolitik zu machen. Freihandelsabkommen wurden primär aufgrund einer wirtschaftlichen Ratio vorangetrieben; die Außenwirtschaftsförderung diente vorrangig privatwirtschaftlichen Zwecken, Unternehmen wurden nicht angehalten, in bestimmten Ländern zu investieren oder sich aus anderen zurückzuziehen. Zwar gab es immer wieder Ausnahmen von dieser Regel, am deutlichsten in der Sanktionspolitik. Hinzu kamen in jüngerer Zeit politische »Ermutigungen«, in Ländern wie Afghanistan zur Unterstützung von staatlichen Stabilisierungsanstrengungen oder in Ursprungsländern von Migrationsbewegungen zu investieren.

Die Frage ist also, ob Deutschland seine wirtschaftliche Stärke in geoökonomischen Strategien nutzen kann, ohne aber ebenjene Stärke zu unterminieren. Am leichtesten ist diese Frage hinsichtlich geoökonomisch definierter Fördermaßnahmen zu beantworten. Wenn die Bundesregierung die Beziehungen zu Drittländern verdichten oder aus strategischen Gründen wirtschaftliche Entwicklung besonders forcieren will, steht hier mit dem System der Auslandshandelskammern, der Exportkreditversicherung und neuerdings der Förderung strategischer Großprojekte eine Reihe von Förderinstrumenten zur Verfügung. Schwieriger ist diese Frage bereits bei Freihandels- und Assoziierungsabkommen zu beantworten. Soll deren Aushandlung überwiegend einer politischen oder einer wirtschaftlichen Ratio

Geoökonomie

Wie wir handeln müssen

Deutschland muss seine wirtschaftliche Leistungskraft erhalten, indem es:

— günstige Rahmenbedingungen für die Entfaltung seiner industriellen Stärke schafft; private Forschung fördert und in Innovation investiert; das hohe Niveau der Fachkräfteausbildung bewahrt

— die Währungsunion weiter stabilisiert und den Binnenmarkt vertieft, vor allem im Hinblick auf Digitales und Dienstleistungen

— existierende Instrumente der Außenwirtschaftsförderung und Risikoabsicherung ausbaut

Außerdem muss Deutschland einseitige wirtschaftliche Abhängigkeitsverhältnisse reduzieren:

— die Privatwirtschaft zur Sicherung der Versorgung mit strategischen Rohstoffen ermuntern und geeignete Förderinstrumente bereitstellen

— Diversifizierungsstrategien der Industrie im Ausland unterstützen, um Abhängigkeit vom chinesischen und US-Markt zu reduzieren

— Alternativen zur Reservewährung US-Dollar entwickeln

Schlussendlich muss Deutschland einen strategischen Dialog mit der Privatwirtschaft über Außenpolitik entlang folgender Fragen führen:

— Welche Rolle können/sollen Unternehmen in der Außen- und Sicherheitspolitik spielen?

— Verfolgen Unternehmen und Bundesregierung gegenüber bestimmten Staaten die gleichen Ziele? Wenn nicht, wie könnte ein Interessenausgleich aussehen?

— Wer sind die primären strategischen Partner der Privatwirtschaft und der Bundesregierung? Durch welche Maßnahmen können die Bindungen zu ihnen verstärkt werden?

— Wie sollen sich die Privatwirtschaft und die Bundesregierung gegenüber den geoökonomischen Strategien relevanter Mächte verhalten?

folgen? Und ist man beispielsweise bereit, im Falle Indiens wirtschaftliche Zugeständnisse bei Freihandelsverhandlungen zu machen, um das Land politisch enger an die EU zu binden?

Umsetzung geostrategischer Konzepte
Ähnlich schwierige Fragen stellen sich bei der Positionierung gegenüber geoökonomischen Großprojekten anderer Staaten. Soll die Bundesregierung die Beteiligung von deutschen Unternehmen an der »Neuen Seidenstraße« politisch flankieren, um wirtschaftlichen Nutzen daraus zu ziehen, oder aus geoökonomischen Überlegungen heraus Gegenstrategien gegen eine wirtschaftliche Erschließung Eurasiens durch China vorantreiben? Schließlich stellt sich in diesem Zusammenhang auch die Frage, welche Rolle die Entwicklungszusammenarbeit bei der Umsetzung geostrategischer Konzepte künftig spielen kann und soll.

Antworten auf diese Fragen erfordern einen intensiven Austausch zwischen Politik, Wirtschaft und Gesellschaft über Prioritäten und Ausgestaltung der deutschen Außenpolitik, der bisher nur in Ansätzen existiert.

DR. STEFAN MAIR *(55) ist Mitglied der Hauptgeschäftsführung des Bundesverbands der Deutschen Industrie e. V. (BDI), verantwortlich für internationale und Außenwirtschaftsfragen. Er studierte politische Wissenschaften, Volkswirtschaftslehre und Soziologie an der Ludwig-Maximilians-Universität München. Als Stipendiat des ifo Instituts promovierte er im Jahr 1992 zum Dr. rer. pol. In den folgenden Jahren war er als Afrikareferent und ab 1997 als Forschungsgruppenleiter der Stiftung Wissenschaft und Politik (SWP) tätig. Von 2002 bis 2010 war er Mitglied der Institutsleitung der SWP und bekleidete von 2007 bis 2009 zudem das Amt des Forschungsdirektors.*

»Deutschland kann seine Rolle als Forschungs- und Innovationspionier im Bereich Gesundheit und Entwicklung weiter stärken. Viele Freunde Deutschlands – mich selbst eingeschlossen – würden sich sehr über weitere Bemühungen freuen.«

Deutschland als weltweiter Innovationsführer

Von Bill Gates

In den letzten drei Jahrzehnten haben sich Gesundheit und Wohlbefinden der Menschen erheblich verbessert. Vor allem in Entwicklungsländern haben wissenschaftlicher Fortschritt und gemeinsame Anstrengungen von Regierungen extreme Armut, Kinder- und Müttersterblichkeit sowie die Häufigkeit von Krankheiten wie Tuberkulose und Malaria deutlich reduziert. Auch HIV ist heute kein Todesurteil mehr. Mit einem 99-prozentigen Rückgang der Polio-Fälle steht die Welt kurz davor, eine der bedeutendsten Infektionskrankheiten auszurotten. Nach den Pocken geschieht dies erst zum zweiten Mal.

An diesen Errungenschaften ist Deutschland maßgeblich beteiligt. 2016 war es eines der wenigen Länder, die 0,7 Prozent oder mehr ihres Bruttonationaleinkommens für Entwicklungshilfe ausgaben. Obwohl dieses UN-Ziel seither knapp verfehlt wird, ist Deutschland in absoluten Zahlen das zweitwichtigste Geberland weltweit und kommt somit gleich nach den Vereinigten Staaten, deren Beitrag jedoch an der Wirtschaftsleistung gemessen wesentlich geringer ausfällt.

Auch anderweitig hat sich Deutschland für die weltweite Gesundheit und Entwicklung als führend erwiesen. Im Rahmen der G7-Präsidentschaft 2015 und der G20-Präsidentschaft 2017 machte sich Deutschland für den Kampf gegen gesundheitliche Bedrohungen wie potenzielle Pandemien oder die zunehmende Resistenz gegenüber lebenswichtigen Medikamenten wie Antibiotika stark. Außerdem bewies es durch die Aufnahme von zahlreichen Asylbewerbern und Flüchtlingen seine Führungsstärke in der Weltgemeinschaft.

750 Millionen Menschen leben in extremer Armut – vor allem bäuerlich-ländliche Familien in Subsahara-Afrika und Südasien. Das bedeutet, dass sie mit umgerechnet weniger als 1,90 US-Dollar pro Tag auskommen müssen.

Die humanitären Krisen, die hinter diesen Migrations- und Fluchtbewegungen stehen, erinnern uns jedoch daran, dass noch viel Arbeit vor uns liegt. Immer noch müssen frappierende Ungerechtigkeiten beseitigt werden, damit die Gesundheit und das Wohlbefinden der Ärmsten verbessert werden und unsere Welt eine stabilere und friedvollere wird. Geschätzte fünf Millionen Kinder unter fünf Jahren werden dieses Jahr sterben – vor allem in ärmeren Ländern und meist an Ursachen, die vermeidbar gewesen wären. Hunderte Millionen andere Kinder werden weiterhin unnötig an Krankheiten und Mangelernährung und den häufig dadurch entstehenden lebenslangen kognitiven und physischen Beeinträchtigen leiden. Schätzungen der Weltbank zufolge leben noch 750 Millionen Menschen in extremer Armut – vor allem bäuerlich-ländliche Familien in Subsahara-Afrika und Südasien. Das bedeutet, dass sie mit umgerechnet weniger als 1,90 US-Dollar pro Tag auskommen müssen.

Die Weltgemeinschaft muss daher weiterhin und verstärkt auf Maßnahmen setzen, die sich als effektiv erwiesen haben. Darüber hinaus müssen wir jedoch noch einen Schritt weitergehen. Wenn wir den Fortschritt beschleunigen und die bestehenden Herausforderungen bewältigen wollen, gilt es, weitere wissenschaftliche und technologische Durchbrüche zu erzielen und dafür zu sorgen, dass alle gleichermaßen vom Nutzen des Fortschritts profitieren. Dabei können Deutschland und Europa als Ganzes einen wichtigen Beitrag leisten, wenn sie auf dem Weg in eine bessere Welt im Jahr 2030 als Vorbilder agieren. Dazu braucht es politische Maßnahmen und Instrumente zur Förderung von Forschung und Entwicklung, die Antworten auf die weltweit drängendsten offenen Fragen und Probleme geben.

Warum wir Innovationen so dringend brauchen

Malaria etwa ist eine dringliche Frage, die die Bedeutung von Forschung und Entwicklung besonders gut veranschaulicht. Diese parasitäre Erkrankung wird von Moskitos übertragen und trat früher fast überall auf, auch in Südeuropa. Noch immer fordert Malaria viele Todesopfer: Von den etwa 200 Millionen jährlich nachgewiesenen Fällen (von denen im Übrigen 90 Prozent in Afrika auftreten) führen jedes Jahr 450.000 zum Tod. 70 Prozent der Opfer sind Kinder unter fünf Jahren.

In den letzten 15 Jahren haben wir bedeutende Fortschritte im Kampf gegen Malaria gemacht, jedoch gerät diese Dynamik gerade ins Stocken. Zwar verfügen wir über hocheffiziente Instrumente, doch brauchen wir aus unterschiedlichen Gründen neue. Zuallererst, da der Kampf gegen Malaria ein gnadenloser Wettlauf gegen die Evolution ist. Die für die Krankheit verantwortlichen Parasiten und deren Überträger, die Moskitos, entwickeln immer wieder Resistenzen gegen Medikamente und Insektizide. Außerdem brauchen wir neue Werkzeuge, da wir bisher noch keinen Weg gefunden haben, die Krankheit endgültig auszurotten.

Mit seiner gewaltigen Stärke im technischen Bereich ist Deutschland bei der Suche nach neuen, klimaneutralen Energielösungen ganz weit vorn.

Die Wirkung von aktuellen Präventivansätzen wie Sprays gegen Insekten und deren Larven ist zeitlich und räumlich begrenzt. Die Behandlungsverfahren sind zu komplex und langwierig. Das macht es den Patienten schwer, sich punktgenau an Behandlungspläne zu halten. Darüber hinaus kann es vorkommen, dass Schutzmaßnahmen gegen Malaria an einem Ort funktionieren und anderswo nicht, da die Krankheit immer ein anderes biologisches und ökologisches Erscheinungsbild zeigt.

In diesem Kampf sind Forschung und Entwicklung die wichtigste Waffe. Dies zeigt sich daran, dass Innovationen, die vor einem Jahrzehnt getätigt wurden, heute zu greifbaren Ergebnissen geführt haben. Es gibt neue Moskitonetze mit Zweifachwirkstoff, hochsensible Schnelldiagnosetests und neue Wirkstoffe in der klinischen Erprobung. Weitere benötigte Innovationen umfassen sichere Einzeldosisbehandlungen mit guter Verträglichkeit, Impfstoffe der zweiten Generation, die Infektionen vorbeugen oder die Übertragung blockieren, und bessere Daten durch computergestützte Berechnungen und Simulationen. So können wir effizienter und lokal gezielter eingreifen. Mithilfe neuer *gene editing*-Technologien wie CRISPR können Forscher vererbbare Merkmale in Moskitopopulationen einschleusen und so ihre Fähigkeit einschränken, Malaria, aber auch das Zika-Virus oder das Dengue-Fieber zu verbreiten.

Was für Malaria gilt, trifft momentan aber auch auf viele weitere globale Herausforderungen zu: Wissenschaftlicher und technologischer Fortschritt ist entscheidend. Neben dem Bereich der weltweiten Gesundheit ist das wahrscheinlich offensichtlichste Beispiel hierfür der Klimawandel. Wenn wir unsere CO_2-Emissionen signifikant verringern möchten, benötigen wir mehr saubere, zuverlässige Energieträger und effizientere Möglichkeiten, Energie zu speichern, zu übertragen und sparsam zu nutzen. Außerdem brauchen wir Innovationen, um die Auswirkungen des Klimawandels auf die Ernten von Kleinbauern in Afrika und Asien zu mildern, die ganz besonders unter der Erderwärmung leiden. Um die erneute Ausbreitung von extremer Armut und Hunger zu vermeiden, sind Fortschritte im Bereich der Pflanzenforschung nötig. Insbesondere brauchen wir neue, resistentere und nahrhaftere Pflanzensorten, die die wachsende Weltbevölkerung mit ausreichend Lebensmitteln versorgen können. Denn bis zum Jahr 2050 soll sich die Bevölkerung Afrikas verdoppeln.

Deutschland verfügt über viele Stärken, auf die es aufbauen kann

Wie kann nun Deutschland am besten den Fortschritt und die Innovationen vorantreiben, die die Welt so dringend braucht?

Deutschland verfügt über viele Stärken, auf die es aufbauen kann. Mit seinen exzellenten Universitäten und seinem einzigartigen System nationaler Forschungsinstitute ist Deutschland seit Langem federführend in den Bereichen Physik, Mathematik, Chemie und Ingenieurwissenschaften. Die Bundesregierung hat in den letzten Jahren die Förderung von Forschung und Entwicklung zunehmend ausgebaut. Gemessen am BIP gibt Deutschland mehr für diesen Bereich aus als die amerikanische Regierung, auch wenn die USA, Japan und China insgesamt jeweils mehr investieren. Darüber hinaus verfügen die großen deutschen Chemie-, Technologie- und Automobilunternehmen über umfassendes wissenschaftliches Fachwissen und große Investitionsstärke.

Mit seiner gewaltigen Stärke im technischen Bereich ist Deutschland bei der Suche nach neuen, klimaneutralen Energielösungen ganz weit vorn. Neben 23 anderen Ländern ist es Mitglied der »Mission Innovation« und hat zugesagt, seine Investitionen in die Entwicklung sauberer Technologien in den nächsten fünf Jahren zu verdoppeln. In der Privatwirtschaft setzt sich die Breakthrough Energy Coalition dafür ein, diese Technologien

Die Zahl der Malaria-Toten in Afrika sinkt

Abb. 4: Summe der gemeldeten Malaria-Todesfälle.[1]

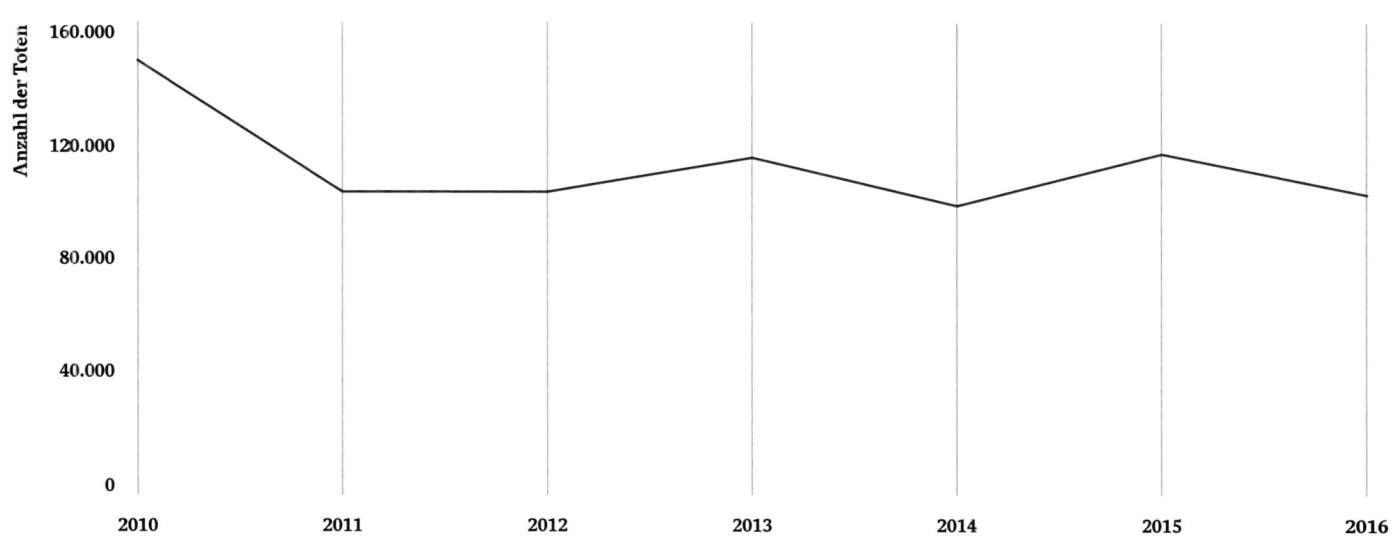

Die Immunisierungsrate bei einjährigen Kindern

Abb. 5: Anteil der Einjährigen, die drei Dosierungen des Polioimpfstoffs (Pol3) in dem jeweiligen Jahr bekommen haben, steigt 1983–2015.[2]

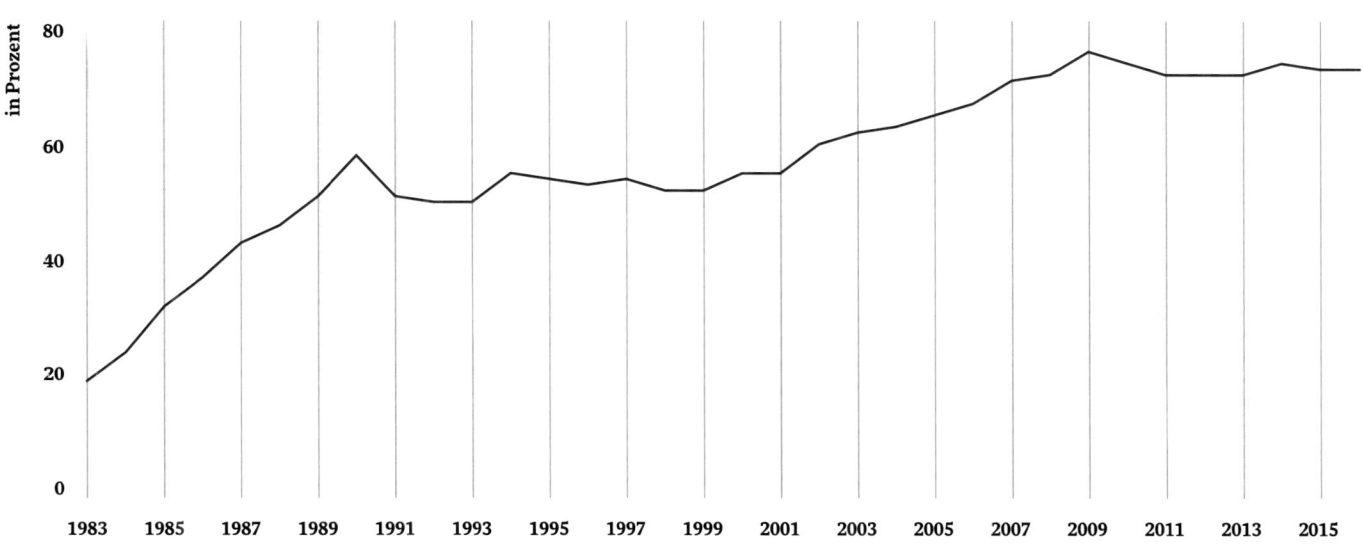

schneller und für viele Menschen verfügbar zu machen. Auch das Softwareunternehmen SAP und Hasso Plattner, einer seiner Gründer, sind Teil dieser Koalition.

Deutschlands führende Chemieunternehmen engagieren sich für die weltweite Gesundheit, indem sie Produkte entwickeln, die Ernten und Menschen vor Insekten schützen. Die Industrieriesen Bayer und BASF sind zusammen mit anderen globalen Pflanzenschutzunternehmen Teil einer Initiative, die sich durch die Entwicklung einer neuen Generation von Anti-Moskito-Maßnahmen im Kampf gegen Malaria starkmacht. Diese Initiative wird auch von der Gates-Stiftung unterstützt.

Auch im Bereich der Biowissenschaften verfügt Deutschland über einen großen Erfahrungsschatz. Man denke nur an Robert Koch, den Begründer der modernen Bakteriologie, der vor 100 Jahren mit dem Nobelpreis ausgezeichnet wurde. Die Bill & Melinda Gates Foundation unterhält über ein Dutzend Partnerschaften mit deutschen Kompetenzzentren der Biomedizin und Landwirtschaft, wie der Fraunhofer-Gesellschaft, der Universität Heidelberg oder der Friedrich-Alexander-Universität Erlangen-Nürnberg.

Die Ausschöpfung des vollen Potenzials Deutschlands für Innovationen im Bereich Lifesciences würde sich äußerst positiv auf die Wirtschaft des Landes auswirken.

Die umfassendste und ambitionierteste Partnerschaft unterhalten wir mit dem Biotechnologieunternehmen CureVac AG. Es wurde an der Universität Tübingen gegründet, jenem Ort, an dem erstmals Nukleinsäure isoliert und somit der Grundstein für die Erforschung der DNA gelegt wurde. In den 90er-Jahren entdeckten Forscher dieser Universität, dass auf RNA-Molekülen bestimmte Informationen gespeichert werden können, die der Körper ablesen und so seine eigenen maßgeschneiderten Antikörper als Therapeutikum produzieren kann. Aufbauend auf diesen wissenschaftlichen Erkenntnissen entwickelte CureVac eine einzigartige Technologieplattform für die beschleunigte Entwicklung von Impfstoffen gegen viele Krankheiten. Mit zwei neuen Förderzusagen für die Entwicklung eines RNA-basierten Malaria-Impfstoffes und einer universalen Grippeimpfung baute die Gates-Stiftung 2018 ihre Partnerschaft mit CureVac noch weiter aus.

CureVac ist ein hervorragendes Beispiel dafür, wie deutsche Kompetenz in den Bereichen Wissenschaft und Technik zu medizinischen Durchbrüchen führen kann, die die Welt verändern. Dafür gibt es noch andere Beispiele – jedoch nicht so viele, wie man es angesichts der deutschen Vorreiterposition in der Forschung anderer wissenschaftlicher Disziplinen erwarten würde.

Das Glas ist halb voll
In einer aktuellen wissenschaftlichen Vergleichsstudie kam das globale Beratungsunternehmen Boston Consulting Group zu dem Schluss, dass Deutschland sein volles Innovationspotenzial im Bereich Lifesciences noch nicht ausschöpft. Der Studie zufolge werden Forschung und Entwicklung in diesem Bereich von der Bundesregierung weniger stark gefördert als andere wissenschaftliche und technologische Bereiche. Darüber hinaus sind deutsche Labore oft wenig effizient, wenn es darum geht, die Ergebnisse von Grundlagenforschung in die Produktentwicklung zu überführen. Die im Rahmen der Studie befragten Fachleute führten dies auf unterschiedliche Faktoren zurück. Darunter vor allem ein Mangel an Forschern und anderen benötigten Experten. Im Vereinigten Königreich gab es 2015, hochgerechnet auf die Gesamtbevölkerung, etwa 80 Prozent mehr Studienabschlüsse in naturwissenschaftlichen Fächern und Mathematik als in Deutschland. Obwohl in Deutschland ein vergleichbarer Anteil der Studenten den Doktorgrad erreicht, gibt es im Vereinigten Königreich 50 Prozent mehr Promotionen in Biologie.

Neben diesen Defiziten verwies die Studie auch auf einen Mangel an Risikokapital und die langjährige Politik der Bundesregierung, einen Großteil der Fördergelder für Forschung und Entwicklung in Form von Strukturbeihilfen für staatliche Forschungsinstitute auszugeben. Dieser Ansatz konzentriert sich auf die Förderung von Grundlagenforschung und stellt eine anerkennenswerte Langzeitinvestition in neues Wissen dar. Jedoch müssen wir aktuell auch innovative Lösungen für die drängendsten Probleme finden. Außerdem gibt es noch eine weitere Herausforderung: In anderen Ländern entstehen durch fächerübergreifende Zusammenarbeit sowie Kooperationen zwischen der akademischen Welt und der Privatwirtschaft oft erfolgreiche biomedizinische und biotechnologische Initiativen. In den deutschen Wissenschaften sind solche Partnerschaften wenig üblich.

Die Ausschöpfung des vollen Potenzials Deutschlands für Innovationen im Bereich Lifesciences würde sich äußerst positiv auf die Wirtschaft des Landes auswirken. In den USA und dem Vereinigten Königreich ist der Bereich der Lifesciences zentral für die Schaffung von Arbeitsplätzen und ein wichtiger Wachstumsmotor. Einer aktuellen britischen Studie zufolge trugen pharmazeutische, medizintechnische und biotechnologische Forschungsunternehmen 2015 umgerechnet 34,6 Milliarden Euro zum BIP bei. Sie stellten 482.000 Arbeitsplätze und zahlten umgerechnet 9,5 Milliarden Euro Steuern.

Seit mehr als einem Jahrzehnt setzt Deutschland auf eine Politik, die Forschung und Entwicklung und die Biowissenschaften fördert. Es wurden Anreize geschaffen, um die besten Wissenschaftler an deutsche Universitäten zu holen und dort zu halten. Akademische Exzellenzcluster und eine engere Zusammenarbeit zwischen Forschern und anderen Forschungseinrichtungen wurden gefördert. Mit Unterstützung des Ministeriums für Bildung und Forschung sowie anderer öffentlicher Mittel wurde ein Netzwerk von Gesundheitseinrichtungen geschaffen, das weiterführende Arbeiten zu spezifischen Herausforderungen wie Stoffwechsel- und Infektionskrankheiten sowie neurodegenerativen Erkrankungen koordiniert.

Deutschland könnte sich noch stärker dafür einsetzen, Forscher aus anderen Ländern anzuwerben. Die Landesregierungen könnten Risikokapital-Fonds einrichten, um Forschungsunternehmen besser zu fördern.

Durch weitere Schritte könnte noch mehr Innovationspotenzial freigesetzt werden. Deutschland könnte sich noch stärker dafür einsetzen, Forscher aus anderen Ländern anzuwerben. Die Landesregierungen könnten Risikokapital-Fonds einrichten, um

Forschungsunternehmen besser zu fördern. Wie im Vereinigten Königreich war in Deutschland zur Unterstützung von zielgerichteter, fortschrittlicher Forschung die Schaffung einer Regierungsbehörde im Gespräch. Diese könnte sich am Modell einer amerikanischen Behörde orientieren, die neben ihrer maßgeblichen Beteiligung an der Entstehung des Internets auch viele andere bahnbrechende Technologien hervorgebracht hat. Beim G20-Gipfel in Hamburg vor einem Jahr verpflichtete sich Deutschland zur Schaffung eines Zentrums für internationale Zusammenarbeit im Bereich Antibiotikaresistenz, eine der größten Bedrohungen für die weltweite Gesundheit.

Diese Ideen sind äußerst wertvoll und könnten die Rolle Deutschlands als Forschungs- und Innovationspionier der weltweiten Gesundheit und Entwicklung stärken. Viele Freunde Deutschlands – mich selbst ganz sicher eingeschlossen – würden sich sehr über weitere Bemühungen freuen, diese Rolle auszubauen. Dabei kann sich Deutschland unserer Unterstützung gewiss sein. Ob die Welt das Tempo halten kann, mit dem der Fortschritt in den letzten drei Jahrzehnten vorangetrieben wurde, hängt in hohem Maße von neuem Wissen und neuen Instrumenten ab, die mit der Hilfe Deutschlands bis zum Jahr 2030 geschaffen werden.

BILL GATES (62) *ist Vorsitzender der Bill & Melinda Gates Foundation und Gründer von Microsoft. Zusammen mit Melinda Gates, der Co-Vorsitzenden der Gates-Stiftung, entwirft und unterstützt er Förderstrategien im Kampf gegen Armut und für globale Gesundheit. Die Stiftung entstand im Jahr 2000 und hat sich zum Ziel gesetzt, die Lebensbedingungen von Menschen auf der ganzen Welt zu verbessern. 2008 wurde die Bill & Melinda Gates Foundation durch eine großzügige Spende von Warren Buffett unterstützt. Sie ist heute die größte private Stiftung der Welt.*

»Die Bundesrepublik wird bis 2030 eine außenpolitische Last tragen müssen wie noch nie zuvor in ihrer Geschichte. Eine neue Ordnung entsteht, und ob sich diese Ordnung an freiheitlichen, demokratischen, offenen Prinzipien orientiert, wird von Deutschland mitentschieden.«

Strategiefähigkeit und Weltschmerz. Die deutsche Außenpolitik bis 2030

Von Jan Techau

Größer könnte die Aufgabe nicht sein: Die deutsche Außenpolitik muss auf eine Lage Antworten finden, in der die traditionelle Schutzmacht sich abwendet, die EU zerbrechlicher erscheint als je zuvor und auf das geschwächte Europa auch noch der Umbruch der globalen Ordnung, die Übergriffe Russlands und Chinas und eine beispiellose Technologiewende einwirken. Für Europa – und für Deutschland – wird die Zukunft davon abhängen, ob das Land vom Ordnungsnehmer zum Ordnungsgeber werden kann – einschließlich eines strategischen Mentalitätswechsels.

Aus der politischen Untergangsstimmung des Jahres 2018 heraus scheinen die außenpolitischen Szenarien für das Jahr 2030 allesamt vor allem negative Prognosen zu sein. Wer in reichhaltiger Dosis *doom and gloom* im Gepäck hat, macht sich im außenpolitischen Gewerbe nie unmöglich, und die Zeit zwischen dem Sommer 2016, als der Brexit mittels Abstimmung herbeigeschafft wurde, und dem Sommer 2018, in dem Europa unreformierbar und die transatlantischen Beziehungen unrettbar erscheinen, hat die Neigung der Analysten eher verstärkt, daran zu glauben, dass es schlimmer kommt, als man denkt. Auch wenn die schlichte lineare Fortschreibung gegenwärtiger Umstände in die Zukunft der Hauptfehler aller Prognostik bleibt, so erscheint eine Verschlechterung der Lage Europas, und damit Deutschlands, mit Blick auf 2030 durchaus plausibel. Eine umfassende, großräumige Vorhersage, die sich über eine Vielzahl von Politikfeldern erstreckt und den Anspruch erhebt, ein annähernd getreues Bild der Welt in zwölf Jahren zu zeichnen, wäre unseriös, aber ein Blick auf die absehbaren Haupttrends ist statthaft. Diese Trends deuten darauf hin, dass das außenpolitische Umfeld für Deutschland und Europa bis dahin eher instabiler, unsicherer und herausfordernder wird.

Geography is destiny, und wie die Geschichte zeigt, ist deutsche Außenpolitik selbst dann europäische Politik, wenn sie glaubt, nationale Politik zu sein.

Vorabmeldung: Deutsche Politik ist europäische Politik – ob sie es will oder nicht

Deutschland und Europa werden hier in einem Atemzuge genannt, da sich Deutschland als größter und zentralster Teil der europäischen politischen Landschaft weder den größeren Ordnungsfragen des Gesamtkontinents, in die es schicksalshaft eingebettet ist, entziehen kann, noch sein außenpolitisches Handeln in rein nationaler Erwägung planen und durchführen kann. *Geography is destiny,* und wie die Geschichte zeigt, ist deutsche Außenpolitik selbst dann europäische Politik, wenn sie glaubt, nationale Politik zu sein. Das heißt nicht, dass es für die deutsche Politik und ihre verantwortlichen Akteure keine eigenen deutschlandspezifischen Hausaufgaben gäbe. Europäische Politik bezieht ihre Kraft aus den europäischen Ambitionen der Nationalstaaten. Die europäischen Institutionen allein haben nicht die Kraft, die EU voranzubringen, und auch die NATO kann nicht tun, was ihre Mitgliedstaaten nicht wollen. Deutsche Außenpolitik muss europäisch und global gedacht werden, sie bedarf aber der nationalen Begründung und Legitimation. Die Energie für Europa kommt aus den Hauptstädten, nicht aus Brüssel. Aus diesem Grund sind nationale Handlungsempfehlungen im europäischen Kontext nicht nur nützlich – sie sind unabdingbar.

Das Ende der geborgten Stabilität

Bis 2030 wird das Zeitalter der geborgten Stabilität in Europa zu Ende gegangen sein. Die Vereinigten Staaten, durch deren politische Präsenz, militärischen Schutz und globale Interessenvertretung diese Stabilität entscheidend ermöglicht wurde, werden ihre Rolle in Europa aller Voraussicht nach eher weiter reduzieren und den Europäern damit Hausaufgaben hinterlassen, um die sie sich seit Großbritanniens Abtritt von der Weltbühne 1947 nicht selbst kümmern mussten. Die Reduktion der amerikanischen Präsenz in Europa ist ein langfristiger Trend, der sich seit Anfang der 90er-Jahre vollzieht. Angesichts tief verwurzelter isolationistischer Tendenzen in den USA, einer zunehmenden Energieunabhängigkeit Amerikas von den Weltmärkten für Öl und Gas und eines kulturell-demografischen Wandels, der Amerika weniger europäisch werden lässt, erscheint eine Rückbesinnung auf Europa eher unwahrscheinlich. Wichtiger noch ist, dass die Verlagerung des außenpolitischen Fokus nach Asien einer zwingenden amerikanischen strategischen Notwendigkeit entspringt. Europa wird fürs globale Machtgefüge weniger wichtig, also werden von Washington auch weniger Ressourcen und politisches Kapital für diesen Teil der Welt aufgebracht.

Für Europa bedeutet der amerikanische Abgang eine doppelte Herausforderung. Einerseits muss es viel stärker als bisher, vielleicht sogar vollständig, für seine eigene Sicherheit sorgen. Das bedeutet, konventionelle und nukleare Abschreckung in Europa selbst zu organisieren, was wiederum mit einer deutlich verstärkten eigenen geheimdienstlichen Kompetenz und Tätigkeit einhergehen muss. Durch die Verlagerung aggressiver Akte in den Bereich der Informationstechnologie und über hybride Kriegsführung in den Bereich der Medien und Meinungsbildung wird die Gewährleistung europäischer Sicherheit sich auf Felder ausweiten, in denen Europa, wie im militärischen Bereich, nicht zu den führenden Mächten der Welt zählt. Die amerikanische Schutzfunktion wird also nicht nur ersetzt werden müssen. An ihre Stelle müssen die Europäer, und damit zuvorderst Deutschland, etwas stellen, was weit über das hinausgeht, was Amerika bisher geleistet hat, und was der sich rasant verändernden neuen Risikolage Europas Rechnung trägt.

> **Vertrauen, die seltenste aller europäischen politischen Ressourcen, konnte aufgebaut werden und ermöglichte damit durch die Europäische Gemeinschaft und später die EU die Schaffung eines beispiellosen wirtschaftlichen und politischen Integrationswerkes.**

Andererseits muss Europa auch Amerikas stabilisierende innenpolitische Rolle in Europa nach ihrem Wegfall kompensieren. Als sich die USA nach dem Zweiten Weltkrieg dazu entschieden hatten, aus strategischen Gründen in Europa präsent zu bleiben, hatte dies nicht nur eine Schutzfunktion für Europa. Die schiere Präsenz Amerikas in Europa und die historisch noch nie da gewesene militärisch-politische Dominanz einer nicht-europäischen Macht auf dem Kontinent trugen zur Befriedung des historisch instabilen politischen Marktplatzes Europa bei. Die disziplinierende politische Funktion der Schutzmacht machte alte Konflikte obsolet, uralte Rivalitäten der Europäer untereinander verloren ihre Bedeutung. Vertrauen, die seltenste aller europäischen politischen Ressourcen, konnte aufgebaut werden und ermöglichte damit durch die Europäische Gemeinschaft und später die EU die Schaffung eines beispiellosen wirtschaftlichen und politischen Integrationswerkes.

Was aber geschieht, wenn diese amerikanische Vertrauensinfusion dem europäischen politischen Markt wieder entzogen wird? Erste Anzeichen einer Rückkehr der Europäer zu alten Verhaltensmustern von Misstrauen und Gegenblockbildung, Spaltungen und Renationalisierungen sind spätestens seit der globalen Finanzkrise 2008 deutlich sichtbar. Durch die Flüchtlingskrise, die Energiepolitik und das Thema der Sicherung von EU-Außengrenzen ist die Wiederkehr des »normalen« Europas, das nicht von Integration und gemeinsamer Kompromissfindung, sondern von Rivalitäten und Feindseligkeiten geprägt wird, eher noch wahrscheinlicher geworden. Immer deutlicher wird, dass die Zeit der geborgten Stabilität eine historische Ausnahmephase war. Ob Europa in dieser Zeit genug von seiner alten zerstrittenen Identität abgelegt hat und die europäische Zusammenarbeit über die uralten Konfliktlinien eines unfriedlichen Kontinents obsiegt, wird sich bis 2030 deutlich abzeichnen. Skepsis, dass dies nicht gelingen wird, ist durchaus angebracht.

Außenpolitischer Druck auf Europa: Russland, China, Türkei

Zusätzlich genährt wird diese Skepsis dadurch, dass sich zeitgleich zur Abkehr der Schutzmacht zwei weitere Trends vollziehen, die das europäische politische System massiv unter Druck setzen.

Zum einen ist es der Druck von außen, der die politische Ordnung der Alten Welt infrage stellt. Russland definiert sich seit knapp einem Jahrzehnt explizit als Gegenentwurf zur liberalen, offenen, westlichen Gesellschaftsordnung und sucht diese Ordnung sowohl militärisch (Georgien, Krim, Ostukraine) als auch durch Propaganda-, Desinformations- und Hackerangriffe zu schwächen. Russland will die EU nach Möglichkeit aufspalten, um seinen geopolitischen Einfluss nach Westen auszudehnen, und betreibt dies vor allem über eine aggressive Energieaußenpolitik, die es zu einer effektiven außenpolitischen Waffe auszubauen trachtet. Gleichermaßen ist Moskau intensiv bestrebt, einen Keil in die transatlantische Partnerschaft zu treiben und Amerika von Europa abzutrennen. Die oben beschriebene Hinwendung Amerikas nach Asien spielt Moskau dabei ebenso in die Hände wie eine amerikanische Präsidentschaft, die für russische Avancen empfänglich ist und die das geopolitische Spiel um Europa weder versteht noch ein Interesse daran hat. Bis 2030 wird Moskau jede sich bietende Möglichkeit nutzen, um diese beiden Ziele weiterzuverfolgen.

Auf mittlere und längere Sicht ist China für Europa und Deutschland eine deutlich größere Herausforderung als Russland.

Auch China hat Europa als politisches Betätigungsfeld entdeckt, in dem es strategische Ziele verfolgt. Bis Mitte des 21. Jahrhunderts strebt Peking nach den Worten von Staatspräsident Xi Jinping eine Weltmachtrolle an, und bis 2030 wird dies in Europa noch deutlicher spürbar werden als bisher schon. Die von der chinesischen Führung 2013 offiziell verkündete »One Belt, One Road«-Initiative betrachtet Europa als westlichsten Teil der eurasischen Landmasse, deren Nationen es als folgsame Klientenstaaten an die aufstrebende Macht Chinas anzubinden gilt. Systematisch versucht China, seinen Einfluss auf europäische Regierungen und auf die Außenpolitik der EU auszuweiten, vor allem durch strategische Investitionen in Infrastrukturprojekte. Mehrfach hat es seinen Einfluss auf die Entscheidungsfindung der EU bei für China kritischen Themen bereits geltend gemacht. Chinas tiefe Taschen, seine im Gegensatz zu Russland kaum vorbelastete Rolle in Mittel- und Osteuropa, die enormen Wachstumsversprechen des chinesischen Marktes und Pekings diskrete und diplomatisch meist geschickte Vorgehensweise haben China bereits jetzt zu einem wichtigen Machtfaktor in Europa gemacht. Diese Rolle wird sich bis 2030 deutlich verstärken, zumal der wachstumsschwache europäische Markt die Investitionen

Die Flüchtlingssituation des Jahres 2015 wird sich, gemessen an durchaus erwartbaren Migrationsströmen der Zukunft, wie ein Vorspiel en miniature ausmachen.

Chinas nur zu gern annehmen und die eigenen Zugänge zu dessen Markt nur sehr ungern riskieren wird.

Auf mittlere und längere Sicht ist China für Europa und Deutschland die deutlich größere Herausforderung als Russland. Russland kann die bestehende europäische Ordnung innerhalb der Pax Americana zwar unterminieren und vielleicht sogar zerstören. Anders als China kann es aber keine eigene nachhaltige Ordnung an ihre Stelle setzen. Dafür fehlt ihm das wirtschaftliche Potenzial und die politische und kulturelle Anziehungskraft. Dieses Machtgefälle zwischen den beiden externen Hauptkonkurrenten um Dominanz in Europa hat auch schon zu der Vorhersage geführt, dass Russland sich über kurz oder lang dem Westen wird annähern müssen, um einen gemeinsamen Gegenpol gegen die mächtige Position Chinas in Eurasien zu bilden und um zu vermeiden, selbst auch tributpflichtige eurasische Marginalmacht im chinesischen Imperium zu werden. Ganz unabhängig davon, ob China selbst innenpolitisch stabil und ökonomisch auf Wachstumskurs bleiben wird, wird diese Neuordnung der Machtverhältnisse im gesamten eurasischen Raum, an dem sich zudem auch Indien und die Türkei als aufstrebende Mächte beteiligen werden, in Grundzügen bis 2030 erkennbar werden.

Türkei als aufstrebende Macht

Damit ist die Türkei als weiterer außenpolitischer Druckfaktor auf die europäische Ordnung bereits genannt. Auch hier lohnt sich der Blick auf die langfristige Entwicklung über die Tagespolitik hinaus. Unabhängig von Präsident Erdoğans politischer Rolle in der Türkei muss das Land als aufstrebende Macht innerhalb des europäischen Systems betrachtet werden. Die Bevölkerungszahl hat mit der des größten Mitgliedstaates der EU, Deutschlands, gleichgezogen, wächst aber bedeutend schneller. Die Bevölkerung ist jung, vergleichsweise gut gebildet, aufstrebend und in beträchtlichem Maße von der Idee nationaler Größe bewegt. Die Türkei ist NATO-Mitglied, verfügt über die größte Armee Europas, ist ein wichtiges Transitland für Gas und Öl und kontrolliert den maritimen Zugang Russlands zum Mittelmeer. Sie grenzt sowohl an den Kaukasus, an Iran, Irak und Syrien als auch an die Balkanregion und an EU-Territorium. Sie verfügt über gewichtigen

kulturellen und konfessionellen Einfluss in der muslimischen Welt und über Zugang zu türkischen Diasporabevölkerungen in ganz Europa, vor allem in Deutschland.

Der vorhersehbare türkische Aufstieg zu einer Mittelmacht in ihrer Region wird die europäische Machtbalance nicht unberührt lassen. Eine entscheidende Frage bis 2030 wird sein, inwieweit die Türkei selbst ihre Zukunft als mit dem Westen verbunden sieht, oder ob sie Alleingängen oder Anlehnungen an nicht westliche Partner den Vorzug gibt. Präsident Erdoğan hat trotz seines dezidiert antiwestlichen innenpolitischen Kurses die Einbindung der Türkei in die Märkte des Westens, das heißt der EU, stets gewahrt. An der ökonomischen Kraft des europäischen Binnenmarktes ging bisher für Ankara kein Weg vorbei, wenn es selbst prosperieren wollte. Europas Fähigkeit, wirtschaftlich attraktiv und Großmacht zu bleiben, wird hier entscheidenden Einfluss auf die strategische Orientierung der Türkei innerhalb der Neuordnung Europas haben.

Zusätzlicher Druck aus dem Norden, Osten und Süden
Zu diesen Großtrends tritt eine Reihe weiterer absehbarer Entwicklungen, die Einfluss auf die politische Ordnung Europas und seine geopolitischen Orientierungen haben werden. Hierzu gehört die nach wie vor instabile Balkanregion, die aus sich heraus keine Stabilität zu erzeugen vermag, in der einige der oben genannten Mächte miteinander um Einfluss ringen und deren Aussichten auf flächendeckende Aufnahme in die EU aus heutiger Perspektive gering sind. Hierzu gehört ebenso der Krisenherd Nahost, auf dessen Stabilisierung oder gar Befriedung keine Aussicht besteht. Auch genannt werden muss die Region im hohen Norden Europas, die durch den Klimawandel und die widerstreitenden territorialen, Navigations- und Energieinteressen diverser Mächte zu einer Konfliktregion am Rande Europas mit direkter Involvierung europäischer Staaten werden könnte.

Und nicht zuletzt gehören dazu die Region Nordafrika und die afrikanischen Staaten südlich der Sahara, die als Rückzugsgebiet terroristischer Organisationen und als Herkunftsländer eines großen Teils der nach Europa strebenden Migranten und Flüchtlinge von höchster strategischer Bedeutung für Europas politische Ordnung sind und sein werden. Für den afrikanischen Kontinent erwarten die Vereinten Nationen bis 2050 eine Bevölkerungszunahme von 2,5 auf 4,4 Milliarden Menschen. Gleichzeitig wird Afrika selbst im positivsten Szenario nicht annähernd ein Wirtschaftswachstum entfachen können, das diesen Menschen eine wirtschaftliche Zukunft in ihren Geburtsländern garantiert. Konflikte um Märkte, Ressourcen und Migranten sind programmiert. Die Flüchtlingssituation des Jahres 2015 wird sich, gemessen an durchaus erwartbaren Migrationsströmen der Zukunft, wie ein Vorspiel en miniature ausmachen.

Zur Lösung der meisten Großprobleme Europas braucht es mehr Integration. Eine solche Integration würde eine qualitativ neue Herrschaftsgrundlage der Union notwendig machen.

Die geballte Wucht einer sich abwendenden Schutzmacht in Kombination mit der Infragestellung der bestehenden Ordnung durch aufstrebende Mächte und destabilisierende regionale Entwicklungen trifft in Europa auf ein bereits geschwächtes politisches Ankersystem, die Europäische Union. Die Krise der EU gründet auf drei Kernproblemen: erstens dem Unwillen der Euro-Staaten, der gemeinsamen Währung ein politisches Fundament zu geben, auf dem diese auch funktionieren kann. Zweitens der wachsenden Unmöglichkeit, für Probleme größerer Dimension eine tragfähige, aber auch wirksame Kompromisslösung zu finden. Dies gilt für die Lastenteilung bei der Flüchtlingsfrage ebenso wie für den Schutz der Außengrenzen inklusive Asylrechtsfragen, und es gilt für die zukünftige Finanzausstattung der EU ebenso wie für die Frage nach der Einhaltung vertraglich vereinbarter rechtsstaatlicher Grundnormen. Drittens gründet die Krise auf dem fortdauernden Unvermögen der EU-Mitgliedstaaten, aus der EU einen strategisch relevanten, global agierenden außen- und sicherheitspolitischen Akteur zu machen.

US-Firmen dominieren derzeit die Märkte, doch die Innovationskraft des riesigen chinesischen Marktes nimmt schnell zu.

Europa – das schon geschwächte Ankersystem

Zudem befindet sich die EU in einem Entwicklungsdilemma: Selbst wenn die Mitgliedstaaten bereit wären, größere Integrationsschritte zur Lösung dringlicher Probleme zu machen, lässt sich eine vertiefte Integration kaum mehr rechtfertigen ohne neue Formen der politischen Legitimation. Als die Integrationstiefe der EU noch relativ niedrig war, hat die indirekte Legitimation des Hauptgesetzgebers, des Europäischen Rates, noch ausgereicht. Mittlerweile ist die Integration erheblich vorangeschritten, das heißt, die Eingriffe in nationale Souveränität sind einschneidender geworden, aber an der indirekten Legitimation hat sich nicht viel geändert. Das Europäische Parlament (EP), das zwar seine Kompetenzen stark ausweiten konnte, aber weder aus einem einheitlichen europäischen Wahlakt hervorgeht noch wirklich ernsthaft dem Wähler gegenüber rechenschaftspflichtig ist (oder dadurch diszipliniert wird, dass es eine Regierung im Amt halten muss), konnte die Legitimationslücke der vertieften Union nie ausfüllen und wird so auch vom überwiegenden Teil der (Nicht-) Wähler nicht wahrgenommen.

Mit anderen Worten: Zur Lösung der meisten Großprobleme Europas braucht es mehr Integration. Eine solche Integration würde eine qualitativ neue Herrschaftsgrundlage der Union notwendig machen. Eine solche neue Grundlage, vermutlich wäre es eine gesamteuropäische Wahl ohne nationale Listen, würde die EU einen deutlichen Schritt Richtung Staatlichkeit bringen, was wiederum politisch in Europa derzeit und auf lange Sicht weder erreichbar noch überhaupt recht denkbar ist. So bleibt das Problem, dass die Mitgliedstaaten sich intergouvernemental durchwursteln müssen, immer hoffend, dass der jüngste Kompromiss ausreichend Rückhalt in der Bevölkerung findet, statt die Zustimmung zur EU weiter zu erodieren.

Bis 2030 wird sich dieses Dilemma dramatisch verschärfen. Das kann bis zur Lähmung der EU bei der intergouvernementalen Problemlösung führen. Wahrscheinlicher wird eine solche Paralyse zudem durch die verschärfte innenpolitische Lage, in der nationalistische Parteien, gestärkt durch Globalisierungsangst, Identitätskrisen, Hass auf Eliten und etablierte Parteien sowie wirtschaftliche Abstiegssorgen, den politischen Preis für proeuropäisches Handeln zusätzlich in die Höhe treiben.

Die Überwindung der Nord-Süd-Spaltung in der EU zum Thema Euro und die der Ost-West-Spaltung zum Thema Migration und Rechtsstaat scheinen derzeit aussichtslos. Auch dies wird die Kompromissfindung bis 2030 noch einmal deutlich erschweren. Was wiederum den Ruf der EU noch zusätzlich belasten wird, da dann das eigentliche Pfund der Integration, ihr greifbarer Mehrwert für die Mitgliedstaaten, sukzessive vermindert wird.

Als Exportweltmeister reich zu werden, aber nur wenig zum Erhalt der globalen Ordnung beizutragen, geht nicht mehr.

Zur großen Neuordnung der Weltpolitik gesellt sich zudem eine fundamentale Umwälzung der Weltwirtschaft. Die dritte industrielle Revolution, ausgelöst durch den Siegeszug der Informationstechnologie und des Internets und in eine neue Dimension gehoben durch das Zusammenwirken von Big Data, künstlicher Intelligenz, Quantenrechnern und Blockchain-Technologie, ist die vielleicht wichtigste Herausforderung der Ordnung, in der es Deutschland und Europa in den vergangenen 70 Jahren so gut ging.

»Wer die industrielle Revolution meistert, beherrscht die Welt«, sagt Rob de Wijk, Gründer des Hague Center for Security Studies (HCSS). Die erste industrielle Revolution brachte die maschinelle Mechanisierung. Großbritannien war ihr Vorreiter und begründete sein Weltreich auf ihrer Nutzbarmachung. Die zweite industrielle Revolution brachte die industrielle Massenfertigung und die damit zusammenhängenden neuen Organisations- und Managementtechniken. Amerikas Aufstieg und Triumph als Weltmacht ist eng mit dieser Ära verbunden. Die dritte industrielle Revolution ist die der Digitalisierung, hier kämpfen Amerika und China um die Vormachtstellung. US-Firmen dominieren derzeit die Märkte, doch

Aus kümmerlichen Gründen und aus Hybris wurde die einmalige strategische Chance von TTIP vertan.

die Innovationskraft des riesigen chinesischen Marktes nimmt schnell zu, und die chinesische Führung, in engem Schulterschluss mit der staatsnahen Industrie, kann ohne Rücksicht auf individuelle Freiheitsrechte oder die Einschränkungen des Rechtsstaates die Machbarkeit neuer Technologien schnellstmöglich prüfen und zur Anwendung bringen. Wenn schon die bloße Industrialisierung Chinas und Asiens seit Ende der 70er-Jahre zur derzeit beobachtbaren globalen Machtverschiebung geführt hat, wie massiv wird dann der Wandel sein, sollte China den technologischen Wettlauf mit den USA gewinnen?

Alles wird anders: die IT-Revolution und ihre Folgen

Wie stark sich traditionelle Formen von Macht bereits gewandelt haben und wie sehr technologisches Knowhow und seine (skrupellose) Nutzung schon jetzt neben die klassischen Machtfaktoren wie Wirtschaftskraft, militärische Stärke, Bevölkerungsgröße und geopolitische Lage treten, ist am Wiedereintritt Moskaus ins große geopolitische Spiel erkennbar, aber auch an der massiv gesteigerten Relevanz von Privatunternehmen bei der globalen Machtverteilung und -ausübung. Europa gilt hier zwar nicht als völlig rückständig, aber doch als zu undynamisch, zu technologieskeptisch und zu veränderungsresistent, um den Sprung in die globale erste Liga zu schaffen. Sollte Europa nicht mithalten können, würde dies Folgen haben nicht nur für seine Wirtschaftskraft, sondern auch für seine Machtposition in der zukünftigen globalen Ordnung. Ob es hier als Befehlsempfänger oder als Mitgestalter auftreten wird, wird sich bis 2030 entschieden haben. Aus der aktuellen Perspektive heraus sind die Aussichten nicht rosig.

Konsequenzen für die deutsche Außenpolitik

Der gegenwärtig sich vollziehende Ordnungswandel erschüttert die Grundannahmen der bundesrepublikanischen Außenpolitik: Amerika ist nicht mehr auf dieselbe verlässliche Art Schutzmacht und Streitschlichter Europas. Außenpolitisch passiv zu sein und sich nicht zu exponieren sind keine deutschen Tugenden mehr. Die europäische Integration ist nicht irreversibel, sondern bedarf ständiger massiver finanzieller und politischer Investitionen. Europa ist nicht im Stadium immerwährenden Friedens angekommen. Die Globalisierung hat (bisher) nicht dazu geführt, dass sich auch Russland und China zum westlichen Politikmodell bekehren. Der Euro ist kein unpolitisches Projekt, das allein mithilfe eines Stabilitätspaktes auf Kurs gehalten werden kann. Die Nation ist nicht tot, sondern quicklebendig. Als Exportweltmeister reich zu werden, aber nur wenig zum Erhalt der globalen Ordnung beizutragen, geht nicht mehr. Es ist doch gar keine so schlechte Idee, eine einsatzfähige Armee zu unterhalten.

Deutschland muss seine Größe, Macht und Relevanz für Europa erkennen und demütig akzeptieren. Es muss seine Führungsrolle annehmen, aber dienend ausführen, das heißt im Sinne eines aufgeklärten Eigeninteresses, das die Interessen der Partner und Nachbarn als mindestens ebenso prioritär einstuft wie die eigenen.

Deutschland wird bis 2030 eine außenpolitische Last tragen müssen wie noch nie zuvor in der Geschichte der Bundesrepublik. Eine neue globale Ordnung entsteht, und ob der europäische Teil dieser Ordnung sich an den Prinzipien der freiheitlichen, demokratischen und offenen Gesellschaft orientiert, sich dem eigenen, hausgemachten europäischen Illiberalismus zuwendet oder sich an den autoritären Ordnungsvorstellungen Russlands und Chinas ausrichtet, wird von Deutschland entscheidend mit abhängen.

Europa im Notfall auch ohne amerikanische Schutzmacht stabil, friedlich, wohlhabend und freiheitlich zu halten, das muss als Ambition formuliert werden. In seiner bisherigen Geschichte ist Europa nicht besonders erfolgreich gewesen, einem inhärent instabilen politischen Gebilde aus sich selbst heraus Stabilität und Frieden zu geben. In den vergangenen 70 Jahren konnte es sich auf die Hilfestellung Amerikas stützen. Jetzt muss es eine Aufgabe meistern, gegen widerstrebende Mächte, die es noch nie zuvor gemeistert hat.

In ihrem Koalitionsvertrag haben die Parteien der aktuellen Bundesregierung durchblicken lassen, dass sie ahnen, was Deutschland als Mitträger dieser Aufgabe fehlen könnte. Dort formuliert sie als Ziel, die Strategiefähigkeit des Landes zu stärken. Zwar fällt ihr dann als konkrete Maßnahme nur die Aufstockung der Mittel jener Institute ein, die für den bisherigen Mangel an Strategiefähigkeit zumindest mitverantwortlich sind, aber zumindest wird der Mangel eingestanden.

Das große Wort: Strategiefähigkeit

Strategiefähigkeit entsteht durch die Befähigung von Bürgern und Entscheidern, großräumig und langfristig in den Kategorien von Ordnung, Interesse, Macht, Recht und Verantwortung zu denken. Sie entsteht dann, wenn der Wunsch- und Zielformulierung eine nüchterne und realistische Einschätzung der Lage und der vorhandenen Mittel und Instrumente vorgeschaltet wird. Sie entsteht weiterhin erst dann, wenn dieser realistische Befund den Bürgern und Wählern mitgeteilt und zur Diskussion gestellt wird. Sie entsteht dann, wenn Entscheidungsträger bereit sind, die repräsentative Demokratie ernst zu nehmen und dort zu führen, wo es notwendig ist, auch wenn es unpopulär ist. Und die dann bereit sind, die Notwendigkeit ihres Handelns dem Souverän auch schlüssig zu erklären.

Mit Willy Brandts Ostpolitik, Helmut Schmidts Beharren auf der Nachrüstung, Helmut Kohls Willen zur deutschen Einheit und zur europäischen Einigung und Angela Merkels klarer Positionierung nach der völkerrechtswidrigen Annexion der Krim durch Russland gibt es eine Reihe von Beispielen für deutsches strategisches Handeln auch gegen innenpolitischen Widerstand.

Aber zu oft zeigt sich das Land der neuen Aufgabe, die es in Europa wahrnehmen muss, nicht gewachsen. Aus kümmerlichen Gründen und aus Hybris wurde die einmalige strategische Chance von TTIP vertan. Die Notwendigkeit von Verteidigungsausgaben in einer Größenordnung von zwei Prozent des Bruttoinlandsproduktes wird nicht erkannt, obwohl es die günstige Variante ist, nicht die teure. Beim Euro erkennt man die Größe der Aufgabe nicht und begreift nicht, dass Deutschland wird zahlen müssen, weil es auch am meisten profitiert. Lange Zeit ignorierte man mit legalistischer Begründung die Not der EU-Mitgliedstaaten, die die Last der Erstaufnahme von Flüchtlingen nicht mehr alleine schultern konnten – bis es zu spät war und man selbst zum Bittsteller wurde. Die strategische Notwendigkeit eines Beitritts der Türkei zur EU konnte man wegen fehlender Weitsicht, eines antitürkischen

Ressentiments und einer nur aus der Binnensicht gespeisten Idee des Integrationsprojektes nicht erkennen. Die Bundeswehr wurde nach dem Ende des Kalten Krieges über ein Vierteljahrhundert reformiert, mit dem Endergebnis, dass sie nicht mehr einsatzfähig ist. An einem strategisch schädlichen, europäischen Interessen widerstrebenden und Vertrauen in Deutschlands Zuverlässigkeit zerstörenden Pipelineprojekt wird festgehalten mit der Begründung, es handele sich lediglich um ein wirtschaftliches Projekt ohne außenpolitische Dimension.

Um die Tragweite der Aufgabe zu verstehen, vor der Deutschland und Europa stehen, muss Strategie an deutschen Universitäten unterrichtet werden und eine strategische Ausbildung für alle Amtsträger ab der Besoldungsstufe B 6 laufbahnverpflichtend werden.

Die Mentalität des dienenden Führens

Wie also soll ein Gemeinwesen Strategiefähigkeit erlangen, das die wichtigsten strategischen Elfmeter der jüngeren Vergangenheit vergeben hat? Ein Einstellungswandel, der die strategischen Horizonte aufschließt, die bisher nicht zugänglich waren, ist schwer. Doch er ist unabdingbar, wenn Deutschland in der aktuellen Umbruchphase, in der eine neue Ordnung entsteht, für sich selbst und für Europa das Richtige tun will.

Das Land muss seine Größe, Macht und Relevanz für Europa erkennen und demütig akzeptieren. Es muss seine Führungsrolle annehmen, aber dienend ausführen, das heißt im Sinne eines aufgeklärten Eigeninteresses, das die Interessen der Partner und Nachbarn als mindestens ebenso prioritär einstuft wie die eigenen. Es muss ihm vermittelt werden, dass die Aufrechterhaltung der Ordnung eine maximale Kraftanstrengung und enorme Kosten verursachen wird – die aber gut angelegt sind, weil die Alternative, der Verlust der Ordnung und damit der Freiheit und des Friedens, viel, viel teurer würde. Es muss ihm nahegebracht werden, dass seine Geschichte wirksame Mahnung bleiben muss, aber nicht gegen eine aktive Führungsrolle beim Gestalten der freiheitlichen europäischen Ordnung, sondern dafür. Es darf gern verstehen, dass Wehrhaftigkeit nicht der Feind des Friedens ist, sondern seine Voraussetzung. Und dass das Recht nicht aufgrund seiner guten

Absichten Geltung hat, sondern aufgrund der Tatsache, dass es durchgesetzt werden kann. Und dass Geopolitik nicht »Lebensraum« heißt und deswegen von vornherein aus moralischen Gründen abzulehnen ist, sondern als eine Analysekategorie für das Verständnis von internationaler Politik von zentraler Bedeutung ist.

Die Tragweite der Aufgabe

Dies alles müssen Politiker der Bevölkerung erklären, immer wieder, auch wenn es sie ihr Mandat kostet. Und dasselbe muss das Führungspersonal der Republik dann auch bei der politischen Agenda selbst leisten. Der Euro muss mit einer politischen Union unterfüttert werden. Das bedeutet in Europa, genau wie im föderalen System der Bundesrepublik, eine Transferunion und gemeinsames Haushalten. Das wird viel Geld kosten. Und wenn das nicht populär ist, dann müssen die Staatenlenker ihr politisches Leben dafür riskieren. Ebenso bei der finanziellen und personellen Ausstattung der Bundeswehr. Zwei Prozent Verteidigungsausgaben werden nicht für Trump gebraucht, sondern gegen ihn, denn sie sollen genau die multilaterale, regelbasierte Ordnung stärken, die er abschaffen will. Oder wenn es darum geht, eine einseitig zulasten von Entwicklungsländern ausgerichtete Handelspolitik zu öffnen, um den betroffenen Ländern Entwicklungschancen und faire Marktbedingungen zu bieten.

Um die Tragweite der Aufgabe zu verstehen, vor der Deutschland und Europa stehen, muss Strategie an deutschen Universitäten unterrichtet werden und eine strategische Ausbildung für alle Amtsträger ab der Besoldungsstufe B 6 laufbahnverpflichtend werden, so wie es in anderen europäischen Ländern längst Standard ist. Ein Bundessicherheitsrat sollte, in Ergänzung des verfassungsrechtlichen Ressortprinzips, die verschiedenen Stränge ministeriellen Handelns zu zentralen Themen bündeln, gegeneinander abwägen und Folgen abschätzen und so der Bundeskanzlerin vertieften strategischen Rat zuteilwerden lassen. Ein Sachverständigenrat könnte, so wie in Wirtschaftsfragen seit Jahrzehnten üblich, jährlich die gebündelte Expertise aus Wissenschaft, Thinktanks und Politikberatung aufarbeiten und der Bundesregierung zur Verfügung stellen.

Wie wir handeln müssen

Oberste Priorität der deutschen Außenpolitik muss die Stärkung der multilateralen, regelbasierten Ordnung in Europa sein. Drei Hauptaufgaben stehen im Mittelpunkt:

— Die Absicherung des Euros durch eine politische Union (notfalls mit weniger Eurozonenmitgliedern) inklusive einer gemeinschaftlichen Fiskalpolitik, eines gemeinsamen Haushaltes und einer Transferunion.

— Die Aufstockung der Verteidigungsaufgaben auf zwei Prozent des Bruttoinlandsprodukts, gekoppelt an einen jährlichen Strategiebericht der Bundesregierung an den Deutschen Bundestag.

— Die Schaffung einer gemeinsamen europäischen Asylpolitik inklusive eines vergemeinschafteten Anerkennungsverfahrens, gekoppelt an einen deutlichen Ausbau der externen Grenzsicherung.

In Deutschland selbst müssen die Weichen Richtung Strategiefähigkeit konsequent gestellt werden:

— Einrichtung von Stiftungsprofessuren des Bundes für *strategic level education* an mindestens zehn Universitäten.

— Einrichtung eines Bundessicherheitsrates in Ergänzung zum Ressortprinzip zur Bündelung der Ressortkompetenzen und zur strategischen Beratung des Kabinetts und des Bundeskanzlers/der Bundeskanzlerin.

— Verankerung eines mindestens sechsmonatigen Lehrgangs mit strategisch-politischer Ausrichtung als Laufbahnvoraussetzung für alle Bundesbeamten (inklusive Offizieren der Bundeswehr) ab Besoldungsstufe B 6.

— Einrichtung eines berichtspflichtigen Sachverständigenrates der Bundesregierung für Außen- und Sicherheitspolitik (analog dem Sachverständigenrat zur Begutachtung der gesamtwirtschaftlichen Entwicklung).

Für all das bleibt wenig Zeit, denn der Umbruch ist in vollem Gange, und bis 2030 werden die wichtigsten Weichen gestellt sein. Europa startet mit ziemlich mittelmäßigen Karten in die Pokerrunde, die die kommende Weltordnung ausspielt. Eine der besseren Karten in Europas Blatt ist Deutschland – wenn es sich selbst als Trumpf begreifen kann, der, wenn er mit Entschlossenheit und Augenmaß ausgespielt wird, überlebenswichtige Punkte für Europa gewinnen kann. Die Zeit ist jetzt. Unsere Generation könnte vor keiner größeren Aufgabe stehen.

JAN TECHAU *(46) ist Senior Fellow und Direktor des Europaprogramms beim German Marshall Fund of the United States in Berlin. 2017 veröffentlichte er mit Leon Mangasarian das Buch »Führungsmacht Deutschland – Strategie ohne Angst und Anmaßung«, das die Grundausrichtung der deutschen Außenpolitik am Prinzip des dienenden Führens vorschlägt. Bis 2016 war er Direktor von Carnegie Europe in Brüssel, wo er den »Strategic Europe« gründete. Von 2010 bis 2011 forschte er am NATO Defense College in Rom und zuvor bei der Deutschen Gesellschaft für Auswärtige Politik. Von 2001 bis 2006 arbeitete er im Bundesministerium der Verteidigung.*

Eine internationale Allianz der Demokratien

Von Katrin Kinzelbach

Im Jahr 2013 war ich auf Einladung des German Marshall Funds of the United States und der Stiftung Wissenschaft und Politik am Projekt »Neue Macht – Neue Verantwortung« beteiligt. Ein Jahr lang diskutierten Vertreter aus Politik, Wissenschaft, Journalismus und Zivilgesellschaft über die zentralen Herausforderungen für die deutsche Außen- und Sicherheitspolitik der kommenden Jahre. In meiner Arbeitsgruppe widmeten wir uns Deutschlands strategischen Beziehungen und teilten die Staaten der Welt in Mitstreiter, Herausforderer und Störer ein. Zu den prioritären Mitstreitern zählten wir unter anderen die USA, die Mitgliedstaaten der Europäischen Union (EU) und die Türkei. Heute, nur fünf Jahre später, ist dieser Blick auf die Welt längst überholt. Wir sahen nicht voraus, dass die USA sehr bald kein verlässlicher Mitstreiter mehr sein würden, dass sich innerhalb der EU illiberale Regierungen etablieren würden – vom Brexit ganz zu schweigen – oder dass China und Russland durch Einflussversuche etablierte Demokratien ins Schwanken bringen könnten. In der Türkei hat Präsident Recep Tayyip Erdoğan ein autokratisches System aufgebaut.

> **Autokratische und illiberale Regierungen haben gelernt, dass sie harte Repression wie politische Haft durch andere, weichere Formen der Repression ersetzen können.**

Welche Lehren ziehe ich aus dieser Erfahrung? Erstens: Unser Blick in die Zukunft, unser Nachdenken über »Deutschland und die Welt 2030« sollte sich nicht zu stark an der Gegenwart orientieren. Eine Zukunftsprognose, die den aktuellen Stand oder auch etablierte Trends linear fortschreibt, liegt in aller Regel falsch. Und zweitens: Die Welt aller möglichen Zukünfte ist weitaus größer als die Welt der wahrscheinlichen Zukünfte. In meinem eigenen Fachgebiet, der Menschenrechtspolitik, wird derzeit vor allem über einen steigenden beziehungsweise einen sich ändernden Druck auf die Zivilgesellschaft diskutiert. Autokratische und illiberale Regierungen haben gelernt, dass sie harte Repression wie politische Haft durch andere, weichere Formen der Repression ersetzen können, zum Beispiel durch bürokratische oder steuerliche Hürden bei der Gründung von Nichtregierungsorganisationen. So wird das außenpolitische Risiko der innenpolitischen

Unterdrückung minimiert. Zudem erstarken Gegendiskurse. Sogar in Demokratien werden menschenrechtliche Errungenschaften, wie zum Beispiel das Recht auf Asyl oder die Pressefreiheit, infrage gestellt.

Globale Diktatur 2030 verhindern

Wenn wir davon ausgehen, dass sowohl die Idee der Menschenrechte als auch Menschenrechtsaktivisten weltweit unter Druck stehen, dass in Demokratien die Anhänger illiberaler Politikvorstellungen an Zulauf gewinnen, wenn wir autoritäre Einflussversuche ernst nehmen, die Möglichkeiten der digitalen Überwachung zu Ende denken und all diese Beobachtungen in linearen Trends bis 2030 fortschreiben, landen wir schnell bei einer Dystopie der globalen Diktatur. Ich halte diese Dystopie für unwahrscheinlich, denn es gibt überall auf der Welt Menschen, die sich für Menschenrechte einsetzen. Aber möglich ist eine globale Diktatur allemal. Ein Schritt zur Abwehr eines solchen Schreckensszenarios ist die Gründung einer neuen internationalen Allianz der Demokratien, für die Deutschland den Anstoß geben könnte. Demokraten können den weltweiten Kampf gegen Diktatur und illiberale Politik nur gewinnen, wenn sie zusammenhalten. Die vielleicht wichtigste Aufgabe ist die Entwicklung neuer Ansätze für die Menschenrechtsförderung. Hier sind die deutschen Stiftungen gefragt. Sie müssen über wohlbekannte Förderformate hinausdenken und brauchen eine größere Flexibilität bei der Mittelvergabe. Die Verrechtlichung und die von registrierten NGOs verkörperte Professionalisierung der Menschenrechtsarbeit haben ausgedient. Wir brauchen heute ein stärker politisch geprägtes Engagement für die Menschenrechte. Trotz Gegenwind: Die Gestaltung der Zukunft bleibt offen.

DR. KATRIN KINZELBACH (41) *ist stellvertretende Direktorin der Berliner Denkfabrik Global Public Policy Institute. Außerdem lehrt sie als Gastprofessorin an der Central European University in Budapest. Sie ist auf internationale Menschenrechtspolitik spezialisiert und forscht mit einer Schumpeter-Fellowship der VolkswagenStiftung zu politischer Haft. Ihre Dissertation wurde mit dem Deutschen Studienpreis ausgezeichnet. Zuvor arbeitete Katrin Kinzelbach mehrere Jahre für die Vereinten Nationen.*

»Eine lineare Fortentwicklung des illiberalen und autokratischen Höhenflugs ist unwahrscheinlich. Wichtiger noch: Sie ist abwendbar.«

II

Wirtschaftliche Veränderungen

»Gerade im Angesicht neuer Herausforderungen bleibt die soziale Marktwirtschaft die beste Wirtschaftsordnung, um die deutsche Gesellschaft dazu zu befähigen, ihren materiellen Wohlstand zu sichern und den gesellschaftlichen Fortschritt voranzutreiben.«

Die großen Herausforderungen der Weltwirtschaft

Von Christoph M. Schmidt[1]

In globaler Perspektive geht es der Menschheit heute materiell besser als je zuvor. Das durchschnittliche Einkommen pro Kopf ist etwa doppelt so hoch wie in den 70er-Jahren. Zudem ist sowohl der Anteil der Armen an der Weltbevölkerung als auch ihre Anzahl – trotz des massiven Bevölkerungswachstums der vergangenen Jahrzehnte – niedriger denn je.[2] In Deutschland ist das Gesamtbild besonders positiv. Deutschland hat mittlerweile eine über 70 Jahre anhaltende Zeit des Friedens, des Wohlstandswachstums und der zunehmenden europäischen Integration erlebt.

Die soziale Marktwirtschaft hatte als wohlstandsschaffende Wirtschaftsordnung der jungen Bundesrepublik ermöglicht, sich aus den Ruinen des Krieges herauszuarbeiten. Wenige Jahrzehnte später ist es gelungen, nach dem Zusammenbruch der DDR die ostdeutschen Länder zu integrieren – und dies wirtschaftlich zu verkraften. Diese Jahrzehnte überdauernde Erfolgsgeschichte ist nicht vom Himmel gefallen. Die deutschen Unternehmen und ihre Arbeitnehmer haben die Möglichkeiten zur internationalen Arbeitsteilung intensiv genutzt. Unter anderem erlaubten ihnen eine solide berufliche Bildung und historisch gewachsene Ingenieurskunst, den technischen Fortschritt in Wettbewerbsvorteile umzusetzen.

Die Welt vor großen Umbrüchen

Dabei wurden die Wirtschaftsakteure von einer vergleichsweise gut funktionierenden Verwaltung und von einer Wirtschaftspolitik begleitet, die zumindest im Kern auf die soziale Marktwirtschaft als Wirtschaftsordnung gesetzt hat.[3] Das hart erarbeitete Wirtschaftswachstum hat dann mittelbar den Freiraum für die gesellschaftliche Weiterentwicklung geschaffen. Zu den prägenden Eigenschaften der Republik gehören heute die soziale Absicherung, die Gleichberechtigung der Geschlechter, die Verwirklichung vielfältiger Lebensentwürfe, Weltoffenheit und Toleranz. Aus heutiger Sicht erscheinen diese Errungenschaften nahezu selbstverständlich und geraten bisweilen aus dem Blick.

> **Die soziale Marktwirtschaft hatte als wohlstandsschaffende Wirtschaftsordnung der jungen Bundesrepublik ermöglicht, sich aus den Ruinen des Krieges herauszuarbeiten.**

Doch Schritt haltend mit dem steigenden Lebensstandard sind die Anforderungen an den einzelnen Bürger gewachsen. Die Welt erscheint komplexer denn je, zumal die Geschwindigkeit ihrer Veränderung immer weiter zuzunehmen scheint. Der digitale Wandel steht stellvertretend für raschen und umfassenden Strukturwandel. Mit einem Wirtschaftswachstum, das auf intensiver Verflechtung und Spezialisierung aufbaut und darauf, dass Akteure bereit sind, unternehmerische Risiken einzugehen, geht zudem tendenziell eine hohe Verwundbarkeit einher. Es gibt viel zu verlieren, und es ist oft schwer auszumachen, wer für Fehlentwicklungen Verantwortung trägt.

An die Stelle klarer weltpolitischer Gegensätze der Vergangenheit sind mittlerweile wechselnde Interessen und Konflikte getreten. Jüngst haben sogar die USA, die als stärkste Wirtschaftsnation bisher für ein regelgebundenes multilaterales Welthandelssystem standen, diese Rolle faktisch aufgekündigt. Damit steht die Entwicklung der vergangenen Jahrzehnte unvermutet ganz auf dem Prüfstand, eine Ära des Protektionismus droht. Gerade für die deutsche Volkswirtschaft, die so sehr auf die Verfügbarkeit globaler Absatzmärkte und die damit verbundene intensive Spezialisierung der Unternehmen setzt, sind dies schlechte Neuigkeiten.

Mit dem zunehmenden Wohlstand der entwickelten Volkswirtschaften sind Fragen der Verteilung immer mehr in den Vordergrund des öffentlichen und politischen Diskurses gerückt. Insbesondere im Falle der USA, die anders als Deutschland kein stark nivellierendes Steuer- und Transfersystem aufweisen, ist das Los der Verlierer der Globalisierung in den Vordergrund getreten. Nationalistische und protektionistische Positionen gewinnen nicht nur dort zunehmend an Gewicht. Deutschland hingegen steuert auf einen Verteilungskonflikt der Generationen zu, die EU auf Verteilungskonflikte zwischen den Mitgliedstaaten.

Schließlich sind mittlerweile wirtschaftspolitische Herausforderungen mit globalem Charakter auf den Plan getreten, wie beispielsweise der Klimawandel, die globale Antworten erfordern. Dabei müssen Volkswirtschaften gemeinsam handeln, die völlig unterschiedliche Gesellschaftsmodelle verfolgen. Für ihre Verhandlungen gibt es keine übergeordnete Autorität. Im Angesicht dieser Herausforderungen wächst offenbar die Sehnsucht nach einer wirkmächtigen Politik, einer Politik, die in der Lage ist, der hohen Komplexität der Realität zum Trotz die richtigen Lösungen zu verfolgen, Wohlstandswachstum zu bewahren und Ungerechtigkeit zu verhindern.

Bislang bestand die deutsche Antwort auf Fragen mit dieser Tragweite in einer Wirtschafts- und Gesellschaftsordnung, die einen äußeren Rahmen für die Entscheidungen und Handlungen einer Vielzahl dezentral operierender Akteure setzt und deren Koordination im Kern dem Markt überlässt. Das zentrale Vehikel dieser Koordination sind flexible Preise, die im Marktgeschehen bestimmt und nicht politisch gesetzt werden. Der Staat hat die Aufgabe, diese Ordnung gegenüber Partikularinteressen vielfältiger Art abzusichern. Diese begrenzte Rolle ist in einer sich stark verändernden Welt, die das einzelne Schicksal vermeintlich zunehmend zum Spielball nicht zu beherrschender Kräfte macht, immer wieder neu argumentativ zu begründen.

Mit dem zunehmenden Wohlstand der entwickelten Volkswirtschaften sind Fragen der Verteilung immer mehr in den Vordergrund des öffentlichen und politischen Diskurses gerückt.

Deutschland im Wandel

Deutschland wird sich im kommenden Jahrzehnt in vielerlei Hinsicht wandeln. Man kann sich daher mit Blick auf das Jahr 2030 zwei Fragen nähern: »Wer werden wir sein?« – hier wird vor allem der demografische Wandel prägend wirken – und »Was werden wir tun?« – hier dürfte sich der in den vergangenen Jahrzehnten bereits erfolgreich bewältigte Wandel der Wirtschaftsstrukturen beschleunigt fortsetzen.

An kaum einem Aspekt der Lebenswirklichkeit lässt sich das Wachstum des materiellen Wohlstands deutlicher ablesen als an der Entwicklung der Lebenserwartung. Abbildung 7 (rechts oben) zeigt deutlich, wie seit dem hier gewählten Ausgangsjahr 1970 die Lebenserwartung bei Geburt angestiegen ist. Schritt haltend sind

die Geburtenraten erheblich gesunken. Bei beiden Prozessen haben sich die Schwellenländer (SL) den Industrieländern (IL) angenähert.

Unter den Industrieländern gehört Deutschland seit dem Ende des Babybooms der 60er-Jahre zu den Ländern mit besonders niedriger Geburtenrate. Das Zusammenspiel von sinkenden Geburtenraten und steigender Lebenserwartung hat weltweit zu einer Alterung der Bevölkerung geführt. Wie der rasch steigende Anteil der über 65-Jährigen illustriert, ist der demografische Wandel in Deutschland sehr stark ausgeprägt.[4] Der bevorstehende Eintritt der geburtenstarken Jahrgänge ins Rentenalter wird diesen Wandel im kommenden Jahrzehnt voraussichtlich weiter beschleunigen.

Deutschland altert

Modellrechnungen für Deutschland verdeutlichen, dass es kaum möglich sein dürfte, diesen Wandel vollständig aufzuhalten. Eine verstärkte Zuwanderung wird ihn bestenfalls abmildern können. Denn angesichts des bereits in der aktuellen Altersstruktur der Bevölkerung angelegten Alterungsprozesses wären die Zuwanderungszahlen recht hoch, die rein rechnerisch benötigt würden, um diese Strukturen auf dem aktuellen Stand zu bewahren. Die im aktuellen wirtschaftlichen Aufschwung zu beobachtende Zuwanderung aus dem Rest der EU dürfte zudem kein guter Gradmesser für künftig von dort zu erwartende Wanderungsströme sein.

Abbildung 7 (links oben) zeigt, wie im Gegensatz zu den Erwartungen für Deutschland das Bevölkerungswachstum in der Welt rasant voranschreiten dürfte. In der Folge werden die Bevölkerungsanteile der Industrieländer gegenüber denjenigen der Schwellenländer weiter schrumpfen, derjenige Deutschlands ist in der Abbildung aufgrund seiner geringen Größe ohnehin kaum noch zu erkennen. Um im weltpolitischen Geschehen eine wahrnehmbare Stimme zu bleiben, wird es daher für Deutschland darauf ankommen, seine hohe volkswirtschaftliche Leistungsfähigkeit zu bewahren und mit den europäischen Partnern eine Einheit zu bilden.

Der demografische Wandel wird das Wachstum der Beschäftigung und der Wirtschaftsleistung hemmen.[5]

Das grobe Konzept einer übergreifenden volkswirtschaftlichen Produktionsfunktion erlaubt es, das Wachstum der Wirtschaftsleistung dem Zuwachs des geleisteten Arbeitsvolumens, dem Zuwachs an Sachkapital und einem dritten Faktor »technischer Fortschritt« zuzuweisen. Dieser Faktor sammelt alle Fortschritte ein, die im Zeitverlauf dafür sorgen, dass der Einsatz von Arbeit und Kapital zu einer immer weiter steigenden Wirtschaftsleistung führt. Dazu gehören unter anderem die Entwicklung neuer Produkte und der Einsatz neuer Prozesse in der Produktion. Der demografische Wandel nimmt Einfluss auf alle drei Faktoren.

Unter den Industrieländern gehört Deutschland seit dem Ende des Babybooms der 60er-Jahre zu den Ländern mit besonders niedriger Geburtenrate.

Demografie und Arbeitsproduktivität

Insbesondere deuten Projektionen der zukünftigen demografischen Entwicklung darauf hin, dass das eingesetzte Arbeitsvolumen zurückgehen und damit dem durch die beiden anderen Faktoren getragenen Wachstum entgegenwirken wird. Erste Spuren sind bereits heute zu sehen, denn es mehren sich Klagen über Fachkräfteengpässe, besonders in einigen Branchen mit niedrigen Löhnen wie dem Pflegebereich. In Bezug auf den Arbeitsmarkt bietet sich eine Doppelstrategie an, Bemühungen um die Ausweitung des Arbeitskräftepotenzials einerseits und Maßnahmen zur Steigerung der Arbeitsproduktivität andererseits:

— So könnten eine Flexibilisierung der Arbeitsorganisation und der weitere Ausbau der Ganztagsbetreuung für Kinder, es jungen Eltern erleichtern, Beruf und Familie zu vereinbaren und somit eine Arbeit aufzunehmen oder die Arbeitszeiten auszuweiten. Ähnliches gilt für einen Ausbau des Systems der Altenpflege.
— Bei der Zuwanderung kann Deutschland auf ein vergleichsweise liberales Regelwerk für die Erwerbsmigration aufbauen, und es könnte den Arbeitsmarkt zusätzlich zu den akademischen Fachkräften aus Nicht-EU-Staaten auch für beruflich qualifizierte Fachkräfte ohne akademischen Abschluss öffnen.
— Schließlich ließe sich das Arbeitskräftepotenzial zusätzlich erhöhen, indem Arbeitskräfte in einem späteren Alter in den Ruhestand gehen als heute, was bei steigender Lebenserwartung und einer veränderten Arbeitswelt mit deutlich geringeren physischen Belastungen durchaus möglich sein dürfte.

Doch auch die Attraktivität von Investitionen in Sachkapital und das Tempo, mit dem Innovationen den Stand des technischen Wissens vorantreiben, werden durch den demografischen Wandel tendenziell vermindert. Diesen Wachstumshemmnissen sollte die Politik in vielfältiger Weise begegnen. Es gibt im Prinzip eine Fülle von Stellschrauben, um den Investitions- und Innovationsstandort Deutschland attraktiver zu gestalten. Dazu gehören öffentliche Investitionen in die Infrastruktur, die Förderung von Bildung und Forschung sowie eine Reform der Unternehmensbesteuerung, die Deutschland im internationalen Steuerwettbewerb besser positioniert.

Im Hinblick auf die Steigerung der gesamtwirtschaftlichen Arbeitsproduktivität birgt die bereits eingeleitete umfassende Digitalisierung von Wirtschaft und Gesellschaft große Versprechungen. Denn sie wird aller Voraussicht nach mit einem großen Strukturwandel einhergehen – im besten Falle von weniger produktiven zu produktiveren Tätigkeiten, von weniger produktiven zu produktiveren Unternehmen und von weniger produktiven zu produktiveren Wirtschaftsbereichen. Die deutsche Volkswirtschaft wird im Jahr 2030 jedoch nur dann eine hohe Leistungsfähigkeit aufweisen, wenn sie sich in der Lage zeigt, ihre Strukturen bis dahin auf diese Weise dynamisch weiterzuentwickeln.[6]

Wandel der Wirtschaftsstrukturen

Ein dynamischer Wandel der Wirtschaftsstrukturen ist für die deutsche Volkswirtschaft nichts Neues. Abbildung 7 (links unten) zeigt, wie seit den 70er-Jahren der ohnehin bereits stark geschrumpfte Beschäftigungsanteil der Landwirtschaft fast vollständig gegenüber demjenigen der Industrie und den Dienstleistungen in den Hintergrund gerückt ist. Dabei weist Deutschland im internationalen Vergleich noch immer einen recht hohen Beschäftigungsanteil der Industrie auf. Im Einklang mit diesem Strukturwandel ist die gesamtwirtschaftliche Arbeitsproduktivität – und damit der materielle Wohlstand – gewaltig angewachsen.

Der wirtschaftliche Aufstieg der Schwellenländer stellt eine der bedeutendsten globalen Veränderungen des laufenden Jahrhunderts dar. Er spiegelt eine immer stärker zusammenwachsende Weltwirtschaft wider. Sinkende Transport-, Informations- und Kommunikationskosten und der gezielte Abbau von Handelsschranken haben den Austausch von Gütern und Dienstleistungen beflügelt und global verzahnte Wertschöpfungsketten etabliert. Viel wird für die künftige Entwicklung der Weltwirtschaft davon abhängen, ob es gelingt, die aktuelle protektionistische Bedrohung dieser vertieften internationalen Arbeitsteilung abzuwenden.

Da Unternehmen aus den Schwellenländern zunehmend als Konkurrenten auf den Gütermärkten auftreten, müssen die deutschen Unternehmen stetig ihre Produktivität steigern, um die hierzulande vergleichsweise hohen Löhne tragen zu können.

Aus Sicht der deutschen Unternehmen geht es aber nicht nur darum, dass sie attraktive neue Absatzmärkte erschließen und sich durch die Auslagerung eines Teils ihrer Produktion, vor allem von Vorleistungen (Outsourcing), auf die Endfertigung von hoch spezialisierten Produkten konzentrieren können. Denn da Unternehmen aus den Schwellenländern zunehmend als Konkurrenten auf den Gütermärkten auftreten, müssen die deutschen Unternehmen stetig ihre Produktivität steigern, um die hierzulande vergleichsweise hohen Löhne tragen zu können. Dabei ruhen große Hoffnungen auf der umfassenden Digitalisierung der deutschen Volkswirtschaft.

Digitaler Wandel

Die Digitalisierung weist eine janusköpfige Natur auf: Großen Erwartungen hinsichtlich der Steigerung des materiellen Wohlstands und der Ausweitung individueller Entfaltungsmöglichkeiten stehen Sorgen im Hinblick auf hohen Leistungsdruck und erhebliche Anpassungserfordernisse gegenüber. Es gibt allerdings viele gute Gründe dafür, dass die Zuversicht überwiegen sollte.

Denn die Digitalisierung birgt nicht weniger als das große Versprechen, dass sie die Basis für die Fortsetzung der erfolgreichen Wirtschaftsgeschichte der vergangenen Jahrhunderte bilden kann. Dabei war stets der technische Fortschritt einer der zentralen Wohlstandsmotoren, neben einer vertieften internationalen Arbeitsteilung und Spezialisierung durch Handelsöffnung. Die Digitalisierung lässt sich als jüngste Ausformung dieses technischen Fortschritts begreifen. Ihre Anfänge hatte sie zwar bereits vor einigen Jahren in der Computerisierung der Verwaltung und der Robotisierung der Produktion.

Doch jetzt hat diese Entwicklung eine neue Qualität erreicht, zumindest im Hinblick auf die technischen Möglichkeiten. Denn mittlerweile können Objekte ihren Zustand selbstständig erkennen (Sensorik), daraus aus eigener Kraft die richtigen Schlussfolgerungen ziehen (Selbstregulation) und ebenso selbstständig handeln (Robotik). Aktuell entwickeln sich die »Industrie 4.0« und autonome Systeme in der Produktion, bei der Mobilität und im Wohnumfeld:[7]

— Neue Produkte und Dienste, insbesondere die Verknüpfung physischer Produkte mit maßgeschneiderten Dienstleistungen, werden es Unternehmen ermöglichen, ihre Marktanteile zu sichern und neue Geschäftsmodelle zu verwirklichen.

— Neue Prozesse und Organisationsformen werden die Versorgung mit Gütern und Dienstleistungen zu geringeren Kosten gestatten; neue Akteure erlangen Marktzugang und regen die etablierten Akteure zur Leistungssteigerung an.

— Auf den einzelnen Nutzer zugeschnittene Güter und Dienstleistungen erlauben eine raschere Befriedigung von Wünschen und bessere Qualität der Leistungen; ein längeres Leben wird mit stärkerer gesellschaftlicher Teilhabe verknüpft.

Das alles macht nicht nur große Hoffnungen auf eine Fortsetzung des deutschen Wachstums, sondern dürfte auch zur Konvergenz der Volkswirtschaften beitragen, vor allem zum weiteren wirtschaftlichen Aufstieg der Schwellenländer, der auch den deutschen Unternehmen wiederum neue Erfolgschancen eröffnet.

Aus Sicht der künftigen Generationen von Arbeitnehmern verspricht die digitalisierte Arbeitswelt der Zukunft, der im Folgenden die größte Aufmerksamkeit gilt,

Deutschlands wirtschaftspolitische Herausforderungen

Abb. 7: Verschiedene wirtschaftspolitische Herausforderungen in Deutschland und der Welt.[8]

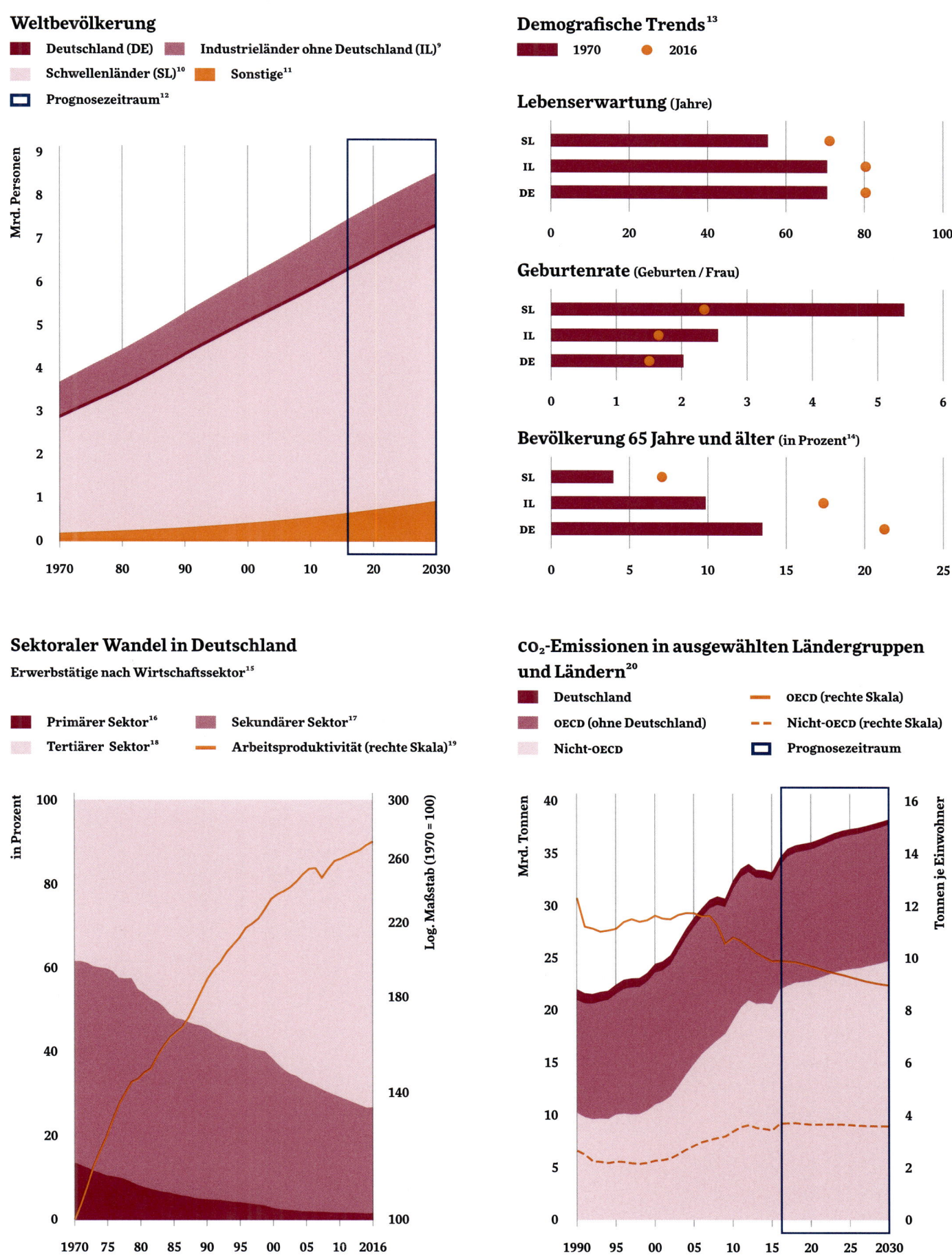

Weltbevölkerung

- ■ Deutschland (DE)
- ■ Industrieländer ohne Deutschland (IL)[9]
- ■ Schwellenländer (SL)[10]
- ■ Sonstige[11]
- ▭ Prognosezeitraum[12]

Demografische Trends[13]

■ 1970   ● 2016

Lebenserwartung (Jahre)

Geburtenrate (Geburten / Frau)

Bevölkerung 65 Jahre und älter (in Prozent[14])

Sektoraler Wandel in Deutschland

Erwerbstätige nach Wirtschaftssektor[15]

- ■ Primärer Sektor[16]
- ■ Sekundärer Sektor[17]
- ■ Tertiärer Sektor[18]
- — Arbeitsproduktivität (rechte Skala)[19]

CO₂-Emissionen in ausgewählten Ländergruppen und Ländern[20]

- ■ Deutschland
- ■ OECD (ohne Deutschland)
- ■ Nicht-OECD
- — OECD (rechte Skala)
- – – Nicht-OECD (rechte Skala)
- ▭ Prognosezeitraum

117

dass sich die Beteiligung am Arbeitsleben losgelöst von Raum und Zeit und befreit von körperlichen Einschränkungen vollziehen wird. Dies dürfte zu erhöhter gesellschaftlicher Teilhabe und einer besseren Vereinbarkeit von Familie und Beruf beitragen. Doch es gibt auch eine Kehrseite: Denn all das setzt einen starken Strukturwandel voraus und löst damit Ängste aus, nach diesem Wandel nicht mehr zum Mainstream der Gesellschaft zu gehören.

Mittlerweile können Objekte ihren Zustand selbstständig erkennen (Sensorik), daraus aus eigener Kraft die richtigen Schlussfolgerungen ziehen (Selbstregulation) und ebenso selbstständig handeln (Robotik).

Die zunehmende Digitalisierung der Arbeitswelt stellt hohe Anforderungen an die Beschäftigten. Sie werden ihre Bildungsinvestitionen anpassen und sich im Verlauf ihres Arbeitslebens immer wieder auf ein gewandeltes Arbeitsumfeld einstellen müssen. So zeigt die Wirtschaftsgeschichte der vergangenen Jahrhunderte, dass technologische Fortschritte immer nur im Verbund mit einem leistungsfähigen Bildungssystem zu großem Wirtschafts- und Wohlstandswachstum geführt haben. Erst die breite Diffusion neuen Wissens erlaubt eine erfolgreiche Innovation.[21] Die Voraussetzungen dafür sind in Deutschland vergleichsweise gut.

Deutschland weist ein weitgehend staatlich finanziertes und breit angelegtes System der schulischen und beruflichen Bildung auf. Bislang blieben die vor dem Berufseintritt liegende Phase der schulischen und beruflichen (Aus-) Bildung und die darauffolgende längere Phase der beruflichen Karriere, in der die Früchte der Bildungsinvestitionen geerntet wurden, weitgehend getrennt. Die meisten Arbeitnehmer erarbeiteten sich weiterführende Lerninhalte während des Berufslebens eher unsystematisch und beiläufig. Im Vordergrund standen dabei häufig für den Betriebsablauf spezifische Kenntnisse, deren Erwerb Unternehmen und Beschäftigte enger aneinander bindet.

Hohe Bedeutung von Bildungsinvestitionen
Doch die Geschwindigkeit, mit der technische und organisatorische Neuerungen das Arbeitsleben verändern und bestehende Kompetenzen obsolet werden, wird

diese klare zeitliche Trennung von Bildung und Berufskarriere nicht mehr zulassen. Für die Mehrzahl der Arbeitnehmer wird es künftig nicht mehr ausreichen, einen guten Berufsabschluss zu erlangen und davon dann jahrzehntelang zu zehren. Sie werden vielmehr während ihres Berufslebens stetig immer wieder in ihr »Humankapital« investieren müssen. Dafür werden sie zu einem erheblichen Teil selbst sorgen müssen, denn bei der Weiterbildung dürften künftig solche Fähigkeiten stärker im Vordergrund stehen, die leicht auf andere Unternehmen übertragen werden können.

Zudem werden sich die Bildungsinhalte ändern: Es wird stärker um den Erwerb der Fähigkeit gehen, neue Inhalte rasch aufzugreifen und in die praktische Arbeit zu übertragen, um die Kompetenz zur Lösung neu auftretender Probleme und um die Fähigkeit, sich an wandelnde Anforderungen flexibel anzupassen. Stärker denn je werden Kreativität und soziale Kompetenzen, die zur konstruktiven Zusammenarbeit in einem Team befähigen, Wertschätzung erfahren und über den beruflichen Erfolg bestimmen.[22] Das Zusammentreffen mit dem demografischen Wandel macht die aufgrund der Digitalisierung notwendigen Wandlungen noch herausfordernder.

Denn zum einen macht die Digitalisierung eine permanente Auffrischung der Kompetenzen erforderlich, zum anderen hängen Lernfähigkeit und Alter eng miteinander zusammen. Die Jungen können tendenziell besser neue Probleme lösen, Älteren hingegen ermöglicht ihr Erfahrungswissen, die geringere kognitive Geschwindigkeit durch das Vermeiden von Fehlern zu kompensieren. Die Ausbildungsentscheidung wird daher keine einzelne Investitionsentscheidung mehr sein, bei der den anfänglichen Kosten die Erwartung höherer künftiger Arbeitseinkommen gegenübersteht, sondern eine mehrfach während der Berufskarriere zu treffende Entscheidung.[23]

Organisation von Bildung und Ausbildung
Es stellt sich daher die Frage, wie Bildung und Ausbildung künftig organisiert werden sollten. Es dürfte wohl kaum anzuraten sein, lediglich immer größere Anteile eines Geburtsjahrgangs in eine tertiäre Ausbildung

zu drängen. Vor allem werden in der digitalen Arbeitswelt nicht nur formale Kompetenzen, sondern vielmehr die Fähigkeit zu ihrer Anwendung in der betrieblichen Praxis gefragt sein. Es gilt daher, die historisch gewachsene duale Ausbildung im Hinblick auf die Anforderungen der digitalisierten Welt weiterzuentwickeln.[24] Zudem dürften die Hochschulen näher an die betriebliche Praxis heranrücken und sich verstärkt der Weiterbildung zuwenden.

Da viele Unternehmen im Strukturwandel auf Arbeitnehmer angewiesen sind, die ihre Fähigkeiten stetig weiterentwickeln, dürften sie kaum umhinkommen, ebenfalls verstärkt in die Fortbildung ihrer Belegschaft zu investieren. Dabei könnten es modularisierte Bildungsinhalte und innovative Konzepte wie MOOCs, Mikro- oder Nano-Abschlüsse den Arbeitnehmern ermöglichen, berufsbegleitend neue Fertigkeiten aufzugreifen. Damit es für die Unternehmen sinnvoll ist, diese Angebote auf breiter Basis bereitzustellen, sind die Arbeitnehmer allerdings auch angemessen an deren Kosten zu beteiligen.

Die deutsche Volkswirtschaft wird in einem scharfen internationalen Wettbewerb um Talente stehen.

Angesichts dieser vielfältigen Veränderungen beim Erwerb, Erhalt und Ausbau der produktiven Kapazität im Lebensverlauf dürften sich die mit diesen Bildungsinvestitionen verbundenen Markteinkommen ebenfalls stärker auffächern. Deutschland ist allerdings wie kaum eine andere Volkswirtschaft für diese Herausforderung gewappnet, denn das deutsche Steuer- und Transfersystem trennt im gewissen Maße die Markteinkommen von den an der Familiensituation ausgerichteten verfügbaren Einkommen. Hohe volkswirtschaftliche Leistungsfähigkeit lässt sich so mit einer im internationalen Vergleich unspektakulären Ungleichheit der verfügbaren Einkommen verbinden.[25]

Darüber hinaus wird die deutsche Volkswirtschaft in einem scharfen internationalen Wettbewerb um Talente stehen. Es gilt daher, ihre Kreativität und Leistungsbereitschaft frei zur Entfaltung kommen zu lassen und risikobereite, kreative Unternehmer zu ermutigen, neue

Geschäftsmodelle zu entwickeln. Dies alles begrenzt die Möglichkeit eines allzu progressiven Systems der Einkommensbesteuerung. Gleichzeitig muss ein breit angelegtes System lebenslanger Bildung etabliert werden, das alle mitnimmt und die Befähigung zum eigenständigen Bewältigen des Wandels gegenüber der Reparatur der negativen Konsequenzen des Strukturwandels betont.

Mittlerweile sind wirtschaftspolitische Herausforderungen mit globalem Charakter auf den Plan getreten, die globale Antworten erfordern. Dies wird nur gelingen, wenn die Lösungsansätze die bisweilen recht unterschiedlichen Interessen der Volkswirtschaften berücksichtigen. Anhand der Herausforderung durch den Klimawandel lässt sich gut aufzeigen, wie sich unser Umfeld in dieser Hinsicht gestalten wird.

Rationale Energie- und Klimapolitik

Die Tragfähigkeit des Planeten wird seit Jahren kontrovers und mit wachsender Sorge diskutiert.[26] Eine besonders ernsthafte Bedrohung wird dabei im globalen Klimawandel gesehen. Vor diesem Hintergrund einigten sich im Dezember 2015 fast 200 Staaten beim Klimagipfel von Paris auf ein gemeinsames Abkommen zum Klimaschutz. Dessen ehrgeiziges Ziel ist es, bis zum Ende dieses Jahrhunderts das Ausmaß der globalen Treibhausgasemissionen, das über die Aufnahmekapazität der natürlichen und künstlichen CO_2-Senken hinausgeht, auf null zu reduzieren und so die Erderwärmung auf deutlich unter zwei Grad Celsius zu begrenzen.

Die nationale Energiepolitik hat drei übergreifende Ziele miteinander in Einklang zu bringen: Die Energieversorgung soll 1. wirtschaftlich, 2. versorgungssicher und 3. umweltverträglich sein. Bislang beruhte die Energieversorgung weitgehend auf fossilen Energieträgern. Doch vor allem durch die zunehmende Bedeutung der dritten Zieldimension, der Umweltverträglichkeit, ist die Aufgabe der Energiepolitik in den vergangenen Jahren noch komplexer geworden. So muss sie mittlerweile in eine globale Klimapolitik eingebettet werden, denn die angestrebte globale Emissionsneutralität lässt sich nur durch eine drastische Reduktion der global anfallenden Emissionen von Treibhausgasen erreichen.[27]

Wie Abbildung 7 (rechts unten) zeigt, ging das vom etablierten fossilen Energiesystem getragene gewaltige Wachstum des materiellen Wohlstands, das die jüngere Menschheitsgeschichte prägte, trotz einer Steigerung der Energieeffizienz mit einem drastischen Anstieg von Treibhausgasemissionen einher. Inzwischen macht der drohende Klimawandel eine massive Umstellung des globalen Systems der Energieversorgung erforderlich. Es muss sich von der Nutzung fossiler Energieträger lösen, um in der globalen Gesamtbilanz keine zusätzlichen Emissionen von Treibhausgasen mehr zu erzeugen. Die nationale Energiepolitik sollte daher so ausgerichtet sein, dass sie zur Lösung dieser globalen Herausforderung wirksam beiträgt.

Die Antwort darauf ist keineswegs trivial, denn mit eigenen Anstrengungen allein ist es nicht getan. Natürlich würde es zu einer Rückführung der globalen Treibhausgasemissionen kommen, wenn alle Volkswirtschaften jeweils ihre nationalen Emissionen zurückführten. Doch hier liegt auf der globalen Ebene eine Situation der strategischen Interaktion vor. Das, was eine Volkswirtschaft wie Deutschland zur globalen Problemlösung beiträgt, mag die Regierungen anderer Länder im Sinne eines positiven Vorbilds mitreißen – oder diese aufgrund der sinkenden Dringlichkeit des eigenen Handelns zu weniger ambitionierten Anstrengungen verleiten.

Die Energiepolitik sollte zwei Strategieelemente verbinden. Zum einen gilt es, eigene Anstrengungen zur Rückführung von Treibhausgasemissionen zu unternehmen. Zum anderen müssen diese nationalen Bemühungen in internationale Verabredungen eingebettet werden.

Die nationale Energiepolitik sollte daher zwei Strategieelemente miteinander verbinden. Zum einen gilt es, eigene Anstrengungen zur Rückführung von Treibhausgasemissionen zu unternehmen, die dem Anspruch volkswirtschaftlicher Effizienz genügen. Denn nur dann, wenn sie das Ziel der Wirtschaftlichkeit nicht aus dem Auge verlieren, können sie die angestrebte positive Vorbildfunktion erfüllen. Zum anderen müssen diese nationalen Bemühungen in glaubwürdige internationale Verabredungen eingebettet werden. Denn nur dann, wenn sie anreizverträglich ausgestaltet sind, werden sie die einzelnen Teilnehmer auch tatsächlich einhalten.[28]

Einbettung der deutschen Energiewende

Die deutsche Energiewende zielt darauf ab, das nationale Energiesystem so zu transformieren, dass es auf den Einsatz fossiler Brennstoffe möglichst vollständig verzichtet. Ein zentraler Eckpunkt war dabei die Festlegung einer Vielzahl klimapolitischer Ziele im »Energiekonzept 2010« der Bundesregierung. Nach dem Atomunfall von Fukushima im Jahr 2011 wurden die Umstellungserfordernisse durch den Beschluss, früher aus der Stromerzeugung durch Kernenergie auszusteigen, beschleunigt. Im Hinblick auf den Anspruch der volkswirtschaftlichen Effizienz ließ die Umsetzung der Energiewende allerdings bislang viel zu wünschen übrig.[29]

Vor allem war sie bislang nahezu ausschließlich auf die Förderung von erneuerbaren Energien bei der Stromerzeugung verengt. Diese Förderpolitik war zwar sehr effektiv, denn sie hat zu einem starken Ausbau der regenerativen Stromerzeugungskapazitäten geführt. Doch zugleich war sie spektakulär ineffizient, denn die mit dieser Förderung verbundenen Kosten sind förmlich explodiert, ohne dass der Stromsektor damit einen großen Beitrag zur Einsparung der deutschen Treibhausgasemissionen geleistet hätte. Das Ziel der Verringerung der Treibhausgasemissionen um 40 Prozent im Jahr 2020 im Vergleich zum Bezugsjahr 1990 ist kaum noch zu erreichen.

Von Beginn an war die planwirtschaftliche Ausrichtung das Kernproblem bei der Umsetzung der Energiewende. Die richtige Reaktion auf die absehbaren Zielverfehlungen wäre nun ein radikaler Kurswechsel mit dem Ziel, einen einheitlichen Preis für CO_2 zu etablieren, am besten gleich auf der europäischen Ebene, wo dafür bereits ein Instrument zur Verfügung steht, das europäische Emissionshandelssystem. Dafür müsste allerdings sein Geltungsbereich auf den Verkehrssektor, Privathaushalte und bisher ausgenommene Industrien erweitert werden. Damit ließe sich auch die Verengung der deutschen Energiewende auf den Stromsektor überwinden.[30]

Wie wir handeln müssen

Künftig werden wirtschaftspolitische Herausforderungen mit globalem Charakter immer wieder Volkswirtschaften mit völlig unterschiedlichen Gesellschaftsmodellen an den Verhandlungstisch zwingen. Gerade weil die soziale Marktwirtschaft im Resultat für individuelle Freiheit und Chancengerechtigkeit steht, ist es für die deutsche Politik so wichtig, deren Grundzüge – wie Eigenverantwortung und Wettbewerb – nicht infrage zu stellen, sondern vielmehr daraus Kraft zu schöpfen.

— Die zunehmende Komplexität weckt einen immer stärkeren Wunsch nach Planbarkeit. Doch die Politik kann keine eindeutigen Pfade in die Zukunft weisen. Sie kann bestenfalls Vorsorge und Risikomanagement betreiben; der Schlüssel für materiellen Wohlstand und soziale Sicherheit liegt aber auch künftig in individueller Verantwortung und Initiative.

— Die zunehmende Veränderungsgeschwindigkeit und die schrumpfende Planbarkeit wirtschaftlichen Erfolgs führen zu einem steigenden Wunsch nach Versicherung und Umverteilung. Es gilt jedoch, Subsidiarität und Solidarität so zu balancieren, dass das, was am Markt erwirtschaftet wird, letztlich für das Ergebnis nach der Umverteilung maßgeblich bleibt.

— Die Herausforderungen der globalisierten Welt rufen eine zunehmende Sehnsucht nach wirkmächtiger Politik hervor, um unliebsame Konsequenzen des Strukturwandels zu korrigieren. Doch die Politik muss sich zu ihren eigenen Erkenntnisdefiziten und ihrer begrenzten Wirkmächtigkeit bekennen und sollte daher vor allem auf die dezentrale Organisation des Geschehens und Befähigung des Einzelnen zum Erfolg setzen.

Die Koordination der globalen Klimapolitik ist nach wie vor eine ungelöste Herausforderung. In ihrem Mittelpunkt steht die Frage der für alle Beteiligten akzeptablen Lastenteilung. So wollen insbesondere die Schwellen- und Entwicklungsländer ihre wirtschaftliche Entwicklung nicht zugunsten des Klimaschutzes hintanstellen. Da das Pariser Abkommen diese Koordinationsaufgabe in einem Bottom-up-Ansatz auf der Basis von nationalen Klimaplänen angeht, konnten zwar viele Staaten für die Unterzeichnung des Abkommens gewonnen werden, doch umso stärker ergeben sich die genannten Probleme der strategischen Interaktion durch mögliches Trittbrettfahrerverhalten.

Einzig die volkswirtschaftlichen Kosten sollten darüber entscheiden, an welchem Ort und in welchem Sektor die Emissionen wie stark zurückgeführt werden.

Schon allein, um die letztlich aufzuteilenden Umstellungskosten nicht unnötig aufzublähen, ist es erstrebenswert, die globale Energiewende volkswirtschaftlich so effizient wie möglich zu realisieren. Einzig die volkswirtschaftlichen Kosten sollten darüber entscheiden, an welchem Ort und in welchem Sektor die Emissionen wie stark zurückgeführt werden. Ein globaler Emissionshandel oder alternativ eine globale CO_2-Steuer könnten einen globalen CO_2-Preis

etablieren und zu solchen effizienten Lösungen ermutigen. Internationale Verhandlungen könnten sich dann auf die Vereinbarung der nationalen Anteile an den – vergleichsweise niedrigen – globalen Gesamtkosten konzentrieren. Dieses Ringen lohnt sich. Denn so ließen sich die wirtschaftliche Entwicklung der ärmeren Volkswirtschaften und globaler Klimaschutz miteinander verbinden.

PROF. DR. CHRISTOPH M. SCHMIDT (55) *ist einer der einflussreichsten deutschen Ökonomen und Politikberater. Als Vorsitzender des Sachverständigenrates zur Begutachtung der gesamtwirtschaftlichen Entwicklung widmet er sich unter anderem Fragen des Arbeitsmarkts und der europäischen Integration sowie den Zukunftsthemen Digitalisierung und Globalisierung. Der Präsident des RWI – Leibniz-Institut für Wirtschaftsforschung ist zudem stellvertretender Vorsitzender des Akademienprojekts »Energiesysteme der Zukunft« (ESYS) und Präsidiumsmitglied der Deutschen Akademie der Technikwissenschaften (acatech).*

»Exportorientierte deutsche Unternehmen profitieren nicht nur von neuen Handelsrouten nach China, sondern auch von neuen Geschäftschancen rund um den Bau von Automobilfabriken und Kraftwerken sowie bei der Erschließung von Rohstofflagerstätten entlang der Neuen Seidenstraße.«

Die Neue Seidenstraße. Chinas globale Strategie für Prosperität und Einfluss

Von Rainer Lindner

Wolle, Glas und Gold aus dem Westen, Seide und Gewürze aus dem Osten – bereits vor über 2.000 Jahren wurden Waren aus dem Mittelmeerraum über die Seidenstraße gehandelt. Weil die Güter meist etappenweise befördert, von Zwischenhändlern gekauft und wieder weiterverkauft wurden, dauerte der Transport über die 10.000 Kilometer lange Hauptroute von Rom nach China meist mehrere Jahre.

Nach ihrer Blütezeit folgte mit zunehmendem Verlust römischen Territoriums in Asien der Rückgang des Handels über die Seidenstraße. Gleichzeitig wuchs die Bedeutung der Schifffahrt auf längeren Distanzen. Karawanen nutzten den Landweg daher nur noch für kürzere Entfernungen. Die Landwege gewannen erst wieder mit dem Ausbau der Eisenbahn in Europa und Asien an Bedeutung. Ein Beispiel: Dauerte eine Reise von St. Petersburg nach Berlin im späten 18. Jahrhundert etwa 35 Tage und weitere 13 Tage nach Paris, schafften im Jahr 1835 Reisende die Strecke von London nach St. Petersburg bereits in 38 Tagen. Und 1914 waren es nur noch 48 Stunden.

Chinas Logistikexpansion nach Afrika und Europa

Rund 100 Jahre später startete China dann die Initiative »One Belt, One Road« (OBOR). Für rund eine Billion Euro will die Volksrepublik die 2.000 Jahre alte Seidenstraße wiederbeleben. Aber im Gegensatz zur antiken Seidenstraße ist diese vor allem als »Neue Seidenstraße« bekannte Initiative nicht nur eine Verbindung zwischen Asien und Europa. Sie erschließt gesamt Eurasien zur See und zu Land. Sie bindet Ostafrika mit ein. Und sie schlägt die Brücke nach Südostasien sowie nach Südamerika. Außerdem geht es längst nicht nur um neue Schifffahrtswege und Bahnverbindungen. Entlang der Route investieren chinesische Unternehmen in Kraftwerke, bauen Automobilwerke und beteiligen sich an Rohstofflagerstätten. Was sich die politische Führung in Peking von dem Projekt verspricht: erstens wirtschaftliche Prosperität. Unterschiedlichen Szenarien zufolge könnte der Handelsaustausch Chinas mit seinen Partnern um bis zu 20 Prozent wachsen – bei sinkenden Transportkosten. Neben der Erschließung von neuen Exportmärkten entlang der Route spielt zweitens auch die Sicherung der Rohstoffversorgung für Chinas Zukunft eine wichtige Rolle. Und drittens geht es um die Erweiterung politischen Einflusses.

Voraussetzung dafür ist nicht nur die Umsetzung, sondern auch die Finanzierung von Investitionstätigkeiten in Ländern der »Neuen Seidenstraße« – und über ihre Grenzen hinaus. China verfolgt also die Entstehung eines ganzheitlichen Infrastrukturnetzes innerhalb der Region. In Verbindung mit dem Abbau von Handelshemmnissen der »Neuen Seidenstraße«, welcher ein weiteres Ziel der Initiative darstellt, gelingt außerdem der Aufbau eines ungehinderten Handels innerhalb der Region. Dieser ermöglicht es China, seine wirtschaftlichen Interessen in der Region zu verfolgen.

Die »Neue Seidenstraße« besteht aus zwei Routen: Die Landroute, die unter der Bezeichnung »Silk Road Economic Belt« für die wirtschaftlichen Verflechtungen von China mit folgenden Regionen steht:
— mit Europa über Zentralasien und Russland
— mit dem Mittleren Osten über Zentralasien
— mit Südostasien, Südasien und den Häfen des Indischen Ozeans

Die Seeroute »21st Maritime Silk Road« vernetzt China in zwei Richtungen:
— mit den wichtigen Häfen Europas über das Südchinesische Meer und den Indischen Ozean
— mit dem südlichen Teil des Pazifischen Ozeans über das Südchinesische Meer

Eine zentrale Rolle spielt dabei Europa. Das war schon bei der historischen Seidenstraße so. Alle Routen der »Neuen Seidenstraße« dienen dem Zweck, den Warentransport zwischen China und der Europäischen Union (EU) zu erleichtern. Das Handelsvolumen zwischen der Volksrepublik China und Europa belief sich 2016 auf 515 Milliarden Euro. Damit war die EU der größte und wichtigste Handelspartner der Volksrepublik.

EU: der größte und wichtigste Handelspartner der Volksrepublik

Chinas politische Führung setzt dabei gezielt auf Investitionen im Ausland – vor allem in osteuropäischen Ländern. Zur Förderung und Intensivierung der transnationalen Zusammenarbeit in den für die Initiative relevanten Ländern wurde die sogenannte »16+1-Kooperation« ins Leben gerufen. Dazu gehören die elf EU-Länder

Bulgarien, Kroatien, Tschechien, Estland, Ungarn, Lettland, Litauen, Polen, Rumänien, Slowakei und Slowenien sowie die fünf EU-Beitrittskandidaten Albanien, Bosnien und Herzegowina, Mazedonien, Montenegro und Serbien. Von chinesischer Seite nimmt Premierminister Li Keqiang an den Treffen teil. Zu den ersten Ergebnissen dieser 16+1-Kooperation zählen die Eisenbahnschnellverbindung von Belgrad nach Budapest und der Abzweig von Yiwu nach Riga für den Güterverkehr. Vor allem in finanziell schwächeren Ländern sind die chinesischen Projektfinanziers hochwillkommen.

Das Handelsvolumen zwischen der Volksrepublik China und Europa belief sich 2016 auf 515 Milliarden Euro. Damit war die EU der größte und wichtigste Handelspartner der Volksrepublik.

Chance für Deutschland und Europa

Doch auch Deutschland und seine exportorientierten Unternehmen profitieren von den neuen Handelsrouten und Verkehrswegen. Von Deutschlands größtem Binnenhafen Duisburg aus führt eine 11.000 Kilometer lange Bahnstrecke in die 32-Millionen-Metropole Chongqing in der Volksrepublik China. Die Zugverbindung zwischen Ostasien und Westeuropa ist doppelt so schnell wie Containerschiffe und billiger als Luftfracht. Das nutzen bereits heute Hunderte deutsche Unternehmen, um etwa Sonderfrachten zügig abwickeln zu können. Seit Mai rollen viermal wöchentlich Direktzüge aus dem Ruhrgebiet nach Chongping – und zurück. Noch vor wenigen Monaten kamen überwiegend asiatische Waren in Deutschland an und wurden von Duisburg aus in halb Europa verteilt, während die Container beim Rücktransport dann oft leer waren. Mittlerweile ist auch die Auslastung der Züge in Richtung Chongping stark angestiegen. Transportiert werden Elektronikartikel, Telekommunikationsausrüstung, Kfz-Teile und seit Kurzem sogar ganze Automobile. Kurzum: Der Ost-West-Güterverkehr zwischen China und Europa boomt.

Neben dem Ausbau der Verkehrswege sind für deutsche und europäische Unternehmen vor allem die vielen Projekte entlang der Seidenstraße 4.0 interessant: Automobilwerke, Rohstofflagerstätten, Kraftwerke und Infrastrukturprojekte – westliche Technologiefirmen positionieren sich bei diesen Vorhaben als Zulieferer von Ausrüstung und Dienstleistungen. Kein Wunder, dass die »Neue Seidenstraße« in Deutschland daher sehr genau verfolgt und unterstützt wird. Und zwar nicht nur vonseiten der Politik, sondern auch von Unternehmen. Die Arbeitsgruppe Eurasische Konnektivität unter dem Dach des Auswärtigen Amtes und der Koordination der Schaeffler AG verbindet Politik und Wirtschaft: Ihr gehören neben Vertretern der Bundesregierung auch Unternehmen und Wirtschaftsverbände an. Ziel dieser Arbeitsgruppe ist, Informationen zur »Neuen Seidenstraße« und den damit verbundenen neuen Projekte zu sammeln und zu bewerten. In Russland hat die dortige Auslandshandelskammer eine deutsch-russische Hochgeschwindigkeitsinitiative ins Leben gerufen. Die teilnehmenden Firmen wollen sich an dem Ausbau einer neuen Bahnstrecke zwischen Moskau und Kasan beteiligen – die ein Teil der Route der »Neuen Seidenstraße« sein soll. Daran beteiligen sich neben anderen die Unternehmen Siemens, Vossloh sowie die Deutsche Bahn.

Argwohn bei EU-Institutionen

In einigen westeuropäischen Ländern und vor allem bei EU-Vertretern und -Institutionen wächst derweil die Skepsis. Die gezielte Zusammenarbeit zwischen China und den mittelosteuropäischen Staaten könne die Einheit Europas untergraben, heißt es in einem Papier des European Parliamentary Research Service. Befürchtungen wie diese sind nicht unbegründet. Denn Chinas Einfluss auf die osteuropäischen Staaten und ihre politischen Entscheidungen wächst. Das beste Beispiel ist das Schiedsgerichtsverfahren bezüglich maritimer Anspruchsrechte des Südchinesischen Meeres zwischen der Volksrepublik China und der Republik der Philippinen. Während wirtschaftlich starke Staaten wie Großbritannien, Frankreich und Deutschland die Durchsetzung des Gerichtsbeschlusses vom 12.07.2016 befürworteten, sprachen sich kleinere Staaten wie Griechenland, Bulgarien und Kroatien aber dagegen aus. Genau diese drei Staaten profitieren von chinesischen Investitionen im Rahmen der »Neuen Seidenstraße«. Aufgrund dessen brauchte die EU drei Tage, um ein gemeinsames einstimmiges Statement zum Beschluss

»Neue Seidenstraße« – die Länder im Überblick

Abb. 8: Übersicht der mit China kooperierenden Länder.

Regionen	Länder
Zentralasien	Kasachstan, Kirgisistan, Tadschikistan, Turkmenistan, Usbekistan
Russische Föderation und Mongolei	Russische Föderation, Mongolei
Südostasien	Vietnam, Laos, Kambodscha, Thailand, Malaysia, Singapur, Indonesien, Brunei, Philippinen, Myanmar, Osttimor
Mittelosteuropa	Polen, Tschechische Republik, Slowakei, Ungarn, Slowenien, Kroatien, Rumänien, Bulgarien, Serbien, Montenegro, Mazedonien, Bosnien und Herzegowina, Albanien, Estland, Litauen, Lettland, Ukraine, Weißrussland, Moldau
Westasien und Mittlerer Osten	Türkei, Iran, Syrien, Irak, Vereinigte Arabische Emirate, Katar, Bahrain, Kuwait, Oman, Jemen, Ägypten, Libanon, Jordanien, Israel, Armenien, Georgien, Aserbaidschan

des Ständigen Schiedshofes zu erarbeiten, und sprach im Endeffekt lediglich eine neutrale Anerkennung aus. Für Unmut sorgen auch die Vergabeverfahren der »Neuen Seidenstraße«. Laut einer Studie der Außenwirtschaftsfördergesellschaft der Bundesrepublik Deutschland, Germany Trade and Invest, gehen 80 Prozent der Projektausschreibungen an chinesische Unternehmen. Das sei unter anderem den intransparenten Ausschreibungen geschuldet, sagt Jürgen Friedrich, Geschäftsführer von Germany Trade and Invest. Friedrich moniert weiter, dass Projekte oft publikumswirksam angekündigt würden, dann aber so lange von der Bildfläche verschwänden, bis das Vergabeverfahren beendet sei. Europäische Unternehmen hätten daher kaum Chancen, an der Vergabe von Verträgen im Rahmen der »Neuen Seidenstraße« teilzunehmen.

Aus diesem Grund verfolgt die EU das Ziel, China auf internationale Standards zu verpflichten. Im Gegensatz zu den USA strebt die Europäische Union trotz aller Skepsis eine Zusammenarbeit mit China im Rahmen von Infrastrukturinvestitionsprojekten an. Es besteht die Hoffnung, Synergien aus dem sogenannten Juncker-Plan, einem Investitionsplan für Europa, und der »Neuen Seidenstraße« zu generieren. Allerdings nur unter der Bedingung, dass bei Infrastrukturmaßnahmen europäische Standards und Gesetze eingehalten werden. Diese Bedingungen wurden beim 16+1-Gipfel im November 2016 in Riga eigens in die Statuten aufgenommen. Und firmieren seither als »The Riga Guidelines for Cooperation between China and Central and Eastern European Countries«. Außerdem nahmen Vertreter verschiedener EU-Institutionen und der Europäischen Investitionsbank an dem multilateralen Staatstreffen teil.

Zur See nach Afrika

Für den Ausbau der Seeroute steht Afrika besonders im Zentrum der chinesischen Auslandsinvestitionen. An der afrikanischen Küste des Indischen Ozeans investiert China verstärkt in Hafenentwicklungsprojekte. Seit 2005 hat China mehr als 66 Milliarden US-Dollar in den Kontinent investiert und damit über 130.000 Arbeitsplätze geschaffen. Neben dem Ausbau des Seeweges nach Europa steht die Anbindung des afrikanischen Inlands an die Häfen im Fokus. Dies soll den Weitertransport von Rohstoffen nach China erleichtern und gleichzeitig neue Absatzmärkte für chinesische Konsumgüter an die »21st Maritime Silk Road« anbinden. Damit soll der ohnehin stark wachsende Handel zwischen China und Afrika weiter gefördert werden. Im Jahr 2016 soll das Handelsvolumen chinesischen Angaben zufolge bei mehr als 300 Milliarden US-Dollar gelegen haben.

Bislang vereint die »Neue Seidenstraße« insgesamt 65 Länder aus Asien, dem Nahen Osten, Afrika sowie Ost- und Westeuropa entlang der Route und deckt damit ungefähr 65 Prozent der Weltbevölkerung und etwa ein Drittel des weltweit erwirtschafteten BIP ab. Aber was nutzen neue Transportkorridore ohne freien Handel? Darum strebt die Volksrepublik China einen stufenweisen Abbau der Handelsbarrieren an. Ihr Ziel: Sie sucht den Anschluss an regionale Freihandelsräume wie etwa:

- den Verband Südostasiatischer Nationen (ASEAN)
- die Eurasische Wirtschaftsunion (EAWU)
- die Europäische Union (EU)
- die Südasiatische Vereinigung für regionale Kooperation (SAARC)
- die Shanghaier Organisation für Zusammenarbeit (SCO)

Damit soll der Handel entlang der neuen Seidenstraße noch freier und einfacher gestaltet werden. Die Staaten der Eurasische Wirtschaftsunion (EAWU) haben ein besonders großes Interesse an einer Zusammenarbeit im Rahmen der »Neuen Seidenstraße«. Zu diesen EAWU-Ländern gehören Armenien, Belarus, Kasachstan, Kirgisistan und Russland. Ziele der EAWU sind ein ungehinderter Warenaustausch, gemeinsame Schwerpunkte in der Transportpolitik, die Harmonisierung der Agrar- und Industriepolitik sowie die Koordination der makroökonomischen Politik und der Arbeitnehmerfreizügigkeit zwischen den Mitgliedstaaten.

Die Zugverbindung zwischen Ostasien und Westeuropa ist doppelt so schnell wie Containerschiffe und billiger als Luftfracht. Seit Mai rollen viermal wöchentlich Direktzüge aus dem Ruhrgebiet nach Chongping – und zurück.

Länder der Eurasischen Wirtschaftsunion setzen große Hoffnung auf die »Neue Seidenstraße«

Der Handel zwischen der EAWU und China schwankte in den vergangenen Jahren stark. Das geht zurück auf die zuletzt stagnierende Konjunktur in Russland und Kasachstan sowie auf den schwachen Ölpreis 2015 und 2016. Was aber beständig wächst, ist der Anteil und damit die Bedeutung Chinas am EAWU-Außenhandel. Lag dieser 2007 noch bei 15 Prozent, waren es 2014 bereits 19,1 Prozent und 2016 sogar 22,7 Prozent. Im Jahr 2018 dürften die EAWU-Staaten rund ein Viertel ihres Handels mit China abwickeln. Diesen Trend würden die EAWU-Länder gerne weiter fortsetzen. Es geht ihnen jedoch nicht nur um den Ausbau des Handels mit China, sondern auch um eine engere Zusammenarbeit bei Industrieprojekten, bei Investitionen und Finanzierungsfragen. So sind chinesische Investoren in einer Vielzahl von Projekten in Russland aktiv: Bei einem der größten Rohstoffprojekte Russlands, Power of Siberia, ist China nicht nur Finanzierungs- und Baupartner, sondern letztlich auch der wichtigste Abnehmer von Kohlenwasserstoffen. Dabei geht es um die Erschließung der Gaslagerstätten Tschajadinskoje und Kowyktinskoje, um den Bau von Gaspipelines, um die Reinigung und Verarbeitung des Erdgases und schließlich um die Lieferung nach China. Geplant sind große Gasverarbeitungs- und Gaschemiewerke in Blagoweschensk im Gebiet Amur. Die Projektkosten belaufen sich auf über 55 Milliarden US-Dollar. Von russischer Seite wird das Projekt vom Staatskonzern Gazprom gesteuert, von chinesischer Seite beteiligt sich China National Petroleum Corporation (CNPC). CNPC hält außerdem 20 Prozent am Gasproduktionsunternehmen Jamal SPG auf der Halbinsel Jamal, weitere 9,9 Prozent der Aktien gehören dem Silk Road Fund.

Mit Hinblick auf den Ausbau der Landroute von China nach Europa (»Silk Road Economic Belt«) steht der Transport durch Zentralasien und Russland besonders im Fokus und stellt zudem eine attraktive Alternative zum Seeweg dar. Im Falle eines bilateralen Handelsabkommens mit China müssten Waren auf dem Weg nach Europa nur eine Zollgrenze passieren: die zwischen der EAWU und der Europäischen Union. Außerdem ist der Landweg mit 20 bis 25 Tagen inklusive Vor- und Nachlauf schneller als der Seeweg. Kein Wunder, dass sich China maßgeblich auf den Bau der Hochgeschwindigkeitsstrecke von Moskau nach Kasan einbringen will. Baubeginn soll bereits 2018 sein. Chancen auf die Beteiligung an einem Abschnitt rechnet sich auch die deutsch-russische Hochgeschwindigkeitsinitiative aus, der auch Schaeffler angehört.

Neue Eisenbahnbrücke über den Amur

Wie wichtig der Ausbau der Infrastruktur in Russland auch für China selbst ist – und zwar unabhängig von der Frage der europäisch-chinesischen Handelsströme –, zeigt sich an der hohen Abhängigkeit Chinas von russischen Energierohstoffen. Die Volksrepublik China hat 2016 über 52 Millionen Tonnen Rohöl aus Russland importiert. Im Rahmen der intensiveren Zusammenarbeit in der »Neuen Seidenstraße« wurde 2012 der insgesamt zwei Milliarden Dollar schwere Russia-China Investment Fund gegründet, welcher bereits in verschiedene Projekte für die Verbindung zwischen China und

Europa über Russland investiert. Dazu zählt unter anderem der Ausbau des Flughafens in Wladiwostok, der es chinesischen Unternehmern erleichtern soll, die Wirtschaft der östlichen Gebiete Russlands für sich zu entdecken. Außerdem wird über diesen Fonds eine neue Eisenbahnbrücke über den Amur finanziert. Diese Brücke soll die Transportkosten von China nach Europa senken. Auch in Zukunft wird der russisch-chinesische Fonds im Interesse beider Länder in entsprechende Infrastrukturprojekte investieren, aber auch in Projekte mit dem Fokus auf Technologie, Produktion und Landwirtschaft, sagt Kirill Dmitriew, einer der beiden Geschäftsführer des russisch-chinesischen Investmentfonds.

Bei der Umsetzung der »Neuen Seidenstraße« spielen nicht nur die Verhandlungsergebnisse zwischen chinesischen Firmen auf der einen Seite und EAWU- beziehungsweise EU-Ländern auf der anderen Seite eine Rolle. Auch die Beziehungen zwischen der EU und Russland dürften sich auf den Fortschritt des Projektes auswirken. Der Konflikt zwischen Russland und der Europäischen Union könnte die Umsetzung gefährden. Gegen Russland hatte die Europäische Union 2014 Sanktionen verhängt. Russland antwortete prompt mit einem Embargo auf verschiedene Lebensmittel aus der EU. Außerdem erkennt die EU die EAWU nicht als vollwertigen Verhandlungspartner an. Was unter anderem daran liegt, dass Russland in dieser Wirtschaftsunion eine eindeutig dominierende Rolle spielt. Die schwierigen politischen Beziehungen schweben wie ein Damoklesschwert auch über der »Neuen Seidenstraße«.

An der afrikanischen Küste des Indischen Ozeans investiert China verstärkt in Hafenentwicklungsprojekte. Seit 2005 hat China mehr als 66 Milliarden US-Dollar in den Kontinent investiert und damit über 130.000 Arbeitsplätze geschaffen.

Diskrepanz zwischen EU und EAWU als Gefahr für die »Neue Seidenstraße«
Dabei wäre eine Annäherung zwischen EU und EAWU für beide Freihandelszonen und die Mitgliedstaaten von hohem Interesse und wirtschaftlichem Nutzen: Neben der Abschaffung der Zollgebühren und einem größeren Absatzmarkt für alle beteiligten Länder könnten EAWU-Mitglieder wie Russland bei der Diversifizierung und Modernisierung der eigenen Wirtschaft vom Know-how europäischer Länder profitieren. Die EU könnte bei einer Annäherung vor allem den Import von Energierohstoffen langfristig sicherstellen.

Die Bertelsmann Stiftung und das Münchner ifo Institut haben in einem »Focus Paper« die konkreten Effekte auf den Handel durch eine solche Integration der beiden Freihandelszonen berechnet. Das Ergebnis: Russland könnte bis zu 30 Prozent mehr in die EU exportieren, während die EU-Exporte in die EAWU um rund 60 Prozent ansteigen würden. Dieser Anstieg würde sich in der Europäischen Union vor allem in den Sektoren Landwirtschaft und Automobilindustrie bemerkbar machen, während in der EAWU insbesondere der Energie- und Rohstoffsektor profitieren würde. Direkten Gesprächen zwischen der EU und der EAWU stehen momentan die politischen Spannungen mit Russland und die fehlende WTO-Mitgliedschaft der Republik Belarus im Weg. Dabei gibt es bereits Referenzabkommen der EU, etwa mit Südkorea oder Kanada, und auch der EAWU mit Vietnam, die als Vorbilder für ein Abkommen zwischen EU und EAWU dienen könnten. China arbeitet derweil mit der Eurasischen Wirtschaftsunion und ihrem Zugpferd, der Russischen Föderation, wie auch mit der Europäischen Union zusammen. Diese neutrale Haltung wirkt sich vor allem in wirtschaftlicher Hinsicht sehr vorteilhaft für die Volksrepublik aus. China würde von einer einheitlichen Freihandelszone von Lissabon bis Wladiwostok profitieren. Genauso wie alle Länder zwischen diesen beiden Großstädten. Spitzt sich der Konflikt zwischen Europäern und vor allem Russland weiter zu, so könnte das den Erfolg der »Neuen Seidenstraße« stark beeinträchtigen.

Veränderung bekannter Handelsregime
Eine ganz neue Qualität erhält die Initiative angesichts der gescheiterten Freihandelsabkommen TTIP und TPP. Die USA hätten mit Europa und der Asien-Pazifik-Region ihren wirtschaftlichen Einfluss auf zwei der größten Wirtschaftsräume erhöhen können. Nach seinem Amtsantritt hat US-Präsident Donald Trump den Austritt aus TTP verkündet. Und die Verhandlungen über TTIP mit Europa liegen aufgrund von Protesten aus der

Bevölkerung und der Abschottungspolitik vonseiten der USA auf Eis. Jedoch besteht in der Asien-Pazifik-Region und auch in Europa weiterhin Interesse an einem Rückbau der Handelsbarrieren. Auf dem Gipfel der Asiatisch-Pazifischen Wirtschaftsgemeinschaft Mitte November 2017 in Vietnam wurde das weitere Vorgehen bezüglich des Freihandelsabkommens besprochen. Die Ursprungsidee des Freihandelsabkommens soll auch ohne die USA weiter verfolgt werden. Allerdings unter der neuen Bezeichnung CPTPP. Das steht für Comprehensive and Progressive Agreement for Trans-Pacific Partnership. Auch Europa führt weiterhin Verhandlungsgespräche zu Freihandelsabkommen mit ehemaligen TTP-Staaten. Es finden sich also nach wie vor viele Anhänger einer mehr und mehr globalisierten Wirtschaft. Doch eines der realistischsten Globalisierungsprojekte ist momentan die »Neue Seidenstraße«. Und China steigt damit unerwartet zu einem Verfechter der Globalisierungsbewegung auf. Das ist eine völlig neue Rolle. Schließlich ist es vor allem China, das mit seinen Freihandelsverstößen für Streitbeilegungsverfahren vor der Welthandelsorganisation WTO sorgt. Umso bizarrer, dass die Volksrepublik in der aktuellen Debatte um US-Strafzölle gegen Europa und China in die Rolle des Freihandelsverfechters und Globalisierungsgaranten schlüpft. Das Scheitern von TTIP und TPP sowie der amerikanische Isolationismus ermöglichen es China, seinen wirtschaftlichen Einfluss weiter auszubauen.

Das Scheitern von TTIP und TPP sowie der amerikanische Isolationismus ermöglichen es China, seinen wirtschaftlichen Einfluss weiter auszubauen.

Gewinner und Verlierer der »Neuen Seidenstraße«

Das Arbeitspapier »China's Belt and Road initiative: can Europe expect trade gains?« des europäischen Thinktanks Bruegel analysiert die potenziellen Auswirkungen verschiedener Zukunftsszenarien im Rahmen der »Neuen Seidenstraße« auf den Handel der einzelnen Teilnehmerstaaten. Untersucht wird auch die Auswirkung auf Transportkosten. Hierfür wurden bereits vollendete Projekte wie die Güterzugverbindung Yuxinou von Chongqing nach Duisburg analysiert und die Kosteneinsparungen auf die gesamte Region der »Neuen Seidenstraße« übertragen. Sollte sich diese Route in Zukunft

durchsetzen, würde die Europäische Union am stärksten von den sinkenden Transportkosten profitieren. Für europäische Länder ohne Hafenzugang würden die Transportkosten sogar um 50 Prozent sinken. Insgesamt würde der EU-Außenhandel um mehr als sechs Prozent zulegen, während bei den asiatischen Ländern lediglich ein Anstieg von drei Prozent prognostiziert wird. Als Grund dafür sehen die Experten die relativ geringen Kostensenkungen von vier Prozent über den maritimen Weg durch den neuen Hafen von Qingdao. Sprich: Durch die neue Bahnverbindung lässt sich ein signifikanter Kosteneffekt erzielen. Auch ein Freihandelsabkommen innerhalb der Region wurde untersucht. Würde sich die Europäische Union dieser Freihandelszone nicht anschließen, ginge der Handel zwischen der EU und dem Rest der Region sogar zurück. Die Autoren der Studie gehen davon aus, dass die Volksrepublik China ihre Handelsbeziehungen in diesem Fall mit den restlichen Freihandelsteilnehmern auf Kosten der EU intensivieren würde. Eindeutiger Gewinner in diesem Szenario wäre Asien. Dort steigt der Handel um zwölf Prozent. Auch europäische Länder ohne EU-Mitgliedschaft wären mit einem Handelsplus von sechs Prozent Profiteure eines solchen Freihandelsabkommens. Allerdings nicht in demselben Ausmaß wie die Länder in Asien. Und vor allem nicht wie Staaten des Mittleren Ostens. Dort prognostizieren die Autoren der Studie ein Handelsplus von 15 Prozent.

Wer profitiert von einer Kombination aus der »Neuen Seidenstraße« und Freihandelsabkommen? Das wären in erster Linie asiatische Länder. Dort wächst der Handel um bis zu 20 Prozent. Auch europäische Länder profitieren von den kombinierten Effekten des Szenarios. Wie hoch dieser Effekt ist, hängt vor allem davon ab, ob die EU dem Freihandelsabkommen beitritt oder nicht. Der Außenhandel in Ländern ohne Beteiligung an der »Neuen Seidenstraße« dürfte sinken. Der größte Verlierer dürfte nach dieser Studie Japan sein, während die USA und Kanada kaum Auswirkungen zu befürchten hätten.

Vor allem asiatische Länder profitieren von der »Neuen Seidenstraße« und dem Freihandel

Die »Neue Seidenstraße« bringt deutlich niedrigere Transportkosten für die Europäische Union mit sich bei vergleichsweise niedrigem Risiko. Schließlich trägt

China
Wie wir handeln müssen

Seit der Amtsübernahme durch Donald Trump wurden nicht nur internationale Freihandelsabkommen auf Eis gelegt. Die USA und deren Handelspartner belegen sich darüber hinaus gegenseitig mit Strafzöllen. Die einseitige Aufkündigung von Handelsvereinbarungen oder die Verhängung von Wirtschaftssanktionen behindern den freien Warenaustausch. Als Gegenpol bietet die »Neue Seidenstraße« dagegen eine völlig neue Perspektive für mehr internationalen Handel – mit Vorteilen für alle Beteiligten. Die folgenden Maßnahmen sind dazu von deutscher und europäischer Seite nötig:

— Die EU sollte sich gezielt für einen einheitlichen Wirtschaftsraum von Lissabon bis nach Singapur stark machen. Je niedriger die Zölle ausfallen, desto höher ist der gemeinsame Nutzen aus modernen und schnellen Transportwegen.

— Die Zusammenarbeit zwischen der EU und der Eurasischen Wirtschaftsunion sollte gefördert werden.

— Die EU sollte über einen eigenen Seidenstraßen-Fonds den Ausbau der Bahnstrecke von westlicher Seite aus betreiben und finanzieren. Dadurch lassen sich eigene Interessen besser durchsetzen.

— Die EU sollte darüber hinaus noch stärker auf eine Zusammenarbeit bei den einzelnen Projekten nach internationalen Standards bestehen.

— Deutsche und europäische Politik sollten einen engeren Austausch mit China suchen, vielleicht sogar eine gemeinsame europäisch-asiatische »Neue Seidenstraße«-Plattform bilden. Je größer die Transparenz bei den Projekten entlang der neuen Seidenstraße ist, desto besser sind auch die Möglichkeiten für europäische Firmen, sich an den Ausschreibungen zu beteiligen.

die Volksrepublik China den Löwenanteil der Investitionen. Außerdem sind vor allem osteuropäische EU-Mitgliedstaaten außerstande, allein für die umfangreichen und teuren Infrastrukturmaßnahmen aufzukommen. Für den lokalen Investitionsanteil bieten chinesische Kreditinstitute ihren osteuropäischen, zentralasiatischen oder afrikanischen Partnern Kredite mit attraktiven Zinsen. Doch vor allem die Europäische Union befürchtet eine Überschuldung ihrer Mitglieder und möchte in deren Interesse entsprechende Vorsichtsmaßnahmen erarbeiten.

Kritikpunkte oder Bedenken wie diese fasst die Europäische Union zu einem Positionspapier zusammen, das mit der chinesischen Seite am EU-China-Gipfel im Juli 2018 diskutiert worden ist. Ob sich China von der EU vom eingeschlagenen Kurs abbringen lässt, bleibt allerdings offen. Die bisherigen Verhandlungen bezüglich der Einhaltung internationaler Standards haben jedenfalls noch kaum Wirkung auf Chinas Position gezeigt. Politische Herausforderungen wie diese verzögern den Fortschritt des Ausbaus der »Neue Seidenstraße« nur – zu stoppen ist er kaum. Dazu ist der wirtschaftliche Nutzen für alle

Seiten zu groß. Daher pendeln mittlerweile bereits Dutzende Züge pro Woche zwischen dem Duisburger Hafen und mehreren Zielorten in China. Und es werden immer mehr. Im *dry port* von Khorgos an der Grenze zwischen China und Kasachstan, im Great Stone Industrial Park am Stadtrand von Minsk, in den Planungsrunden der Megastadt Neom am Roten Meer, an den neuen Containerterminals am Sues oder in den Hauptstädten Europas – überall werden die Chancen der »Neuen Seidenstraße« erwogen oder bereits gebaut. Das derzeit größte Infrastrukturprojekt nimmt Gestalt an und erweckt die alten Handelswege der Seidenstraße zu neuem Leben.

PROF. DR. RAINER LINDNER (52) *ist seit Januar 2016 Präsident der Subregion Mittel- & Osteuropa und Mittlerer Osten & Afrika der Schaeffler AG. Er ist außerplanmäßiger Professor an der Universität Konstanz, Mitglied des Vorstands der Deutschen Gesellschaft für Osteuropakunde (DGO), Vorsitzender des Deutsch-Ukrainischen Forums (DUF), Vorsitzender der deutsch-belarussischen Gesellschaft (dbg) sowie Mitglied im Kuratorium des Deutsch-Russischen Forums. Von 2008 bis Ende 2015 war er Geschäftsführer des Ost-Ausschusses der Deutschen Wirtschaft.*

»China wird bis 2030 keine Supermacht im klassischen Sinne sein, doch werden die globalen Handlungsmöglichkeiten des Landes weiter wachsen. Die deutschen Führungskräfte sind kaum vorbereitet.«

China. Der Einfluss einer Weltmacht neuer Art

Von Dominic Sachsenmaier

Chinas Entwicklung während der vergangenen Jahrzehnte ist mehr als eindrucksvoll: Noch Mitte der 80er-Jahre war die chinesische Wirtschaft noch nicht einmal halb so groß wie die westdeutsche. Mittlerweile übertrifft das chinesische Bruttoinlandsprodukt nicht nur die gesamtdeutsche Wirtschaftsleistung um mehr als das Dreifache und ist hiermit auch nicht mehr weit vom US-amerikanischen Wirtschaftsvolumen entfernt. Berücksichtigt man die Kaufkraftparität, so erreicht der Anteil Chinas an der Weltwirtschaft bereits denjenigen der USA. Dennoch bleibt China in vielerlei Hinsicht weiterhin ein Entwicklungsland

Bedeutungswandel

Teilt man etwa das Bruttoinlandsprodukt durch die riesige Gesamtbevölkerung, so erscheint China nicht mehr an der Spitze der weltweiten Wirtschaftsmächte. Weit hiervon entfernt, bewegt sich die Volksrepublik in den entsprechenden globalen Rankings des Internationalen Währungsfonds oder der Weltbank ungefähr zwischen dem 70. und dem 80. Platz. Sie steht damit in der Nähe von Ländern wie Brasilien, der Dominikanischen Republik oder Serbien. Ferner hat das Land mit Strukturproblemen wie etwa ländlicher Armut zu kämpfen, welche in dieser Form unter den etablierten Industriemächten kein Pendant haben.

All dies schmälert jedoch kaum den internationalen Bedeutungsgewinn Chinas. Schon seine Bevölkerung von etwa 1,3 Milliarden Menschen verleiht China ein globales Gewicht, welches mit demjenigen anderer Schwellenländer nicht vergleichbar ist. Nach einem Wirtschaftswachstum von 3000 Prozent innerhalb von nur 30 Jahren wird China gern als »Weltmacht« bezeichnet, und in der Tat hat das Land einen beträchtlichen globalen Einfluss erreicht. China ist zu einem der wichtigsten Handelspartner verschiedenster Staaten zwischen Lateinamerika und Südostasien geworden.

Die deutschen Schlüsselindustrien sind stark abhängig von den Gewinnen im chinesischen Markt.

Potenziale internationaler Neugestaltung

Aus wirtschaftlicher Hebelkraft geht selbstredend auch politischer Einfluss hervor, und diesen beginnt die Volksrepublik auch immer konsequenter umzusetzen. Etwa versucht die chinesische Regierung, die Konturen von Weltwirtschaft und Weltpolitik stärker zu prägen, als dies noch vor einer Generation überhaupt denkbar gewesen wäre. So deckt sich Xi Jinpings Schlagwort einer »Neuen Seidenstraße« schon seit einiger Zeit nicht mehr mit den geografischen Räumen der historischen Seidenstraße. Der Begriff steht immer mehr für Investitions- und Infrastrukturprojekte – von Eisenbahnbauten bis hin zum Ausbau von Hafenanlagen – auf nahezu allen Kontinenten. Ganz offen strebt China eine neue Welthandelsordnung an, welche China mindestens als zweites globales Zentrum neben den Vereinigten Staaten positionieren würde. Viele der institutionellen Neugründungen wie die 2014 geschaffene Asiatische Infrastrukturinvestmentbank lassen sich als Versuche deuten, Alternativen zu den unter westlicher Dominanz geschaffenen globalen Institutionen wie etwa der Weltbank oder dem Internationalen Währungsfonds aus der Taufe zu heben. In gewisser Hinsicht hiermit verbunden, setzt die chinesische Regierung immer deutlicher zu dem Versuch an, eigenen Industrienormen und anderen Standards globale Geltung zu verleihen.

Zum ersten Mal seit den 70er-Jahren, als die Sowjetunion noch bedeutende internationale Handlungsmöglichkeiten hatte, verfügt ein Staat außerhalb des Westens nun über eine ernsthafte globale Geltung. In vielerlei Hinsicht reicht das chinesische Gewicht auch weit über den geografischen Machtrahmen der UDSSR hinaus. Letztere vertrat schließlich ein vom Westen radikal abweichendes wirtschaftliches System, was ihre direkten Einflussmöglichkeiten in den Staaten des Westens und seiner wirtschaftlich und politisch Verbündeten deutlich beschränkte. Im Gegensatz zum sowjetischen Modell hat sich die Kommunistische Partei Chinas schon unter Deng Xiaoping (gestorben 1997) weitgehend vom revolutionären Ethos ihrer eigenen Vergangenheit entfernt und machte die aktive Einbindung Chinas in die globale Marktwirtschaft zu einem ihrer Leitprinzipien.

Als Folge der wirtschaftlichen Öffnung Chinas und seines immensen Bedeutungsgewinns bestehen nun für viele Länder der Erde bedeutende Dependenzen vom chinesischen Markt. Dies gilt auch für Deutschland:

Insbesondere die deutschen Schlüsselindustrien wie etwa der Automobilbau sind mittlerweile stark abhängig von den Gewinnen, welche der chinesische Markt für sie abwirft. Würde dieser wegfallen oder auch nur ernsthaft einbrechen, wären sie in ihrer globalen Existenz bedroht. Wenn man die Spannungen mit den USA unter Trump oder auch die Krisen innerhalb der Europäischen Union mit ins Blickfeld nimmt, werden die enger gewordenen politischen (nicht nur wirtschaftspolitischen!) Spielräume offensichtlich.

Ungewohnte Beziehungen

Auch dies ist in vielerlei Hinsicht ein historisches Novum: Zu keiner Zeit war die deutsche Wirtschaft so eng mit einem einzelnen Staat außerhalb des Westens verflochten wie heutzutage mit der chinesischen. Und zumindest seit dem Ende des Zweiten Weltkriegs hat sich für westdeutsche und später gesamtdeutsche Regierungen nie die zwingende Notwendigkeit ergeben, auf breiter Basis mit einem so anderen politischen System zu kooperieren wie heute mit der Volksrepublik China. Freilich waren die politischen Kontakte in der Geschichte der Bundesrepublik mitnichten auf liberale Demokratien beschränkt. Und dennoch war man es lange gewohnt, mit anderen politischen System aus einem fest gefügten westlichen Rahmen heraus zu interagieren. Dies implizierte zumeist ein deutliches Machtgefälle zugunsten des Westens.

Diese Situation ist heute nicht mehr gegeben: Die europäischen und nordatlantischen Fundamente der deutschen Außenwirtschaft und Außenpolitik haben an Stabilität und damit an Tragfähigkeit verloren. Verglichen mit den 90er-Jahren ist Deutschlands politisches Gesamtumfeld heute weniger von transnationalen politischen Strukturen geprägt. Im Gegensatz zu vielen Hoffnungen jener Zeit spielen nationalpolitische Prinzipien und Denkmuster wieder eine weitaus bedeutendere Rolle. Einem Deutschland, das zwar weiterhin in verschiedene internationale Kontexte fest eingebunden bleibt, aber

Deutsche Führungskräfte in Politik, Wirtschaft und anderen Bereichen können nicht mehr vom gewohnten Fundament einer westlichen Suprematie aus agieren.

stärker als zuvor eigenständig agieren muss, steht nun ein neues, nicht nur im politischen Sinne souveränes China gegenüber.

Deutsche Führungskräfte in Politik, Wirtschaft und anderen Bereichen können somit nicht mehr vom gewohnten Fundament einer westlichen Suprematie aus agieren. Vielmehr wird Deutschland, zumindest in einigen wirtschaftspolitischen Sparten, eher in die Rolle eines Juniorpartners gedrängt. Deutsche Entscheider stehen nun einem China gegenüber, dessen globaler Einfluss teilweise denjenigen Deutschlands bereits weit übersteigt.

Diese Konstellation wird sicherlich die chinesisch-deutschen Interaktionen bis zum Jahre 2030 prägen. Der Kontrast zwischen einem globalen China und einem eher regional einflussreichen Deutschland dürfte sich sogar noch weiter intensivieren. So wird die Exportnation Deutschland stark abhängig vom chinesischen Markt bleiben, und auch die internationale Politik Chinas wird nicht ohne Einfluss auf das Gefüge der Europäischen Union und die Beziehungen zu den USA bleiben. In jedem Falle werden Kontinuitäten oder Richtungswechsel in der chinesischen Innenpolitik Deutschland mehr betreffen, als dies jemals zuvor in der Geschichte der Fall gewesen ist.

Chinesische Ungewissheiten

Die großen Ungewissheiten zur chinesischen Zukunft sind somit auch für Deutschland von unmittelbarer Relevanz. So rührt etwa die Frage »Wie stabil ist China?« mittlerweile auch an unsere eigene Stabilität; dies macht sie so brisant. Schon alleine, um uns die Zukunft Deutschlands und Europas besser vorstellen zu können, müssen wir uns mit der innenpolitischen Lage Chinas beschäftigen. Diese bleibt schwerer einzuordnen als in vielen anderen Fällen. Denn im Grunde handelt es sich bei dem heutigen China um ein gigantisches Experiment – den Versuch, ein Land von beinahe 1,4 Milliarden Menschen auf ein neues, industrialisiertes Niveau zu heben, und dies in einer bislang nie da gewesenen Kombination aus kommunistischer Regierung und marktwirtschaftlicher Öffnung.

Die Kommunistische Partei Chinas (KPCH) ist eine deutlich pluralistischere und – trotz des Parteialltags – auch eine wesentlich dynamischere Welt als die mit dem Kalten Krieg zu Ende gegangenen kommunistischen Systeme in Osteuropa. So ist in den vergangenen Jahrzehnten die Parteibasis mit ihren 80 Millionen Mitgliedern deutlich pluralisiert worden; beispielsweise erlaubte man kurz nach der Jahrtausendwende auch Unternehmern den Eintritt in die Partei. Die immer noch andauernde Antikorruptionskampagne muss vor allem vor dem Hintergrund der sich vertiefenden innerparteilichen Gräben verstanden werden. Dennoch versucht auch die gegenwärtige Regierung mitnichten, die KPCH wieder auf eine Arbeiter- und Bauernpartei zu trimmen. Zwar setzt die Regierung unter Xi mit überraschendem Nachdruck auf stärkere Zensur und verschärfte Kontrolle von Medien, Wissenschaft und allgemeiner Öffentlichkeit. Doch werden diese Hebel bislang nicht angesetzt, um breitere Facetten des Alltagslebens der Chinesen massiv umzugestalten.

Bei dem heutigen China handelt es sich um ein gigantisches Experiment: den Versuch, ein Land von beinahe 1,4 Milliarden Menschen auf ein neues, industrialisiertes Niveau zu heben, und dies in einer bislang nie da gewesenen Kombination aus kommunistischer Regierung und marktwirtschaftlicher Öffnung.

Während der politische Sektor unter einer unzweideutigen Kontrolle steht, bleibt die chinesische Alltäglichkeit zu einem Grad von individuellen Freiheiten charakterisiert, welcher nicht viele Parallelen in der modernen chinesischen Geschichte hat. Hierzu gehören Reisefreiheiten: Die hohe Zahl der chinesischen Auslandsstudenten, welche schon im Jahre 2014 über die Marke einer halben Million geklettert ist, zeugt hiervon ebenso wie die wachsenden Wellen des chinesischen Auslandstourismus. Im Inland eröffnet ein immer bunteres Stadtleben ungebrochen einen Grad an Selbstbestimmung in Sachen Lebensführung, welcher keine grundlegenden Unterschiede zur westlichen Welt aufweist.

Nicht zuletzt aus diesen Gründen steht der chinesischen Regierung heute keine Bevölkerung gegenüber, die massiv neue Freiheiten – seien sie persönlicher oder politischer Natur – für sich einfordern möchte. Dennoch gibt es soziale Unzufriedenheit und politischen Unmut, der sich auch immer wieder in die Sichtbarkeit entlädt, und dies in sehr verschiedenen Formen. Hierzu gehören spontane Demonstrationen auf Dörfern gegen neue Baumaßnahmen oder auch Proteste in Städten gegen bürokratische Unzulänglichkeiten. Nicht zu vernachlässigen als Maßeinheit des soziopolitischen Klimas sind auch die sehr eigenen Arten von »Shitstorms«, die in den chinesischen sozialen Medien immer wieder entstehen, nicht selten angefacht von konkreten Skandalen mit politischen Dimensionen.

Krisenherde: Korruption, Umwelt, Urbanisierung
Was sind die Ursachen hinter diesen Krisensymptomen? Dies führt wieder zurück zum Thema des wirtschaftlichen Wachstums und Wohlstands für alle, den sich die chinesische Regierung seit 30 Jahren als Legitimationsgrundlage auf die Fahnen geschrieben hat. Bis vor zehn Jahren wurde dieser Traum eines steigenden gemeinsamen Lebensstandards von allen Schichten geträumt. Mittlerweile differenziert sich die chinesische Gesellschaft jedoch stark aus, und insbesondere die schnell wachsende Zahl von Universitätsabsolventen blickt nicht mehr mit allzu viel Vertrauen auf den chinesischen Arbeitsmarkt. Im Gegensatz hierzu besteht nunmehr eine Jeunesse dorée, die angesichts ihres ererbten Reichtums frei von Existenzsorgen ist.

Derartige soziale Herausforderungen verleihen der allgemeinen Kritik an Korruptionsfällen deutlich mehr Brisanz. Dasselbe gilt auch für die Fülle von Umwelt- und Gesundheitsthemen, welche doch im Zentrum der weiterhin – vor allem im Internet – kritischen Öffentlichkeit Chinas stehen. Die Luft- und Wasserverschmutzung, die mittlerweile weite Teile der chinesischen Bevölkerung betrifft, hat nicht nur mit der massiven Industrialisierung in Niedrigtechnologiesektoren zu tun, sie ist auch eine Begleiterscheinung einer hohen Urbanisierungswelle.

Auch hier betrat China im Wesentlichen historisches Neuland: Während das Land noch vor einer Generation im Wesentlichen eine Agrargesellschaft war, ist der Anteil von Städtern mittlerweile auf nahezu 60 Prozent

gestiegen. Nach den Plänen des chinesischen Ministerpräsidenten Li Keqiang muss diese Entwicklung weitergehen, und im Jahre 2025 sollen 70 Prozent aller Chinesen in urbanen Gegenden wohnen. Die rapide Urbanisierung implizierte auch eine radikale Transformation einzelner Städte. So wuchs beispielsweise die Einwohnerzahl von Peking zwischen 1990 und heute von etwa sechs Millionen auf mehr als 20 Millionen Einwohner an. Hierbei handelt es sich lediglich um offiziell registrierte Einwohner; hinzu kommen noch zehn bis 15 Millionen Zugezogene, zum großen Teil Wanderarbeiter, sodass die wahre Zahl deutlich jenseits der 30-Millionen-Grenze liegt. Ähnliches gilt auch für Städte wie Shanghai oder Tianjin, und allgemein wandeln sich auch viele der sogenannten *tier* 3- bis *tier* 5-Städte in geradezu atemberaubendem Tempo.

Die Urbanisierung Chinas stellt nicht nur indirekt, über die hiermit verbundenen neuen Probleme im Umwelt- und Gesellschaftssektor, eine Herausforderung für den chinesischen Regierungssektor dar. Sie rührt auch direkt an das Wesen der Partei und ihrer

gesamtgesellschaftlichen Verankerung. Nach einer Anfangsphase im urbanen intellektuellen Milieu hat sich die Kommunistische Partei Chinas in ihrer Geschichte, unter anderem durch den antijapanischen Widerstand im Zweiten Weltkrieg, eng mit der Landbevölkerung verwoben. Diese enge Bindung an die chinesische Agrargesellschaft verlieh ihr ein hohes Maß an Stabilität, das sie auch die Krisen der Mao-Zeit und die großen Umschwünge nach ihrem Ende überdauern ließ. Eine vornehmlich urbane Gesellschaft, welche zudem zum großen Teil aus neuen Migrationswellen hervorgegangen ist, ist nicht im gleichen Maße an die Partei gebunden wie die Bauernschaft des 20. Jahrhunderts.

Auf all diese Problemfelder muss die chinesische Führung reagieren, und sie hat hiermit auch schon begonnen. Verschiedene politische Initiativen lassen sich als Schritte in Richtung einer Reduktion der wachsenden Spannungen und Legitimitätsprobleme verstehen. Neben der Antikorruptionskampagne (die wie betont auch in innerparteilichen Zusammenhängen steht) hat die chinesische Führung doch nun recht entschiedene

Maßnahmen in Richtung Umweltschutz eingeleitet, und auch der sozialen Umverteilung hat man sich zugewandt. Es erscheint dabei als durchaus wahrscheinlich, dass die chinesische Regierung angesichts der sich aufstauenden Probleme ihren experimentellen Charakter beibehalten wird und eventuell wieder stärker mit neuen Formen von Politik und Wirtschaft experimentieren könnte. Schon alleine die Umweltprobleme machen ein einfaches »Weiter so« auf dem Weg der vergangenen 30 Jahre kaum möglich.

Die chinesische Regierung wird angesichts der sich aufstauenden Probleme ihren experimentellen Charakter beibehalten und könnte eventuell wieder stärker mit neuen Formen von Politik und Wirtschaft experimentieren.

Allerdings wird sich die politische Legitimität mittelfristig nicht ohne nachhaltiges Wirtschaftswachstum weiter festigen lassen. Und hier ziehen dunklere Wolken über der sonnenverwöhnten wirtschaftlichen Großwetterlage in China auf. Obwohl in einigen, insbesondere für die deutsche Industrie wichtigen Sparten der Privatkonsum weiter boomt, sprechen viele Indizien für eine Abkühlung der Wirtschaft. Auch ist der Anteil staatlicher Wachstumsspritzen am Bruttoinlandsprodukt, wie zum Beispiel Ausgaben für Infrastrukturprojekte, stark gestiegen. Lange werden sich öffentliche Gelder nicht mehr in diesem Ausmaß zur Konsolidierung der Wirtschaft einsetzen lassen. Denn die öffentlichen Hände Chinas sind – von den Kommunen über die Provinzregierungen bis hin zur Zentrale in Peking – hoch verschuldet. Rechnet man die defizitären Staatsunternehmen in diese rote Liste mit hinein, so verstärkt sich sogar noch der Eindruck fiskalischer Gewichte, welche die chinesische Volkswirtschaft potenziell nach unten ziehen könnten. Diese werden auch mitnichten durch Chinas riesige Devisenreserven im In- und Ausland aufgewogen.

In vielen wichtigen Sparten erscheint der Aufstieg Chinas in die Sphären der Spitzentechnologie noch als steiler Weg in die Zukunft.

Wenn sich nun auch die stark gestiegenen Preise für Wohneigentum in den Städten als Immobilienblase erweisen, droht der Stabilität der chinesischen Wirtschaft weitere Gefahr. Allerdings streiten sich die Experten darüber, inwieweit in dem sehr spezifischen chinesischen Finanzwesen mit dem Renminbi als nicht frei konvertibler Währung eine Finanzkrise ähnlich zerstörerische Wellen aufwerfen würde, wie wir sie aus der Geschichte des Westens und vieler anderer Länder kennen. Dennoch wird der chinesische Staat in Zukunft wohl nicht mehr über die gleichen Finanzmittel wie in der Vergangenheit verfügen. Auch der fiskalische Zauberstab, der durch Umwandlung von staatseigenem Land in privates Bauland beträchtliche Gewinne für den Staat schaffen konnte, wird wohl an Wirkkraft einbüßen.

Chinas Bereitschaft zu einem Systemwechsel ist wenig ausgeprägt

Dennoch ist für China bis 2030 eine tiefe politische Krise beziehungsweise ein grundlegender Systemwechsel recht unwahrscheinlich, und zwar aus unterschiedlichen Gründen. Erstens ist eine mögliche, entsprechend breit organisierte Gegenkraft, etwa in zivilgesellschaftlichen Netzwerken oder Religionen, kaum zu erkennen. Zweitens erleben sich trotz aller Widrigkeiten des Alltagslebens breite Schichten der chinesischen Bevölkerung als Gewinner der Entwicklung der vergangenen Jahrzehnte. Drittens sind die qualvollen Brüche in der modernen chinesischen Geschichte zwischen den Opiumkriegen und dem Ende der Kulturrevolution doch stark im historischen Bewusstsein der Bevölkerung verankert. Insbesondere in den bildungsnahen Schichten dürfte die Bereitschaft zu einem Systemwechsel wenig ausgeprägt bleiben, selbst im Falle ernsthafter Wirtschaftskrisen.

All dies bedeutet nicht, dass politische Handlungsräume in der kommenden Dekade nicht umkämpft sein werden. Zwischen der Regierung und verschiedenen Gesellschaftsgruppen, und auch innerhalb der Partei, wird man um viele Themenkreise ringen: Hierzu gehört das Verhältnis zwischen Meinungsfreiheit und Zensur, Korruption und Rechenschaftspflicht oder auch zwischen wirtschaftlichem Liberalismus und sozialer Umverteilung. Auch nationale und internationale Unternehmen werden – im Verbund mit ihren Regierungen – wichtige Faktoren in diesem Ringen bleiben. Wie in Fragen der Unabhängigkeit der chinesischen Justiz kann es hier um

Themen gehen, welche ausländische Investoren unmittelbar betreffen, aber auch von breiterer politischer Relevanz sind.

Bis 2030 können wir weitere Wandlungen des auch in der Vergangenheit gar nicht so starren chinesischen Systems erwarten, doch keine revolutionären Änderungen. Die Annäherung an eine den liberalen Demokratien nahestehende Grundordnung ist mittelfristig ein kaum wahrscheinliches Szenario. Die politische und ökonomische Gestalt Chinas wird sich wohl weiterhin im Rahmen der sehr eigenen Formen politischer und ökonomischer Ordnung bewegen, die sich in vielen Jahrzehnten von Revolution und Reform gebildet haben – und in denen nach Meinung nicht weniger Historiker auch Tonlagen aus der chinesischen Vergangenheit anklingen. Mit diesem sehr eigenen System wird sich Deutschland bis 2030 tief greifend auseinandersetzen müssen. Schließlich gewinnt es weltweit an Einfluss.

Obwohl das chinesische Gesamtwirtschaftsvolumen bereits us-amerikanische Größenordnungen erreicht, bleibt China hinter anderen Facetten internationaler Macht deutlich zurück – zumindest bis 2030.

Chinas globaler Rang
Wie können und sollen wir die globale Stellung Chinas in der Zukunft denken? Langfristige Trends lassen sich leichter prognostizieren als kurzfristige Umwälzungen. Wenn wir uns auch China nicht unbedingt bis 2030 als »Supermacht« vorstellen müssen, deutet wenig darauf hin, dass die neu entstandene Bedeutung des chinesischen Wirtschaftsraums während des 21. Jahrhunderts wieder schwinden wird. Auch massive Krisen halten gewöhnlich große Verschiebungen innerhalb der Weltwirtschaft nicht auf. So hatten beispielsweise die beiden Weltkriege keinen nennenswerten Einfluss auf den Anteil Europas und Nordamerikas an der gesamten Weltwirtschaft. Erst seit den 70er-Jahren haben sich nennenswerte Verschiebungen in Richtung einer ökonomisch multipolaren Welt ergeben.

Allerdings ist es möglich, dass der chinesische Wirtschaftsraum mittelfristig nicht mehr mit deutlich steileren Wachstumsraten als der Westen expandiert, sondern auf einem in der Masse doch noch vergleichsweise hohen Niveau stagnieren wird. Generell besteht die Gefahr, dass die chinesische Wirtschaft in eine ähnliche »Falle der mittleren Einkommen« (»middle income trap«) tritt wie zuvor etwa die brasilianische oder auch die südafrikanische. Als Teil des wirtschaftlichen Erfolgs sind auch im untersten chinesischen Sektor die Löhne mittlerweile so stark gestiegen, dass die Textilmanufaktur und andere Billigindustrien bereits in billigere Produktionsstandorte wie Bangladesch oder Kenia abwandern. Gleichzeitig erscheint in vielen wichtigen Sparten der Aufstieg Chinas in die Sphären der Spitzentechnologie noch als steiler Weg in die Zukunft. Ähnlich komplex dürfte das Ziel werden, einer breiten Palette chinesischer Marken eine ähnliche globale Reputation zu verleihen, wie sie heute Firmen wie Apple, Siemens oder Toyota genießen.

Die Suche nach Innovationsmacht
Nicht nur die weltweite Stellung Chinas, sondern vor allem auch seine innere Stabilität wird davon abhängen, ob es der Volksrepublik gelingen wird, zu einer Innovationsmacht zumindest in einigen wichtigen Industriesparten zu werden. In manchen Teilen soll chinesisches Hightech das Land gleich aus mehreren Problemzonen auf einmal herausführen. Die Förderung neuer Energiequellen, etwa in Bereichen wie Windkraft oder Elektromobilität, soll China einen Vorsprung in Technologien erarbeiten, in denen alle Wirtschaftsräume weltweit Neuland betreten müssen. Gleichzeitig sind genau diese Technologien der Schlüssel dazu, wichtige Umwelt- und Gesundheitsprobleme in den Griff zu bekommen. Ähnliches gilt auch für die Entwicklung neuer Mobilitätskonzepte, die unabdingbar sind für eine nachhaltig geführte weitere Urbanisierungswelle in der Volksrepublik.

Großstrategie »Made in China 2025«
Man denke in diesem Zusammenhang zum Beispiel an die Großstrategie »Made in China 2025«, welche zum Ziel hat, chinesische Standorte in Schlüsseltechnologien wie etwa der Robotik, der Automobil- und Luftfahrtindustrie oder auch im Bereich der neuen Energien zur Weltspitze aufschließen zu lassen. Digital vernetzte und überwiegend selbst organisierte Produktionssysteme

sollen hierbei eine große Rolle spielen. Zu »Made in China 2025« gehören verschiedene Maßnahmen, wie etwa die Veränderungen von regulativen Rahmenbedingungen des chinesischen Marktes zugunsten heimischer Anbieter oder die massive finanzielle Unterstützung relevanter chinesischer Staats- oder Privatunternehmen, um sie technologisch kompetitiver zu machen. Auch die Förderung der gezielten Übernahme wichtiger ausländischer Unternehmen reiht sich in diese Kategorie ein.

Nicht zuletzt in Deutschland mit seiner Vorreiterstellung in vielen betroffenen Industriesparten wird diese Entwicklung oftmals mit Sorge betrachtet. Wie lassen sich die chinesischen Maßnahmen zum Aufbau international kompetitiver Spitzentechnologiefelder einordnen? Zumindest in zweierlei Hinsicht ist das chinesische Vorgehen kaum ungewöhnlich. Erstens gehört die staatliche Förderung heimischer Schlüsselindustrien schon seit dem 19. Jahrhundert zu den Grundprinzipien des globalen Kapitalismus, und dies ist auch – trotz aller gegenteiligen Bekundungen – im jüngeren Zeitalter des Neoliberalismus der Fall gewesen. Zweitens fügen sich chinesische Firmenübernahmen in ein altbekanntes Muster transnationaler Verflechtungen und der stetig wachsenden Rolle multinationaler Konzerne. Auch im vergangenen Jahr blieb das Volumen der Übernahmen deutscher Firmen deutlich hinter entsprechenden Investitionen aus den USA oder anderen Ländern zurück.

Von der wachsenden Zahl deutscher Manager, die nach China entsandt werden, verfügt allenfalls ein verschwindend kleiner Teil auch nur über Basiswissen zur chinesischen Politik, Wirtschaft und Gesellschaft – von Sprachkenntnissen ganz abgesehen.

Doch ist dies nur eine Seite der Medaille. Auf der anderen Seite bleibt der chinesische Markt in vielerlei Hinsicht wesentlich weniger zugänglich als seine Äquivalente in der alten Welt der G7 und vieler weiterer Volkswirtschaften. Auch die wenig transparenten Vernetzungen von Partei, Staat und Justiz tauchen die Handlungsoptionen vieler internationaler Firmen ins Ungewisse. Dennoch sollten chinesische Bemühungen wie »Made in China 2025« unter internationalen Beobachtern nicht alleine einen kruden Alarmismus wecken. Denn zumindest in naher Zukunft bedeuten die chinesischen Investitionen in Schlüsseltechnologien lukrative Möglichkeiten für deutsche und andere Anbieter. Zweitens muss der Aufstieg Chinas in einzelne Sphären der Spitzentechnologie auch mittelfristig kein Nullsummenspiel bedeuten, sondern kann weiterhin immer neue – wenn auch andere – Möglichkeiten für den Standort Deutschland eröffnen.

Drittens sollten wir für den Zeitraum bis 2030 internationale Einflussmöglichkeiten der Wirtschaftsmacht China nicht überschätzen. Sicherlich, das Land hat heute so viel internationale Gestaltungsfähigkeit wie noch nie in seiner modernen Geschichte. Dennoch ist der Aufstieg Chinas gerade durch eine Verflechtung mit anderen Teilen der Welt gekennzeichnet. Dies wiederum impliziert ein Muster komplexer wechselseitiger Abhängigkeiten, welches einer rein nationalen Interessenpolitik, einem radikalen Unilateralismus entgegensteht. Es zeichnet sich bereits ab, dass internationale Regierungen entschiedener die Interessen ausländischer Firmen in China vertreten, und zwar deutlich über die bisher bestehenden internationalen Handelsabkommen hinaus. Mittelfristig dürften sich konzertierte Aktionen unter den wichtigen Industriemächten der Welt in der chinabezogenen Handelspolitik verstärken. All dies wird die internationale Stellung Chinas im Handel weiter aufwerten und dabei zugleich Regeln und Mechanismen schaffen, die für viele Seiten akzeptabel bleiben.

Weltmacht China? Der Vergleich mit den USA

Auch wenn das chinesische Gesamtwirtschaftsvolumen bereits US-amerikanische Größenordnungen erreicht, bleibt China hinter anderen Facetten internationaler Macht deutlich zurück – zumindest bis 2030 wird es sich in vielen entscheidenden Gesichtspunkten noch nicht an den großen Weltmächten der vergangenen 100 Jahre messen lassen. Beispielsweise investiert man beträchtliche Summen in den Aufbau des chinesischen Militärsektors, doch es wird noch eine geraume Zeit dauern, bis hieraus eine über weite geografische Räume hinweg reichende interventionsfähige Streitkraft erwachsen wird. Auch die finanzpolitische Stellung Chinas hat sicherlich international an Einfluss gewonnen – sie wird sich dennoch zumindest in der kommenden Dekade noch nicht wahrhaft mit den starken Armen des

Dollar, des Euro und den etablierten Kräften der Finanzindustrie messen können.

Auch aus anderen Gründen wird bis zum Jahre 2030 eine auf China zentrierte internationale Ordnung kaum im Bereich der Möglichkeiten sein. So verfügt China über kein historisch fundiertes Netz von Bündnispartnern wie etwa die Vereinigten Staaten bei ihrem Aufstieg zu einer globalen Macht während der ersten Hälfte des 20. Jahrhunderts. Und um beim Vergleich mit den USA während des 20. Jahrhunderts zu bleiben: China bleibt für wesentliche Teile der Eliten rund um den Globus eine wesentlich unbekanntere Welt als die Neue Welt in Nordamerika. Dies liegt jedoch weniger am globalen Einfluss der amerikanischen Popkultur und auch nicht an der vermeintlichen Verschlossenheit der chinesischen Zivilisation, wie dies manche Stimmen der Debatte über die *soft power* Chinas gerne suggerieren. Auch der Kontrast der amerikanischen Immigrationsgesellschaft zur chinesischen Emigrationsgesellschaft dürfte nur einen Teil des unterschiedlichen Bekanntheitsgrades beider Mächte erklären.

In China kann man kaum ein Studium abschließen, ohne zumindest in Grundsätzen mit dem Westen vertraut zu sein und jahrelang Englisch und vielleicht auch eine weitere westliche Sprache gelernt zu haben.

Eine sehr wichtige Rolle spielten ganz andere historische Kontexte: Die Weltmacht Amerika löste das British Empire ab, ging aber auch in vielerlei Hinsicht aus diesem hervor. Als Amerika nach den beiden Weltkriegen unbestritten Supermacht wurde, war die englische Sprache schon in weiten Teilen der Welt als Lingua franca etabliert. Auch die Grundzüge der politischen und wirtschaftlichen Ordnung sowie tragender Prinzipien der Alltagskultur unterschieden sich nicht grundlegend in den englischsprachigen Mächten auf beiden Seiten des Atlantiks. Auf diesem Erbe konnte viel der amerikanischen *soft power* aufbauen.

China in den Bildungswelten

China ist nicht in derselben Lage: Da die Bildungssysteme weltweit noch auf den Westen zentriert sind, ist selbst in solch wichtigen Nachbarländern wie beispielsweise Indien eine enge Vertrautheit mit China weiterhin eine große Ausnahme. Wenn sie ins Ausland gehen, studieren die zukünftigen Eliten der meisten Staaten der Erde weiterhin gern an westlichen Universitäten – persönliche, sprich biografische Bindungen an China sind noch eher selten. Auch in dieser Hinsicht beginnt sich die Welt zu wandeln, doch geschieht dies wesentlich langsamer als die Änderungen der weltwirtschaftlichen Gesamtverteilung.

Auch im deutschen schulischen und universitären Bildungsalltag ist China zwar nicht mehr zu demselben Grade eine solch exotische Ausnahme, wie dies noch vor einer Generation der Fall war. Dennoch verfügt weiterhin nur ein Bruchteil der Universitätsabsolventen über belastbares Wissen zu China, von Sprachkenntnissen ganz zu schweigen. Noch weiter zugespitzt ist die Lage unter den heutigen Entscheidern: Beispielsweise zeigte sich bislang keine größere politische oder öffentliche Debatte ernsthaft darum bemüht, die komplexen, facettenreichen und zugleich auch widerspruchsvollen chinesischen Landschaften der Gegenwart näher zu betrachten. Man urteilt und beurteilt lieber aus der Ferne.

Auch im direkten Umgang mit China tritt dieses Muster deutlich hervor: Von der wachsenden Zahl deutscher Manager, die nach China entsandt werden, verfügt allenfalls ein verschwindend kleiner Teil auch nur über Basiswissen zur chinesischen Politik, Wirtschaft und Gesellschaft – von Sprachkenntnissen ganz abgesehen. Dies bedeutet, massive Auslandsinvestitionen müssen hauptsächlich von einem Personal getragen werden, das zwar fachlich hervorragend ausgebildet ist, aber gesellschaftlich und kulturell im Dunkeln stochert. Ähnlich geht es auch vielen Universitäten, welche mittlerweile Nutzen und Zugzwänge der Globalisierung für sich entdeckt haben und gern mit chinesischen Einrichtungen kooperieren. Da es deutschen Unternehmen und Universitäten an Brückenbauern mangelt, müssen oftmals ihre chinesischen Partner diese Funktion alleine übernehmen – mit allen Nachteilen, die eine solche Verteilung insbesondere für die deutsche Seite mit sich bringt. Denn dort, im ehemaligen »Reich der Mitte«, kann man kaum ein Studium abschließen, ohne zumindest in Grundsätzen mit dem Westen vertraut zu

China
Wie wir handeln müssen

Lange waren die deutsch-chinesischen Beziehungen in einen Rahmen westlicher Suprematie eingebettet. Doch das Verhältnis zu China hat sich grundlegend gewandelt: In verschiedenen Bereichen – Politik, Wirtschaft, Wissenschaft – begegnen chinesische Führungskräfte ihren deutschen Kollegen mittlerweile zumindest auf Augenhöhe. Diese Tendenzen werden sich bis 2030 fortsetzen, doch gerade hierauf ist man hierzulande weder strukturell noch mental vorbereitet.

— In Zukunft muss eine hinreichende Zahl von Führungskräften in allen relevanten Sektoren ebenso eng mit China vertraut sein wie beispielsweise mit den USA. Das deutsche Bildungswesen muss entschiedener als bisher auf den Bedeutungsgewinn Chinas reagieren. Bislang herrschen hierzulande Wissenshorizonte aus einem Zeitalter vor, in dem China nur eine marginale Rolle in der Welt spielte.

— Eine intensivere Auseinandersetzung mit verschiedenen Facetten der chinesischen Politik, Wirtschaft, Wissenschaft und Gesellschaft ist dringend vonnöten. Nur auf der Basis breiter und intensiver Debatten können sich weiterführende, auch kritische Formen des Umgangs entwickeln. Diese müssen sowohl in der allgemeinen Öffentlichkeit als auch in fachspezifischen Foren geführt werden.

— Ein stärkeres europäisches Zusammenspiel im Umgang mit China bleibt ein wichtiges Ziel. In vielen Sparten von Wissenschaft, Wirtschaft und Politik sind die Beziehungen zu China heute noch zu stark nationalstaatlich fragmentiert.

sein und jahrelang Englisch und vielleicht auch eine weitere westliche Sprache gelernt zu haben. Noch herrschen hierzulande Wissenshorizonte aus einem Zeitalter vor, in dem China nur eine marginale Rolle in der Welt spielte.

Neue Beziehungsmuster

Zwar wird China bis 2030 keine dominierende Weltmacht sein, und vielleicht steuern wir ohnehin auf eine Ära zu, die weniger von »Supermächten« geprägt sein wird als weite Epochen der Nachkriegszeit. Dennoch werden die globalen Handlungsmöglichkeiten Chinas weiter wachsen. Es lässt sich beispielsweise angesichts des steigenden Innovationspotenzials der chinesischen Wirtschaft deutlich absehen, dass die Zeiten, in denen deutsche Firmen in gewisser Hinsicht auch als Entwicklungshelfer in China agierten, vorbei sind. Man wird sich in der kommenden Dekade auf Augenhöhe

begegnen – und dies impliziert auch, dass deutsche Führungskräfte China in seinen eigenen Dynamiken besser verstehen müssen. Genau hierauf ist man noch nicht hinreichend vorbereitet.

PROF. DR. DOMINIC SACHSENMAIER *(48) ist Inhaber des Lehrstuhls »Modernes China mit Schwerpunkt auf globalhistorischen Perspektiven« an der Universität Göttingen. Zuvor lehrte er unter anderem an der Duke University sowie der University of California. Neben anderen Funktionen ist Professor Sachsenmaier gewähltes Mitglied der Europäischen Akademie der Wissenschaften und Künste und Präsident der US-amerikanischen Toynbee Prize Foundation. Dominic Sachsenmaiers gegenwärtige Forschungsschwerpunkte liegen auf den globalen und transnationalen Verbindungen Chinas in Vergangenheit und Gegenwart.*

Deutsches Recht international attraktiver machen

Von Moritz Renner

Vermeintliche Gewissheiten der Weltwirtschaftsordnung sind brüchig geworden. Der Freihandel steht global in der Kritik und sieht sich durch einen neuen Protektionismus bedroht. Die Globalisierung wird das nicht aufhalten. Längst überschreiten nicht mehr nur Waren und Dienstleistungen, Kapital und Arbeit nationale Grenzen, sondern auch Datenströme, soziale Beziehungen, Sport, Kultur und Religion.

Globale Ordnung jenseits des Staates

Gerade die ambivalente Rolle der Nationalstaaten macht die Globalisierung zu einem komplexen Prozess. Im Bereich der Wirtschaft haben sich Ordnungsstrukturen gebildet, die weitgehend außerhalb des staatlichen Rechts stehen. Transnationale Unternehmen schaffen ihre eigenen Organisations- und Produktionsregeln, die sie durch Konzernstrukturen und Verträge mit Zulieferern weltweit durchsetzen. Die Finanzbranche wickelt ihre Geschäfte auf Grundlage global vereinheitlichter Musterverträge ab. Streitigkeiten im grenzüberschreitenden Handelsverkehr werden vor privaten Schiedsgerichten beigelegt.

Deutschland droht die Chance zu vergeben, den rechtlichen Ordnungsrahmen für die globale Wirtschaft mitzugestalten.

Das deutsche Recht weiß von diesen Entwicklungen wenig. Die deutschen Gerichte sehen komplexe internationale Fälle nur selten. Denn das deutsche Recht entspricht den Bedürfnissen der globalen Wirtschaft oft nicht, deutsche Gerichte verhandeln in deutscher Sprache und nicht immer mit der nötigen Sachkunde. Das führt zu Ausweichbewegungen: Internationale Transaktionen werden dem englischen oder dem Schweizer Recht unterstellt. Internationale Streitfälle werden vor Londoner Gerichten ausgetragen oder vor einem Schiedsgericht am Genfer See.

Chancen und Handlungsbedarf

Damit droht Deutschland die Chance zu vergeben, den rechtlichen Ordnungsrahmen für die globale Wirtschaft mitzugestalten. Dieser Ordnungsrahmen kann zweierlei leisten: Einerseits kann er im Interesse der Marktteilnehmer für mehr Rechtssicherheit sorgen, andererseits kann auch das öffentliche Interesse an fairem Wettbewerb und Markstabilität effektiver durchgesetzt werden.

Was ist zu tun? Deutsches Recht und deutsche Gerichte müssen im globalen Wettbewerb attraktiver werden. Gerade der Brexit birgt für den Justizstandort Deutschland großes Potenzial. Dazu muss das deutsche Recht die Vertragsfreiheit ernst nehmen.

Vertragsfreiheit ernst nehmen

Interessengerechte und branchenspezifische Regeln können die Marktteilnehmer oft selbst am besten schaffen. Die überkomplexe und oft unvorhersehbare Kontrolle allgemeiner Geschäftsbedingungen ist im Business-to-Business-Bereich kontraproduktiv. Deshalb müssen sich auch die deutschen Gerichte auf die Bedürfnisse der globalen Wirtschaft einstellen. An den Landgerichten müssen spezielle Kammern für internationale Handelssachen geschaffen werden, die auf Englisch verhandeln. Die Verfahren müssen beschleunigt werden.

Wenn das deutsche Recht und die deutschen Gerichte für die globale Wirtschaft eine ernst zu nehmende Rolle spielen, kann Deutschland einen wesentlichen Beitrag dazu leisten, dass die Weltwirtschaftsordnung frei, fair und stabil bleibt. Reformen in diesem Bereich sind auf den ersten Blick weniger sichtbar als Regierungsgespräche über Zolltarife. Sie sind aber langfristig mindestens genauso wichtig. Und Deutschland hat die grundlegenden Voraussetzungen, um hier langfristige Erfolge zu erzielen: effektive Justizinstitutionen, ein hohes juristisches Ausbildungsniveau – und einen weltoffenen Geist in Wirtschaft und Gesellschaft.

PROF. DR. MORITZ RENNER (37) ist Professor für Bürgerliches Recht, Internationales und Europäisches Wirtschaftsrecht an der Universität Mannheim. Er forscht und lehrt zu den Herausforderungen der Globalisierung für das Recht. Aktuell beschäftigt er sich vor allem mit der Vertragsgestaltung bei komplexen grenzüberschreitenden Finanzierungen.

»Deutsches Recht und deutsche Gerichte müssen im globalen Wettbewerb attraktiver werden. Dann kann Deutschland einen Beitrag dazu leisten, dass die Weltwirtschaftsordnung frei, fair und stabil bleibt.«

»Bis zum Jahr 2050 wird die indische Wirtschaft an zweiter Stelle nach China stehen und 16 Prozent der Weltwirtschaft abdecken.«

Indien 2030 und die Grenzen der kompetitiven Zukunft

Von Srirupa Roy

Indien wird 2030 von der Ideologie der »kompetitiven Zukunftsvision« (competitive futurism) geprägt sein, die das Wirtschaftswachstum als wichtigstes nationales Ziel priorisiert und als Währung der globalen Anerkennung identifiziert. Diese einseitige politische Gewichtung wird sich negativ auf die Demokratie Indiens auswirken. Komplexe bevölkerungs- und umweltbedingte sowie sozioinstitutionelle Herausforderungen werden darüber hinaus eine Ausweitung politischer Rahmenbedingungen erfordern, die über den Fokus auf den »Wachstumswettbewerb« und das Paradigma von national umschriebenen und staatlich vorgegebenen Zukunftsplänen hinausgehen.

Vor nicht einmal einem Jahrhundert, im Jahr 1947, entstand das unabhängige Indien in einer aufgewühlten Welt. Im Nachkriegseuropa kämpfte man nach den heftigen Umwälzungen des Krieges und des Völkermordes darum, die soziale und politische Ordnung neu zu verhandeln und den zerrütteten Staatsbürgervertrag wiederherzustellen, während die politischen Führer in Indien danach strebten, die jahrhundertelange Kolonialherrschaft durch eine unbekannte postkoloniale Freiheit zu ersetzen. Die Freude dieser Freiheit hatte einen hohen Preis: den territorialen Verlust und die extreme Gewalt, die mit der Teilung des kolonialen Territoriums in die unabhängigen Nationalstaaten Indien und Pakistan einhergingen. Einprägsam bezeichnete der Urdu-Dichter Faiz Ahmed Faiz diese Zeit als »befleckte Morgendämmerung«. In diesem Kontext des Wandels und der normativen Ambivalenz riefen die Gründungsväter des nun souveränen Nationalstaates ein Programm zur Nationalstaatsbildung ins Leben, das eher in die Zukunft blickte als auf die Gegenwart, die von Unsicherheit und Verlusten gekennzeichnet war. Die kulturellen, sozialen, politischen und wirtschaftlichen Richtlinien, die der neue Nationalstaat erließ, spiegelten diese Ausrichtung auf die Zukunft wider. Zum Beispiel definierte der offizielle indische Nationalismus die Nation als etwas »Werdendes« und nicht als etwas »Existierendes«, das heißt, er verband die nationale Identität mit einer progressiven Bewegung hin zu einer Zukunft, die ein kollektives Wohlergehen versprach,

Die Merkmale der nehruschen Zukunftsvision: der Staat als zentraler Akteur im Fokus, Offenheit und Exzeptionalismus.

statt sich auf wesentliche kulturelle Eigenheiten oder schon erreichte Erfolge zu berufen. Die Wirtschaftsplanungspolitik verfolgte eine ähnliche futuristische Stoßrichtung. In Indiens besonderem Modell der gemischten Wirtschaft koordinierte und überwachte eine zentralisierte staatliche Agentur eine Mischung aus öffentlichen und privaten Unternehmen, um Ziele in der sozioökonomischen Entwicklung und Modernisierung zu erreichen. In den Bereichen Politik und Soziales versprach die indische Verfassung einen sozialen Wandel, der vom Staat gesteuert war, um Ziele wie Freiheit und Gleichheit für alle zu verwirklichen, und das schon bald und nicht erst in ferner Zukunft. Ich bezeichne diese Gründungsphase als *nehrusche Zukunftsvision (Nehruvian futurism)* und beziehe mich dabei auf die Zeit der Gründung und Konsolidierung, das heißt die Zeit der 50er- und 60er-Jahre, damals war Jawaharlal Nehru der Premierminister des Landes.

Die nehrusche Zukunftsvision und ihr Erbe

Die Zukunftsvision nach Nehru hatte einige charakteristische Merkmale. Es handelte sich dabei zunächst um ein nach Top-down-Struktur staatlich organisiertes Projekt. Der Aufruf, die Nation aufzubauen und in die Zukunft voranzuschreiten, richtete sich an die gesamte Bevölkerung. Initiativen von Einzelnen und sozialen Gruppen reichten dafür allerdings nicht aus. Die nehrusche Zukunftsvision stellte den Staat als Treiber für den Wandel in den Fokus; dahinter stand die Ansicht, dass Indien den Weg in die Zukunft nur unter Anleitung einer zentralisierten institutionellen Behörde beschreiten könne.

Zweitens war die Vision nach Nehru frei von jeglichen zeitlichen Vorgaben. Die Zukunft erschien ihr als eine Reihe von Möglichkeiten, die sich neu entwickelten und auftaten; sie war jedoch kein im Voraus bekanntes, festgelegtes Ziel oder der Endpunkt eines Prozesses, der sich von Indien erreichen ließ, indem es andere nachahmte, die diesen Weg bereits gegangen waren, oder indem es ihren Bauanleitungen folgte. Nehru bezeichnete den Aufbau des neuen Indiens als ein Projekt des »unnachgiebigen Strebens« in Richtung eines unbekannten Ziels.

Das dritte Charakteristikum der nehruschen Zukunftsvision war eine Rhetorik, in der Begeisterung aufschien, Risikobereitschaft und damit eine Neigung zu außergewöhnlichen Unternehmungen, belebt auch von einem Geist des Experiments, der Innovation und des »großen Abenteuers« – ein weiterer Schlüsselbegriff nach Nehru. Daran schloss sich wiederum eine Rhetorik der nationalen Einzigartigkeit an; die Betonung lag auf dem besonderen Wagemut, mit dem Indien eine unmöglich scheinende Reise antrat, die das Land auf einen ganz anderen Weg als alle anderen Nationen im Osten oder im Westen führen sollte.

Diese Merkmale der nehruschen Zukunftsvision – der Staat als zentraler Akteur im Fokus, Offenheit und Exzeptionalismus – prägten zusammen den Kurs der politischen und institutionellen Entwicklung Indiens in den Jahren nach der Unabhängigkeit entscheidend, und das in mehrfacher Hinsicht. Zunächst führte es zu einem langsamen sozioökonomischen Wachstum und einem zunächst nur allmählich stattfindenden sozialen Wandel, der keine grundlegende Verschiebung der bestehenden gesellschaftlichen Beziehungen und der Verteilung politischer, wirtschaftlicher und sozialer Privilegien bewirkte. Indiens durchschnittliche jährliche Wachstumsrate zwischen 1950 und 1980 betrug gerade einmal 3,5 Prozent. 40 Jahre nach der Unabhängigkeit blieben die Indikatoren der sozioökonomischen Entwicklung sehr niedrig: Anfang der 80er-Jahre lebte fast die Hälfte der Bevölkerung in Armut, zwei Drittel waren nicht alphabetisiert, und die durchschnittliche Lebenserwartung lag bei gerade einmal 48 Jahren. Diese unzureichende Entwicklung wurde jedoch nicht der Politik zur Last gelegt, da der Aufschub oder die Verzögerung sozioökonomischen Wohlstands bis in eine unbestimmte Zukunft sich gut in die institutionelle Logik und Kultur der Entwicklungspolitik einfügte. Darüber hinaus führten der ausbleibende große soziale Wandel und die anhaltende sozioökonomische Marginalisierung der überwiegenden Mehrheit der Bevölkerung zu einer spürbaren Diskrepanz zwischen

Die Betonung lag auf dem besonderen Wagemut, mit dem Indien eine unmöglich scheinende Reise antrat, die es auf einen ganz anderen Weg als alle anderen Nationen führen sollte.

den formalen Prinzipien politischer Gleichheit und der gelebten Erfahrung sozialer Ungleichheit; oder, wie es der politische Theoretiker Sudipta Kaviraj beschreibt, zu einer Kluft zwischen »demokratischer Regierung« und dem »demokratischen Prinzip«[1] Indiens schwache Entwicklungsbilanz in den ersten Jahrzehnten nach der Unabhängigkeit bestätigte die düstere Prophezeiung von Bhimrao Ambedkar, dem Hauptautor der indischen Verfassung. Er war der Ansicht, dass die politische Demokratie ein oberflächliches »Düngen« auf indischem Boden bleibe, solange keine soziale und wirtschaftliche Demokratie existiere.

Die indische »Demokratie-Kluft«
Allerdings hatte diese »Demokratie-Kluft« keine erheblichen sozialen Konflikte zur Folge oder eine Opposition gegen die herrschende politische Ordnung, beides war vorhergesagt worden. Darin wird ein weiteres Merkmal der indischen Politik nach der Unabhängigkeit erkennbar: die bemerkenswerte Stabilität und Ausdauer des politischen Systems im Inneren, und zwar trotz der tief greifenden sozialen Ungleichheit. Die soziale Ungleichheit diente teilweise dem Erhalt der politischen Stabilität. Der Fortbestand der gesellschaftlichen Hierarchien bedeutete, dass trotz der formellen Einführung des allgemeinen Wahlrechts, das allen erwachsenen Indern das Recht zusprach, ihre Regierung zu wählen und auch zu kandidieren, eine kleine und überschaubare gesellschaftliche Elite Macht besaß und politische Entscheidungsgewalt ausübte. Was sie verfügte, wurde kaum von der Masse infrage gestellt.

Eine weitere wichtige Quelle für Stabilität entsprang der institutionellen Gestaltung: Indiens einzigartiges System eines übergreifenden oder konvexen Pluralismus. Es räumte den verschiedenen Bevölkerungsgruppen differenzierte Rechte ein, machte ihnen Zugeständnisse und gab ihnen vielfältige Anreize, mit und innerhalb der bestehenden politischen Ordnung zusammenzuarbeiten. Darüber hinaus hat die »Diversifizierung der Unterschiede« oder die formelle und institutionelle Anerkennung verschiedener sozialer Unterschiede – von Kaste, Religion und Sprache hängt in Indien politischer Einfluss ab – ebenso dazu beigetragen, soziale Konflikte aufzulösen oder zu fragmentieren. Sie verhinderte auch eine Polarisierung oder die Entstehung einer Opposition entlang einer dominanten Trennlinie.

Von den späten 60er-Jahren an dehnte sich die indische Demokratie langsam, aber sicher über ihre beschränkte Elitebasis hinaus aus. Der Staat sah sich mehr und mehr mit den sozialen Forderungen einer Bürgerschaft konfrontiert, die zunehmend politisch aktiv wurde. Das System des konvexen Pluralismus, der ideologische und institutionelle Ballast des indischen Staates, der es ihm ermöglicht hatte, der potenziellen Bedrohung durch die Demokratie-Kluft standzuhalten, begann zu zerbrechen. Das Management sozialer Forderungen, das auf Verhandlungen basierte, wich zentralisierten Formen der Herrschaft, die auf schieren Zwang setzten; Mitte der 70er-Jahre erreichte diese Entwicklung ihren Höhepunkt, als die Premierministerin Indira Gandhi die Demokratie formell aufhob und den Ausnahmezustand verkündete.

Krisenpolitik der Gegenwart

1977 wurde die Demokratie wiederhergestellt. Gandhi und ihre Kongresspartei[2] hatten die Wahl verloren und wurden entmachtet. Dabei kam erstmals seit der Unabhängigkeit eine Koalitionsregierung an die Macht. In den folgenden Jahrzehnten wandelte sich die Weise, wie Politik durchgesetzt und zur Mobilisierung verwendet wurde, was auch die Kultur der Parteipolitik veränderte. Die Ära Nehrus des *catch-all* oder der sozial und ideologisch breit gefächerten und flexiblen politischen Parteien endete, und damit war auch die Zeit vorbei, in der eine einzige, organisatorisch komplexe und sozial breit angelegte politische Partei – der Kongress – bei den Wahlen dominiert hatte. Es folgte eine volatilere Phase kurzlebiger Koalitionsregierungen. Viele neue, kleine Parteien kamen hinzu, die jeweils ein begrenztes gesellschaftliches Spektrum vertraten. Ihre Hauptwählerschaft beschränkte sich auf einzelne ethnische Gruppen, auf die sie attraktiv wirkten. Die Verankerung politischer Ansichten in

Die vielen enthusiastischen Prognosen und Vorhersagen verschiedener internationaler Organisationen haben ein Narrativ des »aufstrebenden Indiens« erzeugt, das mit der kompetitiven Zukunftsvision des Landes harmonisiert.

ethnischer Identität wurde in den 80er-Jahren immer bedeutsamer. Das nahm eine Vielzahl von Formen an: Es reichte von Bewegungen für subnationale ethnische Autonomie und Separatismus über kastenbasierte politische Parteien, die marginalisierte Kastengruppen mobilisierten, um Gleichheit und Empowerment zu fordern, bis hin zu religiösen Mehrheitsparteien, die die Prinzipien des indischen Säkularismus anfochten.

Die gegenwartsabgewandte und langfristige Orientierung der nehruschen Zukunftsvision hatte unter diesen politisch instabilen Umständen keine großen Aussichten mehr. Nun ging es in erster Linie um eine schnelle Abwehr von großen Bedrohungen des politischen Systems, die sich kurzfristig einstellten. Dringlichkeit begann die politischen Debatten und Entscheidungen zu dominieren. Ab den 80er-Jahren erlebte Indien eine zunehmende Militanz separatistischer Bewegungen in verschiedenen Teilen des Landes und eine Eskalation groß angelegter ethnischer Gewalt, insbesondere der Gewalt gegen religiöse und Kastenminderheiten (Muslime und Dalits). Dazu kam eine Welle von Parteiabgängen, Korruption in der Regierung sowie der wachsende Einfluss von Geld in Wahlkampagnen, der durch das neue Kalkül der Koalitionspolitik ausgelöst wurde. Nationale Diskurse über die Möglichkeiten der ungewissen Zukunft wurden immer wieder durch eine neue Betonung der »Krisenzeit« der Gegenwart und die Notwendigkeit unmittelbarer und konkreter Interventionen zur Rettung der indischen Demokratie überschattet.

Bis Anfang der 90er-Jahre ging mit der neuen Sprache der Dringlichkeit und der Krise keine signifikante oder bahnbrechende Veränderung einher, weder im Hinblick auf das allgemeine Wirtschaftswachstum oder die politische Ausrichtung des geplanten gemischten Wirtschaftsregimes noch in Bezug auf die Schablonen der sozioökonomischen Ungleichheit und der Demokratie-Kluft der Nehru-Ära. All dies änderte sich im letzten Jahrzehnt des 20. Jahrhunderts, als eine Reihe von Wirtschaftsreformen die protektionistische indische Wirtschaft nach den Prinzipien des Laisser-faire oder des freien Marktes umstrukturierten, sodass sich das Land für globale Handels- und Investitionsströme öffnete und die Beschränkungen der inländischen

Kapitalakkumulation beseitigt wurden. Die Politik der wirtschaftlichen Liberalisierung hat eine Reihe weitreichender und tief greifender Veränderungen auf politischer, sozialer und kultureller Ebene ausgelöst. Etablierte Muster schwacher Wachstumsraten wurden durchbrochen, um Platz für das Spektakel des sogenannten indischen Wirtschaftswunders zu machen, da sich die jährlichen Wachstumsraten ab den ersten Jahren nach der Unabhängigkeit beinahe verdoppelt hatten, bis sie zwischen 1980 und 2015 einen Durchschnitt von mehr als sechs Prozent verzeichneten.

In den vergangenen Jahrzehnten gab es mehr Anlass für Freude als für Angst: Die Wachstumsraten sind weiterhin solide, obwohl das hohe Tempo der ersten Reformphase verebbt ist.

Das althergebrachte Bild einer statischen Gesellschaftsordnung wich einem Porträt des mobilen, dynamischen und »aufstrebenden« Indiens. Darin zeigte sich auch der Aufstieg einer großen neuen, jungen und mittelständischen Bevölkerung mit einer beispiellosen wirtschaftlichen Konsumkraft, die eine erfolgreiche Zukunft in der »Weltklasse« anstrebte. Hier tat sich nun eine andere Vorstellung von der Zukunft auf, eine kompetitive Zukunftsvision, die sich einzig an dem Ziel orientierte, globale Anerkennung als Wirtschaftsmacht zu erlangen und somit ein wahrhaft globaler Akteur zu werden.

In den ersten drei Jahrzehnten des 21. Jahrhunderts wurde die kompetitive Zukunftsvision zur vorherrschenden Ideologie in Indien. Wie bereits ihre Vorgänger – die nehrusche Zukunftsvision sowie die Krisenpolitik der Gegenwart der 80er- und 90er-Jahre – prägte sie die kulturellen Vorstellungen von nationaler Identität sowie die Sozial- und Wirtschaftspolitik.

Kompetitive Zukunftsvision: Indien 2030

Die kompetitive Zukunftsvision zeichnet sich durch drei neue Merkmale aus. Das erste ist die Betonung des maximalen Wachstums, also die explizite Priorisierung des gesamtwirtschaftlichen Wachstums gegenüber allen anderen nationalen Zielen, und eine damit einhergehende Fetischisierung der makroökonomischen Indikatoren für die Geschwindigkeit, Größe und das Ausmaß des Wirtschaftswachstums. Wie bereits erwähnt, ging die Einführung von Marktreformen in den frühen 90er-Jahren mit dem plötzlichen und dramatischen Aufschwung der indischen Wirtschaft und einer spürbaren Beschleunigung der jährlichen Wirtschaftswachstumsraten einher. Die Forderung, diese Trends der wirtschaftlichen Expansion und Beschleunigung fortzusetzen und zu intensivieren, entwickelte sich rasch zu einem vorrangigen Anliegen der Regierung und zum zentralen Interesse der öffentlichen Meinung und der Medien.

Zweitens wird die kompetitive Zukunftsvision durch die Vorstellung eines globalen wirtschaftlichen Wettbewerbs mit Gewinnern und Verlierern angeheizt. Man stellt sich die Zukunft als eine Zeit des entscheidenden indischen Sieges vor, sobald Indien andere nicht westliche »aufstrebende Mächte« sowie etablierte westliche Mächte wie die Vereinigten Staaten und die europäischen Länder überholt haben wird. Die Benchmarks für Wettbewerb und Vergleiche werden von den Wirtschaftsprognosen von Konzernen wie McKinsey, Moody's, PricewaterhouseCoopers und der Economist Intelligence Unit bereitgestellt; die Veröffentlichung dieser Berichte ist in Medienkreisen und politischen Kreisen in Indien ein Anlass für ausgelassenes Feiern (oder auch Angst).

In den vergangenen Jahrzehnten gab es mehr Anlass für Freude als für Angst: Die Wachstumsraten sind weiterhin solide, obwohl das hohe Tempo der ersten Reformphase verebbt ist. Man schätzt, dass die indische Wirtschaft 2030 die drittgrößte Volkswirtschaft der Welt sein wird mit einem jährlichen Wachstum von fünf Prozent.

Drittens vermischt die kompetitive Zukunftsvision wirtschaftliches Wachstum und Größe mit globaler Anerkennung und Relevanz. Im Zusammenhang mit der Wirtschaftsleistung und den positiven, gar herausragenden Bewertungen durch Markt- und Unternehmensanalysten hat die indische Regierung im Laufe des 21. Jahrhunderts um den Beitritt zu internationalen Gremien wie dem Sicherheitsrat der Vereinten Nationen gebeten. Außerdem distanzierte sich die indische Regierung zunehmend von verschiedenen

Solidaritätszusammenschlüssen des globalen Südens. Diese hatten zuvor die indische Außenpolitik bestimmt.

Das Ziel, ein globaler Akteur zu werden, der seine postkolonialen asiatischen und afrikanischen Pendants weit hinter sich gelassen hat und von ehemaligen Kolonialmächten als gleichberechtigt anerkannt wird, wird im Jahr 2030 den Kurs der außenpolitischen und internationalen Beziehungen der indischen Regierung bestimmen. In diesem Sinne ist mit geopolitischen Manövern zu rechnen, wie zum Beispiel der Verhängung von Handelssanktionen über Nachbarländer, der Eskalation des militärischen Konflikts mit Pakistan und Bangladesch und der Bereitschaft, sich an US-geführten Militärschlägen gegen den Iran zu beteiligen – all dies wird vom Streben nach globaler Anerkennung gelenkt sein. Wo soll das enden? Was hat die kompetitive Zukunftsvision eigentlich bewirkt – welche Art von Gegenwart hat diese Vision der Zukunft geschaffen?

Für 2030 schätzt man, dass das Wirtschaftswachstum um etwa 50 Prozent größer sein wird als 2018. Schwellenländer werden für den größten Teil dieses globalen Wachstums verantwortlich sein und damit den »Turboantrieb« des Wirtschaftswachstums fortsetzen.

Wie bereits erwähnt, haben die vielen enthusiastischen Prognosen und Vorhersagen verschiedener internationaler Organisationen in den ersten Jahrzehnten des 21. Jahrhunderts ein Narrativ des »aufstrebenden Indiens« erzeugt, das mit der kompetitiven Zukunftsvision des Landes harmonisiert.

Prognose für die Zukunft: »Indien 2030« – Visionen und tote Winkel

Der globale Kontext bildet die Kulisse dieser Prognosen. Sie besagen, dass die Weltwirtschaft, die durch produktivitätssteigernde technologische Innovationen angetrieben wird, wesentlich schneller wachsen wird als die Weltbevölkerung. Für das Jahr 2030 schätzt man, dass das Wirtschaftswachstum um etwa 50 Prozent größer sein wird als 2018. Die Schwellenländer werden für den größten Teil dieses globalen Wachstums verantwortlich sein und damit den »Turboantrieb« des Wirtschaftswachstums fortsetzen, der seit den 90er-Jahren ein Schlüsselmerkmal von Ländern wie Indien und China ist.

Indiens Wirtschaftswachstum wird laut diesen Prognosen beeindruckend sein, da es über eine recht kurze Zeitspanne von drei Jahrzehnten an Größe und Bedeutung zugenommen hat und sich von der siebtgrößten Volkswirtschaft der Welt im Jahr 2016/17 bis zum Jahr 2050 zur zweitgrößten Volkswirtschaft der Welt entwickeln wird.

2030 ist ein bedeutendes Jahr auf diesem Weg der wirtschaftlichen Expansion Indiens. Man schätzt, dass der wirtschaftliche Aufschwung des Landes in diesem Jahr mit durchschnittlichen jährlichen Wachstumsraten an der Fünf-Prozent-Hürde beginnen wird. Zehn Jahre später, im Jahr 2040, wird Indiens Wirtschaft zum ersten Mal die der Vereinigten Staaten überholen. Bis zum Jahr 2050, dem Horizont der PricewaterhouseCoopers-Prognose, wird die indische Wirtschaft an zweiter Stelle nach China stehen und 16 Prozent der Weltwirtschaft abdecken (gemessen am BIP, bereinigt nach Kaufkraftparität); das Wachstum wird sich in nur drei Jahrzehnten mehr als verdreifachen.[3]

Ein ähnlich optimistisches, wenn auch vorsichtigeres Szenario entwirft die Economist Intelligence Unit (EIU).[4] Nach Angaben der EIU wird Indien bis 2030 die drittgrößte Volkswirtschaft der Welt sein, und bis 2050 werden Indien und China jeweils reicher als die nächsten fünf Mächte zusammen sein (zu denen auch Deutschland gehört).

Diese Prognosen basieren auf mehreren Annahmen. Die erste ist die »Annahme der produktiven Bevölkerung«, das heißt, dass die Bevölkerungswachstumsraten, die in Indien wesentlich höher sein werden als der weltweite Durchschnitt, mit Kapital und technologischen Innovationen und Investitionen gewinnbringend interagieren werden, um die Produktivität der Bevölkerung im erwerbsfähigen Alter zu steigern. Damit verbunden ist die Annahme eines Vorteils in Bezug auf Jugendliche beziehungsweise die positiven Auswirkungen von Indiens *youth bulge* – des überdurchschnittlich hohen Anteils an Jugendlichen. Indien wird voraussichtlich bis 2030 den weltgrößten Bevölkerungsanteil von Jugendlichen haben (einige sagen 2050), und dies soll wiederum zu einem Anstieg der wirtschaftlichen Produktivität und des Konsums führen.

Zweitens bieten die Prognosen einen Gesamtüberblick und einen Überblick auf der Makroebene, der Details des spezifischen Charakters des indischen Wirtschaftswachstums unberücksichtigt lässt beziehungsweise nicht berücksichtigt, wie das Wachstum tatsächlich von einzelnen Menschen erlebt wird. Zum Beispiel werden die sektorale Zusammensetzung des Wirtschaftswachstums und das vergleichende Pro-Kopf-Einkommen in Indien meist zugunsten von Gesamtrechnungen beschönigt, in denen Indien andere Länder »überholt«.

Indiens Wirtschaftsleistung im Jahr 2030 befindet sich nicht in einem Vakuum, sondern wird durch Bevölkerungs-, Umwelt- und institutionelle Kontexte und Dynamiken nivelliert.

Drittens werden in den Berichten über Indien für 2030 die Umweltdimensionen des Wirtschaftswachstums vernachlässigt. Zugleich wird die Frage ignoriert, ob die Rohstoffe ausreichen werden, um die wirtschaftliche oder menschliche Produktivität zu fördern.

Viertens geht das Modell davon aus, dass der demografische Schub in Indien und China mit geeigneten politischen Maßnahmen einhergehen wird, wie Investitionen in Technologie und Bildung, der Bereitstellung von öffentlichen Gesundheitsdiensten und der Formulierung geeigneter Arbeits- und Beschäftigungsrichtlinien. Es mangelt an einer Diskussion über die institutionelle Bereitstellung solcher öffentlichen Güter, obwohl diese notwendig sind, um die wirtschaftliche Produktivität tatsächlich zu ermöglichen.

Wie würde ein alternatives Bild von Indien im Jahr 2030 aussehen? Der folgende Abschnitt enthält Ergänzungen zu einigen übersehenen Details, um eine andere Zukunftsperspektive in Betracht zu ziehen. Wie korrigierte Fehler in einer nachbearbeiteten Fotografie trüben sie die schöne Darstellung des indischen Aufschwungs, wenn sie einmal ans Licht gekommen sind.

Wachstum vermitteln: Bevölkerung, Umwelt, institutionelle Kontexte

Indiens Wirtschaftsleistung im Jahr 2030 befindet sich nicht in einem Vakuum, sondern wird durch Bevölkerungs-, Umwelt- und institutionelle Kontexte und Dynamiken nivelliert.

Bis 2024 wird Indien nach Schätzungen der Abteilung für Wirtschaft und Soziales der Vereinten Nationen das bevölkerungsreichste Land der Welt sein. Während die chinesische Bevölkerung ihren Höhepunkt im Jahr 2030 erreichen wird, wird Indien bis 2050 weiterwachsen und China voraussichtlich im Jahr 2022 überholen. Schätzungen zufolge wird die Hälfte der indischen Bevölkerung unter 25 Jahre alt sein, und zwei Drittel der Bevölkerung werden 2030 unter 35 Jahre alt sein.[5] Es gibt drei zentrale Punkte, die die beschönigende Rechnung in Bezug auf das demografische Potenzial der Jugend im Zusammenhang mit der wirtschaftlichen Produktivität doch komplexer machen. Zunächst ist es zweifelhaft, ob Indien im Jahr 2030 in der Lage sein wird, genügend Beschäftigungsmöglichkeiten für die jugendlichen Arbeitskräfte im eigenen Land zu schaffen, und ob ihre Fähigkeiten und ihr Bildungsniveau ausreichen. Überdies ist es ein (vernachlässigter) Fakt, dass Indien neben einer wachsenden Zahl junger Menschen im Jahr 2030 auch eine beträchtliche Anzahl älterer Menschen haben wird (2030 wird die Lebenserwartung voraussichtlich bei etwa 71 Jahre liegen). Bis zum Jahr 2050 werden die älteren Menschen fast ein Fünftel der indischen Bevölkerung ausmachen, und dies wird zu höheren öffentlichen Ausgaben in der Gesundheitsversorgung, für Renten und Unterkünfte führen. Und da wäre auch noch die interessante Dynamik des geschlechterverteilten Alterns, welches durch die höhere Lebenserwartung von Frauen verursacht wird: Bis zum Jahr 2026 werden in Indien voraussichtlich 1.060 Frauen auf 1.000 Männer kommen. Wie einige Bevölkerungsstudien festgestellt haben, wird die Existenz vieler verwitweter Frauen in patriarchalischen Kontexten der Abhängigkeit von Geschlechterrollen voraussichtlich zusätzliche sozialpolitische Dilemmata schaffen.

Mit Indiens Bevölkerung, die auf 1,69 Milliarden Menschen wachsen wird – das sind rund 30 Millionen Menschen mehr, als die Prognose für Chinas Bevölkerung im Jahr 2050 vorsieht –, und einer Bevölkerungsdichte von 500 Einwohnern pro Quadratkilometer (fast das Zehnfache des globalen Durchschnitts) wird die »demografische

Dividende« den Druck auf die bereits überstrapazierten natürlichen Ressourcen und Energieressourcen erhöhen. Man schätzt, dass im Jahr 2030 etwa 60 Prozent der Energiequellen aus nicht erneuerbaren Quellen stammen werden, und die anhaltende Abhängigkeit von fossilen Brennstoffen wird die bereits hohe Luftverschmutzung im Land noch erhöhen. Der Klimawandel wird auch für die Zukunft Indiens folgenschwer sein. Das Land wird voraussichtlich einen spürbaren Anstieg der Auswirkungen des Klimawandels erleben, etwa in Form von häufigeren und intensiveren Naturkatastrophen. Auch wird die Artenvielfalt zurückgehen. Ein weiteres absehbares Ergebnis ist die Unsicherheit der Nahrungsmittelversorgung, die wiederum zu einer Verringerung der Kalorienaufnahme und Veränderungen in der Ernährung führt und somit negative Auswirkungen auf die Ernährungssicherheit haben wird.

Die institutionellen Kontexte und politischen Rahmenbedingungen Indiens werden sich im Jahr 2030 fünf großen Herausforderungen stellen müssen. Die ersten betreffen regionale und sektorale Unterschiede im Wirtschaftswachstum.

Indien wird sich im Jahr 2030 in einem Teufelskreis aus zunehmender sozialer Unzufriedenheit und staatlichen Handlungszwänge befinden.

Obwohl im Jahr 2030 mehr als die Hälfte der Bevölkerung in Städten leben wird, tragen die Vernachlässigung der Agrarpolitik und der Mangel an nicht landwirtschaftlichen Beschäftigungsmöglichkeiten in ländlichen Gebieten dazu bei, dass nur 30 Prozent des indischen BIP aus ländlichen Gebieten stammen. Die ungleiche regionale Verteilung des wirtschaftlichen Wohlstands und die wachsenden sozioökonomischen Disparitäten zwischen dem Küsten- und Hinterland Indiens, die bereits in den ersten Jahren des 21. Jahrhunderts von den Analysten entdeckt wurden, werden sich verhärten.

Für das Jahr 2030 könnte sich auch ein neues Dilemma des sektoralen Wachstums anbahnen, da der viel beschworene »IT-Boom«, der Indiens Wachstumsgeschichte vorangetrieben hat, zu einem Ende kommt. Ein kürzlich veröffentlichter Bericht des McKinsey Global Institute warnt vor möglichen Einschnitten in der Produktivität und in den Erträgen des indischen Sektors für Informationstechnologie/Geschäftsprozess-Outsourcing im Zuge der technologischen Innovationen im Bereich der künstlichen Intelligenz und Robotik, die die wirtschaftliche Bedeutung der menschlichen technologischen Arbeit reduzieren.[6] Politische Veränderungen außerhalb Indiens wie die geringere Verfügbarkeit von amerikanischen H-1B-Arbeitsvisa, die die Auswanderung einer indischen »Hightech-Niedriglohn«-Arbeitsgruppe in die Vereinigten Staaten ermöglichten, werden ebenfalls eine Rolle spielen. Wird die Wirtschaftspolitik einen Paradigmenwechsel vorantreiben, um diese regionalen und sektoralen Disparitäten und Dilemmata zu beseitigen? Diese Frage bleibt offen.

Die zweite große Herausforderung für Indien im Jahr 2030 liegt im Bereich der Sozialpolitik. Die kompetitive Zukunftsvision mit ihrer konzentrierten Ausrichtung auf makroökonomisches Wachstum ignoriert die sozioökonomischen Ungleichheiten im Land. Werden diese nicht berücksichtigt, werden sie sich negativ auf die Produktivität auswirken – schlecht ausgebildete Arbeitskräfte mit unzureichender Gesundheitsversorgung können den erwarteten Wirtschaftsboom und die Stabilität des Regimes nicht antreiben. Um hier abzuhelfen, braucht es neben Umverteilung und sozialem Wandel eine gemeinschaftliche Anstrengung, die sozialstaatliche Institutionen und Mechanismen neu schafft oder vorhandene stärkt.

Drittens werden städtische Politik- und Planungsparadigmen durch das Phänomen des schnellen Wachstums außerhalb der Metropolen herausgefordert. Im Jahr 2030 wird sich Indien dem Ergebnis nähern, das im Bericht der Vereinten Nationen über die weltweite Urbanisierung prognostiziert wurde; hier geht man von einem Anstieg der Urbanisierung außerhalb der Metropolen bis 2050 aus. Das demografische Wachstum wird sich auf sogenannte Klein- und Provinzstädte konzentrieren, in denen rund 45 Prozent der städtischen Bevölkerung leben. Obwohl in den letzten Jahrzehnten privatwirtschaftliche Tätigkeiten in den Gebieten außerhalb der Metropolen stark zugenommen haben, ist die Versorgung mit öffentlichen Einrichtungen zur Grundversorgung und mit sozialer Infrastruktur nach wie vor lückenhaft. Die infrastrukturellen Kapazitäten an diesen Standorten können somit überlastet sein.[7]

Um dem entgegenzuwirken, bedarf es eines politischen Willens, die Stadtpolitik über die medienfreundlichen »Smart City«-Entwicklungsprogramme hinaus auszuweiten, die von mehreren Regierungen in Folge favorisiert wurden; sie zielen darauf ab, Indiens »Weltklasse«-Technologien zu etablieren. Projekte zum Bau von Straßen, Abwasserleitungen, staatlichen Schulen und Krankenhäusern, die weitaus weniger glamourös sind, werden kurzfristig nötig sein, um den Druck zu bewältigen, den das Wachstum der Bevölkerung und ihre zunehmende Dichte auf diese unterversorgten Gebiete ausüben.

Die vierte Herausforderung, mit der Indien im Jahr 2030 konfrontiert sein wird, hat mit der sozialen Diversität und Ungleichheit zu tun. Wer den Fokus allein auf das indische Wirtschaftswachstum richtet, ignoriert die Tatsache, dass wirtschaftliche Veränderungen in die Matrix der vielen geerbten Ungleichheiten von Klasse, Kaste, Religion, Geschlecht und ethnischen Unterschieden, die die indische Gesellschaft prägen, eingebettet sind und diese wiederum formen. Makroindikatoren des Wirtschaftswachstums wie das jährliche BIP-Niveau können nicht die tatsächliche Verbreitung und Verteilung dieses Wachstums dokumentieren, und sie erfassen auch nicht, wie es sich auf die Lebenschancen und -erfahrungen von Einzelnen auswirkt. Andere statistische Daten liefern ein abweichendes Bild, es ist ein ernüchterndes Korrektiv. Während beispielsweise die Wirtschaftsprognosen zeigen, dass Indien die Vereinigten Staaten im Jahr 2050 überholen und die zweitgrößte Volkswirtschaft der Welt werden wird, zeigen die Daten zum Pro-Kopf-Einkommen, dass Indien in absehbarer Zukunft hinter den USA zurückbleiben wird. Auch Daten über die Wohlstandsverteilung und -konzentration zeichnen ein anderes Bild von Indien im Jahr 2030. Laut dem »Inklusiven Entwicklungsindex des Weltwirtschaftsforums« (Ausgabe 2018) war Indien 2017 ungleicher als die Vereinigten Staaten. In diesem Jahr besaß

Die Beziehung Deutschlands zu Indien sollte im Rahmen einer global verwobenen Zukunft geschmiedet und damit gestärkt werden.

das reichste Prozent der Inder 53 Prozent des Landesvermögens, während das reichste Prozent der Amerikaner etwa 38 Prozent des Landesvermögens besaß.[8]

In Ermangelung von Umverteilungsstrategien und institutionellen Mechanismen dürften diese und möglicherweise sogar noch höhere Einkommensungleichheiten bis in die 2030er-Jahre und darüber hinaus andauern. Wenn jedoch die sozialpolitischen Trends des frühen 21. Jahrhunderts fortbestehen und eher zielgerichtete als universelle Sozialleistungen von gewinnorientierten Marktakteuren und nicht von staatlichen Agenturen erbracht werden, zeichnen sich die Konturen einer sozialen Ordnung ab, die im Wesentlichen zweigeteilt ist. Arme würden nur mit minimalistischen Bündeln grundlegender Gesundheits-, Bildungs- und Sozialdienste versorgt werden – »arme Schulen und Krankenhäuser für arme Menschen«. Schließlich wird sich Indien im Jahr 2030 wohl in einem Teufelskreis aus zunehmender sozialer Unzufriedenheit und staatlichen Handlungszwänge befinden. Anstelle der Vermittlungsmechanismen und Ideologien des konvexen Pluralismus, die im 20. Jahrhundert für die Aushandlung und Anpassung sozialer Unterschiede eintraten, ist die soziale Ordnung Indiens im 21. Jahrhundert auf autoritäre und religiöse Mehrheitsregierungen und eine einheitliche Ideologie der nationalen Identität angewiesen. Diese mehrheitlichen Tendenzen werden sich wahrscheinlich in der Zukunft verschärfen, da die vereitelten sozialen Bestrebungen Spannungen und Feindseligkeiten anheizen und zu einer Sündenbockmentalität und der Verfolgung von Minderheiten führen.

Deutschlands Beziehung zu Indien

Die langfristige Existenz der Demokratie in Indien, sowohl auf institutioneller als auch auf substanzieller Ebene, muss sich all diesen Herausforderungen in ihrer ganzen Komplexität stellen. Dies wiederum bedeutet, dass die bestehenden politischen Horizonte über den Tunnelblick der kompetitiven Zukunftsvision und den beschränkten Fokus auf maximales Wirtschaftswachstum hinaus erweitert werden müssen. Auf dem Spiel steht eine neue politische Vorstellung der Zukunft als einer geteilten und verwobenen Welt, in der sich nationale Grenzen verbinden und überschneiden.

Indien

Wie wir handeln müssen

— *Alternative Zukunft gestalten*: Um schädliche Auswirkungen der kompetitiven Zukunftsvision auf die Demokratie abzuwenden, müssen die politischen Horizonte Indiens über wachstumsorientierte und national exklusive Zukunftsvorstellungen hinausgehen. Es geht um eine neue politische Vorstellung von der Zukunft als einer gemeinsamen und verwobenen Welt. Internationale Beziehungen und Netzwerke spielen eine entscheidende Rolle bei der Verwirklichung dieser alternativen Vision.

— *Beziehungen zwischen Deutschland und Indien*: Die Beziehungen Deutschlands zu Indien sollten im Rahmen einer global verwobenen Zukunft geschmiedet und damit gestärkt werden. Dies erfordert zwei wesentliche Änderungen des bestehenden Umfangs und der Struktur der strategischen Zusammenarbeit: 1. Diversifizierung der Stakeholder; 2. Erweiterung der politischen Agenda.

— *Diversifizierung der Stakeholder*: Um den Herausforderungen und Chancen einer global verflochtenen Zukunft zu begegnen, können die Akteure und Partner nicht allein staatlich sein. Die Beziehungen zwischen Deutschland und Indien müssen als mehrgleisige »Netze des Engagements« zwischen zivilgesellschaftlichen Gruppen, internationalen Organisationen und anderen nicht staatlichen, subnationalen und transnationalen Akteuren gestaltet werden.

— *Erweiterung der politischen Agenda*: Bilaterale strategische Kooperationsabkommen müssen »demokratische Nachhaltigkeit« beinhalten. Themen wie der Status religiöser und ethnischer Minderheiten, die Stärke der bürgerlichen Freiheiten und der Medienfreiheit sowie die sinnvolle Auseinandersetzung mit sozialer Gerechtigkeit sollten regelmäßig und zentral in die zwischenstaatlichen Konsultationen einfließen und den Inhalt von Kooperationsabkommen und Transfers bilden.

Internationale Beziehungen spielen bei der Verwirklichung dieser alternativen Vision eine entscheidende Rolle. Die Beziehung Deutschlands zu Indien sollte im Rahmen einer global verwobenen Zukunft geschmiedet und damit gestärkt werden. Dies erfordert zwei wesentliche Verschiebungen im bestehenden Muster und Umfang der deutschen Außenpolitik gegenüber Indien.

Die erste betrifft die Akteure der internationalen Beziehungen. Um den Herausforderungen und Chancen einer global verwobenen Zukunft zu begegnen, können die entscheidenden Akteure und Partner im deutsch-indischen Engagement nicht nur staatliche Akteure sein. Es müssen auch zivilgesellschaftliche Gruppen, internationale Organisationen und andere nicht staatliche, subnationale und transnationale Akteure einbezogen werden. Zweitens müssen die bilateralen strategischen Kooperationsabkommen die Dimension der »demokratischen Nachhaltigkeit« beinhalten und die engen, auf nationale Sicherheit und Wirtschaftswachstum ausgerichteten Definitionen der nationalen Interessen ersetzen. Dies wiederum erfordert eine Änderung der Zusammensetzung deutsch-indischer Kooperationsabkommen, sodass Ressourcen und Expertisen Vorrang haben, die direkt zur Stärkung der Demokratie, ihrer Gesundheit und Lebendigkeit beitragen. Die Gleichberechtigung von religiösen und ethnischen Minderheiten, die Stärkung bürgerlicher Freiheiten und der Medienfreiheit, die Entwicklung partizipativer und rechenschaftspflichtiger Regierungsformen und die sinnvolle Auseinandersetzung mit sozialer Gerechtigkeit sollten Themen sein, die regelmäßig und zentral in zwischenstaatlichen Konsultationen behandelt werden.

PROF. DR. SRIRUPA ROY *(48) leitet die Forschungsgruppe »Staat und Demokratie im modernen Indien« am Centre for Modern Indian Studies (CEMIS), Universität Göttingen. Sie ist überdies Co-Direktorin des Maria Sibylla Merian International Centre of Advanced Studies »Metamorphoses of the Political« (ICAS:MP). Sie forscht in den Bereichen Nationalismus, Medien und politische Kulturen der Demokratie. Roy ist derzeit die leitende Forscherin des Projekts »InterAsia: media and the new political« des Social Science Research Council (SSRC) in New York.*

»Afrikas Fähigkeit zur Nachhaltigkeitstransformation entscheidet über die Zukunft der Weltgemeinschaft mit. Halten wir uns nicht mit kurzfristigen Maßnahmen zur Fluchtursacheneindämmung auf.«

Afrika der vielen Geschwindigkeiten

Von Julia Leininger

Afrikanische und globale Megatrends wie Bevölkerungswachstum, Digitalisierung und Urbanisierung werden afrikanische Gesellschaften in den kommenden 20 bis 30 Jahren stark verändern. Die Gestaltung der Wechselwirkungen verschiedener Trends und die heterogenen Startbedingungen auf dem afrikanischen Kontinent sind der zentrale Ausgangspunkt für einen deutschen Beitrag zur Nachhaltigkeitstransformation in Afrika.

Afrika ist nicht gleich Afrika. Die 54 afrikanischen Gesellschaften und Wirtschaften gehen unterschiedliche Entwicklungspfade. Wenn die deutsche und die europäische Afrikapolitik zur Nachhaltigkeitstransformation 2030 beitragen wollen, brauchen sie eine vielfältige Strategie mit unterschiedlichen Instrumenten. Die Heterogenität reicht von Ländergruppen mit konstantem Wirtschaftswachstum, das zu einer besseren Lebensqualität von Menschen beiträgt (zum Beispiel Ghana, Namibia), über Länder, deren Bevölkerung in Armut lebt trotz eines Reichtums an natürlichen Ressourcen (zum Beispiel Mosambik, Nigeria), bis hin zu fragilen Staaten, in denen kriegsähnliche Zustände herrschen (zum Beispiel Demokratische Republik Kongo, Südsudan). Welchen Lauf die Zukunft für afrikanische Gesellschaften nehmen wird, hängt von diesen unterschiedlichen Ausgangsbedingungen und aktuellen Megatrends ab.[1]

Im Jahr 2034 werden mehr erwerbstätige Menschen in Afrika als in China und Indien leben.

Treibende Kräfte: afrikanische und globale Megatrends

Megatrends transformieren Gesellschaften – meistens haben sie disruptiven Charakter. Sind Megatrends und ihre möglichen Folgen einmal identifiziert, ist ihre Gestaltung eine primär politische und gesellschaftliche Aufgabe. In den europäischen Medien steht das erwartete massive Bevölkerungswachstum auf dem afrikanischen Kontinent im Zentrum. Tritt es wie erwartet ein, werden sich die afrikanischen Gesellschaften stark verändern. Um jedoch die Tragweite eines einzelnen Megatrends zu erfassen und seine politische Gestaltung zu erörtern, müssen die Gleichzeitigkeit verschiedener Megatrends und ihre Wechselwirkungen bedacht werden. Dies gilt zum einen für afrikaspezifische Trends und zum anderen für globale Trends, deren Auswirkungen auch in Afrika zum Tragen kommen (siehe Abbildung 9). Politische Lösungen zur Gestaltung dieser Trends müssen an den gesellschaftlichen Bedingungen ansetzen und dürfen nicht einseitig sein.

Immenses Bevölkerungswachstum in Afrika

Derzeit leben 1,2 Milliarden Menschen auf dem afrikanischen Kontinent (2016). Bevölkerungsprognosen gehen einhellig von einen Anstieg auf zwei Milliarden Menschen bis 2050 beziehungsweise 4,4 Milliarden bis 2100 aus. Trifft dies zu, wird das Bevölkerungswachstum andere Megatrends verstärken. Während in wenigen afrikanischen Ländern wie Südafrika oder Tunesien die Fertilitätsraten in den letzten Jahren auf 2,1 Kinder pro Frau gefallen und in zwölf Ländern die Geburtenraten langsam auf drei Kinder pro Frau gesunken sind (zum Beispiel Ghana, Kamerun, Namibia), finden sich weltweit die durchschnittlich höchste Geburtenrate mit 5,4 Kindern pro Frau in 27 afrikanischen von insgesamt 30 Ländern. Hierzu zählen auch die bevölkerungsreichsten Länder des Kontinents, Äthiopien und Nigeria.[2]

Diese Trends haben eine massive Verjüngung der afrikanischen Bevölkerung in vor allem entwicklungsschwachen Ländern und Regionen zur Folge. Über 40 Prozent sind unter 15 Jahre alt und 20 Prozent zwischen 15 und 24. Entwickelt sich dieser Trend weiter, wird im Jahr 2050 ein Drittel aller Jugendlichen weltweit in Afrika leben, ausgehend von einem Fünftel der Weltbevölkerung im Jahr 2017.[3] Im Jahr 2034 werden mehr erwerbstätige Menschen in Afrika als in China und Indien leben.

Implikationen: Die Verjüngung der afrikanischen Bevölkerung birgt zwar ein großes Potenzial für gesellschaftliche Transformation ist aber auch eine Herausforderung, genug Erwerbstätigkeit und Einkommen zu generieren. Positive Zukunftsperspektiven für junge Afrikanerinnen und Afrikaner zu schaffen, hängt von der Aussicht auf ein verlässliches Einkommen ab. Afrikanische Wirtschaftssysteme bieten derzeit kaum formale Beschäftigung (acht Prozent formale Wirtschaft und acht Prozent Staatsbedienstete), sondern überwiegend temporäre Tätigkeiten ohne sichere Vertragsverhältnisse im

Wechselwirkungen zwischen afrikanischen und globalen Megatrends

Abb. 9: Wechselseitige Beeinflussung globaler und afrikanischer Trends.

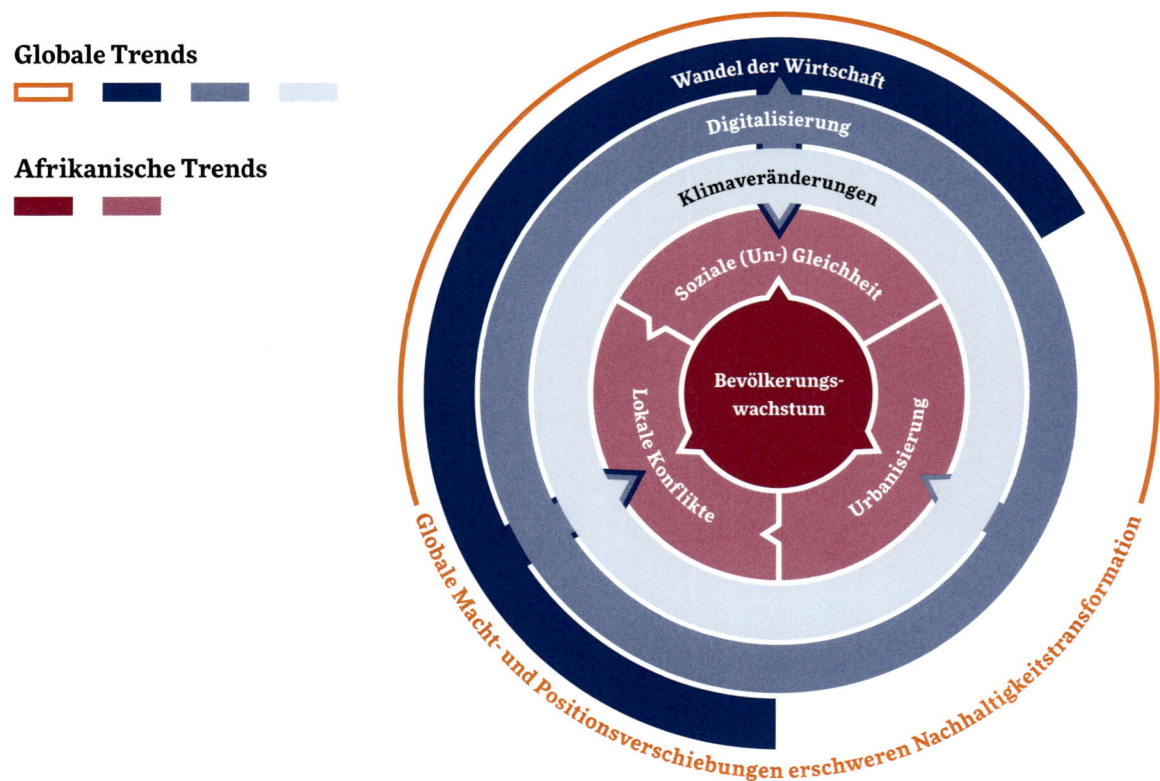

Globale Trends

Afrikanische Trends

informellen Sektor (84 Prozent).[4] Um eine demografische Dividende zu erreichen, müsste die Produktivität afrikanischer Volkswirtschaften massiv erhöht und es müssten jährlich circa 20 Millionen Arbeitsplätze geschaffen werden. Dies ist nur durch eine strukturelle Nachhaltigkeitstransformation erreichbar.

Rasante Urbanisierung in Afrika

Afrikanische Gesellschaften haben die höchste Urbanisierungsrate der Welt. Bereits in sieben Jahren (2025) sollen schätzungsweise 187 Millionen mehr Menschen in urbanen Zentren leben. Bis 2045 ziehen insgesamt zusätzliche 24 Millionen Menschen pro Jahr in Städte. In China und Indien sind dies neun beziehungsweise

Bis 2045 ziehen insgesamt zusätzliche 24 Millionen Menschen pro Jahr in Städte. In China und Indien sind dies neun beziehungsweise elf Millionen.

elf Millionen. Zwei Drittel der neu Zugezogenen werden in einem Slum ohne angemessenen Wohnraum und sanitäre Versorgung leben (WBGU 2017)[5]. Das heißt, zwei Milliarden Menschen würden 2100 unter menschenunwürdigen und gesundheitlich prekären Bedingungen in Slums leben, wenn politisch nicht umgesteuert wird. In Folge der Urbanisierung wird sich die Gesellschaftsstruktur im ländlichen Raum verändern.

Implikationen: Während die Urbanisierung auch ein Treiber für Innovation, Kreativität und Wettbewerbssteigerung sein kann (zum Beispiel die digitalen Start-ups in Kenia), ist es eine der größten Herausforderungen in Afrika, nachhaltige und inklusive Städte mit menschenwürdigen Lebensbedingungen für alle zu schaffen. Wenn die Verstädterung nicht nachhaltig gestaltet wird, werden negative Folgen für die Umwelt und Klimaveränderungen nicht ausbleiben.

Diverse soziale (Un-) Gleichheiten in Afrika

Afrika gilt nach Lateinamerika als der Kontinent mit der zweithöchsten Einkommensungleichheit innerhalb von Gesellschaften. Zehn der 19 ungleichsten Länder der Welt sind afrikanisch.[6] Die Einkommensungleichheit hat sich in den vergangenen zwei Dekaden durchschnittlich nicht verringert und wird sich aufgrund der Bevölkerungsentwicklung voraussichtlich erhöhen.[7] Dabei sind die Ungleichheitsprofile einzelner Länder sehr unterschiedlich. Während sich die Ungleichheit in Ländern mit geringem Ausgangsniveau eher verringert, steigt sie in Ländern mit bereits hohen Ungleichheitsraten. Zehn der 19 ungleichsten Länder der Welt sind afrikanisch. Insbesondere die Staaten mit einem relativ guten Entwicklungsniveau (mittleres Einkommen) im südlichen Afrika weisen sehr hohe Ungleichheitsraten auf (Botsuana, Namibia und Südafrika, siehe Abbildung 10). Soziale Ungleichheit wird durch unterschiedliche strukturelle Voraussetzungen von Einzelnen (*equality of opportunities*), zum Beispiel bedingt durch ihre Religion, Ethnie oder Gender, verstärkt.[8] Dies ist vor allem in Ländern mit schwacher Regierungsführung und exklusiven politischen Institutionen der Fall.

Implikationen: Während die Stagnation beziehungsweise der leichte Rückgang von Einkommensungleichheit in einigen Ländern auf eine positive Entwicklung hinweist, wird dieser Trend aufgrund des Bevölkerungswachstums in einigen Ländern voraussichtlich umgekehrt. Wenn soziale Ungleichheit innerhalb von Gesellschaften größer wird, steigt auch das Konfliktrisiko.

Mehr lokale Konflikte in Afrika

Ein Viertel weltweiter Gewaltkonflikte trägt sich in afrikanischen Gesellschaften zu (weniger als in Asien), wobei die Gewaltintensität in den vergangenen Jahren zurückgegangen ist.[9] Hingegen ist die Zahl lokaler Konflikte mit niedriger Gewaltintensität hoch und steigt weiter an (siehe Abbildung 11). Sie äußern sich in Form von Protesten, Aufständen und Vandalismus. Motiviert sind diese niedrigschwelligen sozialen Konflikte oft durch wirtschaftliche und politische Exklusion. Gerade in bevölkerungsreichen Ländern mit einem guten Wirtschaftswachstum äußert sich die Unzufriedenheit der Bevölkerung an exklusiver Wirtschaftspolitik und mangelnden staatlichen Dienstleistungen vermehrt über offene und manifeste Konflikte (siehe Abbildung 9). Beispielsweise gibt es Aufstände gegen Infrastrukturprojekte von Regierungen, wenn die Bevölkerung in die Planung nicht einbezogen wurde, oder gegen die Wirtschaftsaktivitäten von

Zehn der 19 ungleichsten Länder der Welt sind afrikanisch.

internationalen Unternehmen, die Rohstoffe vor Ort abbauen, die Bevölkerung aber nicht an den Gewinnen beteiligen.

Implikationen: Während friedlich ausgetragene soziale Konflikte eine erhöhte Nachfrage nach öffentlichen Gütern bedeuten und damit Reformdruck auf Regierungen ausüben können, besteht die Gefahr, dass die wachsende junge Bevölkerung und die ungleiche, exklusive Urbanisierung zu einer Verschärfung von sozialen Konflikten führen. Junge Menschen mobilisieren sich politisch und vernetzen sich (digital) zunehmend. Responsive politische Institutionen und eine inklusive Wirtschaftspolitik sind notwendig, um die Wechselwirkungen afrikanischer Megatrends friedlich einzuhegen.

Globale Megatrends und ihre Implikationen für Afrikas Zukunft

Globale technologische, wirtschaftliche und natürliche Trends wirken mit afrikanischen Megatrends zusammen. Sie können sie verstärken oder konstruktiv zu struktureller Transformation beitragen. Für die politische Gestaltung dieser Zukunftstrends ist es daher wichtig, gleichzeitig auf verschiedenen Ebenen globaler und nationaler Politik aktiv zu sein.

Globale Unordnung. In der globalen Politik verschieben sich derzeit Machverhältnisse und Positionen. Global steigt die Unterstützung für nationalistische Regierungen (»My country first«) an, insbesondere in den USA und europäischen Staaten. Die Abkehr von globalen Institutionen und multilateralen Abkommen ist eine Folge davon. Werteorientierungen wie Liberalismus, minimale gemeinsame Nenner wie die Unantastbarkeit von Menschenrechten sowie Handelsvereinbarungen werden offen infrage gestellt und unterminiert. Dies kommt auch in steigenden internationalen Spannungen zwischen den Weltmächten China, Russland und USA zum Ausdruck. Wirtschaftliche und politische Kooperation mit Afrika ist in diesem globalen Kontext ein wichtiger Aspekt für den wirtschaftlichen Machterhalt globaler Mächte geworden. Diesen globalen Kontext nutzen afrikanische Regierungen auch, um ihre Außenbeziehungen zu reformieren. Die dadurch entstandene Ressourcendiversifizierung gibt afrikanischen Regierungen und Regionalorganisationen wie der Afrikanischen Union (AU) unter anderem die Möglichkeit, ihre politischen Prioritäten besser durchzusetzen, aber auch undemokratische Regierungspraktiken international zu legitimieren.

Digitalisierung. Künstliche Intelligenz und die Digitalisierung von Arbeitsprozessen und sozialen Interaktionen wird die Welt binnen weniger Jahre stark verändern. Für afrikanische Gesellschaften bietet sich die Chance, dass IT-Formate schwache physische Infrastruktur und Institutionen ergänzen oder teilweise ersetzen können (*leapfrogging*). Die Digitalisierung in afrikanischen Gesellschaften variiert stark und ist im globalen Vergleich noch niedrig. Beispielsweise haben in Ländern wie Kenia 30 Prozent der Bevölkerung Zugang zu Breitbandanschlüssen, während dies in Zentral- und Westafrika bei unter fünf Prozent liegt. Hauptursache für den Fortbestand dieser Unterschiede ist die Kluft zwischen Einkommen und Erschwinglichkeit des Internetzugangs. Der Zugang zum Internet ist bei jungen Menschen höher (40 Prozent der Bevölkerung 2017), wobei Frauen einen maßgeblich geringeren Zugang zum Internet haben als Männer.[10] Eine Verbesserung der Situation kann sich durch den rasant wachsenden Mobilfunkmarkt ergeben. Dienstleistungen wie Kontoführung und Zahlungen erfolgen in Ländern wie Kenia bereits häufig mobil. Cybersecurity ist daher besonders relevant, zumal circa 80 bis 90 Prozent afrikanischer Endgeräte mit Malware infiziert sind.[11] Wirtschaftlich besteht aufgrund des niedrigen Bildungs-, Digitalisierungs- und Innovationsgrades die Gefahr, dass afrikanische Volkswirtschaften von globalen Entwicklungen im IT-Bereich abgehängt werden. Ausnahmen bilden IT-Vorreiterländer wie Kenia. Wenn die wirtschaftlichen und sozialen Chancen der Digitalisierung in Afrika nicht genutzt werden, wird die soziale Ungleichheit (insbesondere *equality of opportunities*) in und zwischen afrikanischen Ländern verstärkt.

Cybersecurity ist besonders relevant, zumal circa 80 bis 90 Prozent afrikanischer Endgeräte mit Malware infiziert sind.

Weltwirtschaftlicher Wandel. Veränderungen in der Weltwirtschaft werden in der nahen Zukunft vor allem durch verstärkte Digitalisierung und Automatisierung von Sektoren und Arbeitsmärkten angetrieben. Wenn beispielsweise China wegen Lohnsteigerungen aus der Niedriglohnproduktion aussteigt, könnten durch vorausschauende Wirtschaftspolitik arbeitsintensive Leichtindustrien in Afrika angesiedelt werden.[12] Dies könnte zu einem produktiven Wirtschaftswachstum in Afrika beitragen, das mehr Arbeitsplätze für die junge Bevölkerung schafft. Jedoch bleibt der Übergang zu verarbeitenden Industrien in Afrika auch wegen der weltwirtschaftlichen Nachfragestruktur schwierig. Das Einkommen ressourcenreicher Staaten wie der Demokratischen Republik Kongo oder von Nigeria hängt nach wie vor stark von der Volatilität internationaler Rohstoffpreise ab. Aufgrund des globalen Bevölkerungswachstums und neuer Konsummuster wird die Konkurrenz um Nahrungsmittel weltweit wachsen. Um am globalen Wettbewerb teilzunehmen, muss die Produktivität im afrikanischen Agrarsektor gesteigert und schwierige Landfragen müssen geklärt werden, wenn soziale Konflikte nicht weiter zunehmen sollen.

Klimaveränderungen. Globale Klimaveränderungen wie die Erderwärmung haben schädliche Wirkungen auf den afrikanischen Kontinent. Insgesamt nehmen klima- und umweltbedingte Katastrophen wie Fluten und Dürren zu. Die Versandung von Boden und schlechtes Wassermanagement sind Ursachen hierfür. Ohnehin vulnerable Bevölkerungsgruppen sind von diesen Naturkatastrophen in Afrika besonders betroffen, gerade auch im städtischen Raum. Responsive und präventive Politik muss hier ansetzen, um mögliche Negativfolgen von afrikanischen Megatrends einzuhegen oder nicht zu verstärken.

Politische Gestaltungsmöglichkeiten
Je nach Ausgangsbedingung wirkt das Zusammenspiel dieser afrikanischen und globalen Megatrends unterschiedlich auf die Transformation afrikanischer Staaten (siehe Abbildung 9). Beispielsweise können Digitalisierungsdynamiken in Ländern mit mittlerem Einkommen, aber schwachen staatlichen Kapazitäten zu inklusiver Urbanisierungspolitik beitragen, indem digitale Dienste zu öffentlichen Servicedienstleistungen genutzt werden.

Afrika im Wandel[13]

Wirtschaftswachstum pro Kopf

Abb. 10: Prozentuales BIP-Wachstum afrikanischer Länder anhand gerundeter Mittelwerte, 2009–2016.[14]

BIP pro Kopf (%)

- – 15
- – 2
- 0
- 2
- 5
- 10

☐ Keine Daten verfügbar

Proteste und Ausschreitungen

Abb. 11: Die Häufigkeit von Protesten und anderen Ausschreitungen in ausgewählten afrikanischen Ländern, 2008–2017.[15]

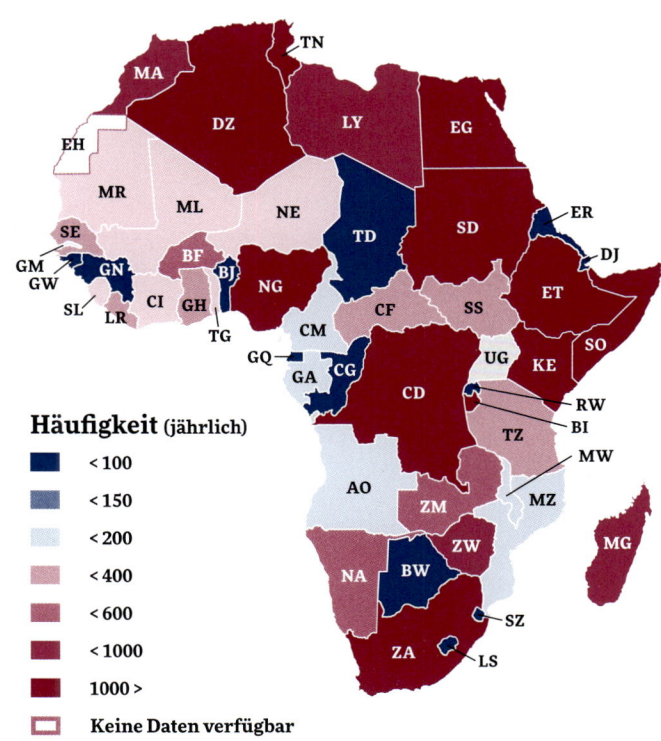

Häufigkeit (jährlich)

- < 100
- < 150
- < 200
- < 400
- < 600
- < 1000
- 1000 >

☐ Keine Daten verfügbar

Staatlichkeit

Abb. 12: Sechs verschiedene Kategorisierungen zu Staatlichkeit in ausgewählten afrikanischen Ländern, 2015.[16]

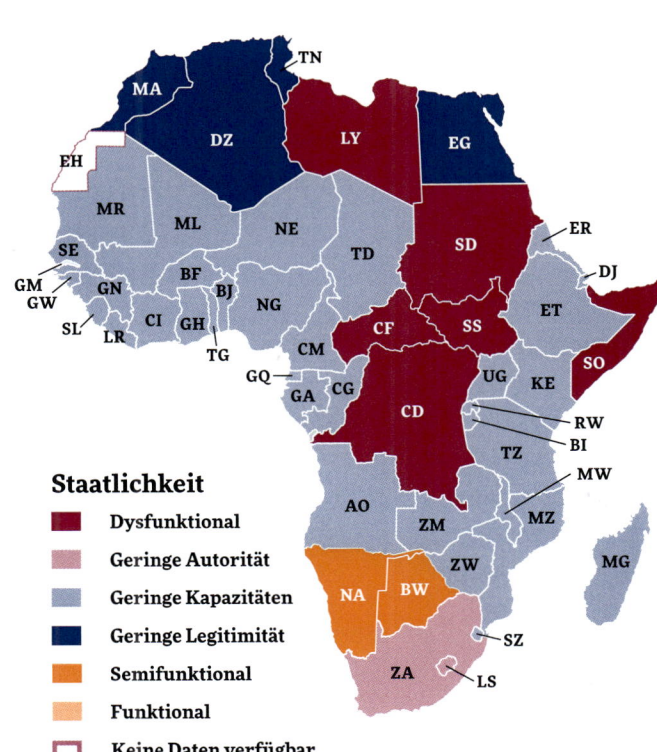

Staatlichkeit

- Dysfunktional
- Geringe Autorität
- Geringe Kapazitäten
- Geringe Legitimität
- Semifunktional
- Funktional

☐ Keine Daten verfügbar

Demokratie

Abb. 13: Vier verschiedene Regimetypen der ausgewählten afrikanischen Länder, 2016.[17]

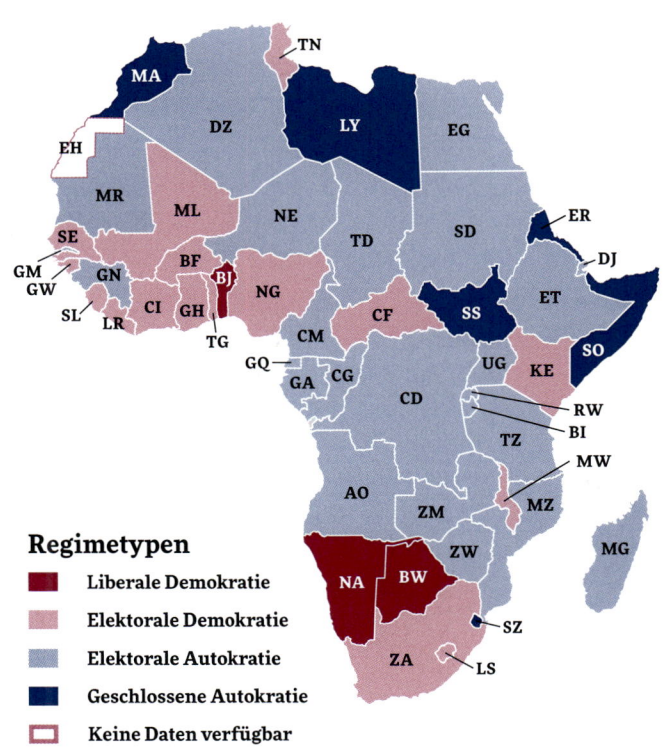

Regimetypen

- Liberale Demokratie
- Elektorale Demokratie
- Elektorale Autokratie
- Geschlossene Autokratie

☐ Keine Daten verfügbar

Afrikanische und globale Trends haben eine hohe Eigendynamik. Es besteht ein Konsens in Politik und Wissenschaft, dass die Dynamiken aktueller Trends nur durch politische Gestaltung zu einer Nachhaltigkeitstransformation gewendet werden können. Funktionierende und effektive Staaten sowie inklusive politische Systeme sind normative und institutionelle Voraussetzungen hierfür. Im afrikanischen Kontext sehen die Ausgangsbedingungen wie folgt aus.

Staatlichkeit

Die Fähigkeiten eines Staates, sein Gewaltmonopol zum Schutze seiner Bürgerinnen und Bürger auszuüben, öffentliche Dienstleistungen wie Gesundheitsversorgung oder Bildung bereitzustellen und sich auf eine breite Legitimationsbasis berufen zu können, macht ein funktionierendes Staatswesen aus.[18] In Afrika überwiegen die Staaten (41 beziehungsweise 74 Prozent), die relativ stabil sind, aber sehr schwache staatliche Kapazitäten und damit Probleme bei der effektiven Umsetzung von Nachhaltigkeitspolitik haben (siehe Abbildung 12). Jedoch sind diese Staaten stärker konfliktanfällig, weil sie nur schwache formale Institutionen zur Konfliktregulierung aufweisen und die Armutsreduzierung nur schleppend vorangeht. Mit Problemen bei der Ausübung von Staatsgewalt und hohen Kriminalitätsraten kämpfen zwei afrikanische Staaten, Südafrika und Lesotho (3,6 Prozent). In diesen Kontexten ist es zwar möglich, Basisdienstleistungen bereitzustellen, aber es wird sehr schwer, soziale Ungleichheit zu verringern.

Demokratische Systeme sind die beste politische Alternative, um Politikprozesse inklusiv und partizipativ zu gestalten.

In drei nordafrikanischen Staaten sind zwar die Leistungsfähigkeit und Staatsgewalt relativ hoch, doch hat der Staat ein Legitimitätsproblem, weil er von seiner Bevölkerung nur bedingt akzeptiert wird (5,5 Prozent). Hier ist die Einführung responsiver öffentlicher Institutionen relevant, wenn eine Nachhaltigkeitstransformation gelingen soll. Staaten, die in allen drei genannten Staatlichkeitsdimensionen eine mittlere Performanz zeigen (3,6 Prozent), haben aufgrund ihrer gesellschaftlichen Stabilität auch gute Aussichten auf Reformerfolge. Schließlich gibt es vor allem in Zentralafrika noch sechs Staaten, die dysfunktional sind, das heißt in allen drei Dimensionen versagen und von Kriegen gekennzeichnet sind (elf Prozent). Grundsätzliche Voraussetzungen für eine Nachhaltigkeitstransformation müssen hier erst geschaffen werden.

Demokratie

Demokratische Systeme sind die beste politische Alternative, um Politikprozesse inklusiv und partizipativ zu gestalten. Zudem bieten sie institutionelle Möglichkeiten, soziale Konflikte innerhalb einer Gesellschaft friedlich zu lösen.[19] Auch international gibt es friedenspolitische Vorteile, weil Demokratien keine Kriege gegeneinander führen. Die Voraussetzungen für inklusive Politikgestaltung variieren in afrikanischen Gesellschaften. Diese Voraussetzungen sind in 22 afrikanischen Staaten (40 Prozent) günstig (liberale und elektorale Autokratien), während in 27 Staaten (49 Prozent) nur ein geringer politischer Wettbewerb und eingeschränkte bürgerliche Freiheiten vorherrschen (elektorale Autokratien) und sechs Staaten (elf Prozent) sehr geschlossene politische und gesellschaftliche Systeme haben (siehe Abbildung 13). Einige elektorale Autokratien haben in den vergangenen Jahren zwar beachtliche Erfolge in der menschlichen Entwicklung verzeichnet und konnten ihr Wirtschaftswachstum entwicklungsorientiert einsetzen. Jedoch besteht hier die Gefahr, dass dauerhaft exklusive Politik zu einer Destabilisierung der Gesellschaften führt.[20] Diese institutionellen Voraussetzungen sind notwendig, aber nicht ausreichend, um Transformationspolitik zu gestalten. Die Fähigkeit und der politische Wille von Eliten, gute Wirtschafts- und Sozialpolitiken zu formulieren und umzusetzen sowie auf die Folgen von Megatrends zu reagieren, sind zentral. Auch wenn die primäre Politikverantwortung bei afrikanischen Eliten liegt, stellt sich im Kontext des vorliegenden Bandes die Frage, welche Rolle deutsche Afrikapolitik spielt und welchen Einfluss sie auf die Gestaltung einer Nachhaltigkeitstransformation in Afrika nehmen kann.

Die Ökonomisierung der deutschen Afrikapolitik

Das »Afrikajahr« nennen außen- und entwicklungspolitische Kreise 2017 oft. Tatsächlich stand deutsche Kooperation mit Afrika so hoch auf der politischen Agenda und in der Medienöffentlichkeit wie kaum zuvor. Das

Leitbild deutscher Afrikapolitik ist die demografische Dividende. Das heißt, die Kooperation mit Afrika konzentriert sich darauf, dass ein Großteil der erwerbsfähigen Afrikanerinnen und Afrikaner einer Erwerbstätigkeit nachgehen kann. Dies soll unmittelbar und schnell erreicht werden. Sie soll etwa dem Aufbau des Privatsektors, dem Bau von wichtiger Infrastruktur wie Straßen oder etwa der Schaffung von Arbeitsplätzen dienen.

Eine stärkere und systematische Zusammenarbeit mit der Europäischen Union würde die Einflussmöglichkeiten Deutschlands auf umfassende, strukturelle Transformationen in Afrika erhöhen.

Unbeantwortet bleibt bei diesem Ansatz jedoch die Frage, ob und wie wirtschaftliche Gewinne zu einer Nachhaltigkeitstransformation, menschlicher Entwicklung und der Minderung von Ungleichheiten beitragen können. Die Neuausrichtung deutscher Afrikapolitik setzt eher am Symptom (wachsende Bevölkerung) an und weniger an seinen Ursachen (Bildungsmangel, Ungleichheit zwischen Männern und Frauen, soziale Ungleichheit et cetera). Bildungspolitik, die eine zentrale Voraussetzung für den Abbau von Ungleichheiten und die notwendigen menschlichen Fähigkeiten für eine wissensbasierte, digitale Gesellschaft ist, spielt traditionell und auch weiterhin eine nachgeordnete Rolle in der deutschen Afrikapolitik. Ein Großteil bildungspolitischer Vorhaben fördert die duale Ausbildung und durch den Deutschen Akademischen Austauschdienst Hochschulen.

Sektorpolitisch fokussiert Afrikapolitik derzeit auf wirtschaftliche Entwicklung und die Zusammenarbeit mit der Privatwirtschaft. Insbesondere deutsche Unternehmen sollen in die afrikanische Wirtschaft investieren, um zu wirtschaftlicher Entwicklung beizutragen. Der Aufbau eines effektiven Privatsektors in Afrika ist wichtig, weil mit mehr Privatkapital mehr Produktivität erreicht werden kann. Angesichts der Wechselwirkungen zwischen afrikanischen und globalen Megatrends dürfen andere Bereiche wie etwa die institutionellen Voraussetzungen für inklusives Wachstum nicht vernachlässigt werden. Doch es ist nicht unwahrscheinlich, dass die Priorisierung der Privatwirtschaft auf Kosten relevanter Handlungsfelder wie menschlicher Entwicklung und guter Regierungsführung geht. Eine Vielzahl

von politischen Initiativen richtet sich an dieser privatwirtschaftlichen Priorität aus. Die deutsche G20-Präsidentschaft unter Leitung des Finanzministeriums schuf den »Compact with Africa«, das Entwicklungsministerium stellte Eckpunkte für einen Marshallplan mit Afrika vor und der Afrikabeauftragte der Kanzlerin lancierte eine Digitalisierungsinitiative für Start-ups in Afrika. Wichtig ist die entwicklungspolitische Forderung, auch global die Bedingungen für wirtschaftliches Handeln afrikanischer Regierungen zu verbessern, zum Beispiel durch den Abbau von Zöllen bei der Einfuhr afrikanischer Waren in die EU. Andere Ressorts wie das für auswärtige Angelegenheiten oder Forschung und Bildung verfolgten ihren gewohnten Kurs weiter.

Die jüngeren afrikapolitischen Initiativen Deutschlands benennen zwei zentrale Kooperationsprinzipien:

Partnerschaftlichkeit: »Nicht predigen, sondern zuhören« soll die deutsche Regierung. So obliegt es afrikanischen Regierungen, inhaltliche Vorschläge für Reformpartnerschaften zu unterbreiten. Die Idee, dass afrikanische Regierungen ihre politischen Prioritäten benennen sollen, prägt deutsche Kooperation mit Afrika seit spätestens 2005 und wird fortgesetzt. Als neues Element kommt die »Freiwilligkeit« hinzu.

Freiwilligkeit: Die Kooperation mit afrikanischen Regierungen soll laut dem »Compact with Africa« keiner von Deutschland gesetzten Konditionalität unterliegen. Dies entspricht dem Partnerschaftsprinzip, birgt aber die Gefahr, dass politische Voraussetzungen nachrangig behandelt werden. Selbst wenn politische Aspekte bei der Mittelvergabe vernachlässigt würden, wäre zu berücksichtigen, dass die zweckmäßige Verwendung deutscher Steuergelder gewährleistet sein muss.

Elf Länder sind bislang eine Reformpartnerschaft mit Deutschland eingegangen (Ägypten, Äthiopien, Benin, Guinea, Côte d'Ivoire, Ghana, Marokko, Ruanda, Senegal, Togo und Tunesien). Privatwirtschaftliche Investitionen in Infrastruktur stehen im Vordergrund dieser Partnerschaften. Auch die Mobilisierung von Eigeneinnahmen ist ein Thema. Jedoch lassen signifikant höhere Investitionen durch die deutsche Privatwirtschaft noch auf sich warten. Es bleibt abzuwarten, ob mehr staatliche Garantien die Risikobereitschaft deutscher Unternehmen in Zukunft steigern wird. Deutsche Privatinvestitionen in Afrika fließen zu zwei Dritteln (sechs Milliarden) ins südliche Afrika, davon ein Großteil in die Automobilindustrie. Das restliche Drittel (drei Milliarden) geht vor allem in ostafrikanische Länder.

Die Rolle Deutschlands in Afrika: Reputation besser als politischer Einfluss

Deutsche Außen- und Entwicklungspolitik hat einen guten Ruf. Eine Befragung von Partnern deutscher Afrikapolitik ergab, dass Deutschland sehr geschätzt wird, aber nur im Agenda-Setting sehr erfolgreich ist, während die Einschätzung des Einflusses in der Politikberatung und der Unterstützung von konkreten Reformvorhaben als gemischt eingeschätzt wird.[21] Die faktisch wahrgenommene Einflussnahme Deutschlands verhält sich asymmetrisch zur Größe deutscher Entwicklungsleistungen im internationalen Vergleich.

Die Anzahl der Staatsbürgerinnen und Staatsbürger afrikanischer Länder südlich der Sahara, die zwischen 2008 und 2015 Erstanträge auf Asyl in der EU gestellt haben, entspricht 0,15 Prozent der EU-Gesamtbevölkerung.

Als zweitgrößter Geber weltweit, der 28 Prozent seiner Entwicklungsleistungen für Kooperation mit Afrika ausgibt, könnte die Einflussnahme sicherlich noch gesteigert werden. Hohe Einflussnahme wird vor allem multilateralen Finanzorganisationen und kleineren Gebern mit einer auf wenige Sektoren stark konzentrierten Entwicklungspolitik zugesprochen. Eine stärkere und systematische Zusammenarbeit mit der Europäischen Union würde die Einflussmöglichkeiten Deutschlands auf umfassende, strukturelle Transformationen in Afrika erhöhen. Die afrikapolitischen Initiativen aus dem Jahr 2017 haben in Afrika große Aufmerksamkeit erhalten und wurden gemischt aufgenommen. Einerseits wurden das Prinzip der Freiwilligkeit und das grundsätzliche deutsche Engagement von afrikanischen Partnern gelobt. Damit ging die – unerfüllte Hoffnung – einher, dass die deutschen Initiativen zusätzliche Finanzmitteln für Investitionen in Afrika unterlegt würden.[22] Andererseits haben Politikerinnen und Politiker Afrikas den Marshallplan und die G20-Compacts als westliche Initiativen kritisiert und signalisiert, dass bei der Vielzahl der von Deutschland initiierten Initiativen ein klarer roter Faden fehle und nicht unmittelbar erkennbar sei, wer von der Bundesregierung zuständig sei. In den kommenden Jahren ist es wichtig, die geweckten Erwartungen an deutsche Afrikapolitik einzulösen und die hohe Priorität der Kooperation mit Afrika auf der politischen Agenda zu halten.

Bekämpfung von Migrationsursachen

Deutschlands Reputation ist gut und wird dann gehalten werden, wenn Deutschland glaubwürdig bleibt. Dies ist auch im Hinblick auf den Erhalt einer stabilen globalen Ordnung notwendig. Zwei Dynamiken gefährden seit 2017 Deutschlands Glaubwürdigkeit in der Afrikapolitik.

Motivation für Kooperation mit Afrika: Eine der Hauptmotivationen aktueller deutscher Afrikapolitik ist die sogenannte »Bekämpfung« von Flucht- und Migrationsursachen. Verbunden mit der Idee, dass das Bevölkerungswachstum mittelfristig zu mehr Migration nach Europa führen werde, soll durch deutsche Unterstützung zu besseren Lebensbedingungen in Afrika beigetragen werden. Wenngleich es für eine partnerschaftliche Kooperation wichtig ist, Eigeninteressen klar zu benennen, wird die »Migrationsursachenlogik« von afrikanischen Regierungen mit Skepsis gesehen. Die meisten afrikanischen Migrantinnen und Migranten bewegen sich in ihren Ländern oder Regionen, die wenigsten migrieren nach Europa. Beispielsweise entspricht die Anzahl der Staatsbürgerinnen und Staatsbürger afrikanischer Länder südlich der Sahara, die zwischen 2008 und 2015 Erstanträge auf Asyl in der EU gestellt haben, gerade einmal 0,15 Prozent der EU-Gesamtbevölkerung.[23] Afrikanische Regierungen lassen sich zwar auf die Einrichtung von europäischen Migrationszentren wie in Niger oder Senegal ein, aber sie stellen die Ernsthaftigkeit des deutschen Anliegens, eine strukturelle Transformation der Wirtschaften und Gesellschaften zu begleiten, infrage. Schließlich wird das Ziel, dauerhaft bessere Lebensbedingungen zu schaffen, nicht durch kurzfristige Politikmaßnahmen erreicht.

Anerkennung des Völkermords in Namibia und Rückgabe von Kunstgegenständen: Die Kolonialgeschichte belastet

Afrika
Wie wir handeln müssen

— *Umdenken!* Flucht- und Migrationsursachen eindämmen bedarf eines langfristigen Strukturwandels. Kurzfristiges, priorität auf europäische Interessen basiertes Handeln wird die Glaubwürdigkeit Deutschlands untergraben.

— *Vereinfachung und Vergünstigung von Rücküberweisungen* von Migrantinnen und Migranten aus Europa ist ein wichtiger Beitrag für nachhaltige Entwicklung in Afrika.

— *Globales Schuldenregime* aufbauen. Verschärft sich die Schuldenkrise in afrikanischen Ländern, gefährdet sie wirtschaftliche Erfolge in Reformpartnerländern nachhaltig. Deutschland sollte sich in Foren wie der G20 für ein globales Schuldenregime einsetzen.

— *Der Ressortkreis Afrika (Koalitionsvertrag)* sollte ein *Leitbild deutscher Afrikapolitik* auf Basis afrikanischer und globaler Megatrends erarbeiten und Menschenrechte, Demokratie und soziale Sicherung als zentral anerkennen, um Raum für Kreativität, Innovation und ein menschenwürdiges Dasein in Frieden zu schaffen.

— *Strategien für unterschiedliche Ländergruppen.* Der Fokus auf Privatinvestitionen betrifft vor allem stabile und entwicklungsorientierte Länder. Strategien für andere Ländergruppen, zum Beispiel fragile Staaten, sind notwendig.

— *Multisektorale Krisenprävention* mit friedens-, demokratie- und wirtschaftspolitischen Zielen, vor allem bei lokalen, durch exklusive Wirtschaftspolitik verursachten Konflikten, zum Beispiel soziale Folgeanalysen von ausländischen Investitionen.

— *Investitionen in inklusive, nachhaltige Städte, Agrarwirtschaft und Bildung steigern.* Die Transformationsfähigkeit Afrikas entscheidet sich in den wachsenden Städten Afrikas und hängt vom Bildungsgrad der Bevölkerung ab. Wenn afrikanische Wirtschaften vom zukünftig stärkeren globalen Wettbewerb um Nahrungsmittel profitieren wollen, müssen sie ihre Agrarproduktion steigern.

die deutschen Beziehungen mit Namibia. Während der deutschen Kolonialherrschaft zwischen 1904 und 1908 wurden circa 70.000 Menschen der Bevölkerungsgruppen Nara und Herero getötet. Zwar wird auch offiziell von einem Völkermord gesprochen, doch ist Deutschland nicht bereit, Reparationsleistungen an das Land im südlichen Afrika zu leisten. Diese würden international einen Präzedenzfall bilden und auch andere Kolonisatoren wie Belgien, Frankreich und Großbritannien betreffen. Für die Glaubwürdigkeit Deutschlands über die Grenzen Namibias hinaus ist es zentral, politische Verantwortung für den Völkermord zu übernehmen. Auch die Idee, Bronzestatuen, die im 19. Jahrhundert von britischen Kolonisatoren geraubt und an Deutschland verkauft wurden, im neuen Humboldt-Forum in Berlin auszustellen, widerspricht einem respektvollen Umgang mit afrikanischen Regierungen und Gesellschaften und schädigt die deutsche Reputation und unterminiert das Kooperationsprinzip einer reziproken »Partnerschaftlichkeit«.

Grundsätzlich hat deutsche Afrikapolitik ein großes Potenzial, zu einer Nachhaltigkeitstransformation in Afrika beizutragen. Dafür muss eine neue Kooperationskultur geschaffen und ein umfassender, über die Logik der »demografischen Wende« hinausgehender Ansatz verfolgt werden, der in der Bundesregierung und mit der Europäischen Union abgestimmt ist und die Wechselwirkungen zwischen globalen und afrikanischen Trends berücksichtigt.

DR. JULIA LEININGER *leitet am Deutschen Institut für Entwicklungspolitik (DIE) das Forschungsprogramm »Transformationen politischer (Un-) Ordnung: Institutionen, Werte und Frieden« und koordiniert die Afrikaforschung am DIE. Sie ist Co-Leiterin des T20 Africa, eines Verbunds von Thinktanks aus Afrika und G20-Ländern, der zu Fragen internationaler Kooperation mit Afrika arbeitet.*

Deutschlands Verantwortung zwischen Russland und dem Iran

Von Timothy Nunan

Wenig andere Länder demonstrieren so deutlich die Herausforderungen für Deutschlands politischen Kurs im kommenden Jahrzehnt wie Russland und der Iran. Beide dominieren in ihren Gebieten, werden 2030 zu den Top 20 der Welt gehören und bieten Potenzial für Diskrepanzen zwischen Berlin und Washington.[1] Wie kann man in einer Zeit der Multipolarität über die Beziehungen zu Russland und dem Iran nachdenken?

Russland: gegen Kleptokratie

Seit der Annexion der Krim durch Russland und der russischen Intervention in Syrien im September 2015 sprechen Kommentatoren von einem »neuen Kalten Krieg« zwischen Russland und dem Westen. Die Panama-Papiere haben verdeutlicht, dass die russische Kleptokratie weniger mit nationalem Charakter zu tun hat als mit der internationalen Finanzinfrastruktur von Briefkastenfirmen und Steuerparadiesen.[2]

Dies impliziert zudem, dass der Westen einschließlich Deutschlands die Verantwortung für Russlands Misere trägt. Reiche Russen besitzen im Ausland so viel Geld wie die gesamte russische Bevölkerung innerhalb Russlands.[3] Die Deutsche Bank hat allein in den Jahren 2011–2015 zehn Milliarden Dollar von Konten in Russland gewaschen.[4] Die Handlungen des ehemaligen Bundeskanzlers Gerhard Schröder (der sich während seiner Amtszeit für die Leitung der Nord-Stream-Pipeline Russland–Deutschland eingesetzt hatte) zeigen, dass die transnationale Oligarchie nicht nur gierig, sondern auch käuflich ist. Wenn man also über die Beziehungen zu Russland bis 2030 nachdenkt, sollte dies das Kernproblem aufzeigen: die kleptokratische Natur des russischen Regimes, das die europäische Finanzinfrastruktur verdirbt und das russische Volk des Reichtums seines eigenen Landes beraubt. Daher wird die beste Außenpolitik zu Hause mit einem Verbot ausländischer Lobbyarbeit und einem harten Vorgehen gegen Geldwäsche und Steueroasen beginnen. Die Unterscheidung zwischen staatlichen Interessen und systemischen Bedrohungen wie dem transnationalen Finanzamoklauf sollte auf der Tagesordnung stehen, wenn wir uns dem Iran zuwenden. Genauso wie selbst ein liberales demokratisches Russland Interessen in der Ukraine oder im Nahen Osten hätte, würde jede beliebige souveräne iranische Regierung versuchen, ihre Interessen im Irak, in Afghanistan und am Golf zu verteidigen.[5] Eine zentrale Herausforderung für Berlin wird es daher sein, gegen Akteure in Jerusalem, Riad und Washington vorzugehen, die den Iran in seiner ideologischen Dimension betrachten.

> **Mit Blick auf die Beziehungen in Richtung 2030 sollte Deutschland alles tun, um eine amerikanisch geführte Intervention abzuwenden, und sich auf Russland und China als ausgleichende Kräfte stützen.**

Iran: zwischen Trump, Xi und Putin

Zugegeben, Berlin verfügt nur begrenzt über Handlungsspielraum, nun da sich Trump aus dem gemeinsamen umfassenden Aktionsplan (Joint Comprehensive Plan of Action, JCPOA) zurückgezogen hat. Auf kurze Sicht könnte Deutschlands beste Wahl darin bestehen, mit Peking und Moskau an multilateralen Lösungen zu arbeiten, um den iranischen Raketentest zu stoppen – nicht zuletzt wegen der Versessenheit der Amerikaner, den Geist aus der Flasche zu lassen und einen Präventivschlag durchzuführen. Solch eine Lösung böte Trump die Gelegenheit, den Sieg zu verkünden und Zeit für den JCPOA zu gewinnen. Längerfristig betrachtet, liegt die Verantwortung darin, das Offensichtliche zu akzeptieren – nämlich, dass der Iran ein legitimer Akteur im Nahen Osten ist –, bei Riad, Jerusalem und Washington. Mit Blick auf die Beziehungen in Richtung 2030 sollte Deutschland alles in seiner Macht Stehende tun, um eine amerikanisch geführte Intervention abzuwenden, und sich gleichzeitig auf Russland und China als ausgleichende Kräfte zwischen einer iranischen Atombombe und der amerikanischen Abenteuerlust stützen.

DR. TIMOTHY NUNAN (32) *ist wissenschaftlicher Mitarbeiter und Freigeist-Fellow am Zentrum für Weltgeschichte der FU Berlin. Seine Arbeit konzentriert sich auf die Geschichte Russlands und Eurasiens – Zentralasien, Iran und Afghanistan – in einem internationalen Kontext. Er ist der Autor von »Humanitarian Invasion: Global Development in Cold War Afghanistan« (2016). Sein aktuelles Projekt untersucht das Aufeinandertreffen der Sowjetunion und der internationalen sozialistischen Bewegung mit dem Islamismus während des Kalten Krieges. Er erhielt seinen Dr. phil. in Geschichte von der Universität Oxford.*

»Die russische Kleptokratie hat weniger mit nationalem Charakter zu tun als mit der internationalen Finanzinfrastruktur von Briefkastenfirmen und Steuerparadiesen. Damit trägt der Westen einschließlich Deutschlands die Verantwortung für Russlands Misere.«

»Der Klimawandel ist ein Sicherheitsrisiko. Deutschland muss sich international für mehr sicherheitspolitische Anpassungsmaßnahmen und wirksame CO_2-Preise einsetzen.«

Warum Sicherheitspolitik auf eine effektive Klimapolitik angewiesen ist

Von Ottmar Edenhofer, Kira Vinke, Jacob Schewe

Der gefährliche Klimawandel bedroht zunehmend die Sicherheit von Staaten, welche grundsätzlich eine doppelte Ordnungsfunktion haben: Aufrechterhaltung der inneren Stabilität sowie Einflussnahme auf die internationale Ordnung, um sich vor externen Sicherheitsrisiken zu schützen. Wirtschaftliche, soziale und ökologische Krisen, zwischenstaatliche Kriege, innerstaatliche Konflikte, die Proliferation von Waffen sowie transnational organisierte Kriminalität beeinträchtigen diese Ordnungsfunktion. Bereits heute wird der gefährliche Klimawandel als das Sicherheitsrisiko wahrgenommen, das das 21. Jahrhundert prägen wird.

Trotz der im Paris-Abkommen vereinbarten Obergrenze von zwei Grad Celsius ist die Staatengemeinschaft weiterhin auf einem Kurs, der zu einer globalen Erwärmung von drei oder vier Grad im Verlauf des 21. Jahrhunderts führen wird.[1] Was aber bedeutet das für die Funktionsweise unserer Gesellschaften? Schon heute lassen sich viele Veränderungen im Klimasystem beobachten – schließlich hat sich die Erde seit Beginn der Industrialisierung um etwa ein Grad erwärmt. Diese Veränderungen stimmen mit den Prognosen physikalischer Modelle überein: Hitzewellen werden häufiger, Dürren intensiver, Niederschläge zugleich stärker, tropische Wirbelstürme zerstörerischer. Besonders Entwicklungsländer im globalen Süden leiden unter den Auswirkungen solcher Extremwetterereignisse.

In einer »Vier-Grad-Welt« werden manche Gegenden, etwa am Persischen Golf, so heiß und feucht, dass Menschen im Freien nicht mehr überleben können.

Doch auch in Industrieländern verursacht extremes Wetter bereits große Schäden. Die Hitzesommer 2003 und 2010 haben in Europa zu Ernteausfällen in der Landwirtschaft, Elektrizitätsengpässen und Zehntausenden von Todesopfern durch Hitzestress geführt. Diese Extremereignisse verblassen jedoch im Vergleich zu den Szenarien, die im Zuge des Anstiegs der globalen Mitteltemperatur um vier Grad denkbar werden. In einer »Vier-Grad-Welt« werden manche Gegenden, etwa am Persischen Golf, so heiß und feucht, dass Menschen im Freien nicht mehr überleben können; selbst ein gesunder Organismus versagt unter solchen Bedingungen.

Zeitweise könnten ähnlich lebensfeindliche Bedingungen auch in Nordindien und Pakistan auftreten – große, dicht bevölkerte Regionen, in denen heute Millionen von Menschen unter freiem Himmel in der Landwirtschaft tätig sind.[2] Bestehende Grenzstreitigkeiten belasten die Beziehungen der beiden Atommächte bereits seit Langem, und eine Verknappung der Ressourcen durch die Folgen solcher Hitzewellen könnte die Situation verschärfen. Extremere Wetterbedingungen sind aber nur eine Folge der fortschreitenden Treibhausgasemissionen. Weniger spektakulär, aber ebenso dramatisch sind die graduellen Veränderungen: So wird zum Beispiel die mittlere Wasserverfügbarkeit im Mittelmeerraum, im Nahen Osten sowie in Mittelamerika deutlich abnehmen; ebenso die Erträge wichtiger Feldfrüchte, besonders in den Tropen und Subtropen. Durch Erwärmung und Wasserknappheit gerät die Landwirtschaft in vielen Ländern unter einen doppelten Anpassungsdruck.

Extremere Wetterbedingungen als Folge der fortschreitenden Treibhausgasemissionen

Die Fischerei – eine wichtige Nahrungsquelle für einen Großteil der Menschen – wird gerade im globalen Süden wegen der Ozeanerwärmung und Ausbreitung sauerstoffarmer Zonen mit sinkenden Erträgen zu kämpfen haben. Bereits bei einer Temperaturerhöhung von zwei Grad werden die tropischen Korallenriffe vollständig verschwinden, die die Grundlage für reiche Fischgründe bilden.

Auch wenn der globale Meeresspiegel nur langsam ansteigt, sind die Auswirkungen dramatisch: Mit der unaufhaltsamen Auflösung großer Teile der Eisschilde Grönlands und der Westantarktis – der kritische Punkt liegt für beide möglicherweise schon unter zwei Grad globaler Erwärmung – werden die Weltmeere langfristig um mehrere Meter ansteigen. Doch bereits der vergleichsweise geringe Anstieg um einen halben bis einen Meter in den nächsten Jahrzehnten führt zu fortschreitender Küstenerosion, der Versalzung von Böden und einem großflächig erhöhten Sturmflutrisiko. Das gilt besonders in niedrig liegenden Regionen wie den dicht besiedelten Deltas des Mekong und des Ganges; ganz zu schweigen von den vielen pazifischen Inselstaaten, die existenziell bedroht sein werden.[3]

Vor dem Hintergrund dieses Szenarios stellen wir vier grundlegende Herausforderungen für die staatlichen Ordnungsfunktionen dar, die zu Sicherheitsrisiken werden können: erzwungene Migration, ethnische Konflikte, den Verlust des Staatsgebiets sowie den Ausfall zentraler Regierungsfunktionen (*failing states*). In den beiden letzten Abschnitten zeigen wir, warum die internationale Klimapolitik noch keinen Weg gefunden hat, den gefährlichen Klimawandel zu verhindern, und was – auch von der deutschen Bundesregierung – getan werden müsste, um die globale Erwärmung und die damit verbundenen Risiken zu vermindern.

Erzwungene Migration und humanitäre Krisen

Die Wanderung von Menschen innerhalb und zwischen Staaten ist historisch betrachtet der Normalfall und nicht die Ausnahme: Menschen suchen nach besserer Arbeit und Ausbildung, fliehen vor Verfolgung, Krieg oder Vertreibung. Obwohl die Migration zwischen Staaten in der medialen Öffentlichkeit eine größere Aufmerksamkeit als zwischenstaatliches Sicherheitsrisiko erhält, spielt die Binnenmigration eine sehr viel größere Rolle. Viele Migranten müssen über Jahre in Flüchtlingslagern ausharren, bevor sie in ihre angestammte Heimat zurückkehren können oder eine neue Heimat finden. Dass Umwelteinflüsse Migrationsentscheidungen beeinflussen, ist lange bekannt. So sind jedes Jahr viele Millionen Menschen weltweit gezwungen, vor Naturkatastrophen wie Überflutungen oder Wirbelstürmen zu fliehen.[4] Weltweit fliehen sogar mehr Menschen vor Naturkatastrophen als vor Krieg und Gewalt. Im Jahr 2016 führten Taifune und Überflutungen auf den Philippinen, in China und Indien – gemessen an der Zahl der Vertriebenen – die Liste der Katastrophen an; aber auch vor Hurrikan Matthew in den USA mussten Hunderttausende fliehen. Bei einer klimabedingten Zunahme der Wetterextreme wird das Risiko für Vertreibung durch Naturkatastrophen in Zukunft vielerorts weiter steigen.

Bereits bei einer Temperaturerhöhung von zwei Grad werden die tropischen Korallenriffe vollständig verschwinden, die die Grundlage für reiche Fischgründe bilden.

Auch der klimabedingte Rückgang von Erträgen und Wasserressourcen ist eine Ursache für Migration. Der Landbevölkerung in den betroffenen Regionen werden die Lebensgrundlagen entzogen. Eine mögliche Reaktion darauf ist die Abwanderung in Städte oder fruchtbarere Gebiete – insbesondere, wenn Hilfsmaßnahmen vor Ort ausbleiben. In einer von der Weltbank in Auftrag gegebenen Studie[5] wurde kürzlich der Versuch unternommen, den Einfluss der sinkenden landwirtschaftlichen Produktivität und des knapper werdenden (Oberflächen-) Wassers auf die Binnenmigration abzuschätzen. Für drei wichtige Regionen des globalen Südens – Mittelamerika, Ostafrika, und Südasien – wurde untersucht, welche Gebiete in den nächsten 30 Jahren wegen der zu erwartenden Klimaänderungen verstärkt mit Abwanderung rechnen müssen und welche mit Zuwanderung.

Mehr als 100 Millionen Binnenmigranten bis 2050

Die besorgniserregende Prognose: Bei ungebremst fortschreitendem Klimawandel und ohne eine grundlegende entwicklungspolitische Kehrtwende könnten allein in diesen drei Regionen bis 2050 mehr als 100 Millionen Menschen zusätzlich zu Binnenmigranten werden (Abbildung 14). Mögliche Auswirkungen auf die internationale Migration und auf andere Aspekte des sozialen Gefüges in den betroffenen Ländern wurden nicht untersucht, doch diese erste Analyse macht bereits deutlich: Der Klimawandel könnte zu einer wichtigen Triebkraft für (Binnen-) Migration werden und etwa die hohen Urbanisierungsraten in vielen Entwicklungsländern noch einmal deutlich verstärken.

Eine Schlussfolgerung der Studie ist daher, dass klimabezogene Binnenmigration für die Staaten nur dann zu bewältigen ist, wenn sie diese bereits heute in die Planung ihrer städtischen Infrastruktur einbeziehen – aber auch in die Ausgestaltung der Sozialversicherungssysteme oder der nationalen Wirtschaftspolitik. Zugleich gibt die Studie zwei Empfehlungen, um den Abwanderungsdruck zu verringern und den Entscheidungsspielraum der betroffenen Menschen zu vergrößern: erstens eine massive Verringerung der globalen Treibhausgasemissionen, um die Klimafolgen abzumildern, und zweitens eine drastische Reduzierung der

Zusätzliche Binnenmigranten durch Klimawandel

Abb. 14: Geschätzte Anzahl zusätzlicher Binnenmigranten aufgrund von Klimawandelfolgen in Lateinamerika, Subsahara-Afrika und Südasien bis 2050. Die drei Balken zeigen drei Szenarien, die dünnen blauen Striche den Varianzbereich.[6]

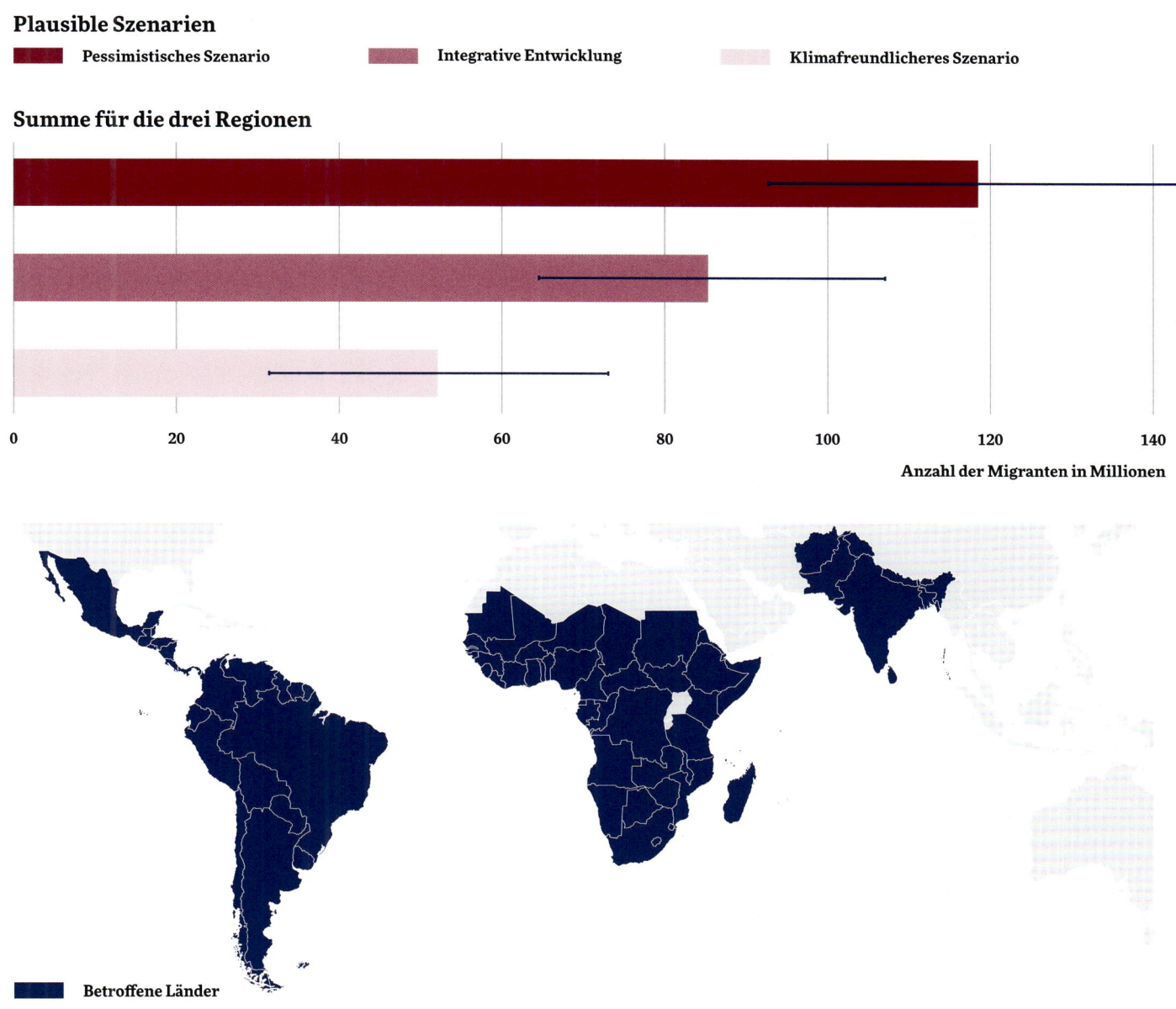

Plausible Szenarien

| ■ Pessimistisches Szenario | ■ Integrative Entwicklung | ■ Klimafreundlicheres Szenario |

Summe für die drei Regionen

Anzahl der Migranten in Millionen

■ Betroffene Länder

Ungleichheit zwischen Arm und Reich. Letzteres beinhaltet auch einen besseren Zugang zu Bildung für alle und die Förderung sowohl der Landwirtschaft als auch der wirtschaftlichen Produktivität in den Städten. Das daraus resultierende geringere Bevölkerungswachstum, die langsamere Verstädterung sowie bessere Arbeitschancen für die Landbevölkerung würden bereits die Notwendigkeit zur Migration deutlich verringern.

Der Klimawandel dürfte aber nicht nur die landwirtschaftliche Produktivität und die Verfügbarkeit von Wasserressourcen negativ beeinflussen, sondern auch die gesamtwirtschaftliche Arbeitsproduktivität. Da vor

allem die Länder Afrikas stärker davon betroffen sein werden als etwa Europa, könnte dies auch zu einer verstärken Migration von Afrika nach Europa führen.

Ethnische Konflikte als Sicherheitsrisiko
Die Staaten werden ihre innerstaatliche und zwischenstaatliche Ordnungsfunktion nur dann aufrechterhalten können, wenn es ihnen gelingt, das Risiko ethnischer Konflikte einzudämmen. Der gefährliche Klimawandel kann dieses Risiko erheblich erhöhen. So ist beispielsweise belegt, dass in Jahren, in denen tropische Regionen wegen des El-Niño-Phänomens überdurchschnittlich stark von Dürren betroffen sind, auch

die Wahrscheinlichkeit innerstaatlicher Konflikte messbar ansteigt. Natürlich ist dieser Zusammenhang nicht deterministisch: Es muss kein Konflikt ausbrechen, nur weil eine Dürre herrscht. Aber Dürren – und andere extreme Wetterereignisse wie Hitzewellen – können bestehende Konfliktrisiken verstärken oder zum Ausbruch latenter Konflikte führen. Wie eine Studie[7] des Potsdam-Instituts für Klimafolgenforschung (PIK) kürzlich gezeigt hat, ist dieses Risiko in Ländern mit starker ethnischer Zersplitterung besonders hoch. Beispiele für solche Länder sind Nigeria, Äthiopien und andere Staaten in der Sahelzone, aber auch die Philippinen – Regionen, deren Klima zugleich stark von El Niño beeinflusst wird.[8]

> **In einem Vier-Grad-Szenario ist die Sicherheit der internationalen Ordnung, wie wir sie heute kennen, in Gefahr.**

Aber nicht nur ethnisch oder religiös fragmentierte Gesellschaften sind in besonderem Maße von dem erhöhten Konfliktrisiko betroffen, sondern auch polarisierte Gesellschaften, in denen ethnische oder religiöse Gruppen um gesellschaftliche Anerkennung und den Zugang zu Ressourcen kämpfen. Dabei ist entscheidend, ob diese Gruppen auf Märkten um private Güter konkurrieren oder in der politischen Arena um öffentliche Güter[9] oder um sogenannte *common-pool*-Ressourcen. So nimmt zum Beispiel die Gewaltbereitschaft in einem Land wie Kolumbien ab, wenn die Kaffeepreise steigen, weil die Bauern dann einen starken Anreiz haben, die private Produktion auszudehnen und steigende Einkommen zu erzielen. Damit steigen für den einzelnen Bauern auch die Kosten kriegerischer Handlungen, was Gruppengewalt weniger wahrscheinlich macht.

Steigt jedoch der Ölpreis und damit die Öleinnahmen, nimmt die Gewaltbereitschaft erheblich zu, weil es sich nun für die rivalisierenden Gruppen lohnt, sich durch Gewalt einen Anteil an den Öleinnahmen zu sichern. Für die beteiligten Konfliktparteien sind die Öleinnahmen eine *common-pool*-Ressource. Bei solchen besteht eine Nutzungskonkurrenz: Die Öleinnahmen, die sich eine Gruppe sichert, stehen der anderen Gruppe nicht mehr zur Verfügung. Daher wird eine Gruppe notfalls mit Gewalt dafür sorgen, anderen Gruppen den Zugang zu verwehren.[10] Gelingt der Ausschluss nicht, werden die Ressourcen geplündert. Die Rivalität in der Nutzung und die potenzielle Nicht-Ausschließbarkeit von anderen Nutzern birgt daher ein erhebliches Konflikt- und Gewaltpotenzial. Eine offene Frage ist bislang, ob und wie die zunehmende Ungleichheit in der Einkommens- und Vermögensverteilung innerhalb und zwischen ethnischen Gruppen Konflikte verschärft oder vermindert. Hier besteht für die Zukunft ein erheblicher Forschungsbedarf.

Die Bedrohung kleiner Inselstaaten

Kleinen Inselstaaten droht durch den Klimawandel der Verlust eines erheblichen Teils ihres Staatsgebietes – selbst dann, wenn es der Weltgemeinschaft gelingen sollte, den Anstieg der globalen Mitteltemperatur auf zwei Grad Celsius zu begrenzen. Bereits heute sind solche Inselstaaten besonders bedroht, die größtenteils aus Korallenatollen bestehen, die nur wenige Meter über den Meeresspiegel hinausragen. Dazu gehören Tokelau, Kiribati, die Marshallinseln und Tuvalu im Pazifik sowie die Malediven im Indischen Ozean.

Die Daten des Pacific Sea Level Monitoring Project zeigen, dass der mittlere Meeresspiegel im Pazifik in den letzten Jahrzehnten deutlich angestiegen ist.[11] Bis zum Ende des Jahrhunderts könnte der globale Meeresspiegel in einer Vier-Grad-Welt bis zu 1,4 Meter und in einer Zwei-Grad-Welt bis zu 0,65 Meter höher liegen.[12] Für die Marshallinseln etwa, die im Schnitt nur circa zwei Meter über dem Meeresspiegel liegen, hätte bereits ein Zwei-Grad-Szenario schwerwiegende Konsequenzen. Sie würden die gegenwärtige finanzielle Anpassungsfähigkeit des Landes weit übersteigen.

Das Risiko von Wasserknappheit

Neben der Erosion von Küsten durch den Meeresspiegelanstieg ist die Grundwasserüberflutung ein weiteres großes Problem für die Bevölkerung von Atollen. Die Folgen von extremen Gezeiten, Windwellen und Sturmfluten können durch den Anstieg des Meeresspiegels vervielfacht werden. Die Überflutung ganzer Inseln kann die Folge sein. Dieser sogenannte *overwash* versalzt das Grundwasser. Aus diesem Grund könnten in einem Vier-Grad-Szenario bereits bis Mitte des

Jahrhunderts Staaten, die aus Atollen bestehen, unbewohnbar werden.[13] Jedoch führt nicht nur der Meeresspiegelanstieg zu Erosion und Grundwasserüberflutung. Auch andere anthropogene Einflussfaktoren, wie zum Beispiel Sandabbau entlang der Küsten, die Übernutzung des Grundwassers sowie die daraus resultierende Absenkung und Zerstörung von Korallenriffen, nehmen weitestgehend ungebremst zu.

Auf vielen Inseln besteht zudem das Risiko von Wasserknappheit durch immer länger währende Trockenperioden. Das bedroht nicht nur die Versorgung der Bevölkerung mit Trinkwasser, sondern birgt auch die Gefahr der Verbreitung ansteckender Krankheiten. Besonders lange Trockenphasen können zu schwerwiegenden Engpässen in der häuslichen Wasserversorgung ganzer Inseln führen und die landwirtschaftliche Produktion einbrechen lassen. Gleichzeitig wächst die Bevölkerung in diesen Inselstaaten, was die Möglichkeiten zur Selbstversorgung auf den Inseln weiter erschwert. Viele Pazifikinseln stehen klimatisch unter dem Einfluss des El-Niño-Phänomens. Beim Auftreten eines solchen Ereignisses kommt es vielerorts zu Dürren. Durch die Abgeschiedenheit der Inseln gestaltet sich die Logistik von Katastrophenhilfe meist schwierig. Selbst bei einer (moderaten) Erwärmung von 1,5 bis zwei Grad würden sich die extremen El-Niño-Ereignisse verdoppeln.[14] Zudem entstehen durch El Niño bei höherer Mitteltemperatur im Pazifik mehr tropische Stürme.[15] Das Absterben der Korallenriffe und der damit verbundene Rückgang von Fischereierträgen bedrohen besonders in den kleinen Inselstaaten traditionelle Lebensweisen und eine eigenständige Lebensmittelversorgung.

Weltweit fliehen mehr Menschen vor Naturkatastrophen als vor Krieg und Gewalt.

Wenn eine permanente Besiedlung bestimmter Kleininselstaaten aufgrund von Klimafolgen künftig nicht mehr möglich ist, stellt sich die Frage, in welcher Form der Staat weiterexistieren könnte. So könnten diese Staaten etwa darin unterstützt werden, Land innerhalb der Gebiete anderer Staaten zu kaufen, wie es zum Beispiel die Regierung Kiribatis bereits getan hat. Grundsätzlich ist ungeklärt, wie die Inselstaaten für die Klimaschäden kompensiert werden sollten. Während Finanz-, Wissens- und Technologietransfers aus den Industrieländern weiterhin dringend notwendig sind, würden eine stärkere panpazifische Solidarität und tiefergehende Süd-Süd-Kooperationen diese Abhängigkeiten verringern.[16] Klar ist, dass die kleinen Inselstaaten diese Herausforderungen aus eigener Kraft nicht meistern können.

Failing states – der Verlust von Resilienz

Der Klimawandel wird die staatliche Handlungsfähigkeit vor allem in den Regionen beeinträchtigen, in denen die Staaten bereits heute ihren Aufgaben kaum oder nur lückenhaft nachkommen können. Dabei lassen sich Kapazitäts-, Sicherheits- und Legitimitätslücken unterscheiden.[17] Der Sudan etwa ist ein Beispiel dafür, wie der Klimawandel die Sicherheits- und Kapazitätslücken eines Staates vergrößert.

Eine Sicherheitslücke entsteht, wenn ein Staat seinen Bürgern ein Mindestniveau an Sicherheit nicht mehr gewährleisten kann. Konflikte um fruchtbares Land, Holzressourcen, Frischwasser aus dem Nil und fossile Energieträger heizen im Sudan die Konflikte zwischen ethnischen und religiösen Gruppen an[18], da es ihnen nicht gelingt, diese *common-pool*-Ressourcen gemeinschaftlich zu bewirtschaften. Nach mehr als zwei Jahrzehnten Bürgerkrieg wurde im Jahr 2005 eine umfangreiche Friedensvereinbarung getroffen. Trotz des Abkommens und der Unabhängigkeit Südsudans seit 2011 bestimmen Gewalt und politische Instabilität dort das Leben.

Zwei-Grad-Begrenzung der globalen Mitteltemperatur

Hinzu kommt die Kapazitäts- und Legitimitätslücke im Sudan: Der Staat ist nicht mehr imstande, die Wasser- und Nahrungsmittelsicherheit seiner Bevölkerung sicherzustellen. Dazu tragen nicht zuletzt schwindende Niederschläge und Wüstenbildung bei, welche zuletzt zu einem Verlust von 20 Prozent der Nahrungsmittelproduktion führten. 2016 mussten allein aufgrund von Überflutungen im Sudan 123.000 Menschen ihren Wohnort verlassen, mehr Menschen, als in diesem Jahr aufgrund von Konflikten fliehen mussten. Insgesamt gibt es 3,3 Millionen Binnenvertriebene im Land.[19] Ein

Emissionen durch alte und neue Kohlekraftwerke

Abb. 15: Erwartete Emissionen in der Atmosphäre, verursacht durch Kohlekraftwerke (existierend, im Bau und geplant) und andere Wirtschaftssektoren, aufgeschlüsselt nach Regionen.[20]

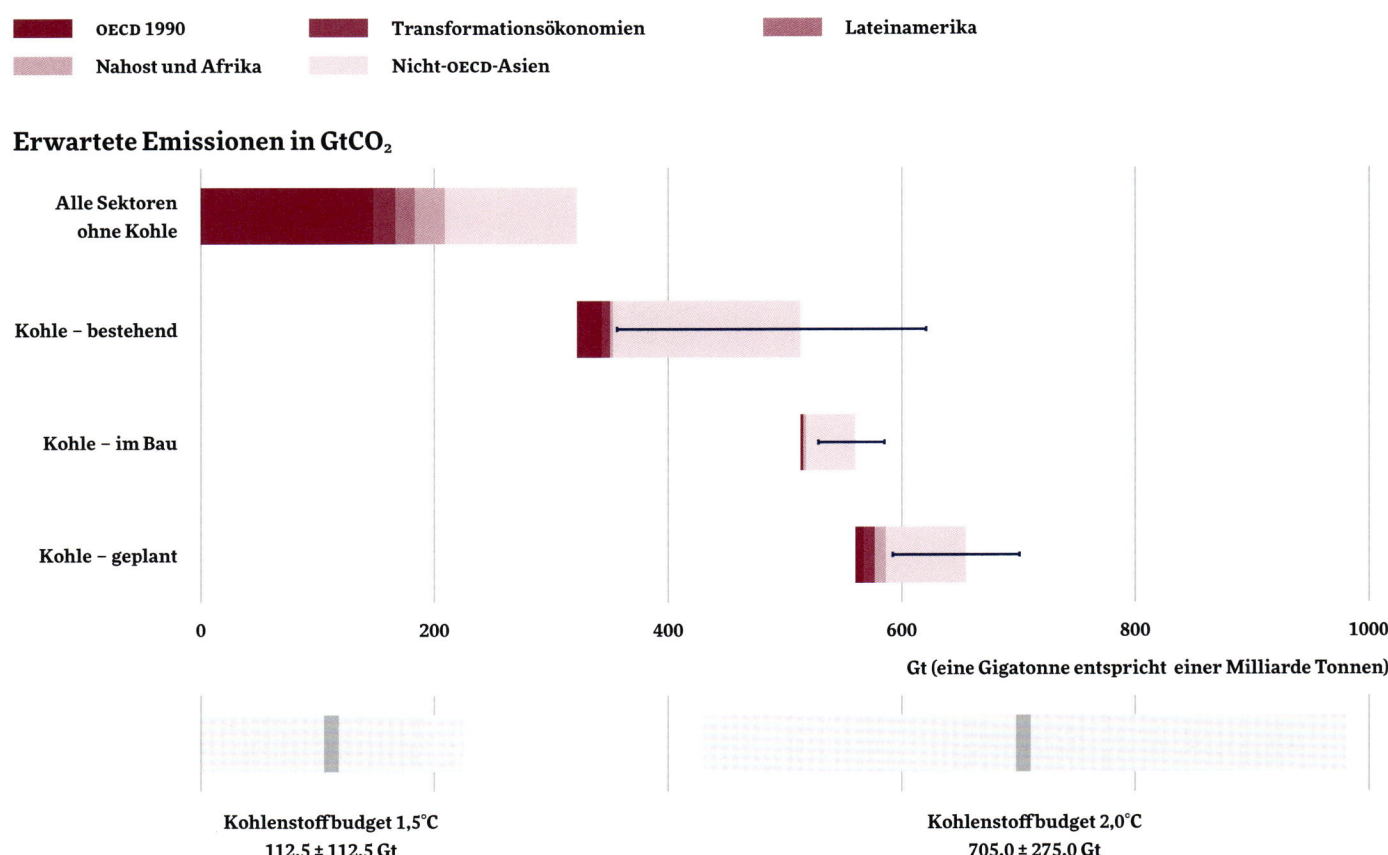

Erwartete Emissionen in GtCO$_2$

Legende:
- OECD 1990
- Transformationsökonomien
- Lateinamerika
- Nahost und Afrika
- Nicht-OECD-Asien

Kategorien:
- Alle Sektoren ohne Kohle
- Kohle – bestehend
- Kohle – im Bau
- Kohle – geplant

Gt (eine Gigatonne entspricht einer Milliarde Tonnen)

Kohlenstoffbudget 1,5°C
112,5 ± 112,5 Gt

Kohlenstoffbudget 2,0°C
705,0 ± 275,0 Gt

klimabedingter Anstieg der Binnenmigranten würde den Sudan weiter destabilisieren und das Vertrauen in effektives staatliches Handeln weiter unterminieren. Laut »Fragile States Index« gehört er 2018 zum wiederholten Mal zu den zehn fragilsten Staaten der Welt.

Die bisherigen Ausführungen zeigen, dass bereits ein Temperaturanstieg von zwei Grad viele Staaten an die Grenzen ihrer Anpassungsfähigkeit führt. In einem Vier-Grad-Szenario werden diese Grenzen sogar bei einem großen Teil der Staaten überschritten – die Sicherheit der internationalen Ordnung, wie wir sie heute kennen, ist dadurch in Gefahr. Eine Begrenzung des Anstiegs der globalen Mitteltemperatur auf zwei Grad, nach Möglichkeit sogar auf 1,5 Grad, ist daher von grundlegender Bedeutung.

Die internationale Staatengemeinschaft ist aber noch weit davon entfernt, dieses Ziel zu erreichen. So sind die weltweiten Treibhausgas-Emissionen im Jahr 2017 erstmals seit drei Jahren wieder angestiegen. Nach einiger Zeit der Stagnation hatten manche bereits die Hoffnung,

der Wendepunkt sei erreicht – ein naiver Trugschluss. Die Realität ist, dass viele Staaten trotz des historischen Abkommens von Paris noch keine ausreichenden Schritte unternommen haben, ihre Emissionen zu senken. Stattdessen bauen sie nach wie vor Kohlekraftwerke und subventionieren die Nutzung der fossilen Energieträger. Auch Deutschland setzt nach wie vor auf die Nutzung der besonders schmutzigen Braunkohle – ob sich die neu eingesetzte Kohlekommission auf einen überzeugenden Ausstieg aus der Kohle einigen kann, ist ungewiss.

Das Grundproblem der internationalen Klimapolitik ist das Überangebot an fossilen Brennstoffen. Die Preise für Kohle, Öl und Gas verharren deshalb auf niedrigem Niveau – und werden für die klimapolitisch relevante Zukunft weiter dort bleiben. Die weltweiten Kohlevorräte sind nahezu unbegrenzt. Kohlekraftwerke erzeugen im Vergleich zu Gaskraftwerken billigeren Strom, was Kohle für Schwellen- und Entwicklungsländer besonders attraktiv macht.[21] So beträgt der Anteil der Kohle an der Primärenergie in China heute 70 Prozent.

Damit verbraucht das Land beinahe so viel Kohle wie der Rest der Welt zusammengenommen. Mit dem Bau neuer Kohlekraftwerke soll global breiten Bevölkerungsschichten, auch den Ärmsten, ein zuverlässiger Zugang zu Elektrizität verschafft werden – den meist verheerenden gesundheitlichen Konsequenzen zum Trotz. Allein die existierenden, im Bau befindlichen und geplanten Kohlekraftwerke belasten die Atmosphäre bereits mit etwa 330 Gigatonnen CO_2. Das ist fast die Hälfte des verfügbaren Budgets für das Zwei-Grad-Ziel (siehe Abbildung 15).[22] Es gibt keine berechtigte Hoffnung, dass die Marktkräfte das Kohleproblem lösen werden. Denn nicht die Knappheit von Kohle, Öl und Gas wird das 21. Jahrhundert prägen, sondern die begrenzte Aufnahmefähigkeit von Klimagasen durch die Atmosphäre. Ein einfacher Vergleich zeigt die Dramatik der Situation: Die in Paris beschlossene Begrenzung des Anstiegs der globalen Mitteltemperatur auf zwei Grad Celsius lässt sich in ein Budget von derzeit noch etwas über 700 Gigatonnen CO_2 übersetzen. Demgegenüber stehen geschätzte 15.000 Gigatonnen CO_2, die als Kohle, Öl und Gas im Boden lagern.

Die Klimapolitik muss den Preis für CO_2 erhöhen, wenn die Emissionen nachhaltig sinken sollen.

Für die Klimapolitik hat dies erhebliche Konsequenzen: Die politischen Entscheidungsträger können nicht darauf hoffen, dass der Handlungsdruck von den Märkten kommt. Sie selbst müssen durch internationale Regeln und Vereinbarungen dafür sorgen, dass die fossilen Ressourcen im Boden bleiben und die Atmosphäre als das Gemeinschaftsgut der gesamten Menschheit geschützt wird.

Wie aber soll die Klimapolitik darauf reagieren, wenn ihre minimalen Verhandlungserfolge durch die niedrigen Preise für Kohle, Öl und Gas ständig zunichtegemacht werden? Viele Ingenieure und Politiker setzen nach wie vor darauf, dass der technische Fortschritt bei den erneuerbaren Energien deren Stromgestehungskosten so weit senkt, dass niemand mehr einen Anreiz hat, Kohle aus dem Boden zu holen. In der Tat sind die Kosten für Windkraft und Fotovoltaik in den letzten zehn Jahren enorm gesunken, und ihr Anteil an neu installierten Anlagen steigt stetig. Unter optimalen Bedingungen sind die Stromgestehungskosten von Wind schon heute niedriger als die von Kohle. Bei Solarenergie sieht es ähnlich aus.

Die Kostensenkungen bei den CO_2-freien Technologien führen zwar zu einer sinkenden Nachfrage nach fossilen Energieträgern. Allerdings fallen infolge des Nachfragerückgangs auch die Preise für Kohle, Öl und Gas. Dadurch wird insgesamt wieder mehr fossile Energie verbraucht. Das gilt insbesondere in Ländern, in denen es keine stringenten Klimaziele gibt. Der technische Fortschritt bei den erneuerbaren bedingt also nicht eins zu eins den Rückgang fossiler Energien. Die Förderung CO_2-freier Technologien wird alleine nicht zum Ziel führen.

Politische Umsetzung: Einführung wirksamer CO_2-Preise

Sollen die fossilen Energieträger dauerhaft aus dem Markt gedrängt werden, müssen die Verursacher von Treibhausgasen für ihre Emissionen zahlen. Ein CO_2-Preis erleichtert den Wettbewerb für die erneuerbaren und verteuert zugleich die Nutzung der fossilen Energieträger. Dadurch verschwindet der Anreiz, vermehrt Kohle, Öl und Gas zu nutzen. Die Klimapolitik muss also den Preis für CO_2 erhöhen, wenn die Emissionen nachhaltig sinken sollen.[23] Leider ist heute das Gegenteil der Fall: Fossile Energieträger werden beträchtlich subventioniert. Legt man deren Umwelt- und Gesundheitskosten zugrunde, wird die Tonne CO_2 im weltweiten Schnitt mit 150 US-Dollar jährlich gefördert. Es kommt also in den nächsten Jahren darauf an, dass aus negativen CO_2-Preisen (= Subventionen) positive Preise werden.[24]

Obwohl die Vorteile einer CO_2-Bepreisung auf der Hand liegen, ist die politische Umsetzung äußerst zäh. Neben den innenpolitischen Hindernissen wie etwa steigenden Strompreisen türmen sich vor der Klimapolitik auch die Hindernisse der Globalisierung auf: Wenn nur ein einzelner Staat CO_2-Preise einführt, verliert er an Wettbewerbsfähigkeit – und das umso mehr, je stärker seine Güter-, Kapital- und Arbeitsmärkte in die Weltwirtschaft integriert sind. Darum ist internationale Kooperation zwingend notwendig. Nur wenn alle Staaten in gleichem Maße Klimaschutz betreiben, kann verhindert werden, dass einzelne Staaten Wettbewerbsnachteile erleiden. Internationale Kooperation erfordert jedoch glaubwürdige gegenseitige Verpflichtungen – und genau daran droht das System der freiwilligen Selbstverpflichtungen zu scheitern, das in Paris beschlossen wurde. Stellen die Länder fest, dass ihre eigenen Anstrengungen nicht durch eine entsprechende Klimapolitik in anderen Ländern erwidert werden, wird kein Staat seine Verpflichtungen einhalten.

Bis 2030 sollten die CO_2-Preise zwischen 50 und 100 US-Dollar pro Tonne erreicht haben.

Internationale Kooperation erfordert glaubwürdige gegenseitige Verpflichtungen

Ein möglicher Weg zu besserer internationaler Kooperation wäre, dass einzelne Länder sich dazu verpflichten, einen nationalen CO_2-Preis einzuführen. Diese nationalen Preise sollten dann an die Bedingung geknüpft sein, dass andere Staaten ebenfalls entsprechend hohe CO_2-Preise einführen. Mit dieser Strategie könnten Befürchtungen über Wettbewerbsnachteile durch CO_2-Bepreisung entkräftet werden. Zudem würden Staaten bestraft, wenn sie aus dem Abkommen aussteigen: Andere Länder würden dann ebenfalls ihre Preise – und damit ihre Anstrengungen zur Emissionsminderung – senken, was langfristig zu erhöhten Klimaschäden führt.

Bis Mitte des Jahrhunderts muss der Stromsektor CO_2-frei sein – sonst bleiben die Ziele eine Utopie.

Die deutsche Bundesregierung müsste sich auf europäischer Ebene dafür stark machen, dass einige Länder vorangehen. Frankreich, die Niederlande, die skandinavischen Länder und die Tschechische Republik etwa könnten zusammen mit Deutschland einen Mindestpreis im europäischen Emissionshandel einführen. Ein höherer CO_2-Preis von etwa 30 Euro pro Tonne – wie vom französischen Präsidenten Emmanuel Macron vorgeschlagen – wäre ein erster Schritt.

Die CO_2-Preise müssen im Laufe der Zeit so angepasst werden, dass das Zwei-Grad-Ziel auch erreicht wird. Die Weltbank hat in einem Bericht die entsprechende Höhe berechnet: Bis 2020 müssten die CO_2-Preise auf einem Niveau zwischen 40 und 80 US-Dollar pro Tonne liegen; bis 2030 sollten sie dann zwischen 50 und 100 US-Dollar erreicht haben.[25] Da die Einnahmen aus einer CO_2-Steuer in

dem Land verbleiben, das sie erhebt, könnten sie zum Beispiel für Steuersenkungen oder zur Finanzierung nachhaltiger Infrastruktur verwendet werden. Neben den positiven Effekten für die Wirtschaft fördert das auch die Akzeptanz von Klimapolitik bei der Bevölkerung.

Zu einer weltweiten Koordination und Anhebung der CO_2-Preise wird es jedoch nur dann kommen, wenn es einen Lastenausgleich zwischen armen und reichen Ländern gibt. Da ärmere Länder bei hohen CO_2-Preisen vergleichsweise hoch belastet werden, sollten sie dafür kompensiert werden. Sie hätten so einen Anreiz, sich zu einer ambitionierten Klimapolitik zu verpflichten. Transferleistungen an ärmere Staaten sollten allerdings nur unter der Bedingung gezahlt werden, dass diese einen Mindestpreis für Emissionen akzeptieren. Ein Stützpfeiler der Klimafinanzierung könnte der Green Climate Fund (GCF) sein. Auch die reichen Länder wie Deutschland, die in den GCF einzahlen, profitieren davon, weil die ärmeren Staaten zum globalen Klimaschutz beitragen und damit die Kosten des Klimaschutzes senken.

Die Zeit drängt. Denn sind die Kohlekraftwerke erst einmal gebaut, wird eine entschiedene Klimapolitik immer unwahrscheinlicher. Der weltweite Kohleausstieg ist entscheidend dafür, ob die Regierungen die Tür zu einem ambitionierten Klimaschutz zumindest einen Spalt breit offen halten – oder ob sie diese Tür krachend zuschlagen. Wenn der Einstieg in den Ausstieg nicht zügig gelingt, droht das Scheitern der internationalen Klimapolitik. Damit steigen auch die internationalen Sicherheitsrisiken des Klimawandels dramatisch. Es ist zu hoffen, dass die 24. UN-Klimakonferenz (COP 24) in Polen Ende 2018 Verhandlungserfolge bringt. Wie gezeigt wurde, hat die COP 24 nicht nur eine klimapolitische, sondern auch eine sicherheitspolitische Bedeutung.

Deutschland im Sicherheitsrat der Vereinten Nationen

Deutschland wurde im Juni 2018 in den Sicherheitsrat der Vereinten Nationen gewählt. Außenminister Heiko Maas hatte zuvor schon angekündigt, dass die Bundesregierung den Klimawandel dort als globales Sicherheitsrisiko thematisieren will. Dies ist ein begrüßenswerter und notwendiger Schritt. Die Staatengemeinschaft muss sowohl die Sicherheitsrisiken vermindern als

Klimapolitik
Wie wir handeln müssen

Der Klimawandel ist ein sicherheitspolitisches Thema und sollte als solches behandelt werden. Zur Begrenzung der unmittelbaren Sicherheitsrisiken sollte die Staatengemeinschaft zügig handeln:

— Die Bundesregierung sollte sich dafür einsetzen, dass die sicherheitspolitischen Implikationen des voranschreitenden Klimawandels – vor dem Hintergrund der wachsenden Erkenntnisse – erneut im Sicherheitsrat der Vereinten Nationen diskutiert werden.

— Es bedarf eines internationalen Frühwarnsystems, um die humanitären Auswirkungen von Extremwetterereignissen vorherzusagen und einzudämmen.

— Staaten müssen bei der Bewältigung von Naturkatastrophen und dem Umgang mit Migration mithilfe internationaler Transferzahlungen unterstützt werden.

Um das Ausmaß der globalen Erwärmung – und damit künftige Sicherheitsrisiken – zu begrenzen, muss sich die Welt vom Tropf der fossilen Energieträger lösen. Dafür bleibt nicht viel Zeit:

— Die Subventionen für fossile Brennstoffe von durchschnittlich weltweit etwa 150 US-Dollar pro Tonne CO_2 müssen abgeschafft werden. In Deutschland ist etwa die Abschaffung der Dieselsubventionen längst überfällig.

— Es bedarf wirksamer CO_2-Preise, die bis 2030 auf einem Niveau zwischen 50 und 100 US-Dollar pro Tonne liegen. Hier könnte die Bundesregierung zusammen mit anderen EU-Ländern vorangehen und einen Mindestpreis im europäischen Emissionshandel einführen.

— Die vergleichsweise hohe Belastung für ärmere Länder durch CO_2-Bepreisung muss durch Finanztransfers der wohlhabenden Länder wie der Bundesrepublik ausgeglichen werden.

auch ihre Fähigkeit erhöhen, auf die multiplen Konfliktlagen zu reagieren. Da viele Staaten im Zuge der Globalisierung – besonders in den letzten beiden Jahrzehnten – erheblich an Handlungsfähigkeit eingebüßt haben, wäre es fahrlässig, die Sicherheitsrisiken durch erzwungene Migration, ethnische Konflikte, den Verlust des Staatsgebietes oder entscheidender Regierungsfunktionen weiter zu erhöhen. Ein erfolgreicher Ausstieg aus der Kohlenutzung wäre ein erster Schritt, um die Klimaziele von Paris umzusetzen. Weitere Schritte müssen folgen: Bis Mitte des Jahrhunderts muss der Stromsektor CO_2-frei sein – sonst bleiben die Ziele eine Utopie. Dafür müssen wirksame CO_2-Preise eingeführt und ein internationales Transfersystem installiert werden. Staaten müssen zudem bei ihrer Anpassung an den – jetzt bereits unvermeidbaren – Klimawandel unterstützt werden. Kurz gesagt: Die globalen Sicherheitsrisiken benötigen einen effektiven Multilateralismus.

Es ist daher besorgniserregend, dass die Chancen zu mehr Multilateralismus gerade in jüngster Zeit eher abgenommen haben. Das mag vor allem damit zusammenhängen, dass viele Staaten glauben, ihre Sicherheitsherausforderungen besser lösen zu können, wenn sie sich auf nationale Interessen besinnen. Angesichts der globalen Gefahren wird sich dies als Illusion erweisen. Es ist deshalb ein Zeichen der Weitsicht, wenn Deutschland dafür wirbt, dass globale Risiken nur durch globale Kooperation bewältigt werden können.

PROF. DR. OTTMAR EDENHOFER (57) *ist einer der weltweit führenden Experten auf dem Gebiet der Ökonomie des Klimawandels. Er ist Gründungsdirektor des Mercator Research Institute on Global Commons and Climate Change (MCC) sowie designierter Direktor des Potsdam-Instituts für Klimafolgenforschung (PIK) und Professor an der Technischen Universität Berlin (TU). Von 2008 bis 2015 war er Co-Vorsitzender der mit Klimaschutz befassten Arbeitsgruppe III des Weltklimarates (IPCC), welche die wissenschaftlichen Grundlagen für das Pariser Klimaabkommen gelegt hat.*

Keine schöne Aussicht. Globale Umweltprognosen

Abb. 16: Mehr Plastik, mehr Fleischkonsum, mehr CO_2, mehr Hitze: Die Grafiken zeigen die Entwicklung einiger Umweltschutz-Indikatoren. Die Darstellung des globalen CO_2-Anstiegs und der Temperaturen beruhen auf komplexen Modellsimulationen des Intergovernmental Panel on Climate Change (IPCC). Die Prognose des Fleischverbrauchs und der Plastikproduktion ist eine lineare Verlängerung des Durchschnitts der bisherigen Veränderung.

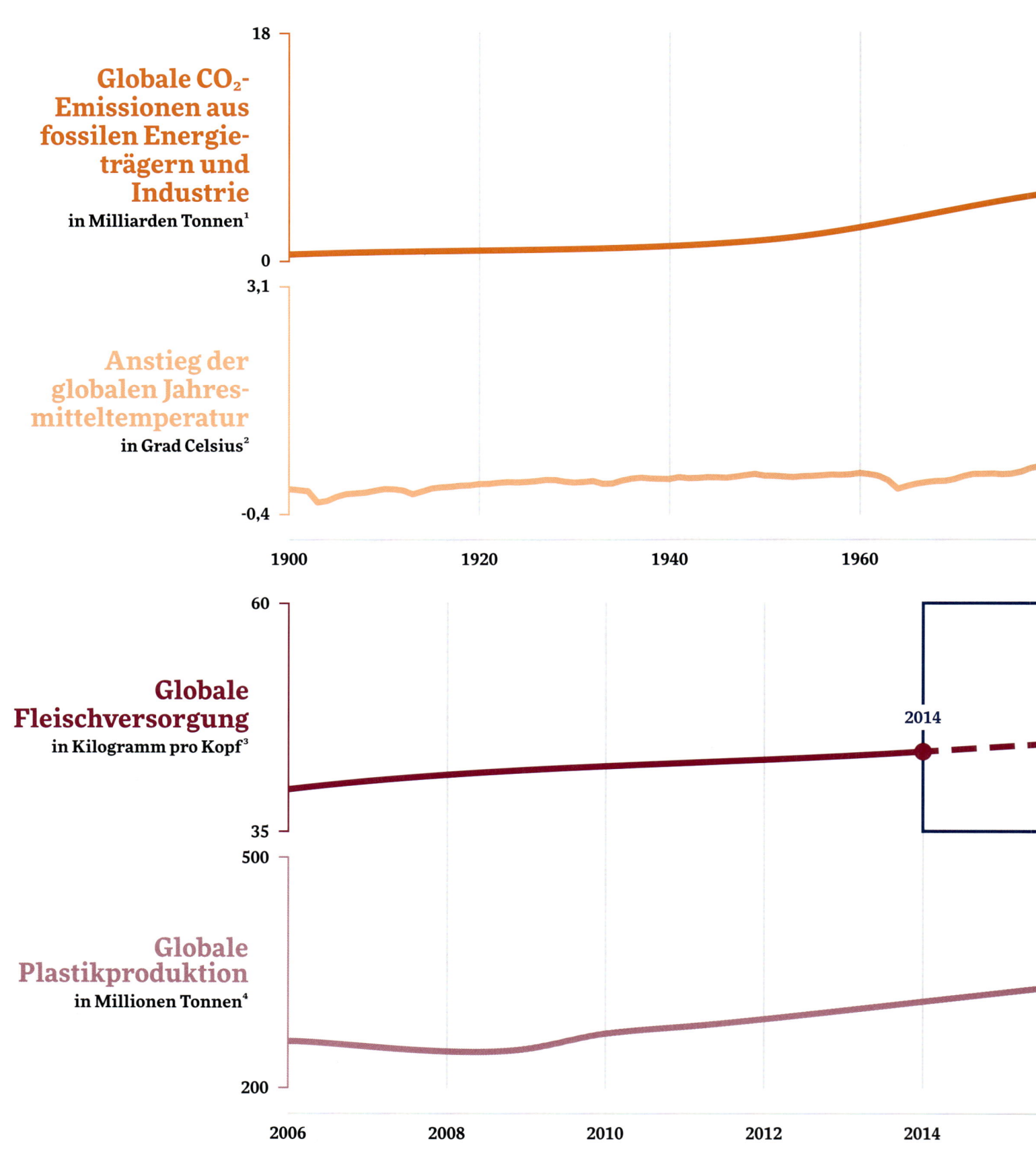

Globale CO_2-Emissionen aus fossilen Energieträgern und Industrie
in Milliarden Tonnen[1]

Anstieg der globalen Jahresmitteltemperatur
in Grad Celsius[2]

Globale Fleischversorgung
in Kilogramm pro Kopf[3]

Globale Plastikproduktion
in Millionen Tonnen[4]

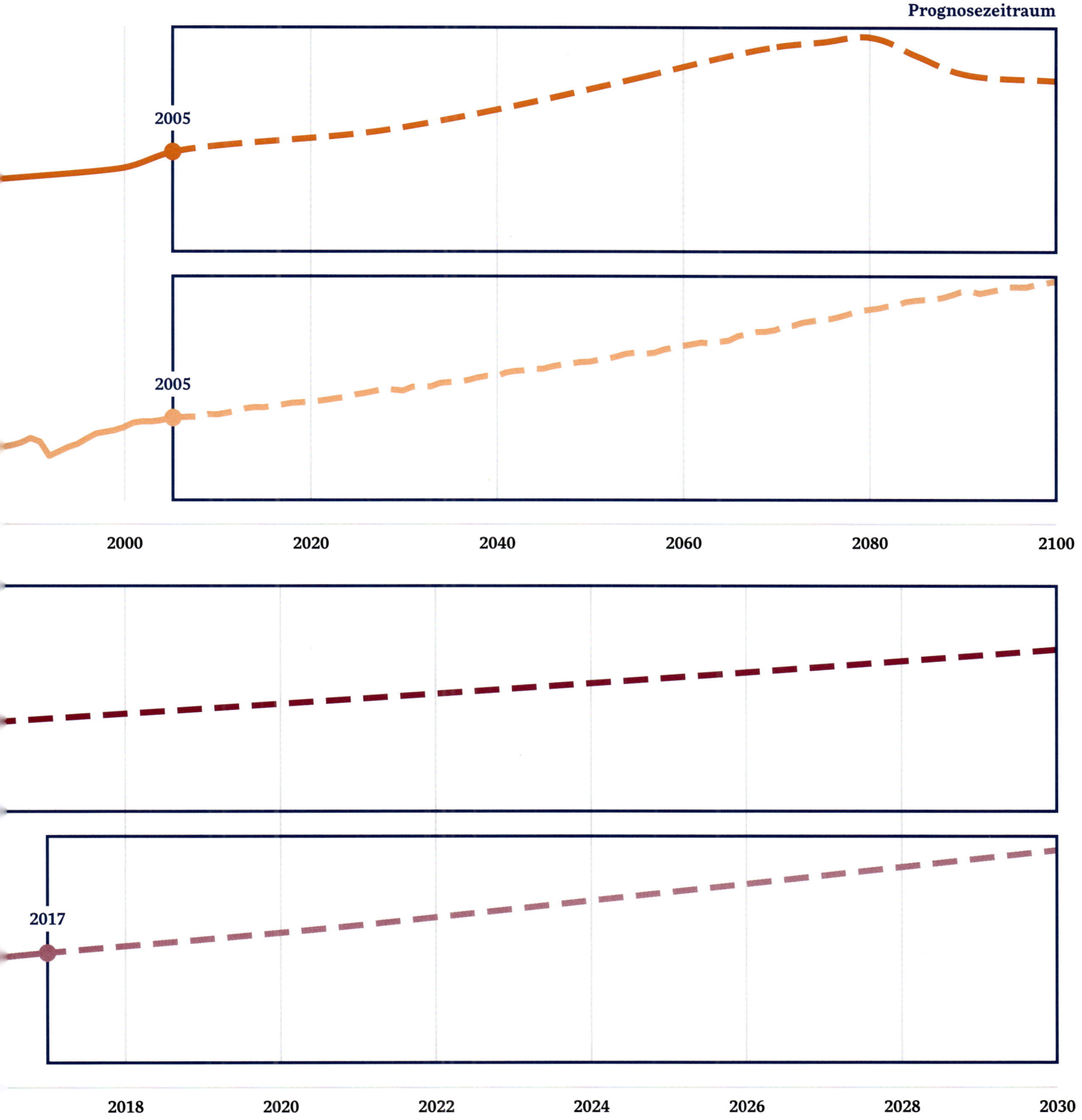

2005

2005

2000   2020   2040   2060   2080   2100

2017

2018   2020   2022   2024   2026   2028   2030

»Wenn es gelänge, die Handelbarkeit von Dienstleistungen deutlich zu erhöhen, dann käme es zu
einer neuen Welle der Globalisierung mit ungeahnten Auswirkungen.«

Dienstleistungen als nächste Stufe des Außenhandels

Von Gabriel Felbermayr

Hat die Globalisierung ihren Zenit überschritten? Muss sich Deutschland von seinem exportorientierten Wirtschaftsmodell verabschieden? Dieser Beitrag argumentiert, dass die fundamentalen Treiber wirtschaftlicher Integration eher für eine weitere Beschleunigung sprechen, trotz zumindest kurzfristig zunehmender protektionistischer Tendenzen in vielen Volkswirtschaften. Die Globalisierung ist noch lange nicht am Ende; die technologischen und politischen Risiken für Deutschlands Wohlstand nehmen aber eindeutig zu. Es gilt, jetzt die richtigen Weichen zu stellen. Mit Reformen in die Zukunftsfähigkeit des Sozialstaates, mit Bildung, mit dem Abbau der deutschen Technologieängste. Und vor allem: mit der Stärkung Europas. Nur gemeinsam können die Staaten Europas ihre Vorstellungen zu einer nachhaltigen, inklusiven und demokratischen Gestaltung des Welthandelsregimes der Zukunft durchsetzen.

Die Abwendung der USA von der multilateralen Weltwirtschaftsordnung, die zunehmende Binnenmarktorientierung Chinas und der weltweit zu beobachtende Anstieg eines illiberalen Populismus suggerieren, dass die Zeiten boomenden Exports zunächst einmal vorbei sind. Doch die zunehmenden politischen Widerstände gegen die globale Marktwirtschaft sollten nicht darüber hinwegtäuschen, dass der Globalisierungsprozess von Anfang an von technologischen Veränderungen getrieben wurde und politische Prozesse zwar hemmend, manchmal auch disruptiv, aber letztlich nicht verhindernd, sondern gestaltend gewirkt haben. Die neuen technologischen Möglichkeiten der Digitalisierung sprechen mittel- bis langfristig eher für einen neuen Boom des Welthandels als dagegen.

Die Zeiten boomenden Exports mögen zunächst einmal vorbei sein; die Digitalisierung spricht aber mittel- bis langfristig eher für einen neuen Boom des Welthandels.

Die Geschichte des Welthandels verläuft in Wellen: Längere Phasen der Stagnation folgen auf Phasen rascher Globalisierung. Die aufkommende Geld- und Kreditwirtschaft, die Entwicklung der doppelten Buchhaltung und das Entstehen von Handelsgesellschaften führten zu einem ersten großen Globalisierungsschub gegen Ende des Mittelalters. Der Antrieb dazu waren privatwirtschaftliche Veränderungen, die vor allem von Italien ausgingen und dem Fernhandel zu einer ersten Blüte verhalfen. Die Entdeckung Amerikas hat das Ihrige dazu getan, dass Veränderungen in weit entfernten Gegenden den allgemeinen Wohlstand, die Einkommensverteilung und die politischen Kräfteverhältnisse in Europa maßgeblich mit beeinflussten. Dies hat zu einem politischen Wettrennen um Kolonien und um die dortigen Absatz- und Beschaffungsmärkte geführt, zu weiteren technologischen Verbesserungen in der Schifffahrt und zur Erfindung der Gesellschaft mit beschränkter Haftung. Das politische Umfeld war von hoher Unsicherheit geprägt, von kriegerischen Auseinandersetzungen und mangelhafter Rechtsdurchsetzung, was die Entwicklung einer globalen Marktwirtschaft massiv behindert hat.

Der Welthandel boomt vor allem in Zeiten stabiler politischer Ordnung

Der zweite große Schub kam mit der grundlegenden Verbesserung der Dampfmaschine durch James Watt (1769) und den auf sie aufbauenden Anwendungen in Industrie und Transportwesen. Nach den napoleonischen Kriegen gesellte sich zu den neuen technologischen Möglichkeiten die Pax Britannica, die unter englischer Führerschaft die internationalen Handelswege gesichert und zu einem ungeahnten Anstieg des Welthandels geführt hat. Politische Sicherheit, neue wissenschaftliche Erkenntnisse – die Entwicklung des Prinzips des komparativen Vorteils durch David Ricardo im Jahr 1817 – und der folgende Abbau von Zollbarrieren zwischen und innerhalb der wichtigsten Staaten trieben den Handel in unbekannte Höhen.

Zwischen 1817 und 1866 nahm der Welthandel um durchschnittlich fast vier Prozent pro Jahr zu[1] und wuchs mithin deutlich schneller als die Weltproduktion. Die Offenheit – das Verhältnis des internationalen Handels zur Wirtschaftsleistung – wuchs von etwa sechs Prozent im Jahr 1830 auf etwa 14 Prozent im Jahr 1872 (Abbildung 17). Von 1867 bis zum Ausbruch des Ersten Weltkrieges kam es zu einer deutlichen Verlangsamung des Handelswachstums, und zu einer graduellen Rückkehr zu protektionistischen Politiken. 1879 führte etwa das Deutsche Reich Zölle auf Roheisen und diverse Agrarprodukte ein. Die Offenheit stieg nicht mehr weiter und bewegte

Globalisierung: Offenheit der Weltwirtschaft

Abb. 17: Die Stichprobe von 1830 beziehungsweise 1870 umfasst jeweils 17 beziehungsweise 27 Länder, die bis heute beobachtbar sind.[2]

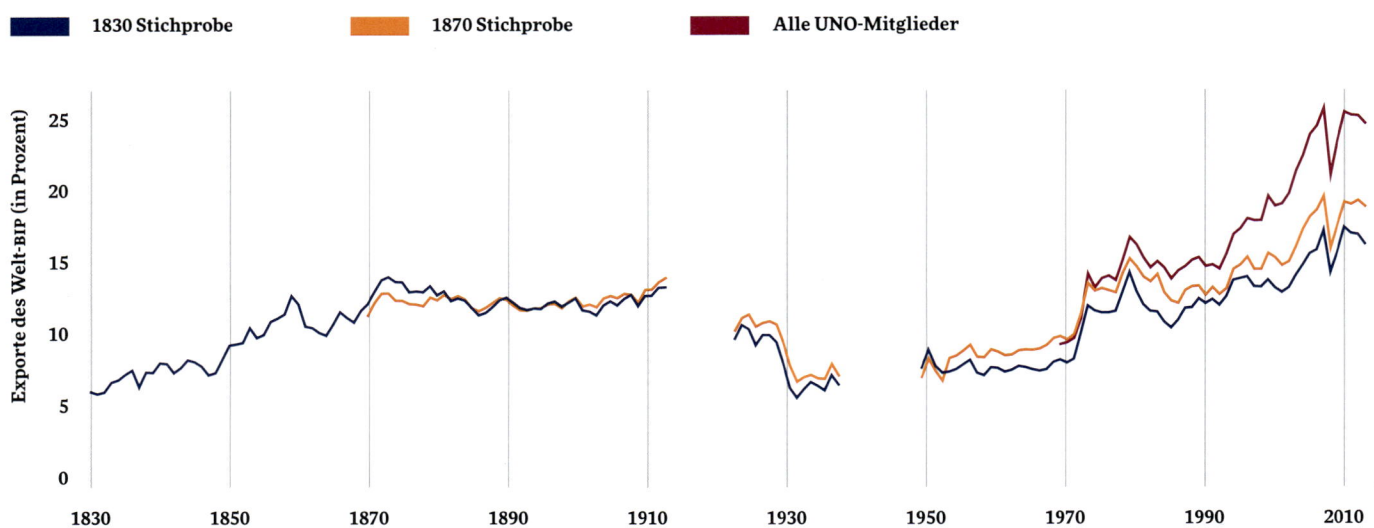

sich bis 1913 seitwärts. Doch trotz restriktiver Politiken wuchs der Handel im Gleichschritt mit der Produktion, unter anderem weil die technologische Entwicklung fortwährend zu fallenden Handelskosten beitrug. So hat die Einrichtung einer telegrafischen Verbindung zwischen Amerika und England allein die Handelskosten um circa acht Prozent reduziert.[3]

Richard Baldwin spricht in diesem Zusammenhang von einer »ersten großen Entkopplung« (»first great unbundling«): Der weltweite Güterhandel machte es möglich, die Konsumstruktur von Regionen und Ländern von der Produktionsstruktur abzukoppeln.[4] Was an einem Ort konsumiert werden kann, ist nicht mehr von den notwendigerweise eingeschränkten Produktionsmöglichkeiten genau dieses Ortes vorherbestimmt, sondern die ganze Breite des weltweiten Angebots steht zur Verfügung. Die Wohlfahrtseffekte dieser Entkopplung sind offensichtlich. Sie erlaubt es den Regionen, der eigenen geografischen, technologischen oder klimatischen Zwangsweste zu entfliehen.

Verteilungskonflikte standen von jeher im Kern der Globalisierungskritik. Dies wird auch in Zukunft nicht anders sein.

Klar ist aber auch, dass diese Entkopplung mit sektoralem Wandel verbunden sein muss, weil die Produktion heimischer Güter, die auf den Weltmärkten zu niedrigeren Preisen und/oder höheren Qualitäten verfügbar sind, verdrängt wird und die Produktion wettbewerbsfähiger Güter über den heimischen Bedarf hinaus gesteigert werden muss. Wenn einzelne Produktionsfaktoren – speziell ausgebildete Arbeitnehmer, Fabrikanlagen, Land und so weiter – nur oder besonders intensiv in den schrumpfenden Sektoren eingesetzt werden, dann werden diese relativ und absolut an Einkommen und Kaufkraft verlieren. Produktionsfaktoren, die für die expandierenden Sektoren besonders relevant sind, werden relativ und absolut gewinnen.

Der Widerstand gegen diesen Wandel und seine Verteilungseffekte ist von jeher der Kern der Globalisierungskritik. So haben sich nach den napoleonischen Kriegen die adeligen britischen Landbesitzer massiv gegen die Rückführung von Getreidezöllen gewehrt, weil sie damit den Wettbewerb Kontinentaleuropas deutlich gespürt hätten. Gleichzeitig haben sich die Eigentümer der nun rasch in England aufkommenden Industrie massiv für die Abschaffung der »Corn Laws« eingesetzt. Ihr bis heute wirkmächtiges Sprachrohr war David Ricardo, der 1815 sehr ausführlich über die Verteilungswirkung der Zölle geschrieben hat. Moderne ökonometrische Untersuchungen zeigen, wie sehr diese klassischen Argumente die Zollpolitik auch heute noch erklären.[5]

Der Erste Weltkrieg hat den Offenheitsgrad der Welt auf etwa zehn Prozent zurückfallen lassen; im Zuge der Weltwirtschaftskrise und der abermaligen Erhöhung von Handelsbarrieren fiel er im Jahr 1933 auf das Niveau von 1830 zurück. Das Fehlen einer klaren globalen Ordnungsmacht – stetige Aushöhlung der Pax Britannica, Isolationismus der USA – und machtpolitische Rivalitäten in Europa trugen dazu bei, dass es schließlich zur Katastrophe des Zweiten Weltkrieges kam und zum nahezu vollständigen Erliegen des Welthandels.

Als die USA nach dem Weltkrieg die Rolle des globalen Hegemonen annahmen und der Weltwirtschaft mit den Bretton-Woods-Institutionen einen institutionellen Rahmen gaben, kam es sehr schnell zu einem rasanten Anstieg des Welthandels. Die Offenheit der schon 1830 beobachtbaren Länder blieb allerdings bis in die 70er-Jahre bei zehn Prozent relativ gering. Erst danach, mit der Deregulierung des Kapitalverkehrs, stieg der Handel deutlich schneller als die Produktion, und die Offenheit erreichte um 1990 einen Wert von circa 15 Prozent. Deutschland, dank seiner Spezialisierung auf die Produktion handelbarer Güter und seiner geografischen Lage in der Mitte Europas, erreichte höhere Werte, die allerdings immer noch deutlich unter 20 Prozent lagen.

In den allermeisten Ländern ist die Ungleichheit gestiegen.

Mit dem Ende des Kommunismus im Osten Europas, der Gründung der Welthandelsorganisation (WTO) im Jahr 1995 und der Öffnung Chinas brach eine neue Ära an. Mindestens ebenso wichtig wie die politischen Veränderungen waren die dramatische Absenkung von Telekommunikationskosten und geringere Logistikkosten. Vermutlich hat die flächendeckende Einführung der Containerschifffahrt die Handelskosten deutlich stärker abgesenkt als die Schaffung der WTO.[6] Die Offenheit der Welt stieg deutlich; 2007 erreichte sie unter den UNO-Mitgliedern einen Wert von 25 Prozent; in Deutschland stieg die Exportquote (Exporte als Anteil des BIP) auf 44 Prozent.

Dabei trat ein im Prinzip altes Phänomen nun immer deutlicher zum Vorschein: In den Exporten der Länder stecken immer auch importierte Vorprodukte. Die in den deutschen Exporten enthaltene ausländische Wertschöpfung beträgt zwischen einem Drittel und einem Viertel des Warenwertes, und dieser Anteil hat sich zwischen 1995 und 2008 beinahe verdoppelt.[7]

Die Globalisierungswelle der 90er-Jahre brachte prägende globale Wertschöpfungsnetzwerke hervor

Es mag übertrieben sein, hier von einer Basarökonomie zu sprechen, aber die stärkere internationale Fragmentierung von Produktionsprozessen ist eine unumstrittene empirische Tatsache. Man kann hier von einer zweiten großen »Entkopplung« sprechen. Im Unterschied zur ersten Welle spielen multinationale Unternehmen eine zentrale Rolle: Sie bringen die Technologien führender Industrienationen mit den Lohnkostenvorteilen der Schwellen- und Entwicklungsländer zusammen. Das Phänomen ist gekennzeichnet durch Handel in industriellen Zwischenprodukten und Dienstleistungen, und nicht so sehr in finalen Produkten. Die zentralen neuen Handelspartner hierfür sind und waren die neuen EU-Mitglieder und China. So sind etwa allein die Güterimporte Deutschlands aus China von vier Milliarden Euro im Jahr 1990 auf 61 Milliarden Euro im Jahr 2008 angestiegen. Die entstandenen globalen Wertschöpfungsnetzwerke werden die Weltwirtschaft noch über Jahrzehnte hinaus prägen. Ihre innere Logik beruht mehr auf klaren betriebswirtschaftlichen Kriterien als auf politischen. Dies spricht dafür, dass diese Netzwerke widerstandsfähig sind, sich in ihrer konkreten Form aber geänderten Rahmenbedingungen anpassen werden.

Globalisierung schafft neue Einkommen, bringt aber Gewinner und Verlierer hervor. Auch das wird sich nicht ändern. Insgesamt hat die Öffnung Chinas, Osteuropas und anderer Schwellenländer die Anzahl der in die Weltwirtschaft eingebundenen Arbeitskräfte von circa einer Milliarde Menschen auf zwei Milliarden verdoppelt. Weil der Preis eines Produktionsfaktors typischerweise fällt, wenn sich sein Angebot erhöht, kam es zu einem erheblichen Druck auf die Löhne der Arbeitnehmer in den alten Industriestaaten. In den Schwellenländern geschah das genaue Gegenteil.

Und in der Tat ist genau das passiert, was das berühmte »Elefantendiagramm« des Weltbank-Ökonomen Branko Milanovic eindrucksvoll zeigt (Abbildung 18). Das Diagramm ordnet die Bevölkerung der Welt ungeachtet der Staatsangehörigkeit nach dem realen Pro-Kopf-Einkommen im Jahr 1988 (x-Achse) und trägt dann für jedes Perzentil die Wachstumsrate des realen

Unter- und Oberschichten werden reicher

Abb. 18: Wachstumsraten (in Prozent) des realen Pro-Kopf-Einkommens nach Einkommensgruppen.[8]

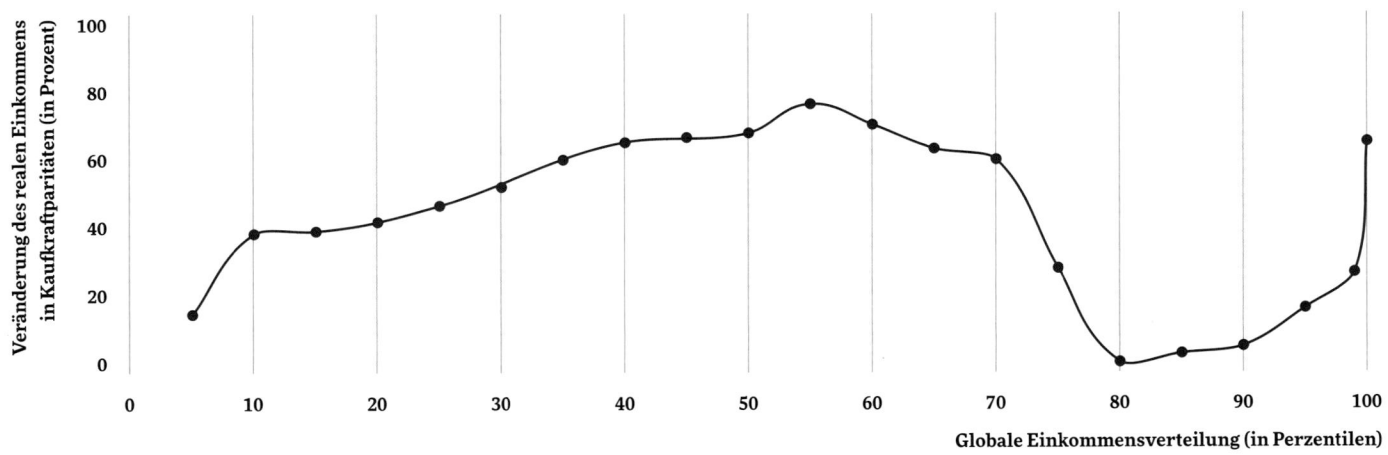

Pro-Kopf-Einkommens bis zum Jahr 2008 ein. Die Analyse erfasst also eine Zeitspanne, in der der Welthandel ganz besonders stark relativ zur Weltproduktion angestiegen ist (siehe Abbildung 18). Das »Elefantendiagramm« macht deutlich, dass in den betrachteten 20 Jahren fast alle Einkommensgruppen Einkommenszuwächse zu verzeichnen hatten, dass diese aber sehr stark über die Gruppen variieren. So sind die Einkommen der globalen Unterschicht – jene, die 1988 reicher als die zehn Prozent Ärmsten, aber ärmer als die 25 Prozent Reichsten waren – um mindestens 40 Prozent gestiegen, während die globale Mittelschicht – jene, die 1988 reicher als die 75 Prozent Ärmsten, aber ärmer als das Prozent der Reichsten waren – keine nennenswerten Einkommenszuwächse zu verzeichnen hatte.[9] Die Allerreichsten sahen hingegen Gewinne von jenseits 60 Prozent.[10]

Entwicklung der Einkommensungleichheit

Die Phase der »Hyperglobalisierung«[11] ist also eine, in der ein globaler Mittelstand entstanden ist; die weltweite Einkommensungleichheit ist eindeutig stark zurückgegangen. Der »alte« Mittelstand – vor allem weite Teile der Arbeiterschaft in Europa und den USA – hat allerdings kaum oder gar nicht profitiert. Und in den allermeisten Ländern, ob im Norden oder im Süden, ist in der betrachteten Zeit die Ungleichheit gestiegen. Es sind vor allem die Besserverdienenden in den Industrieländern, die aus dem hochprofitablen Einsatz moderner Technologien in den Niedriglohnländern Nutzen gezogen haben.

Auch in Deutschland ist die Einkommensungleichheit gestiegen; allerdings bewegt sie sich seit 2005 eher seitwärts. Betrachtet man die Bruttoarbeitseinkommen

der Gesamtbevölkerung, so ist seit 2005 sogar ein deutlicher Rückgang zu sehen.[12] Das Beispiel Deutschland ist auch insofern interessant, als es dem Land gelungen ist, von der letzten Globalisierungswelle wie kein anderes zu profitieren. So ist es nicht, wie in vielen anderen OECD-Staaten, zu einem starken Rückgang der relativen und teilweise sogar absoluten Größe des Industriesektors gekommen. Die Ausdehnung der deutschen Wertschöpfungsnetzwerke nach Osteuropa hat die Wettbewerbsfähigkeit trotz nach wie vor hoher Löhne gesichert und ausgebaut; der Aufstieg Chinas hat Deutschland per saldo genutzt, weil ein großer neuer Absatzmarkt gewonnen werden konnte.[13]

Seit 2010 entwickelte sich die Offenheit der deutschen Volkswirtschaft allerdings seitwärts; es gab sogar einige Jahre, in denen der Handel weniger stark wuchs als der Wert der Produktion. International war die Rede vom »global trade slowdown«.[14]

Seit 2017 wächst der Welthandel zwar wieder stärker als das Welt-BIP, doch es ist noch unklar, ob dies eine dauerhafte Rückkehr zu den Zuständen vor der großen Wirtschaftskrise darstellt. Unter Ökonomen ist umstritten, zu welchen Anteilen strukturelle im Vergleich mit zyklischen Gründen für die zumindest temporäre Verlangsamung verantwortlich waren. Ganz sicher spielte die stärkere Binnenmarktorientierung Chinas eine ganz zentrale Rolle. Allerdings gibt es auch starke Hinweise auf eine Zunahme protektionistischer Politiken seit 2008; siehe die umfassende Berichterstattung des Projekts Global Trade Alert (GTA) an der Universität St. Gallen oder die deutliche Ausweitung der Anwendung von

Straf- und Schutzzöllen, die zwar WTO-rechtskompatibel sind, aber deren Bezeichnung als *trade defense*-Maßnahmen doch nur als übertrieben euphemestisch bezeichnet werden kann.

Die Handelstheorie ist sich einig, dass die Wachstumsrate des Welthandels nur dann über der Wachstumsrate des Welt-BIP liegen kann, wenn die Transaktionskosten von grenzüberschreitenden Geschäften stärker fallen als jene innerhalb von Nationen, wenn neue Länder überhaupt in die Weltwirtschaft eintreten oder wenn die Nachfrage nach handelbaren Gütern stärker wächst als jene nach nicht handelbaren. Diese Bedingungen waren in den Jahren von 1970 bis 2008 regelmäßig erfüllt. In Zeiten, in denen schon (fast) alle Länder Mitglieder der WTO sind, die Handelspolitik keine Liberalisierungsschritte setzt, ist nicht mit überproportionalem Handelswachstum zu rechnen – es sei denn, es kommt zu technologischem Fortschritt, der die Kosten des internationalen Handels stärker fallen lässt als die Kosten des intranationalen Handels.

Wenn die Sprachbarrieren wegfallen, dann ist mit einem Boom im Dienstleistungshandel zu rechnen, der bisher stattgefundene Wachstumsphasen in den Schatten stellen könnte.

In China ist seit der Wirtschaftskrise genau das Letztere das Fall: Der massive Ausbau der Verkehrsinfrastruktur vor allem im chinesischen Hinterland, die rapide Zunahme der Nutzung des Internets und der Abbau von regulatorischen Barrieren führen dazu, dass China wieder stärker mit sich selbst handelt; nach Angaben der Weltbank ist Chinas Offenheit von weniger als fünf Prozent im Jahr 1971 auf mehr als 65 Prozent im Jahr 2006 gestiegen – ein für ein Land dieser Größe wirklich extremer Wert – und seither aber auf einen Wert von 37 Prozent im Jahr 2016 gesunken.

Dies ist vor allem durch zurückhaltendes Wachstum bei den Exporten geschehen. Die Seitwärtsbewegung im Welthandel hat also ganz massiv auch mit der Normalisierung Chinas zu tun, und diese wiederum hat viel mit dem Ausbau des chinesischen Binnenmarktes zu tun. Auch dieses Argument weist darauf hin, dass das überproportionale Wachstum des Welthandels zwischen 1970 und 2008 eine Sonderphase der Geschichte beschreibt, die so schnell nicht wiederkommt. Trotzdem ist damit zu rechnen, dass der Welthandel im Durchschnitt schneller wächst als die Weltproduktion. Dies hat mit der Digitalisierung zu tun.

Explosion des globalen Datenverkehrs

Was von den Handelsdaten – und anderen konventionellen Indikatoren der wirtschaftlichen Offenheit wie Investitions- oder Migrationsströmen – nicht abgebildet wird, ist das explosionsartige Wachstum der grenzüberschreitenden Datenströme. Von 2005 bis 2014 haben diese um den Faktor 45 zugenommen und werden sich, Schätzungen von Bughin und Lund zufolge, bis 2021 noch einmal um mindestens den Faktor 9 erhöhen (Abbildung 19).[15] Mindestens ein Achtel des globalen Güterhandels wird bereits auf digitalen Plattformen angebahnt und abgewickelt; in China ist der Anteil vermutlich doppelt so hoch. Schon im Jahr 2014 wurden mehr als 50 Prozent des US-Dienstleistungshandels digital abgewickelt[16]; in der Zwischenzeit ist dieser Anteil sicher noch deutlich angestiegen.

Es ist davon auszugehen, dass in absehbarer Zeit 100 Prozent des Handels von Gütern und Dienstleistungen zwischen entwickelten Staaten mithilfe digitaler Mittel abgewickelt werden und dass der Anteil von Dienstleistungen, die digital »geliefert« werden, rasant steigen wird.

Beim digitalen Handel existieren große Erfassungs- und Messprobleme. Viele Länder nehmen grenzüberschreitende Bagatelllieferungen von der Verzollung aus, was häufig dazu führt, dass sie nicht in der Statistik auftauchen. Dazu kommt, dass viele internationale Dienstleistungen unentgeltlich erbracht werden, zum Beispiel Dienstleistungen sozialer Netze. Die Nutzer erlauben den Anbietern im Gegenzug, über ihre Daten zu verfügen. Bei solchen Transaktionen kommt es nicht zu klassischen Zahlungsbewegungen. Daher wird das Phänomen in den amtlichen Statistiken systematisch untererfasst.

Entgelte für die Nutzung von Patenten

Dazu kommt, dass die extreme internationale Mobilität

Dynamische grenzüberschreitende Datenströme

Abb. 19: 2005–2014 auf Basis von Daten; 2015–2021 durch Schätzung.[17]

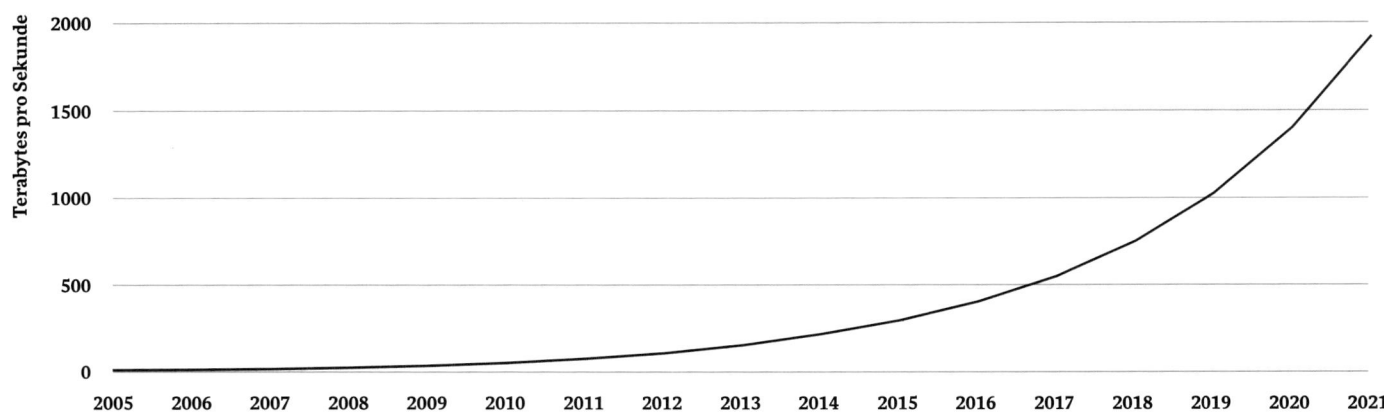

von immateriellen Wirtschaftsgütern – zum Beispiel von Patenten – dazu führt, dass diese rechtlich in Ländern liegen, in denen sie nicht hergestellt wurden. Dies führt dazu, dass Entgelte für die Nutzung von Patenten nicht als internationaler Dienstleistungshandel, sondern als Gewinne in ausländischen Töchtern multinationaler Konzerne auftauchen können. Sie fallen mithin aus der Handelsstatistik, bleiben aber in der Leistungsbilanz als Primäreinkommen. Die genaue statistische Messung grenzüberschreitender Transaktionen wird immer schwieriger, je höher der Anteil von Dienstleistungen ist und je mehr immaterielle Wirtschaftsgüter international mobil sind.

Man muss damit rechnen, dass die offiziell messbare Dynamik von Globalisierungsprozessen hinter den tatsächlich stattfindenden Prozessen bleibt. Schließlich lässt sich heute nur erahnen, welche technologischen Potenziale für eine weitere Absenkung von Handelskosten existieren. Dabei ist ein tieferer Blick auf den Dienstleistungssektor von hoher Bedeutung.

Die nächste Globalisierungswelle: Digitalisierung und Dienstleistungshandel

In den meisten Ländern macht der Dienstleistungssektor 70 bis 80 Prozent der gesamtwirtschaftlichen Produktion aus. Gleichzeitig liegt der Anteil der Dienstleistungen im internationalen Handel gerade einmal bei 30 Prozent. Ganz offensichtlich ist der Offenheitsgrad der Dienstleistungssektoren im Vergleich zur Industrie weiterhin minimal. Wenn es gelänge, die Handelbarkeit von Dienstleistungen deutlich zu erhöhen, dann käme es zu einer neuen Welle der Globalisierung mit ungeahnten Auswirkungen.

Die empirische Literatur zeigt sehr klar, dass der internationale Handel von Sprachbarrieren behindert wird. Dies gilt im Güterhandel, aber ganz besonders beim Handel von Dienstleistungen, wo die interpersonelle Kommunikation zwischen dem Erbringer und dem Empfänger der Dienstleistung zentral ist. Die riesigen Fortschritte, die die Anwendung künstlicher Intelligenz – vor allem neuronaler Netzwerke – in diesem Bereich bereits geleistet hat, legen die Vermutung nahe, dass die Überwindung sprachlicher Distanz mithilfe von Technologie eine realistische Vorstellung ist.[18] Wenn die Sprachbarrieren wegfallen, dann ist mit einem Boom im Dienstleistungshandel zu rechnen, der bisher stattgefundene Wachstumsphasen in den Schatten stellen könnte.

Die digitale Globalisierungswelle könnte die globale Konvergenz beschleunigen, innerhalb Deutschlands die Ungleichheit aber erhöhen. Ganz neue Bevölkerungsgruppen aus Schwellen- und Entwicklungsländern könnten am internationalen Dienstleistungshandel teilnehmen. Berufe, in denen die direkte Kommunikation zwischen dem Erbringer und dem Empfänger einer Dienstleistung wichtig ist, wie der Medizinsektor, der Bereich der Aus- und Weiterbildung, Steuer- und Rechtsberatung sowie viele weitere unternehmensnahe Dienstleistungen, wären betroffen und könnten sich ähnlich globalisieren, wie es im Bereich der Softwareprogrammierung bereits passiert ist. Dies würde zu einer weiteren Konvergenz der globalen Einkommensverteilung führen, weil weite Bevölkerungsschichten im armen Süden in die internationale Arbeitsteilung eingebunden würden.

Die Tatsache, dass durch die Automatisierung im industriellen Sektor die ärmeren Länder weniger Vorteil aus ihren geringen Lohnkosten ziehen werden, verblasst im Vergleich zu den Effekten der Globalisierung des Dienstleistungssektors. Das Welt-BIP würde deutlich steigen, und die Armutsbekämpfung in den Schwellen- und Entwicklungsländern käme einen guten Schritt voran. Vor allem Länder mit einer verhältnismäßig guten Basisausbildung, wie zum Beispiel in Südasien (Indien, Indonesien) oder Südamerika, könnten davon profitieren.

Doch gleichzeitig käme es vermutlich zu einem weiteren Anstieg der Ungleichheit in den alten Industriestaaten, wo Sektoren, die bisher vom globalen Wettbewerb abgeschottet waren, unter Druck geraten könnten. Dabei ist es kaum möglich, vorherzusagen, wessen Löhne und Jobs gefährdet wären: In allen Segmenten entstehen neue Chancen, weil die Vertriebsplattformen, das Wissen und die Netzwerke der Dienstleister im Norden mithilfe der Zuarbeit aus dem Süden gehebelt

Will Europa relevant bleiben, so muss es gemeinsam agieren.

werden könnten. Doch nur wer diese Chancen aktiv nutzen kann – das sind Personen, die über hebelbare Vorteile verfügen –, wird profitieren; die anderen werden verlieren, weil Wettbewerber aus dem Ausland bei ähnlicher Qualität billiger anbieten können.

Sektoren, in denen die interpersonelle Kommunikation unwichtig, aber physische Präsenz unersetzlich ist – wie zum Beispiel in der Gebäudereinigung, in Sicherheitsdiensten, in bestimmten Gesundheitsberufen (Pflege) –, wären nicht durch ein Absinken der grenzüberschreitenden interpersonellen Kommunikationskosten betroffen. Diese Bereiche bezahlen gegenwärtig eher unterdurchschnittliche Löhne, während Sektoren mit hoher Bedeutung kommunikativer Fähigkeiten bessere Löhne aufweisen. Es folgt, dass die Entwicklung besserer Übersetzungstechnologien zu einer weiteren »Aushöhlung der Mitte« in der Einkommensverteilung führen kann.[19] Die Automatisierung und der verstärkte Einsatz von Robotern in der Industrie werden vermutlich ähnliche Konsequenzen haben.[20]

Die Globalisierung weiterer Teile des Dienstleistungssektors würde Widerstand hervorrufen. Schon jetzt gibt es verschiedene Versuche, den Prozess der Digitalisierung regulatorisch zu bremsen, vor allem wenn die Nutznießer ausländische Konzerne sind. Das gilt für Bereiche, in denen neue Technologien helfen, Kunden und Anbieter von Dienstleistungen besser zusammenzuführen, beispielsweise bei der Personenbeförderung (Uber) oder der temporären Überlassung von Wohnraum (Airbnb). Die gegenwärtige deutsche Regierung hat sich im Koalitionsvertrag auf ein Verbot von Online-Apotheken festgelegt, weil sie die Qualität der Beratung gefährdet sieht.

Es ist gut denkbar, dass dieses Problem technologisch gelöst werden kann; gleichwohl wird sich die Branche gegen einen Angriff auf ein bisher sehr profitables Geschäftsmodell wehren. In vielen anderen Branchen sieht die Situation ähnlich aus. Daher muss man in der Zukunft mit einer Vielzahl neuer protektionistischer Tendenzen rechnen, die legitime Anliegen wie den Schutz der Verbraucher und ihrer Daten, der Umwelt, sozialer Standards et cetera vorschieben, um ausländische Anbieter von einer Teilnahme am Wettbewerb auszuschließen.

Die Digitalisierung – vor allem die Möglichkeiten durch künstliche Intelligenz – könnte also erstmals in der Geschichte zu einer tief greifenden Globalisierung des Dienstleistungssektor führen. Im Industriesektor ist hingegen eine umgekehrte Tendenz vorstellbar. Durch die voranschreitende Automatisierung und den Einsatz von künstlicher Intelligenz kommt es zu einer Substitution manueller Arbeit durch Maschinen. Der Anteil der Arbeitskosten in den Produktionskosten sinkt. Damit gehen auch die Anreize zurück, Produktion in Niedriglohnländer zu verlagern. Dazu kommt, dass das Zusammenwirken der Automatisierung und der nahtlosen Integration von Bestell-, Beschaffungs- und Produktionsdaten immer kleinere Losgrößen und maßgeschneiderte Angebote – nicht nur im Bekleidungs- und Schuhsektor – möglich machen könnte. Damit würde sich die Standortpolitik von Unternehmen ändern: Die Konzentration der Produktion an wenigen Standorten unter Ausbeutung von Skalenvorteilen tritt in den

China und Indien werden die Weltwirtschaft dominieren

Abb. 20: Reales Trend-BIP ausgewählter Volkswirtschaften in US-Dollar, 2010 Kaufkraftparitäten.[21]

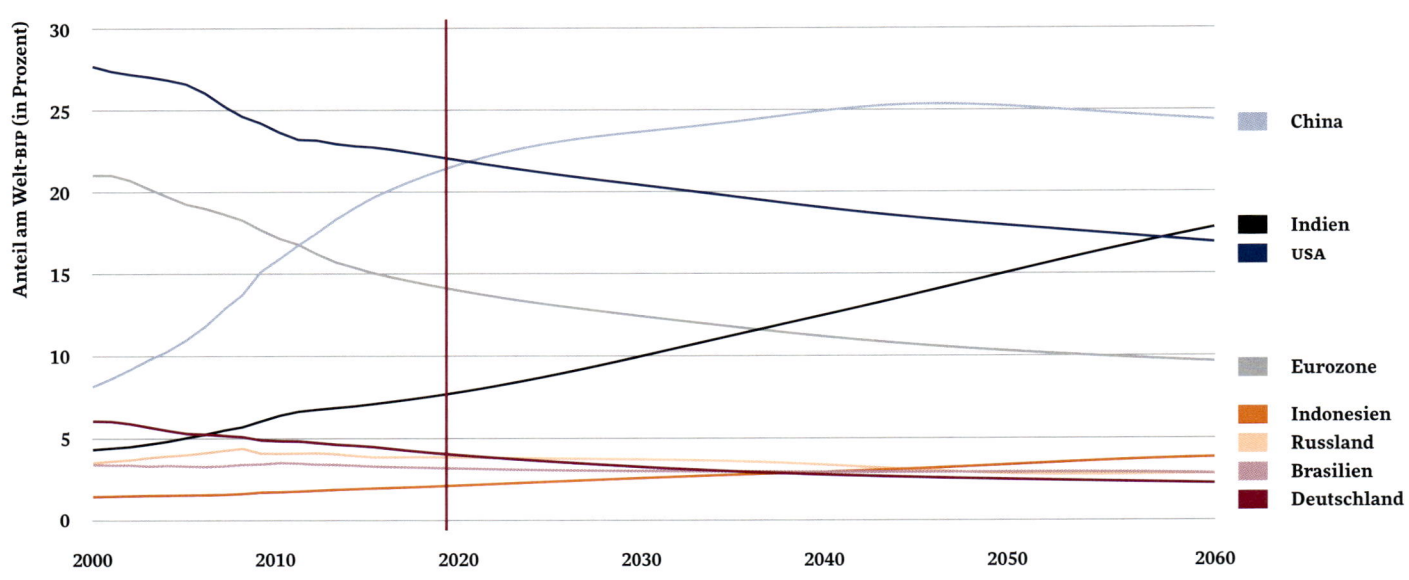

Hintergrund und die zeitnahe Erfüllung individualisierter Kundenwünsche in den Vordergrund.

Diese Entwicklungen sind für Schwellen- und Entwicklungsländer, die außer ihren niedrigen Lohnkosten über keine Standortvorteile verfügen, eine schlechte Nachricht; sie könnten den Konvergenzprozess verlangsamen und ihn auf die Länder mit großen Binnenmärkten konzentrieren. Zum Stillstand käme die Konvergenz aber wahrscheinlich nicht, weil Prozesse mit umgekehrter Wirkung – beispielsweise im Dienstleistungssektor – gleichzeitig wirken. Die alten Industriestaaten würden durch das »Reshoring« von Wertschöpfung zwar profitieren, die alten Industriejobs kämen aber nicht wieder, weil die Veränderung ja gerade durch eine Erhöhung der Kapitalintensität der Produktion getrieben ist.

Neue Machtverteilung im Welthandel: China strebt dem Höhepunkt zu, Indien steht in den Startlöchern

Was bedeutet diese Entwicklung für die wichtigsten Handelsmächte und was für Deutschland? Abbildung 20 zeigt, wie sich nach Konsensmeinung die Anteile wichtiger Weltregionen am Welt-BIP von 2000 bis 2017 entwickelt haben und in den kommenden 40 Jahren entwickeln könnten. Der wichtigste Treiber ist hierbei die demografische Entwicklung, die sich relativ gut vorhersagen lässt – wobei Wanderungsbewegungen für

Überraschungen sorgen können. Der zweite zentrale Treiber ist die Entwicklung der totalen Faktorproduktivität: die Rate, mit der die bereitstehenden Ressourcen (Humankapital, Land, das akkumulierte physische Kapital) in Output umgewandelt werden. Technologische Umbrüche wie jene, die in diesem Beitrag diskutiert werden, gehen nicht in die Projektionen ein; genauso wenig wie dramatische politische Veränderungen.

Auf dem Zeitstrahl bis 2060 liegen vier zentrale Ereignisse: Im Jahr 2011 hat China die Eurozone (15 Länder) überholt; das Pro-Kopf-Einkommen des Landes liegt aber trotz jahrzehntelangen Wachstums gegenwärtig noch unter 30 Prozent des europäischen Niveaus. Ab dem Jahr 2021 wird die Größe der chinesischen Volkswirtschaft jene der USA übertreffen. Um das Jahr 2045 herum wird China den Höhepunkt seiner relativen wirtschaftlichen Macht erlebt haben. Interessant: Die transatlantische Wirtschaft (USA plus Eurozone) wird nach den Prognosen der OECD bis 2060 und darüber hinaus größer sein als die chinesische Volkswirtschaft. Ebenfalls interessant: Der rasante Aufstieg Chinas dürfte sich deutlich verlangsamen. In den nächsten 30 Jahren wird der BIP-Anteil des Reichs der Mitte von derzeit circa 21 Prozent noch um etwa vier Prozentpunkte auf knapp über 25 Prozent anwachsen; in den vorhergegangenen 30 Jahren lag der Zuwachs bei 17 Prozentpunkten.

Wie wir handeln müssen

— Die Globalisierung ist ein vor allem technologiegetriebener Prozess. Protektionistische Politiken können disruptiv wirken, die Digitalisierung wird langfristig aber für einen neuen Globalisierungsschub sorgen, der die Ungleichheit in der Welt weiter abbauen, jene innerhalb der alten Industriestaaten aber erhöhen wird. Deutschland muss sich auf diesen Wandel vorbereiten – vor allem mit einem zukunftsfähigen Sozialstaat. Die Automatisierung der Industrieproduktion könnte Wertschöpfung nach Deutschland zurückholen; dies wird aber die alten Industriejobs nicht zurückbringen. Defensive Technologiepolitik ist keine Zukunftspolitik.

— Asien ist weiterhin im Vormarsch; doch das relative Gewicht Chinas wird Mitte der 2040er-Jahre seinen Höhepunkt erreichen und selbst langfristig unter dem Gewicht der transatlantischen Volkswirtschaften bleiben. Europa kann erfolgreich die Regeln der Weltwirtschaft gestalten, wenn es bereit ist, Partnerschaften einzugehen. Die USA müssen dafür der erste Ansprechpartner bleiben. In der Zukunft wird die größte Demokratie der Welt – Indien – ein weiterer natürlicher Partner Europas.

— Eine zentrale Zukunftsherausforderung ist die Gestaltung der globalen digitalen Ökonomie. Hier gilt es, den schwierigen Zielkonflikt zwischen effizientem Datenaustausch, Datenschutz und Besteuerung digitaler Unternehmen im Einvernehmen mit den internationalen Partnern zu lösen und der Tendenz zu digitalem Protektionismus zu widerstehen. Deutschland, mit seiner Tradition eines kooperativen Dialoges zwischen Unternehmen, Politik und Zivilgesellschaft, kann hier vorangehen, muss dafür aber seine tief sitzenden Technologieängste in den Griff bekommen.

Auf Indien entfallen derzeit etwa sieben Prozent der globalen Wirtschaftsleistung, obwohl das Land, ganz ähnlich wie China, circa 18 Prozent der globalen Bevölkerung auf sich vereinigt. Während die Größe der Erwerbsbevölkerung in China aber schon ihren Höhepunkt überschritten hat, liegt dieser in Indien noch in ferner Zukunft. Kurz vor dem Jahr 2057 könnte schließlich auch Indien die USA überholt haben. Die Dynamik der indischen Volkswirtschaft ist potenziell riesig. Der Subkontinent wird noch von internen wachstumshemmenden Kräften – überbordende Bürokratie, das Kastensystem, schlechte Infrastruktur – zurückgehalten. Wenn technologische Veränderungen aber zu einer deutlich verbesserten Handelbarkeit von Dienstleistungen führen, dann wäre Indien der größte Profiteur.

Halbiert sich der wirtschaftliche Einfluss der Eurozone, gemessen am Anteil im Welt-BIP, von 2000 bis 2060, so fällt jener Deutschlands auf ein Drittel. Dies hat mit der besonders stark rückläufigen Dynamik der Erwerbsbevölkerung in Deutschland zu tun – ein Umstand, der allerdings durch Migration deutlich abgemildert werden könnte. Jedenfalls macht das Bild sehr deutlich, dass der weltpolitische Einfluss Deutschlands, schon heute bescheiden, hinter jenem Brasiliens, Indonesiens und Russlands zurückfallen wird. Will Europa relevant bleiben, so muss es gemeinsam agieren. Das ist eine notwendige, aber noch keine hinreichende Bedingung. Europa muss künftig Koalitionen eingehen, wenn es eigene gestalterische Vorhaben in der Welt umgesetzt sehen will. Dabei muss es nach Washington oder Peking schauen; in der fernen Zukunft auch nach Neu-Delhi, in die Hauptstadt der größten Demokratie der Welt: Dort liegt die wirtschaftliche Kraft, die die zukünftige Weltwirtschaftsordnung maßgeblich prägen wird.

PROF. DR. GABRIEL J. FELBERMAYR (42) *ist Direktor des ifo Zentrums für Außenwirtschaft am ifo Institut in München und ein führender Experte für Fragen der Global Governance, insbesondere der internationalen Handels-, Investitions- und Migrationspolitik. Er wird im Frühjahr 2019 die Leitung des Instituts für Weltwirtschaft in Kiel übernehmen. Er berät regelmäßig die deutsche Bundesregierung und die Europäische Kommission sowie Parlamente und internationale Institutionen. Derzeit befasst er sich schwerpunktmäßig mit der Frage, wie das Welthandelssystem modernisiert und gestärkt werden könnte.*

Blick aus den USA auf Deutschland

Von Constanze Stelzenmüller

Strategische Überraschungen – sogenannte *black swans* – sind ihrem Wesen nach ein Schock, ein Stresstest. Die größte und folgenschwerste strategische Überraschung für Deutschland in den vergangenen zwei Jahren war nicht russische Aggression, ein immer selbstbewusster in Europa ausgreifendes China oder die Zerfallserscheinungen des europäischen Projekts, sondern die Wahl von Donald Trump zum Präsidenten der USA. Die US-Sicherheitsgarantie für Europa erlaubte es Deutschland nach 1945, sich auf den Wiederaufbau zu konzentrieren; die Schutzherrschaft der USA über die liberale Weltordnung ermöglichte es den Deutschen, ein weltweites Handelsnetzwerk aufzubauen und zum reichsten Land Europas zu werden. 1989 war es vor allem amerikanische Weitsicht, die der deutschen Wiedervereinigung in einem vereinten Europa den Weg bahnte. Die Erweiterung der NATO unter dem noch weiter aufgespannten amerikanischen Schutzschirm machte aus dem Frontstaat Deutschland ein Land, das von Freunden umgeben war. Präsident George H. W. Bush bot damals den zögernden Deutschen »partnership in leadership« an. Unter Präsident Obama schien es, als sei die Zeit dafür reif und die Deutschen, ihre Hegemonialverantwortung in Europa endlich anerkennend, dazu bereit geworden. Kurz: Kein Land in Europa hat so sehr von amerikanischem Wohlwollen profitiert wie Deutschland.

> **Die Gemäßigten – die an Deutschland viel schätzen und sehr wohl sehen, wie weit sich die strategische Debatte in Berlin entwickelt hat – sind der Ansicht, dass es noch längst nicht die Rolle spielt, die seiner gewachsenen Macht entspräche.**

Dieses Wohlwollen ist vorerst vorbei – nicht in der amerikanischen Bevölkerung, nicht in Unternehmerkreisen, nicht in den Bildungseliten, wohl aber an der Spitze der Regierung. Der Präsident sowie die Ideologen, mit denen er sein Kabinett bestückt hat, teilen eine düstere Weltsicht, in der die internationale Ordnung nicht mehr von Kooperation geprägt ist, sondern von Wettbewerb und Konflikten. Sie machen kein Geheimnis aus ihrer Geringschätzung für den Multilateralismus und das Völkerrecht; selbst enge Verbündete werden kühl daran gemessen, was sie ins Bündnis einbringen.

Die Europäische Union und vor allem Deutschland aber befinden sich regelrecht im Fadenkreuz der Hardliner. Die Kulturkrieger verübeln deutsche Großzügigkeit gegenüber Flüchtlingen; die Handelsnationalisten hassen deutsche Bilanzüberschüsse. Die Bellizisten spekulieren auf *regime change* in Nordkorea und Iran und erwarten europäische Gefolgschaft; sie missbilligen, dass Berlin sich nicht an den Schlägen gegen Syrien beteiligt hat. Die Russlandskeptiker haben das Gasgeschäft Nord Stream 2 im Visier. Aber auch gemäßigte Republikaner und Demokraten ärgern sich über Deutschlands marode Streitkräfte und seine unzulänglichen Verteidigungsausgaben; und sie sind besorgt über deutsches Irrlichtern zwischen Westbindung und östlichen Versuchungen (Russland, China). Diese Gemäßigten – die an Deutschland viel schätzen und sehr wohl sehen, wie weit sich die strategische Debatte in Berlin entwickelt hat – sind der Ansicht, dass es noch längst nicht die Rolle spielt, die seiner gewachsenen Macht entspräche.

Im Spannungsfeld zwischen dieser neuen harten Linie aus Washington und den Sorgen der alten Freunde muss sich nun erstmals eine deutsche Amerika-Strategie entwickeln. Sie muss Widerstand leisten, wo es nicht anders geht, und unvermeidbare Konflikte managen (Handelspolitik); sie muss freundlich Dissens aushalten können (Flüchtlingspolitik); und sie sollte unhaltbare Positionen (Verteidigungsausgaben) diskret räumen. Vor allem aber muss sie angesichts eines weltweit angestiegenen Konfliktrisikos auf der Basis deutscher und europäischer Werte eine eigene Strategie entwickeln, die nicht nur auf Ereignisse und Forderungen anderer reagiert – und an eine rationale US-Außenpolitik anschlussfähig bleibt. Insofern liegt in dieser Überraschung auch eine Chance.

DR. CONSTANZE STELZENMÜLLER *(56) ist seit Oktober 2014 Robert Bosch Senior Fellow beim Center on the United States and Europe bei der Brookings Institution in Washington, D. C. Von 2005 bis 2014 war sie Berliner Büroleiterin und Senior Transatlantic Fellow beim German Marshall Fund; dort leitete sie die Umfrage »Transatlantic Trends« und, in Kooperation mit der Stiftung Wissenschaft und Politik, das Projekt »Neue Macht, Neue Verantwortung«. Sie ist Juristin.*

»Angesichts des sinkenden politischen Wohlwollens der US-Regierung muss Deutschland erstmals eine eigene Amerika-Strategie entwickeln, um auf neue Spannungsfelder in der internationalen Ordnung einzugehen.«

»Die wirtschaftliche Lage im Jahre 2030 wird wesentlich dadurch bestimmt, ob es gelingt, unsere Globalisierung aus der Erschöpfung zu befreien und Perspektiven für eine inklusive (dritte) Globalisierung zu eröffnen.«

Chancen für eine dritte Globalisierung. Ausbruch aus der Erschöpfung

Von Michael Hüther[1]

Der Blick in die Zukunft ist derzeit von besonderer Attraktivität und besonderer Herausforderung. Denn immer weniger scheint fortschreibungsfähig, immer mehr wird fragwürdig: im Technischen, im Ökonomischen, im Sozialen und im Politischen. Neuerungen, Enttäuschungen, Brüche von Entwicklungen, Erosion von Gewissheiten, Unbestimmtheiten, Führungsverluste, neuartige Konflikte haben einen Erwartungsraum geöffnet, der offenkundig nicht durch Erfahrungen, Tendenzen, Trends oder Pfadabhängigkeiten erfasst, beschrieben oder verortet werden kann.

Identitätszweifel und Orientierungsmangel

Die große *Geschichte der Freiheit*, die mit dem Fall der Berliner Mauer und des Eisernen Vorhangs weltweit zum Hoffnungswert wurde und stets eine sowohl politische als auch ökonomische Komponente besaß, hat ihre Selbstverständlichkeit gerade wegen ihrer unbegrenzten Aufdringlichkeit und des Gefühls einer in der Ferne verursachten Fremdbestimmung verloren. *Identitätszweifel und Orientierungsmangel* dominieren zunehmend gesellschaftliche Diskurse und politische Debatten. Der Versuch, aus dieser Situation neue Perspektiven zu gewinnen, muss auf der Einsicht beruhen, dass die Globalisierung als Treiber unseres wirtschaftlichen Erfolges einer normativen Vergewisserung bedarf. Denn die Selbstverständlichkeit einer westlich geprägten Globalisierung ist ebenso wenig haltbar wie die Vorstellung einer wertfreien, rein markttechnisch begründeten globalen Wirtschaft. Die Treiber der Weltwirtschaft für ein Deutschland im Jahre 2030 müssen darüber verortet werden.

Aus dem Motor der Wohlstandsmehrung und erhofften Demokratisierung ist für sehr viele eine Quelle der Bedrohung und Überforderung geworden.

Einerseits verbinden sich in der Fragwürdigkeit der Gegenwart bereits vor längerer Zeit ausgerufene Epochenwechsel: *Postmoderne* (Jean-François Lyotard 1979), *Krise des Wohlfahrtsstaates* (Jürgen Habermas 1985), *Postdemokratie* (Colin Crouch 2005). Andererseits wirkte als Auslöser die *Wirtschafts- und Finanzkrise der Jahre 2008/09*. Sie wurde als gesellschaftliche Katastrophe und Überdehnung der politischen Möglichkeiten gedeutet, da sie ihre Ursache in einem Wirtschaftssystem habe, das globalisierungsgeformt den Maßstäben der Menschlichkeit entrückt sei, das Primat der Ökonomie einfordere und alle Lebenszusammenhänge mit einem geheiligten Eigennutz codiere.

Schließlich entstand aus dieser Gemengelage der Eindruck, eine zentrale Funktionalität unserer Epoche – friedlich, effizient und effektiv Koordinationsleistungen zu erbringen – werde in Zweifel gezogen, weil das Aufstiegsversprechen der Marktwirtschaft nicht mehr trägt. Tatsächlich hat sich in der Zeit seit der Jahrtausendwende die Aussicht auf einen grundsätzlich fortlaufenden Anstieg der Realeinkommen und damit auf eine Ausweitung der Handlungsmöglichkeiten in vielen Ländern als zunehmend unrealistisch erwiesen. Die Wahrnehmung der Globalisierung hat sich verändert: Aus dem Motor der Wohlstandsmehrung und erhofften Demokratisierung ist für sehr viele eine Quelle der Bedrohung und Überforderung geworden.

Selbst in Volkswirtschaften mit robuster Entwicklung und Beschäftigungsrekorden, wie in dem industriebasierten und exportorientierten Deutschland, formuliert eher die Mehrheit als die Minderheit Ängste bezüglich der künftigen Entwicklung, der eigenen Möglichkeiten und vor allem des persönlichen Status. Dahinter steht – entgegen der tatsächlichen ökonomischen Entwicklung – die verbreitete Wahrnehmung, dass die Globalisierung in Zeiten digitaler Transformation vor allem Anpassungslasten für die Beschäftigten begründe, entweder über höhere Produktivitätsanforderungen, über steigenden Lohndruck oder über höhere Arbeitsplatzrisiken.

Unabhängig von der konkreten Deutung der Globalisierung resultiert ihre ambivalente Wirkung – wirtschaftliche Dynamik und gesellschaftlicher Widerspruch – aus der sich intensivierenden *transnationalen Arbeitsteilung* sowie der davon nicht zu trennenden *Ausweitung der Fernbeeinflussung*. In diesem Spannungsfeld entwickeln die Megatrends – vor allem die digitale Transformation und der Klimawandel – ihre Potenziale und Herausforderungen für die Zukunft. Die hier zu entwickelnde These beruht auf der Einsicht, dass die

Kraft dieser Treiber für die Weltwirtschaft ganz wesentlich davon abhängt, wie die Globalisierung gesellschaftlich nachhaltig akzeptabel – inklusiv – wird. Und das hängt ganz wesentlich an der Erkenntnis, dass die Globalisierung nur als explizit normatives Projekt eine Zukunft hat.

Globalisierung als normatives Projekt

Globalisierung vernetzt Volkswirtschaften durch freien Güterhandel und Dienstleistungsverkehr, Kapitalmobilität und Risikotausch, Wissensdiffusion und Wissensaustausch, Wanderung und Humankapitalmobilität. Ihr maßgebliches Kennzeichen ist also die *Vernetzung*, die zu einer Selbstverstärkung führt und letztlich die Entstehung globaler Akteure und Strukturen ermöglicht. Zugleich organisieren sich, ganz unabhängig von globalen Strukturen, Gesellschaften sowohl politisch als auch ökonomisch in *Hierarchien*.

Hierarchien definieren die Rangordnungen, sanktionieren Rechte, weisen Kompetenzen zu, bieten Konfliktlösungsmechanismen und sparen für die Gesellschaftsmitglieder vielfältige Transaktionskosten ein. Es werden starke und stabile Beziehungen definiert, um die Hierarchien nachhaltig und robust zu machen.

Die besondere Kraft von Netzwerken

Auch Unternehmen sind solche Hierarchien, die sich durch den Vorteil der Transaktionskostenersparnis begründen und absichern. Verändern sich die Kosten der Marktnutzung, dann kann dies weitreichende Folgen für bestehende Unternehmen haben. Sie werden disruptiv bedroht.

Netzwerke sind hingegen labil, leben von der spontanen, sich immer wieder neu bildenden Ordnung; sie beruhen auf der Stärke von schwachen, eher zufälligen Verbindungen, sogenannten strukturellen Löchern, die nicht redundante Informationen voneinander separieren. Die besondere Kraft von Netzwerken besteht darin, diese strukturellen Löcher zu überbrücken, zumal dann, wenn verschiedene Netze

Globalisierung steht als ein normatives Projekt im Konflikt zwischen dem transatlantischen Westen und China.

und Informationskreise zueinander in Beziehung gebracht werden können. Häufig gelingt dies aufgrund neuer Technologien für den Informationsaustausch und die Kommunikation, ebenso haben Kapitalströme und Finanzintermediation das Potenzial, Netze zu knüpfen.

Die Öffnung der wirtschaftlichen Möglichkeiten vor allem nach 1990 durch das Ende des politischen Systemkonflikts, die bereits seit 1980 laufende Liberalisierung der Kapitalmärkte sowie der technisch-instrumentelle Fortschritt bei starkem Bevölkerungswachstum bedeuteten nicht nur, der Freiheit global eine umfassendere Chance zu geben, sondern zugleich die Möglichkeiten der beliebigen, marktgetriebenen – also prinzipiell anarchischen – spontanen Vernetzung neu zu definieren. Die Globalisierung unserer Zeit hat die politischen und ökonomischen Hierarchien bislang wirksam unter einen fundamentalen Anpassungsdruck gesetzt. Hier wird der verdeckte normative Dissens sichtbar: Welche Anpassung der *nationalen* Hierarchien infolge der globalen Netzwerke ertragen die Gesellschaften? Hier liegt der Keim des Protektionismus.

Das führt zu der ungleichen Alternative, entweder die Globalisierung mit überkommen Mitteln – physischen Mauern, wie sie US-Präsident Donald Trump im Wahlkampf 2016 propagierte, oder Abschaltung und Zensur des Internets, wie es die chinesische Führung praktiziert – zurückzudrehen oder aber diese Anpassung durch institutionelle Reformen in den Staaten sowie die Entwicklung neuartiger transnationaler Institutionen anzunehmen. Die gegenwärtige Phase der Stockung kann man so deuten, dass der Konflikt zwischen Netzwerk und alter Hierarchie gerade ausgetragen wird, die neuen Hierarchien aber noch nicht akzeptiert, gesichert, geklärt oder gar sichtbar sind.

Sowohl der Westen als auch China sind diesem Konflikt ausgesetzt und reagieren darauf restriktiv, obgleich das jeweilige Verständnis von Globalisierung wertegebunden sehr unterschiedlich ist. *Globalisierung steht als ein normatives Projekt im Konflikt zwischen dem transatlantischen Westen und China.* Dabei ruht die Sichtweise des Westens – und damit, historisch begründet, insbesondere Deutschlands – auf den *Grundprinzipien* der unveräußerlichen Menschenrechte, der Herrschaft des Rechts, der Gewaltenteilung, der Volkssouveränität und der repräsentativen Demokratie. Das normative Gerüst stabilisierte über lange Zeit ganz selbstverständlich den Fortschritt der Globalisierung, ohne selbst seine historische Bedingtheit zu verlieren. Gerade der Blick zurück auf die Jahre seit dem Fall der Mauer und der Öffnung des Eisernen Vorhangs zeigt eine Epoche, die wie keine zuvor die Ideen von 1776 und 1789 aufnimmt und die mit den Ideen von 1989 erstmals die Hoffnung verbindet, das zivilisatorische Projekt des Westens könnte global ausreifen.

Die ökonomische Dynamik unserer Globalisierung hat viel mit der Integration der Schwellenländer zu tun, wovon Deutschland in besonderem Maße profitiert.

Doch wie weit konnte und kann eine Globalisierung tragen, die sich nicht auf den Austausch von Waren beschränkt, sondern durch Dienstleistungshandel, Direktinvestitionen und Wanderungsentscheidungen die Bedingungen des neuen Standorts ganzheitlich in Betracht nimmt, sodass sich die klassische ordnungspolitische Frage nach der Konsistenz der politischen, gesellschaftlichen, rechtlichen, kulturellen und ökonomischen Ordnungen aufdrängt?

Die ökonomische Dynamik unserer Globalisierung hat viel mit der Integration der Schwellenländer zu tun, wovon Deutschland in besonderem Maße profitiert. Vor allem die Entwicklung in der Volksrepublik China trägt daran einen überragenden Anteil. Der marktwirtschaftlichen Öffnung sind allerdings bislang weder eine politische Demokratisierung noch eine gesellschaftliche Liberalisierung gefolgt. Der repressive Umgang mit zivilgesellschaftlichem Engagement – besonders starr im Fall des Dissidenten und Friedensnobelpreisträgers (2010) Liu Xiaobo – macht dies überdeutlich. Die politische Führung Chinas propagiert konsequent den eigenen politischen Weg und markiert damit zugleich in besonderer Weise die Position, die ökonomische Globalisierung mit Blick auf Politik und Gesellschaft normativ zu neutralisieren, sie quasi auf ein technisches Verfahren zu reduzieren.

Die Öffnung Chinas nach Maos Tod war nie als Demokratisierungsprojekt verstanden worden. Stattdessen bilden zwei Jahrhunderte chinesischen Rückschritts und Verfalls für die Führungselite des heutigen China einen Ansporn. Dieser – so gedeutete – Irrlauf der Geschichte soll korrigiert werden, und zwar in einem eigenständigen Modell: der Volksdiktatur. Es hat sich an der Bindung des Kapitalismus an die kommunistische Herrschaftsstruktur und den Zentralismus der Partei im Grundsatz bis heute nichts geändert. So gilt: *Die normative Frage nach der passenden Wirtschaftsordnung ist zentral.* Dies gilt erst recht in einer Zeit, in der viele das Ende aller Sicherheit verspüren. Es ist mit Blick auf die künftigen Treiber der Weltwirtschaft zu prüfen, inwieweit angesichts kultureller Differenzierungen und Pfadabhängigkeiten das Projekt der Globalisierung im Kampf von Netzwerken und Hierarchien zukunftsfähig normativ zu verankern ist.

Die Erschöpfung unserer Globalisierung

Die normative Spannung unserer Globalisierung hat ihrem Erfolg lange Zeit nichts anhaben können. Die Freisetzung der weltweit integrierenden ökonomischen Kräfte dominierte über Jahrzehnte alles. Die gewaltigen Entwicklungsunterschiede zwischen den etablierten Industrieländern des Westens sowie den Schwellen- und Entwicklungsländern ließen die ordnungspolitischen Unterschiede nachrangig erscheinen. Es ging (zunächst) darum, wirtschaftliche Aufholprozesse durch Nachholen in Gang zu setzen. Die folgenden Ausstattungsmerkmale prägen das Panorama unserer Globalität:

— *Institutionelle Innovationen* wie die multilaterale Welthandelshandelsorganisation WTO ermöglichen allen Beteiligten ein gewisses Mitspracherecht auf globaler Bühne. Von den neuen Partizipationsmöglichkeiten machten auch kleinere Länder regen Gebrauch, wie dies in bilateralen Verhandlungen nicht möglich gewesen wäre. Mit der wirtschaftlichen Integration schafften es insbesondere einige asiatische Länder, die sich ihnen bietenden Chancen zu nutzen und lange Zeit für unvorstellbar gehaltenes Nachholwachstum zu realisieren.

— Die Öffnung der Kapitalmärkte nach dem Ende des währungspolitischen Regimes von Bretton Woods hat entgegen den Erwartungen nicht dazu geführt,

Bedeutungswandel der großen Wirtschaftsräume in der Globalisierungsgeschichte

Abb. 21: Der prozentuelle Wandel großer Wirtschaftsräume durch die Globalisierung, gemessen anhand des Anteils des BIPs der jeweiligen Regionen am Welt-BIP, 1500–2007.[2]

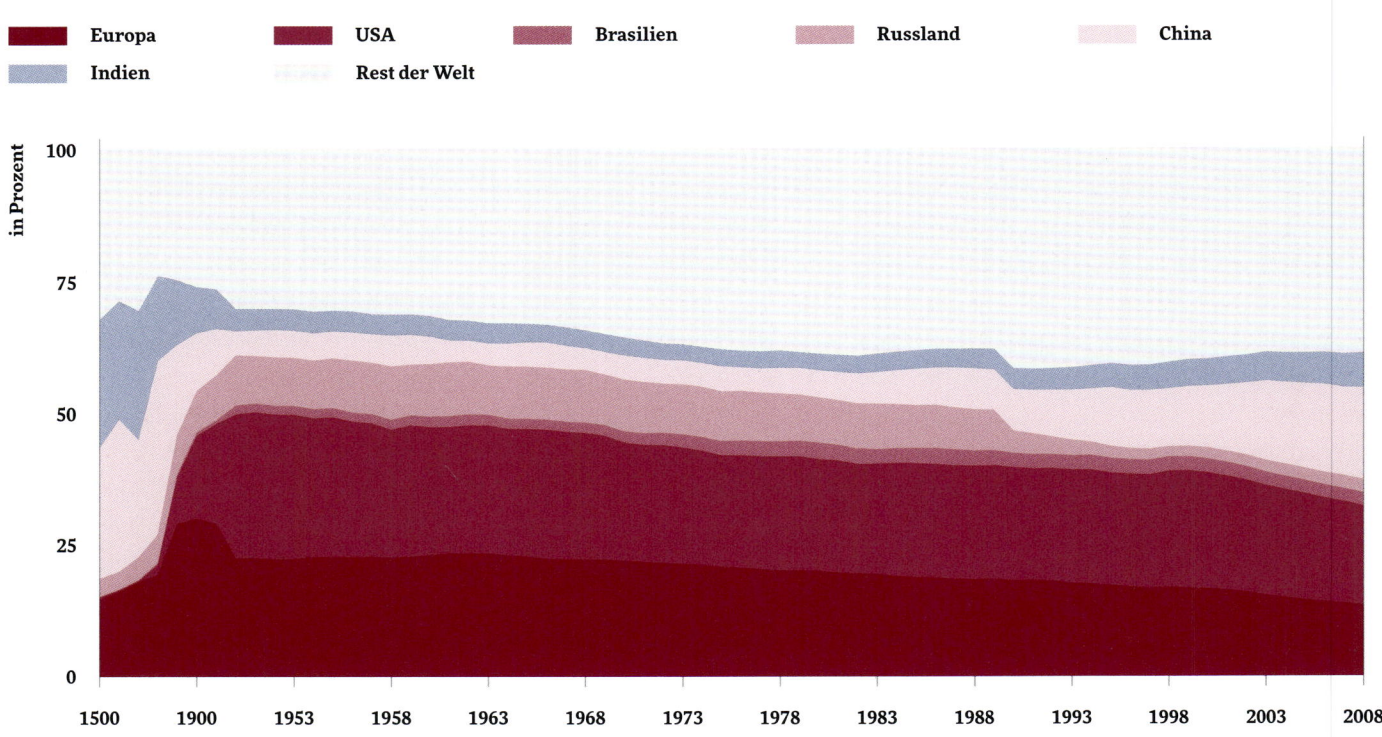

dass Schwellen- und Entwicklungsländer uneingeschränkten Zugang zum globalen Finanzmarkt erhielten und umfangreich sowie flächendeckend dort Investitionsprojekte realisiert werden. Investitionsströme haben vielmehr eine relativ homogene Ländergruppe noch enger miteinander verwoben.

— Die globale digitale Vernetzung und Transportkostenersparnisse vereinfachen das Agieren internationaler Konzerne entlang *global integrierter Wertschöpfungsketten*. Wo physische Entfernungen zwischen Konsument und Produktionsstätte an Bedeutung verlieren, bieten sich globalen Entrepreneuren ganz neue Möglichkeiten der Arbeitsteilung. Während die Konzernsteuerung im Herkunftsland verblieb, verlagerten gerade Industrieunternehmen im Zuge der Realisierung von Arbeitskostenvorteilen Arbeitsstellen in der Produktion in Schwellen- und Entwicklungsländer. Das beschreibt Deutschlands Position in der Weltwirtschaft äußerst zutreffend.

— Die *Modernisierungshypothese*, nach der Wirtschaftswachstum die Demokratisierung politischer Prozesse initiiert, stellt sich als leere Worthülse, jedenfalls

als fragwürdig heraus. Eine wachstumsgetriebene Konvergenz hin zu einem vom Westen propagierten System der liberalen Demokratie ist bislang nicht zu beobachten. Unsere Globalisierung begünstigt den Frieden dort, wo sie Integrationsstrukturen schafft oder stabilisiert. Die Sicherung der politischen Freiheit hängt dagegen vor allem an den nationalen Bedingungen, die sich als resistenter gegenüber wirtschaftlicher Integration erweisen.

— Die akuten Schwierigkeiten der Schwellenländer, nachhaltiges Wachstum zu erwirtschaften, das besonders auf humanitäre, ökologische, soziale oder demokratische Belange Rücksicht nimmt, machen deutlich, dass die *Träume des institutionenfreien Wachstums* letztlich platzen müssen. Die hieraus folgende Angst vor der *middle-income trap* macht das Spannungsfeld und die Unsicherheit deutlich, aus denen die Erschöpfung der Globalisierung folgt.

Die Steuerung in Echtzeit rund um den Globus beschert die fundamentale realwirtschaftliche Innovation: *die Globalisierung der Wertschöpfungsketten*. Das hat bedeutsame Voraussetzungen und ebenso beachtliche Wirkungen. Es bedarf verknüpfbarer Arbeitsorganisationen und Arbeitszeitregime, einzelbetriebliche Belange müssen in den globalen Zusammenhang integriert werden können, unterschiedliche Kulturen und Werthaltungen an den verschiedenen Standorten sind konstruktiv zu verbinden. Hieran wird deutlich, dass es sowohl um unternehmerische Voraussetzungen als auch um politisch-institutionelle Standards geht. Was einerseits als Bedingung notwendig ist, das entfaltet andererseits beachtliche Effekte an den verschiedenen Unternehmensstandorten und darüber für die weltweite Vernetzung.

> **Die Erschöpfung der Globalisierung spiegelt sich in einer institutionellen Ratlosigkeit auf hohem Niveau, die sich letztlich aus einem tiefer liegenden, verdrängten, jedenfalls nicht aktiv angenommenen normativen Disput erklärt.**

Erlahmung der Impulse aus wachstumsstarken Ländern

Fast 30 Jahre nach dem Fall des Eisernen Vorhangs und der Beendigung des Ost-West-Konflikts sowie 40 Jahre nach der programmatischen Verankerung der kapitalistischen Wirtschaftsweise in der Volksrepublik China zeigt sich die Globalisierung erschöpft. Die Stagnation bei den Vorleistungsverflechtungen und damit bei der Intensivierung der weltweiten Arbeitsteilung steht dafür ebenso als wichtiger Indikator wie eine Welthandelselastizität von maximal 1 und eine Erlahmung der Impulse aus wachstumsstarken Ländern. Die *Erschöpfung der Globalisierung* spiegelt sich in einer institutionellen Ratlosigkeit auf hohem Niveau, die sich letztlich aus einem tiefer liegenden, verdrängten, jedenfalls nicht aktiv angenommenen normativen Disput erklärt.

> **Der Klimawandel ist nur mit einer zentralen (und dringend benötigten) Steuerungsinstanz einzuhegen.**

— Die Industrieländer erkennen zunehmend die *Sicherheitsillusion*, der sie infolge der Euphorie des Jahres 1989 erlagen. Die Kritik der Globalisierung im Westen bindet Kräfte, die der konstruktiven Weiterentwicklung fehlen und einer Überwindung des Stillstands (vor allem dem Widerstand aus dem Kreis der Schwellenländer und Entwicklungsländer) entgegenwirken könnten (Doha-Runde in der WTO, TTIP, CETA). Gerade in Deutschland war die Kritik laut vernehmbar.

— Die Schwellenländer und Entwicklungsländer erleben immer stärker die *Effizienzillusion*, die sich angesichts stagnierender Einkommensentwicklung zeigt. Die regionale Entwicklungszusammenarbeit kann die Probleme nicht lösen, da die internationalen Kapitalmärkte nach anderem verlangen, nämlich einer institutionellen Qualität und Stabilität, wie sie im Westen Standard ist.

— Das Aufkommen *protektionistischer Tendenzen* in den Industrieländern wird durch ein Freihandelsbekenntnis der chinesischen Führung reflektiert, ohne dass dies substanziell die normative Kluft zwischen der westlichen und der chinesischen Idee der Globalisierung zu vermindern oder gar zu überbrücken vermag. Das chinesische Verständnis der Globalisierung hat sich im Grundsatz seit 1978 nicht verändert, das westliche Verständnis hat dagegen sein Selbstbewusstsein verloren.

— Die Chancen, im Rahmen der *internationalen Zusammenarbeit* neue Formate, Regeln und institutionelle Lösungen zu finden, sind derzeit außerordentlich gering. Selbst die globale Herausforderung des Klimawandels ist nicht mehr umfassend konsensfähig. Die Bedrohung dafür liegt sowohl im transatlantischen Westen – in den USA – als auch im chinesischen Modell.

— Extreme Widersprüche kennzeichnen die *Globalisierungskritik*, die oft als fundamentale Ablehnung daherkommt. Die Fortschritte bei der Reduzierung der Armut und der Erhöhung der Lebenserwartung in Entwicklungsländern werden ignoriert, andere Lösungsmechanismen als die der Marktwirtschaft werden nicht angeboten. Der verdeckte kleinste gemeinsame Nenner der linken wie der rechten Ablehnung ist letztlich die Heimstatt des rückwärtsgewandten und exklusiven Nationalismus.

Klimawandel und Digitalisierung

Für die Frage, welche Trends aus der Erschöpfung in die Zukunft weisen, sind die zentralen Anpassungsfaktoren und Risiken des globalen Strukturwandels zu würdigen: die Digitalisierung und der Klimawandel. Beide sind globalisierungsbasierte und globalisierungsgetriebene Phänomene, beide haben das Ringen zwischen Hierarchien sowie Netzwerken gemeinsam, und bei beiden steht die Frage nach der zentralen Steuerungsinstanz im Mittelpunkt. Externe Effekte werfen immer die Frage nach der Legitimität und der Durchsetzbarkeit von Eigentumsrechten auf, will man nicht das Recht des Stärkeren zum Maß machen. Beiden Phänomenen kann sich kaum ein Land auch nur vorübergehend entziehen. Der Klimawandel ist nur mit einer zentralen (und dringend benötigten) Steuerungsinstanz einzuhegen. Die durch die Digitalisierung entstandenen Netzwerke haben sich zu internationalen Machtstrukturen entwickelt, die es heute mit Nationalstaaten aufnehmen können.

Ein globaler, umfassender und verpflichtender Handel mit Emissionszertifikaten

Klar sollte sein, dass der Globalisierung ein *umweltpolitischer Rahmen* gegeben werden muss, der wirksam und sanktionsfähig ist. Ein globaler, umfassender und verpflichtender Handel mit Emissionszertifikaten wäre dafür zentral. Die *Klimaveränderungen* haben bereits ein internationales Bewusstsein, eine Handlungsstrategie und einen vertraglichen Rahmen begründet. Die politischen Grenzen des Pariser Klimaabkommens sind dennoch erkennbar schmal.

Die Geltung der demokratisch begründeten Normen und Standards droht in der Faktizität sozialer Prozesse zu erodieren.

So oder so belasten die Klimaveränderungen, neben den irreversiblen Schäden an Mensch und Umwelt, auch die wirtschaftliche Dynamik – entweder direkt über Behinderungen der Arbeitsteilung infolge beschränkter Austauschbeziehungen oder über die Vermeidungskosten von Umweltschäden. Aus den ökologischen Innovationsanstrengungen können freilich, wenn sie aufgrund staatlicher Ordnungspolitik marktgetrieben sind, wiederum wirtschaftliche Handlungsspielräume erwachsen und neue Märkte entstehen.

Die umweltpolitischen Herausforderungen sind unabhängig von der normativen Verankerung der Wirtschaftsordnung und damit des jeweiligen Globalisierungsmodells anzunehmen. Zu welcher Einigung sich die Akteure auf internationaler Ebene politisch auch durchringen können, es gibt bei der technologischen Implementierung einen Druck auf die marktwirtschaftliche Umsetzung umweltpolitischer Ziele (Ordnungspolitik). Gehen die Delegationen bei Klimaverhandlungen an die Schmerzgrenze ihres Mandats, braucht es Lösungen, die so effizient wie möglich zur Zielerreichung beitragen – sonst läuft man Gefahr, an innenpolitischen Widerständen oder der Vergeudung von Ressourcen zu scheitern. Man könnte dies verhandlungstechnisch nutzen, indem man Kompensationszahlungen der reichen Industrieländer von einer solchen Umsetzungslogik in den Entwicklungsländern abhängig macht.

Umweltprobleme sind Probleme der relativen Knappheit. Die Lösung solcher Probleme gelingt nun einmal *in offenen Märkten und mit marktfähigen Instrumenten* am effektivsten und am effizientesten. Das lässt sich bei dem Handlungsdruck nicht kulturell differenzieren. Es bedarf eines gemeinsamen Willens der politischen Hierarchien, um der Globalisierung und ihrer Netzwerkdynamik einen stabilen, gleichermaßen wirksamen und effizienten Rahmen der Umweltpolitik geben zu können.

Fragmentierung und Individualisierung der Kommunikation ernst nehmen

Durch die *digitale Transformation* verändern sich die kommunikativen Strukturen der Öffentlichkeit, hier hat sich der eigentlich bedenkenswerte Effekt ergeben und weniger bei wettbewerbspolitischen oder produktionstechnischen Ableitungen. Es geht deshalb darum, ob und wie die *Fragmentierung und Individualisierung der Kommunikation* den öffentlichen Raum der Gesellschaft in Echokammern kleinerer Vorurteilsgemeinschaften zerlegt.

Die konstruktive Entwicklung und Ausfüllung des öffentlichen Raums durch Austausch der Interessen, die Hinnahme der Interessenkonkurrenz, die Gleichberechtigung der Interessen, bei Mehrheitsprinzip und Minderheitenschutz markiert den Kern moderner, deliberativer Demokratien und bedingt das Prinzip des allgemeinen und gleichen Zugangs.

Die Wirkung der digitalen Transformation auf den öffentlichen Raum ist ambivalent: Einerseits befördert sie die Individualisierung sowie die Fragmentierung der Kommunikation, reduziert die Akzeptabilität gesamtgesellschaftlicher Werte und erschwert die Durchsetzung der Qualitätsstandards demokratischer Medien, andererseits entstehen eigene Formen der Vertrauensbildung, erhöht sich die Transparenz politischer Strukturen, Verfahren, Entscheidungen, und es werden soziale Innovationen durch Netzwerkbildung beschleunigt umsetzbar. Die Geltung der demokratisch begründeten Normen und Standards droht in der Faktizität sozialer Prozesse zu erodieren.

Dazu kommt die Bedrohung unserer Öffentlichkeit durch den *Verlust an innerer Souveränität* infolge medial, informationell und kulturell ungebremster Fremdbeeinflussung mit fragwürdiger Legitimation. Der Zerfall der Öffentlichkeit erfährt, unabhängig von den Inhalten über Fragmentierung und Individualisierung der Kommunikation, einen Schub, wenn es nicht gelingt, die alternativen sozialen Medien an die für die etablierten Formate gültigen Standards heranzuführen und ein neues gemeinsames *level playing field* zu etablieren. Das freilich wird kaum gelingen, wenn es darüber kein internationales Verständnis gibt. Und das wiederum dürfte angesichts der unterschiedlichen politischen Verfasstheit der beteiligten Staaten eher unwahrscheinlich sein.

Im Mittelpunkt steht die Frage, welche Rahmenbedingungen geschaffen werden müssen, um private Investitionen aus dem Ausland in afrikanische Länder zu lenken

Hierarchien treten hier an, Netzwerke für bindende Standards und Verhaltensmaßstäbe zu gewinnen, um die potenziell dysfunktionale Wirkung auf die Öffentlichkeit einzuhegen. Schaffen die Netzwerke ihre eigenen Hierarchien (als Institution der Selbstkontrolle), dann dürfte daraus im normativen Konflikt unserer Globalisierung eine starke Kraft werden. Die theoretische Einsicht, dass das marktwirtschaftliche System als Voraussetzung der Demokratie und die deliberative Demokratie als Voraussetzung der Marktwirtschaft normativ verbunden sind, erhält dann eine neue praktische Valenz.

Ausbruch aus der Erschöpfung: Multilateralismus, Kapitalbildung und Zivilgesellschaft

Es geht darum, der Globalisierung als Fortsetzung der Freiheitsgeschichte eine weiterhin tragfähige Perspektive dadurch zu verschaffen, dass eine *neue Verantwortungsperspektive* hinzugefügt wird. Während private Akteure unvermeidbar in der Marktgesellschaft Vertrauen ausbilden müssen, um deren Effizienz zu heben, müssen Gesellschaften und Staaten mit dem Ziel, wirtschaftliche Aktivität zu stimulieren, um damit Wohlstand und soziale Absicherung zu erreichen, das Vertrauen gezielt durch kluge Institutionen schaffen. Daran knüpfen die globalisierungspolitischen Überlegungen an. Sie reflektieren auch die Normativität der Globalisierung, die nur durch *multilaterale Verhandlungen und Strukturen sowie transnationale Institutionen* angemessen im 21. Jahrhundert reflektiert werden kann. Das ist kein Ende des transatlantisch geprägten Traums, aber seine zeitgemäße Einordnung als europäische und deutsche Verantwortung.

Um der schwindenden Kohäsion der Staaten entgegenzuwirken, ist es entscheidend, dass für die *Entwicklungsländer* eine Lösung für ihr persistentes Vertrauensproblem gefunden wird. Alle Versuche, durch Kreditgarantien, Entwicklungshilfe und spezielle Programme der Institutionenentwicklung den Ländern der sogenannten Dritten Welt eine anschlussfähige Position für die wirtschaftliche Integration zu ermöglichen, haben nicht den gewünschten Erfolg gebracht. Das Vertrauensproblem muss in den sich entwickelnden Ländern selbst bewältigt werden.

Im Mittelpunkt des Konzepts steht die Frage, welche Rahmenbedingungen geschaffen werden müssen, um private Investitionen aus dem Ausland in afrikanische Länder zu lenken, wobei ein besonderer Fokus auf langfristigen und kapitalintensiven Infrastrukturprojekten liegt, bei denen inländische Mittel nicht ausreichen. Eine *kapitalgedeckte Altersvorsorge* hat das Potenzial, in einem ersten Schritt nationales Kapital zu aktivieren und wirtschaftliche wie politische Institutionen graduell zu stabilisieren. Sobald sich diese Effekte verfestigen, dürften internationale Geldgeber ihre Mittel in die entsprechenden Regionen lenken. Auch wenn sie nicht der Maßgabe westlicher liberaler Demokratien entsprechen, können Länder so schrittweise an den Erfolgen der Globalisierung beteiligt werden, und zwar über strategische Investitionen in Infrastruktur und Innovationsstandorte.

Werden die Standortvoraussetzungen so hergestellt, dann sind die Volkswirtschaften zunehmend für internationale Wertschöpfungsketten anschlussfähig und können es schaffen, fähige Arbeitskräfte für ihre Spezialisierungsmuster anzuziehen. Eine nachhaltige Alterssicherung kann über langfristige Investitionen und Formalisierung der Erwerbsarbeit einen Beitrag zur Stabilisierung der wirtschaftlichen und politischen Institutionen liefern. Kapitalbildung als entwicklungspolitische Eigenleistung der Länder Subsahara-Afrikas legt so den Grundstein für eine eigenständige Perspektive, unterstützt durch die internationalen Kapitalmärkte und nicht mehr durch die Entwicklungshilfe des Westens und Chinas.

Der Schwund gesellschaftlichen Zusammenhalts in Verbindung mit einer globalisierungsbedingten Verunsicherung ist in unterschiedlichsten Gesellschaften mit verschiedenen wirtschaftlichen Entwicklungen zu beobachten.

Den *entwickelten Volkswirtschaften* kommt als Globalisierungsvorläufern und tief integrierten Ökonomien, eingebettet in konsolidierter Staatlichkeit, eine besondere Verantwortung zu, und zwar sowohl für die Rückbildung gesellschaftlicher Kohäsion wie auch für die Entwicklung einer globalen Perspektive. Deutschland muss hierbei an vorderster Front Verantwortung übernehmen. Wir erfüllen die Vorbildbedingungen als in westlich-transatlantischer Tradition etablierte Demokratie mit einer entwickelten Zivilgesellschaft; diese steht für die Qualität der demokratischen Kultur, eröffnet Perspektiven der Einbindung unterschiedlichster Lebenssituationen sowie Lebensentwürfe und ist für die Bewältigung verteilungspolitischer Herausforderungen wichtig.

Systematische Einbindung der Zivilgesellschaft
Um den Erschöpfungszustand der Globalisierung zu beenden, verlangt es, die *Zivilgesellschaft* wegen ihrer identitätsstiftenden Kraft und ihrer Fähigkeit zur praktischen Würdigung individueller Lebenslagen systematisch einzubinden. Denn sosehr die nationalen Verteilungskonflikte infolge der Globalisierung überzeugende Antworten für die Beschäftigungsintegration durch die Bildungspolitik, die Wettbewerbspolitik und die Sozialpolitik benötigen, sie benötigen auch Antworten auf die zunehmende Heterogenität der Lebenssituationen durch bürgerschaftliches Engagement. Es geht um Identität und Sicherheit im lebenspraktischen Sinne. Die differenzierende Kraft der Zivilgesellschaft erweist sich aus einem anderen Grund als bedeutsam: Der Schwund gesellschaftlichen Zusammenhalts in Verbindung mit einer globalisierungsbedingten Verunsicherung ist in unterschiedlichsten Gesellschaften mit gänzlich verschiedenen wirtschaftlichen Entwicklungen zu beobachten.

Unternehmen als die zentralen Akteure unserer Globalisierung, die nicht nur ihre Wertschöpfung global aufstellen, sondern damit sich selbst ebenso wie die sie umgebenden Staaten unter einen erheblichen wettbewerblichen Anpassungsdruck setzen, stehen gerade auch mit Blick auf die Ergebnisverantwortung vor der Herausforderung, dafür die relevanten gesellschaftlichen Gruppen einzubeziehen. Die systematische Einbindung der Zivilgesellschaft eröffnet neue transnationale Diskursräume und bietet die Chance, sowohl für eine nachhaltige betriebswirtschaftliche Strategie als auch die erschöpfte Globalisierung zu ertüchtigen. Unternehmen müssen für die wirklich inklusive Globalisierung diese gesellschaftliche und politische Sichtweise systematisch mit ihrem ökonomischen Handeln verbinden; deutsche Unternehmen müssen dabei ihren etablierten Vorsprung sichern und ausbauen. Nur so entkommen sie dem Legitimitätsdilemma, das sich bei zufälligen und nicht lokal verbundenen Aktionen sowie der Verursachung von institutionellem Anpassungsdruck ergibt.

Deutschlands Verantwortung
Die *Chance des transatlantischen Westens* – damit für Deutschland – liegt nun darin, dass die hier selbstverständliche Zivilgesellschaft den entscheidenden Hebel für das Verständnis und die Anschlussfähigkeit in den

Die nächste Globalisierung

Wie wir handeln müssen

Die wirtschaftliche Lage im Jahre 2030 wird wesentlich dadurch bestimmt, ob es gelingt, unsere Globalisierung aus der sichtbaren Erschöpfung zu befreien und Perspektiven für eine tatsächliche (dritte) Globalisierung zu eröffnen. Das bestimmt auch den Handlungsraum für die beiden großen Herausforderungen: den Klimawandel und die digitale Transformation. Inklusive Globalisierung steht einerseits dafür, dass die Entwicklungsländer eine wirkliche Chance der Teilhabe erhalten. Andererseits geht es darum, aus den etablierten Ökonomien mit ihren konsolidierten staatlichen Strukturen eine globale Kraft über die Einbindung der Zivilgesellschaft zu etablieren.

— Ein Bekenntnis zur Regelbindung und zum Multilateralismus im internationalen Miteinander. Der WTO muss der Vorrang vor bilateralen Lösungen eingeräumt werden (Artikel 24 GATT). Der Kooperationsgedanke verlangt gegebenenfalls Vorleistungen des transatlantischen Westens. Deutschland ist hier wegen seiner Globalität in der Vorreiterrolle.

— Die Entwicklungsländer müssen das Vertrauensproblem ihrer Institutionen von innen heilen. Ein Weg, der eigene Interessen damit verbindet, ist die Schaffung einer kapitalgedeckten Altersvorsorge. Das adressiert die notwendigen Investitionen im Inland sowie die Erwartungen externer Investoren.

— Die Länder des transatlantischen Westens – Europa und Deutschland voran – müssen den Mut finden, für die Globalisierung die aus ihrer Sicht bedeutsamen normativen Grundlagen weltweit glaubwürdig zu vertreten. Das verlangt Mindeststandards der Offenheit sowie eine gestärkte, internationale Zivilgesellschaft, gerade auch über global aufgestellte Unternehmen.

neuen Zielregionen der Globalisierung begründet – nicht nur als Assoziationswesen für problemlösende Diskurse, sondern auch als transformativer Treiber für deliberative Politik. Beides trägt der normativen Verwandtschaft von Marktwirtschaft und Demokratie Rechnung.

Insofern stellt sich die Frage nach den Treibern der Weltwirtschaft 2030 vor allem globalisierungspolitisch. Wenn der normative Konflikt nicht zumindest entspannt wird, werden Fragen nach Branchen und Märkten der Zukunft mehr oder wenig zweitrangig sein. Deutschlands Verantwortung ergibt sich auch daraus, dass das Denken in Ordnungen und konsistenten Regelwerken hierzulande quasi zu Hause ist. Das verlangt Konfliktbereitschaft in der Sache, und zwar gegenüber alten Freunden – wie den USA – und gegenüber kritischen Partnern – wie China.

PROF. DR. MICHAEL HÜTHER *(56) ist Direktor des Instituts der deutschen Wirtschaft und Honorarprofessor an der European Business School. Er versucht durch empirisch gestützte Beiträge und Studien für ordnungspolitische Konsistenz in der Wirtschaftspolitik zu werben. Dies findet seinen Niederschlag auch in Kommissionsarbeit (Sachverständigenkommission für den Sechsten Altenbericht sowie für den Ersten und Zweiten Engagementbericht; Mittelstandsbeirat beim BMWi) sowie in diversen Aufsichtsräten (TÜV Rheinland, SRH Holding, Allianz Global Investors).*

10 Empfehlungen an Deutschland

Mit diesen Empfehlungen fassen die Herausgeber Themen und Vorschläge der Autorinnen und Autoren aus diesem Band zusammen. Sie werden gleichwohl nicht in Gänze von allen geteilt und sind auch als bisweilen kontroverse Denkanstöße gedacht.

1

Auf den Wandel der Welt mit einer eigenen Strategie antworten

Die internationale Ordnung, wie sie seit dem Ende des Zweiten Weltkrieges besteht, hat sich deutlicher verändert, als die öffentliche Debatte in Deutschland wahrnehmen will. Für das deutsche Weltbild steht im Zentrum der internationalen Ordnung die UNO und das gemeinsame Bekenntnis zu einer werte- und regelbasierten Welt.

Eine solche Welt ist wünschenswert, aber nur so lange realistisch, wie sie von den tatsächlichen Großmächten oder handlungsfähigen Allianzen unterstützt und durchgesetzt wird. Und an dieser Unterstützung mangelt es. Europa schwächelt, die USA sehen »America first« und fokussieren allein auf die eigenen Interessen. Russland hat immer weniger echten Einfluss und konzentriert sich auf die Rolle des Störenfrieds. China drängt unter dem Mantel der Bescheidenheit nach Europa, Afrika und in den südostasiatischen Raum und wird seinen wirtschaftlichen Einfluss in den kommenden zehn Jahren zu einer politischen Weltmacht ausgebaut haben – ihrerseits wirtschaftlich und politisch bedrängt durch den aufsteigenden Konkurrenten Indien. Zur neuen Unübersichtlichkeit tragen eine Vielzahl aufstrebender und etablierter, zunehmend eigenständig agierender Mittelmächte sowie zahlreiche nicht staatliche

Weltakteure bei: Unternehmen und Unternehmer, zivilgesellschaftliche Gruppen, Medien und »Influencer«, aber auch private Gewaltakteure wie Terroristen und organisierte Kriminalität. Das ist die neue Weltordnung der Zukunft, und Deutschland muss sich neu ausrichten, um die eigenen Interessen definieren und ihnen Geltung verschaffen zu können.

Zwei Dinge sind neu für unser Land. Erstens ist das Formulieren von nationalen Interessen und eigenen Gestaltungsvorstellungen auch 70 Jahre nach dem Ende des Zweiten Weltkriegs ein schwieriges Unterfangen, deren Durchsetzung allemal. Allerdings hilft hier, was in vielem anderen schadet: Das Infragestellen von internationalen Institutionen, Bündnisbeziehungen und globalen Vereinbarungen durch die Trump-Administration zwingt Deutschland, die Parameter seiner Außen- und Sicherheitspolitik zu überdenken und zum Teil neu zu bestimmen. Die geringere Verlässlichkeit und größere Selbstbezogenheit amerikanischer Politik rückt andere, neue Partner mit ähnlichen Interessen stärker in den Blickpunkt. Und hier kommt die zweite neue Herausforderung: Kann ein in Europa eingebettetes Deutschland, mit Partnern, ein Makler, Architekt, führender

Protagonist, Ideengeber neuer Verbünde zur Weiterentwicklung der Weltordnung werden? Ein Netzwerk demokratisch, weltoffen orientierter Staaten – das ist der Ansatz, mit Partnern wie Japan, Südkorea, Australien, Kanada, Argentinien, Peru, Botsuana und anderen. Polyzentrische Global Governance heißt das Fachwort dazu – flexible Allianzen, die auch durch internationale Organisationen, Unternehmen, Wissenschaft, zivilgesellschaftliche Akteure unterstützt werden können. Neben den großen Pfeilern der globalen Ordnung und Großmächten gewinnen solche flexibleren, variablen Vernetzungen an Bedeutung: Sie können helfen, gemeinsame Orientierungen zu schaffen, die Weltordnung inklusiver zu machen, globale Verantwortungsgemeinschaften zu bilden und Gestaltungsmacht zu bündeln.

Es tut sich etwas, und die Richtung stimmt. Deutschland braucht einen Plan für die Zukunft, der sich an unseren Werten, Gestaltungsperspektiven und Interessen orientiert. Dabei steht das Handlungsprinzip fest: auf Ausgleich bedachter, nationales und globales Gemeinwohl verbindender Multilateralismus. Deutschland muss auf variable Netzwerke setzen, mit denen sich die Weltmächte beeindrucken, einbinden und beeinflussen lassen. Hinzukommen muss die Formulierung von Interessen, ein heikles Unterfangen in einer moralisch aufgeladenen Gesellschaft wie der unseren. Aber ohne klar formulierte eigene Gestaltungsvorstellungen und Interessen, was man in dieser multilateralen Ordnung erreichen will, nützen auch die besten Netzwerke nichts.

2

Unser neues Selbstverständnis in einer radikal veränderten Welt

In welcher Gesellschaft wollen wir leben? An welchen Werten, Zielen, gesellschaftlichen Leitbildern wollen wir Zukunftsgestaltung ausrichten? Diese Fragen müssen wieder ausgefochten werden, denn sehr verschiedene Zukünfte wären 2030 denkbar:

Stärker werdende rechtspopulistische Bewegungen, eine zerfallene EU, eine zerrüttete Weltordnung, in der Mächtige um ihre Vorteile rangeln und immer breitere Ränder der Unsicherheit entstehen; ein sich beschleunigender Klima- und Erdsystemwandel, der Gesellschaften überfordert, internationale Verteilungskonflikte auslöst und Migrationsbewegungen erzeugt; Digitalisierung, die Schocks auf Arbeitsmärkten auslöst, Einkommensungleichheiten verstärkt, Bürgerrechte bedroht, unkontrollierbare Cyberkonflikte anschiebt. Denkbar wäre auch ein ganz anderes Szenario: ein selbstbewusstes, prosperierendes, weltoffenes Europa, das die Chancen der Digitalisierung nutzt und Bündnisse zur Stärkung einer fairen Weltordnung knüpft; inklusive Gesellschaften, die ihren Bürgern Sicherheit, Teilhabe, Zukunftsperspektiven bieten und deshalb weltoffen sind; Unternehmen und Wissenschaft, die dazu beitragen, Wohlfahrtsentwicklung in den

Grenzen des Erdsystems zu ermöglichen. Es steht also einiges auf dem Spiel!

Welche Werte und Interessen wollen wir also stark machen? Es geht um die erneute Befestigung zentraler Wertepfeiler, die das Projekt der Moderne auszeichnen: Demokratie, Toleranz, Weltoffenheit, universelle Menschenrechte, inklusive Gesellschaften, soziale Marktwirtschaft, Anerkennung planetarer Leitplanken. Und dann sind da zentrale Herausforderungen, um Richtung 2030 Aufbruch zu schaffen: Eine globale Kooperationskultur muss her, um globale öffentliche Güter wie das Erdsystem, die internationale Sicherheit und Ordnungssysteme für digitale Innovationen zu garantieren. Nationales und globales Gemeinwohl, nationale sowie global vernetzte Interessen und Souveränitäten gehören zusammen – Weltverantwortung aus wohlverstandenem Eigeninteresse könnte man das nennen. Dazu gehört auch Zusammenarbeit, um autoritären oder kriegerischen Akteuren im internationalen System Grenzen zu ziehen. In Deutschland geht es um Integration, zwischen auseinanderstrebenden gesellschaftlichen Gruppen und Stadtquartieren, zwischen »Altbürgern« und Menschen, die zu uns fliehen oder zuwandern. Eine menschenorientierte Gestaltung der Digitalisierung muss erfunden werden, denn mit lernenden Maschinen öffnen sich Türen zu neuen Räumen menschlicher Entwicklung. Viel Neuland also: Politik muss wieder mehr über mögliche Zukünfte, Werte, Interessen und Gestaltungskorridore sprechen und mutig handeln.

Damit ein neuer gesellschaftlicher Aufbruch gelingt, muss zudem eine wichtige Lehre der letzten Dekade berücksichtigt werden: Erodierende soziale Kohäsion und zunehmende Ungleichheiten multiplizieren nicht nur Instabilitäten innerhalb von Gesellschaften, sie reduzieren zugleich die grenzüberschreitende Kooperationsbereitschaft der Menschen. Die Brexit-, Le-Pen- und Trump-Regionen sind oft abgehängte Räume, in denen Resignation und Zukunftsängste grassieren. Internationale Kooperation ist das Letzte, was Menschen interessiert, wenn sie sich selbst an den Rand gedrängt und vernachlässigt fühlen. Die Antwort auf Angst, Abstiegssorgen und Resignation ist Zukunft: Investitionen in Bildung, Infrastruktur, soziale Kohäsion, kluge Regional- und Städtepolitiken, Wettbewerbsfähigkeit. Inklusive Gesellschaften und grenzüberschreitende Kooperation sind siamesische Zwillinge.

3

Mit dem Naheliegenden beginnen. in Europa neue Allianzen schaffen

Das Europa von heute ist das komplizierteste politische Gebilde, das die Welt je erschaffen hat. Es ist erfolgreich, weil die Staaten mit der Schaffung der »Europäischen Union« die hohe Konfliktintensität auf dem europäischen Kontinent eingehegt und in politische Verhandlungsprozesse überführt haben. Eine Errungenschaft, die gar nicht hoch genug bewertet werden kann.

Ein Blick auf die Konflikte jenseits der Außengrenzen unterstreicht den Wert der politischen Gemeinschaft täglich auf ein Neues. Der eigentliche Erfolg des Projektes »Europäische Union« ist die Gestaltung der Zukunft und die Sicherung der Werte, Gesellschaftsmodelle und Lebensweise innerhalb des verfassten Europas. Nun muss die Fähigkeit hinzukommen, die zukünftige Weltordnung wirksam mitzugestalten. Diese Zukunftsaufgaben haben vier Dimensionen:

Das europäische Arbeitsprinzip neu ausrichten: mehr Selektivität in den Brüsseler Zuständigkeiten, bei gleichzeitiger Stärkung der europäischen Handlungsfähigkeit in den Feldern, in denen wir als Europa einen Unterschied machen wollen. Mehr Mehrheitsentscheidungen auf europäischer Ebene und thematische Allianzen

statt Gestaltungsräume reduzierender Kompromisse auf dem kleinsten gemeinsamen Nenner – das sollte die deutsche Agenda für die Reform-EU sein. Alle Fragen in permanenter Abstimmung mit allen Mitgliedstaaten gemeinsam behandeln zu wollen ist unmöglich und wird mit Blick auf die Gestaltungsaufgaben der Zukunft noch unmöglicher. Deutschland sollte den Ansatz der Außenpolitik auf die Europapolitik übertragen und für jedes Thema Allianzen bilden, die schneller zum Ziel führen – auch wenn dazu eine Änderung der Brüsseler Verträge notwendig sein wird. Deutschland sollte das auf seine Agenda setzen und gemeinsam mit Frankreich für das bekannte Modell eines Europas der unterschiedlichen Geschwindigkeiten und variablen Geometrie setzen. Wer nicht mitmachen will, muss es nicht, sondern darf sich später anschließen, zu den Konditionen, die von den erfolgreichen Vorreitern gesetzt werden.

Die Lebensbedingungen der Bevölkerung verbessern, vor allem der unteren 20 Prozent der Bevölkerung, denen durch entsprechende Bildungs- und Gesundheitsaufgaben, Initiativen gegen Jugendarbeitslosigkeit, gemeinsame Lernprozesse zur Reduzierung von Armut in reichen europäischen Gesellschaften geholfen werden muss. Das reiche Deutschland muss innerhalb der EU für eine entsprechende Verwendung der Gelder werben und entsprechenden Druck ausüben. Armut und Perspektivlosigkeit bedrohen den sozialen Zusammenhalt in vielen Mitgliedsländern und damit die Funktionsfähigkeit der Gemeinschaft als Ganzes.

Gemeinsame Identitäten und Kulturen fördern durch die Schaffung gemeinsamen Wissens. Die europäische Forschungspolitik hat hier vieles erreicht. Die Zeit ist reif, um nun ein Netz europäischer Universitäten zu schaffen. Fünf europäische Universitäten, finanziert aus dem EU-Haushalt, bis 2030 zu etablieren wäre ein sichtbares Signal für die Schaffung eines europäischen Wissenschaftsraumes, der zugleich Anziehungspunkt für Forscher aus aller Welt wäre. Die Universitäten könnten europäische Profile entwickeln, Fragen bearbeiten, die für die gemeinsame Zukunft der Europäer von besonderer Bedeutung sind. Sie könnten ein Drittel ihrer Forscher und Studenten jenseits Europas rekrutieren, um Weltoffenheit zum Gestaltungsprinzip zu machen. Ziel muss es sein, Institutionen zu schaffen, die sich mit den besten Universitäten der Welt messen können.

Die Gestaltung von Digitalisierung, künstlicher Intelligenz und selbstlernenden Maschinen ist eine Jahrhundertaufgabe. In den USA entsteht ein von den großen Datenunternehmen getriebener Datenkapitalismus, in dem Marktmacht Standards setzt und Realitäten schafft, in China ein digitaler, die Gesellschaft überwachender Staatskapitalismus. Digitalisierung, Nachhaltigkeit, Demokratie und Humanismus zu verbinden ist alles andere als ein Selbstläufer. Die EU und ihre Mitgliedstaaten müssen ein eigenes Modell entwickeln, um Europa zum führenden Kontinent einer digitalen Gesellschaft mit menschlichem Antlitz werden zu lassen – und dafür weltweit um Partner werben. Deutschland kommt bei der Gestaltung der digitalen Zukunft eine besondere Rolle zu.

4

Unsere Wirtschafts- und Wissensmacht aktivieren

Deutschland ist ohne Frage eine wirtschaftliche Super-
macht, eine höchst moralische dazu. Auch wissenschaft-
lich ist Deutschland ein Schwergewicht, unsere Wissen-
schaftsinstitutionen zählen zu den besten der Welt. Aber
es gelingt ihnen kaum, die öffentliche Debatte zu gestalten.

Der Verlauf der Freihandelsdebatte im Rahmen der
TTIP-Verhandlungen hat offenbart, dass die Zivilgesellschaft in Deutschland eine starke Meinungsmacht hat,
was gut ist, die Unternehmen und Wissenschaftler hingegen zu wenig zur öffentlichen Meinungsbildung beitragen. Die Unternehmen werden eher als ihre engen
Eigeninteressen vertretende Akteure wahrgenommen
denn als Mitstreiter zur Zukunftsgestaltung unserer
Gesellschaften. Allein auf das unmittelbare Unterneh-
mensschicksal ausgerichtet, haben zu viele der CEOs
und Firmeninhaber den Blick auf das Ganze oftmals verloren. Dies hat Larry Fink, Chef des weltgrößten Invest-
mentsfonds BlackRock, im Frühjahr 2018 höchstselbst
in einem persönlichen Schreiben an wichtige deutsche
Unternehmenslenker festgestellt: Wer darauf verzichtet, die langfristigen Trends für sein Unternehmen in
den Blick zu nehmen und die langen Linien der Politik
im eigenen Interesse mitzugestalten, der schadet den

Anteilseignern. Wir fügen hinzu: im Eigeninteresse
und im Interesse der Zukunft unserer Gesellschaft.

Viele deutsche Unternehmen scheuen die öffentliche
Debatte und mischen sich in Fragen der Zukunftsgestaltung und Außenpolitik nur selten öffentlich ein. Genau
diese Zurückhaltung muss enden. Die Wirtschaft in all
ihrer Vielfalt muss wieder eine öffentliche Kraft werden,
ihre Interessen sowie ihre Beiträge zur Lösung gesamtgesellschaftlicher Herausforderungen artikulieren. Das
Gleiche gilt für die Wissenschaft, die immer noch unter
großen Vermittlungsdefiziten leidet und deren einseitige Spezialisierung es oft verhindert, gesellschaftliche
Debatten voranzutreiben.

Wirtschaft, Wissenschaft, Zivilgesellschaft und Politik, die ihre jeweiligen Schützengräben und Komfort-
zonen verlassen, könnten so in turbulenten Zeiten zu
Zukunftsgestaltern werden.

Deutschland braucht sichere Absatzmärkte mit niedrigen Zollschranken für seine Produkte, für Industrie und Dienstleistungen, für zukunftsfähige Autos, Maschinen, Software und Biokäse. Dazu müssen

Rohstoffquellen und Absatzmärkte aktiv erschlossen und durch internationale Vereinbarungen offen gehalten werden. Dafür muss die Welthandelsordnung weiterentwickelt und verbindlicher gestaltet werden. Und dafür müssen marktwirtschaftliche Demokratien Antworten auf die Herausforderungen durch den Staatskapitalismus finden, die sie schützen, ohne sich abzuschotten. Die Alternative wäre, in Zukunft Waren und Dienstleistungen vor allem aus Länder mit bescheideneren Demokratie- und Sozialstandards zu beziehen, die in unserem schrumpfenden Sozialstaat immer weniger Käufer finden. Bei Computern, Mobiltelefonen, sozialen Netzwerken, Datenclouds und digitalen Handelsplattformen sehen wir bereits, wo es hinführt, wenn wir wenig zur Entwicklung solcher Produkte beitragen: Wir nutzen und zahlen, aber unser Einfluss auf die Standardsetzung ist gleich null. Deutschland muss seinen bedeutsamen Platz in internationalen Wertschöpfungsketten und in der Entwicklung von Zukunftstechnologien behaupten – nicht nur aus wirtschaftlichen Gründen, sondern auch weil sich hieraus vor allem seine prominente Rolle bei der Gestaltung der internationalen Ordnung ableitet. Eine grenzüberschreitende Wirtschaftspolitik, die in enger Verbindung mit Außen-, Sicherheits-, Nachhaltigkeits- und Entwicklungspolitik handelt, wäre ein echter Fortschritt.

5

Die Grenzen des Erdsystems akzeptieren und umsteuern

Deutschland braucht eine wirtschaftliche Transformationsstrategie, die die Physik des Planeten akzeptiert und diese Erkenntnis zur Grundlage der Weiterentwicklung des Wohlstandes macht. Aus Sicht der Klima- und Erdsystemforschung sind die kommenden Dekaden bis zur Mitte des Jahrhunderts von zentraler Bedeutung.

Bis dahin müssen die energiebedingten Emissionen von Treibhausgasen auf nahe null abgesenkt, die weitere Degradierung von landwirtschaftlich nutzbaren Flächen und der Biodiversität gestoppt und die Übernutzung nicht erneuerbarer Ressourcen beendet werden. Eine Herkulesaufgabe – mit vielen Chancen, die sich in unkontrollierbare Risiken verwandeln, wenn die erdsystemischen Realitäten geleugnet werden.

Entscheidende Weichen müssen in den kommenden zehn bis 20 Jahren gestellt werden. Ansonsten könnten bereits im Verlauf des 21. Jahrhunderts Kipppunkte im Erdsystem erreicht werden, die die natürlichen Grundlagen menschlicher Zivilisation fundamental verändern würden: das Grönlandeisschild, das sieben Meter Meeresspiegelanstieg speichert, könnte abschmelzen, der Amazonas-Regenwald und das Monsun-Regensystem

in Asien kollabieren, die Meere versauern, der Permafrost auftauen. Menschengemachter, gefährlicher Erdsystemwandel kann nur abgewendet werden, wenn Regierungen, Bürger und Unternehmen Erdsystemverantwortung übernehmen – und schnell handeln. Zukunftssicherung, Frieden, Wohlstand für unsere Zehn-Milliarden-Zivilisation können nur gelingen, wenn diese längst bekannten Megatrends ernst genommen werden.

Die Risiken sind hinreichend beschrieben, die Lösungen auch: Die Umsetzung des Pariser Klimaabkommens zur Einhaltung der Zwei-Grad-Leitplanke und die entsprechend ehrgeizigen Klimaziele der Bundesregierung implizieren bis Mitte des Jahrhunderts den Übergang zu einer weitestgehend treibhausneutralen Gesellschaft. Dies erfordert substanzielle Emissionsreduzierungen in den kommenden Dekaden. Bis Mitte des Jahrhunderts muss zudem eine umfassende Kreislaufwirtschaft entstehen, sodass Wohlstandsvermehrung vom Verbrauch von Ressourcen, Emissionen und dem Druck auf Ökosysteme weitgehend entkoppelt wird. Helfen würden auch veränderte Lebensstile: Ernährungsmuster, die sich an den Ratschlägen der

Weltgesundheitsorganisation zur Verminderung von Unter- und Fehlernährung orientierten, würden zum Beispiel einen übermäßigen Fleischkonsum mindern und so den Übergang zu einer umweltschonenderen Weltlandwirtschaft ermöglichen. Viele technologische Lösungen existieren, die Digitalisierung kann die Transformation zur Nachhaltigkeit erleichtern, die politischen Instrumente für den Umbau sind bekannt. Die Herausforderungen bestehen einerseits in dem engen Zeitfenster, in dem eine erdsystemkompatible Weltwirtschaft entwickelt werden muss, und andererseits darin, diesen umfassenden Umbau so zu gestalten, dass ökonomische Brüche und soziale Friktionen verhindert werden.

Deutschland und Europa verfügen in diesem Feld über viele Wettbewerbsvorteile. Der beschleunigte Aufbau einer nachhaltigen Wirtschaft sollte nicht als Verzichts-, sondern als Innovationsprogramm vorangetrieben werden. Dabei wäre Innovation nicht nur ökonomisch gemeint: ein neues, weltweit verallgemeinerbares Zivilisationsprojekt könnte entstehen, das sich von der Idee verabschiedet, die Entwicklungs- und Schwellenländer könnten das Entwicklungsmuster der Industrieländer wiederholen und diese könnten sich aufgrund ihres Reichtums irgendwie von den krisenhaften Folgen eines gefährlichen Klimawandels und von anderen Kipppunkten im Erdsystem abkoppeln.

6

Die Wertschöpfung von morgen sichern

Deutschlands enormer wirtschaftlicher Erfolg seit dem Ende des Zweiten Weltkriegs hat zwei Quellen: das binnengetriebene Wachstum, das im Wiederaufbau der Wirtschaftswunderjahre und nach der Wiedervereinigung dominierte; und das auf Auslandsnachfrage basierende Wachstum, das durch die Schaffung des europäischen Binnenmarkts und die Öffnung vieler Märkte im Zuge der Globalisierung forciert wurde. Beide Quellen drohen schwächer zu werden.

Deutschlands Gesellschaft altert, seine Märkte sind reif, manche würden sagen: gesättigt. Selbst wenn Zuwanderung in den nächsten Jahren den aufgrund von Sterbeüberschuss zu erwartenden Bevölkerungsrückgang ausgleichen sollte, wird die Wachstumsdynamik Deutschlands begrenzt bleiben. Wachstum ist sicherlich kein Selbstzweck, aber ohne Wachstum werden Verteilungsspielräume enger, Innovationen schwieriger, Gesellschaften weniger dynamisch und veränderungsbereit.

Auch die auslandsbasierte Wohlstandsquelle ist bedroht: Das Bild Europas ähnelt in weiten Teilen jenem in Deutschland. Hinzu kommt, dass die großen Wachstumseffekte durch die Schaffung eines freien Binnenmarkts für Güter in der EU weitgehend absorbiert sind. Gleichzeitig scheint sich die Globalisierung zu verlangsamen. Zumindest lag das Wachstum des Welthandels in den vergangenen Jahren unter dem der Weltwirtschaft. Protektionistische Tendenzen in wichtigen Auslandsmärkten nehmen zu, China wirkt entschlossen, auch mit dem Einsatz staatlicher Mittel Weltmärkte zu dominieren, die wiederum für den Erfolg deutscher Unternehmen wichtig sind. Asymmetrische Wettbewerbskonstellationen gewinnen an Bedeutung.

Diese Ausgangslage zwingt Deutschland, neue Möglichkeiten wirtschaftlicher Stärke zu nutzen. Gesteuerte Zuwanderung und massive Investitionen in die Bildung und die Forschung können die Leistungsfähigkeit des Arbeitsmarktes und der sozialen Sicherungssysteme erhalten. Öffentliche Investitionen in die in den vergangenen Jahrzehnten stark vernachlässigte Infrastruktur können neue Wohlstandspotenziale erschließen. Insbesondere die energetische Gebäudesanierung, der Ausbau des Breitbandnetzes, neue Infrastrukturen für Elektromobilität und die Umsetzung der Energiewende sollten hier Augenmerk genießen. Investitionen in die digitale Infrastruktur sind unabdingbar, um Deutschland in die Lage zu versetzen, die Chancen der Digitalisierung zu nutzen.

Digitalisierung muss auch der entscheidende Wachstumstreiber für Europa und die Globalisierung werden. Er ist eng verbunden mit der Weiterentwicklung grenzüberschreitender Dienstleistungen. Die Vollendung des Binnenmarktes für Digitales und Dienstleistungen ist eine Hauptaufgabe Deutschlands in Europa. Gleichzeitig gilt es, für beides die Welthandelsordnung anzupassen. Deutsche Unternehmen waren in den vergangenen Jahren sehr erfolgreich, Warenexporte mit industrienahen Dienstleistungen zu verknüpfen. Hierfür müssen die Grenzen offen bleiben. Zugleich gilt es, internationale Standards für digitalen Handel, digitalen Datenverkehr, Datensicherheit und Cybersicherheit zu entwickeln, die gesellschaftliche Akzeptanz finden und das Innovationspotenzial der Digitalisierung mobilisieren. Zugleich muss die gesellschaftliche Debatte darüber

vorangebracht werden, wie eine für die Weiterentwicklung unserer Gesellschaft nützliche Digitalisierung aussehen könnte, denn die Digitalisierung ist nicht nur eine wirtschaftliche Dynamik; alle gesellschaftlichen Bereiche werden tief greifend verändert: Arbeitsmarktstrukturen, Steuergesetzgebungen, Sozial- und Bildungssysteme, Medien, Gesundheitssysteme, Parlamente.

Schließlich gilt es, Wachstumspotenziale für nachhaltiges Wirtschaften in jenen Ländern zu nutzen, die bisher kaum an der Globalisierung teilgenommen haben. Länder Zentralasiens, des Mittleren Ostens und Lateinamerikas gehören dazu, vor allem aber viele Staaten Afrikas. Deutsche Außenwirtschaftspolitik kann im Zusammenspiel mit Entwicklungs- und Nachhaltigkeitspolitiken einen Beitrag dazu leisten, dass Unternehmen die sich dort bietenden Chancen erkennen und nutzen – und so auch Beiträge zu deren wirtschaftlicher Entwicklung leisten.

7

Unsere Sicherheit selbst in die Hände nehmen

Sind wir vorbereitet, wenn Rohstoffimporte als politisches Druckmittel genutzt werden? Nein. Ebenso wenig können wir uns vor Drohnenangriffen und Cyberattacken auf unsere Datennetze schützen. Das Vorgehen Russlands in der Ukraine hat verdeutlicht, dass selbst Landesverteidigung in Europa wieder eine vorrangige Aufgabe werden kann. Schließlich sind offene Gesellschaften kaum vollständig vor terroristischen Attacken zu schützen. Deutschland scheint für viele der neuen Sicherheitsaufgaben schlecht gerüstet. Stark hingegen sind wir in der Rolle eines internationalen Partners, auf den man sich verlassen kann, wenn auch oft auf niedrigem Niveau.

Natürlich muss ein Land für all dies eine funktionsfähige Armee haben, für den Schulterschluss mit den Partnern, die Handlungsfähigkeit des westlichen Verteidigungsbündnisses, Friedenseinsätze im Rahmen der Vereinten Nationen. Die verminderte Kalkulierbarkeit des außenpolitischen Handelns der USA erfordert zudem die Stärkung der europäischen Sicherheitsstrukturen – am Ende des Tages eine europäische Sicherheitsarchitektur. Dazu muss Deutschland seine Verteidigungs- und Sicherheitsbudget überprüfen und gegebenenfalls anpassen. Zusätzliche Mittel müssen

nicht notwendigerweise für neue Panzer verausgabt werden. Es wäre schon viel gewonnen, wenn vorhandenes Material funktionstüchtig wäre und sichergestellt würde, dass Soldatinnen und Soldaten in den derzeitigen 16 Einsätzen möglichst optimal geschützt sind. Zudem bedarf es sicherheitspolitischer Innovationen, um Sicherheit in virtuellen Räumen zu gewähren und sich vor Cyberattacken zu schützen.

Diese Modernisierung wird Geld kosten, aber es steht auch viel auf dem Spiel, wenn die Verteidigung der internationalen Ordnung, von Frieden und Sicherheit nicht allein den USA, Großbritannien, Frankreich und den kleineren Ländern in Europa überlassen werden soll. Die gemeinsame Sicherheit muss vor allem europäisch organisiert werden; inkompatible Waffen-, Sicherheits-, Kommunikations- und Beschaffungssysteme sind teure Anachronismen der europäischen Sicherheitspolitik, die zudem deren Wirksamkeit unterminieren. Darüber hinaus sollten internationale Abrüstungsanstrengungen verstärkt werden: für Atomwaffen, für Cybersysteme – eine Höchstgrenze für Rüstungsausgaben als Anteil am BIP wäre denkbar, sie könnte bei zwei Prozent liegen und sinken, wenn der Aufbau internationaler Sicherheitssysteme vorankommt. Muss Deutschland hier ein Treiber sein? Von außen betrachtet sicher: Als Globalisierungsgewinner trägt Deutschland große Verantwortung für Sicherheit und Frieden in Europa und der Welt.

Das Einlösen der Friedensdividende nach dem Ende des Kalten Krieges hat uns unempfänglich für neue Risiken gemacht. Wir wollten an das Ende der Geschichte glauben, an dem alle Länder frei, demokratisch, friedlich und marktwirtschaftlich sind. Diese Wahrnehmung kam einem Bedürfnis in der Bevölkerung entgegen, das breit geteilt wird: Deutschland als große Schweiz zu verstehen, als ein Land, das sich nach Möglichkeit aus Konflikten und internationalen Verwicklungen raushält. Der 11. September, der Ukraine-Konflikt, das Schlachten in Syrien, Libyen und Jemen sollten hinreichend verdeutlicht haben, dass dies keine Option ist. Deutschland tut sicherlich viel, um seiner internationalen Verantwortung gerecht zu werden: von der Beteiligung an Friedenseinsätzen bis hin zu seinen erheblichen Ausgaben für die Entwicklungszusammenarbeit, die auswärtige Kulturpolitik und die Demokratieförderung. Aber nutzt es diesen Einsatz ausreichend, um die Rahmenbedingungen für Frieden und Sicherheit tatsächlich zu verbessern?

Wir sollten uns hier nicht Zeit bis 2030 lassen. Deutschlands und Europas Fähigkeiten in den Bereichen Konflikterkennung und -auflösung müssen binnen weniger Jahre an die neuen Wirklichkeiten angepasst werden.

Dabei gilt: Deutschland muss nicht nur seine Anstrengungen für die Verteidigungs- und Bündnisfähigkeit verstärken, sondern das gesamte Budget für die Außenbeziehungen erhöhen: in der Entwicklungspolitik, der Außen- und Sicherheitspolitik. Wenn wir all dies zusammen auf die Drei-Prozent-Marke bringen würden, wäre ein großer Schritt getan, um die Welt mitzugestalten, internationale Verantwortung zu übernehmen und unsere Gestaltungsinteressen international auch zur Geltung zu bringen.

Der digitalen Revolution ein menschliches Antlitz geben

Technische Systeme können Stimmen imitieren und diese Individuen zuordnen, besser als Menschen. Sie können Bilder analysieren, Gesichter erkennen, Datenberge auswerten, Krebsmetastasen, Verkehrsflüsse oder menschliches Verhalten analysieren, Musik erzeugen, Zeitungsartikel oder Tweets schreiben, mit uns telefonieren, ohne dass wir sie als Maschinen erkennen. Wir bewegen uns in ein Zeitalter, in dem lernende Maschinen und Menschen koexistieren werden. Wir sollten wissen, wie wir diese neue Geschichte der Menschheitsentwicklung gestalten wollen.

Menschen haben immer schon Hilfsmittel entwickelt, um sich selbst zu entlasten und Neues zu schaffen: Werkzeuge zur Vereinfachung der Landwirtschaft; Kräne und Werkzeugmaschinen, die Arbeiten ausführen, die Menschen physisch nicht leisten können; Fahrräder, Autos, Eisenbahnen und Flugzeuge, die Distanzen schrumpfen lassen. Doch nun entwickeln wir Menschen technische Systeme, die sich von allen anderen menschlichen Hilfsmitteln auf diesem Planeten unterscheiden und die durch Eigenschaften charakterisiert sind, die bisher menschliche Alleinstellungsmerkmale waren: enorme Lernfähigkeit, Kognition, hohe Intelligenz. Dieser Schritt wird die menschliche

Zivilisation tief greifend verändern: wirtschaftlich, sozial, politisch, kulturell.

Digitale Innovationen, künstliche Intelligenz und selbstlernende Maschinen leiten Umbrüche in unseren Gesellschaften ein, so wie durch den Buchdruck und später die Dampfmaschinen Aufklärung und industrielle Revolution möglich wurden. Die Menschen schaffen sich nun mit selbstlernenden technischen Systemen die mächtigsten Werkzeuge der Zivilisationsgeschichte. Wissensexplosionen werden die Folge sein, Ressourcenschonung und Klimaschutz könnten sprunghaft verbessert werden. Zugleich kann Digitalisierung Arbeitsmärkte radikal und schnell verändern, autoritären Herrschern die Überwachung ihrer Gesellschaften in unbekanntem Ausmaß ermöglichen, wirtschaftliche Konzentration vorantreiben und die Besteuerung von Unternehmensgewinnen immer schwieriger machen.

Auf die Frage, was »the next big thing« der Digitalisierung sein könnte, antwortete der ehemalige CEO von Google, Eric Schmidt: In fünf bis zehn Jahren könnten technische Systeme eigenständige kognitive Leistungen erbringen, die der Verleihung eines Nobelpreises würdig wären. Er wünscht sich, dass Regierungen rasch lernen, Digitalisierung zu steuern, denn ohne Governance würde ungesteuerte Digitalisierung unseren Gesellschaften über den Kopf wachsen. Veränderte Arbeitsmärkte, vor allem der bisher privilegierten weltweiten Wissensarbeiter, sind ein zentrales Feld. An der Columbia University wurden Rechtsanwälten und ihren technischen *counterparts* komplexe Verträge vorgelegt, die nach Fehlerquellen durchsucht werden sollten. Das Ergebnis: Die Menschen fanden 88 Prozent der Fehler, die KI-Systeme 95 Prozent. Die Menschen benötigten dafür 90 Minuten, die technischen Systeme 22 Sekunden.

Digitalisierung ist vor allem eine riesige Gestaltungsaufgabe, die Deutschland jetzt annehmen muss mit einem Plan zur künstlichen Intelligenz, in dem diese mit unseren gesellschaftlichen Zielsystemen verknüpft wird. Er muss Antworten und Festlegungen zu wichtigen Fragen geben: Wie können selbstlernende Systeme mit unseren Normensystemen verknüpft werden? Wie können unsere Rechts- und Steuersysteme für das digitale Zeitalter fit gemacht werden? Was müssen Menschen zukünftig wissen, lernen, können, um digitale Werkzeuge zu nutzen und nicht nur durch sie ersetzt zu werden? Wie weit wollen wir die Verschränkung von Menschen mit technischen Systemen treiben, um Menschen zu optimieren: physisch, psychisch, kognitiv, mental? Gibt es Felder in Wirtschaft und Gesellschaft, in die automatisierte technische Systeme nicht vordringen sollten? Wir brauchen diesen Plan jetzt, und deshalb brauchen wir eine lebhafte, beschleunigte Debatte, die rasche Weichenstellungen erlaubt. Die Zeit drängt, um das Feld nicht den KI-Supermächten China und USA allein zu überlassen. Die Beherrschung und Gestaltung dieses Technologieschubes entscheiden über die zukünftigen Grundlagen unserer Gesellschaften.

9

Die Chancen der Städte nutzen

In Deutschland und Europa leben mehr als 75 Prozent der Menschen in Städten. Bis Mitte des Jahrhunderts wird sich weltweit die Zahl der Stadtbewohner auf dann etwa sieben Milliarden Menschen verdoppeln. Das 21. Jahrhundert ist das Jahrhundert der Städte. Hier entstehen Wohlstand, Kultur, Innovationen, Lebensqualität, Identitäten und gesellschaftlicher Zusammenhalt. Stadtpolitik und Lokales, aber auch der Austausch zwischen Städten galten zu lange als provinziell, langweilig und deutlich unwichtiger als beispielsweise »Europa bauen«. Diese Sichtweise ist falsch.

Deutschland braucht einen Plan für die Entwicklung der Städte. Wenn Stadtteile Duisburgs und andere Orte mehr und mehr verfallen, läuft etwas grundlegend falsch in unserem Land. Denn Städte sind nicht nur die Orte, an denen Wohlstand und Innovationen entstehen können, wenn sie richtig gestaltet sind. Identität, Vertrauen, soziale Kohäsion und Bürgergesellschaft entstehen oder scheitern in unseren Städten. Unser Wohlbefinden, auch das der hypermobilen Weltbürger, entscheidet sich nicht zuletzt an den Orten, an denen wir »zu Hause« sind. Gelungene Architektur, öffentliche Plätze und Räume, grüne Oasen, Durchlässigkeit zwischen den Stadtquartieren, die Gestaltung urbaner Räume, die Neuordnung von Mobilität sind zentrale Schlüssel für soziale Kohäsion, das Lebensgefühl der Menschen und die Herausbildung von Identitäten.

Untersuchungen zeigen: In unwirtlichen Städten bewegen sich die Menschen nur, um das Nötigste zu erledigen: einkaufen, zur Arbeit fahren, Kinder zur Schule bringen. In lebenswerten Städten bewohnen, nutzen und beleben die Bürgerinnen und Bürger ihre Städte, die Plätze, die Parkanlagen, die öffentlichen Gebäude und Räume als kulturelle Foren. Bürgergesellschaft, Kommunikation und Austausch, gemeinsam geteilte Räume: Lebensgefühl und -qualität entscheiden sich in urbanen Räumen. Der Wissenschaftliche Beirat der Bundesregierung Globale Umweltveränderungen (WBGU) spricht von der »Eigenart« der Städte und meint damit die Eigenschaften, die Städten Anziehungskraft, Charme und Lebensfreude verleihen. Denn die Beobachtung ist: Das Glück und Lebensgefühl der Stadtmenschen hängt nicht nur vom Einkommensniveau in den Städten ab – sondern von der Gestaltung, der Gestalt und Attraktivität der Städte selbst.

Wie groß auch in Deutschland die Herausforderungen sind, verrät ein Blick in jede beliebige Tageszeitung: stark steigende Mieten, implodierender Verkehr, vernachlässigte Schulgebäude. Wir brauchen also eine Renaissance der Städte, mehr kreative und finanzielle Ressourcen und vielleicht auch stärkere Führung der örtlichen Verwaltung, um in einer global vernetzten Welt voller Interdependenzen und Unübersichtlichkeiten die Orte zu stärken, zu gestalten und zu verschönern, an denen wir den größten Teil unserer Lebenszeit verbringen. Anspruchsvolle Stadtgestaltung und -politik und die Zusammenarbeit zwischen Städten sind keine langweiligen Anachronismen, sondern zentrale Zukunftsaufgaben.

Wir brauchen Global-Governance-Systeme, um internationale Angelegenheiten, weltweite Fairness und Sicherheit zu regeln, zu organisieren. Wir sind auf Europa angewiesen, um unseren Interessen und Werten in der Weltgesellschaft Gehör zu verschaffen. Dazu sind Weltbürgerperspektiven und europäische Gemeinsamkeiten zentral. Diese in lokalen Identitäten und Bürgergesellschaften zu verankern, durch die Schaffung von lebenswerten Städten, ist eine der großen, vernachlässigten Aufgaben. Und hier muss Deutschland mit einem Städte-Entwicklungsplan und neuen Ressourcen analog dem Länderfinanzausgleich einen Wechsel einleiten.

10

Die Chancen unserer internationalen Präsenz nutzen

Deutschland ist Mitglied in den 13 größten internationalen multilateralen Organisationen und Partner von über 40 wichtigen internationalen Verträgen. Deutschland ist der größte Beitragszahler in der EU, der viertgrößte Beitragszahler für die Vereinten Nationen, der drittgrößte Geber in der Entwicklungszusammenarbeit. Und Deutschland ist auf der ganzen Welt mit knapp 25.000 staatlichen Mitarbeitern in Botschaften, Stiftungen und Kultureinrichtungen vertreten, an 16 laufenden internationalen militärischen Missionen beteiligt und in 138 Ländern mit mehr als 17.000 eigenen Mitarbeitern in Entwicklungsprojekten tätig.

Ein solch großes Netzwerk haben nur wenige Länder. Zudem verfügt kein anderes Land über eine solch hohe Reputation wie Deutschland. Unser Land zählt zu den weltweit attraktivsten Staaten überhaupt. Kurz nach der Fußballweltmeisterschaft 2006 stieg Deutschlands Ansehen sogar auf Platz eins im Ranking der beliebtesten Länder der Welt. Diese Führungsposition war nicht den fußballerischen Leistungen geschuldet, sondern der weltweiten öffentlichen Wahrnehmung der einzigartigen Kombination von Leistungsfähigkeit, Offenheit und Freundlichkeit. Alle drei Dimensionen gemeinsam

machten unser Land zu einem weltweit geachteten und gern gesehenen Partner.

Seither hat sich einiges verändert. Innerhalb Europas hat Deutschlands Ansehen gelitten, zunächst durch den harten Kurs in der Finanzpolitik während der Griechenlandkrise, später durch die Verwerfungen im Umgang mit den Flüchtlingsbewegungen. In beiden Fällen hat Deutschland mit immensen Finanzmitteln zur Lösung der Krisen beigetragen, die öffentliche Reputation ist gleichwohl gesunken und Deutschland zwischen unerbittlich auftretende Fronten geraten. Beide Krisen zeigen die Grenzen kurzfristigen Politikmanagements. Internationale Gestaltung muss mit längerfristigen Perspektiven verknüpft werden, um kurzfristige Kosten und Mühen gegenüber langfristigen Vorteilen rechtfertigen zu können.

Politisch durchsetzungsfähig ist Deutschland vor allem im Rahmen von multilateralen Netzwerken, mit einem Mandat der EU, im Rahmen von internationalen Verhandlungsformaten und von wirtschaftlichen Allianzen, durch seine beharrliche Präsenz im Rahmen der Entwicklungs- und Nachhaltigkeitszusammenarbeit, deren Potenziale längst nicht ausgeschöpft sind, und in der internationalen Kultur- und Bildungsarbeit.

Auch wenn das Leitbild der deutschen auswärtigen Kulturpolitik postnationalstaatlich ist und deren Einrichtungen in aller Welt keine unmittelbaren Eigeninteressen verfolgen, spielen sie doch eine zentrale Rolle in der Ausgestaltung der deutschen Außenbeziehungen: Denn sie sind Plattformen für den Austausch der zivilgesellschaftlichen Kräfte und das gleichberechtigte Miteinander kultureller Vielfalt. Dieser Auftrag ist ein Statement an die Welt, ein Werben für internationale Kooperation, für das Verständnis der Welt als Gemeinschaft und für die Überwindung nationalstaatlicher Vorurteile.

Die deutschen Aktivitäten in der internationalen Entwicklungszusammenarbeit orientieren sich in gleicher Weise nicht vorrangig an den deutschen Interessen, sondern eher an den Notwendigkeiten der lokalen Lage und den Interessen und Bedürfnissen der Menschen, Institutionen und Unternehmen vor Ort. Oft geht die deutsche Entwicklungspolitik dabei sehr kleinteilig und projektlastig vor, zu wenig auf die Mitgestaltung

der europäischen und multilateralen Arenen ausgerichtet. Hier liegen enorme Chancen und Verantwortungen, seitdem die amerikanische Entwicklungspolitik der Trump-Regierung weltweit an Reputation verloren und sich die ehemals starke Entwicklungspolitik Großbritanniens durch den Brexit selbst geschwächt hat. Deutschland schließt diese Lücken noch nicht und könnte, gemeinsam mit französischen und anderen Partnern, viel ehrgeiziger sein. Es sollte doch möglich sein, zum Beispiel mit europäischen und afrikanischen Partnern ein gemeinsames Projekt europäisch-afrikanischer Zusammenarbeit zu entwickeln, das es von seinem Gestaltungsanspruch her mit der chinesischen Seidenstraße aufnehmen könnte. Wir müssen ambitionierter denken und handeln.

Dabei stimmt die Gesamtrichtung. Deutschland hat weltweit viel Vertrauen aufgebaut, das nun für die aktive Gestaltung der Zukunftsaufgaben genutzt werden sollte. Nun können wir aus dem Windschatten und der Trittbrettfahrerrolle der vergangenen Dekaden heraustreten und Gestaltungsmacht werden, mit Partnern für unsere Normen, Werte und Interessen streiten.

III

Technologische und wissenschaftliche Veränderungen

»Die zweite Welle der Digitalisierung steht für den Übergang zu vernetzten, dezentralen und autonomen Systemen. Deutschland muss aber bei der Umsetzung, dem Tempo und der Investitionsbereitschaft mit den USA und Ostasien Schritt halten.«

Die zweite Welle der Digitalisierung. Deutschlands Chance

Von Henning Kagermann und Johannes Winter

Mit der Digitalisierung steigt die globale Vernetzung, Innovationszyklen werden datengetrieben beschleunigt, die Grenzen zwischen den Industrien verschwimmen. In rasantem Tempo verändert die Digitalisierung unsere Arbeits- und Lebenswelt. Roboter kommen aus dem Käfig und arbeiten mit dem Menschen zusammen, autonome Systeme navigieren uns sicher durch den Verkehr, ein selbstbestimmtes Leben wird auch im hohen Alter dank intelligenter Helfer möglich. Und individuelle Produkte und Dienste zum Preis eines Massenprodukts werden nun Realität.

Allem Hype zum Trotz ist die Digitalisierung kein neuer Trend. Bereits zu Beginn der 70er-Jahre setzte die *dritte industrielle Revolution* ein, die bis heute anhält. Sie ist geprägt durch den Einsatz von Elektronik und IT in der Wirtschaft und eine voranschreitende Standardisierung und Automatisierung von Geschäftsprozessen. Voraussetzung ist das exponentielle Wachstum von mehreren Leistungsparametern: Prozessoren, Speichern und Netzen, so wie es das mooresche Gesetz beschreibt. Exponentielles Wachstum ist typisch für die IT-Branche, jedoch kaum für die klassischen Industrien. Lange Zeit spürt man kaum etwas, sodass viele Akteure Entwicklungen als uninteressant einstufen und frühzeitig aussteigen. Dann geht es jedoch sehr schnell; so schnell, dass es häufig nicht mehr gelingt, aufzuspringen oder den Anschluss zu halten.

> **Seit einigen Jahren erleben wir eine zweite Welle der digitalen Transformation und damit eine vierte industrielle Revolution. Die notwendigen Informations- und Kommunikationstechnologien sind mittlerweile so kostengünstig, dass sie in der Fläche eingesetzt werden können.**

In der Produktion setzte die von Elektronik und IT getriebene Automatisierung ein, was zu dramatischen Strukturveränderungen der Wertschöpfungsketten und Beschäftigungsstrukturen führte. Alle Geschäftsprozesse wie Aufträge, Bestellungen, Rechnungen, Warenströme oder Zahlungen werden durch Papierbelege dokumentiert. Diese Papierbelege bekamen einen digitalen Zwilling, also ein virtuelles Abbild, wurden im Unternehmens-IT-System miteinander vernetzt und in nahezu Echtzeit verarbeitet. Durch Standardisierung und Automatisierung wurden Geschäftsprozesse effizienter, schneller und transparenter. Das Übernehmen von *best business practices* führender Unternehmen war gängige Praxis.

Als im Jahr 2000 die Dotcom-Spekulationsblase platzte, gab es bereits das Beispiel des Getränkeautomaten, der eigenständig Nachschub orderte. Auf der Suche nach dem Geschäftsmodell des Informationszeitalters waren elektronische Marktplätze als Wegbereiter für dynamische Geschäftsnetzwerke und *real-time business* in Mode.[1] Viele der Technologiefirmen, die heute in aller Munde sind, waren bereits damals in einer ähnlichen Form am Markt, so beispielsweise Google, Amazon, Netflix oder die Vorgänger von Facebook.

Seit einigen Jahren erleben wir eine zweite Welle der digitalen Transformation und damit eine *vierte industrielle Revolution*. Die notwendigen Informations- und Kommunikationstechnologien sind mittlerweile so kostengünstig, dass sie in der Fläche eingesetzt werden können. Viele der Dotcom-Versprechungen werden dadurch heute Wirklichkeit. Zugleich gibt es neue Aspekte der Digitalisierung, die weit über das hinausgehen, was beim letzten großen Hype im Fokus stand.

Wir können sie mit den Wörtern *smart, vernetzt, autonom* umschreiben. *Smart* bedeutet: Nahezu jedes Objekt wird digital anschlussfähig und vernetzt. Jetzt bekommen nicht nur die Papierdokumente, sondern alle physischen Objekte einen digitalen Zwilling. Maschinen, Produktionsanlagen, Fahrzeuge oder auch Haushaltsgeräte mit eingebetteter Elektronik werden über das Internet vernetzt. Reale und virtuelle Welt verschmelzen zu cyber-physischen Systemen.[2,3] Es entsteht ein Internet der Dinge, welches in alle Arbeits- und Lebensbereiche vordringt. Die Erhebung und Nutzung von Daten wird allgegenwärtig. Durch künstliche Intelligenz (KI) angetriebene lernende und *autonome* Systeme nutzen sie, um selbstständig Entscheidungen zu treffen, auch auf der Grundlage eigener Lernprozesse.

Für Deutschland stellen diese Entwicklungen eine Herausforderung, jedoch vor allem eine Chance dar. Handlungsleitend sollte dabei sein, dass die Digitalisierung vor allem von Menschen für Menschen gemacht wird.

Treiber des Wandels

Sieben Aspekte kennzeichnen die zweite Welle der Digitalisierung:

1. Hyperkonnektivität und Internet der Dinge

Immer mehr Produkte, Dienste, Engineering- und Produktionsprozesse sowie Teile der Infrastruktur werden über das Internet der Dinge, Dienste und Daten vernetzt. Wir kennen das aus dem Business-to-Consumer-Bereich (B2C). Mit Mobilitäts-Apps kombinieren wir die passenden Verkehrsmittel für den schnellsten Weg zum Ziel, buchen Tickets und finden ein passendes Restaurant am Zielort. Im Hintergrund führt eine digitale Mobilitätsplattform eine Vielzahl von Daten zusammen: Nutzerprofile, Fahrzeug- und Umgebungsdaten aus Kartendiensten oder Wetterprognosen. Solche Anwendungen verändern zusehends auch die Industrie. In einer Smart Factory sind intelligente Produkte, Maschinen, Lagersysteme und Betriebsmittel miteinander vernetzt und steuern die Produktion aktiv mit. Der Rohling sagt der Maschine, wie er bearbeitet werden will. Das Produkt weiß nicht nur, wie es gefertigt werden soll, es speichert in einem digitalen Produktgedächtnis seine gesamte Historie vom ersten Entwurf bis zum Recycling. Maschinen, Roboter, Förder- und Lagersysteme verhandeln untereinander, wer über freie Kapazitäten verfügt.[4] Dadurch ergeben sich ganz neue Anforderungen an die IT-Infrastruktur. Während die besten Netze heute Latenzzeiten von zehn bis 15 Millisekunden aufweisen, bietet der kommende 5G-Mobilfunkstandard annähernd Echtzeitfähigkeit für das mobile Internet. Zwischen Datenabruf und Datenbereitstellung liegt künftig nur noch eine Millisekunde. 5G ist schnell, verzögerungsfrei, energieeffizient und zuverlässig – eine Grundvoraussetzung etwa für »Industrie 4.0« oder das autonome Fahren.

> **Wer zukünftig die Daten der Gegenstände, Geräte und Maschinen mit den Daten der Nutzer zusammenbringt, ist in der Lage, dem Nutzer passgenaue Angebote zu machen, die dessen Gewohnheiten, Bedürfnissen und Vorlieben entsprechen, sogenannte Smart Services.**

2. Individualisierung

Charakteristisch für die vierte industrielle Revolution ist der Übergang zu vernetzten, dezentralen und autonomen Systemen. Denn nur so lassen sich die erhöhte Komplexität beherrschen und ein zentrales Versprechen einlösen: individuelle Produkte und Dienste zu den Bedingungen eines Massenprodukts und ein überlegenes Nutzererlebnis. Dazu benötigt man extrem anpassungsfähige Systeme, die sich eigenständig rekonfigurieren, lernen und autonom agieren.[5] Mithilfe von Sensoren erheben smarte Produkte auch nach ihrer Herstellung kontinuierlich Daten. Diese intelligenten Objekte versorgen uns mit Unmengen von Realweltdaten – quasi zum Nulltarif: über ihren Zustand, ihre Umgebung und das individuelle Nutzungsverhalten. Diese Daten können mit solchen aus anderen Quellen kombiniert werden, etwa mit Informationen aus sozialen Netzwerken, Wetter-, Verkehrs- oder Marktdaten. Wer zukünftig die Daten der Gegenstände, Geräte und Maschinen mit den Daten der Nutzer zusammenbringt, ist in der Lage, dem Nutzer passgenaue Angebote zu machen, die dessen Gewohnheiten, Bedürfnissen und Vorlieben entsprechen, sogenannte Smart Services.

3. Smart Services und datengetriebene Geschäftsmodelle

Der Nutzer steht also erstmals im Zentrum. Aus der Versicherungswirtschaft kennen wir bereits flexible Pricingmodelle. Der Kunde erhält einen garantierten Nutzen und zahlt nur nach Output. Diese Angebote funktionieren nach dem Prinzip *everything as a service*: Statt eine Werkzeugmaschine zu kaufen, bezahlt man nur die Maschinenstunde oder nach Anzahl produzierter Einheiten. Und über *analytics as a service* können Kunden datenbasiert ihre Entscheidungsgrundlage verbessern, Kaufverhalten analysieren oder ihr Flottenmanagement optimieren. Der neue Datenreichtum schafft einen Mehrwert für alle Marktteilnehmer, etwa durch geringere Transaktionskosten und bessere Passgenauigkeit von Angebot und Nachfrage.[6] Daten bekommen einen monetären Wert – ein Grund, warum von Datenökonomie oder Datenkapitalismus gesprochen wird.[7] Die benötigten Daten werden auf digitalen, meist cloudbasierten Technologieplattformen zusammengeführt, analysiert und interpretiert, wobei Methoden und Werkzeuge des maschinellen Lernens zum Einsatz kommen. Autonome Softwaresysteme wie selbstlernende

Robo-Advisor oder Assistenzsysteme tragen zu einem personalisierten und bequemen Nutzererlebnis bei. Die Rekonfiguration wird nicht mehr manuell realisiert, sondern ist auch autonom und dynamisch im Betrieb. Im Ergebnis haben wir erstmalig hochanpassungsfähige Prozesse auf allen Organisationsebenen: vom Hallenboden bis zur Geschäftsebene, weshalb von einer neuen Welle des *business process reengineering* gesprochen wird.

4. Autonome Systeme

Wir sprechen von autonomen Systemen, wenn diese ein vorgegebenes Ziel ohne menschliche Steuerung oder vorgegebene Handlungspläne selbstständig und an die Situation angepasst erreichen. Die zentralen Komponenten autonomer Systeme sind Sensorik, Selbstregulation und Aktorik. Die Selbstregulation autonomer Systeme wird dabei durch die Elemente der Wahrnehmung und der Interpretation, der Planung und Planerkennung, des Lernens und des Schlussfolgerns sowie der Kommunikation und Kollaboration ermöglicht.[8] Aufgrund der enormen Fortschritte in der KI ist es uns heute möglich, aus den durch die Sensoren erhobenen Daten wertvolle Informationen und Erkenntnisse in Echtzeit zu gewinnen. Diese Daten dienen auch als Trainingsmaterial für lernende und autonome Systeme.[9] Diese Systeme erkennen die Struktur ihrer Umgebung von selbst und generieren ihre eigene Wissensbasis, die im Betrieb fortwährend aktualisiert werden kann. Selbstfahrende ÖPNV-Shuttle, mobile Serviceroboter in der Reha und Pflege sowie Smart-Home-Technologien sind Beispiele für autonome, adaptive Systeme, die immer komplexere Aufgaben in allen Arbeits- und Lebensbereichen übernehmen.

Dem Prinzip der *circular economy* folgend, können etwa digitale Sharing-Plattformen zu mehr Effizienz und Nachhaltigkeit entlang des gesamten Produktlebenszyklus beitragen, indem Autos, Maschinen oder Wohnungen besser ausgelastet werden.

5. Mensch-Maschine-Interaktion

Lernfähige Maschinen passen sich an individuelle Fähigkeiten und Bedürfnisse der Menschen an und unterstützen sie im Alltag; ein Beispiel sind Industrieroboter, die sprichwörtlich aus ihren Käfigen kommen und dank KI als flexible Serviceroboter Hand in Hand mit ihren menschlichen Kollegen und *softbots* zusammenarbeiten.[10] Die Distanz zwischen Mensch und Maschine verringert sich, nicht nur in der Fabrik, sondern auch im privaten Alltag, etwa in der Gesundheitsversorgung, der Mobilität und im privaten Wohnumfeld. Neben der physischen Manipulation der Umgebung durch Robotik gewinnt die computergestützte Erweiterung der Realitätswahrnehmung an Bedeutung. In der Logistik kommt Augmented Reality (AR) zum Einsatz, um den Mitarbeiter bei der Kommissionierung zu unterstützen. Eine Datenbrille erweitert die tatsächliche Umgebung um virtuelle Informationen etwa zum Artikel, dessen Lagerort einschließlich Routenführung. Mittels Virtual Reality (VR) kann der Nutzer hingegen eine virtuelle 360°-Umgebung erleben und sich darin bewegen. Die Technologie wird für Produktkonfigurationen von Küchen oder Autos verwendet, aber auch für Schulungszwecke und für die Konfrontationstherapie bei Angststörungen.

6. Plattformmärkte

Digitale Technologieplattformen werden zum vorherrschenden Marktplatz für neue Geschäftsmodelle. Sie wirken produktivitätssteigernd, indem sie Transparenz schaffen und Akteure sowie Kapital und Ressourcen effizienter zusammenbringen (zum Beispiel auf Jobportalen) – und dies mit nahezu unbegrenzter Reichweite über das Internet. Dem Prinzip der *circular economy* folgend, können etwa digitale Sharing-Plattformen zu mehr Effizienz und Nachhaltigkeit entlang des gesamten Produktlebenszyklus beitragen, indem Autos, Maschinen oder Wohnungen besser ausgelastet werden.

Einige Plattformen haben das Potenzial, etablierte Geschäftsmodelle anzugreifen.[11] Beispiele sind Online-Vermittlungsdienste zur Personenbeförderung, im Übernachtungswesen oder Streamingdienste für Musik und Filme. Ein Charakteristikum von Plattformen sind Netzwerkeffekte. Je mehr Akteure die Plattform vernetzt, desto stärker profitieren die Teilnehmer von der Nutzung und desto attraktiver wird die Plattform für neue Kunden und Anbieter. Das schnelle und nachhaltige Wachstum von Plattformen entscheidet maßgeblich über ihren Erfolg im Wettbewerb.[12] In den letzten Jahren haben amerikanische und chinesische

Unternehmen wie Amazon und Alibaba, Google und Baidu sowie Facebook und Tencent, deren Geschäftsmodell auf digitalen Plattformen beruht, enormen Erfolg im b2c-Bereich gehabt. Derartige Plattformen entwickeln sich nun auch im Business-to-Business-Bereich (b2b). Hier greift das *winner takes it all*-Prinzip nicht zwangsläufig, weil Komplexität und Domänenwissen eine größere Rolle spielen. Neben den erwähnten Vorteilen haben Plattformmärkte auch strukturelle Schwächen, zum Beispiel Konzentrationstendenzen bis zur Monopolbildung durch Skalen- und Netzwerkeffekte; ein Thema, das dem sozialen Netzwerk Facebook Probleme bereitet. Damit steht auch das Wettbewerbsrecht vor neuen Herausforderungen. Wenn Datenmacht die Tendenz hat, bestehende Marktmacht zu festigen, muss geklärt werden, wann der »Missbrauch« von Datenmacht regulierungsbedürftig ist.

Wenn Datenmacht die Tendenz hat, bestehende Marktmacht zu festigen, muss geklärt werden, wann der »Missbrauch« von Datenmacht regulierungsbedürftig ist.

7. Digitale Ökosysteme

Kein Unternehmen verfügt allein über das notwendige Know-how, um im digitalen Zeitalter dauerhaft erfolgreich zu sein. Durch Co-Evolution und Kollaboration können Unternehmen gemeinsam und komplementär Lösungen für ihre Kunden anbieten und ihre Wettbewerbsfähigkeit erhöhen. Wenn mehrere Innovatoren im Umfeld einer Plattform erfolgreich zusammenarbeiten, entstehen Innovationsökosysteme.[13,14] Der globale Wettbewerb wird sich durch das Aufkommen digitaler Geschäftsmodelle und Plattformen verändern: Er wird vor allem zwischen digitalen Innovationsökosystemen geführt – nicht mehr nur zwischen einzelnen Unternehmen. Hier ergeben sich Chancen für Start-ups und den Mittelstand, die ihre sehr spezialisierten Kompetenzen in diese Ökosysteme einbringen können, ohne ein größeres unternehmerisches Risiko über den Aufbau eigener Plattformen eingehen zu müssen.

Chancen und Herausforderungen der digitalen Transformation

Die Entwicklung zu Hyperkonnektivität, Autonomie und verstärkter Mensch-Maschine-Interaktion führt dazu, dass Unternehmen ihre Kernprozesse effizienter gestalten und Produkte und Services digital veredeln können. Diese Entwicklung wird eher evolutionär verlaufen. Datengetriebene Geschäftsmodelle, Plattformmärkte und digitale Ökosysteme wirken hingegen disruptiv.[15] Denn binnen kürzester Zeit können bislang erfolgreiche Geschäftsmodelle durch Dritte kannibalisiert werden – und zwar in allen Industrien. Diese neue Sichtweise auf die Ökonomie ist für viele »traditionelle« Branchen ungewohnt. Etablierte Geschäftsmodelle und bislang erfolgreiche Unternehmen werden von Start-ups, aber auch von branchenfremden Unternehmen herausgefordert – vor allem von großen Internetkonzernen.

Die Grenzen zwischen produzierendem Gewerbe, Dienstleistungsunternehmen sowie it- und Internetbranche verschwimmen. Unternehmen benötigen neue Kompetenzen, etwa in den Bereichen it-Sicherheit und durch ki unterstützte Datenanalyse. Zwar haben viele Unternehmen ihre »Smart Products« bereits an das Internet angeschlossen; sie sammeln und werten auch entsprechende Daten aus. Die Schnelligkeit und Radikalität, mit der gerade Geschäftsmodelle sich verändern müssen, werden dagegen noch unterschätzt. Wie ein solcher Prozess von der optimierten Produktion zu datengetriebenen Geschäftsmodellinnovationen aussehen kann, zeigt Abbildung 22. Auf die Vernetzung und das Agieren in Echtzeit um das klassische Produkt beziehungsweise die Dienstleistung herum folgen Optimierung und Effizienz auf der Produkt- und Prozessebene einschließlich neuer *after-sales services*. Die Erweiterung des Geschäftsmodells in Richtung *products as a service* und *value-added services* machen das Unternehmen zur Dienstleistungsorganisation. Über das neue digitale Geschäft entwickelt sich das Unternehmen schließlich zum Plattformunternehmen und/oder Teilnehmer im digitalen Ökosystem.

Veränderte Arbeitswelt als gesellschaftliche Aufgabe

Die Digitalisierung geht mit einem grundlegenden Wandel der Arbeitswelt einher. Mit ihr haben wir die Chance, Arbeit humaner, abwechslungsreicher und eigenverantwortlicher zu machen. Gleichzeitig ergeben sich ein

Die digitale Transformation von Unternehmen

Abb. 22: Möglicher Prozess von der optimierten Produktion zu datengetriebenen Geschäftsmodellinnovationen.

	Konnektieren & live agieren	Optimieren & effizient liefern	Expandieren & Umsatz steigern	Innovieren & Ökosystem ausbauen
Geschäftsmodell	Produkte & Support-Services	Produkt- & After-Sales-Services	Product-as-a-service & Value-added Services	Datengetriebenes digitales Geschäftsmodell
Geschäftstreiber	Produktverkauf	Prozessoptimierung	Dienstleistungswachstum	Expandierendes Ökosystem
IoT-Fähigkeiten	Eingebettete Systeme, Augmented Reality	Analytics, Machine-Learning, Optimierung	Service-Management (Portfolio, Produktmanagement)	Ökosystem Geschäftsentwicklung
Integration & Technologie	Vertikale Integration (OT-IT), Machine-Connectivity	Horizontale Integration (von Planung zur Auslieferung)	Services-Plattform, SLA-Management, Leistungsabrechnung	Offene Datenplattform, Geschäftsnetzwerke
Standards	Konnektivität (z. B. OPC-UA)	Semantische Standards	Interoperabilität der Dienste	Branchenübergreifende Standards
	Optimierte Produktion		**Smart Services**	**Innovationsgeschäft**

Rationalisierungsdruck und neue Kompetenzbedarfe für die Belegschaften, die frühzeitig adressiert werden müssen.[16] Unternehmen können die Chance der Digitalisierung nur dann optimal nutzen, wenn sie sich grundlegend anpassen. Erfolgskritische Handlungsfelder sind die Weiterbildung und das Lernen am Arbeitsplatz, eine agile, flexibilitäts- und kreativitätsfördernde Arbeits- und Unternehmensorganisation sowie eine zukunftsorientierte betriebliche Mitbestimmung.[17] Lebenslanges Lernen ist ein zentraler Schlüssel für gesteigerte Produktivität sowie Innovationsfähigkeit und -tempo von Unternehmen.

Lebenslanges Lernen ist ein zentraler Schlüssel für gesteigerte Produktivität sowie Innovationsfähigkeit und -tempo von Unternehmen.

Die Befähigung zum kontinuierlichen Wissens- und Kompetenzerwerb und zum selbstständigen Arbeiten sichert aber vor allem die Arbeits- und Beschäftigungsfähigkeit der Mitarbeiter. Statt weiterer Spezialisierungen werden künftig hybride Kompetenzen gefragt sein (zum Beispiel Ingenieure mit Software-/Daten-Kompetenz). Entsprechender Bedarf sollte im Rahmen eines »nationalen Kompetenz-Monitorings« noch schneller antizipiert werden. Führungskräfte geben Entscheidungskompetenzen und -verantwortung ab und müssen versuchen, kreative Freiräume zu schaffen, um Diversität zu fördern.

Gleichzeitig wird es für Unternehmen überlebenswichtig, flexibler und schneller auf veränderte Rahmenbedingungen, Technologie- und Marktanforderungen zu reagieren. In digitalen Ökosystemen können sie neue Partnerschaften etwa mit kleinen und mittleren Unternehmen und Start-ups eingehen, um Kreativitätsimpulse von außen zu erhalten und durch komplementär erweiterte, digital veredelte Leistungspakete im Wettbewerb zu bestehen.

Voraussetzung für einen erfolgreichen Wandel ist daher Ambidextrie – die Fähigkeit einer Organisation, parallel in der alten und in der neuen Welt aktiv zu sein. Nach dem Modell »Eine Organisation – zwei Betriebssysteme« müssen bestehende Stärken weiter genutzt und gleichzeitig ganz neue Strukturen erprobt werden. Unternehmen, die flexibler auf Veränderungen und individuelle Bedürfnisse reagieren, werden in Zukunft einen strategischen Vorteil erlangen.[18]

Rechtliche Rahmenbedingungen und ethische Aspekte im Fokus

Mit der Einführung neuer Technologien gehen neue Herausforderungen und Regelungsbedarfe einher, für die ein einheitlicher Rechtsrahmen ausgearbeitet oder bestehendes Recht angepasst werden muss. Dazu zählen neben der Anpassung des Kartellrechts an die Besonderheiten digitaler Plattformen Fragen des Datenschutzes, der Haftung, des Arbeits- und Verbraucherrechts sowie des geistigen Eigentums. All dies kann mit Blick auf die Wettbewerbsposition Deutschlands nur sinnvoll beantwortet werden, wenn seine Einbettung in den internationalen Kontext angemessen berücksichtigt ist. Datenschutz, Schutz der Privatsphäre, IT-Sicherheit, Rechtssicherheit und ethische Aspekte werden hier als wesentliche Herausforderungen genannt.

Voraussetzung für einen erfolgreichen Wandel ist daher Ambidextrie – die Fähigkeit einer Organisation, parallel in der alten und in der neuen Welt aktiv zu sein.

Stichwort Haftung: Autonome Systeme sind hochgradig anpassungsfähig, reagieren auf Veränderungen in ihrer Umgebung und unvorhergesehene Ereignisse. Ihre nächste Aktion ist deshalb nicht vorhersehbar, und es fehlt in der Regel an einer Erklärungskomponente. Daher kann die Funktion oder Fehlfunktion des Systems unter Umständen nicht auf ein bestimmtes menschliches Handeln zurückgeführt werden. Eine Blackbox stellt im Schadensfall ein erhebliches Problem dar, da die Haftungsfrage mitunter ungeklärt bleibt. Bei neueren Methoden wie dem maschinellen Lernen mit künstlichen neuronalen Netzen (*deep learning*) gibt es noch kein von Menschen geschriebenes Softwareprogramm, das eine Erklärbarkeit ermöglicht. Allerdings arbeiten Unternehmen

Auf digitalen Plattformen wertvolles Know-how zu verlieren ist eine Hauptsorge kleiner und mittlerer Unternehmen, insbesondere der in einer Nische operierenden Hidden Champions.

verstärkt an Lösungen zur Nachvollziehbarkeit von KI-basierten Lernergebnissen. So stellt sich mit der Einführung hoch automatisierter und autonomer Systeme im Straßenverkehr die Frage, wer Rechenschaft über Entscheidungen des autonomen Fahrzeugs abzulegen und mögliche rechtliche Konsequenzen zu tragen hat. Das deutsche Haftpflichtsystem weist das Risiko für einen Unfall im Straßenverkehr heute in letzter Instanz dem Fahrzeughalter zu. Zusätzlich haften die Hersteller über die gesetzliche Produkthaftung. Voll automatisierte und fahrerlose Fahrzeuge unterliegen aber weitergehenden Einflussfaktoren. Daher müssen neben Haltern und Herstellern des Fahrzeugs die Hersteller und Betreiber der Unterstützungstechniken des Fahrzeugs in das System der Haftungsteilung einbezogen werden.[19]

Übernehmen autonome Systeme künftig Entscheidungen, die gesellschaftliche oder ethische Dimensionen aufweisen, dann werden auch die zuvor an die Menschen gestellten gesellschaftlichen und ethischen Anforderungen auf diese Systeme übertragen: Wie hat sich ein autonomes Fahrzeug in einer kritischen Gefahrensituation zu verhalten, etwa wenn ein Kind plötzlich auf die Straße springt? Autonome Systeme sind nicht von sich aus in der Lage, moralische Entscheidungen zu treffen beziehungsweise ihre Entscheidungen nach moralischen Maßstäben zu beurteilen. Sie verfügen auch nicht über ein Bewusstsein, wie es dem Menschen innewohnt. Die ethischen Anforderungen richten sich deshalb viel mehr auf den Prozess der Programmierung, der einem wertebasierten Design folgen soll und in dem bestimmte, auch grundgesetzlich verankerte Werte, wie etwa die Integrität von Leib und Leben (Art. 2, Abs. 2 GG) oder auch der allgemeine und spezielle Gleichheitsgrundsatz (Art. 3 GG), in den Wissensbasen oder dem Trainingsprozess der lernenden Systeme abgebildet werden. So muss sichergestellt werden, dass KI, die etwa über eine Kreditvergabe oder einen Vertragsabschluss entscheidet, nicht nach ethnischer Zugehörigkeit diskriminiert.

IT-Sicherheit und Datenschutz als kritische Größe

IT-Sicherheit war schon in der von Computerisierung und Automatisierung gekennzeichneten dritten industriellen Revolution ein beherrschendes Thema. Solange es aber nur um die Automatisierung von Prozessen innerhalb einer Firma ging, leisteten Firewalls gute Dienste. Charakteristisch für die vierte industrielle Revolution sind aber die totale Vernetzung und Autonomisierung nahezu in Echtzeit und das flächendeckende Entstehen digitaler Zwillinge. Das Internet der Dinge wird zur systemkritischen Infrastruktur; und wo die Schnittstellen zunehmen, steigt auch die Zahl der potenziellen Angriffspunkte. Die Auswirkungen einer Attacke breiten sich in vernetzten Systemen schneller und weiter aus als in isolierten. Software kann nicht nur leichter, sondern auch von überall auf der Welt angegriffen werden. Ein Bankraub erforderte bislang akribische logistische Vorbereitungen. Heute können Sie vom Liegestuhl am Strand aus Millionen über das Internet erbeuten. Der digitale Zwilling ist also angreifbarer als sein reales Pendant. Aber nach wie vor gilt: 80 Prozent aller Fehler beruhen auf menschlichem Versagen. Das zeigt: IT-Sicherheitstechnologien müssen insbesondere einfach, bequem und kostengünstig zu nutzen sein.

Wenn Daten zu einer erfolgskritischen Ressource werden, rückt auch die Frage nach den Eigentums- und Nutzungsrechten an den Daten und vertrauenswürdigen sowie nutzerfreundlichen Sicherheitslösungen in den Fokus. Denn auf digitalen Plattformen wertvolles Know-how zu verlieren ist eine Hauptsorge kleiner und mittlerer Unternehmen, insbesondere der in einer Nische operierenden Hidden Champions. Wir brauchen also Technologien, die eine angemessene Datensouveränität garantieren und die es jedem gestatten festzulegen, welche Daten mit wem geteilt werden können und welche absolut schützenswert sind. Die Blockchain-Technologie bringt hier einen erheblichen Nutzen: Denn sie ermöglicht geteilte Register, deren Vertrauenswürdigkeit und Sicherheit nicht durch einen zentralen Akteur, sondern durch das Netzwerk aller Nutzer sichergestellt werden. Sie bietet vertrauenswürdigen Zugriff auf geteilte Daten und sichere, nachprüfbare Transaktionen für alle Beteiligten. Damit hat sie das Potenzial, die Dominanz unternehmenskontrollierter Plattformen herauszufordern, und könnte Vertrauensinstanzen wie Banken, Kanzleien oder Behörden in Teilen obsolet machen. Ein Ansatz für die Wirtschaft ist der Industrial Data Space – ein sicherer Datenraum, in dem Unternehmen die Hoheit über ihre Daten bewahren und diese dennoch sicher bewirtschaften, verknüpfen und austauschen können.[20] Damit bekommt jeder Beteiligte in der logistischen Lieferkette nur genau die Daten, die er benötigt. Natürlich muss Datensouveränität auch für den einzelnen Bürger

So stellt sich mit der Einführung hoch automatisierter und autonomer Systeme im Straßenverkehr die Frage, wer Rechenschaft über Entscheidungen des autonomen Fahrzeugs abzulegen und mögliche rechtliche Konsequenzen zu tragen hat.

gewährleistet werden. Hierbei müssen Informationen über die Verwendung und Speicherung der Daten transparenter kommuniziert werden.

Ein breiter gesellschaftlicher Dialog
Die Digitalisierung beeinflusst die Art und Weise, wie wir leben, arbeiten und lernen. Zu den bekannten Bedenken, wie der Sorge, dass der Mensch gläsern werde, der Entwertung der eigenen Kompetenzen und dem Verlust des Arbeitsplatzes, kommt die Angst vor Kontrollverlust und Unsicherheit hinzu. Wird »Arbeit 4.0« die Potenziale für mehr Selbstbestimmung der Erwerbstätigen, für bessere Arbeit und individuellere Qualifikation am Arbeitsplatz wirklich ausschöpfen? Werden genügend neue Jobprofile entstehen, um jene zu ersetzen, die im Rahmen der Transformation wegfallen? Wird es zu einer Polarisierung am Arbeitsmarkt kommen, da Geringqualifizierte stärker betroffen sind als Hochqualifizierte? Fest steht: Wir befinden uns an einem *tipping point*. Entsprechend ambivalent ist die Aussicht. Mithilfe von KI könnten auch Berufe mit höherem Qualifizierungsgrad automatisiert werden.[21] Schätzungen für den juristischen Bereich gehen davon aus, dass 30 bis 50 Prozent der heute von Junganwälten erfüllten Aufgaben automatisiert werden können. Gleichzeitig entstehen ganz neue Tätigkeiten dank technologischer Entwicklungen. Arntz et al. gehen von leicht positiven Netto-Beschäftigungseffekten in Deutschland aus.[22] Auch bietet die weitere Rationalisierung und Automatisierung des Arbeitsmarktes die Chance, die negativen Effekte des demografischen Wandels abzufedern.[23]

Wollen wir die digitale Transformation also aktiv gestalten, brauchen wir einen sachlich-aufgeklärten Stakeholder-Austausch, in dem wir die Chancen und die Risiken gleichermaßen adressieren und Gestaltungsoptionen für die Politik aufzeigen. Mit der Aussicht auf bessere Arbeit und Bildung, personalisierte Medizin und Pflege sowie nachhaltige und individuelle Mobilitätslösungen, die ein selbstbestimmtes Leben in einer alternden Gesellschaft im eigenen Zuhause möglich machen, bietet die Digitalisierung allen Bevölkerungsgruppen, unabhängig von Wohnort und Alter, die Möglichkeit, an der Gesellschaft teilzuhaben. Beruf und Familie sind in der neuen Arbeitswelt leichter zu vereinbaren, da Beschäftigte selbstverantwortlich über ihre Arbeitseinsätze mitbestimmen und neue Technologien wie Telepräsenz nutzen können. Somit sollte die digitale Transformation vielmehr als Chance begriffen und aktiv vorangetrieben und gestaltet werden. Denn Offenheit gegenüber Innovationen entscheidet mit über die Modernisierungs- und Wettbewerbsfähigkeit unseres Standorts.

Auf Wissenschaft und Forschung kommt es an

In Zeiten radikaler Transformation brauchen Unternehmen ganz neue Kompetenzen, beispielsweise in den Bereichen Datenverknüpfung und -analyse mittels KI und maschinellen Lernens. Diese suchen sie verstärkt in Wissenschaft und angewandter Forschung. Damit bekommt die Gestaltung und Optimierung des Wissens-, Technologie- und Erkenntnistransfers eine neue Dringlichkeit. Allerdings stehen auch die etablierten Formen des Wissenstransfers zwischen Wissenschaft und Wirtschaft vor großen Herausforderungen – sei es der Transfer über Köpfe, über Kooperationen oder über Ausgründungen. Gerade Start-ups bremst in Deutschland die Angebotslücke bei Anschluss- und Wachstumsfinanzierungen. Da ist zum Beispiel die Verkürzung von Innovationszyklen. *Time to market* ist oft wichtiger als die Perfektionierung eines Produktes. Oder das Entstehen von Plattformunternehmen und digitalen Ökosystemen. Es verändert bewährte Kooperations- und Transferbeziehungen. Unternehmen und Wissenschaft müssen sich für neue Kooperationspartner öffnen und dabei Kulturgrenzen überwinden. Der Transfer im Wissenschaftssystem sollte als dritte Mission neben Forschung und Lehre fest verankert werden. Wir brauchen eine noch engere Vernetzung von Wissenschaft und Wirtschaft für die Gestaltung der komplexen Zukunftsaufgaben.

Wir brauchen also Technologien, die eine angemessene Datensouveränität garantieren und die es jedem gestatten festzulegen, welche Daten mit wem geteilt werden können und welche absolut schützenswert sind. Die Blockchain-Technologie bringt hier einen erheblichen Nutzen.

Fazit: die Digitalisierung aktiv gestalten

Deutschland bringt als Innovationsstandort mit gut ausgebildeten Fachkräften, erfolgreichen Konzernen und Hidden Champions, seinen Stärken in der Business-IT und seinem Know-how bei Schlüsseltechnologien gute Voraussetzungen mit, um die digitale Transformation erfolgreich zu bewältigen. Deutschland ist Weltmarktführer beim Engineering und bei der Produktion von komplexen Produkten in höchster Qualität. In der Plattformökonomie müssen Produkte jedoch immer stärker digital veredelt und erweitert werden, um durch individualisierte Services international konkurrenzfähig zu bleiben. Das erfordert neue Kooperationsmodelle und offene Unternehmensgrenzen: Auch deutsche Unternehmen bauen zwar offene digitale Plattformen und entwickeln neue Geschäftsmodelle, doch die Umsetzung ist für viele eine große Herausforderung.

Die deutsche Forschungslandschaft hat in erfolgskritischen Bereichen wie semantischen Technologien, maschinellem Lernen sowie der digitalen Modellierung von Produkten und Benutzern eine international führende Stellung inne. Es gibt herausragende deutsche Softwareprodukte für die schnelle, zuverlässige und skalierbare Verarbeitung von Big Data und die Integration von Geschäftsprozessen. Während Deutschland seine Vorreiterposition als Ausrüster der Welt festigen will, setzen die USA auf ihre Kompetenz als globaler Vernetzer und China auf kurze Entscheidungswege, Kapitalintensität und einen großen Binnenmarkt, in dem sich schnell skalieren lässt. Im Ergebnis stellt Deutschland zwar zahlreiche Weltmarktführer in wichtigen Industrien und Produktklassen; die großen Internetkonzerne und Plattformunternehmen kommen aber überwiegend aus den USA oder Ostasien.[24] Es gilt daher, die Stärken Deutschlands zu festigen, Defizite auszugleichen und die Umsetzung wichtiger Zukunftsaufgaben noch entschlossener anzugehen. Die gesellschaftlichen Herausforderungen etwa bei Bildung, Arbeit und ethischen Aspekten können über einen Schulterschluss aller Stakeholder und kluge Regulierung bewältigt werden. Die Politik ist auf einem guten Weg und hat entscheidende Maßnahmen eingeleitet.

Nationale Zukunftsprojekte wie die Plattformen »Industrie 4.0«, »Smart Service Welt« und »Lernende Systeme« eignen sich als zentrale innovationspolitische Beratungsgremien, um Expertise zu bündeln,

Digitalisierung

Wie wir handeln müssen

Deutschland muss bei der digitalen Transformation international Schritt halten. Wir brauchen einen klaren Umsetzungswillen, das nötige Tempo, die Investitionsbereitschaft und das Unternehmertum, um mit den großen Wettbewerbern in Asien und Nordamerika konkurrieren zu können. Hierbei sollten Deutschland und Europa ihren eigenen Weg finden.

— Die Realisierung einer europäischen Digitalunion, massive Investitionen in die digitale Infrastruktur und die Cybersecurity sowie eine zukunftsorientierte Aus- und Weiterbildung sind dafür essenziell. Benötigt werden zudem Innovationsnetzwerke, in denen die Expertise unterschiedlicher Branchen und wissenschaftlicher Disziplinen zusammengeführt und auch die Zivilgesellschaft mit eingebunden wird.

— Wirtschaft, Wissenschaft und Politik sind nun gemeinsam gefordert, wenn es gilt, all dies umzusetzen. Neben weiterer Unterstützung von Forschung und Entwicklung und regulatorischen Maßnahmen brauchen wir eine mit allen Stakeholdern der Gesellschaft abgestimmte Roadmap, um den Weg durch die digitale Transformation gemeinsam im Sinne des Innovationsstandorts zu gehen.

— Hierbei muss darauf geachtet werden, den starken deutschen Mittelstand für den Wandel zu mobilisieren und bei einer internationalen Normensetzung und Standardisierung für die »Wirtschaft 4.0« von Beginn an mit einer starken, einheitlichen Stimme international zu agieren. Nur dann haben wir aus Europa heraus den großen Märkten in der Welt etwas entgegenzusetzen.

vorwettbewerbliche Zusammenarbeit zu fördern, Anwendungsszenarien zu erarbeiten und Handlungsempfehlungen an Politik und Gesellschaft zu richten. Mit »Industrie 4.0« haben wir eine globale Marke aufgebaut, die dem Label *made in Germany* in Zeiten der digitalen Transformation erneut Glanz verleihen kann. Sie steht für eine Vision für qualitatives Wachstum nach dem Modell der sozialen Marktwirtschaft. Wir sind für viele Länder begehrte Kooperationspartner. Mit den Perspektiven der »Smart Service Welt« können wir eine nachhaltige Wirtschaftspolitik entwickeln, die eine Aufbruchsstimmung in Richtung digitale Geschäftsmodellinnovation und Plattformökonomie erzeugt. Die »Plattform Lernende Systeme« bündelt Kompetenzen im Bereich der künstlichen Intelligenz und begleitet auf dem Weg zur internationalen Technologieführerschaft. Und die von der Bundesregierung eingerichtete Ethikkommission zum automatisierten und vernetzten Fahren sowie die Plattform zur Mobilität der Zukunft zeigen, dass wir die richtigen Zukunftsthemen im Schulterschluss von Wissenschaft, Wirtschaft, Gesellschaft und Politik angehen. Nun dürfen wir bei der konsequenten Umsetzung der Zukunftsprojekte nicht

weniger entschlossen sein. Gefragt sind Pioniergeist und der Wille, Veränderung zu gestalten. Vorreiter, die den Wandel als Chance nutzen, sind dabei besonders wichtig. Brechen wir also auf und gestalten die digitale Transformation unserer Arbeits- und Lebenswelt aktiv in unserem Sinne!

PROF. DR. HENNING KAGERMANN (71) *war von 2009 bis Mai 2018 Präsident von acatech – Deutsche Akademie der Technikwissenschaften und steht heute dem Kuratorium von acatech vor. Als Mitglied der Forschungsunion (2010–2013) und des Hightech-Forums der Bundesregierung (2014–2017) war er Wegbereiter für die Themen »Industrie 4.0«, »Smart Service Welt« und »Autonome Systeme/Lernende Systeme«. Henning Kagermann ist Vorsitzender des Steuerkreises des Innovationsdialogs zwischen Bundesregierung, Wirtschaft und Wissenschaft und Mitglied zahlreicher Aufsichtsräte. Der habilitierte Physiker ist ehemaliger CEO der SAP SE.*

DR. JOHANNES WINTER (41) *ist Leiter der Geschäftsstelle »Lernende Systeme – Die Plattform für Künstliche Intelligenz« und Bereichsleiter Technologien bei acatech.*

»Die Beherrschbarkeit der Digitalisierung ist die große Herausforderung für das kommende Jahrzehnt. Die Risiken sind vielfältig. Staat und Politik müssen einen ganzheitlichen Ansatz zur Beherrschung der Digitalisierung formulieren.«

Risiken der Cybergesellschaft beherrschen. Ein Auftrag an Staat und Politik

Von Martin Schallbruch

Die Jahre der digitalen Euphorie sind vorbei. Die Beherrschbarkeit der Digitalisierung ist die große Herausforderung für das kommende Jahrzehnt. Die Risiken sind vielfältig, ohne dass Staat und Politik bislang nachhaltige Antworten haben. Das Recht versagt an der Komplexität der digitalen Welt, Cyberunsicherheit greift um sich, digitale Plattformen machen Staaten Konkurrenz, staatlichen Behörden misslingt die eigene Digitalisierung. Die Beherrschbarkeit der Digitalisierung braucht einen neuen, ganzheitlichen Ansatz.

Risiko Alltagskomplexität

Seit Mai 2018 ist der Datenschutz neu geregelt. Mit dem Inkrafttreten der europäischen Datenschutzgrundverordnung ist ein neues Kapitel in der über 40-jährigen Geschichte des Datenschutzes in Deutschland aufgeschlagen worden. Der Datenschutz wurde an die neue Realität einer vollständig vernetzten digitalen Welt angepasst. Seit Mai 2018 hat jede Bürgerin und jeder Bürger auf ihrem oder seinem Smartphone geschätzte 50 bis 100 Einwilligungserklärungen abgegeben, mit kurzem Fingertippen bestätigt, dass WhatsApp, Apple, Google, die Hausbank oder der Sportverein die Daten auch zukünftig – konform zur neuen Verordnung – nutzen dürfen. Wer von ihnen weiß, in was eingewilligt wurde, wie die Daten verarbeitet, mit welchen anderen Daten sie zusammengeführt, an wen sie weitergegeben wurden?

Apple hat schon 2015 ermittelt, dass iPhone-Nutzer ihr Gerät 80-mal am Tag entsperren. Jedes Mal werden Apps aufgerufen. Schaut man sich die datenschutzrechtliche Würdigung beispielhaft für eine einzige App auf dem Smartphone im Detail an, kommt man zu einem ernüchternden Ergebnis: Jeder Start der App löst eine Fülle datenschutzrechtlicher Vorgänge aus, Datenspeicherungen, Datenübermittlungen, Datennutzungen. Betroffen sind jeweils mehrere Unternehmen, es gelten jeweils verschiedene Gesetze. Alle Unternehmen verfügen über längliche, schwer verständliche Datenschutzbestimmungen. Für einzelne

2030 werden wir mit jeder einzelnen Handlung unseres vollkommen digitalisierten Lebens eine Fülle von Datenverarbeitungsvorgängen auslösen.

Nutzerinnen und Nutzer ist nicht erkennbar, welche Regelungen im konkreten Fall wie zusammenwirken. Auch die Datenschutzaufsichtsbehörden können nur nach intensiver Analyse belastbar sagen, was erlaubt ist und was nicht. Das Datenschutzrecht ist im Laufe seines Bestehens, im Gleichklang mit der Zunahme der digitalen Technik, stark gewachsen, an Umfang und Bedeutung. Gleichzeitig hat es die Bodenhaftung verloren. Selbst bei weit gravierenderen Rechtsgeschäften herrscht keine solche Komplexität wie beim Datenschutz. Der Kauf eines Fahrzeugs oder auch einer Immobilie stützt sich auf einige wenige Vorschriften im Bürgerlichen Gesetzbuch. Die rechtliche Grundstruktur kennt jeder, und die meisten Betroffenen haben ein Gefühl entwickelt, was zulässig ist und was nicht. Beim Datenschutz ist es anders: Einer kaum aufzählbaren Vielzahl datenschutzrechtlicher Regelungen steht eine große Verunsicherung gegenüber, was erlaubt ist und was nicht. Das Datenschutzrecht durchdringt unser gesamtes Leben, ist aber weit von der Lebenswirklichkeit entfernt. Setzen wir die Entwicklung bis 2030 in dieser Form fort, liegt das Ergebnis auf der Hand: 2030 werden wir mit jeder einzelnen Handlung unseres vollkommen digitalisierten Lebens eine Fülle von Datenverarbeitungsvorgängen auslösen, alles ist rechtlich geregelt, im Ergebnis der Praxis jedoch für niemanden durchschaubar, schon gar nicht für uns selbst.

Dass die Zusammenführung von Daten aus unserem zunehmend digitalisierten Alltag ein Risiko für unsere Persönlichkeitsrechte ist, versteht sich von selbst. Doch Staat und Recht haben es bislang nicht vermocht, dieses Risiko handhabbar und beherrschbar zu machen. Datenschutzdebatten über autonom agierende Staubsauger, vernetzte Drohnen oder Geschäftsgebaren von Online-Plattformen reißen nicht ab. Klare Verantwortungszuweisung und Verantwortungsmaßstäbe für unseren digitalen Alltag sind unter einer Fülle von Rechtsvorschriften verschüttet.

Risiko Cybersicherheit

Im Mai 2018 entdeckten Sicherheitsforscher acht neue Schwachstellen in Prozessoren des Marktführers Intel. Sie alle erlauben es Angreifern, auf den betreffenden Systemen illegale Operationen auszuführen, die

Sicherheitsmaßnahmen zu umgehen, die Systeme zu manipulieren und Daten zu entwenden. Die Presse nahm wenig Notiz von der Meldung. Schließlich waren – mit größerer medialer Begleitung – nur wenige Monate zuvor Schwachstellen in Prozessoren entdeckt worden: »Meltdown« und »Spectre« genannt, bedrohten sie ebenfalls Chips von Intel und anderen Herstellern.

Die Öffentlichkeit ist abgestumpft von den vielen Berichten über Schwachstellen in Hardware und Software. Wir haben uns daran gewöhnt, dass Hardware und Software Mängel haben, dass Hacker sie ausnutzen können und ausnutzen, dass Computersysteme weltweit ständig angegriffen werden. Ende 2017 wurde ein Dutzend Computer im Auswärtigen Amt gehackt. Ein paar mehr oder weniger vertrauliche Dokumente sind russischen Nachrichtendiensten in die Hände gefallen. Auch das hochsichere deutsche Regierungsnetz erwies sich als Schwachstellen-behaftet, so wie zuvor schon das Netz des Deutschen Bundestages. Selbst eine der versiertesten Organisationen in Sachen Cybersicherheit, die US-amerikanische National Security Agency (NSA), kann sich nicht ausreichend schützen: 2015 wurden die Daten von 21 Millionen US-Bediensteten von Regierungssystemen entwendet, 2016 fielen sogar die geheimsten digitalen Angriffswerkzeuge der NSA einer Hackergruppe namens »ShadowBrokers« in die Hände.

Cybersicherheit ist ein strukturelles Problem, für das bis heute keine Lösung in Sicht ist.

Maßnahmen zur Cybersicherheit reichen nicht aus
Cybersicherheit ist ein strukturelles Problem, für das bis heute keine Lösung in Sicht ist: Wir machen uns Tag für Tag immer mehr von digitalen Systemen abhängig, deren Qualität und Sicherheit seit vielen Jahren eher ab- als zunehmen. Die Rate der Schwachstellen in herkömmlicher Software stagniert auf hohem Niveau. Komplexität und Schwachstellen zusammen liefern genau das, was Hacker lieben: sogenannte Angriffsvektoren. Die steigende Abhängigkeit von digitalen Systemen sorgt schließlich dafür, dass diese Vektoren auch genutzt werden. Herzschrittmacher werden ebenso angegriffen wie Tankstellen, Stahlwerke oder Regierungsnetze. Wo wir uns digital abhängig gemacht haben, da

gibt es für Angreifer etwas zu holen: Betreiber lassen sich erpressen, Informationen zu Geld machen oder zum eigenen Vorteil nutzen, gekaperte Systeme für eigene Zwecke einsetzen – vom Krypto-Mining über Denial-of-Service-Attacken bis zur Verbreitung von Spionagesoftware. Ein Teufelskreis.

In der gleichen Geschwindigkeit, in der wir digitalisieren, vernetzen, Komplexität steigern, können wir die labilen Systeme nicht ausreichend schützen. Der Angreifer braucht nur eine Schwachstelle, um anzugreifen. Der Verteidiger muss alle Schwachstellen schließen, um sicher zu sein. Diese Logik gilt schon seit mehr als 20 Jahren. Es gibt keine Anzeichen dafür, dass sich der Trend umdreht und wir bis 2030 eine substanzielle Lösung der Sicherheitsprobleme im Cyberspace haben werden. Alle Maßnahmen zur IT- und Cybersicherheit, angefangen mit der Zertifizierung von Geräten über die gesetzliche Regelung der Sicherheit kritischer Infrastrukturen bis zu dem Ausbau der Fähigkeiten und Befugnisse der Sicherheitsbehörden, zeigen durchaus positive Effekte – ändern jedoch wenig an dem Grundproblem. Denn sie werden stets überholt von der höheren Innovationsgeschwindigkeit und der unermesslichen Komplexitätssteigerung, die mit der Vernetzung von allem mit jedem verbunden ist. Wir müssen uns auf viele Jahre der Cyberunsicherheit und Cyberinstabilität einstellen.

Risiko Plattformen
Schon 2015 wurden pro Minute vier Millionen Posts auf Facebook abgesetzt, 350.000 Tweets auf Twitter versandt und 300 Stunden Videomaterial auf YouTube hochgeladen. Solche digitalen Plattformen begleiten mittlerweile unser ganzes Leben. Auf digitalen Plattformen werden Geburten live gestreamt und Todesfälle berichtet, noch bevor die engsten Angehörigen sie erfahren. Eine Mutter aus Berlin musste gegen Facebook bis zum Bundesgerichtshof ziehen, um einen Zugang zum digitalen Nachlass aus dem Profil ihrer Tochter nach deren möglichen Selbstmord zu erhalten.

Der Umgang mit digitalen Plattformen hat sich als eine Schicksalsfrage der Digitalisierung herausgestellt. Denn die Plattformbetreiber, ihre Geschäftsmodelle,

Benutzungsbedingungen und Algorithmen bestimmen unser digitales Zusammenleben ganz maßgeblich. Damit fordern sie nicht nur den Staat heraus, sie treten gleichsam in Konkurrenz zu den Staaten der Welt, indem sie Recht setzen und durchsetzen – noch dazu global und ohne jegliche demokratische Kontrolle. Evgeny Morozov nennt die Plattformbetreiber

Mit der Übertragung von Verantwortung an Internetplattformen betreibt der Staat seine Entmachtung selbst.

daher »die neuen Feudalherren« und sieht uns auf dem Weg in ein neues Zeitalter des Feudalismus. Zu konstatieren ist ein grundlegendes Problem im Verhältnis von Staaten und Plattformen, für das noch keine konsistente Lösung gefunden wurde.

Während die Politik die Macht der Plattformen einerseits beschneiden will, datenschutzrechtlich, wettbewerbsrechtlich oder auch steuerrechtlich, sollen Plattform andererseits gesellschaftliche Verantwortung übernehmen. Ein Beispiel ist der Kampf gegen »Hate-Speech« und andere rechtswidrige Inhalte im Internet. Mit dem sogenannten »Netzwerkdurchsetzungsgesetz« verlangt Deutschland von den Plattformen unter Androhung von

Der Staat läuft der Digitalisierung der Daseinsvorsorge hinterher.

Bußgeldern, rechtswidrige Inhalte schnell zu löschen. »Offensichtlich« rechtswidrige Inhalte sollen binnen 24 Stunden gelöscht sein, alle anderen binnen einer Woche. Gemeint sind alle Formen von Gewaltverherrlichung, NS-Propaganda, Aufruf zu und Billigung von Straftaten, Verbreitung von Kinderpornografie, Beleidigungen und Verleumdungen, aber auch die heimliche Verbreitung von höchstpersönlichen Bildaufnahmen.

Doch die Entscheidung über die Rechtswidrigkeit von Inhalten ist alles andere als einfach und tangiert unsere Grundrechte im Kern. In der Anhörung zu dem Gesetzentwurf nannte ein Vertreter von Google als Beispiel das Video mit dem Gedicht, das der deutsche Satiriker Böhmermann über den türkischen Präsidenten Erdoğan veröffentlicht hatte. YouTube hatte das Gedicht nicht gesperrt, obwohl Erdoğan den Satiriker wegen Beleidigung angezeigt hatte. Heute,

nach Inkrafttreten des Netzwerkdurchsetzungsgesetzes, würde man anders entscheiden, um kein Bußgeld zu bekommen.

Wenn eine Internetplattform bei jeder Beschwerde über irgendeinen Inhalt »im Zweifel pro Löschung« vorgeht, dann wird die Plattform zum Zensor ihrer Nutzer. Statt staatlicher Stellen oder unabhängiger Gerichte entscheiden die Löschabteilungen der Internetkonzerne, was rechtswidrig ist. Der Staat setzt nicht sein eigenes, demokratisch legitimiertes Recht auf den Plattformen durch, sondern akzeptiert letztlich die normative Kraft der Plattformen.

Gleichzeitig wandert mehr und mehr faktische Macht in Richtung digitaler Plattformen, gerade im Bereich der Daseinsvorsorge: Die aktuellsten Karten über Wegführung, Verkehrsschilder und Fahrspuren deutscher Straßen hält nicht der Staat bereit, sondern Google und HERE. Auch die Nahverkehrsdaten, die Fahrpläne von Bussen und Bahnen, sind bundesweit nur bei digitalen Plattformen verfügbar. Google hält mehr digitale Bücher vor, als die größte deutsche Bibliothek in ihrem (Papier-) Bestand hat. Diese Entwicklung der Privatisierung digitaler Daseinsvorsorge wird bis 2030 weitere Bereiche erfassen. Ob es das Gesundheitswesen oder das Bildungswesen ist: Es ist sehr wahrscheinlich, dass auch in weiteren Bereichen der Digitalisierung unserer öffentlichen Infrastrukturen die privaten Plattformanbieter schneller und konsequenter sein werden, als der Staat es sein kann. In Großbritannien hat der National Health Service (NHS) bereits 1,6 Millionen Patientendaten an Google übertragen, um von den Algorithmen und Rechenkapazitäten Googles zu profitieren.

Mit der Übertragung von mehr und mehr Verantwortung an Internetplattformen und der gleichzeitigen Schwäche bei der staatlich verantworteten Digitalisierung gesellschaftlicher Lebensbereiche schiebt der Staat den Feudalherren der Technologiekonzerne, wie Morozov sie genannt hat, im Grunde noch mehr Verantwortung und Macht zu. Der Staat betreibt seine Entmachtung selbst.

Risiko digitaler Staat

20 Milliarden Euro investieren die Behörden des Bundes, der 16 Länder und der 11.000 Kommunen in Deutschland Jahr für Jahr in ihre Digitalisierung. Doch der digitale Staat in Deutschland ist so etwas wie das Gegenteil von Google: hochgradig fragmentierte Datenbestände bei vielfältigen Behörden auf Bundes-, Landes- und Kommunalebene. Die Adressen der Bürgerinnen und Bürger werden an vielen Orten gespeichert und jeweils mühsam abgeglichen. Die

Ein Grund für die Zersplitterung und Schwäche des digitalen Staates liegt in der Heterogenität der eingesetzten Technologien.

staatlichen Register sind hochgradig fehlerbehaftet. Ein Bundesmelderegister gibt es nicht. Selbst innerhalb der Behörden ist die Datenlandschaft zersplittert. 2013 betrieb allein das Bundeskriminalamt 80 verschiedene Dateien zu Zwecken der Gefahrenabwehr und Prävention, die nun sukzessive zusammengeführt werden sollen.

Die Gründe für die digitale Zersplitterung der deutschen Verwaltung liegen in unserer komplizierten Staats- und Verwaltungsorganisation sowie im Datenschutzrecht, das diese organisatorische Struktur digital verfestigt. Denn der Staat darf Daten immer nur für einen eng begrenzten Einzelzweck speichern und nutzen, eine Zusammenführung und Vorhaltung zur Vorbereitung auf künftige Fragestellungen (à la Google) ist nicht möglich. Ein Beispiel ist die Idee des Predictive Policing, ein auf Big Data basierendes Verfahren zum Vorhersagen möglicher künftiger Straftaten zwecks besserer Planung polizeilicher Präventionsmaßnahmen. Will man solche Technologien einsetzen, müssen Gesetze geändert sowie Organisation und Technik der zersplitterten Polizei-IT angepasst werden – ein Aufwand, der viele Jahre dauert.

Der Staat ist schwach in der Beherrschung digitaler Räume. Mit der Schwäche des Staates sind Risiken großen Ausmaßes verbunden.

Ähnlich ist es in anderen Bereichen öffentlicher Verantwortung, etwa im Gesundheitswesen. Unter Fachleuten ist unstrittig, dass viele Krankheiten besser bekämpft werden könnten, wenn zu Zwecken der Gesundheitsforschung Daten aus den unterschiedlichsten Bereichen des Gesundheitswesens zusammengeführt und mit Big-Data-Analysen ausgewertet würden. Doch auch diese Zusammenführung gelingt bislang nur in aufwendig definierten und vereinbarten Einzelfällen, eine allgemeine, übergreifende Lösung gibt es dafür nicht.

Ein Grund für die Zersplitterung und Schwäche des digitalen Staates liegt in der Heterogenität der eingesetzten Technologien. Anders als große Konzerne, die schon seit Jahrzehnten ihre IT-Landschaft mit großem Aufwand »konsolidiert«, also auf wenige Arten von IT-Systemen und Software reduziert haben, ist die IT des Staates nach wie vor überaus vielfältig. 2013 betrieben allein die Behörden des Bundes 96 Rechenzentren und 1.245 Serverräume für die knapp 500.000 Beschäftigten des Bundes. Derzeit versucht der Bund, diese vielfältige Landschaft bei wenigen IT-Dienstleistern zusammenzufassen. 2030 wird dies voraussichtlich gelungen sein. Die Auflösung der zersplitterten Landschaft öffentlicher Datenbestände wird bis dahin kaum gelingen können.

Ein schwacher Staat im digitalen Raum setzt das Gemeinwesen aufs Spiel.

Während digitale Plattformen immer neue Daten über unser gesamtes Leben erfassen, auswerten und in vielfältiger Form bereitstellen, dabei zunehmend auch in Bereiche vordringen, die bislang eher Domäne der öffentlichen Hand sind, läuft der Staat der Digitalisierung in seinem Verantwortungsbereich hinterher – und riskiert damit Einfluss und Gestaltungsmöglichkeit in wichtigen Lebensbereichen.

Beherrschbarkeit der digitalen Welt

Digitales Handeln durchwebt unser gesamtes Leben und wird bis 2030 untrennbar mit jeder alltäglichen Handlung verbunden sein. Die genannten vier Risiken der Cybergesellschaft berühren nicht mehr nur Randbereiche, sondern den Kern unseres Zusammenlebens. Dabei stellt sich die alles überragende Frage der Beherrschbarkeit der digitalen Welt: Für jede Einzelne und jeden Einzelnen ist die Komplexität unserer digitalen Welt nur noch in Ansätzen verstehbar und beherrschbar. Globale Digitalplattformen setzen eigene Regeln und gehorchen ihrer eigenen Geschäftslogik. Sie sind uns keine Hilfe, weder beim Datenschutz noch bei der Cybersicherheit. Unserem Gemeinwesen und dem demokratischen Staat ist es bislang nicht gelungen, sich wirkungsvoll für den digitalen Raum aufzustellen. Weder gelingt eine transparente gesetzliche Verantwortungszuweisung noch die nachhaltige Herstellung von Cybersicherheit oder auch nur die adäquate Digitalisierung staatlicher Leistungen.

Der Staat ist schwach in der Beherrschung digitaler Räume. Mit der Schwäche des Staates sind Risiken großen Ausmaßes verbunden. Auf dem Spiel steht die Fähigkeit des Staates, das Gemeinwesen durch Recht zu ordnen und das Recht auch durchzusetzen. Auf dem Spiel steht die Möglichkeit, durch demokratische Willensbildung zu bestimmen, wie wesentliche Gesellschaftsbereiche ausgestaltet werden, das Gesundheitswesen etwa oder der Verkehr, das Bildungswesen oder die Medienlandschaft. Die Frage von Morozov ist berechtigt: Überantworten wir unsere Gemeinschaftsgüter den neuen Feudalherren der digitalen Plattformen? Übertragen wir das Setzen und Kontrollieren von Regeln den Plattformen? Können wir das je wieder zurückholen?

Ohne wirksam funktionierende staatliche Strukturen sind Rechtsstaat, Sozialstaat und demokratische Willensbildung nur Makulatur. Der Staat und seine Organe sind Ausprägungen unseres Willens, unser Land gemeinschaftlich zu gestalten und zu entwickeln. Wenn sich digitales Leben mehr und mehr außerhalb der Reichweite, des Einflusses, der Wirksamkeit des Staates entwickelt, legen wir die Axt an die Grundlagen unseres Gemeinwesens.

Die Bewältigung der Digitalisierung durch Recht wird Generationen beschäftigen.

Ein Programm zur Beherrschbarkeit der Digitalisierung ist ein Auftrag an Staat und Politik, wie er umfassender kaum sein könnte. Denn ein solches Programm erfordert ein konsequentes und langfristig orientiertes Handeln, das mehrere Ansätze der Rückgewinnung von Souveränität und Beherrschbarkeit kombiniert. Es vereint Technikgestaltung, Rechtsetzung, Organisationsreform mit einem Wandel politischer Steuerung und administrativer Umsetzung. Fünf Vorschläge könnten Eckpfeiler eines solchen Programmes sein.

Verlässliche Technik einfordern

Ein Jahrzehnt der Cyberunsicherheit liegt vor uns. Cyberangriffe sind zum bevorzugten Mittel der Austragung zwischenstaatlicher Konflikte und der Durchführung krimineller Aktionen geworden. Die meisten Maßnahmen zur Cybersicherheit setzen bislang erst beim Einsatz von IT an oder bei dem Umgang mit Cyberangriffen, nicht an der Wurzel des Problems, den Schwachstellen in den Systemen. Es fehlt eine Verpflichtung der Hersteller von Hardware und Software zu hoher Produktsicherheit. Weil jede vernetzte Glühbirne, jeder Herzschrittmacher und jedes digital gesteuerte Auto angegriffen werden kann und selbst Sprungbrett für Angreifer werden könnte, muss die Basissicherheit digitaler Technik nachhaltig erhöht werden, um das Cybersicherheitsniveau langfristig zu erhöhen.

Wer mit persönlichen Daten umgeht, muss dies fair und transparent tun.

Deutschland als Land der Erfinder und Ingenieure, als Vorreiter technischer Normen und hoher Produktsicherheit kann hier vorangehen: Hersteller müssen gesetzlich verpflichtet werden, Qualitätskriterien einzuhalten. Dazu gehören die Qualitätssicherung bei der Softwareentwicklung, die Vermeidung bekannter Schwachstellen, eine hohe Transparenz in Bezug auf Sicherheitseigenschaften, die Bekanntgabe identifizierter Schwachstellen und ergriffener Gegenmaßnahmen sowie eine langfristige Betreuung des eigenen Produkts. Updates und Patches müssen über den gesamten Zeitraum seines Einsatzes bereitgestellt werden. Besondere Sorgfalt ist in Bereichen erforderlich, in denen es um Leib und Leben geht: Sei es bei der Medizintechnik, den selbstfahrenden Autos oder im Bereich von Waffensystemen – digitale Sicherheit muss hier auf nachgewiesen sicheren Lösungen beruhen. Basistechnologien für beweisbare Sicherheit stehen bereit, ihr Einsatz in kritischen Systemen muss gefördert – und gefordert – werden.

Die Verpflichtung auf belastbare Sicherheit der Produkte wird naturgemäß Hardware und Software verteuern und Innovationen verlangsamen. Wenn wir aus der Cyberunsicherheit herauskommen wollen, müssen wir das in Kauf nehmen. Die Erfahrungen der letzten Jahre zeigen, dass Europa den Wettbewerb der digitalen Wirtschaftsräume nicht mit der schnellsten Verbreitung von Technologien und den niedrigsten Preisen gewinnt, sondern da punkten kann, wo es um komplexe Lösungen geht. Wir sollten das auch im Hinblick auf die Sicherheit ausbauen: Europa sollte für hohe Qualität und belastbare Sicherheit stehen. Denn die Komplexität und Abhängigkeit werden weiter steigen. Wer die Cybersicherheit gleichwohl beherrscht, hat einen entscheidenden Vorteil.

Digitalrecht an Prinzipien orientieren

Der Datenschutz ist nur ein Beispiel für die Komplexität unseres Digitalrechts. Gleiches gilt zunehmend für die IT-Sicherheit. Allein wer versucht, die integrierten Angebote einer Internetplattform wie Google in Telekommunikationsdienste, Telemediendienste, Rundfunkdienste, digitale Infrastrukturen und digitale Dienste aufzuteilen – alles Rechtsbegriffe des deutschen Rechts –, wird ziemlich schnell verzweifeln.

Für die Beherrschbarkeit der Digitalisierung muss der zentrale Auftrag eines Digitalrechts vor allem in der nachvollziehbaren Zuweisung von Verantwortung und der Definition weniger, möglichst allgemein gültiger Maßstäbe und Prinzipien bestehen, die für alle Bereiche des digitalen Lebens Geltung haben. Wer mit persönlichen Daten umgeht, muss dies fair und transparent tun. Wer für unser Leben bedeutsame digitale Dienste erbringt oder entsprechende Produkte herstellt, muss sie nach dem Stand der Technik gegen Ausfall und Angriffe schützen. Wer Inhalte im Internet verbreitet, muss abhängig von seiner Bedeutung und seinen Möglichkeiten illegale Inhalte bekämpfen. Wer marktbeherrschende Plattformen anbietet, muss dem Staat ermöglichen, in den Plattformen Kriminalität zu bekämpfen und Interessenausgleich zu organisieren.

Auf dieser Ebene sollte der Gesetzgeber ansetzen und ein neues Digitalrecht entwickeln, das die Menschen in Deutschland verstehen und das sich nicht im Klein-Klein verliert. Ein solcher Ansatz erfordert einige Veränderung, einen politischen Willen im Parlament und auch ein »Loslassen« beim Bundesverfassungsgericht,

Staat und Wirtschaft müssen bei der Beherrschung der Digitalisierung enger zusammenarbeiten.

das in der Vergangenheit stets auf sehr konkrete Regelungen gedrängt hat. Guter Grundrechtsschutz entsteht nicht durch kaum verständliches Detailrecht, von der Technik in Windeseile überholt. Ein besserer Schutz der Grundrechte und Grundwerte wird durch ihre Übersetzung in allgemeine Grundsätze für den digitalen Raum erreicht – und einen entsprechend effektiven Vollzug durch die staatlichen Behörden und Gerichte. Zu solchen Grundsätzen könnte auch ein Rücksichtnahmegebot gehören, das der damalige Bundesinnenminister Thomas de Maizière schon 2010 ins Gespräch gebracht hat, analog zum Rücksichtnahmegebot im Straßenverkehrsrecht. Das Zurücknehmen des Gesetzgebers und die Stärkung von Behörden und Gerichten erlauben es, schneller auf technische Entwicklungen zu reagieren.

Die Entwicklung eines neuen Digitalrechts wird nicht in einer Wahlperiode zu schaffen sein. Wir können froh sein, wenn wir bis 2030 die wesentlichen Grundlagen

beschlossen haben. Denn die Bewältigung der Digitalisierung durch Recht wird Generationen beschäftigen. Das Beispiel des BGB – erarbeitet zwischen 1874 und 1896 – zeigt, dass grundlegendere Ansätze der Regulierung lange dauern, es dann aber vermögen können, langfristige Wirkung zu entfalten. Das BGB wurde ein Exporterfolg – vielleicht kann Deutschland das bei einem modernen Digitalrecht wiederholen.

Aufgaben im Föderalismus neu verteilen

Ein Großteil der Schwierigkeiten mit der Beherrschung der Digitalisierung liegt in der Binnenorganisation des Staates begründet, in der Aufteilung von Zuständigkeiten, Ressourcen und Verantwortung. Wir müssen den Staat neu organisieren, wenn wir seine Handlungsfähigkeit im digitalen Raum verbessern wollen. Viel ist dazu in den letzten Jahren geschrieben, manches auch praktisch umgesetzt worden. Alle bisherigen Ansätze haben vor allem eins geschafft: die Komplexität weiter gesteigert. Es kommt aber darauf an, die Komplexität zu reduzieren.

Das Verhältnis von Bund, Ländern und Kommunen muss komplett neu geordnet werden. Die bisherigen Föderalismusreformen waren zu zaghaft und haben zudem die formelle oder informelle Verklammerung von Bund und Ländern weiter erhöht. Diesen Prozess sollten wir umdrehen: Wo der Bund für die Gesetzgebung zuständig ist, sollte er auch zentrale IT-Systeme bereitstellen – Wohngeld, Elterngeld, Kindergeld, Melderegister, mit offenen interoperablen Schnittstellen, auf die Länder und Gemeinden ihre Dienstleistung aufbauen können – und aufbauen müssen. Wo die Wirtschaft digital mit dem Staat zusammenarbeitet, soll der Bund die Schnittstellen einheitlich definieren, so wie in der Gesetzgebung das »Recht der Wirtschaft« bundesweit einheitlich ist. Wo staatliche Aufgaben bundesweit eng verknüpft sind wie die Polizei oder die Steuer, müssen verpflichtend einheitliche Systeme geschaffen werden. Die Überwachung global tätiger digitaler Plattformen muss durch den Bund erfolgen, sei es im Datenschutz oder bei der Besteuerung.

Gleichzeitig muss die dezentrale Entscheidungsbefugnis vergrößert werden: Wie wir vor Ort leben und arbeiten, wo eine Schwimmhalle gebaut, welche Straße erneuert, welches Wohngeld gezahlt oder wie die Schulen ausgestattet werden, sollte vor Ort entschieden werden. Einheitliche digitale Dienste aus den staatlich betriebenen deutschlandweiten Plattformen stellen den Kommunen Hilfe bereit – doch die Entscheidungen fallen vor Ort und stärken die digitale Souveränität unseres Gemeinwesens.

Verwaltung für Kooperation und Personal öffnen

Die Herausforderungen für Staat und Verwaltung bei der Beherrschung der Digitalisierung sind groß. Ob es die Veränderungen in Wirtschaft und Arbeitswelt sind, die neuen Sicherheitsprobleme, die Regulierung mächtiger globaler Plattformen oder auch die komplette digitale Transformation der eigenen Arbeit: Die Veränderungen in Aufgaben, Selbstverständnis und Wirkungsmacht treffen alle Bereiche staatlicher Verwaltung im Kern. Hierauf sind die Behörden nicht ausreichend vorbereitet. Die Digitalspezialisten des Staates sind zumeist schlechter ausgebildet als ihre Kollegen in der Wirtschaft. Die Gehälter der IT-Fachkräfte liegen in der Regel unterhalb des Gehaltsniveaus der Privatwirtschaft. Selbst in Bundesministerien sind die Gehälter im mittleren Management signifikant niedriger als in den Unternehmen.

Klare Verantwortungszuweisung und Verantwortungsmaßstäbe für unseren digitalen Alltag sind unter einer Fülle von Rechtsvorschriften verschüttet.

Zudem ist ein Wechsel aus der Wirtschaft zum Staat in der Regel eine Einbahnstraße. Attraktive Leistungen wie die Beamtenversorgung kann man später nicht mitnehmen, wenn man wieder zu einem Unternehmen gehen möchte. Man muss sich also entscheiden, zu niedrigerem Gehalt, dann aber für immer zum Staat zu wechseln. Hiervon macht kaum jemand Gebrauch, der bereits mehr als einige Jahre Berufserfahrung vorweisen kann. Anders als in Frankreich oder den USA sind Wechsel zwischen Staat und Wirtschaft eine große Ausnahme. Ergebnis dieser Abschottung des öffentlichen Dienstes ist eine mangelnde Kooperation von Staat und Wirtschaft bei der Digitalisierung. Während die Trennung von öffentlich und privat bei den digitalen Plattformen im Netz zunehmend verschwimmt, der Staat den privaten Plattformen öffentliche Aufgaben überträgt, schotten die Behörden sich selbst weiterhin stark ab.

Höhere Wirkungsmacht bei der Beherrschung des digitalen Raums wird dadurch nicht erreicht. Weit effektiver wäre es, wenn Staat und Wirtschaft eng kooperierten. Ein Cyberabwehrzentrum sollte nicht nur aus Beamten bestehen, auch Experten der Wirtschaft müssten dort sitzen. Digitalisierte Verkehrsinfrastrukturen sind ein Gemeinschaftswerk von öffentlicher und privater Seite und sollten gemeinsam verwaltet werden. Ein Beamtenrecht, das den Personaltausch zwischen Behörden und Unternehmen fördert, hilft beiden Seiten, sich besser zu verstehen und gemeinsam an der Beherrschung des digitalen Raums zu arbeiten. Deutschland hat viel Erfahrung mit dem kooperativen Ansatz der Regelung großer Gesellschaftsbereiche – von der Tarifpartnerschaft bis zum Gesundheitswesen. Bei Cybersicherheit und Digitalisierung können wir daraus lernen.

Neue Digitalpolitik organisieren

Anfang 2018 beschäftigten sich 244 Referate in 76 Abteilungen innerhalb der Bundesregierung mit Fragen der Digitalpolitik. Schon in der letzten Wahlperiode des Deutschen Bundestages verfolgte die Regierung – ausweislich der Digitalen Agenda – insgesamt 271 digitalpolitische Vorhaben. Mehr oder weniger betreffen sie alle die Frage der Beherrschbarkeit des digitalen Raums. Ob es um die Veränderungen in der Landwirtschaft geht, die Modifikation von Berufsbildern und Arbeitsformen, die gesundheits-, energie- oder verkehrspolitischen Herausforderungen: Stets spielen Fragen des Digitalrechts, der Plattformen, des Datenschutzes, der Sicherheit oder auch der Nutzung und Weiterentwicklung digitaler Infrastrukturen eine Rolle. Sie alle werden überwiegend entlang der jeweils konkreten politischen Probleme beantwortet, selten aber übergreifend.

Was uns heute fehlt, ist eine Behandlung der übergreifenden Fragen der Beherrschung der Digitalisierung: Die Rolle des Staates im digitalen Raum, sein Auftrag bei der digitalen Daseinsvorsorge, die Grundfragen eines neuen Digitalrechts – all das wird bislang nicht ausreichend politisch sichtbar und prominent bearbeitet. Gerade hier

Wie wir handeln müssen

Mit der Digitalisierung aller Lebensbereiche werden die Risiken der Cybergesellschaft eine Gefahr für unser gesamtes Leben. Sie bedrohen die Souveränität der einzelnen Menschen und die Handlungsfähigkeit unseres demokratischen Staates insgesamt. Deutschland muss den Risiken politikfeldübergreifend entgegentreten:

— Die Sicherheit und Zuverlässigkeit digitaler Technologien muss entscheidend verbessert werden. Die Verantwortung für sichere Systeme muss durch neue Haftungsregelungen auf die Hersteller verlagert werden. In kritischen Bereichen dürfen nur beweisbar sichere Systeme zum Einsatz kommen.

— Wir brauchen ein übergreifendes Digitalrecht, das Anforderungen der Verantwortung, Sicherheit, Vertrauenswürdigkeit und Transparenz definiert. Ein neues Digitalrecht muss auf Grundsätzen beruhen, die von einzelnen Technologien und Systemen unabhängig sind.

— Die digitale Transformation unseres Lebens erfordert eine digitale Transformation unseres Staates. Die Aufgaben zwischen Bund, Ländern und Kommunen müssen neu verteilt, die Verklammerung aller Ebenen aufgelöst und wichtige staatliche Aufgaben wie die öffentliche Sicherheit im digitalen Raum schlagkräftiger organisiert werden.

— Die öffentliche Verwaltung muss sich stärker öffnen und vernetzen. Gemeinsame Einrichtungen von Staat und Wirtschaft, etwa bei der Cybersicherheit, sind ebenso nötig wie eine Veränderung des Beamtenrechts zur höheren Durchlässigkeit zwischen privatem und öffentlichem Bereich.

— Wie Finanz- oder Rechtspolitik ist Digitalpolitik eine auf Dauer nötige Querschnittspolitik. Wir müssen den übergreifenden Gehalt der Digitalpolitik effektiver organisieren und ein Digitalministerium einrichten.

aber haben Staat und Politik einen Auftrag zu erfüllen, der einen langen Atem erfordert, kluge und gut ausgebildete Experten, intensiven gesellschaftlichen Dialog.

Digitalpolitik ist keine Fachpolitik wie Verkehrs- und Gesundheitspolitik, die nur bestimmte Lebensbereiche betrifft. Sie betrifft unser ganzes Leben. Sie ist viel eher vergleichbar mit zwei anderen Querschnittsmaterien: Geld und Recht. Für beide Querschnittsfragen haben wir entsprechende Ministerien, die sich um die politische Strategie kümmern, gleichzeitig aber auch politikfeldübergreifend für die fachliche Substanz sorgen. Das brauchen wir auch für die Digitalpolitik. Eine strategische Bündelung im Bundeskanzleramt, wie sie 2018 erfolgt ist, kann ein erster Schritt sein. Langfristig jedoch brauchen wir ein Digitalministerium, dessen Auftrag

die Förderung, aber eben auch die Beherrschung der Digitalisierung sein muss.

MARTIN SCHALLBRUCH (53) *ist einer der erfahrensten Experten der deutschen Digitalpolitik. Als Diplom-Informatiker mit juristischer Zusatzausbildung prägte er über mehr als zehn Jahre als* IT-*Direktor und Abteilungsleiter im Bundesministerium des Innern die entstehende Netz- und Digitalpolitik Deutschlands. Er ist Autor der Bücher »Schwacher Staat im Netz« und »Cybersecurity in Germany« (beide Springer). Als Direktor am Digital Society Institute der* ESMT *Berlin forscht, lehrt und berät er zu Fragen der Digitalisierungsstrategie, Cybersicherheit und zur Zusammenarbeit von Staat und Wirtschaft in der Digitalisierung.*

»Alle Gesellschaften handeln auf der Basis von Wissen, das sie als bekannt unterstellen. Unsere hingegen fügt neues Wissen hinzu, das wir unablässig suchen und intentional produzieren. Dieses Verhalten ist eine Signatur der Moderne.«

Wissensproduktion der Zukunft

Von Rudolf Stichweh

Wissen ist ein gesellschaftliches Universal. Wir handeln immer auf der Basis von Wissen, das wir als bekannt und als von anderen geteilt unterstellen können. Aber wir fügen neues Wissen hinzu, das wir unablässig suchen oder intentional zu produzieren versuchen. Und dieses letztere ist eine Signatur der Moderne. Die Gesellschaftsordnung, in der die Produktion von Wissen erstmals gesellschaftlich konstitutiv geworden ist, ist der Gegenstand der Überlegungen dieses Textes.

Die hauptsächlichen Eigentümlichkeiten der Wissensordnung der weltgesellschaftlichen Moderne lassen sich in einer ersten Annäherung als die einer Makroordnung und außerdem einer Mikroordnung charakterisieren.

Wissen als ein gesellschaftliches Universal

Auf der Makroebene der Bildung von Gesellschaft ist das bestimmende Prinzip die funktionale Differenzierung des Gesellschaftssystems in globale Kommunikationssysteme wie Wirtschaft, Politik, Religion, Wissenschaft, Erziehung, Recht und eine Reihe weiterer Funktionssysteme. Alle diese Funktionssysteme sind Weltsysteme. Keines von ihnen, auch das Wissenschaftssystem nicht, ist das »Wissenssystem« der Gesellschaft. Das heißt, die Produktion von Wissen findet nicht in einem »eigenen« Wissenssystem statt, das sich auf diese Aufgabe spezialisiert hätte, sie ist vielmehr ein bestimmendes Moment in den Operationen aller Funktionssysteme. Das gesellschaftliche Prinzip »Wissen« steht orthogonal zur Differenzierung der Funktionssysteme und hat genau darin seine gesamtgesellschaftliche Bedeutung.

> **Die Produktion von Wissen findet nicht in einem »eigenen« Wissenssystem statt, das sich auf diese Aufgabe spezialisiert hätte, sie ist vielmehr ein bestimmendes Moment in den Operationen aller Funktionssysteme.**

Auf der Mikroebene ist zunächst Individualisierung als Strukturprinzip der Gesellschaft zu betonen. Individuen aber benötigen Wissen als etwas, was ihnen die Bestimmung und die Ausfaltung ihrer Individualität erlaubt. Das Verhältnis von Individuen zu Funktionssystemen wird über die Inklusion der Individuen in Funktionssysteme in jedem Funktionssystem verschieden reguliert. In die Funktionssysteme treten die Individuen mit der Verschiedenheit ihrer Wissensbestände als eine mikrodiverse Population ein, die zugleich eine mikrodiverse Fundierung des Wissens des Funktionssystems impliziert. Und schließlich werden die Erwartungen, die die moderne Gesellschaft an Individuen adressiert, als Erwartung der Handlungsfähigkeit des Individuums artikuliert.

Mein Beitrag konzentriert sich auf zwei zentrale Perspektiven. Er geht zunächst von der gesellschaftsstrukturell zentralen Unterscheidung der Funktionssysteme aus und stellt die Wissensordnung einzelner Funktionssysteme vor. Im zweiten Teil werden dann quer zu der ersten Perspektive die bereichsübergreifenden Eigentümlichkeiten der Wissensordnung diskutiert.[1]

Am Ende stehen Handlungsempfehlungen, die aus den Trends und Umbrüchen der Wissensordnungen abgeleitet werden. Während die analytischen Passagen des Textes vorwiegend im Blick auf das System der Weltgesellschaft geschrieben werden, privilegieren diese abschließenden Überlegungen im Einklang mit der Leitfragestellung des Buches den Bezug auf Deutschland als das Sozialsystem, dessen Strategien der Zukunftssicherung hier besonders interessieren.

Abbau von Hierarchien als Voraussetzung wissensbasierter funktionaler Differenzierung

Die Entstehung der Moderne ruht auf der Destratifikation der Gesellschaft. Die Schichtungsordnung der Gesellschaft (zumindest als Form der Primärdifferenzierung) löst sich auf, vor allem aber setzt sich vom 18. bis zum 20. Jahrhundert ein dramatischer Bedeutungsverlust des Adels als der dominierenden gesellschaftlichen Schicht durch. Damit aber tritt eine bestimmende gesellschaftliche Gruppe ab, die als einzige gesellschaftliche Gruppe von Rang ihren Anspruch auf Bedeutsamkeit gerade auf die Distanz zu Wissen und Bildung gründete und die die mit Wissen ausgestatteten Schichten eher als »Langweiler« und als unkultiviert sah. Der Abstieg des Adels eröffnet eine Konkurrenz um gesellschaftlichen Status, die erstmals ganz auf verschiedene Formen des Wissens gegründet ist.

Die auffälligste Folge des Abbaus der gesellschaftlichen Stratifikation ist die Pluralisierung der Werte (statt einer ständebasierten Hierarchie der Werte) und die horizontale Pluralisierung der gesellschaftlichen Kommunikationszusammenhänge (= funktionale Differenzierung), die in der Folge sehr verschiedene Verknüpfungen zu gesellschaftlichem Wissen hervorbringen.

Politische Regimes und Wissen

Das wichtigste politische Ereignis der Moderne ist die demokratische Revolution des 18. bis 20. Jahrhunderts, die auf der Inklusion eines jeden Einzelnen in gleichberechtigte Möglichkeiten politischer Partizipation ruht und die den »gut informierten Bürger«[2] zu verlangen scheint. Der Zusammenhang mit dem Ausbau des Sekundarschulwesens und der Hochschulbildung ist evident.

Zugleich fällt aber auf, dass eine wissensgestützte Professionalisierung des Politischen ausbleibt. Inklusion ist wichtiger als Wissen, auch Analphabeten müssen politisch dieselben Rechte wie alle anderen besitzen. Demokratie ist insofern ein politisches System, das das Risiko des Nichtwissens eingeht. Die ungeheuer vielfältigen Wissensgrundlagen für politisches Handeln werden deshalb oft an die Peripherien des Systems verschoben, wo sie in der Form der Expertise von vielfältigen Beamten und Beratern, Kommissionsmitgliedern und Lobbyisten vorkommen. Die politischen Schlüsselpositionen in Parteien, Parlamenten und an der Spitze von Regierung und Ministerien werden eher in den frühen Phasen der Entstehung von Demokratien mit Experten besetzt (vielleicht um noch bestehende Legitimitätsdefizite zu kompensieren).[3] Wenn die Demokratien sich konsolidieren, tritt das Moment der Legitimation durch Wissen zurück und die sich als Generalisten verstehenden Politiker (ohne spezifisches Sachwissen) übernehmen die Positionen.

Der Abstieg des Adels eröffnet eine Konkurrenz um gesellschaftlichen Status, die erstmals ganz auf verschiedene Formen des Wissens gegründet ist.

Es entsteht ein anderer Ort, der vermutlich der wichtigste neue Ort der Produktion von Wissen im politischen System der Moderne ist. Dies sind die autonomen Expertenorganisationen, die den Aufbau von spezialisierten Wissenssystemen und die weitgehend autonome Verwaltung von Entscheidungszusammenhängen miteinander verbinden. Die Fälle solcher autonomer Expertenorganisationen liegen auf der Hand: Zentralbanken, Verfassungsgerichte, Kartellbehörden, Institutionen der Medikamentenzulassung, Institutionen der Wissenschafts- und Hochschulsteuerung, Institutionen der Entwicklungszusammenarbeit. Diese Expertenorganisationen bewegen sich oft auf der Grenze zweier Funktionssysteme, sie verkörpern aber genuin politische Entscheidungstätigkeit. Die Politik lässt sie zu, konzediert Autonomie, akzeptiert die Grenzen der eigenen Entscheidungskompetenz und eröffnet damit den Raum für sich ausweitende, politisch konturierte Wissensproduktion.

Wissensökonomie und Informationsökonomie

Im Wirtschaftssystem ist Entrepreneurship der offensichtlichste Fall einer wissensbasierten Institution.[4] Die Vielzahl der unternehmerischen Initiativen, die sich zu einem gegebenen Zeitpunkt beobachten lassen, verkörpern zugleich ein Bild des zu diesem Zeitpunkt in einem Wirtschaftssystem vorhandenen potenziell ökonomisch relevanten Wissens, das aber bisher nur partiell in seinen Relevanzen exploriert worden ist.

Zugleich ist Wirtschaft in der Welt des frühen 21. Jahrhunderts in einem noch elementareren Sinn gegründet auf Immaterielles (Dienstleistungen), Information (aktuelle Differenzproduktion) und Wissen (bekanntes, aber nicht hinreichend exploriertes Wissen). Die zugehörige Theorie ist die des Humankapitals (des in die Person inkorporierten Wissens). Die andere Form der Inkorporation von Wissen ist Technologie – und Wirtschaft lässt sich deshalb als eine Form eines Wettlaufs von Technologie und Wissen (= Erziehung) beobachten. Hält das in die Person inkorporierte Wissen mit der Eskalation von Technologien Schritt?[5, 6, 7] Das scheint für Wirtschaft und Gesellschaft eine Schlüsselfrage.

Pluralisierung der Religion als Wissensprozess

Seit der Reformation und dem Prozess der Konfessionalisierung kommt Religion in Europa prinzipiell im Plural vor. Sobald ein Weltsystem der Religionen entsteht, gilt dieses Moment der Pluralisierung weit über Europa hinaus.[8] Pluralisierung der Religionen aber wird zur Grundlage der Entscheidungsfähigkeit und der Handlungsfähigkeit eines Individuums, das unter religiösen Alternativen zu entscheiden fähig ist und sich das dafür erforderliche Wissen aneignen kann. Religion ist nicht mehr zwangsläufig Zuschreibung per Geburt. Sie ist wissens- und entscheidungsabhängig. Das relativiert die professionelle Asymmetrie zwischen Klerikern und Laien und löst sie in einigen Konfessionen auf. Alle haben prinzipiell denselben Zugang zu religiösem Wissen.

Demokratie ist ein politisches System, das das Risiko des Nichtwissens eingeht.

Responsivität des Wissenschaftssystems

Das Wissenschaftssystem ist fraglos jenes System, in dem es immer und zuallererst um Erkenntnisgewinn, also um die laufende Reorganisation von Wissen zum Zweck des Erwerbs neuen Wissens geht. Das gilt spätestens seit der zweiten Hälfte des 18. Jahrhunderts. Aber es gibt einen weiteren Umbruch im 20. Jahrhundert. Man kann für diesen den Begriff der Responsivität verwenden, der allgemein einen Strukturumbruch in Funktionssystemen der fortgeschrittenen Moderne indiziert. Responsivität bezieht sich immer auf die Relation eines Funktionssystems zu seinen gesellschaftlichen Umwelten. Im Fall des Wissenschaftssystems bedeutet dies, dass zusätzlich zu den innerwissenschaftlichen Fähigkeiten des Erkenntnisgewinns das Wissenschaftssystem die Fähigkeit zu einer autonomen Definition gesellschaftlicher Problemlagen gewinnt, die als gesellschaftliche Problemlagen besondere Dringlichkeit besitzen und in der Folge auf wissenschaftliche Forschung angewiesen sind.[9]

Hält das in die Person inkorporierte Wissen mit der Eskalation von Technologien Schritt?

Die Entdeckung und die anschließende Bearbeitung des Problems des anthropogenen Klimawandels ist ein naheliegendes Beispiel für das, was Responsivität meint, aber es ist nur eines unter vielen. Dieses Wissen über die Relevanz gesellschaftlicher Problemlagen und die darauf ruhende Selbstprogrammierung der Wissenschaft (selbstverständlich unter Beteiligung der Politik und anderer Funktionssysteme) ist die neue Form der Wissensproduktion in der Wissenschaft unter Bedingungen der Responsivität.

Allgegenwart des Wissens – »The Professionalization of Everyone«

Wissen war im Europa des Mittelalters und der frühen Neuzeit vor allem in die klassischen Professionen der Kleriker, Juristen und Ärzte inkorporiert. Später kommen andere wissensgestützte Professionen hinzu. Lehrer und Sozialarbeiter, Erziehungs- und Gesundheitsberufe. Der erstaunliche Trend des 20. Jahrhunderts ist nun einer, der schon vor 50 Jahren von dem amerikanischen Soziologen Harold Wilensky erstmals formuliert worden ist: »The Professionalization of Everyone«[10]. Wissensgestützte Beruflichkeit ist nicht mehr ein Merkmal nur ganz weniger Berufe, sie wird nahezu universell. Alle haben einen Sonderstatus, alle produzieren nicht nur okkasionell Wissen, sondern beanspruchen systematische Wissensbestände, die umfangreiche Ausbildung verlangen. Später im 20. Jahrhundert kommt – vor allem im Gesundheitswesen – die Idee der Interprofessionalität hinzu[11], die – ähnlich wie bei »Interdisziplinarität« – indiziert, dass das Wissen der einzelnen Profession für Problemlösungen nicht genügt, vielmehr verschiedenartige Wissensbestände kooperativ zusammengeführt werden müssen, damit in der professionellen Arbeit qualitätsvolle Lösungen erreicht werden.

Die Universität – Schaltzentrale des Wissens

Wenn man die Universität (als Erziehungsorganisation) und die Wissenschaft (als Funktionssystem der Gesellschaft, das sich allerdings auf das Engste auf die Erziehungsorganisation Universität stützt) analytisch streng trennt, findet an der Universität nur in Grenzen Wissensproduktion statt. Dieses sehr begrenzte universitätseigene Wissen hat mit Lehren und Lernen an der Universität zu tun und mit curricularen Fragen. Ansonsten aber rezipiert die Universität Wissen – aus der Wissenschaft und aus anderen Funktionssystemen – und fügt es zu Studiengängen zusammen, die der Bildung von Humankapital und der spezialisierten Ausbildung der Absolventen dienen. Insofern kann man aber sagen, dass die Universität die wichtigste gesellschaftliche Schaltzentrale des Wissens ist, die Wissen aus vielen gesellschaftlichen Zusammenhängen aufnimmt, es zu Studiengängen reorganisiert und es über Ausbildung als in Personen inkorporiertes Wissen der Gesellschaft zurückgibt.

Öffentlichkeit und Publikum

Ein erstes allgemeines Charakteristikum der Wissensordnung der Moderne ist, dass Wissen prinzipiell öffentlich ist – esoterisches Wissen, wie es die europäische frühe Neuzeit kannte, ist nicht mehr denkbar und nicht mehr legitim – und dass die Form der Öffentlichkeit, die es erlangt, meist eine Form von Publikation ist (wissenschaftlich, literarisch, massenmedial). Das Publikum, an das das Wissen adressiert ist, ist ein universelles, uneingeschränktes Publikum und diesem Publikumsbezug entspricht, dass es von jedem Wissen auch eine populäre, leicht zugängliche Version geben sollte (als explizite Popularisierung, Public Understanding of Science, Kurzfassung, *executive summary*, Abstract et cetera). Autoren sollten diese Formen beherrschen und lernen es ausdrücklich. Alle diese Gesichtspunkte verkörpern den engen Zusammenhang von Wissen und Inklusion.

»Flüsse« (flows) und Konnektivität

Ein weiterer zentraler Gesichtspunkt ist, dass Wissen in der Gegenwartsgesellschaft den Charakter eines gesicherten Bestandes immer mehr verliert. Wissen ist nicht verlässlich gespeichert, es hat seinen Ort in einer unübersichtlichen Population von Wissenden, auf deren Mitglieder es verteilt ist, es besteht aus »flows«, das heißt, es ist bewegliches, sich laufend veränderndes Wissen. Wissen muss anschlussfähig sein an anderes Wissen, auf diese Weise stiftet es unablässig Zusammenhänge und verweist auf alternative Zukünfte.

Das Wissen über die Relevanz gesellschaftlicher Problemlagen und die darauf ruhende Selbstprogrammierung der Wissenschaft ist die neue Form der Wissensproduktion.

Organisationen und Netzwerke

Zugleich relativiert sich die Bedeutung von Organisation, zumindest die der einzelnen Organisation. Wir haben am Fall der Universität betont, dass diese eine gesellschaftliche Schaltzentrale des Wissens der vielen anderen Systeme ist. Aber auch die einzelne Universität ist im Verhältnis zu der Immensität der Wissenszusammenhänge, in denen sie steht, nur klein. Ein amerikanischer Organisationsberater hat diese Beobachtung der Begrenztheit der Organisation am Beispiel des Wirtschaftsunternehmens als Organisation treffend formuliert: »there are far more smart people outside any one organization than inside«[12]. Das heißt aber, dass man sich bei dem Versuch, sich an dem jeweils relevanten gesellschaftlichen Wissen einigermaßen verlässlich zu orientieren, nicht mehr auf die eigene Organisation als einen hinreichend vollständigen Wissensspeicher verlassen kann. Das schwächt dann möglicherweise auch die Loyalität zur Organisation. Obwohl man Mitglied einer Arbeitsorganisation ist, muss man sich in Netzwerke mit Mitgliedern anderer Organisationen einfügen und insofern vielleicht auch die Exklusivität des Wissens der eigenen Organisation gefährden, um hinreichend viel Zugang zu Wissen in anderen Organisationen zu erlangen. Man sieht dies gut am Beispiel der wissenschaftlichen Koautorschaft als einem zentralen Wissensprozess im Wissenschaftssystem, wo bei der Rekrutierung von Koautoren der dem ersten Anschein nach natürliche Zugriff auf Mitglieder der eigenen Universität eine relativ geringe Rolle spielt. Die Wissensprozesse der Wissenschaft sind weitgehend von Organisationen in Netzwerke verlagert.

Digitalisierung

Wenn wir vorhin betont haben, dass der öffentliche Modus des Wissens der Moderne vielfältige Formen von Publikation verlangt, so ist im nächsten Schritt zu sagen, dass diese Publikation immer häufiger ausschließlich oder komplementär zu anderen Formen der Publikation eine digitale Publikation ist. Damit aber ändert sich ziemlich viel. Digitale Publikation (zum Beispiel auf wissenschaftlichen Plattformen wie arXiv) macht Systemgrenzen relativ unsichtbar und als Folge davon leicht überschreitbar. Jede Art des Wissens kann von jedem Ausgangspunkt erreicht werden. Heterogenes Wissen kann sehr viel leichter miteinander verbunden werden. Sehr viel größere Wissenslandschaften können deutlich schneller durchschritten werden.[13] Und wir haben im Internet den faszinierenden Fall einer Kopräsenz der Kommunikationen aller Funktionssysteme in einem einzigen wissensbasierten System. Das ändert nichts an funktionaler Differenzierung, aber es macht die Mobilisierung von Einflüssen über die Grenzen von Funktionssystemen hinweg um einiges wahrscheinlicher.

Individualität und Wissen

Wir hatten oben bereits den engen Zusammenhang von Individualität und Wissen betont. Das Individuum braucht Wissen für die Formulierung seiner Individualität, und dieses Wissen sieht in jedem einzelnen Fall verschieden aus, weil es ja um Individualität geht und dafür Verschiedenheit benötigt wird. Normative Bildungsideale (wie etwa die klassische deutsche Bildungsidee) entfallen weithin, die Differenz von objektivem (gesellschaftlichem) und subjektivem (dem Individuum erreichbarem) Wissen ist vermutlich zu groß geworden. Zwei einander ergänzende Lösungen treten an die Stelle, die hier beide schon sichtbar geworden sind. Einmal Humankapital als eine hochgradig abstrakte Generalisierung über beliebige Arten von Wissen, die im Grunde mehr auf Zeit (in den Bildungsinstitutionen) als auf sachliche Inhalte der Bildung abstellt. Und andererseits die Populationsvorstellung, die sich Individuen als wissensmäßig beliebig divers vorstellt und daraus auf Chancenreichtum für gesellschaftliche Strukturbildung schließt.

> Mit dieser Tendenz zur Universalisierung der Kontrolle in einer »Audit Society« geht ein offensichtlicher Bedeutungsverlust der Sonderstellung der Professionen einher.

Teamstrukturen und Kooperation

Individuen stehen zugleich unter vermehrtem Druck, sich als kooperationsfähig zu erweisen. An die Stelle traditioneller askriptiver Kollektive, zu denen man selbstverständlich gehört, treten in der Moderne vielfältige neu gebildete soziale Gruppen und – für uns besonders interessant – Teams. Teams entstehen dort, wo Kooperation unabweisbar wird, weil die Aufgaben, die zu bewältigen sind, eine Abhängigkeit von anderen erzeugt, ohne die eine befriedigende Aufgabenlösung nicht möglich ist. In diesem Sinn erfolgt eine Institutionalisierung von Kooperation in sehr vielen gesellschaftlichen Bereichen (in den Kooperationen und Laborgemeinschaften der Wissenschaft, den Mannschaften des Sports, den Arbeitsgruppen der Wirtschaftsorganisationen, den interprofessionellen Teams der Kliniken). Teamstrukturen sind die Voraussetzungen für produktive Wissenskooperationen. Zwei dieser sozialstrukturellen Momente dürften am wichtigsten sein: die weitgehende Abschwächung von Hierarchien und die Präsenz differenter, aber einander überlappender Spezialisierungen.

Reflexivität des Wissens

Der Universalisierung, Differenzierung und Temporalisierung des Wissens in der Moderne folgt eine naheliegende Tendenz. Ähnlich wie aus dem Umbau der Wissenschaft auf Neuheit der Erkenntnisse seit dem 18. Jahrhundert eine intensivierte Methodenreflexion resultierte, beobachten wir mit Bezug auf Wissen überhaupt eine weitreichende Institutionalisierung von Formen des Wissens über Wissen oder, anders formuliert, die Entstehung von Formen des Wissens, denen es um die Kontrolle des Wissens erster Ordnung geht. Die Gesellschaft, die daraus entsteht, ist eine »Audit Society«, eine Gesellschaft, in der für jede Form des Wissens eine Form des zertifizierenden Wissens entworfen und institutionalisiert wird, die die Nützlichkeit und Richtigkeit des Wissens erster Ordnung überprüft.[14] Mit dieser Tendenz zur Universalisierung der Kontrolle in einer »Audit Society« geht ein offensichtlicher Bedeutungsverlust der Sonderstellung der Professionen einher. Professionen waren ja immer auch dadurch definiert, dass nur Mitglieder derselben Profession den Erfolg ihrer Kollegen einer kritischen Beobachtung zu unterziehen imstande und berechtigt sind. Das ist eine Internalisierung der Kontrolle, die die »Audit Society« nicht mehr akzeptiert. Stattdessen entwirft sie formale und quantifizierte Beobachtungstechniken, die von Personen wissensmäßig kompetent gehandhabt werden, die aus diesem Wissen eine Profession machen, aber nicht der Profession zugehören, die sie evaluieren. Auch dies ist ein Aspekt der »Professionalization of Everyone«.

Wissen und Ungleichheit

Wissen ist in einer entscheidenden Hinsicht ein *equalizer*, eine Ressource, die man sich zu eigen machen kann. Auf dieser Basis des erworbenen und gehandhabten

Wie wir handeln müssen

— Erziehung (in Personen inkorporiertes Wissen) und Technologie sind die beiden wichtigsten Determinanten künftiger gesellschaftlicher Entwicklung. Eine Politik, die programmatisch auf diese beiden Leitgesichtspunkte abstellt, ist geboten.

— Die Inklusionsrevolutionen des 18.–21. Jahrhunderts (demokratische Revolution, Erziehungsrevolution, Einbeziehung der gesamten Bevölkerung in wirtschaftliches Geschehen) haben die moderne Gesellschaft hervorgebracht. Der Inklusionsbegriff ist nicht nur deskriptiv und analytisch von großer Bedeutung, sofern man ihn konsequent auf alle Funktionssysteme anwendet. Er eignet sich auch als normativer Begriff für politische Gestaltung. Über die Differenz der Politikbereiche hinweg sollte Inklusion ein zentrales politisches Postulat sein.

— Die Universität ist Schaltzentrale des gesellschaftlichen Wissens. Deutschland ist mehr als ein anderes Land dasjenige, das auf akademische Institutionen, Wissenschaft, die gesellschaftliche Bedeutsamkeit wissenschaftlichen Wissens, die Verknüpfung mit Kunst und Literatur gesetzt hat. Darin besteht vielleicht seine welthistorische Bedeutsamkeit. Das aber scheint vergessen, wenn man sich die deutschen Universitäten ansieht. Es muss ein Minimalziel bis 2030 sein, dass es wieder drei bis vier deutsche Universitäten gibt, die fraglos ihren Platz unter den 20 bis 30 besten Universitäten der Welt einnehmen. Davon sind wir weit entfernt. Entsprechend groß müssen die politischen Anstrengungen sein. Ähnliches gilt für die Schule. Nur wenn diese Bedingungen erfüllt sind, ist Deutschland den Erfordernissen von Erziehung und Technologie gewachsen.

— The »Professionalization of Everyone« ist eine gute Beschreibung der gegenwärtigen Gesellschaft. Dank seines Systems der beruflichen Bildung kommt Deutschland hier dem Ziel näher als im akademischen Bereich. Aber diese erfolgreiche Stellung verlangt einen unablässigen Qualitätsausbau.

Wissens kann man dann Gleichheit mit denen reklamieren, die davor superioren gesellschaftlichen Status besaßen. Aber zugleich führt die Ubiquität der Relevanz von Wissen und die hohe Wissens- oder Bildungsprämie, die in zunehmend vielen Bereichen an diejenigen gezahlt wird, die über relevantes Wissen verfügen, dazu, dass die Funktion des Wissens sich gewissermaßen umkehrt. Im Einzelfall bleibt Wissen immer ein *equalizer*, eine Aufstiegschance, die man sich erarbeiten kann. Aber gesamtgesellschaftlich gesehen wird aus denselben Gründen und auf der Basis derselben Mechanismen aus Wissen der hauptsächliche Verursacher einer zunehmenden gesellschaftlichen Ungleichheit. Auf diese neue gesellschaftliche Ungleichheit auf der Basis von Gleichheit der Zugangschancen zu Wissen kann man dann wiederum reagieren und auf der Basis der von allen geteilten Inklusionserwartung[15] einen Aufstand des Publikums gegen die Eliten[16] und einen Aufstand der Unwissenden gegen die Wissensträger inszenieren. Der Populismus unserer Tage ist in einer Hinsicht genau dies, ein solcher Aufstand des Publikums, ein Aufstand des Nichtwissens gegen die Privilegien des Wissens.

Wissen ist in einer entscheidenden Hinsicht ein *equalizer*, eine Ressource, die man sich zu eigen machen kann und auf dieser Basis des erworbenen und gehandhabten Wissens Gleichheit mit denen reklamieren kann, die davor superioren gesellschaftlichen Status besaßen.

PROF. DR. RUDOLF STICHWEH (66) *ist Soziologe und leitet das Forum Internationale Wissenschaft der Universität Bonn, das die politischen Systeme, das Wissenschaftssystem und das Religionssystem der gegenwärtigen Weltgesellschaft in vergleichender Perspektive erforscht. Er setzt die Tradition der soziologischen Systemtheorie, die sich von Talcott Parsons und Niklas Luhmann herleitet, als ein Theoretiker fort; er arbeitet als ein Makrosoziologe über die Strukturgeschichte menschlicher Gesellschaften in den letzten 100.000 Jahren, und er versucht, diese Langfristperspektiven mit einer Theorie der funktional differenzierten Weltgesellschaft der Moderne der letzten 300 Jahre zu verbinden.*

»In einem sich rasant verändernden gesellschaftlichen Umfeld wird es für Wissenschaft und Politik immer wichtiger, neue Chancen für intensive Dialogbereitschaft, Partizipation und Vertrauensbildung mit der jeweiligen Öffentlichkeit auszuloten und proaktiv zu nutzen.«

Wissenschaft und Gesellschaft. Der Transfer zum richtigen Handeln

Von Wilhelm Krull

Wann hat die Wissenschaft zuletzt so positiv im Mittelpunkt des öffentlichen Interesses gestanden wie anlässlich des March for Science am 22. April 2017? Ein weltweiter Protest, bis dahin einmalig, an dem allein in Deutschland an 20 Orten – von Helgoland bis München – weit über 30.000 Menschen teilgenommen haben: Forscherinnen und Forscher, Studierende, Angehörige der Hochschulverwaltung, Politiker, NGOs – aber auch Bürgerinnen und Bürger, viele mit ihren Kindern.

Dass Akteure aus verschiedenen Bereichen gemeinsam für die Freiheit der Wissenschaft demonstrieren, für ihre Pluralität und Weltoffenheit, die Verlässlichkeit ihrer nachprüfbaren Befunde und ihre Unverzichtbarkeit für den Wohlstand und die Zukunftsfähigkeit unserer Gesellschaft, ist neu. Eine Reaktion auf wachsende Faktenignoranz, Propaganda (»Fake-News«) und Desinformation, vor allem bei Facebook, Twitter & Co. Und ein Protest gegen die bis dahin kaum vorstellbare Einschränkung von Wissenschaftsfreiheit durch die politischen Regime in den USA, in Ungarn, Polen, der Türkei.

Es bilden sich Communities, die sich in ihrer Sicht der Welt völlig einig sind und sich in ihrer Radikalität gegenseitig noch verstärken.

Der March for Science hat bislang keine nachhaltige Wirkung entfaltet

2018 hat es ähnlich große Aufmärsche nicht mehr gegeben. Der Schulterschluss zwischen Wissenschaft und Gesellschaft, so scheint es, hat nicht lange gehalten. Zudem muss man sich vor Augen führen, dass selbst 30.000 Demonstrierende eine überschaubare Menge bilden, gemessen an allein 2,8 Millionen Studierenden in Deutschland – ohne das Wissenschafts- und Verwaltungspersonal an den Hochschulen und Forschungseinrichtungen mitzuzählen.

Dass der March for Science keine nachhaltige Wirkung entfaltet hat, ist vor allem deshalb bedauerlich, weil die Krisensymptome, gegen die man 2017 auf die Straße gegangen ist, nicht verschwunden sind. Im Gegenteil: Sie haben sich eher noch verstärkt. Wo Wissenschaft die Chancen weltweiter Vernetzung betont, konterkarieren Regierungen die Idee des europäischen Staatenbundes durch nationale Abschottung. Wo man in einem globalen Wettbewerb versucht, die besten Köpfe in die Labore und Hörsäle zu locken und deren ethnische Herkunft überhaupt keine Rolle spielt, äußern sich wachsende Teile der Bevölkerung klar fremdenfeindlich. Wo die Wissenschaft euphorisch ist, was die Chancen der Zukunftsgestaltung anlangt – künstliche Intelligenz, *genome editing*, virtuelle Lernwelten und vieles mehr –, reagieren immer mehr Menschen mit Ablehnung oder sogar Leugnung wissenschaftlich klar belegter Phänomene, etwa der Folgen des anthropogenen Klimawandels oder unterlassener Schutzimpfungen.

Zwar genießt die Wissenschaft in Deutschland erhebliches Ansehen und hohe Reputation[1]. Gleichzeitig wird aber evident, dass Teile der Zivilgesellschaft – und keineswegs nur die sogenannten »wissenschaftsfernen« Bevölkerungsgruppen – sich aus vielerlei Motiven dem Diskurs entziehen. Sie grenzen ihren Konsum von Nachrichten eng auf solche ein, die ihre bereits zuvor gefasste Meinung nur noch bestätigen. So nährt die Konfektionierung individueller Nachrichten-Feeds in den sozialen Netzwerken die Polarisierung der Meinungen. Es bilden sich Communities, die sich in ihrer Sicht der Welt völlig einig sind und sich in ihrer Radikalität gegenseitig noch verstärken, bis hin zu Verschwörungstheorien.

Rückfall in eine Stammesgesellschaft

Diese homogenen Communities vernetzen sich über die sozialen Medien weltweit und können durch forciertes Teilen und Kommentieren eine immense Wirkung im virtuellen Raum entfalten, selbst wenn es sich in der realen Welt um einen eher überschaubar großen Personenkreis handelt (»Scheinriesen«-Prinzip). Kollektiv polemisieren diese Gruppen mit an Hass grenzender Intensität gegen abweichende Meinungen in anderen Communities. So vollzieht sich, bildlich gesprochen, der Rückfall in eine Stammesgesellschaft. In diesem Kampf der Emotionen dringen nüchterne Fakten nicht mehr durch. Im Gegenteil: Studien belegen, dass Menschen ihren Standpunkt nur umso beharrlicher verteidigen, wenn sie durch abweichende Informationen herausgefordert werden (Backfire-Effekt). Sie scheinen immun gegen das zu sein, was andere »wissenschaftliche Wahrheit« nennen.

Solche Entwicklungen sollten die deutsche Wissenschaft trotz ihres nach wie vor gültigen Prestiges alarmieren. Die Ignoranz gegenüber Fakten ist keineswegs milieuspezifisch. Und der Trend ist weltweit zu beobachten, vom Internet, der globalen Empörungsmaschine, beschleunigt und mit Wirkungsmacht versehen. Der twitternde US-Präsident, der unter anderem einen Zusammenhang zwischen Impfungen und Autismus erfunden hat, ist ein prominentes Beispiel für Wissenschaftsleugnung auf der obersten Hierarchiestufe. Zweifelt der Präsident, zweifelt auch seine Gefolgschaft. Schwindet der Rückhalt in der Gesellschaft aber weiter, könnte dies beispielsweise die Grundlagenforschung zu Zukunftsthemen gefährden.

Mangelndes Verständnis für Wissenschaft, aber auch enttäuschte Erwartungen und »Wunderhoffnungen können elementare Folgeprobleme auslösen, die von einer Verweigerungshaltung bis zur Hinwendung zur Pseudowissenschaft reichen«.

Weder Politik noch Wirtschaft werden in Forschungsbereiche investieren, gegen die Interessengruppen laut genug protestieren und dafür die Öffentlichkeit mobilisieren. Seit 92 Abgeordnete der AfD im Parlament sitzen, hat die organisierte Wissenschaftskritik die Bühne des Deutschen Bundestages erobert.

Vergegenwärtigt man sich den Status quo, ist die Frage unausweichlich: Wie konnte es so weit kommen? Was läuft hier schief? Warum misstrauen immer mehr Menschen der Wissenschaft, nicht nur in Deutschland? Welche Akteure aus der Zivilgesellschaft haben welchen Anteil? Vor allem aber: Mit welchen Maßnahmen lässt sich diesen Trends wirksam entgegensteuern, damit Deutschland nicht in einem Klima von Wissenschaftsfeindlichkeit versinkt und seine Zukunftsfähigkeit verspielt?

PUSH-Memorandum und seine Folgen

Vor fast genau 20 Jahren haben sich die führenden deutschen Wissenschaftsorganisationen im PUSH-Memorandum (»Public Understanding of Sciences and Humanities«)[2] die Selbstverpflichtung auferlegt, verstärkt den Dialog mit der Öffentlichkeit zu suchen. Als Vorbilder wurden seinerzeit Großbritannien, die USA und Australien genannt, wo dieser Dialog mit einem breiten Publikum schon seit den 80er-Jahren geführt wird.

Anlass für PUSH war eine tief greifende Verunsicherung in der Bevölkerung, was die Rolle der Wissenschaft anlangt, der Situation von heute also durchaus vergleichbar. Die Wissenschaften, so heißt es in der Präambel, »verkörpern einerseits den Fortschritt, andererseits werden sie jedoch auch als eine Bedrohung des menschlichen Lebens empfunden«. Wegen ihres hohen Spezialisierungsgrades hätten Forscherinnen und Forscher eigene Sprachen entwickelt, die es Laien unmöglich machten, Inhalte, aber auch Methoden und Verfahren zu durchschauen. Mangelndes Verständnis für Wissenschaft, aber auch enttäuschte Erwartungen und »Wunderhoffnungen können elementare Folgeprobleme auslösen, die von einer Verweigerungshaltung bis zur Hinwendung zur Pseudowissenschaft reichen«.

Wer das PUSH-Memorandum heute liest, ist verwundert, vielleicht sogar bestürzt, dass nicht nur die Zustandsbeschreibung der damaligen Umstände auf heute übertragbar erscheint. Aktuell bleiben auch die Aufgaben, die sich die unterzeichnenden Institutionen damals selbst gestellt hatten. Denn kaum eine davon wurde bis heute so weit gelöst, dass sie systemrelevant geworden wäre. Es gibt immer noch kein Anreizsystem, das Forscherinnen und Forscher für ihr Engagement in Sachen Wissenschaftsvermittlung belohnt. Nach wie vor billigen die meisten Drittmittelgeber Verdiensten in diesem Bereich keinen eigenen Stellenwert zu. Wissenschaftskommunikation hat sich bis heute nicht als ein »zusätzliches Merkmal wissenschaftlicher Reputation etabliert«, wie im PUSH-Papier gefordert. Es blieb beim normativen Appell ohne Konsequenzen. Man setzte auf Freiwilligkeit. Denn natürlich ist nicht jede Persönlichkeit im Wissenschaftssystem automatisch eine gute Vermittlerin. Und nicht jeder Forschungsbereich ist überhaupt vermittelbar.

Eines immerhin ist in den Jahren nach PUSH passiert: ein beispielloser Aufbau von Pressestellen, Marketingabteilungen und Eventagenturen in allen deutschen Hochschulen und großen Wissenschaftseinrichtungen.

Statt dass Forscherinnen und Forscher selbst den Dialog mit der Öffentlichkeit suchen, wurde diese von PUSH formulierte Aufgabe – neben vielen weiteren – lediglich an die neu geschaffenen Intermediäre delegiert.

Institutionenübergreifend arbeitet »Wissenschaft im Dialog« (WiD), das 1999 als Sofortmaßnahme nach der PUSH-Unterzeichnung auf Initiative des Stifterverbandes für die deutsche Wissenschaft gegründet wurde. WiD publiziert auch das jährliche »Wissenschaftsbarometer«, für das Bürgerinnen und Bürger nach ihren Einstellungen gegenüber Wissenschaft und Forschung befragt werden.

Dimensionen von Vertrauen und Misstrauen

Ein Blick in das aktuelle »Wissenschaftsbarometer«[3] zeigt, dass sich das Misstrauen gegenüber Wissenschaftlerinnen und Wissenschaftlern nicht etwa an mangelndem Können oder der Missachtung von Regeln und Standards guter wissenschaftlicher Praxis festmacht. Vielmehr stimmten etwa 80 Prozent der Befragten der Aussage »voll und ganz« beziehungsweise »eher« zu, dass man Wissenschaftlern misstrauen kann, weil sie »stark abhängig von ihren Geldgebern sind«[4]. Dazu passt ein weiteres Ergebnis, wonach zwei Drittel der Befragten bezweifeln, dass »Wissenschaftler im Interesse der Öffentlichkeit forschen«.

Der Dialog mit der Öffentlichkeit, den die *scientific community* über ihre eigenen PR-Abteilungen und Einrichtungen wie »Wissenschaft im Dialog« anstrebt, läuft in der Realität vielfach ins Leere.

Was hier deutlich zum Ausdruck kommt, ist also nicht das Misstrauen in die Fachkompetenz von Wissenschaft, sondern der Zweifel daran, dass die Forschung sich am Gemeinwohl orientiert. Sie steht als Teil des aktuellen Eliten-Bashings im Verdacht, sich zu sehr an politischen Vorgaben auszurichten – auch das belegen Daten aus dem »Wissenschaftsbarometer« –, also nicht unabhängig zu sein und am Ende vor allem die eigenen finanziellen Vorteile im Blick zu haben.

Diese Schieflage in der Wahrnehmung kann natürlich nicht im Interesse der Wissenschaft sein. Denn sie braucht den Rückhalt in der Gesellschaft, um mit deren finanzieller Unterstützung (öffentliche Fördergelder) weiterhin an den großen Zukunftsfragen forschen zu können.

Dass also der Dialog mit der Öffentlichkeit, den die *scientific community* über ihre eigenen PR-Abteilungen und Einrichtungen wie WiD anstrebt, in der Realität offenbar vielfach ins Leere läuft, dass also Vertrauensbildung durch Interaktion nicht stattfindet, wird in Wissenschaftskreisen anders eingeschätzt. Zu positiv. Das unterstützt schlaglichtartig eine Zahl aus einer Allensbach-Umfrage, wonach 90 Prozent der befragten Wissenschaftler davon überzeugt sind, dass sie wesentliche naturwissenschaftliche Forschungsergebnisse für Laien verständlich kommunizieren können. Im krassen Widerspruch dazu steht das Votum der befragten Journalisten. Von denen trauen gerade mal zwölf Prozent den Wissenschaftlern die Fähigkeit einer allgemeinverständlichen Vermittlung zu[5].

Der Psychologe Rainer Bromme hat zusammen mit anderen drei Kriterien formuliert, die erfüllt sein müssen, wenn Wissenschaftler als glaubwürdig wahrgenommen werden wollen[6]:
— Zuschreibung von Können (Expertise): Ein Wissenschaftler verfügt über die notwendigen Fähigkeiten zur Erkenntnisgewinnung und Problemlösung.
— Zuschreibung von Integrität: Ein Wissenschaftler hält sich an begründbare Regeln und Methoden.
— Zuschreibung von guten Absichten (Wohlwollen): Ein Wissenschaftler hat das Allgemeinwohl und den Nutzen für andere im Blick.

»Wenn Wissenschaftler mit der Intention assoziiert werden, dass sie überzeugen wollen, wird ihnen weniger vertraut«, heißt es bei Bromme. Sicher wird ein Großteil der Forscherinnen und Forscher für sich in Anspruch nehmen, diese Kriterien zu erfüllen. Doch offenbar klaffen Selbst- und Fremdwahrnehmung auseinander. Das hat ein wissenschaftsferner Experte in einem Vortrag für die VolkswagenStiftung im Oktober 2017 anschaulich gemacht. Stefan Wegner, einer der Geschäftsführer der großen Werbeagentur Scholz & Friends, sprach mit Bezug auf PUSH von einem »Public Misunderstanding«[7].

Für das Sich-nicht-mehr-Verstehen führte Wegner vier Gründe an:

— Wissenschaft ist unfähig zur Selbstkritik.
— Wissenschaft tritt mit dem Anspruch auf, stets zu wissen, was gut und richtig ist.
— Wissenschaft simuliert ihre Dialogbereitschaft bloß.
— Wissenschaft ist zu eng mit der Politik verflochten.

Harte Vorwürfe, wobei Punkt vier sicher auf die schärfste Zurückweisung in Wissenschaftskreisen trifft, nämlich mit dem Hinweis auf die vom Grundgesetz garantierte Freiheit der Wissenschaft. Dass diese Unabhängigkeit trotzdem keine unbefristete Garantie darstellt, werden wir später noch beleuchten.

Viele betrachten Wissenschaftsvermittlung nicht als ihre Aufgabe. Für sie stehen Forschung und Lehre als Kernkompetenzen von Universitäten und Forschungseinrichtungen im Mittelpunkt.

Wegner stört sich insbesondere am Alleinvertretungsanspruch, den er den Wissenschaften attestiert. Von der Öffentlichkeit wird diese auch als Ignoranz gegenüber anderen Meinungen wahrgenommen. Als eine Form von Bevormundung. An dieser Wahrnehmung haben bislang offenbar Dialogangebote aus der Wissenschaft nicht viel geändert. Auch wenn die Öffentlichkeitsarbeiter an den Hochschulen und Wissenschaftseinrichtungen, natürlich auch »Wissenschaft im Dialog«, viel Verdienstvolles leisten. Seit PUSH wurden zahllose Interaktionsmöglichkeiten zwischen Wissenschaft und Gesellschaft entwickelt und erprobt. Die besorgniserregenden Umfrageergebnisse konnten dadurch aber nicht verhindert werden.

Die Haltung der Wissenschaft muss sich ändern

20 Jahre nach PUSH vermittelt das Wissenschaftssystem den Eindruck, trotz gegenteiliger Festreden noch immer keine eindeutige Haltung dazu entwickelt zu haben, wie wichtig ihr der wechselseitige Austausch mit einem Laienpublikum wirklich ist. Noch immer sind keine Strukturen geschaffen, die Wissenschaftsvermittlung für Forscherinnen und Forscher attraktiv machen. Noch immer können Studierende ihre Ausbildung absolvieren, ohne jemals mit den Grundlagen von

Wissenschaftskommunikation konfrontiert worden zu sein. Reputation bemisst sich auch weiterhin vor allem nach der Zahl der fachwissenschaftlichen Veröffentlichungen und der Höhe der eingeworbenen Drittmittel.

Woran liegt das? Zunächst betrachten viele Wissenschaftsvermittlung nach wie vor gar nicht als ihre Aufgabe. Für sie stehen Forschung und Lehre als Kernkompetenzen von Universitäten und Forschungseinrichtungen im Mittelpunkt. Öffentlichkeitsarbeit, so das gängige Argument, würde nur noch mehr der ohnehin knappen Arbeitszeit von den beiden wirklich wichtigen Aufgaben – neben der ausufernden Gremienarbeit – abziehen. Zudem halten viele den Appell, in einen verstärkten Austausch mit der Öffentlichkeit zu treten, um die Legitimation der Wissenschaft zu befördern, für bloß vorgeschoben. In Wahrheit gehe es nicht um die Förderung von *scientific literacy*, nicht um eine gewisse Rechenschaftslegung gegenüber den Hauptfinanziers des Wissenschaftssystems – den Steuerzahlern. Vielmehr diene Wissenschaftskommunikation den Institutionen dazu, sich in dem (politisch gewollten) Wettbewerb um Fördermittel einen Vorteil im Kampf um Aufmerksamkeit zu sichern, indem sie die eigenen Forscherinnen und Forscher ins gleißende Licht der Öffentlichkeit bringen.

> **Reputation bemisst sich auch weiterhin vor allem nach der Zahl der fachwissenschaftlichen Veröffentlichungen und der Höhe der eingeworbenen Drittmittel.**

> **Die Politik fügte sich dem vermeintlichen Wählerwillen und sorgte für ein Ende der grünen Gentechnik in Deutschland – und bewies zugleich, dass sich das Grundrecht auf Wissenschaftsfreiheit durchaus einschränken lässt, wenn es politisch opportun erscheint.**

Manche Kritiker gehen noch weiter und behaupten, dass Öffentlichkeitsarbeit wissenschaftsfremden Einflüssen Tür und Tor öffne. Zugespitzt gesagt: Wenn plötzlich alle nach Aufmerksamkeit gierten, orientierten sich Forschungsschwerpunkte mehr und mehr an Aspekten medialer Verwertbarkeit. Es würde vor allem erforscht – und mit Drittmitteln gefördert –, was Schlagzeilen bringe. Letztlich höhle die Öffnung der Wissenschaft gegenüber Laien die Freiheit von Wissenschaft

schleichend aus. Risikobehaftete Grundlagenforschung würde kaum noch gefördert, weil von den Massenmedien nicht nachgefragt. Dafür würde aber mehr und mehr anwendungsbezogene Forschung gefördert, insbesondere in Bereichen von hoher gesellschaftlicher Relevanz, etwa in der Medizin, der Mobilität, der künstlichen Intelligenz (»Wirtschaft 4.0«).

Benötigt Wissenschaft Öffentlichkeit, um zu funktionieren?

Zu den Kritikern der »Medialisierung« von Wissenschaft zählen die beiden Kommunikationsforscher Frank Marcinkowski und Matthias Kohring. In einem Vortrag für die VolkswagenStiftung fragten sie 2014 provozierend: »Benötigt Wissenschaft Öffentlichkeit, um zu funktionieren?« Aus ihrer Sicht: nein. »Es gibt keinen Grund anzunehmen, dass der wissenschaftliche Erkenntnisprozess dadurch befördert würde, dass möglichst viele zugucken oder im Begründungsverfahren mitreden.«[8] Die Möglichkeit der Mitwirkung sei grundsätzlich gegeben, »aber an die Inklusion in Wissenschaft gebunden«. Sicher mit Anspielung auf das PUSH-Memorandum konstatieren beide, dass man früher geglaubt habe, durch die Aufklärung der Laien mittels Wissen auch Verständnis für Wissenschaft zu erreichen. »Das hat zwar im Großen nie geklappt, hat aber noch einen rationalen Zug, der heutzutage fast rührend wirkt.« Inzwischen sorge das überzogene Streben nach Öffentlichkeit dafür, dass die Wissenschaft nicht mehr dazu komme, das zu tun, wofür die Gesellschaft Wissenschaft tatsächlich brauche.

Was drückt sich hier aus? Die Sehnsucht nach der Abgeschiedenheit im sprichwörtlichen Elfenbeinturm? Sorge, dass Wissenschaft sich nur noch an Themen orientiert, die öffentliche Aufmerksamkeit erregen?

Wer traut noch Experten?

Tatsächlich fällt auf, dass die Fachzeitschriften verstärkt solche Forschung auf die Titelseite heben, die gerade besonders »heiß« ist. Wer bei diesem Wettbewerb mithalten will, muss schnell sein und zuspitzend. Für beides ist die Wissenschaft nicht bekannt. Und so gelangt manch Unreifes, trotz Peer-Review, in die Magazine, was hinterher widerrufen werden muss.

Die Nicht-Replizierbarkeit von vielen Experimenten, insbesondere in den Natur- und Lebenswissenschaften, beschäftigt die *scientific community* schon seit geraumer Zeit, ebenso wie das Plagiatsunwesen. Das hier zu konstatierende Systemversagen trägt zur Erosion des lange makellosen Bildes von Wissenschaft in der Öffentlichkeit bei. Wissenschaft sollte nicht mehr so tun, als sei sie unfehlbar. Das nehmen ihr immer weniger Menschen ab.

Die Wissenschaft muss sich künftig verstärkt darauf einstellen, mit Fragen konfrontiert zu werden, die sich Forscherinnen und Forscher nicht zwangsläufig stellen.

In Großbritannien wurde 2016 die Warnung von mehr als 150 Forscherinnen und Forschern der Royal Society in den Wind geschlagen, die ihre Landsleute dazu aufriefen, bloß nicht für den Brexit zu stimmen; er sei »eine Katastrophe« für die Wissenschaft. Das Ergebnis ist bekannt. »Die Briten haben genug von Experten«, behauptete seinerzeit der konservative Parlamentsabgeordnete Michael Gove, der immerhin auch mal als Staatssekretär im britischen Bildungsministerium fungierte. Experten lägen mit ihren Ratschlägen immer »konsequent falsch«.

Der Brexit gilt als erster politischer Triumph der postfaktischen Realität, zeitlich vor den US-Präsidentschaftswahlen gelegen. Eine dünne Mehrheit der britischen Wählerinnen und Wähler folgte den EU-Gegnern. Die belogen ihre Klientel zwar nach Strich und Faden. Doch die Menschen waren fest entschlossen, nur den einfachen Wahrheiten Glauben zu schenken, der »gefühlten Wahrheit«, und sich ihre eigenen EU-Vorurteile durch die Propaganda bestätigen zu lassen. Für eine differenzierte Auseinandersetzung, wie sie die »Experten« anboten, waren sie nicht (mehr) empfänglich.

Kurz gesagt: Die Krise des Expertentums ist auch eine Folge der Angst vor dem Neuen. Mehr und mehr Menschen befürchten, auf dem Weg in die Zukunft abgehängt zu werden.

Warum? Mehr und mehr Menschen scheinen von dem Tempo des gesellschaftlichen Wandels überfordert.

Angetrieben von der digitalen Revolution, erzeugt die Globalisierung einen gewaltigen Synchronisationsdruck, der auf nahezu alle Lebensverhältnisse – Kulturen, Traditionen, Wahrnehmungen – einwirkt und Unterschiede einebnet. »Unsere Anpassungsfähigkeiten werden überfordert«, so hieß es in einer Rede von Bundespräsident Frank-Walter Steinmeier auf dem Evangelischen Kirchentag 2017. »Und diese Überforderung produziert Gegenreaktionen – Angst vor Identitätsverlust, Rückbesinnung auf vermeintlich Bekanntes: Nation, Region, Ethnie, Religion.«[9]

Kurz gesagt: Die Krise des Expertentums ist auch eine Folge der Angst vor dem Neuen. Mehr und mehr Menschen befürchten, auf dem Weg in die Zukunft abgehängt zu werden. Sie glauben, dass die sogenannten Eliten, zu denen sie auch Wissenschaftlerinnen und Wissenschaftler zählen, nur auf ihren eigenen Vorteil bedacht seien, weniger auf die gesellschaftlich gerade besonders drängenden Fragen. So entsteht Misstrauen. Und man erinnert sich an die eingangs zitierte Präambel zum PUSH-Memorandum, in der es schon vor 20 Jahren hieß, die Wissenschaften »verkörpern einerseits den Fortschritt, andererseits werden sie jedoch auch als eine Bedrohung des menschlichen Lebens empfunden«.

Was kann die Wissenschaft tun, um sich der Öffentlichkeit verständlicher zu machen und Vertrauen zurückzugewinnen? Das PUSH-Memorandum war noch von einem Kommunikationsmodell geprägt, das seit vielen Jahren als überholt gilt: dem Sender-Empfänger-Schema. Man war zumeist der Auffassung, man müsste der Öffentlichkeit bloß die Fakten darlegen, warum zum Beispiel die grüne Gentechnik ein Forschungsfeld mit großem Nutzen ist – dann würden die Fördermilliarden aus Politik und Wirtschaft schon sprudeln.[10] Das Ende ist bekannt.

Eine große Schar von Kritikern verweigerte den Visionen der Wissenschaft die erwartete Zustimmung und trat eine breite öffentliche Debatte los, die sich mehr und mehr vom evidenzbasierten Wissen löste und am Ende die Politik veranlasste, den Stecker zu ziehen. Sie fügte sich dem vermeintlichen Wählerwillen und sorgte für ein Ende der grünen Gentechnik in Deutschland

– und bewies zugleich, dass sich das Grundrecht auf Wissenschaftsfreiheit durchaus einschränken lässt, wenn es politisch opportun erscheint.

Nachdem auch die Stammzellforschung in einem vergleichbaren Debakel gescheitert ist, hat sich in der Wissenschafts-PR die Erkenntnis durchgesetzt, dass die Öffentlichkeit nicht belehrt, sondern mit einer gewissen Leidenschaft überzeugt werden will, sofern man eine tragfähige Akzeptanz für künftige wissenschaftliche Vorhaben erzeugen möchte. Dass der Dialog also den Monolog ersetzen muss. Dass Wissenschaft nicht nur redet, wie Johannes Vogel, der Direktor des Berliner Naturkundemuseums sagt, sondern auch zuhört.[11]

Bürgerbeteiligung und Innovationsfähigkeit

Innovation ist ein gesellschaftlicher Prozess, der nicht allein aus der Wissenschaft und Wirtschaft heraus entwickelt werden kann. Technische, ökonomische, soziale und ökologische Neuerungen können sich nur dann durchsetzen, wenn auch die Gesellschaft dafür offen ist. Neue Formen der Beteiligung von Bürgerinnen und Bürgern können ein probates Mittel sein, um dieses Ziel zu verwirklichen. Eine Arbeitsgruppe »Partizipation im Agenda-Setting von Forschungs- und Innovationspolitik« hat sich im Rahmen des Hightech-Forums der Bundesregierung mit den Wirkungsmöglichkeiten befasst. Partizipation, so heißt es im Abschlusspapier, könne »gegenseitiges Verständnis und Vertrauen aufbauen und Wissenschaft und Gesellschaft näher zusammenführen«.[12] Entscheidend sei, dass die Menschen ihre Fragen, Anliegen und Wünsche tatsächlich erfolgreich in den Diskurs mit der Wissenschaft einbringen können. Denn was ist frustrierender als ein Gesprächsangebot, das nicht ernst gemeint ist?

Im Moment ist der Etat für Wissenschaft und Forschung der kleinste im Budget der öffentlich-rechtlichen Anstalten: Er beträgt nur 0,07 Prozent und muss in den 2020er-Jahren dringend gesteigert werden.

Forschungs- und innovationspolitische Agenda-Setting-Prozesse

Partizipation ergibt also nur dann Sinn, wenn tatsächlich offene Fragen diskutiert werden, wenn also alle Akteure reale Gestaltungsmöglichkeiten haben. Dafür bieten sich forschungs- und innovationspolitische Agenda-Setting-Prozesse an, in denen groß angelegte Förderprogramme für die angewandte Forschung und Entwicklung diskutiert werden, und zwar auf Feldern, die die Gesellschaft und das Zusammenleben direkt betreffen, zum Beispiel Gesundheit, Digitalisierung, Bioökonomie, Energie.

Dabei muss sich die Wissenschaft künftig verstärkt darauf einstellen, mit Fragen konfrontiert zu werden, die sich Forscherinnen und Forscher nicht zwangsläufig stellen. Etwa nach ethischen Rahmenbedingungen. Oder den Risiken und Unwägbarkeiten, die die Angst vor dem Neuen wesentlich konstituieren. Im Kontext der »Medialisierung der Wissenschaft« sind zu viele Heilsversprechen voreilig verbreitet, zu viele »Durchbrüche« sensationalisiert worden, die sich später als haltlos erwiesen haben. Auch das hat Vertrauen gekostet.

Im Austauschprozess eröffnen sich aber auch für die Wissenschaft Mehrwertchancen, etwa indem sie auf das »Wissen der vielen« zugreift, das NGOs, *citizen science*-Vereine, Verbände, aber auch die Wirtschaft, Politik und weitere gesellschaftliche Akteure akkumuliert haben, das von der Wissenschaft bislang aber noch zu selten genutzt wird.

Freilich hat das Partizipationsmodell auch Grenzen. Mit Rücksicht auf die vom Grundgesetz garantierte Freiheit der Wissenschaft kann die Bürgerbeteiligung in erster Linie »konsultativen Charakter« haben, wenn es etwa darum geht, Richtungsentscheidungen auf eine breite gesellschaftliche Zustimmung zu gründen. Hätte man einen solchen Prozess schon früher aufgesetzt, mit klarem Erwartungs- und Rollenmanagement sowie Teilhabe der relevanten Akteure, wären vielleicht auch die grüne Gentechnik und Stammzellforschung nicht gescheitert.

Unabhängig von Partizipationsverfahren sollte aber der Freiraum für erkenntnisorientierte Grundlagenforschung bleiben; denn sie bildet die Voraussetzung für die Gewinnung fundamental neuer Einsichten. Hier kann es auch weiterhin nur der Freiheit der

Wissenschaft überlassen bleiben, welche Schwerpunkte sie setzt, welche spezifischen Methoden angewandt werden. Zumal die Wissensasymmetrie, insbesondere in diesem hoch spezialisierten Fachdiskurs, einen Dialog auf Augenhöhe wohl unmöglich macht. Der Wissensvorsprung der Experten gegenüber den Laien ist hier in der Regel unüberbrückbar – wobei sich die beteiligten Wissenschaftler trotzdem stets um eine Überbrückung bemühen sollten, also eine auch für Laien verständliche Beschreibung wissenschaftlicher Sachverhalte. Und um ein Ernstnehmen der Fragen des fachfremden Gegenübers.

Mutig mehr Dialog wagen

Im Auftrag der Leopoldina wurden Menschen nach den Hoffnungen und Ängsten befragt, die sie mit bestimmten Forschungsfeldern verbinden. Ganz oben im Ranking landeten die nutzwertigen, gesellschaftlich relevanten Themen, angeführt von der »Erforschung von Alterskrankheiten« (89 Prozent positiv). Den letzten Platz belegt der »Einsatz der Gentechnik in der Landwirtschaft« (82 Prozent negativ).[13]

Je abstrakter die infrage stehende Forschung, umso größer das Risiko, damit bei Laien auf Ablehnung zu stoßen.

Wenn die Wissenschaft ihren Rang als gesellschaftlich geachtete und zukunftsgestaltende Kraft auch in den 2020er-Jahren behaupten will, muss sie den Spielfeldrand verlassen und sich weitaus mehr als bislang ins Getümmel wagen. Das wird für viele eine ungewohnte, vielleicht sogar beunruhigende Perspektive sein. Aber sie erscheint alternativlos, sofern man der langfristig drohenden Beschneidung der Wissenschaftsfreiheit und den jetzt schon unübersehbaren Tendenzen zur Einhegung des Ideals einer offenen, weltweit vernetzten Gesellschaft entgegentreten will.

> **Die Verteidigung der freien Wissenschaft und der offenen Gesellschaft ist aber auch künftig nicht der Wissenschaft allein aufzubürden.**

Das Weltwirtschaftsforum in Davos hat zwar kürzlich das Social Web in seine Liste der wichtigsten Bedrohungen der Menschheit aufgenommen.[14] Neben dem Trollunwesen haben auch *social bots* zur Diskreditierung beigetragen. Verschärft wird das Problem durch die Medieninkompetenz der Nutzer; zwei Drittel gaben in einer weltweiten Umfrage zu Beginn des Jahres 2018 an, Qualitätsjournalismus nicht von Fake-News unterscheiden zu können.[15] Trotz aller Einschränkungen werden die sozialen Medien jedoch auch künftig neue Möglichkeiten für die Wissenschaftsvermittlung und Interaktion bieten. Daneben bleibt die klassische Face-to-Face-Kommunikation, der von gegenseitigem Respekt geprägte Austausch von Argumenten, unverzichtbar.

Die Verteidigung der freien Wissenschaft

Wer beschreiben kann, mit welcher produktiven Neugierde jemand an seine Forschung geht, auf welche Lösungen man hofft und welcher Nutzen für die Gesellschaft sich daraus eventuell ergeben kann, wird auch künftig kaum in den Ruch kommen, Handlanger obskurer Mächte zu sein.

Die Verteidigung der freien Wissenschaft und der offenen Gesellschaft ist aber auch künftig nicht der Wissenschaft allein aufzubürden. Dafür braucht sie Verbündete aus anderen Teilsystemen. Ihr zur Seite stehen dabei die hauseigenen PR-Abteilungen. Dort hat man die Notwendigkeit der dialogischen Wissenschaftsvermittlung schon lange erkannt und zum Beispiel in den 2016 verabschiedeten »Leitlinien zur guten Wissenschafts-PR«[16] niedergelegt. Unterstützung sollte auch von den Qualitätsmedien kommen, die freilich selbst nicht nur in einer Vertrauenskrise stecken, sondern auch Refinanzierungsprobleme haben.

Umso wichtiger wird künftig der aus Steuermitteln finanzierte öffentlich-rechtliche Rundfunk sein. Er ist sicher dahingehend zu ermutigen, anspruchsvolle Wissenschaftssendungen auch dann zu produzieren, wenn sich erwiesenermaßen nur eine Minderheit dafür interessiert. Wissens-Quizsendungen sind kein Äquivalent. Im Moment ist der Etat für Wissenschaft und Forschung der kleinste im Budget der öffentlich-rechtlichen Anstalten: Er beträgt nur 0,07 Prozent und muss in den 2020er-Jahren dringend gesteigert werden.

Wie wir handeln müssen

Angesichts zunehmender Eliten- und Wissenschafts-skepsis bedarf auch die Interaktion zwischen Wissenschaft, Politik und Gesellschaft einer kritischen Betrachtung. Zwar ist allenthalben von Dialogbereitschaft und Vertrauensbildung die Rede; eine Öffnung in puncto Transparenz der Prozesse und Partizipation auf Augenhöhe bleibt jedoch nach wie vor die Ausnahme.

Wenn die Wissenschaft ihren Rang als gesellschaftlich geachtete und zukunftsgestaltende Kraft auch in den 2020er-Jahren behaupten will, muss sie den Spielfeldrand verlassen und sich weitaus mehr als bisher ins gesellschaftliche Getümmel wagen. Dafür bieten sich vor allem folgende Schritte an:

— Erprobung neuer interaktiver Dialogformate, Überwindung der Wissensasymmetrien.

— Noch mehr Transparenz bei der Ausformung zukünftiger Großforschungsprogramme; Einbindung relevanter zivilgesellschaftlicher Akteure und Projektträger der *citizen science*.

— Kommunikation auch von Risiken und Grenzen aktueller und geplanter Forschung sowie von abweichenden Meinungen, Alternativen und Irrwegen (Wissenschaft sollte nicht den Anschein erwecken, allwissend und unfehlbar zu sein).

— Nachvollziehbare Berücksichtigung von Beiträgen, auch kritischen, aus der Zivilgesellschaft bei der Definition einer Forschungsagenda.

— Beteiligungsangebote und Meinungsforschung mittels Konsensuskonferenzen, Fokusgruppen und digitaler Konsultations- und Abstimmungstools.[18]

Aber auch die Politik ist aufgerufen, die Wissenschaft dabei zu unterstützen, durch mehr direkte Kommunikation verlorenes Vertrauen zurückzugewinnen. Sie sollte auf die Institutionen einwirken, durch geeignete Rahmenveränderungen dazu beizutragen, dass das Engagement in Sachen Wissenschaftsvermittlung etwa bei Berufungen oder der Vereinbarung von Leistungszielen ähnlich gewichtet wird wie Publikationen und Drittmittelakquise.

Viele in der *scientific community* haben mittlerweile verstanden, was auf dem Spiel steht. Und sind an vielen Stellen und auf vielfältige Weise dabei, nicht nur die Ansprüche einzulösen, mit denen PUSH vor 20 Jahren gestartet ist. Sondern auch die Erwartungen einer Gesellschaft zu erfüllen, die neue Ansprüche stellt, die Auskunft verlangt, Erklärung und Respekt. Online wie offline.

»Wir dürfen nicht warten, bis die Menschen zu uns kommen«, sagte Jutta Allmendinger beim March for Science in Berlin. »Wir müssen unsere Erkenntnisse zu ihnen bringen.« Und: »Viele Menschen suchen nach Gewissheit, nach einfachen Wahrheiten. Das ist verständlich, und doch können wir absolute Wahrheiten nicht bieten. Aber Wahrscheinlichkeiten, und das ist schon sehr viel.«[17] In einer sich mit hoher Dynamik verändernden Welt wird die Urteilskompetenz der Wissenschaft mehr gefragt sein als je zuvor.

DR. WILHELM KRULL *(66) ist seit 1996 Generalsekretär der VolkswagenStiftung. Neben seinen beruflichen Tätigkeiten in der Wissenschaftspolitik und Forschungsförderung nahm und nimmt er zahlreiche Funktionen in nationalen, ausländischen und internationalen Aufsichts- und Beratungsgremien wahr. Er studierte Germanistik, Philosophie, Pädagogik und Politikwissenschaft. Außerdem war er als DAAD-Lektor an der Universität Oxford und in führenden Positionen beim Wissenschaftsrat und in der Generalverwaltung der Max-Planck-Gesellschaft aktiv.*

»Innovation ist zur wesentlichen Triebfeder ökonomischer Leistungsfähigkeit geworden. Das deutsche Innovationssystem hat sich seit 2005 überwiegend positiv entwickelt. Dieser Trend wird aber durch massive Schwächen im Bereich der Digitalisierung konterkariert.«

Von klassischer Forschungs- zu moderner Innovationspolitik

Von Dietmar Harhoff mit Alexander Suyer

Deutschland blickt auf beachtliche Verbesserungen im Bereich öffentlicher und privater Ausgaben für Forschung und Entwicklung, hinsichtlich der Exzellenz und Attraktivität seiner Forschungseinrichtungen sowie der Modernisierung seiner Wirtschaft zurück. Gleichzeitig sind die Herausforderungen in den vergangenen Jahren weiter gewachsen – gerade durch neue Wettbewerber im Zuge des digitalen Wandels. Die deutsche Forschungs- und Innovationspolitik muss daher konsequent für das nächste Jahrzehnt fortentwickelt werden.

Viele Staaten haben in der Nachkriegszeit Forschungssysteme aufgebaut, die sich an den Bedürfnissen der Wissenschaft orientierten. Inzwischen haben sich die Akzente stärker in Richtung Innovation, also Umsetzung neuen Wissens in Wertschöpfungspotenziale, verschoben. Ein Rückblick auf die Jahre seit 2005 zeigt für Deutschland eine im Wesentlichen positive Entwicklung. Dabei werden zunächst Wissenschaftssystem, Erkenntnistransfer, Innovation in etablierten Unternehmen, unternehmerische Innovation und Governance des Systems betrachtet. Zudem wird Deutschlands Position bei der Bewältigung der digitalen Transformation beleuchtet.

Internationale Bedeutung des deutschen Wissenschaftssystems gestärkt

Im Bereich der Hochschulen wurden sowohl die personelle als auch die finanzielle Ausstattung deutlich verbessert. So wuchs die Zahl der Beschäftigten beim wissenschaftlichen und künstlerischen Personal seit 2005 um über 60 Prozent.[1] Gerade durch den Hochschulpakt zwischen Bund und Ländern aus dem Jahr 2007 erhielten die Hochschulen auch mehr Grundmittel. Nominal stiegen diese seit 2005 um über 40 Prozent.[2] Vor allem hat jedoch die Finanzierung aus Drittmitteln an Bedeutung gewonnen. 2005 kamen auf einen Euro Grundmittel 23 Cent Drittmittel, 2014 waren es 32 Cent.[3] Während Drittmittelprojekte den gesunden Wettbewerb unter Forschern und Forschungseinrichtungen fördern, brachte das starke Wachstum der Drittmittelfinanzierung aber auch problematische

Erkenntnisse aus dem Wissenschaftssektor können zu einer wesentlichen Quelle für Innovation, Beschäftigung, Wirtschaftswachstum sowie gesellschaftliche und kulturelle Entwicklungen werden.

Veränderungen für die Lehre mit sich: Trotz der höheren Beschäftigtenzahl hat sich das zahlenmäßige Betreuungsverhältnis von Studierenden zum wissenschaftlichen und künstlerischen Personal ohne drittmittelfinanzierte Stellen sogar etwas verschlechtert. Außerdem müssen die Hochschulen bei Drittmittelprojekten die sogenannten Overheadkosten immer noch größtenteils aus ihren Grundmitteln finanzieren.[4] Damit werden finanzielle Spielräume im Bereich der Lehre eingeschränkt.

Die Politikmaßnahme im Hochschulbereich, die in den letzten Jahren die wahrscheinlich höchste Aufmerksamkeit in der öffentlichen Wahrnehmung fand, war die Exzellenzinitiative. Bund und Länder einigten sich im Jahr 2005 auf eine erste Förderperiode für den Zeitraum 2006 bis 2011 und stellten dafür 1,9 Milliarden Euro zur Verfügung. Für die darauffolgenden Jahre 2011 bis 2017 wurden 2009 in einer zweiten Vereinbarung 2,7 Milliarden Euro budgetiert. Ziel der Initiative war einerseits eine Qualitätssteigerung des Hochschul- und Wissensstandorts Deutschland in der Breite. Andererseits sollte die Exzellenzinitiative vor allem Spitzenforschung international sichtbarer machen.[5] 2016 wurde mit der Bund-Länder-Vereinbarung zur Exzellenzstrategie ein unbefristetes Nachfolgeprogramm für die Exzellenzinitiative beschlossen.[6] Grundlage dafür sind positive Entwicklungen in den föderalen Rahmenbedingungen über die letzten Jahre. Die 2014 von Bundestag und Bundesrat beschlossene Änderung von Artikel 91b des Grundgesetzes gibt dem Bund neue Möglichkeiten, zur Finanzierung der Hochschulen beizutragen. Genutzt wurde diese Option bisher aber noch nicht.

Neben Maßnahmen im Hochschulbereich zielte die Forschungs- und Innovationspolitik der letzten Jahre auch darauf ab, die internationale Wettbewerbsfähigkeit der außeruniversitären Forschungseinrichtungen zu verbessern. Der 2005 geschlossene und 2014 fortgeführte Pakt für Forschung und Innovation zwischen Bund, Ländern, Deutscher Forschungsgemeinschaft, Fraunhofer-Gesellschaft, Helmholtz-Gemeinschaft, Leibniz-Gemeinschaft und Max-Planck-Gesellschaft soll die internationale Vernetzung der Wissenschaftsorganisationen ebenso stärken wie den Austausch zwischen Wissenschaft, Wirtschaft und Gesellschaft. Dafür erhielten die

Wissenschaftsorganisationen die Zusicherung, dass ihre Budgets in den Jahren 2006 bis 2010 jeweils um drei Prozent, 2011 bis 2015 jährlich um fünf Prozent und 2016 bis 2020 jeweils wieder um drei Prozent wachsen sollen.[7]

Programme für den Transfer von Forschungserkenntnissen – noch ohne durchschlagende Erfolge

Wenn der Transfer von Forschungsergebnissen in wirtschaftlich oder soziokulturell verwertbare Anwendungen gelingt, können Erkenntnisse aus dem Wissenschaftssektor zu einer wesentlichen Quelle für Innovation, Beschäftigung, Wirtschaftswachstum sowie gesellschaftliche und kulturelle Entwicklungen werden.[8] In den vergangenen Jahren hat die Politik eine Reihe von Maßnahmen mit dem Zweck eines erfolgreichen Transfers etabliert.[9] Diese Programme sollen Unsicherheit bezüglich der Verwertbarkeit von Forschungserkenntnissen verringern und die Kooperation von Wissenschaft und Wirtschaft bei der Entwicklung gemeinsamer Verwertungsstrategien fördern. Das Bundesministerium für Wirtschaft und Energie legt einen Schwerpunkt auf den Transfer in den Mittelstand und Gründungsaktivitäten in der Wissenschaft, wie etwa mit dem Programm »EXIST – Existenzgründungen aus der Wissenschaft«.

Als weiterer Mechanismus des Transfers von wissenschaftlichen Erkenntnissen in die unternehmerische Praxis initiierten Bund und Länder in den letzten 20 Jahren zahlreiche Cluster. Dabei handelt es sich um »geografische Konzentrationen von miteinander verbundenen Unternehmen und Institutionen in einem bestimmten Bereich«.[10] Die im Cluster insgesamt vorhandenen materiellen und immateriellen Ressourcen sollen sich positiv auf die Erfindungs-, Innovations- und Wirtschaftsleistung der einzelnen Akteure auswirken. Da sich bei der Vielzahl der bereits etablierten Cluster weitere Fördereffekte immer weiter abschwächen dürften, sollte der Clusterförderung zukünftig deutlich weniger Gewicht gegeben werden.

Innovation in etablierten Unternehmen

Der Anteil der Ausgaben für interne Forschung und Entwicklung am Bruttoinlandsprodukt konnte in Deutschland seit 2005 bemerkenswert gesteigert werden – von unter 2,5 auf rund drei Prozent. Die privaten Unternehmen stehen dabei für knapp zwei Drittel der Forschungs- und Entwicklungsausgaben. Der Staat finanzierte zuletzt nur 3,3 Prozent aller Forschungs- und Entwicklungsausgaben in Unternehmen; dies vor allem durch die Förderung konkreter Forschungs- und Entwicklungsprojekte auf Basis von Antrags- und Bewilligungsverfahren sowie über staatliche Aufträge an Unternehmen.[11] Bedeutende Förderinstrumente sind das »Zentrale Innovationsprogramm Mittelstand« (ZIM) und die »Industrielle Gemeinschaftsforschung« (IGF).

Trotz der Erhöhung der Forschungs- und Entwicklungsintensität besteht auch Grund zur Sorge. So ist Deutschland in Sachen Forschung und Entwicklung von wenigen Kernbranchen abhängig. Mehr als ein Drittel der internen Forschungs- und Entwicklungsausgaben entfallen beispielsweise auf den Fahrzeugbau. Ausländische Unternehmen forschen und entwickeln in Deutschland ebenfalls meist in diesen Kernbranchen. Rund 61 Prozent der in Deutschland in Unternehmen Beschäftigten arbeiten in sogenannten kleinen und mittleren Unternehmen (KMU) mit weniger als 250 Beschäftigten.[12] Während deutsche KMU den Ruf genießen, sehr innovativ zu sein, sind sie tatsächlich sehr heterogen, was ihre Innovationsaktivitäten betrifft. Im Zeitraum 2013 bis 2015 wiesen nur 42,6 Prozent der KMU Aktivitäten zur Entwicklung und Einführung von Produkt- oder Prozessinnovationen auf. Vergleicht man die deutschen KMU mit Wettbewerbern in anderen europäischen Ländern, sind sie zwar bei der Häufigkeit der Produkt- oder Prozessinnovationen führend, liegen bei der Patentintensität und dem Umsatzanteil mit neuen Produkten aber nur im Mittelfeld. Die im europäischen Vergleich ohnehin niedrige Innovationsintensität der KMU, also ihre Innovationsausgaben im Verhältnis zum Umsatz, entwickelt sich seit 2006 rückläufig. Als wichtigste Innovationshemmnisse sehen KMU zu hohe Innovationskosten und ein zu hohes wirtschaftliches Risiko sowie den Mangel an geeignetem Fachpersonal und internen Finanzierungsquellen. Gerade die demografische Entwicklung und der damit einhergehende Fachkräftemangel stellen deutsche Unternehmen vor große Herausforderungen hinsichtlich ihrer Innovationsaktivitäten.[13]

Zahl der Unternehmensgründungen gering

Start-ups spielen eine bedeutende Rolle für die Wettbewerbsfähigkeit eines Landes. Deshalb fördert die Politik die Gründung innovativer Unternehmen durch eine Reihe von Programmen. Das bereits erwähnte EXIST-Programm zielt auf Existenzgründungen aus der Wissenschaft ab. Der als öffentlich-private Partnerschaft angelegte High-Tech Gründerfonds investiert seit 2005 branchenoffen in technologieorientierte Gründungen. Ebenfalls 2005 wurde »GO-Bio – Gründungsoffensive Biotechnologie« ins Leben gerufen.[14] Trotz dieser Anstrengungen bleibt die Zahl der Unternehmensgründungen in Deutschland im internationalen Vergleich gering. Das gilt insbesondere für die wissensbasierte Wirtschaft. Als institutionellen Grund dafür beklagen Gründungsexperten vor allem einen Mangel an schulischer und außerschulischer Gründungsausbildung.[15] An den Hochschulen findet Gründungsausbildung zwar vermehrt statt, vor allem aber in wirtschaftswissenschaftlichen und weniger in natur- und ingenieurwissenschaftlichen Studiengängen. Darüber hinaus bestehen auch administrative Hemmnisse für Unternehmensgründungen in Deutschland. Ein Ranking der Weltbank sieht Deutschland nur auf Platz 113 von 190 bewerteten Ländern, was die administrativen Kosten für eine Gründung angeht.[16] Die Finanzierung in der Gründungs- und Wachstumsphase stellt für alle Start-ups eine zentrale Herausforderung dar. In Deutschland gilt das ganz besonders, weil hier der Markt für Wagniskapital weniger gut entwickelt ist als in anderen (auch europäischen) Ländern. Aufgrund des Kapitalmangels können viele Erfolg versprechende Start-ups nur langsamer wachsen als eigentlich möglich. Die Bundesregierung hat in den letzten Jahren einige Verbesserungen für Wagniskapitalinvestitionen initiiert, beispielsweise das Förderprogramm »INVEST – Zuschuss für Wagniskapital« im Jahr 2013. 2016 wurde ferner beschlossen, die steuerrechtliche Behandlung von Verlustvorträgen

> Die Finanzierung in der Gründungs- und Wachstumsphase stellt für alle Start-ups eine zentrale Herausforderung dar. In Deutschland gilt das ganz besonders.

weniger restriktiv zu regeln, die bis dahin immer wieder als Hemmnis für die Wagniskapitalbranche in Deutschland kritisiert wurde.[17]

Governance – vom Nebeneinander der Akteure zu echter Koordination?

Forschung und Innovation können entscheidende Lösungsbeiträge zur Beantwortung großer gesellschaftlicher Herausforderungen wie des Klimawandels oder der demografischen Entwicklung leisten. In diesen Fällen wird eine Abstimmung über unterschiedliche Politikfelder und -ebenen hinweg jedoch zwingend erforderlich. Deshalb gewinnt die Koordination von Forschungs- und Innovationspolitik mit anderen Politikfeldern zunehmend an Bedeutung. Seit 2006 versucht die Bundesregierung, Forschungs- und Innovationsförderung ressortübergreifend mithilfe der sogenannten Hightech-Strategie zu koordinieren. Diese bildet mittlerweile einen erprobten Rahmen für eine übergeordnete Innovationsstrategie. Die bisherigen Erfahrungen sind weitgehend positiv. Doch der Staat kann nicht nur eine effektive ressortübergreifende Innovationsstrategie festlegen und innovationsfreundliche Rahmenbedingungen setzen. Auch im Wege der öffentlichen Beschaffung hat der Staat die Möglichkeit, als Innovationsmotor aktiv zu werden. Bei einem öffentlichen Beschaffungsvolumen von konservativ geschätzt etwa 350 Milliarden Euro pro Jahr kann nachfrageseitige staatliche Innovationspolitik eine wichtige Rolle für die Herausbildung und Fortentwicklung innovationsorientierter Märkte spielen.[18] So plädiert etwa die Expertenkommission Forschung und Innovation dafür, bei einem Teil der öffentlichen Beschaffung weniger auf etablierte Lösungen, sondern vermehrt auf innovative Produkte und Dienstleistungen zu setzen. Als wichtigste politische Initiative in diesem Bereich wurde 2013 ein Zentrum gegründet, das Beschaffungsverantwortliche auf Bundes-, Landes- und Kommunalebene in Sachen innovative Beschaffung beraten und erfolgreiche Praxisbeispiele bekannt machen soll.

Politische Entscheider sollten Informationen über den Erfolg von Maßnahmen der Forschungs- und Innovationspolitik erhalten. Daher werden für viele dieser Maßnahmen mittlerweile Evaluationen beziehungsweise

Erfolgskontrollen vorgesehen. Bisher mangelt es aber noch an einem transparenten und vergleichenden Überblick durchgeführter Evaluationen auf nationaler und internationaler Ebene. Damit lassen sich bisher kaum Beispiele guter Praxis in Deutschland identifizieren. Auch durch mangelnde Transparenz wird die wissenschaftliche Validierung der Evaluationsstudien erschwert.[19]

Eine Zwischenbilanz

Innovationssysteme sind hochgradig pfadabhängig. Deutschland hat sich historisch auf inkrementelle Innovation in etablierten Unternehmen in wenigen Branchen spezialisiert. Mit dieser Spezialisierung sind deutsche Akteure bisher bemerkenswert erfolgreich gewesen. Diese Erfolge haben den Blick von den Schwächen im unternehmerischen Bereich abgelenkt. Die Vernachlässigung von Start-ups, Finanzierungsinstrumenten für junge Unternehmen und digitaler Technologien stellt sich aber gerade vor dem Hintergrund der digitalen Transformation als Schwäche heraus.

Forschung und Innovation können entscheidende Lösungsbeiträge zur Beantwortung großer gesellschaftlicher Herausforderungen wie des Klimawandels oder der demografischen Entwicklung leisten.

Aufholbedarf bei digitalem Wandel

Unterscheidet man die digitale Wirtschaft in die »klassische« Informations- und Kommunikationstechnologie-Branche (IKT) und in die Internetwirtschaft und betrachtet man die Marktkapitalisierung von Unternehmen in diesen beiden Bereichen, dominiert derzeit noch die IKT-Branche.[20] Die Marktkapitalisierung der Internetwirtschaft wächst im Vergleich jedoch sehr viel schneller. Die gesamte digitale Wirtschaft wird deutlich von US-Unternehmen dominiert: Im Jahr 2016 waren zum Beispiel die US-Unternehmen mit 1.686 Milliarden Euro etwa 20-mal so viel wert wie die gesamte Internetwirtschaft in Deutschland (35 Milliarden Euro), Schweden (vier Milliarden Euro) und Südkorea (43 Milliarden Euro) zusammen.[21] Seit der Jahrtausendwende sind junge Unternehmen der Internetwirtschaft wie beispielsweise Facebook, Alphabet, Twitter oder LinkedIn rasant gewachsen und übertreffen heute in vielen Fällen die Marktkapitalisierung länger etablierter Informations- und Kommunikationstechnologie-Konzerne. Der digitale Wandel von Wirtschaft und Gesellschaft wird wesentlich durch neue digitale Geschäftsmodelle vorangetrieben. Etablierte Unternehmen in traditionellen Branchen werden immer häufiger von neuen Wettbewerbern aus der Internetwirtschaft herausgefordert. Dabei gewinnen Dienstleistungen im Vergleich zur reinen Produktionsleistung weiter an Bedeutung.[22] Zwar sind deutschen Unternehmen die Herausforderungen durch den digitalen Wandel bewusst. Befragungen zeigen aber, dass gerade kleine und mittlere Unternehmen Schwierigkeiten mit der Konzeption und Umsetzung neuer digitaler Geschäftsmodelle haben.[23]

Eigentlich weist Deutschland durchaus Stärken im Bereich digitaler Technologien auf – nämlich vor allem in der technologisch orientierten Forschung. Die Probleme liegen vielmehr in der internetnahen Forschung sowie im Transfer wissenschaftlicher Ergebnisse in Anwendungen. Die hoch entwickelte produktionstechnisch orientierte Informationstechnologie wird zwar international als Stärke Deutschlands anerkannt. Doch wird diese Spezialisierung zukünftig nicht ausreichen, wenn die digitale Transformation sämtliche Branchen und Lebensbereiche betrifft.[24]

Der digitale Wandel ermöglicht es auch, Qualität und Umfang staatlicher Leistungen zu verbessern, wenn Behördendienstleistungen und die Abwicklung von Verwaltungsangelegenheiten im Rahmen des sogenannten E-Government digitalisiert und online angeboten werden. Zusätzlich kann die Nachfrage nach IT-Lösungen für E-Government als Innovationstreiber für die IKT- und Internetwirtschaft wirken.[25] Der E-Government Development Index der Vereinten Nationen zeigt, dass Deutschland im E-Government rückständig bleibt, weil nur lückenhafte, oft nicht digital durchgängige Angebote bestehen.[26] Ferner lässt die Nutzerfreundlichkeit vorhandener digitaler Behördendienstleistungen häufig zu wünschen übrig. Die mit der Digitalisierung der öffentlichen Verwaltung entstehenden Datenmengen können grundsätzlich unter Berücksichtigung des Datenschutzes als Open Government Data für die Entwicklung neuer Dienstleistungen und innovativer Geschäftsmodelle verfügbar gemacht werden. In Deutschland mangelt es derzeit aber noch an einer standardmäßigen Bereitstellung über gut strukturierte Zugänge.

Fortentwicklung statt Ausruhen auf Lorbeeren, aber nicht in allen Bereichen

Die Entwicklung des deutschen Innovationssystems in den vergangenen Jahren ist beachtlich. Das Ziel, drei Prozent des Bruttoinlandsprodukts für Forschung und Entwicklung auszugeben, konnte erreicht werden. Deutschlands Wissenschaftssystem wurde durch Exzellenzinitiative, Exzellenzstrategie, Hochschulpakt und Pakt für Forschung und Innovation klar gestärkt. Auch wenn Gründungsneigung und Gründungswahrscheinlichkeit in Deutschland immer noch geringer ausgeprägt sind als in anderen Ländern, hat die deutsche Forschungs- und Innovationspolitik zumindest sinnvolle Verbesserungen der Rahmenbedingungen für Unternehmensgründungen und Wagniskapital in die Wege geleitet. Ausreichend sind diese aber noch nicht, vielmehr muss konsequent nachgesetzt werden. Dies gilt vor allem für den Bereich der digitalen Technologien und Geschäftsmodelle. Hier besteht trotz einzelner positiver Entwicklungen erheblicher Nachholbedarf. Die Politik in Deutschland hat auch noch nicht erkennen lassen, dass sie die erforderliche Agilität aufweist, um die digitale Transformation aufseiten des Staates zu meistern.

Innovationssysteme sind hochgradig pfadabhängig. Deutschland hat sich historisch auf inkrementelle Innovation in etablierten Unternehmen in wenigen Branchen spezialisiert.

Die Vernachlässigung von Start-ups, Finanzierungsinstrumenten für junge Unternehmen und digitaler Technologien stellt sich vor dem Hintergrund der digitalen Transformation als Schwäche heraus.

Im Folgenden werden einzelne Maßnahmen skizziert, die bei der Weiterentwicklung des deutschen Forschungs- und Innovationssystems vorrangig berücksichtigt werden sollten.

Weiterer Ausbau des Wissenschaftssystems

Derzeit sind die deutschen Hochschulen strukturell unterfinanziert. Die Länder werden daher die Grundfinanzierung der Hochschulen wesentlich verbessern müssen. In der Lehre sollte der Bund die Länder durch eine Fortführung des Hochschulpakts weiterhin unterstützen. Im internationalen Wettbewerb kann die Attraktivität der deutschen Hochschulen durch eine erhöhte Zahl unbefristeter Professuren mit vorgelagerten Tenure-Track-Pfaden weiter gesteigert werden. Neben Investitionen in die häufig sanierungsbedürftige allgemeine Hochschulinfrastruktur sollten Bund und Länder spezielle Investitionsprogramme auf den Weg bringen, um gerade die digitale Infrastruktur dem Stand der Technik und den Erfordernissen des digitalen Wandels anzupassen. Die Hochschulen sollten zudem mehr Freiräume erhalten, moderne Organisationsstrukturen zu implementieren und ihre Angebote anhand ihrer Stärken zu differenzieren. Neben den Hochschulen müssen auch die außeruniversitären Forschungseinrichtungen durch eine Fortführung des Pakts für Forschung und Innovation gestärkt werden.

Effektiverer Transfer wissenschaftlicher Ergebnisse in Anwendungen

Der Transfer von wissenschaftlichen Erkenntnissen in unternehmerische und gesellschaftliche Anwendungen kann unter anderem durch verbesserte rechtliche Rahmenbedingungen befördert werden. Beispielsweise ließen sich Zielkonflikte zwischen wissenschaftlicher und wirtschaftlicher Verwertung von Forschungsergebnissen minimieren, wenn im Patentrecht eine Neuheitsschonfrist eingeführt würde. Diese würde es Forschern für einen gewissen Zeitraum erlauben, trotz vorausgegangener wissenschaftlicher Veröffentlichungen Patentschutz für ihre Erfindungen zu erlangen.

Förderung radikaler Innovationen

Während das deutsche Innovationssystem erfolgreich inkrementelle Innovationen auf Basis bestehender Technologien, Produkte und Dienstleistungen hervorbringt, sind es meist ausländische Unternehmen, die völlig neue Angebote und Geschäftsmodelle, sogenannte radikale oder Sprunginnovationen, auf den Markt bringen. Deshalb sollte die Forschungs- und Innovationspolitik zusätzlich die Durchführung richtungsweisender und wagemutiger Forschungs- und Entwicklungsprojekte fördern, die bedeutende

Herausforderungen unserer Zeit angehen und völlig neue Produktkonzepte, technische Lösungen oder Dienstleistungen hervorbringen. Ein Instrument dafür kann die Einrichtung einer Agentur für Sprunginnovationen sein. In Anlehnung an die Defense Advanced Research Projects Agency (DARPA) in den USA könnte eine solche Agentur Projekte zur Lösung ambitionierter und risikobehafteter technologischer Herausforderungen unabhängig und unternehmerisch vorantreiben.[27] Es ist ermutigend, dass derzeit Bemühungen hin zur Einführung einer solchen Agentur verfolgt werden.

Stärkung der Innovationsaktivitäten in etablierten Unternehmen
Während die intensiven Forschungs- und Entwicklungsaktivitäten im Fahrzeugbau eine Stärke Deutschlands darstellen, sollten zusätzlich Maßnahmen für eine größere Diversifikation der Forschungs- und Entwicklungstätigkeit in Deutschland und eine Minderung der Abhängigkeit von dieser Kernbranche ergriffen werden.

Etablierte Unternehmen in traditionellen Branchen werden immer häufiger von neuen Wettbewerbern aus der Internetwirtschaft herausgefordert.

Vor allem sollten die Innovationsaktivitäten von kleinen und mittleren Unternehmen gestärkt werden. Zur Überwindung finanzieller Hürden sind die vielen spezifischen Förderprogramme deshalb weniger geeignet, weil für kleine Unternehmen das Auffinden geeigneter Programme und die Antragstellung mit zu viel Aufwand verbunden sind. Hier wäre eine steuerliche Forschungs- und Entwicklungsförderung für kleine und mittlere Unternehmen eine zentrale Maßnahme. Um dem Fachkräftemangel entgegenzutreten, der die Innovationsfähigkeit der Unternehmen bedroht, müssen stille Reserven besser eingebunden werden. Nicht zuletzt sollten die Rahmenbedingungen für eine stärkere Berufsbeteiligung von Frauen weiter verbessert werden.

Maßnahmen für mehr Unternehmensgründungen
Für Unternehmensgründungen sollten administrative Hürden gesenkt werden, wie durch einen One-Stop-Shop für alle Informationen und Regularien für Gründungen. Mit der Gründungsausbildung sollte wesentlich früher begonnen werden.

Die Gründungsfinanzierung muss durch verbesserte Anreize für private Investoren und attraktivere steuerliche Rahmenbedingungen erleichtert werden.

Der Staat als Innovationsmotor
Die mit der Hightech-Strategie verfolgte ressortübergreifende Politikkoordination sollte fortgeführt und weiter institutionalisiert werden. Neben technologischen Innovationen sollten in der Förderpolitik auch soziale Innovationen verstärkt Berücksichtigung finden. Recht und Praxis der öffentlichen Beschaffung sollten so angepasst werden, dass innovativere Angebote bevorzugt berücksichtigt werden. Die Innovationspolitik sollte zukünftig vermehrt auf Basis qualitativ hochwertiger und transparenter Evaluationen von Politikmaßnahmen fortentwickelt werden.

Zukunftsorientierte Gestaltung digitalen Wandels
Deutschland sollte beim Ausbau seiner digitalen Infrastruktur ambitionierter vorgehen und sich nicht nur am OECD-Mittelfeld orientieren. Eine lange Reihe politischer Ankündigungen, die nicht umgesetzt wurden, strapaziert derzeit die Glaubwürdigkeit der deutschen Wirtschaftspolitik. Gerade kleine und mittlere Unternehmen sollten in den Mittelpunkt von Fördermaßnahmen zum Zweck des digitalen Wandels gerückt werden. In sämtlichen Aus- und Weiterbildungssegmenten muss die Bevölkerung im Umgang mit digitalen Technologien geschult werden. Start-ups können einen bedeutenden Beitrag zur Bewältigung des digitalen Wandels leisten – Barrieren für ihre Entwicklung und ihr Wachstum müssen beseitigt werden. Der Staat sollte seine eigenen Leistungen im Zuge von E-Government und Open Data als Innovationstreiber nutzen. Schließlich muss er die rechtlichen Rahmenbedingungen für die digitale Wirtschaft zukunftsorientiert fortentwickeln. Datenbasierte Geschäftsmodelle werfen Grundsatzfragen unter anderem bezüglich möglicher Eigentumsrechte an Daten, im Urheber- und Wettbewerbsrecht sowie beim Verbraucherschutz auf. Das Recht der Bürger auf Privatheit muss gesichert werden, ohne durch überzogene Regulierung Innovation massiv einzuschränken. Diese Abwägungen sind schwierig, aber sie müssen nunmehr zügig angegangen werden.

Wie wir handeln müssen

— Die Politik sollte klare Signale für den weiteren Ausbau des Wissens- und Innovationsstandorts Deutschland geben. Sie muss Deutschlands Wettbewerbsposition im digitalen Wandel stärken, indem sie zügig die Grundlagen für eine zukunftsfähige digitale Infrastruktur legt, kleine und mittlere Unternehmen bei der Gestaltung des digitalen Wandels unterstützt, das Wachstum von Start-ups fördert und bessere Bedingungen für deren Finanzierung schafft. Mit einem leistungsfähigen, anwenderfreundlichen E-Government, der Bereitstellung von Open Data und einer innovationsorientierten Beschaffung sollte der Staat zudem selbst zum Innovationsmotor werden.

— Deutsche Universitäten und außeruniversitäre Forschungseinrichtungen müssen weiterhin an internationaler Sichtbarkeit gewinnen, um wissenschaftliche Talente anzuziehen. Infrastruktur und Grundfinanzierung der Hochschulen müssen verbessert werden. Gerade jungen Menschen, die an einer Forschungslaufbahn interessiert sind, muss Deutschland bessere Karriereperspektiven bieten, beispielsweise durch eine größere Zahl unbefristeter Professuren. Die Politik sollte den Hochschulen größere Freiräume bei der Ausdifferenzierung ihres Forschungs- und Lehrprofils einräumen.

— Die Ergebnisse aus Forschungs- und Entwicklungsanstrengungen müssen verstärkt in die Anwendung transferiert werden, um gesellschaftlichen Nutzen zu stiften. Eine neu zu gründende Agentur für Sprunginnovationen sollte in Anlehnung an die US-amerikanische DARPA Impulse für radikal neue Lösungen gesellschaftlicher und technischer Herausforderungen geben und neue Formen der Wertschöpfung in Deutschland erschließen.

Forschung und Innovation 2030

Deutschland hat die intellektuellen, kreativen und finanziellen Ressourcen, im Jahr 2030 zu den erfolgreichsten Innovationsstandorten weltweit zu gehören. Sinnvolle Zielmarken sind im Jahresgutachten 2017 der Expertenkommission Forschung und Innovation genannt worden: ein Anteil der Forschungs- und Entwicklungsausgaben am BIP von 3,5 Prozent, hohe internationale Sichtbarkeit der führenden deutschen Universitäten, exzellente Rahmenbedingungen für Wagniskapital und Start-ups, ein bürgerfreundliches, effektives E-Government und der Aufbau neuer Stärken im Bereich digitaler Technologien und Geschäftsmodelle. Stärken zu stärken ist schon lange nicht mehr ausreichend – es gilt, neue Stärken zu entdecken und aufzubauen. Dazu bedarf es auch schonungsloser Offenheit bei der Einschätzung eigener Stärken und Schwächen. Forschungs- und Innovationspolitik kann nicht gelingen, wenn (wie so manches Mal im letzten Jahrzehnt) von der Politik immer nur Positivnachrichten vermeldet werden. Das Innovationssystem Deutschlands weist markante Schwächen auf.

In sämtlichen Aus- und Weiterbildungssegmenten muss die Bevölkerung im Umgang mit digitalen Technologien geschult werden.

Die mit Forschung, Innovation und Digitalisierung betrauten Einrichtungen und Ressorts müssen nun nachweisen, dass sie die anstehenden Herausforderungen meistern können. Die schwierigste Übung ist dabei, sich auf mehr Agilität und Flexibilität in Organisationsstrukturen und -prozessen einzulassen. Roman Herzog sagte in seiner Berliner Rede: »In hoch technisierten Gesellschaften ist permanente Innovation eine Daueraufgabe! Die Welt ist im Aufbruch, sie wartet nicht auf Deutschland.«[28] Deutschland sollte die Welt nicht warten lassen – und stattdessen eine Führungsrolle einnehmen.

PROF. DIETMAR HARHOFF, PH.D. *(60) ist Direktor am Max-Planck-Institut für Innovation und Wettbewerb und Honorarprofessor an der Ludwig-Maximilians-Universität München. Seine Forschungsarbeiten konzentrieren sich auf Fragen der Innovations- und Gründungsforschung sowie der Industrieökonomik. Als Vorsitzender der Expertenkommission Forschung und Innovation (EFI) berät er die Bundesregierung zu Forschungs- und Innovationspolitik.*

DR. ALEXANDER SUYER *(36) ist wissenschaftlicher Referent am Max-Planck-Institut für Innovation und Wettbewerb.*

»Globale Gesundheit muss zu einem zentralen Anliegen der deutschen Außenpolitik werden. Deutschland kann angesichts der wachsenden Gefahr durch weltweite Epidemien in der internationalen Krisensicherung und -bewältigung eine richtungsweisende Rolle einnehmen.«

Umfassende Gesundheitssicherheit als Baustein nachhaltiger deutscher Außenpolitik

Von Ilona Kickbusch

*»Wie in der Ukraine, wie bei der humanitären Katastrophe in Syrien und dem Irak gilt hier: Wenn wir nicht handeln, werden die Folgen – auch für uns in Deutschland – unkalkulierbar.« Mit diesen Worten fasste der damalige Außenminister der Bundesrepublik Frank-Walter Steinmeier im September 2014 die Gefahr durch die Ebolafieber-Epidemie in westafrikanischen Ländern zusammen.[1]
Zu diesem Zeitpunkt wütete das Virus bereits seit neun Monaten, und es bestand die Sorge, dass das Virus auch auf Nigeria übergreifen könnte, das bevölkerungsreichste Land Afrikas.*

Als die ersten Verdachtsfälle von Ebola in weiteren Ländern der Welt auftauchten, wurden plötzlich Fragen relevant, die zuvor meist vernachlässigt worden waren: Wie sicher sind wir auf einen Ausbruch im eigenen Land vorbereitet? Wie können wir verhindern, dass das Virus nicht auf weitere Länder übergreift? Wer ist für die Eindämmung verantwortlich und auch dazu in der Lage? Wie hat es zu einem solchen Ausbruch kommen können?

Der Ebola-Schock und die Ausweitung des staatlichen Sicherheitsparadigmas

Der »Ebola-Schock« – eine Epidemie, die 2014 bis 2016 11.371 Menschen tötete[2] – löste ein neues Bewusstsein für die Gefahr einer grenzüberschreitenden Epidemie auch in der Bundesrepublik aus: Bei einem Land mit 16 internationalen Flughäfen, zehn Seehäfen mit einem jährlichen Gütervolumen von knapp 300 Millionen Tonnen und täglichem Grenzverkehr mit neun direkten Nachbarstaaten stellte sich die Frage, wie effektiv der Schutz der Bevölkerung gewährleistet werden kann. Es wurde deutlich:

> **Die Ebola-Krise trug zu einer Ausweitung des staatlichen Sicherheitsparadigmas bei: Die Sicherheit der Bürger kann nicht nur durch nationalstaatliches Handeln gewährleistet werden.**

Die Wahrnehmung von Sicherheit in einem so eng mit der Welt verflochtenen Land musste sich verändern. Für Deutschland wurde die – wenn auch späte – Reaktion auf die Ebolafieber-Epidemie ein wichtiger Katalysator für ein starkes Engagement in der globalen Gesundheitspolitik.[3]

Für Deutschland wird das Politikfeld globale Gesundheit zu einem wichtigen Pfeiler des Multilateralismus und der Sicherung der Menschenrechte und beschäftigt nicht mehr nur das Gesundheitsministerium. In ihrer Rede bei der Weltgesundheitsversammlung 2015 verdeutlichte Angela Merkel, dass die Weltgesundheitsorganisation (WHO) die »einzige internationale Organisation (ist), die universelle politische Legitimation in globalen Gesundheitsfragen genießt«.[4] Um die Arbeit der WHO politisch zu unterstützen, brachte die Bundesregierung die globale Gesundheitssicherheit während der G7- und G20-Präsidentschaften im Jahr 2015 (Elmau) und 2017 (Hamburg) konsequent voran und lancierte und begleitete zahlreiche Initiativen auf internationaler Ebene. Außerdem betonte die Kanzlerin die Verbindung zwischen persönlicher Gesundheitssicherheit durch den Zugang zu Gesundheitsdiensten und kollektiver Gesundheitssicherheit durch gemeinsames Handeln der Staatengemeinschaft in einer globalisierten Welt und verband beides mit dem Menschenrecht auf Gesundheit.

Die Ebola-Krise trug deutlich zu einer Ausweitung des staatlichen Sicherheitsparadigmas bei: Die Sicherheit der Bürger kann nicht mehr nur durch nationalstaatliches Handeln gewährleistet werden; Innen- und Außenpolitik müssen auf neue Weise verbunden werden, um in krisenbezogenen Aktionsräumen handlungsfähig zu sein. Das gilt für globale Epidemien ebenso wie für die Umwelt und die Flüchtlingsproblematik. Die Herausforderung, mehr internationale Verantwortung übernehmen zu müssen[5], spiegelt sich im auch Koalitionsvertrag wider. Eine Vielzahl von Ministerien konkretisiert ihre Rolle in der globalen Gesundheitspolitik, unter anderem das Bundesministerium für wirtschaftliche Zusammenarbeit und Entwicklung (BMZ) und das Bundesministerium für Bildung und Forschung (BMBF). Im Außenministerium wurde die Position des Koordinators für die außenpolitische Dimension globaler Gesundheitspolitik verankert, und das Bundesministerium der Verteidigung (BMVg) ist seit der Ebola-Krise in verschiedenen afrikanischen Ländern südlich der Sahara mit mobilen Laboren im Einsatz. Das Gesundheitsministerium erarbeitet federführend die Neuauflage der globalen Gesundheitsstrategie der Bundesregierung als Auftrag des Koalitionsvertrags und hat neue

Großer Effekt auf Weltwirtschaft durch Pandemien

Abb. 23: Vergleich des geschätzten prozentualen wirtschaftlichen Schadens von Pandemien, Klimawandel und Naturkatastrophen auf die weltweite Wirtschaftsleistung.[6, 7, 8]

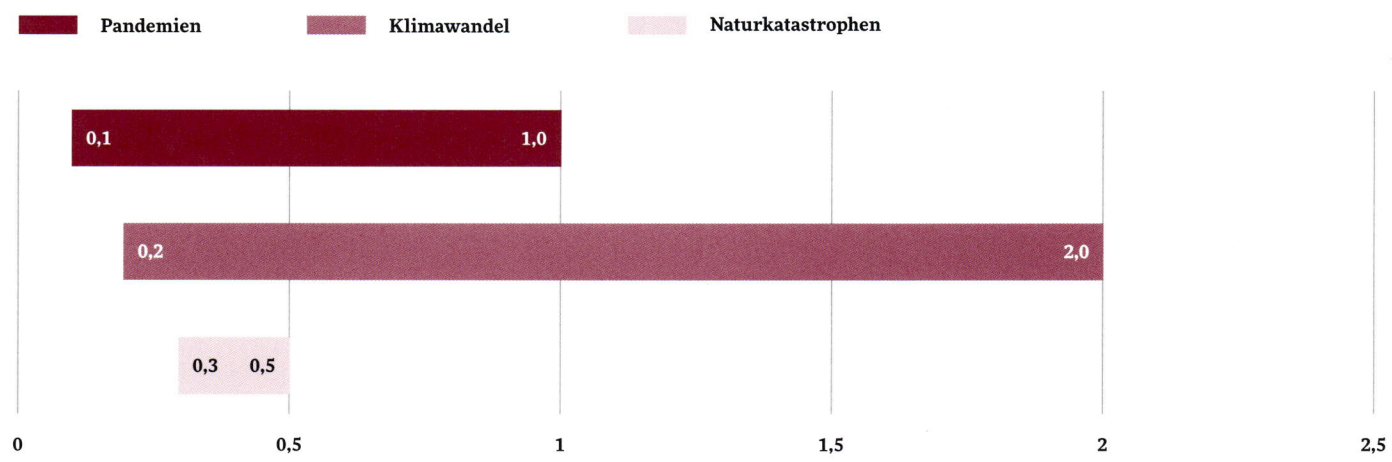

zusätzliche Haushaltsmittel für die Zusammenarbeit mit der WHO erhalten.

Gesundheitssicherheit, Konvergenz und Ungleichheit: die Entwicklungsdynamiken in der globalen Gesundheit

Die Welt ist gleichzeitig von schnell anwachsender Gesundheitskonvergenz[9] und großen gesundheitlichen Ungleichheiten gekennzeichnet. Die vergangenen Jahrzehnte zeigen einen nie da gewesenen Fortschritt in der menschlichen Entwicklung und Gesundheit: Die Zahl der Menschen in absoluter Armut (weniger als 1,90 US-Dollar pro Tag) könnte um mehr als die Hälfte reduziert werden.[10] Die Lebenserwartung stieg beträchtlich: Im Durchschnitt leben Menschen heute fünf Jahre länger als im Jahr 2000 (in den afrikanischen Ländern sogar fast zehn Jahre)[11] – im globalen Durchschnitt wurde eine Person im Jahr 2015 71,4 Jahre alt.[12] 85 Prozent aller Kinder weltweit sind geimpft, Polio ist fast ausgerottet. Man stelle sich vor, dieser Fortschritt würde sozusagen über Nacht durch eine Grippepandemie zunichtegemacht.

Die Armut und die Ungleichheit bleiben die größten Gesundheitsrisiken, für jedes Individuum und für die kollektive Gesundheitssicherheit.

Die großen Lücken in der Gesundheitssicherheit setzen Menschenleben, Wohlstand und politische Stabilität aufs Spiel. Das Ausmaß einer Epidemie ist eng verbunden mit dem Entwicklungsstand des nationalen Gesundheitssystems, doch nur circa 50 Prozent der Weltbevölkerung haben Zugang zu Gesundheitsdiensten. Die drei westafrikanischen Länder, die von Ebola betroffen waren, gehören zu den ärmsten und fragilsten Ländern. Die Weltbank schätzte den wirtschaftlichen Schaden durch den Ausbruch von Ebola in Guinea, Liberia und Sierra Leone auf 2,2 Milliarden US-Dollar.[13] Doch das Ausmaß einer Pandemie mit einem noch infektiöseren Erreger könnte weit dramatischere Folgen haben. Selbst konservative Schätzungen gehen von einem wirtschaftlichen Schaden aus, der in der Größenordnung von anderen globalen Katastrophen wie dem Klimawandel oder Naturkatastrophen liegt. Bedeutsam ist besonders die Interdependenz von Armuts-, Gesundheits- und Umweltkrisen (siehe Abbildung 23).

Neue Zoonosen stellen einen Hauptrisikofaktor dar: Die Weltbank schätzt, dass zwischen 2000 und 2010 durch diese Infektionskrankheiten alleine etwa 20 Milliarden US-Dollar an direkten und 200 Milliarden US-Dollar an indirekten ökonomischen Schäden (zum Beispiel Nahrungsmittelproduktion, Handel, Tourismus) entstanden sind.[14] Wie grenzübergreifend diese Schäden auftreten, ist am Fall von Zika zu sehen. Der eigentlich in Brasilien ausgebrochene Virus wird voraussichtlich in sechs südlichen Staaten der USA zu ökonomischen Kosten von 0,5 bis zwei Milliarden US-Dollar führen.[15] Schon heute bedrohen Epidemien die Ernährungssicherheit, vernichten Investitionsanreize und belasten den Handel mit Gütern und Dienstleistungen.

Starke Zunahme von Krankheiten

Abb. 24: Krankheitsausbrüche bei tierischen und menschlichen Wirten.[16]

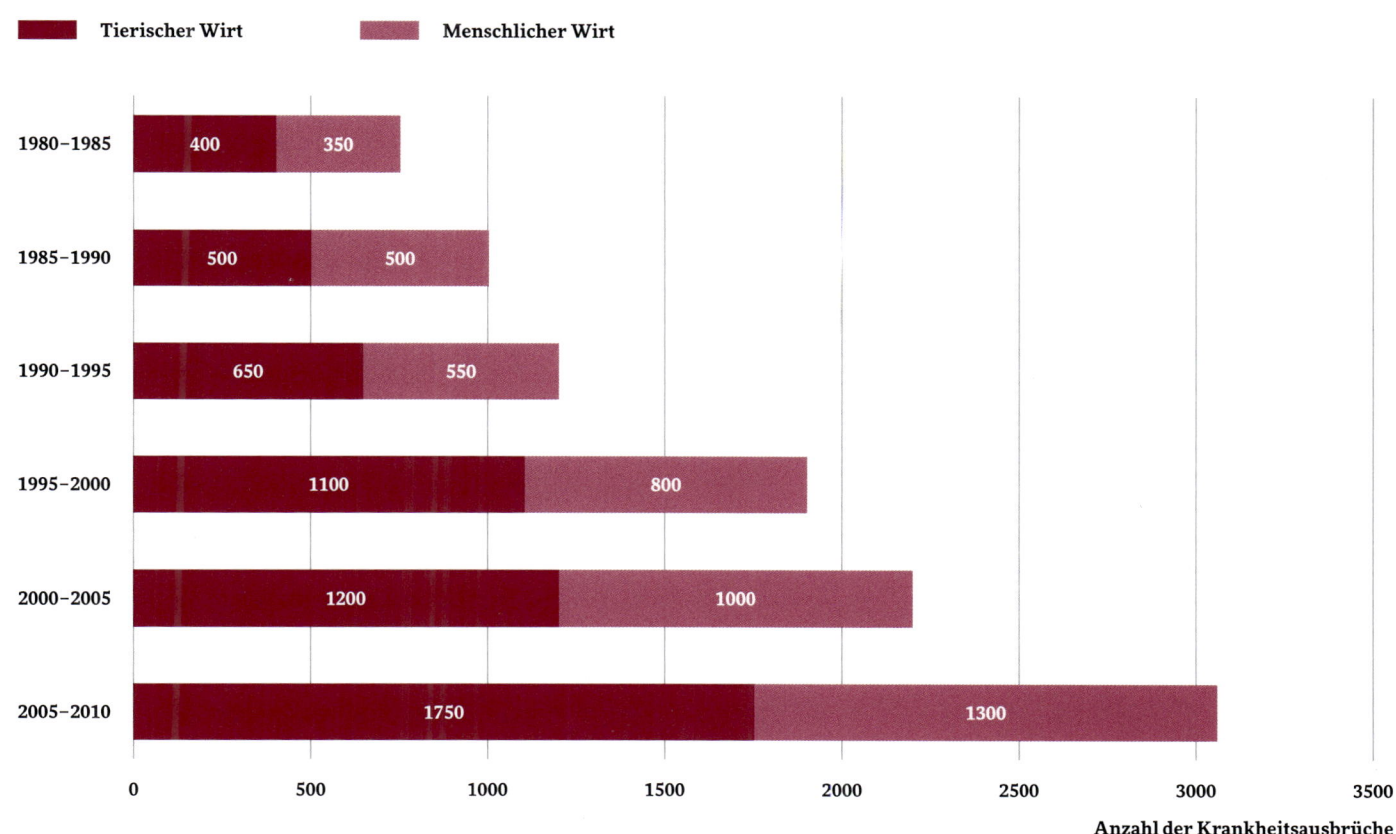

Die Armut und die Ungleichheit bleiben die größten Gesundheitsrisiken, für jedes Individuum und für die kollektive Gesundheitssicherheit. Es braucht gewaltige Mittel, um den Zugang zu Gesundheitsdiensten in Ländern mit niedrigen und mittleren Einkommen abzudecken – nach einer Berechnung belaufen sie sich auf einen jährlichen Betrag von 134 Milliarden US-Dollar (zu Anfang) und von 371 Milliarden US-Dollar im Jahr 2030 für eine Gruppe von 67 Ländern.[17] Deswegen setzt man in der globalen Gesundheit – wie in der globalen Klimapolitik – zunehmend auf die kluge Verbindung von nationaler Finanzierung, Entwicklungshilfe und gemeinschaftlicher Finanzierung für globale öffentliche Güter. So hat die Weltbank auch einen Finanzierungsplan für nationale Gesundheitssicherheit vorgelegt.[18]

Allein in den Jahren 2005 bis 2010 gab es weltweit über 3.000 Ausbrüche von Infektionskrankheiten bei steigender Tendenz.

Für jeden Entwicklungsprozess sind die Auswirkungen von Epidemien desaströs.[19] Daher rührt das Interesse von Foren wie der G7, G20, des World Economic Forum oder der Münchner Sicherheitskonferenz an der globale

Gesundheitssicherheit: Denn Staaten, die sich ökonomisch wie auch gesundheitlich immer mehr annähern, sehen sich nicht nur gemeinsamen Risiken gegenüber, sondern sind zunehmend zu gemeinsamem vorbeugendem Handeln verpflichtet. Dies ist auch die Botschaft der 2015 verabschiedeten nachhaltigen Entwicklungsziele.

Gesundheitssicherheit im 21. Jahrhundert – die Mehrdimensionalität der Risiken

Seit der Ebola-Krise 2014 und verstärkt durch den neuen Ausbruch in der Demokratischen Republik Kongo 2018 herrscht ein verschärftes Bewusstsein, dass eine globale Epidemie – Pandemie – möglich ist. Die WHO spricht in einem neuen Bericht von der Wahrscheinlichkeit von »Disease X« – einer in der Natur vorkommenden oder menschengemachten Gefahr.[20] Auch sie betont, dass es nicht infrage steht, dass die nächste Epidemie ausbricht, sondern nur *wann* das geschieht und wie gut wir darauf vorbereitet sind. Allein in den Jahren 2005 bis 2010 gab es weltweit über 3.000 Ausbrüche von Infektionskrankheiten bei steigender Tendenz. Es werden vermehrt Parallelen zur schlimmsten

Gesundheitssicherheit hat viele Dimensionen

Abb. 25: Acht verschiedene Ebenen von Gesundheitssicherheit.[21]

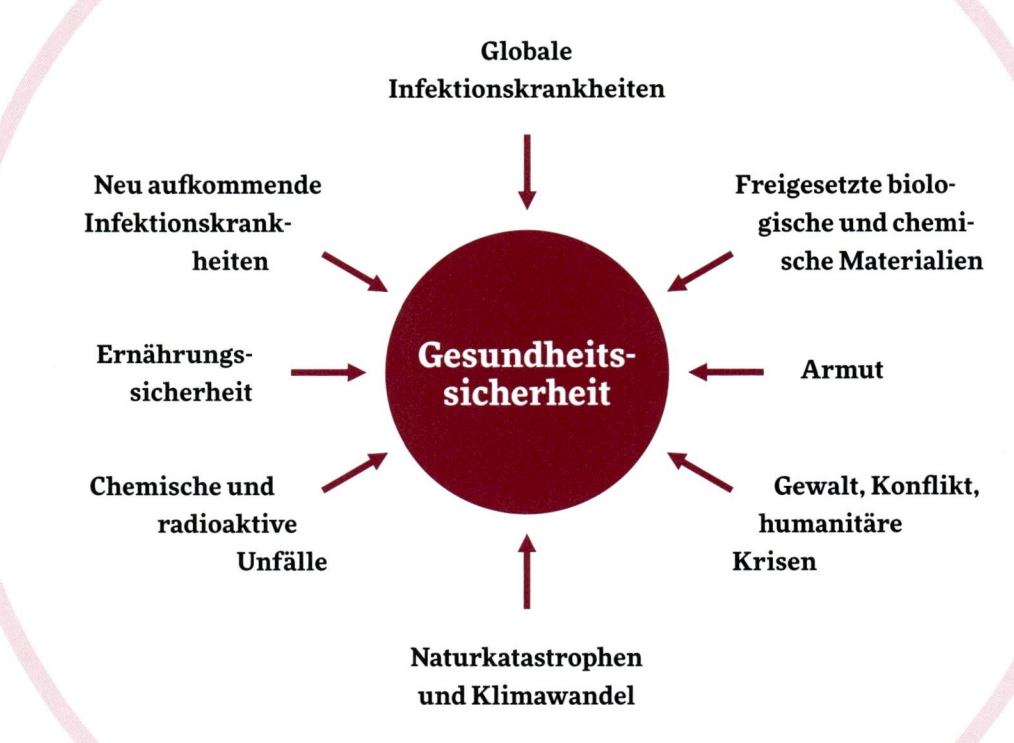

Grippepandemie in der Geschichte der Menschheit vor 100 Jahren gezogen. In nur zwei Jahren (1918–1920) starben zwischen 50 und 100 Millionen Menschen an der sogenannten Spanischen Grippe – fast 2,5 bis fünf Prozent der damaligen Weltbevölkerung.[22] Der Krankheitserreger war damals ein Abkömmling des Influenzavirus A H1N1. Auch heute wird angenommen, dass es sich bei der nächsten großen Epidemie um ein Influenzavirus handeln wird. Bill Gates weist darauf hin, dass ein Krankheitserreger, der über die Luft verbreitet wird, mehr als 30 Millionen Menschen in weniger als einem Jahr töten könnte.[23]

Gegenüber dem Jahr 2000 lebt heute über eine Milliarde Menschen mehr in Städten. Ein Drittel der Menschen hat keine grundlegende sanitäre Versorgung.

Der Verweise auf eine bisher unbekannte »Disease X« drückt aus, dass Politik in Bezug auf globale Sicherheitsherausforderungen zunehmend antizipativ, aber zugleich auf der Basis einer ungesicherten Wissensgrundlage handeln muss. Daraus erklärt sich auch der Zyklus von Panik und Vernachlässigung, der diesen Bereich der Gesundheitspolitik auszeichnet. Die Risikodynamik der globalen Gesundheitssicherheit ist mehrdimensional und wird von vielfältigen räumlichen, zeitlichen und sozialen Faktoren angetrieben. Zum einen sind es *soziodemografische Faktoren* wie die weitere Zunahme der Weltbevölkerung, von der 2015 über die Hälfte in Städten lebte. Gegenüber dem Jahr 2000 lebt heute über eine Milliarde Menschen mehr in Städten. Ein Drittel der Menschen hat keine grundlegende sanitäre Versorgung.[24] Das steigende Volumen des Reise- und Güterverkehrs (im Jahr 2016 wurden circa 3,7 Milliarden Fluggäste befördert, 2000 waren dies 1,7 Milliarden) ist Beleg dafür, dass die Menschheit so verbunden ist wie nie zuvor in der Geschichte[25], ein hoch ansteckendes Virus bräuchte nur circa 36 Stunden, um sich weltweit zu verbreiten.

Umweltveränderungen spielen ebenfalls eine bedeutende Rolle. Durch den *globalen Klimawandel* verändert sich auch die Verbreitung von krankheitsübertragenden Insekten (zum Beispiel Aedes aegypti).[26, 27]

Die Analysen zu globalen Brennpunkten für aufkommende Zoonosen (englisch *emerging zoonotic diseases*), also Infektionskrankheiten, die von Mensch zu Tier und umgekehrt übertragen werden, zeigen, dass das Risiko eines Ausbruchs in tropischen Regionen mit einer hohen Biodiversität und gleichzeitiger Veränderung der Landnutzung (zum Beispiel Rodung von Wäldern, Bergbau, Damm- oder Straßenbau) besonders hoch ist.[28]

Globale Interdependenzen weiten die Logik aus, wonach das System nur so stark ist wie die schwächsten Glieder der Kette.

Nicht zuletzt wirken sich auch *politische und militärische Konflikte* aus: Die Wahrscheinlichkeit, dass Gesundheitssysteme nicht in der Lage sind, Ausbrüche von Infektionskrankheiten zu bekämpfen, ist wesentlich höher, wenn Konflikte die öffentliche Infrastruktur über Jahre hinweg erodieren lassen. Vor dem Beginn des syrischen Bürgerkriegs lagen die Impfraten in der Mittelmeerregion bei über 90 Prozent. Im Jahr 2014 tauchten dann Polio, Masern und Keuchhusten in Syrien auf und verbreiteten sich in den Irak.[29] Ein anderes Beispiel ist der Konflikt im Jemen: Im Februar 2017 mussten umfassende Impfkampagnen durchgeführt werden, da die Gefahr bestand, dass Polio in dem Land, das 2009 für poliofrei erklärt wurde, wieder endemisch werden könnte.[30] Globale Interdependenzen weiten die Logik aus, wonach das System nur so stark ist wie die schwächsten Glieder der Kette.

Globale Risiken erfordern internationale Kooperation und starke Institutionen

Die Betrachtung der Ausbrüche in den vergangenen 13 Jahren zeigt, wie präsent die Gefahr einer Epidemie ist: SARS, Grippe H1N1, *Middle East respiratory syndrome coronavirus* (MERS-COV), Ebola und das Zikavirus. Sie alle stellten ernst zu nehmende Gefahren für die Gesundheitssicherheit dar. Erst mit der Aufarbeitung des Ebola-Ausbruchs wurde deutlich, wie beschränkt sowohl die globale Koordination als auch die Finanzierung von Gegenmaßnahmen waren

Erst mit der Aufarbeitung des Ebola-Ausbruchs wurde deutlich, wie beschränkt sowohl die globale Koordination als auch die Finanzierung von Gegenmaßnahmen waren.

– trotz eines bestehenden internationalen Abkommens. Das war ein Weckruf für die Staatengemeinschaft, und im September 2014 wurde die Ebola-Krise Thema im UN-Weltsicherheitsrat. Im Januar 2015 sprachen die Mitgliedsländer der WHO ihr Vertrauen aus, die zentrale Organisation für globale Gesundheitssicherheit zu sein.

Die 2005 *verabschiedeten Internationalen Gesundheitsvorschriften* IGV (englisch IHR, International Health Regulations) stellen den Kern der gemeinschaftlichen Verantwortlichkeit in der Gesundheitssicherheit dar und führen eine neue Norm für die globale Gesundheitssicherheit ein. Ihre Ursprünge reichen zurück bis ins Jahr 1851, als das erste Mal – wegen Cholera, Gelbfieber und der Pest – die Notwendigkeit grenzüberschreitenden kollektiven Handelns deutlich wurde. 1969 – dann bereits unter dem Dach der WHO – wurden die IGV aktualisiert und erweitert, doch erst im Jahr 2005 unter dem Eindruck von SARS erreichten die Vorschriften ihre heutige Form. Drei zentrale Elemente weisen bahnbrechend über die nationale Souveränität hinaus:[31]

— Im Falle einer gemeinsamen globalen Gefahr steht die grenzüberschreitende Solidarität über der nationalen Souveränität.

— Die Autorität der WHO wird maßgeblich erhöht, indem sie eine »gesundheitliche Krise internationalen Ausmaßes« (Public Health Emergency of International Concern, PHEIC) ausrufen kann, *notfalls auch ohne Kooperation* der betroffenen Länder. Auch die Koordinationsrolle der WHO in Krisenfällen wird erweitert.

— Alle Länder sind verpflichtet, einen definierten Maßnahmenkatalog zur Wahrung der Gesundheitssicherheit umzusetzen, dazu gehört auch die Berichterstattung.

Nach Ebola richtete die WHO im Juli 2016 das WHO Health Emergencies Programme ein, ein grundlegender Neuansatz, denn das Programm ermöglicht es der Organisation, operative Unterstützung direkt an von Ausbrüchen betroffene Länder zu geben. Im Jahr 2016 war das Programm in mehreren Krisen aktiv, zum Beispiel beim Lassa-Fieber in Nigeria, dem Ausbruch von Gelbfieber, dem Zika-Virus in Brasilien.[32] Neu ist auch der Sicherheitsrücklagefonds (Contingency Fund for

Emergencies), für den Deutschland auch nach der Wiederauffüllung weiterhin der größte Geldgeber ist.[33, 34] Sowohl das neue WHO-Programm wie auch der Fonds haben sich bei der 2018 ausgebrochenen Ebola-Krise in der Demokratischen Republik Kongo bewährt.

Deutschland unterstützte die *Aufarbeitung der Ebola-Krise* durch das *High-Level Panel on the Global Response to Health Crises* und die *Global Health Crises Task Force* der Vereinten Nationen sowie gemeinsam mit der WHO und Japan die Initiierung der *Pandemic Emergency Financing Facility* (PEF) der Weltbank, die wie eine Versicherung für ein Land funktioniert.[35] Sie zielt darauf ab Notfallgelder an Regierungen, multilaterale Organisationen oder NGOs auszuzahlen, wenn Länder mit gefährlichen Ausbrüchen konfrontiert sind, bevor sie zu Pandemien werden. Im Gegensatz zum Contingency Fund for Emergencies (CFE)[36] füllt der PEF also die Finanzierungslücke, die bisher nach der ersten Reaktion entstanden war.[37] Die Weltbank unterstützt auch Pandemie-Simulationen mit Finanzministern unterstützter Länder[38] und den Aufbau von Labornetzwerken in

West- und Ostafrika.[39] Anfang 2017 schloss sich Deutschland dann Japan, Norwegen und dem Wellcome Trust an, um die neue *Forschungs- und Entwicklungsinitiative Coalition for Epidemic Preparedness Innovations* (CEPI) ins Leben zu rufen – eine öffentlich-private Partnerschaft mit dem Fokus auf der Erforschung und Bevorratung von Impfstoffen.[40] Mittlerweile verfügt die Initiative über Finanzierungszusagen von über 670 Millionen US-Dollar, die für die Erforschung von Impfstoffen für MERS-COV, Lassa-Fieber und Nipah-Viren verwendet werden.[41] Die Weltbank führt Pandemie-Simulationen mit Finanzministern unterstützter Länder[42] durch und hilft beim Aufbau von Labornetzwerken in West- und Ostafrika.[43]

Damit die schwachen Kapazitäten vieler Länder in der Umsetzung der IGV und den Standards der Weltorganisation für Tiergesundheit (engl. World Organization of Animal Health, OIE) verbessert werden[44] initiierten die USA 2014 die *Global Health Security Agenda* (GHSA), eine Länderpartnerschaft mit mittlerweile 65 Ländern und sieben multilateralen Organisationen (unter anderem

Zusammenhänge zwischen Gesundheitssystemen und Gesundheitssicherheit

Abb. 26: Strategische Verbindung verschiedener Elemente von Gesundheitssystemen und Gesundheitssicherheit.[45]

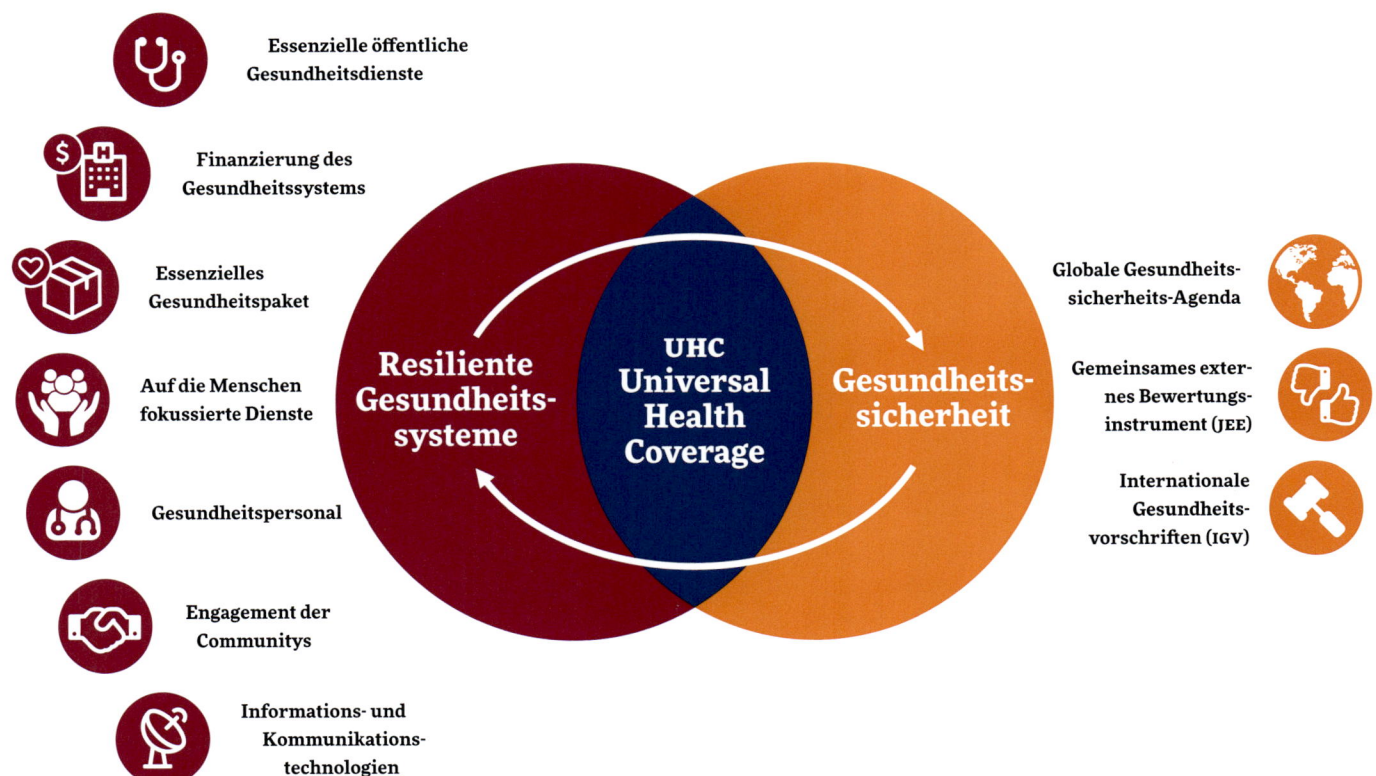

Essenzielle öffentliche
Gesundheitsdienste

Finanzierung des
Gesundheitssystems

Essenzielles
Gesundheitspaket

Auf die Menschen
fokussierte Dienste

Gesundheitspersonal

Engagement der
Communitys

Informations- und
Kommunikations-
technologien

Resiliente Gesundheitssysteme

UHC Universal Health Coverage

Gesundheitssicherheit

Globale Gesundheits-
sicherheits-Agenda

Gemeinsames exter-
nes Bewertungs-
instrument (JEE)

Internationale
Gesundheits-
vorschriften (IGV)

WHO). Die GHSA wurde im Juni 2014 auch von den G7-Staaten befürwortet. Sie wird 2016 durch die *Joint External Evaluation* (JEE) ergänzt, die eine der Schwachstellen der IGV aufgreift. Der Ansatz der Selbstberichterstattung wird durch eine gemeinsam durchgeführte Evaluation ergänzt.[46] Seit Februar 2016 wurden bereits 72 JEES in sechs Regionen durchgeführt. 31 weitere JEES sind für 2018 und 2019 vorgesehen.[47] Ein ähnlicher Prozess existiert auch für die Tiergesundheitsvorschriften der OIE, den sogenannten *Performance of Veterinary Services Pathway* (PVS), der die Qualität der nationalen tierärztlichen und tiergesundheitlichen Systeme evaluiert. Es fehlt jedoch weiterhin die Finanzierung für die Umsetzung der Empfehlungen.

Herausforderungen bestehen auch bei der Nutzung von digitalen Technologien für die Prävention und Epidemiebekämpfung. Ansätze wie *HealthMap* aggregieren und visualisieren aktuelle Informationen zu Ausbrüchen – so identifizierte die *HealthMap* die Ebola-Epidemie, neun Tage bevor die WHO offiziell den Ausbruch bekannt gab.[48] Aber auch im Falle eines Ausbruchs sind solche Technologien wichtig: So wurde während der Ebola-Epidemie die App mHero (*Health Worker Electronic Outreach*) genutzt: Sie vereinfachte die Koordination von Information zwischen den Gesundheitskräften sowie Überwachung und Reporting. Diese Möglichkeit, in konstantem Kontakt zu sein, erlaubt Wissenstransfer sogar in schwierigen Situationen oder aber die Übermittlung von wichtigen, relativ einfachen Informationen wie zum Beispiel Laborresultate.[49]

Deutschlands Rolle: globale Gesundheitspolitik aus systemischer Perspektive

Die globale Gesundheitssicherheit wird immer bedeutsamer, sie braucht aber gerade in Zeiten, in denen keine aktuelle Krise vorherrscht, einen starken politischen Fürsprecher. Deutschland ist mehr als viele andere Ländern dem Multilateralismus und den internationalen Organisationen verpflichtet und hat 2015 in

> **Die globale Gesundheitssicherheit wird immer bedeutsamer, sie braucht aber gerade in Zeiten, in denen keine aktuelle Krise vorherrscht, einen starken politischen Fürsprecher.**

der Folge der Ebola-Krise unter Leitung der Kanzlerin eine neue Außenpolitik der Gesundheitssicherheit angestoßen, die bis heute anhält, aber weiter gestärkt und ausgebaut werden muss. Globale Gesundheitssicherheit ist inzwischen zu einem zentralen Thema von Regierungschefs, Außen- und Finanzminister geworden.[50] Auch Außenminister Heiko Maas thematisierte diese Notwendigkeit auf dem diesjährigen *Global Solutions Summit* in Berlin: »... die großen Zukunftsaufgaben wie den Schutz des Klimas und der Meere oder den Kampf gegen Epidemien werden wir aus Sicht der Bundesregierung nur miteinander, nicht gegeneinander bewältigen können«.[51]

Es braucht ein neues Finanzierungsmodell für Gesundheitssicherheit als globales öffentliches Gut – dazu muss auch Deutschland bereit sein, signifikant intellektuell und finanziell beizutragen.

Auf dieser politischen Grundlage eröffnet sich für Deutschland die Möglichkeit, ein wichtiger Impulsgeber für globale Gesundheitssicherheit zu sein; als integraler Teil der Friedens- und Entwicklungsprojekte der nachhaltigen Entwicklungsziele einerseits und des spezifischen Gesundheitszieles (SDG 3) andererseits. Deutschland kann damit in einem der wichtigsten Bereiche der internationalen Krisensicherung und -bewältigung eine zentrale Rolle einnehmen.

Das Signal muss sein, dass die *globale Gesundheitssicherheit weder dem Sicherheitssektor noch dem Gesundheitssektor allein überlassen werden kann*[52], vielmehr braucht es ein integratives Konzept, das Akteure aus vielen verschiedenen Sektoren unter ziviler Führung zusammenbringt, um die vielfältigen und interdependenten Dimensionen abdecken zu können.

In der außen- wie in der gesundheitspolitischen Zuordnung gerät Deutschland weniger in den Verdacht, ein eng verstandenes nationales Sicherheitsverständnis und eine militärisch geprägte Außenpolitik zu vertreten – im Gegensatz zu den USA, welche viele globale Risiken vorrangig aus der Perspektive des nationalen, militärisch orientierten Sicherheitsinteresses definieren.[53] Es darf gerade nicht um die *securitization* von Gesundheit gehen – sondern im Gegenteil um ein Konzept, das private und kollektive Sicherheit im Sinne einer breit gelagerten gemeinsamen Verantwortlichkeit zusammenbringt. Das ist besonders in Hinblick auf die Nichtregierungsorganisationen und die humanitären Handlungsträger außerordentlich bedeutsam. Deutschland könnte – auch in der Ausübung des Sitzes im Weltsicherheitsrat – für die »Sorge um das Ganze«[54] stehen und die Bindung der globalen Gesundheitssicherheit an das VN-System, Menschenrechte, internationale Regeln, gemeinsame Finanzierung und transnationale Kooperation voranbringen. Dabei braucht es auch ein neues Finanzierungsmodell für Gesundheitssicherheit als globales öffentliches Gut – dazu muss auch Deutschland bereit sein, signifikant intellektuell und finanziell beizutragen.

Eine solche Vorreiterrolle für ein neues integratives Verständnis von Gesundheitssicherheit im Rahmen von SDG 3 kann auf der langjährigen deutschen WHO-Politik und Gesundheitsentwicklungspolitik aufbauen, die stets systemische Lösungen bevorzugt hat. Es braucht die strategische Verbindung vom Aufbau von Gesundheitssicherheitsstrukturen und von Gesundheitssystemen (UHC).[55] Ein verantwortungsvoller Umgang mit Gesundheitsrisiken beinhaltet die Antizipation, das *preparedness*. Das wird einerseits durch die konsequente Umsetzung der Vorschriften in den IGV gewährleistet – anderseits durch den Aufbau und die konsequente Stärkung von Public-Health-Institutionen im Rahmen eines umfassenden Gesundheitssystems. J. Quick hat diese zentrale Verbindung dargestellt (siehe Abbildung 26).

Um diese Schwerpunkte voranzubringen braucht es zum einen eine Strategie für die internationale Gesundheitssicherheit, durch welche die deutschen Akteure im Geschäftsbereich des BMG – etwa das Robert Koch-Institut in der Ausbruchsbekämpfung, Krankheitsüberwachung und -vorbeugung, das Paul-Ehrlich-Institut als forschendes Bundesinstitut für Impfstoffe und biomedizinische Arzneimittel, das Bundesinstitut für Arzneimittel und Medizinprodukte und das Bernhard-Nocht-Institut für Tropenmedizin – mit Handlungsträgern in der Entwicklungszusammenarbeit, der humanitären Hilfe, der Forschung

Gesundheitssicherheit

Wie wir handeln müssen

Für eine Strategie der internationalen Gesundheitssicherheit ergeben sich drei Schwerpunkte für eine aktive Gesundheitsaußenpolitik:

— *Das Umsetzen einer integrativen und nicht militarisierten Politik der Gesundheitssicherheit in Verbindung mit dem deutschen Sitz im VN-Sicherheitsrat.* Damit kann Deutschland in einem der wichtigsten Bereiche der internationalen Krisensicherung und -bewältigung richtungsweisend agieren. Zum Beispiel könnten Richtlinien entwickelt werden, unter welchen Voraussetzungen sich der Sicherheitsrat mit Gesundheitskrisen befassen soll.

— *Die Verteidigung von multilateralen Lösungen und Stärkung der internationalen Organisationen – insbesondere der WHO – in der Gesundheitskrisenbekämpfung.* Die Verpflichtung zum vorbeugenden Handeln zusammen mit der Bereitstellung der nötigen finanziellen Mittel muss im Vordergrund stehen.

— *Die volle Einbindung der Gesundheitssicherheit im Rahmen der deutschen Afrika-Strategie in Ländern südlich der Sahara.* Dabei gilt es, bei der Umsetzung der IGV, der Bekämpfung der Tropenkrankheiten wie auch beim Aufbau von Gesundheitssystemen einen Schwerpunkt zu setzen.[57]

Es braucht Investitionen in ein gut ausgebautes Netz von Gesundheitsdiplomaten (*health attachés*), das es ermöglicht, die Verbindung zwischen dem nationalen und multilateralen Handeln strategisch voranzubringen. Wie in anderen Ländern sollte ein Botschafter für globale Gesundheit bestellt werden, der Ansprechpartner für die außenpolitische Bedeutung des Politikfeldes ist. Globale Gesundheit muss zu einem zentralen Anliegen der deutschen Außenpolitik werden.

und der Verteidigung gebündelt werden. Durch das Initiieren, Finanzieren und die Mitarbeit in neuen Allianzen zur Forschung (CEPI) und Zusammenarbeit (GARDP, AMR HUB) sind schon erste Schritte getan. Da ein Großteil der gefährlichen Epidemien zoonotischen Ursprungs ist, gewinnen *One Health-Ansätze* massiv an Bedeutung, denn sie erkennen an, dass Menschen, Tiere und Ökosysteme eng miteinander verbunden sind. Dazu gehört eine koordinierte, kollaborative und multidisziplinäre sowie sektorenübergreifende Strategie, mit der potenziellen oder tatsächlichen Risiken aus diesem Tier-Mensch-Ökosystem entgegengewirkt werden kann.[56]

Ich danke Christian Franz herzlich für seine Unterstützung bei der Erstellung des Textes.

PROFESSOR DR. DR. H. C. ILONA KICKBUSCH (71) *ist Direktorin des Zentrums für Globale Gesundheit im Genfer Hochschulinstitut für internationale Studien sowie Beraterin des Generaldirektors der WHO. In der Vergangenheit war sie unter anderem Mitglied des unabhängigen Expertenpanels zur Evaluation des WHO-Ebola-Einsatzes des Generalsekretärs der Vereinten Nationen und Co-Moderatorin der Krisensimulation beim G20-Treffen der Gesundheitsminister. Außerdem sitzt Kickbusch dem International Advisory Board zur Überarbeitung der deutschen globalen Gesundheitsstrategie und dem Council of the World Health Summit vor. Zudem ist sie Mitglied des von der WHO und der Weltbank eingerichteten Global Preparedness Monitoring Board. 2016 wurde ihr in Anerkennung ihrer Verdienste um die globale Gesundheit das Bundesverdienstkreuz am Bande verliehen.*

Deutschlands Rolle in der algorithmischen Beurteilung von Menschen

Von Katharina Zweig

Intelligente und effiziente Algorithmen können den uns zur Verfügung stehenden Datenmengen einen Sinn geben: Sie beginnen, Sprache zu verstehen, und werden bald unsere Autos fahren. Wie tun sie das? Durch einen Paradigmenwechsel: Anstatt eine Software zu entwickeln, die Input in Output umwandelt, suchen die neuen Algorithmen nach Regeln, die erklären, weshalb *dieser* bestimmte Input zu *diesem* bestimmten Output führt. Heute versuchen Algorithmen beispielsweise anhand maschinellen Lernens aus einer Fülle von (menschlich) übersetzten Sätzen abzuleiten, welcher Teil des englischen Satzes welchem Teil des deutschen Satzes entspricht. Diese Korrelation wird dann als ein Indikator dafür verwendet, dass letzterer die Übersetzung des ersteren ist.

Sollten Menschen Entscheidungen über andere Menschen treffen – oder Maschinen?

Unser Vertrauen in menschliche Entscheidungen hat erheblich gelitten. Nobelpreisträger Kahneman und andere Psychologen haben Experimente durchgeführt, die zeigen, dass Menschen oft unbeständig, irrational und voreingenommen sind. Und das gilt auch, wenn Menschen andere Menschen beurteilen. Wäre es nicht ein Fortschritt, das neue Denkmodell zu nutzen, um Menschen zu beurteilen und ihr Verhalten vorherzusagen? Nehmen wir Risikobewertung als Beispiel. Die American Civil Liberties Union fordert, dass Risikobewertungssysteme in jedem Schritt eines Gerichtsverfahrens verwendet werden sollten: bei Entscheidungen zu Sorgerecht, Kaution, Strafmaß und für jegliche Entscheidung nach einer Gefängnisentlassung. Eine in den USA bereits verwendete Software zur Beurteilung der Rückfallgefahr lernt aus vorhandenen Daten die Eigenschaften einer Person, die am stärksten auf eine Rückfälligkeit deuten. Anhand dieser Daten stellt die Software Entscheidungsregeln auf, die dann für Entscheidungen über neue Fälle verwendet werden können. Der Algorithmus ordnet dabei jeden neuen Kriminellen einer Gruppe von anderen Kriminellen zu, die ihm ähnlich. Die Rückfallquote dieser Gruppe wird als

Menschen sind oft unbeständig, irrational und voreingenommen. Und das gilt auch, wenn Menschen andere Menschen beurteilen.

persönliches Risiko der zu beurteilenden Person verwendet; es handelt sich also um ein »*algorithmisch legitimiertes Vorurteil*«. In unseren Untersuchungen haben wir gezeigt, dass eine solche auf Algorithmen basierte Personenbewertung das Ergebnis eines langen, komplizierten Designprozesses ist, in dem viele subjektive Entscheidungen getroffen werden und Fehler möglich sind.

Algorithmenbasiertes Personenbewertungssystem

Basierend auf einer ausgeklügelten und doch konservativen Ansicht zum Datenschutz würden die meisten Unternehmen und Regierungsinstitutionen die Einführung eines auf Algorithmen basierten Personenbewertungssystems nicht in Erwägung ziehen. Das Risiko besteht allerdings nicht in der grundsätzlichen Verwendung von Daten und maschinellem Lernen, sondern vielmehr darin, dass die Maschine die menschliche Vielschichtigkeit auf eine einzige Zahl pro Person reduziert. Ich bin überzeugt, dass Maschinen uns helfen können, bessere Entscheidungen zu treffen – wenn wir sie für die Forschung nutzen. *Es wird die Gesellschaft teuer zu stehen kommen, nicht auch von menschlichen Daten zu lernen.*

Für 2030 hoffe ich daher, dass Deutschland eine Vorreiterrolle bei der Entwicklung eines qualitätssichernden Gestaltungsprozesses von Personenbewertungssystemen in Europa einnimmt: Es muss klare ethische Richtlinien geben, die den gesamten Prozess regeln. Deutschland muss aber auch einen Weg finden, wie wir als Gesellschaft, als Forscher und Unternehmer die uns umgebenden Daten auf neue, kreative und aufschlussreiche Weise ohne allzu große Einschränkung und mit mehr Vertrauen nutzen können.

PROF. DR. KATHARINA A. ZWEIG (42) *ist Informatikprofessorin an der TU Kaiserslautern, wo sie das Algorithm Accountability Lab leitet. Sie entwickelte und leitet dort auch den Studiengang Sozioinformatik. Im Jahr 2016 gründete sie gemeinsam mit Matthias Spielkamp, Lorena Jaume-Palasí und Lorenz Matzat die NGO AlgorithmWatch, um eine faktenbasierte Diskussion der Chancen und Risiken von Algorithmen zu unterstützen. Dafür erhielten sie im Jahr 2018 die Theodor-Heuss-Medaille. Prof. Zweig berät Kirchen, Ministerien, Parteien und Journalisten in Bezug auf den Einfluss von Algorithmen.*

»Die Entwicklung und Anwendung von Algorithmen muss sich an starken ethischen Richtlinien orientieren. Deutschland hat einen guten Ausgangspunkt, um die Entwicklung dieser ethischen Richtlinien anzuleiten.«

»Uns allen fällt es schwer, mit dem erforderlichen Wissen, den Fähigkeiten und Instrumenten technologischer Innovation Schritt zu halten. Länder, die in Zukunft erfolgreich sein wollen, sollten sich anpassen und die Chancen der ›Industrie 4.0‹ nutzen.«

Neue Technologien für die »Agenda 2030«

Von Achim Steiner

Ich habe großes Vertrauen in das Potenzial von Technologie. Es beruht auf meinen eigenen Erfahrungen und auch auf einer soliden Grundlage von Fakten. Meine Generation hat miterlebt, wie etwa Mobiltelefone das Leben von Milliarden armer Menschen innerhalb einer Generation grundlegend verändert haben, und das sowohl in Industrie- als auch in Entwicklungsländern.

Kognitives Computing, Blockchain, Robotik, das Internet der Dinge und viele andere »intelligente« und »digitale« Technologien bieten vielversprechende Möglichkeiten, die sich wahrscheinlich tief greifend auf die globale Entwicklung auswirken werden. Nanotechnologie, 3-D- und 4-D-Druck, virtuelle, erweiterte und gemischte Realität, ausgefeilte digitale Assistenten, autonome Fahrzeuge und modernste Gentechnologie – all diese technologischen Megatrends wachsen in einem nie da gewesenen Tempo zu dem zusammen, was heute oft als »Industrie 4.0« bezeichnet wird.

> **Meine Generation hat miterlebt, wie etwa Mobiltelefone das Leben von Milliarden armer Menschen innerhalb einer Generation grundlegend verändert haben, und das sowohl in Industrie- als auch in Entwicklungsländern.**

Für die nächsten zehn Jahren ist zu erwarten, dass sich künstliche Intelligenz zur disruptivsten aller Technologien entwickeln wird. Was an der steigenden Rechenleistung liegt, an der wachsenden Menge an gesammelten Daten und an den Fortschritten, die bei selbstlernenden neuronalen Netzwerken erzielt werden. Dadurch bieten sich ungeahnte Möglichkeiten der Problemlösung und der Nutzung von Daten. Das kann uns bei der Umsetzung der »Agenda 2030 für nachhaltige Entwicklung« helfen, die 2015 von den UN-Mitgliedstaaten beschlossen wurde.

> **Mithilfe von Gesundheits-Apps können sich Patienten, die auf dem Land leben, Diagnosen stellen lassen und die Maßnahmen zu ihrer Behandlung selbst besser befolgen.**

Regierungen spielen, das muss man festhalten, beim technologischen Wandel eine Schlüsselrolle. Sie erreichen dies, indem sie Innovation fördern oder selbst als Innovatoren auftreten. Wo Regierungen Unterstützung anbieten und günstige rechtliche Rahmenbedingungen schaffen, können sie eine enorme Innovationskraft freisetzen und dadurch viel zum Positiven verändern. Was wir brauchen, ist ein konstruktiver Dialog zwischen Regierungen und der internationalen Gemeinschaft, der kontinuierlich am Laufen gehalten wird. Darin muss es um das Verhältnis von Technologie und Nachhaltigkeit gehen und wie sie gut zusammenspielen. Wenn wir uns zusammentun, können wir die Vorteile, die aus der Technologie erwachsen, maximieren.

Die technologischen Dimensionen der nachhaltigen Entwicklungsziele

Ich bin überzeugt, dass ein wohlüberlegter Einsatz von Technologie entscheidend dazu beitragen kann, viele, wenn nicht alle der 17 nachhaltigen Entwicklungsziele (SDGs) zu verwirklichen. Als sehr nützlich zeigt sich beispielsweise die Anwendung von digitalen Technologien und Dienstleistungen im Gesundheitsbereich (SDG 3): Mithilfe von Gesundheits-Apps können sich Patienten, die auf dem Land leben, Diagnosen stellen lassen und die Maßnahmen zu ihrer Behandlung selbst besser befolgen. Innovationen in kostengünstige Gesundheitstechnologien, wie etwa Inkubatoren für Neugeborene oder solarbetriebene Impfstoffkühlschränke, können in ressourcenarmen Umgebungen Leben retten.

Weitaus interessanter ist jedoch eine andere Frage: Was leisten technologische Errungenschaften zur Förderung von Frieden, Gerechtigkeit und starken Institutionen (SDG 16)? Auf der ganzen Welt erleichtern digitale Technologien den Zugang zu öffentlichen Informationen und erhöhen die Transparenz öffentlicher Institutionen. Dadurch ist der öffentliche Sektor um einiges leistungsfähiger geworden und kann viel besser seiner Rechenschaftspflicht nachkommen.

Das Erreichen der Unterziele der SDG 16 ist für die »Agenda 2030« als Ganzes entscheidend. Beispielsweise fordert SDG 16.9 rechtliche Identität für alle. Dies beinhaltet auch die Registrierung bei der Geburt. Nur eine korrekte Identifizierung stellt sicher, dass Menschen als Bürgerinnen und Bürger ihrer Staaten anerkannt werden. In der rechtlichen Identität liegt der Schlüssel dafür, dass sie ihre politischen Rechte ausüben können, etwa ihr Wahlrecht.

Trotzdem sind rund 1,1 Milliarden Menschen nicht als Bürgerinnen und Bürger registriert. Meist handelt es sich dabei um die ärmsten Mitglieder einer Gesellschaft, und mehr als ein Drittel von ihnen sind Kinder unter 18 Jahren. Identifikation ist die grundlegendste Voraussetzung dafür, dass eine Regierung mit ihren Bürgerinnen und Bürgern interagieren kann, dass sie Dienstleistungen für die Menschen erbringen kann.

Staaten mit starken Institutionen können sich besser auf technologische Umbrüche vorbereiten

Es ist also ein tief greifender Umbruch durch Innovation zu erwarten. Nur starke Institutionen können dabei gewährleisten, dass die neuen Technologien nicht auf schädliche Weise in die Beziehungen zwischen den Bürgerinnen und Bürgern und dem Staat eingreifen, die Privatsphäre aushöhlen und Menschenrechte verletzen. Wenn Innovation und Technologie wie vorausberechnet voranschreiten, werden sich die Machtverhältnisse in den Gesellschaften auf jeden Fall grundlegend wandeln. Doch Staaten mit leistungsfähigen Institutionen können sich darauf besser einstellen, etwa auf die disruptiven Auswirkungen neuer Technologien auf den Arbeitsmarkt. Und wenn sie soziale Medien konstruktiv nutzen, können sie zu einem engeren Verhältnis zur Bevölkerung finden, einem neuen Gesellschaftsvertrag, und die Menschen zu gemeinsamem Handeln bewegen.

Auf der ganzen Welt erleichtern digitale Technologien den Zugang zu öffentlichen Informationen und erhöhen die Transparenz öffentlicher Institutionen.

Die Vorteile, die digitale Lösungen für das Wachstum bieten, lassen sich nur ausschöpfen, wenn die »digitale Kluft« überwunden wird.

All dies erfordert Weitblick und vorausschauendes Denken – die Kunst liegt darin, mögliche zukünftige Entwicklungen vorwegzunehmen, um größeren Handlungsspielraum in der Gegenwart zu gewinnen. Methoden der Strategic Foresight befähigen Entscheidungsträger in der Regierung, proaktiv vorzugehen. Statt sich nur reaktiv zur rasch verändernden Lage zu verhalten, können sie Chancen, die sich ergeben, besser nutzen, und sie werden auch viel widerstandsfähiger, wenn sie mit Disruption und neuen Herausforderungen zu tun bekommen.

Der Einsatz neuer Technologien – ob öffentlich oder privat – beeinflusst das Vertrauen der Bürgerinnen und Bürger in ihre Regierung grundlegend. Die Legitimität des Staates hängt von diesem Vertrauen ab. Hierauf ruhen stabile gesellschaftliche Verhältnisse, die wiederum nachhaltiges Wirtschaftswachstum und Entwicklung ermöglichen. Die Vorteile, die digitale Lösungen für das Wachstum bieten, lassen sich nur ausschöpfen, wenn die »digitale Kluft« überwunden wird. Das Internet stärkt Menschen weltweit, es ermöglicht ihnen mehr Teilhabe. Sie erhalten darüber Zugang zu Bildung oder anderen öffentlichen und privaten Leistungen. Zugleich drohen sie, was das technische Know-how angeht, abermals in eine Abhängigkeit von Industrieländern zu geraten. Und sie werden anfällig für neue Gefahren, zum Beispiel durch Hackerangriffe.

Uns allen fällt es schwer, mit dem erforderlichen Wissen, den Fähigkeiten und Instrumenten disruptiver technologischer Innovationen Schritt zu halten und gleichzeitig die entstehenden Chancen zu nutzen und Risiken zu mindern.

Die »Industrie 4.0« kommt einer Revolution gleich, auf die sich die Regierungen aller Länder einstellen müssen. Zwar kann künstliche Intelligenz nationale Entwicklungsstrategien viel schneller bewerten, als dies jeder UN-Experte vermag. Aber das UN-System kann dennoch helfen: indem es zwischen den Staaten und Sektoren einen Austausch von Erfahrungen und Fähigkeiten fördert – damit alle die anstehenden Umwälzungen und Disruptionen besser bewältigen.

ACHIM STEINER (57) *ist Leiter des Entwicklungsprogramms der Vereinten Nationen (UNDP). Seit fast drei Jahrzehnten ist er weltweit führend in den Bereichen nachhaltige Entwicklung, Klimaresistenz und internationale Zusammenarbeit. Bevor er zu UNDP kam, war er Direktor der Oxford Martin School, Professorial Fellow des Balliol College, Exekutivdirektor des Umweltprogramms der Vereinten Nationen (UNEP), Generaldirektor der Weltnaturschutzunion (IUCN) und Generalsekretär der Weltkommission für Staudämme (WCD).*

»Um die Sicherheit der Menschheit bis 2030 und darüber hinaus zu bewahren, müssen wir ein effektives globales Governance-Regime für die Biotechnologie vereinbaren, das universell gilt und Biosicherheit gewährleistet.«

Biotechnologie und der rechtliche Rahmen der künftigen Weltgesellschaft

Von Silja Vöneky[1]

Viele Forschende betonen, dass leistungsstarke Technologien, insbesondere die Biotechnologie, besorgniserregende Risiken mit sich bringen. Ich stimme Martin John Rees zu, der feststellt, dass wir auf ein Zeitalter zusteuern, in dem einige Individuen durch Fehler oder durch Terror einen gesellschaftlichen Zusammenbruch mit solch extremer Schnelligkeit auslösen können, dass nachträglich darauf reagierendes staatliches Handeln vollkommen unzureichend ist.[2] Daher sollte unsere Priorität sein, heute Wege zu finden, existenzielle oder katastrophale Risiken normativ einzuhegen. Dafür sollte, als erster Schritt, ein effektives universelles Biosicherheitsregime vereinbart und umgesetzt werden.

In den vergangenen Jahrzehnten haben wir in vielen Bereichen der Naturwissenschaften entscheidende Fortschritte erzielt, die unser Leben erheblich verbessern können. Der wissenschaftliche und technologische Fortschritt hilft uns, tödliche Krankheiten zu heilen und Hunger zu bekämpfen. Niemand bestreitet, dass Wissenschaft und Technik zu großen Fortschritten führen, nicht nur in den Bereichen der Medizin und Landwirtschaft. Es ist jedoch auch nicht zu leugnen, dass durch diesen Fortschritt neue Risiken entstehen: Die physischen Grenzen des Schadens, den ein Einzelner oder eine kleine Gruppe verursachen kann, sind immer weniger einzugrenzen.[3] Biotechnologische Fortschritte sind mit Risiken verbunden, die sogar existenziell oder katastrophal sein können.[4] Zu Beginn des Jahres 2018 war es Bill Gates, der das zunehmende Risiko eines Terroranschlags mit biologischen Waffen und die Notwendigkeit eines effektiven globalen Abwehr- und Reaktionssystems gegen Pandemien als eine Aufgabe der globalen Gesundheitssicherheit (*global health security*) betonte.[5]

Für die Menschen, die an einem solchen Erreger erkranken, leiden oder sterben, erscheint es irrelevant, ob die Pandemie durch eine natürliche Mutation oder aber durch einen Fehler, einen Terroranschlag oder durch

Jüngste Beispiele für risikoreiche Forschung sind die im Jahr 2012 viel diskutierten Experimente mit Influenzaviren, bei denen gefährlichere Formen als die natürlich vorkommenden Formen des Virus hergestellt wurden.

Kriegshandlungen verursacht wird. Aus ethischer und rechtlicher Sicht besteht jedoch ein entscheidender Unterschied: Wenn ein Risiko[6] vom Menschen verursacht wird, sind wir Menschen dafür verantwortlich, sollte sich dieses Risiko verwirklichen. In Anbetracht der menschengemachten Risiken für die Biosicherheit durch Laborunfälle und Irrtümer (*Biosafety*) und durch Missbrauch der Technik und Forschung (*Biosecurity*) sollte es daher die Priorität aller Staaten und der internationalen Gemeinschaft insgesamt sein, diese Risiken auf legitime Weise normativ einzuhegen.

Doch trotz der interdisziplinären Debatten der letzten Jahre und der politischen Initiativen, die sich damit befassen, wie existenzielle und globale katastrophale technologische Risiken normativ erfasst werden können, ist immer noch unklar, welche Prinzipien und Regeln Grundlage eines künftigen legitimen universellen Biotech-Regimes sein sollten. Ich möchte diese Lücke schließen.

Ich argumentiere im Folgenden, dass die völkerrechtlich verbindlichen Menschenrechte die entscheidenden Säulen eines solch universellen Biotech-Sicherheitsregimes sind. Zudem möchte ich Vorschläge unterbreiten, die das Problem lösen, wie existenzielle und globale katastrophale technologische Risiken zu normieren sind. Diese Grundsätze und Regeln sollten – mutatis mutandis – auch auf andere Bereiche existenzieller und katastrophaler technologischer Risiken übertragen werden, wie zum Beispiel auf den Bereich der künstlichen Intelligenz (KI).

Biotechnologie heute

Bevor wir über Prinzipien eines legitimen normativen Governance-Regimes für Biosicherheit nachdenken, sollten wir das Gebiet der Biotechnologie und der biotechnologischen Forschung, die heute durchgeführt wird, näher betrachten. Dazu gehören auch Vorhaben, die als besonders missbrauchsanfällige, besorgniserregende Forschung bezeichnet werden, also »Gain-of-Function Studies of Concern« (GOFSOC)[7] und »Dual Use Research of Concern« (DURC).[8] Jüngste Beispiele für risikoreiche Forschung sind die im Jahr 2012 viel diskutierten Experimente mit Influenzaviren,

bei denen gefährlichere Formen als die natürlich vorkommenden Formen des Virus hergestellt wurden.[9] Gleiches gilt für die im Jahr 2014 veröffentlichten Experimente, die zeigten, dass Krebszellen durch gewöhnliche Erkältungsviren weiterverbreitet werden können.[10] Zudem auch eine Studie aus dem Jahr 2017, bei der durch Gensynthese infektiöse Pferdepockenviren hergestellt wurden.[11]

Diese biotechnologischen Risiken sind – jedenfalls zum Teil auch – mit Experimenten verbunden, die auf CRISPR/Cas9, dem neuen Instrument der Genom-Editierung, beruhen. Mit dieser Methode ist es möglich, DNA wesentlich einfacher, günstiger und genauer als bisher zu verändern.[12] Die Forschung im Bereich der Genom-Editierung ist für künftige biotechnische und biomedizinische Anwendungen höchst vielversprechend. Es besteht jedoch auch die Sorge, dass diese Technik den Forschenden die Macht gibt, den Code des Lebens zu leicht zu verändern. Zudem können sogenannte Off-Target-Effekte nicht ausgeschlossen werden, also Folgen der Eingriffe, die nicht erwünscht sind.[13]

Eine besondere Herausforderung der Technologie der CRISPR/Cas9-Genom-Editierung sind dabei die sogenannten Gene-Drives (mutagene Kettenreaktionen). Gene-Drive-Systeme fördern die schnelle Verbreitung genetischer Elemente in Populationen, indem sie dafür sorgen, dass diese häufiger vererbt werden, als dies nach Mendel'scher Vererbung der Fall wäre.[14] Gene-Drives können beispielsweise verwendet werden, um die Gene bestimmter Mückenarten so zu verändern, dass sie ihre Fähigkeit verlieren, Malaria zu übertragen. Gentechnisch veränderte Moskitos (*genetically modified mosquitoes*, GMMs) gelten – auch für manche Nichtregierungsorganisationen – als ein vielversprechendes neues Mittel gegen vektorübertragene Krankheiten, wie Malaria und Dengue. Gene-Drives könnten existenzielle Risiken bergen, da es auch niedrigschwellige Drive-Systeme gibt, bei denen nur eine kleine Anzahl von veränderten Tieren

> **Gene-Drives können beispielsweise verwendet werden, um die Gene bestimmter Mückenarten so zu verändern, dass sie ihre Fähigkeit verlieren, Malaria zu übertragen.**

freigesetzt werden muss, um den Drive-Prozess zu starten. Daher gibt es, soweit bekannt, derzeit keine Feldexperimente mit Gene-Drives. Selbst Naturwissenschaftler, die in dem Bereich forschen, warnen aufgrund der damit verbundenen hohen Risiken davor, Organismen mit Gene-Drive-Systemen freizulassen.[15]

Als letztes Beispiel der besorgniserregenden Dual-Use-Forschung (oder sogar: Single-Use-Forschung) soll ein Forschungsprogramm genannt werden, welches das Ziel hat, genetisch modifizierte Viren herzustellen, die Nutzpflanzen für Grundnahrungsmittel infizieren, indem Insekten diese Pflanzenviren verteilen und in die Pflanzen einbringen.[16] Dieses vom US-Verteidigungsministerium (Defense Advanced Research Projects Agency, DARPA) initiierte und geförderte Insect Allies Program stellt nicht deswegen besorgniserregende Forschung dar, weil es sich um ein militärisch finanziertes Programm handelt, sondern weil eine bloße Vereinfachung der hier erforschten Biotechnologie eine biologische Waffe erzeugen könnte.

Mängel des bestehenden internationalen Governance-Regimes

Die biosicherheitsrelevanten Forschungen und Biotechnologien werden immer leistungsfähiger, billiger und stehen immer mehr Menschen zur Verfügung.[17] Eine Kernfrage für ein Governance-Regime ist daher, ob wir ausreichend darauf vorbereitet sind, riskante Anwendungen und Entwicklungen aufzudecken, und bereit sind, missbräuchlichen und destruktiven Nutzungen und Entwicklungen von Hochrisiko-Biotechnologie entgegenzuwirken. Die Antwort bisher lautet: Nein. Bislang existiert kein wirklich umfassender internationaler völkerrechtlicher Vertrag zur *Biosecurity* oder – genauer – über besorgniserregende Dual-Use-Forschung im Bereich der Biotechnologie. Es gibt nur wenige Abrüstungsverträge, wie das Übereinkommen über das Verbot der militärischen oder sonstigen feindseligen Nutzung umweltverändernder Techniken (ENMOD-Konvention)[18] und die Biowaffenkonvention (BWÜ)[19], die Relevanz besitzen, und – als umweltvölkerrechtliche Verträge – die Biodiversitätskonvention[20] mit dem Cartagena-Protokoll über Biosicherheit[21] und dem Nagoya/Kuala-Lumpur(-Haftungs)-Protokoll, das 2018

in Kraft getreten ist.[22] Auch diese zuletzt genannten Verträge sind nur auf einzelne Bereiche der Biotechnologie und Biosicherheit anwendbar. Zudem sind, das ist ihr weiterer entscheidender Nachteil, nicht alle relevanten Staaten, in denen mit Biosicherheitsrisiken verbundene Forschung durchgeführt oder Technik entwickelt wird, Vertragsparteien.

So sieht etwa das Cartagena-Protokoll als umweltvölkerrechtlicher Vertrag verbindliche Regeln für lebende veränderte Organismen (LMOs) vor, die aus der modernen Biotechnologie resultieren[23] und die sich nachteilig auf die biologische Vielfalt auswirken könnten. Das Cartagena-Protokoll gilt unumstritten jedenfalls dann, wenn fremde DNA in das Erbgut des Zielorganismus integriert wird, wie dies etwa bei Gene-Drives der Fall ist.[24] Wenn nach dem Cartagena-Protokoll ein Staat von einem Ereignis in seinem Zuständigkeitsbereich Kenntnis hat, das zu einem unbeabsichtigten grenzüberschreitenden Transport eines lebenden veränderten Organismus führen kann und (!) zudem voraussichtlich erhebliche nachteilige Auswirkungen auf die Erhaltung und auf die nachhaltige Nutzung der biologischen Vielfalt haben wird, muss dieser Vertragsstaat entsprechende Maßnahmen ergreifen, um die (möglicherweise) betroffenen Staaten sowie die Informationsstelle für Biosicherheit (*Biosafety* Clearing-House) zu informieren. Jede Vertragspartei ergreift geeignete innerstaatliche Maßnahmen, um den unbeabsichtigten grenzüberschreitenden Transport von LMOs zu verhindern. Darüber hinaus regelt das sogenannte Advanced Informed Agreement (AIA), ein Verfahren der vorherigen Zustimmung, den Import von LMOs. Diese Regeln sind jedoch nur für Mitgliedstaaten bindend: Sie gelten also für 170 Staaten[25] (einschließlich Deutschlands) und die Europäische Union.[26] Wichtige Staaten sind jedoch an all dies nicht gebunden, da sie den Vertrag entweder nicht unterzeichnet oder nicht ratifiziert haben. Dies gilt noch mehr für das dazugehörige Kuala-Lumpur-Haftungsprotokoll. Es bindet noch weniger Vertragsstaaten und findet nur Anwendung, wenn der

Die biosicherheitsrelevanten Forschungen und Biotechnologien werden immer leistungsfähiger, billiger und stehen immer mehr Menschen zur Verfügung.

grenzüberschreitende Transport lebender veränderter Organismen Schäden[27] verursacht[28] hat.

Auch Abrüstungsverträge, insbesondere die ENMOD-Konvention oder die Biowaffenkonvention, bieten keinen ausreichenden Schutz gegen die oben genannten Risiken eines Missbrauchs der Biotechnologie, da durch sie DURC, die auf friedliche Zwecke gerichtet ist, weder hinreichend eingehegt noch verboten ist. Die ENMOD-Konvention legt ausdrücklich in ihrem Art. III fest, dass sie die Nutzung umweltverändernder Techniken für friedliche Zwecke (»for peaceful purposes«) in keinem Fall begrenzt. Die Biowaffenkonvention verbietet ebenfalls *nicht* die Entwicklung biologischer Wirkstoffe, die durch Vorbeugungs-, Schutz- »oder sonstige friedliche Zwecke« gerechtfertigt sind.[29] Zudem sind selbst die genannten begrenzten Verbote der Biowaffenkonvention völkerrechtlich »zahnlos«, da sie kein Verifikations- und Umsetzungssystem besitzt.[30]

Als Ergebnis kann daher festgestellt werden: Obwohl die Besorgnis besteht, dass der biotechnologische Fortschritt im 21. Jahrhundert mit hohen Risiken verbunden ist, reicht das heute vereinbarte internationale Vertragsrecht nicht aus, um die Staaten zu verpflichten, diese Risiken zu bewerten, signifikant zu minimieren oder zu beseitigen. Abrüstungsverträge erfassen die Forschung zu friedlichen Zwecken nicht, damit auch nicht Dual-Use-Fragen; sie besitzen zudem kein Verifikationsregime. Umweltvölkerrechtliche Verträge, die vorrangig den Bereich der *Biosafety* abdecken, binden nicht alle relevanten Staaten, beispielsweise nicht die USA, in denen biosicherheitsrelevante Forschung durchgeführt wird. Darüber hinaus gibt es wenige für die Biotechnologie relevante internationale *soft law*-Normen.[31]

Mängel privater Normsetzungen und Verhaltenskodizes

Große Lücken und Nachteile existieren auch, wenn wir die nicht staatlichen Normen einschließlich der bestehenden Verhaltenskodizes in den Blick nehmen, also die Empfehlungen von Forschungsinstitutionen, Unternehmen und Expertengremien:[32] Dies bedeutet nicht, dass hier die Nützlichkeit von Bottom-up-Regelungen durch private Akteure negiert wird. Es gibt gute Beispiele für

Generierung eines auf CRISPR basierenden Gene-Drives

Abb. 27: Bei Gene-Drives wird fremde DNA in das Erbgut des Zielorganismus integriert.[33]

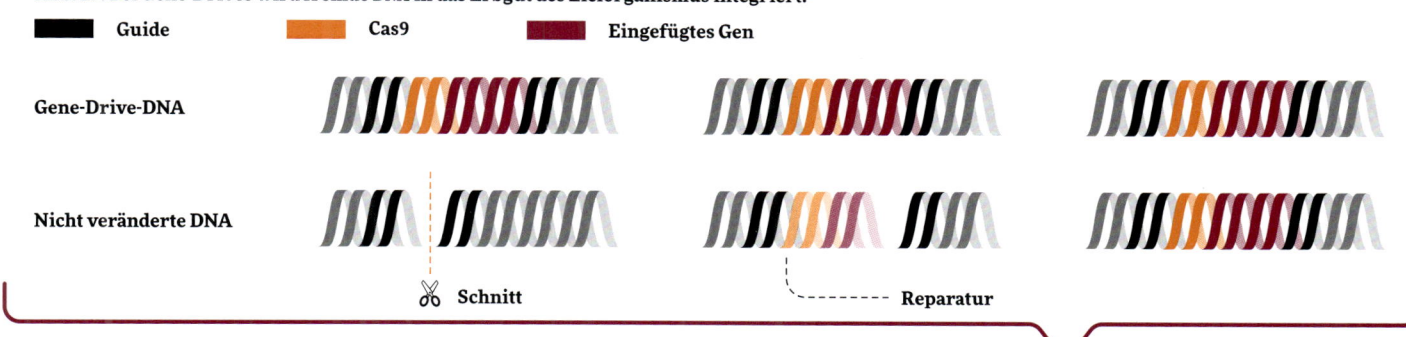

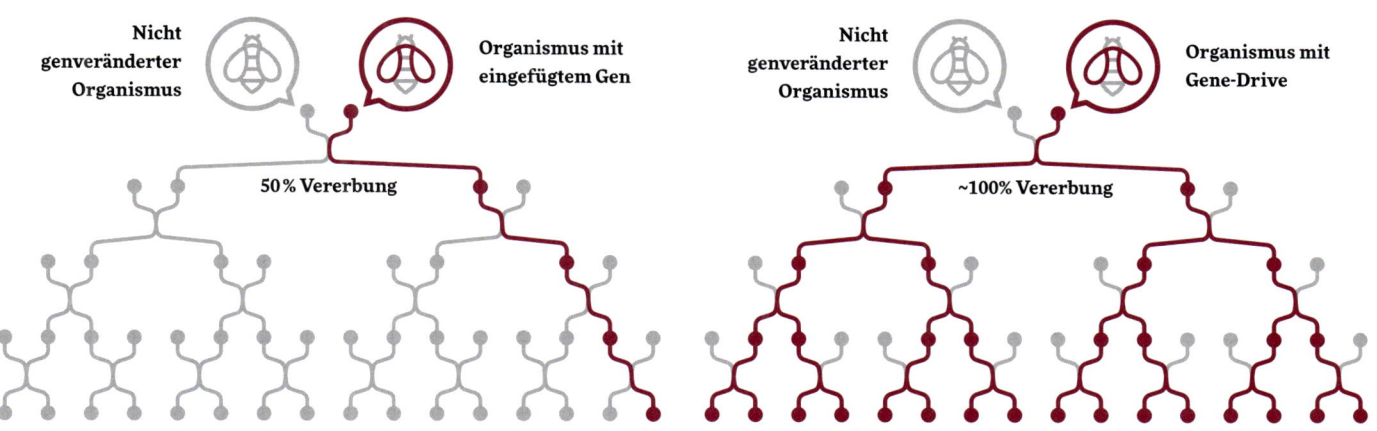

Normale Vererbung — Eingefügtes Gen verbreitet sich nicht.

Gene-Drive-Vererbung — Eingefügtes Gen wird fast immer weitergegeben.

private Regeln und für Verhaltenskodizes, die bestimmte Bereiche der Forschung und Technik maßgeblich und nachhaltig, zudem global beeinflusst und normiert haben, wie etwa die Deklaration von Helsinki des Weltärztebundes (WMA) über »Ethische Grundsätze für die medizinische Forschung am Menschen«.[34]

Ein »Verhaltenskodex für verantwortungsvolle Biotechnologie und Biosicherheit« sollte bis 2030 vereinbart werden.

Verhaltenskodizes sind also ein wichtiger Teil eines Governance-Regimes, das aus Regeln des internationalen Rechts, supranationalem und nationalem Recht, privater Normensetzung und Hybridformen besteht. Es gibt heute Bottom-up-Initiativen, die allgemein Probleme von Dual-Use-Forschung begrenzen sollen und vielversprechend sind[35]; zudem gibt es bereichsspezifische Prinzipien zur Minimierung von Missbrauchsrisiken, wie auf dem Gebiet der KI (»Asilomar AI Principles«, 2017).[36]

Allerdings hängt die Wirksamkeit dieser privaten Normen von Voraussetzungen ab. So ist etwa entscheidend, ob alle relevanten Akteure, insbesondere alle Forschenden des spezifischen Forschungsfeldes, mit den Normen übereinstimmen, ob ihre Regeln und Prinzipien nicht zu allgemein gehalten, zu vage oder aber zu komplex sind.

Darüber hinaus kann ein freiwilliges Moratorium für bestimmte Forschungen, das auf dem Konsens der relevanten Akteure, insbesondere der jeweiligen *scientific community*, basiert und von wissenschaftlichen Fachzeitschriften unterstützt wird, effektiv sein. Insbesondere wenn Fachzeitschriften keine Forschung veröffentlichen, die das Moratorium verletzt.[37] Ein Moratorium, das auf dem Konsens der privaten Akteure beruht, kann daher Lücken schließen, wenn Staaten sich nicht auf das Unterlassen risikoreicher Biotechnologie einigen können.[38]

Im Bereich der Biotechnologie fehlt es jedoch, anders als in anderen Bereichen der wissenschaftlichen Forschung

und technologischen Entwicklung, an einem solchen globalen Verhaltenskodex. Dieser »Verhaltenskodex für verantwortungsvolle Biotechnologie und Biosicherheit« sollte daher bis 2030 vereinbart werden.

Globale katastrophale Biosicherheitsrisiken

Das Ziel ist, Regeln zu finden, die die Grundlage eines legitimen[39] Governance-Regimes für existenzielle und globale katastrophale Biosicherheitsrisiken bilden können. Legitimität wird im Folgenden primär als normativer Begriff verstanden, nicht als deskriptiver Begriff. Wenn ich daher von »legitimer Governance« spreche, bedeutet dies, dass die leitenden Normen und Standards in einer übergesetzlichen Weise gerechtfertigt (das heißt insbesondere *rational akzeptabel*) sein müssen.

Ein legitimes Governance-Regime für existenzielle und katastrophale Risiken, die durch Forschung und Technik verursacht werden, sollte auf Menschenrechten basieren.

Wenn man die Prinzipien eines legitimen Biotechnologie-Governance-Regimes erörtert, muss man zudem als faktische Grundlage berücksichtigen, dass fast alle oben erwähnten Experimente als sogenannte *low probability/high risk*-Szenarien, also Fälle mit geringer Wahrscheinlichkeit, aber hohen Risiken[40], oder *unknown probability/high risk*-Szenarien, also Fälle mit unbekannter Wahrscheinlichkeit, aber hohen Risiken[41], angesehen werden können. Dies gilt, da zum Beispiel die Wahrscheinlichkeit, dass ein veränderter tödlicher Virus irrtümlich aus einem Laboratorium entweicht, sehr gering ist. Es ist zudem unklar, ob es verlässliche Modelle geben wird, um die Wahrscheinlichkeit zu quantifizieren, dass beispielsweise bestimmte Arten von Gene-Drives existenzielle oder globale katastrophale Risiken darstellen. Fälle unbekannter Wahrscheinlichkeit bei Hochrisikoforschung oder -technik gibt es insbesondere auch im Hinblick auf das Problem des Missbrauchs von Forschung, also in Bezug auf das Risiko, dass Terroristen Forschungsergebnisse oder technische Entwicklungen missbrauchen, um ernsthafte Schäden zu verursachen.

Erfordert ein legitimes Governance-Regime (als eine notwendige Bedingung) eine rationale[42] Reaktion auf die zuvor genannten Szenarien, so kann vertreten werden, dass ein entscheidendes Element dieses Regimes sein sollte, dass insbesondere die Staaten existenzielle und katastrophale Risiken in einer Weise bewerten und reduzieren müssen, welche die Wahrscheinlichkeit und Schwere eines bestimmten Risikos widerspiegelt, soweit diese bekannt sind.

Internationale Menschenrechte als Grundlage

Ein legitimes Governance-Regime für existenzielle und katastrophale Risiken, die durch Forschung und Technik verursacht werden, sollte auf Menschenrechten basieren[43]; die internationalen Menschenrechte ermöglichen es, die entscheidenden Werte zu beachten, die bei der Bewertung der oben genannten Szenarien entscheidend sind.

Zum Ersten ist die Forschungsfreiheit nicht nur ein gerechtfertigter Wert, sondern auch ein rechtlich verbindliches Menschenrecht. Es ist herrschende Ansicht, dass die Forschungsfreiheit mittelbar auch durch die Freiheit der Meinungsäußerung geschützt ist, die ausdrücklich in internationalen Menschenrechtsverträgen enthalten ist.[44] Nach den internationalen Menschenrechtsnormen sind der Schutz des Lebens und der Gesundheit von Menschen unter anderem legitime Ziele, die eine proportionale Einschränkung des Rechts auf Forschungsfreiheit rechtfertigen können.[45] Die internationalen Menschenrechte fordern daher, dass Beschränkungen verhältnismäßig sein müssen, auch wenn die Wahrscheinlichkeit der Realisierung eines existenziellen oder katastrophalen Risikos sehr gering ist oder nicht quantifiziert werden kann.

Zum Zweiten, und noch entscheidender, verpflichten die klassischen bürgerlichen und politischen Menschenrechte die Staaten nicht nur dazu, die Grundrechte der Menschen zu achten, sondern auch dazu, sie zu schützen.[46] Wenn wir uns auf Menschenrechtsverträge konzentrieren, die gerade auch von den westlichen Industriestaaten[47], darunter Deutschland und die USA, ratifiziert wurden, wie den Internationalen Pakt über bürgerliche und politische Rechte und die Europäische Menschenrechtskonvention, so bedeutet dies, dass die Vertragsstaaten durch diese Abkommen verpflichtet

sind, angemessene Maßnahmen zum Schutz des Lebens des Einzelnen zu ergreifen.[48]

Um eine uns Menschen eigene irrationale Tendenz der Vernachlässigung geringer Risiken zu vermeiden, muss gelten, dass die Wahrscheinlichkeitsanforderungen an ein Risiko, das die staatliche Schutzpflicht für Menschenrechte auslöst, umso geringer ausfallen, je größer die Schwere des möglichen Schadens ist. Daraus kann wiederum geschlossen werden, dass die Pflicht zum Schutz von Leben und Gesundheit von Menschen eine Pflicht der staatlichen Organe zur Evaluierung existenzieller und katastrophaler Risiken beinhaltet, solange diese Evaluierungsmaßnahmen nicht unverhältnismäßige Einschränkungen anderer Rechte oder einen unverhältnismäßigen Aufwand erfordern.[49]

Es stellt sich weiterhin die Kernfrage, ob es Mittel und Maßnahmen gibt, um existenzielle und katastrophale Biotechnologie-Risiken zu bewerten und zu reduzieren, die weder ineffektiv noch unverhältnismäßig sind. Dies ist eine besonders schwierige Frage, wenn wir über Forschung oder Technologie sprechen, die gerade darauf abzielt, die Gesundheit von Menschen zu schützen und den Tod von Menschen zu verhindern: Wenn ein Virus verändert wird, um einen Impfstoff gegen Influenza zu finden, oder wenn Genom-Editing verwendet wird, um Mücken per Gene-Drive zu verändern, damit Malaria ausgerottet werden kann, zielt die Forschung oder Biotechnologie selbst darauf, dem Leben und der Gesundheit von Menschen zu dienen.

Zusammenfassend kann festgestellt werden: Nach der vorgeschlagenen Auslegung verpflichten die Menschenrechte die Staaten, existenzielle und globale Risiken katastrophalen Ausmaßes jedenfalls mit verhältnismäßigen Mitteln zu bewerten und zu reduzieren, sodass die Wahrscheinlichkeit (sofern bekannt) und die Intensität des Schadens bei Realisierung eines bestimmten Risikos in vollem Umfang berücksichtigt werden können.

Elemente eines legitimen Governance-Regimes
Rechtlich bindende Menschenrechte sind entscheidende Elemente eines legitimen Governance-Regimes,

enthalten aber nur generelle Hinweise und Mindestanforderungen dafür, wie existenzielle und globale katastrophale Risiken der Biotechnologie zu normieren und einzuhegen sind. Um das Biosicherheitsproblem zu lösen und Regeln und Prinzipien für die notwendige proaktive und präventive Normierung zu formulieren, ist ein entscheidender Schritt, eine neue internationale Deklaration (oder: einen neuen internationalen Vertrag) zu vereinbaren, die die auf den Menschenrechten basierenden Werte und die Umsetzung dieser Werte im Bereich der Biotechnologie insbesondere bei existenziellen und globalen katastrophalen Risiken spezifiziert.

Ich schlage dafür die folgenden fünf Prinzipien als Grundlage vor, da sie mit geltenden Menschenrechten in Einklang stehen.[50] Diese erhöhen die *substanzielle Legitimität*. Dagegen muss die Frage, wie die menschenrechtlich ebenfalls geforderte *Verfahrenslegitimität* erhöht werden kann, an anderer Stelle beantwortet werden.[51]

1. Als Forderung der internationalen Gerechtigkeit gilt, dass, weil existenzielle und globale katastrophale Risiken die Menschheit bedrohen, der damit verbundene Nutzen des biotechnologischen Fortschritts auch mit der Menschheit geteilt werden muss.

2. Darüber hinaus scheint es keine unverhältnismäßige Einschränkung des biotechnologischen Fortschritts zu sein, dass Staaten im Extremfall (*worst case*), wenn keine Wahrscheinlichkeit für Vorteile besteht, die biotechnologischen Studien oder Produkte verbieten müssen, die den Extremfall verursachen können (nach der sogenannten Maximin-Regel, wonach diejenige Entscheidung den Vorzug verdient, die für diejenigen den größten Vorteil bietet, welche die am wenigsten privilegierte Stellung besitzen).[52]

3. Es scheint zudem keine unverhältnismäßige Einschränkung des biotechnologischen Fortschritts zu sein, zu normieren, dass diejenigen, die Wissenschaft finanzieren, oder die Forschenden eine Beweislast trifft, zu zeigen, dass mehr Vorteile als Risiken bestehen, wenn ein existenzielles oder globales katastrophales Risiko plausibel erscheint.

4. Es ist jedoch unklar, welches Prinzip gelten soll, wenn auch nach einer Risikobewertung *immer noch eine unbekannte Wahrscheinlichkeit eines existenziellen oder globalen katastrophalen Risikos gegeben ist*

und gleichzeitig *immer noch ein unbekannter Nutzen der geplanten biotechnologischen Anwendung* besteht: Hier könnte betont werden, dass ein Staat das Problem lösen sollte, indem er sich auf den demokratischen Prozess verlässt, um zu bestimmen, ob eine solche Technik erlaubt oder verboten werden soll – jedenfalls sofern Demokratie ein im internationalen Recht verankerter Wert ist.[53] Auf der anderen Seite erscheint es mir wegen der gegebenen globalen Dimension der genannten Risiken plausibler zu argumentieren, dass wir einen globalen Konsens benötigen, um das Problem zu lösen.

5. Es gibt deontologische Grenzen, die auch bei einem utilitaristischen Ansatz bestehen und die aus den internationalen Menschenrechten abgeleitet werden können: Wenn die Wahrscheinlichkeit eines existenziellen oder globalen katastrophalen Risikos als Konsequenz bestimmter Experimente oder biotechnologischer Entwicklungen besteht, jedoch eine große Anzahl von Menschen gerettet werden könnte, sofern diese Technologie eingesetzt wird, könnte man einerseits daraus schließen, dass nach einer rationalen Risiko-Nutzen-Abwägung kein Grund (und keine Rechtfertigung) besteht, diese Technologie zu verbieten oder einzuschränken. Auf der anderen Seite möchte ich betonen, dass eine deontologische Grenze besteht, die sich aus den internationalen Menschenrechten und dem zentralen Wert der Menschenrechtsnormen ableiten lässt. Dies ist die Pflicht, die Menschenwürde des Einzelnen zu schützen. Dementsprechend darf kein Mensch als Mittel zur Rettung anderer Menschen verobjektiviert werden; daher müsste diese Forschung oder Biotechnologie jedenfalls dann verboten oder eingeschränkt werden, wenn keine informierte Einwilligung der (möglicherweise) betroffenen Menschen vorliegt.

Regeln für verantwortungsvolle Biotechnologie und Biosicherheit in der Zukunft

Der wichtigste Schritt ist, dass möglichst viele gleichgesinnte Staaten, zumindest die der Europäischen Union einschließlich des Vereinigten Königreichs, eine internationale Deklaration (oder: einen Vertrag) über verantwortungsvolle Biotechnologie und Biosicherheit vereinbaren.[54, 55]

Die internationale Deklaration (oder: der Vertrag) für verantwortungsvolle Biotechnologie und Biosicherheit sollte folgende Regeln enthalten:

1. Ein wichtiges Ziel ist, das Bewusstsein für Fragen der Biosicherheit in der Wissenschaft zu fördern. Daher sollen Staaten sicherstellen, dass alle Personen, die an biosicherheitsrelevanter Forschung beteiligt sind, die Kompetenz zur Identifizierung des Dual-Use-Potenzials ihrer Forschung erwerben. Um dieses Ziel zu erreichen, sollten Fragen der Biosicherheit in die Curricula für Bachelor- und Masterstudiengänge und in die Ausbildung von Forschenden integriert werden.

2. Die Staaten sollen sicherstellen, dass bei der Finanzierung, Planung und Durchführung biosicherheitsrelevanter Forschung die folgenden Verpflichtungen zur Risikominimierung für alle relevanten Akteure (insbesondere Forschende, Forschungsförderer und Biotechnologieunternehmen) gelten. Dies gilt auch dann, wenn Forschungskooperationen durchgeführt werden. Darüber hinaus müssen sich diejenigen, die im Rahmen des wissenschaftlichen Prozesses als Gutachter oder Redakteur fungieren, ebenfalls an die folgenden Grundsätze halten:

   — In einem ersten Schritt müssen die Ziele, Vorteile und Risiken der geplanten Forschung dargelegt werden.

   — Forschende, Forschungsförderer und relevante Unternehmen müssen evaluieren, ob ein Forschungsprogramm in den Bereich der DURC oder in den Rahmen der besorgniserregenden GOFSOC fällt; die Ergebnisse dieser Bewertungen sind zu dokumentieren.

   — Forschungsprogramme sollen daraufhin geprüft werden, dass beurteilt werden kann, ob die Forschungszwecke und der Nutzen auch durch weniger risikoreiche Forschungsprogramme erreicht werden können.

   — Forschungsprogramme sollen daraufhin geprüft werden, ob die Vorteile ausreichen, um die damit verbundenen Risiken und Nachteile zu rechtfertigen. Hier ist es besonders wichtig zu prüfen, ob ein Forschungsprogramm ein unverhältnismäßig hohes Risiko für geschützte Rechte und Werte, wie das Leben und die Gesundheit von Menschen

oder die Umwelt, beinhaltet. Ergibt die Bewertung, dass das Risiko nicht gerechtfertigt ist, darf das Forschungsprogramm nicht finanziert werden und es darf nicht durchgeführt werden.

— Im Falle eines Forschungsprogramms, bei dem die Virulenz eines Mikroorganismus hinsichtlich seiner pathogenen Wirkungen für Menschen oder Tiere in solchem Umfang erhöht wird, dass seine Verbreitung außerhalb des Labors eine Pandemie unter Menschen hervorruft (oder wenn mit einer solchen Erhöhung zu rechnen ist) (GOFSOC), kann davon ausgegangen werden, dass grundsätzlich das Risiko gegenüber dem möglichen Nutzen überwiegt. Solche Forschungsprogramme dürfen nicht finanziert und nicht durchgeführt werden, es sei denn, ein unmittelbarer, konkreter und überwiegender Nutzen in Bezug auf die Verringerung der Gefahren für das menschliche Leben und die menschliche Gesundheit ist wahrscheinlich.

3. DURC und GOFSOC sollen in einem globalen (oder mehreren supranationalen/nationalen) Open-Access-Registern aufgeführt werden, um die Transparenz der Forschung und offene Kommunikation zu gewährleisten.

— Die Ergebnisse biosicherheitsrelevanter Forschung sollen grundsätzlich veröffentlicht werden. Forschende, Forschungsförderer und Biotechnologieunternehmen müssen jedoch bewerten, ob Missbrauchsrisiken es rechtfertigen, dass Forschungsergebnisse nicht (vollständig) veröffentlicht werden. Hier ist es besonders wichtig zu prüfen, ob die Veröffentlichung ein unverhältnismäßig hohes Risiko für geschützte Rechte und Werte, wie für das Leben und die Gesundheit von Menschen oder für die Umwelt, birgt.

4. Eine zentrale interdisziplinäre Kommission für DURC beziehungsweise GOFSOC soll auf Bundesebene (das heißt national) von jedem Vertragsstaat eingerichtet werden. Die Kommission soll, unter anderem, Forschende und Biosicherheitsexperten als Mitglieder haben. Die Kommission soll Empfehlungen zu Forschungsprojekten abgeben. Forschende, Forschungsförderer und Biotechnologieunternehmen

sind verpflichtet, diese Kommission zu konsultieren, bevor DURC beziehungsweise GOFSOC durchgeführt oder finanziert wird.

5. Öffentliche oder private Fördereinrichtungen und Unternehmen in gleichgesinnten Staaten, die auf dem Gebiet der Biotechnologie tätig sind, sollten sicherstellen, dass DURC- und GOFSOC-Projekte nur dann gefördert werden, wenn

— der mit dem Projektmanagement betraute Forschende zugestimmt hat, dieser Deklaration (oder: dem Vertrag) nachzukommen, und

— die Forschung im globalen (oder: supranationalen/nationalen) Open-Access-Register aufgeführt ist.

6. Die Staaten sollten zudem Konsultationen durchführen, ob spezifischere Definitionen der DURC oder GOFSOC Bestandteil der Deklaration (oder: des Vertrags) sein sollten. Diese Definitionen könnten bestimmte Experimente umfassen und dabei Agenzien auflisten.[56]

Risikobewertung und Risikoreduktion auf der Grundlage des Völkerrechts

Auch wenn es scheint, dass wir heute international in einer »Welt der Unordnung« leben, sollten wir die Vorteile, die eine Risikobewertung und Risikoreduktion auf der Grundlage des Völkerrechts bietet, nicht unterschätzen. Diese sind:

— Das Völkerrecht ist ein *globales Rechtssystem* und rechtlich bindend, daher kann es mit verschiedenen Mitteln (einschließlich nationaler und internationaler Gerichte) durchgesetzt werden.

— Nicht anthropozentrische Güter und Werte (wie zum Beispiel Wissen oder Umwelt) sind durch bestehende Regeln des Völkerrechts, insbesondere durch die bestehenden internationalen Menschenrechte (Freiheit der Wissenschaft, Recht auf Leben) und das gegenwärtige Umweltvölkerrecht, bereits geschützt.

— Sofern Lücken im Völkerrecht bestehen, können neue internationale Verträge (und/oder *soft law*-Deklarationen) ausgehandelt werden, um Entwicklungen in der Biotechnologie in naher und ferner Zukunft zu regeln.

Wie wir handeln müssen

Verbindliche internationale Menschenrechte sollten die entscheidenden Säulen des künftigen Governance-Regimes für Biotechnologie sein. Internationale Menschenrechte verpflichten Staaten dazu, existenzielle und globale katastrophale Biotechnologierisiken zu bewerten und zu reduzieren. Die Wahrscheinlichkeit und Schwere eines bestimmten Risikos sollten dabei die Normierungsgrundlage sein. Daher sollten wir bis 2030 Folgendes tun:

— Eine Priorität sollte sein, legitime Wege zu finden, existenzielle und katastrophale Risiken, auch der Biotechnologie, normativ einzuhegen. Ein universelles *Biosecurity*-Regime ist daher erforderlich.

— Alle relevanten Staaten sollten sich dafür auf eine internationale Deklaration (oder: einen Vertrag) für verantwortungsvolle Biotechnologie und Biosicherheit einigen.

— Biosicherheitsrelevante Forschung mit besonders hohem Missbrauchspotenzial sollte in einem globalen (oder mehreren supranationalen/nationalen) Open-Access-Register aufgeführt werden, um die Transparenz der Forschung zu fördern.

— Gleichgesinnte Staaten sollten innovative Mechanismen einschließlich der Nutzung von Big-Data-Instrumenten vereinbaren, um die Umsetzung und Einhaltung der bestehenden internationalen Verträge zu verbessern, die für die Einhegung der Forschung mit besonders hohem Missbrauchspotenzial wichtig sind.

— Es sollte zudem ein globaler »Verhaltenskodex für verantwortungsvolle Biotechnologie und Biosicherheit« erarbeitet werden, der private Akteure bindet.

— Erforderlich erscheint ein europäisches oder deutsches Institut, das sich der interdisziplinären Erforschung existenzieller und globaler katastrophaler Risiken, auch im Bereich der Biotechnologe, widmet.

— Die nicht hierarchische Struktur des Völkerrechts und seine Fragmentierung geben die Flexibilität, rationale und legitime Wege für Normierungen zu finden, um existenzielle und globale katastrophale Risiken zu bewerten und deren Einhegung im 21. Jahrhundert zu priorisieren.

Die genauen Regeln, die es ermöglichen, zwischen sinnvollen und unangemessenen Risiken zu unterscheiden, sollten in einer neuen internationalen Deklaration (oder: einem neuen Vertrag) für verantwortungsvolle Biotechnologie und Biosicherheit bis zum Jahr 2030 festgelegt werden.

So können und so sollten wir ein biotechnologisches Governance-Regime in Übereinstimmung mit relevanten und moralisch gerechtfertigten Werten einer humanen Weltordnung entwickeln, das darauf gerichtet ist, auf verantwortungsvolle Weise den für uns alle so wichtigen zukünftigen wissenschaftlichen und technischen Fortschritt zu fördern und zu erreichen.

PROF. DR. SILJA VÖNEKY *(48) ist eine international anerkannte Expertin für Grenzfragen von Recht und Ethik. Als Professorin für Völkerrecht und Rechtsethik an der Universität Freiburg, Mitglied einer Forschungsgruppe zur ethischen künstlichen Intelligenz (KI), ehemalige Direktorin einer Heidelberger Max-Planck-Forschungsgruppe und Harvard Law School Fellow 2015–2016 forscht sie zur rechtlichen Normierung wissenschaftlicher und technologischer Innovationen. Seit 2016 ist sie Mitglied im völkerrechtswissenschaftlichen Beirat des Auswärtigen Amtes, seit 2001 berät sie verschiedene Bundesministerien. Bis 2014 war sie Leiterin der Arbeitsgruppe Biosicherheit des Deutschen Ethikrates.*

Der Westen wird abgehängt. Forschung und Entwicklung

Abb. 28: Die privaten und staatlichen Investitionen in Forschung und Entwicklung machen den Unterschied im internationalen Wettbewerb. Die Darstellungen zeigen die Summe der Investitionen für Forschung und Entwicklung pro Land und den Anteil des Privatsektors. Im Prognosezeitraum beruhen die Daten auf einer Verlängerung des Durchschnitts der bisherigen Veränderung.[1]

Anteil des Privatsektors

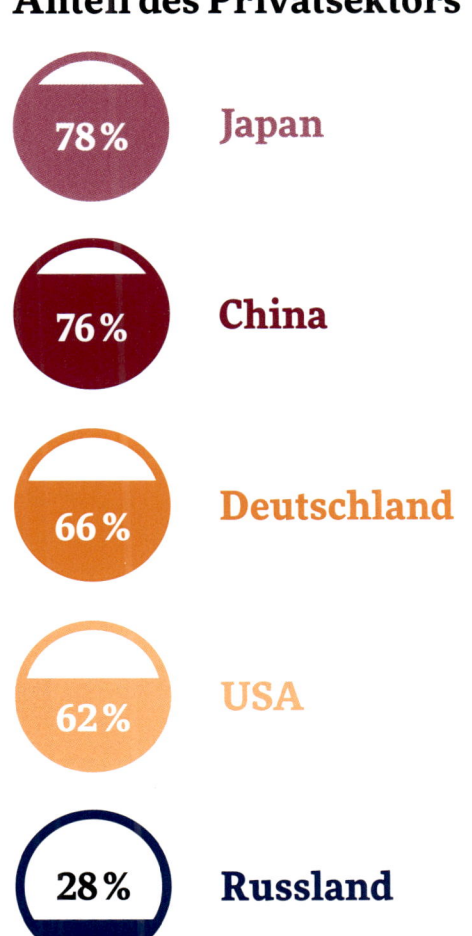

78 % Japan

76 % China

66 % Deutschland

62 % USA

28 % Russland

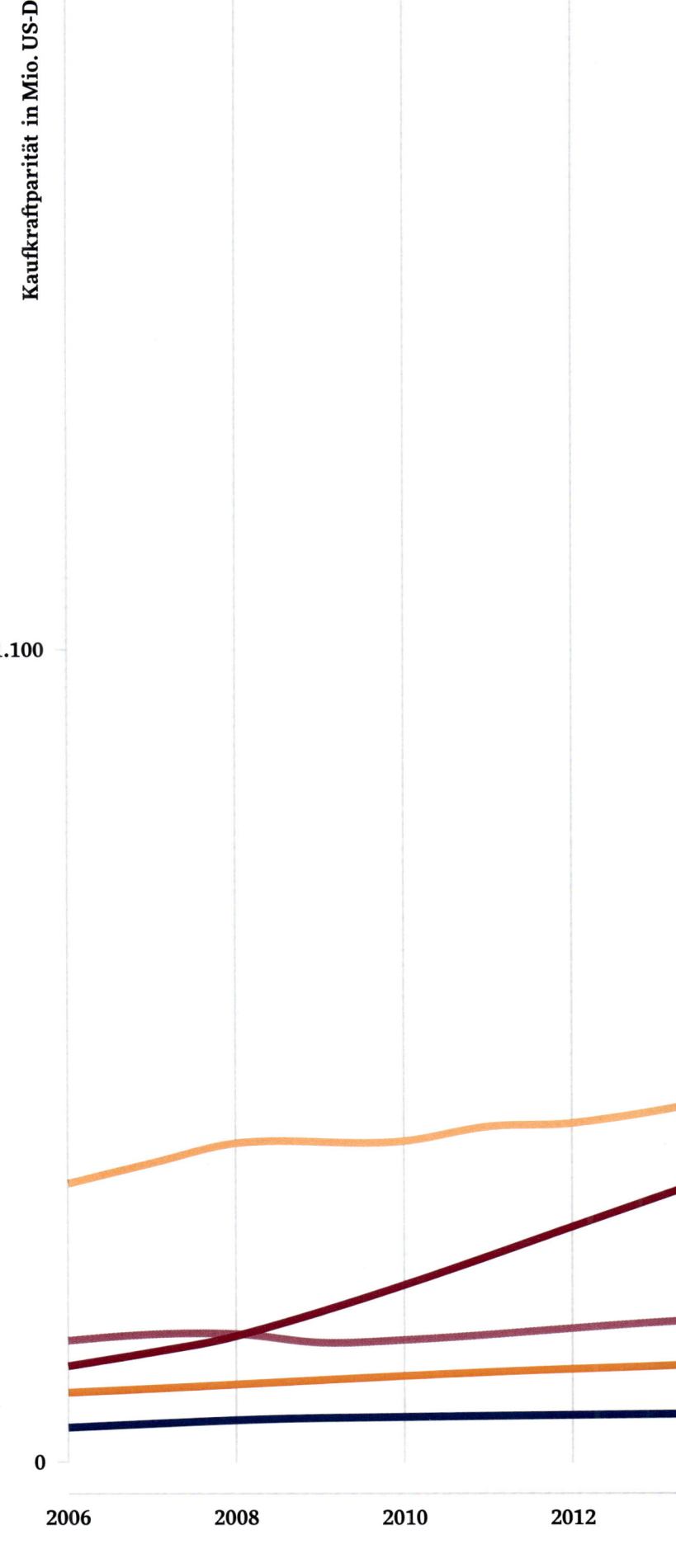

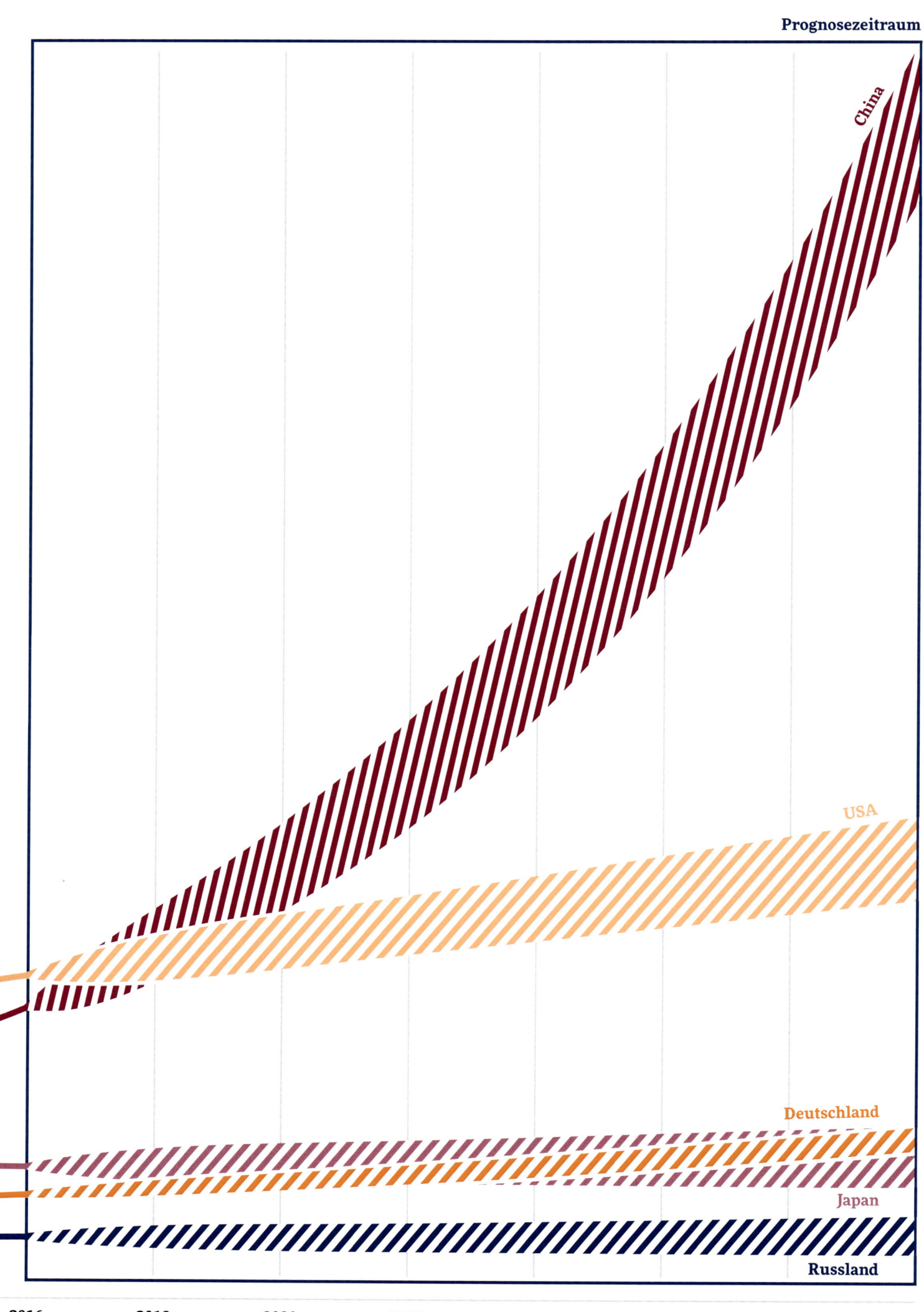

China

USA

Deutschland

Japan

Russland

2016 2018 2020 2022 2024 2026 2028 2030

Veröffentlichung von Nachrichten im Zeitalter der Automatisierung

Von Neil Thurman

Kann Journalismus so weit automatisiert werden, dass er kaum noch oder gar keiner direkten menschlichen Kontrolle mehr unterliegt? Nein – nicht in all seinen Facetten und Methoden. Die Notwendigkeit, Aufgaben in reguläre, wiederholbare Routinehandlungen zu zerlegen und die Abhängigkeit des maschinellen Lernens von »Trainingsdaten« aus vorigen Beispieldaten schränken den Automatisierungsspielraum in den komplexen und kreativen Aufgaben des Journalismus ein. Diese Einschränkungen haben allerdings nicht verhindert, dass die Automatisierung in einige Aufgabenbereiche eingedrungen ist, die Journalisten wahrnehmen. Hierzu gehören die Identifizierung von *story leads*[1], die Verifizierung von Informationen[2], die Erstellung von Nachrichtentexten[3] und Entscheidungen darüber, welche Storys für wen und mit welcher Priorität veröffentlicht werden sollen.[4] Auf der einen Seite erfüllt die Automatisierung im Journalismus sehr reale Anforderungen und bietet europäischen Unternehmen Chancen. Auf der anderen Seite müssen wir die Anforderungen und Entscheidungen der sich entwickelnden automatisierten Systeme prüfen.

Berichtenswerte Nachrichten aufspüren und filtern

Seit geraumer Zeit fordern Journalisten Tools, mit deren Hilfe Berichtenswertes in der stetig ansteigenden Informationsflut gefunden und herausgefiltert werden kann. Diese Tools sollen zudem Richtlinien für die Glaubwürdigkeit von Inhalten und Berichterstattern bereitstellen können.[5] In diesem Bereich sind viele der Tools amerikanischen Ursprungs und einige, wie Dataminr[6], sind mit den US-Sicherheitsbehörden und den US-Geheimdiensten verbunden.[7] Da sich Journalisten immer mehr auf solche Tools verlassen, tauchen Fragen nach der Abhängigkeit externer und undurchsichtiger Systeme auf, die als Torwächter agieren – Fragen nach den Entscheidungen, die diese Systeme treffen und inwiefern sie als vertrauenswürdig zu beurteilen sind. Die Erstellung von Nachrichtentexten wird ebenfalls automatisiert, hierbei kommen die datengestützte Generierung natürlicher Sprache (*natural language generation*) und künstliche Intelligenz zum Einsatz. Erste Forschungsergebnisse legen nahe, dass die kurzen und relativ einfachen Texte kaum von den von Menschen produzierten Pendants zu unterscheiden sind.[8] Solche Fortschritte in der journalistischen Produktivität

haben nach Auffassung einiger Kommentatoren das Potenzial, die wackeligen Finanzen des Journalismus zu stützen und sogar Ressourcen für den Enthüllungsjournalismus freizusetzen. Dieses »robotische Schreiben« hat bereits damit begonnen, Daten von öffentlichem Interesse in einfache Lokalnachrichten zu verwandeln, in einer Größenordnung, die mit menschlichen Ressourcen nicht erreicht werden kann.[9] Diese Technologie hat das Potenzial, traditionelle Nachrichtenanbieter außen vor zu lassen, indem sie etwa Datenanbietern wie Sportverbänden ermöglicht, sich direkt an Fans zu wenden. Dies geschieht bereits jetzt und führt zu einer weiteren Entflechtung des Nachrichtenprodukts mit Konsequenzen für das Überleben des Public-Affairs-Journalismus, der traditionell durch populärere Nachrichtenprodukte wie den Sport quersubventioniert wird.[10]

Signale vom Lärm unterscheiden

Obwohl robotisches Schreibens nützlich sein kann, ergeben sich allgemeinere Fragen zu den Konsequenzen des daraus resultierenden Nachrichtenanstiegs. Wer oder was wird bei der zunehmenden Informationsflut das Signal vom Lärm unterscheiden, und wie? Automatisierung kann Verbrauchern helfen, die Nachrichten zu finden, die sie wollen, auch wenn eine solche Personalisierung eher für als durch sie vorgenommen wird. Die Adressaten solcher Nachrichten haben wenig Zeit oder Interesse daran, die Parameter dieser Personalisierung aktiv zu verwalten, und erlauben stattdessen anderen Instanzen, ihre Präferenzen zu erraten. Da die Bürger nicht aktiv daran beteiligt sind, wie sich die Personalisierungsparameter entwickeln, obliegt es Politikern, Verlagen und Plattformen sicherzustellen, dass Nutzerdaten respektiert werden und dass durch Algorithmen personalisierte Nachrichten die Relevanz und Vielfalt ausbalancieren. Somit bieten sie nicht allein das an, was im Interesse der einzelnen Bürger wäre, sondern auch das, was im öffentlichen Interesse aller wissenswert ist.

PROF. DR. NEIL THURMAN (48) *ist Professor für Kommunikation an der LMU München und Freigeist-Fellow der VolkswagenStiftung. Er war das erste Fakultätsmitglied im Bereich Electronic Publishing an der City, University of London, und leitete Masterstudiengänge in den Bereichen Electronic Publishing, Journalismus und Globalisierung.*

»Algorithmen und KI entwickeln ein Gespür für *story leads* sowie Kompetenz im Schreiben und in redaktioneller Arbeit. Im Zeitalter der Automatisierung müssen wir dafür sorgen, dass Journalismus weiterhin der Öffentlichkeit nachhaltig, transparent und verantwortungsbewusst dienen kann.«

User-Empowerment statt »süßer Brei«

Von Johannes Schöning

Die Digitalisierung kann man nicht mit Checklisten abarbeiten, sondern ihr nur mit Ideen und Kreativität begegnen. Die Chancen der Digitalisierung muss man jetzt nutzen und sollte sie nicht verstreichen lassen. Eine so massive Veränderung aller Bereiche unserer Gesellschaft ist noch nie da gewesen und erzeugt bei vielen Menschen zu Recht eine gewisse Unsicherheit. Umso wichtiger ist es, nicht aufgrund dieser Unsicherheit zu erstarren. Wie Richard von Weizsäcker bereits bemerkte, ist es »wichtiger, auf einem Pfad gemeinsamer Unsicherheit ethisch zu handeln, als endlose dogmatische Kämpfe um vermeintlich endgültige Wahrheiten zu führen«. Doch welche Strategien können wir anwenden, um die Digitalisierung, die unaufhaltbar alle Sektoren unserer Gesellschaft grundlegend verändert, für uns Menschen zu nutzen?

Von User-Centered Design zu User-Empowerment

In meinem Fachgebiet der Informatik, der Mensch-Computer-Interaktion (englisch Human-Computer-Interaction, HCI), wurde schon früh erkannt, dass Menschen mehr als nur »Bediener« von Technologie sind. Darauf aufbauend wurden bereits in den 90er-Jahren die Grundzüge des User-Centered Design (UCD) postuliert. Wir fingen in dieser »Welle« an, Technologien als Werkzeuge zu betrachten, die es zu nutzen gilt, um die Menschen in die Lage zu versetzen, ihre Aufgaben besser zu erfüllen. Ein Umdenken bei der Entwicklung von interaktiven Systemen setzte ein. In den letzten Jahren gibt es Strömungen in der HCI, die ein erneutes Umdenken fordern. Diese werden auch als die vierte Welle der HCI bezeichnet. Technologien sollen ihre Nutzer »empowern«, sie sollen ihnen weitere Möglichkeiten eröffnen und sie stärken und nicht bevormunden. Dieser Ansatz führt zu einem inhärenten Konflikt zwischen UCD und Empowerment. Die Gestalter und Entwickler müssen eine Anpassung der Technologie durch die Nutzer zulassen und dabei sowohl eine einzige vorgeschriebene Nutzung als auch eine Überlastung der Nutzer durch zu viele Funktionen vermeiden. Heutzutage sind Technologien vielmals noch so entwickelt, dass Nutzer nicht »empowered« werden, sondern eine auf eine Plattform eingeschränkte und begrenzte Nutzererfahrung erleben. Der »süße Brei« der Silicon-Valley-Giganten hat uns »satt und faul« gemacht und verhindert eine kritische und kreative Nutzung von Technologien. Unsere Möglichkeiten, uns frei in den digitalen Welten zu bewegen, sind sehr eingeschränkt.

> Das Modell »Silicon Valley« fördert den Aufstieg von Unternehmen, die das Ziel verfolgen, eine alleinige marktbeherrschende Stellung einzunehmen.

Neue digitale Gesellschaftsmodelle

Wir müssen neue Modelle für die Digitalisierung unserer Welt erdenken. Als mündige Bürger dürfen wir ohne kritischen Diskurs weder das liberale Modell des Silicon Valley noch die »digitalen Gesellschaftsmodelle« einiger autoritärer Staaten akzeptieren. Es ist die Aufgabe von Politik und Gesellschaft, gemeinsam ein ethisches und offenes Modell für die Digitalisierung zu erarbeiten. Das Modell »Silicon Valley« fördert den Aufstieg von Unternehmen, die das Ziel verfolgen, eine alleinige marktbeherrschende Stellung einzunehmen. Dieses hat zur Folge, dass Nutzer auf diesen Plattformen oftmals in ihren Möglichkeiten durch den »süßen Brei« eingeschränkt werden. Auch eine totalitäre staatliche Regulierung und Kontrolle ihrer Bürger mit digitalen Mitteln, wie wir es gerade in China beobachten können, widerspricht einer demokratischen und liberalen Gesellschaft. Es gelingt Deutschland und anderen westlichen Ländern bislang nicht, Gegenmodelle zu diesen beiden Extremen zu formulieren. Um diesen wichtigen und komplexen gesellschaftlichen Diskurs zu führen, braucht es eine breite Bildung zu unterschiedlichen Themen der Digitalisierung. Erst wenn wir die Digitalisierung verstehen, können wir sie beherrschen und nutzen, um bestehende Klüfte in der Gesellschaft zu schließen.

PROF. DR.-ING. JOHANNES SCHÖNING (34) *ist Lichtenberg-Professor und Professor für Informatik an der Universität Bremen. Er forscht und lehrt auf dem Fachgebiet Human-Computer-Interaction (HCI). Das Forschungsinteresse seiner Arbeitsgruppe liegt auf der Schnittstelle zwischen HCI, Geoinformationen und Interface-Technologien. Seine Promotion schloss Schöning im Jahr 2010 an der Universität des Saarlandes ab und das Studium der Geoinformatik 2007 an der Universität Münster. Er ist Mitglied der ACM Future of Computing Academy.*

»Der ›süße Brei‹ der Silicon-Valley-Giganten
hat uns ›satt und faul‹ gemacht und verhindert eine kritische und kreative Nutzung von
Technologien.«

IV

Gesellschaftliche Veränderungen

»In Deutschland leben fast 20 Millionen Menschen
mit einem sogenannten Migrationshintergrund,
von denen mehr als die Hälfte die deutsche Staatsangehörigkeit besitzt. Dennoch ist es bisher nicht
gelungen, daraus eine Erzählung zu generieren,
die eine plurale nationale Identität formuliert.«

Nationale Identität in der pluralen Demokratie

Von Naika Foroutan

An der Brunnenstraße in Berlin steht ein Haus. Darauf steht in großen weißen Buchstaben über vier Stockwerke hinweg: »Dieses Haus stand früher in einem anderen Land.« Und einführend: »Menschlicher Wille kann alles versetzen.« Kann menschlicher Wille wirklich alles versetzen? Zumindest offenbar Ländergrenzen. Nicht nur aus der DDR in die Bundesrepublik hinein – aus Gebieten, die früher einmal Deutsches Reich waren, wurden polnische oder tschechische Gebiete. Das Saarland war mal Frankreich und mal Deutschland. Deutschland war lange Rom beziehungsweise ein Teil des Römischen Reiches.

Im Nahen Osten entstanden nach dem Sykes-Picot-Abkommen mit dem Lineal gezogene neue Länder wie Libanon, Syrien, Jordanien, Irak und Israel. Als Arthur James Balfour, der britische Marineminister, den jungen Mark Sykes am Morgen des 16. Dezember 1915 fragte, wie man das Osmanische Reich zwischen Großbritannien und Frankreich aufteilen wolle, zog dieser mit seinem Zeigefinger über die Karte, die auf dem Tisch lag, und sagte: »Ich würde eine Linie ziehen vom E von Acre bis zum letzten K von Kirkuk.«[1]

Nation als »gewollte Gesellschaft«

Und auch das Osmanische Reich – obwohl multikulturell, multikonfessionell und multisprachlich – war jahrhundertelang national identitätsstiftend und dann plötzlich inexistent und heute wieder identitätsstiftend für manche neuen Nationalisten, die außer Acht lassen, dass dieses Reich niemals eines nur der Turkvölker war.

Einmal als Nation gegründet, eiferten die neuen Nationalstaaten dem Mythos der homogenen, ethnisch reinen oder religiös reinen Gemeinschaft nach und tun es bis heute. Intern in Bürgerkriegen und extern in territorialen Reinheitskriegen. Sunniten gegen Schiiten, Türken gegen Kurden, Israelis gegen Palästinenser. Die Nation als reine Fiktion entwickelt eine Kraft, die nicht nur freiheitlich ist: Die von den Studierenden in der Gründung der deutschen Nation als Befreiung aus der föderalen Kleinstaaterei und der Willkür einzelner Fürsten

Bei uns gebe man sich die Hand und zeige sein Gesicht, so Thomas de Maizière in seinem Zehn-Punkte-Plan für die deutsche Leitkultur.

gelesene emanzipative Bewegung entfachte über den Moment der Gründung hinaus bald jene Erzählung, die Nationen nach innen zusammenhält – indem sie nach außen den Anderen konstruiert – als Feind, als Konkurrenten oder auch als kuriosen Freund. Je mehr der Andere anders ist, je mehr werde ich zum Ich, wir zum Wir, die Nation zur Nation – im Gegensatz zur anderen Nation, zum Feind, dem Antidemokraten, der sich auch konstruiert, indem er mit dem Finger zurückzeigt.

Worauf basiert die Idee der Nation? Reicht schon die Vorstellung aus, eine Gemeinschaft zu sein, um eine solche zu bilden – wie Benedict Anderson die »imagined communities« vorstellt?[2] Oder basiert die Nation auf einem entschiedenen, gewollten Zusammenschluss, der eine »gewollte Gesellschaft«[3] formt, wie Ferdinand Tönnies es beschreibt? In beiden Fällen erscheinen Ein- und Ausschlüsse konstruiert, willkürlich, veränderbar. Kann man Menschen so, wie es gerade ins Narrativ, in die aktuelle Erzählung passt, ein- und ausschließen in den Gedanken der nationalen Zugehörigkeit? Heute gehörst du zu Frankreich, morgen zu Deutschland. Heute bist du Lemberger, Galizier, Pole – morgen Ukrainer mit stolzer nationaler Identität? Heute bist du Osmane, morgen Libanese, Syrer, Jordanier. Heute Ukrainer auf der Krim, morgen Russe? Oder ist es doch nicht so willkürlich?

Worauf basiert die Vorstellung der Nation?

Worauf basiert die Vorstellung der Nation? Auf einer gemeinsamen Sprache? Sollte dies der Fall sein, so müsste man beispielsweise der Schweiz ihre Nationalstaatlichkeit absprechen. Basiert sie auf der gemeinsamen Kultur? Wäre das ein allgemeines Kriterium, wie ist dann die kontroverse Leitkulturdebatte hierzulande zu bewerten? Bei uns gebe man sich die Hand und zeige sein Gesicht, so Thomas de Maizière in seinem Zehn-Punkte-Plan für die deutsche Leitkultur. Recht unkonkret, möchte man meinen – tut man das nicht auch in Frankreich, Angola oder Honduras? Oder ist es die Religion, die uns zur Nation formt? Die jüdisch-christliche Leitkultur, sagte einmal Volker Kauder, habe uns Deutsche geprägt. Worauf die Professorin für jüdische Philosophie Shulamit Bruckstein im »Tagesspiegel« antwortete: »Nein, es gab keine jüdisch-christliche

Tradition, sie ist eine Erfindung der europäischen Moderne und ein Lieblingskind der traumatisierten Deutschen.«[4]

Vielleicht aber ist es mehr die Idee einer gemeinsamen Abstammung, die eine Nation aus einer Blutsgemeinschaft heraus formt. Doch selbst Ethnizität wird in der Soziologie als soziale Konstruktion begriffen, die jedoch tief im »historischen Gedächtnis« einer Gruppe verankert sein kann. Nach Anthony Smith und seinem Werk »The Ethnic Origin of Nations« werden sechs Kriterien aufgezählt, die eine gemeinsame Zugehörigkeit begründen.[5] Dazu zählen:

1. ein gemeinsamer Name
2. der Mythos einer gemeinsamen Abstammung
3. eine gemeinsame Geschichte
4. eine gemeinsame Kultur
5. eine Verbindung mit einem bestimmten Territorium
6. ein Gemeinschaftsbewusstsein

Max Weber wiederum nimmt einem die Illusion dieses abrufbaren Kriterienkataloges der Zugehörigkeit und sieht weder gemeinsame historische Erfahrungen, Mythen und religiöse Überzeugungen noch die eigene Sprache oder eine besondere Lebensweise für konstituierend an. Er findet, erst die gemeinsame Wahrnehmung, dass diese Merkmale ihre Angehörigen von jenen anderer Gruppen wesentlich unterschieden, mache eine Nation zur Nation. Also doch nur eine Konstruktion – dazu noch eine willkürliche?

Shulamit Bruckstein: »Es gab keine jüdisch-christliche Tradition, sie ist eine Erfindung der europäischen Moderne und ein Lieblingskind der traumatisierten Deutschen.«

18 Millionen Menschen mit Migrationshintergrund

Max Weber beschreibt ethnische Zugehörigkeit sogar als subjektive Einbildung und sagt: »Wir wollen solche Menschengruppen, welche auf Grund von Ähnlichkeiten des äußeren Habitus oder der Sitten oder beider oder von Erinnerungen an Kolonisation und Wanderung einen subjektiven Glauben an eine Abstammungsgemeinsamkeit hegen, derart, daß dieser für die Propagierung von Vergemeinschaftungen wichtig wird, dann, wenn sie nicht ›Sippen‹ darstellen, ›ethnische‹ Gruppen nennen, ganz einerlei, ob eine Blutsgemeinsamkeit objektiv vorliegt oder nicht.«[6]

Was hat das nun mit Deutschland zu tun? Deutschland ist kulturell, ethnisch, religiös und national vielfältig. Das macht es zunehmend schwierig, Merkmale zu definieren, die die Angehörigen der eigenen Nation von jenen anderer Gruppen wesentlich unterscheiden. Wer dieses Land heute beschreibt, kommt nicht umhin, die Vielheit zu erwähnen. In Deutschland leben heute mehr als 19 Millionen Menschen mit einem sogenannten Migrationshintergrund, von denen mehr als die Hälfte die deutsche Staatsangehörigkeit besitzt.[7] Dennoch ist es bis dato nicht gelungen, aus dieser Tatsache eine Erzählung zu generieren, die eine neue plurale und heterogene nationale Identität formuliert, die sich mittelfristig in unser kollektives Gedächtnis einspeist und über ein politisches Bekenntnis und einen statistischen Kennwert hinauswirkt. Selbst politische Bekenntnisse diesbezüglich sind eher in utilitaristischen Formulierungen erkennbar, wie zum Beispiel in der Aussage: »Wir brauchen diese jungen Leute als Fachkräfte in unseren Betrieben.«[8]

Die deutsche Erzählung der Reinheit

Es entsteht der Eindruck, als finde das Thema Einwanderungsgesellschaft außerhalb der Krise – der Flüchtlingskrise, der Migrationskrise, der Radikalisierungskrise – einfach nicht statt, als stagniere es kommunikativ auf einem Niveau der 1980er-Jahre. Deutlich wird das immer wieder in den medialen Zuschreibungen. Ich erinnere mich an die Berichterstattung, als der Abgeordnete Karamba Diaby »als erster Schwarzer im Bundestag« gewählt wurde. »In seinem Heimatland Senegal freuen sich die Menschen mit dem 51-Jährigen, der einst als Student in die DDR kam« – wohlgemerkt: mit 20 Jahren. Deutschland war zu diesem Zeitpunkt bereits seit 31 Jahren seine Heimat. Die »Welt« bescheinigte ihm gar: »Karamba Diaby aus Halle hat Historisches geschafft. Als erster Abgeordneter mit dunkler Hautfarbe zieht der SPD-Politiker in den Bundestag ein«[9], um direkt danach beschwichtigend anzuführen: »Der gebürtige Senegalese bleibt jedoch bescheiden.« Keine Angst, ein Schwarzer macht noch keinen bunten Bundestag. Er bleibt bescheiden – es bleibt alles beim Alten.

Das verdeutlicht, wie stark Deutschland – trotz der faktischen Realität, ein Einwanderungsland geworden zu sein, in dem mehr als jeder fünfte Einwohner und sogar jedes dritte Schulkind einen sogenannten Migrationshintergrund hat – in seiner nationalen Selbsterzählung und Selbststrukturierung noch homogen bleibt.

Abgeordnete, öffentlicher Dienst, Lehrpersonal, Medienvertreter, Wissenschaft, Talkshows in den öffentlich-rechtlichen Sendern – überall dort, wo strukturelle und institutionelle Macht gebündelt sind und wo Sichtbarkeit und Sprecherpositionen erlangt werden können, verharrt das Land überwiegend in seiner homogenen Struktur. Minimalanstiege und das punktuell gesteigerte öffentliche Interesse dafür untermauern letztlich nur dieses homogene Narrativ – getreu dem Motto: Ausnahmen bestätigen die Regel.

Ganz egal, welchen sozioökonomischen Hintergrund die Eltern haben, ob reich, gebildet, Mädchen oder Junge, es reicht zu wissen, dass sie einen türkischen Hintergrund haben, um weniger von ihnen zu erwarten – im Lesen, in Mathematik und als Gesellschaft auch in anderen Positionen.

Die Gründe für die Unsichtbarkeit der Thematik, die Hand in Hand geht mit der Nichtzuweisung von Positionen, werden durch die Beharrlichkeit der sogenannten Integrationsdiskurse des letzten Jahrzehnts ausgebaut. Hiernach wird kein Systemverschulden darin erkannt, dass nach mehr als einem halben Jahrhundert Einwanderung in die Bundesrepublik Deutschland die gesellschaftlichen Positionen noch weitgehend für Migranten und ihre Nachkommen verschlossen sind. Vielmehr wird eine solche gesellschaftliche Schließung in die Konsequenz eines nicht integrativen Verhaltens uminterpretiert, und ein paternalistisches »Ihr seid leider noch nicht so weit – aber wir helfen euch gerne« zementiert über Generationen diese Ungleichheiten weiter.

Ausschluss aus der kollektiven Identität

Wenn man nicht als Teil des Kollektivs gilt – ist das so schlimm? Dann gehört man halt nicht dazu in die Beschreibung nationaler Identität. Ist das nicht sowieso ein Konstrukt von gestern? Wir sind doch heute global. Wer will schon nationale Zugehörigkeit? Hauptsache, man hat den Zugang zu Bildung und Arbeitsmarkt – dann ist doch das andere nicht mehr so wichtig, oder?

In einem Feldversuch hat eine Wissenschaftlerin vom Forschungsinstitut zur Zukunft der Arbeit 1500 fiktive Bewerbungen an Unternehmen in Deutschland geschickt und die Rückmeldungen der Personalabteilungen analysiert.[10] Das Ergebnis: Selbst hier aufgewachsene Bewerberinnen mit besten Deutschkenntnissen und deutscher Bildungs- und Ausbildungsbiografie werden erheblich benachteiligt, wenn sie einen türkisch klingenden Namen haben und noch dazu ein Bewerbungsfoto mit Kopftuch vorlegen. Während auf dieselbe Bewerbung, bei welcher lediglich der Name in einen typisch deutsch klingenden Namen (Sandra Bauer) geändert wurde, in 18,8 Prozent der Fälle eine Einladung zu einem Vorstellungsgespräch folgte, erhielten von den identischen Bewerbungen mit einem türkischen Namen (Meryem Öztürk) nur 13,5 Prozent eine positive Rückmeldung. Wenn die fiktive türkischstämmige Bewerberin zusätzlich noch ein Kopftuch auf dem Bewerbungsfoto trug, sank die Rate für eine positive Antwort auf 4,2 Prozent. Erst nach 4,5-mal so vielen Bewerbungen kam bei ihr ein Bewerbungsgespräch zustande.

Eine Untersuchung des Sachverständigenrats deutscher Stiftungen für Integration und Migration (SVR) lieferte ähnliche Ergebnisse.[11] Hier ging es um die Einbindung in den Arbeitsmarkt – ebenfalls bei identischer Qualifikation. Demnach haben Jugendliche mit türkischem oder arabischem Migrationshintergrund nachweisbar schlechtere Chancen, überhaupt erst zu einem Ausbildungsgespräch eingeladen zu werden. Und zwar erst recht, wenn sie Abitur haben. Hier sind die Chancen auf Einladung zu einem Gespräch um 50 Prozent geringer. Bildung und Leistung alleine scheinen nicht zu reichen, wenn es um Gleichheit geht – hier wirkt die Zugehörigkeit zur Wir-Gruppe, zum nationalen Kollektiv, offenbar deutlicher nach.

Eine aktuelle Studie des Berliner Instituts für empirische Integrations- und Migrationsforschung, die in Kooperation mit dem SVR durchgeführt wurde, weist

Welche Kriterien sind für die Bevölkerung wichtig oder unwichtig, um deutsch zu sein?

Abb. 29: Die Daten beruhen auf einer telefonischen Umfrage, die das Zentrum für empirische Sozialforschung an der HU Berlin für das Forschungsprojekt JUNITED vom 24.09.2013 bis 15.04.2014 ausgeführt hat.[12]

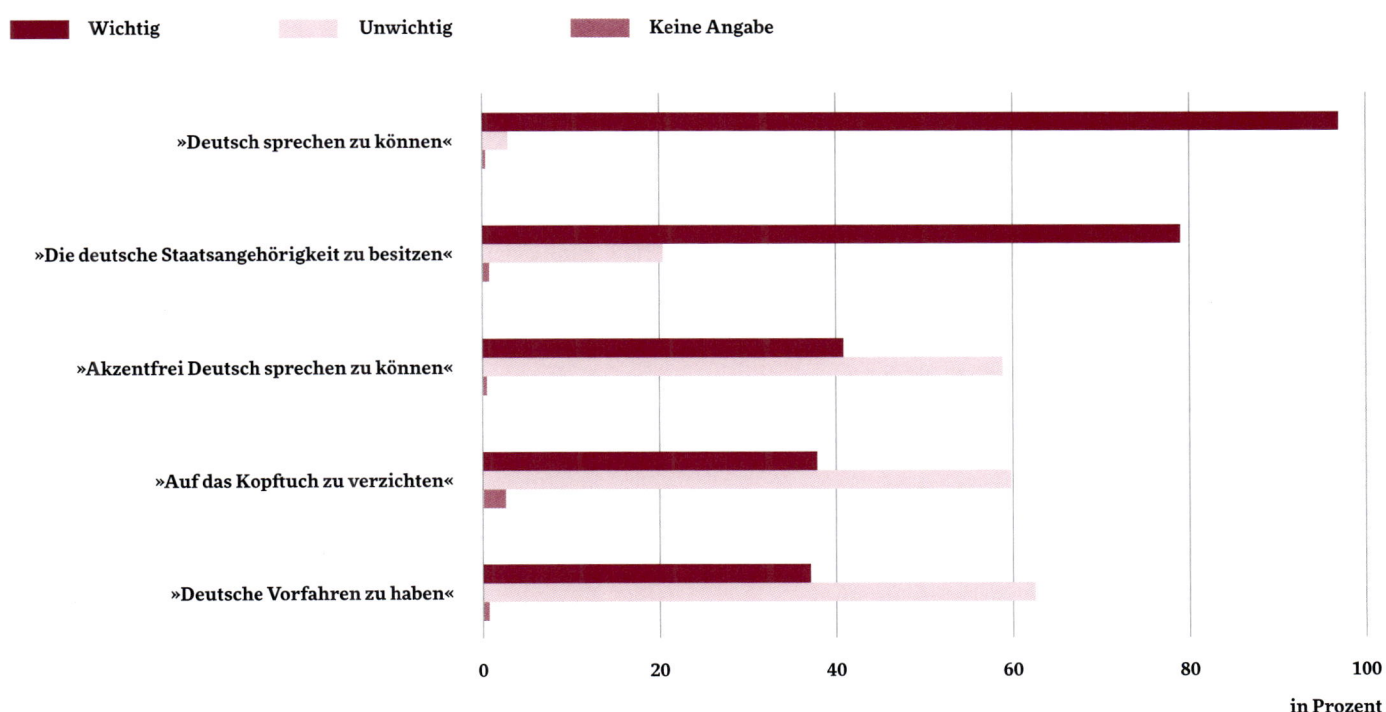

Einstellungen zur religiösen Beschneidung, zum Kopftuch bei Lehrerinnen, zum Moscheebau und zu islamischem Religionsunterricht

Abb. 30: siehe oben.[13]

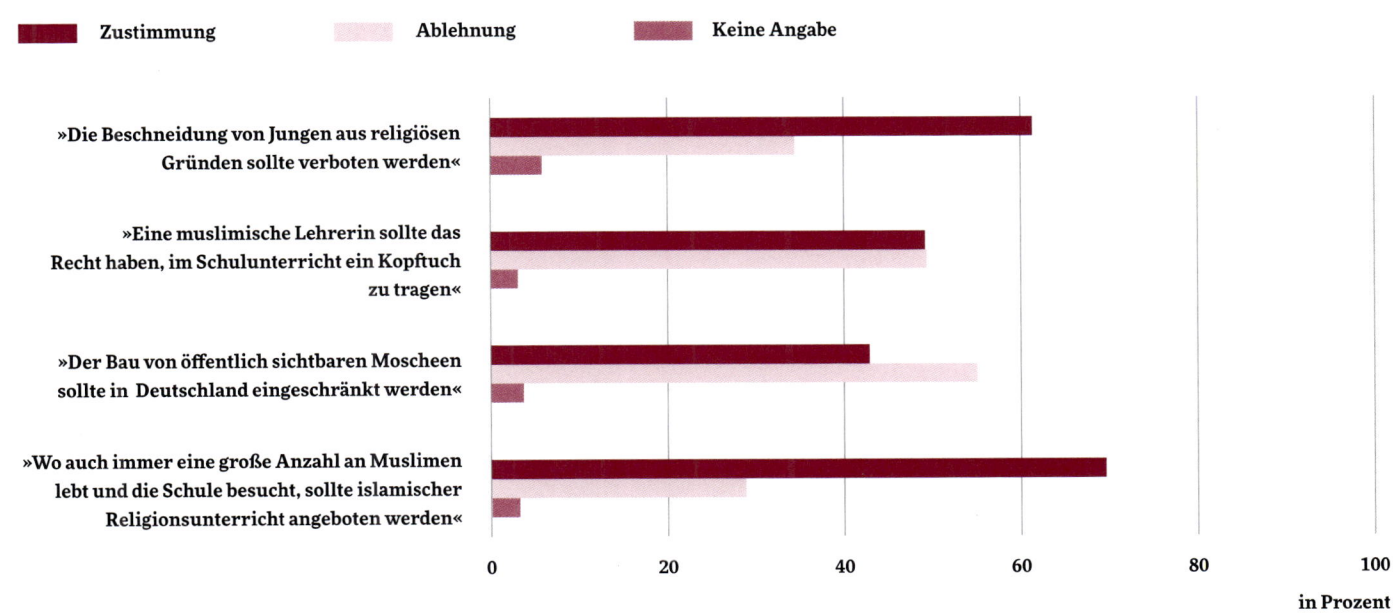

außerdem nach, dass die Erwartungshaltungen von Lehrkräften gegenüber türkeistämmigen Kindern systematisch niedriger sind, und zwar schon ab der ersten Klasse.[14] Ganz egal, welchen sozioökonomischen Hintergrund die Eltern haben, ob reich, gebildet, Mädchen oder Junge, es reicht zu wissen, dass sie einen türkischen Hintergrund haben, um weniger von ihnen zu erwarten – im Lesen, in Mathematik und als Gesellschaft auch in anderen Positionen, wie oben gezeigt.

Bis zum Jahr 2000 konnte Deutscher nur werden, wer deutsche Vorfahren hatte.

65 Prozent der Migranten fühlen sich deutsch

In einer repräsentativen Bevölkerungsumfrage, die wir am Berliner Institut für empirische Integrations- und Migrationsforschung durchgeführt haben, wollten wir feststellen, wovon die Erzählungen des Deutschseins abhängen.[15] Und wir wollten messen, wie sich nationale Verbundenheit artikuliert und ob sich die Verbundenheit bei Migranten und Nichtmigranten unterscheidet. Wir erkannten hohe Übereinstimmungen, besonders bei den emotionalen Items: »Ich liebe Deutschland«, sagten mehr als 80 Prozent der Migranten (85 Prozent waren es bei den Nichtmigranten). Auch überraschte, dass circa 65 Prozent der Migranten auch sagten, sie fühlten sich deutsch.

Gleichzeitig konnten wir erkennen, dass es eine sehr ambivalente Haltung in der Bevölkerung gibt, was das Deutschsein betrifft. Auf der einen Seite gibt es ein sehr modernes Verständnis davon, wenn die Kriterien des Deutschseins zu mehr als 90 Prozent von der Sprache und zu fast 80 Prozent von der Staatsangehörigkeit abhängig gemacht werden – die Reform des Staatsangehörigkeitsrechts liegt noch gar nicht so lange zurück. Bis zum Jahr 2000 konnte Deutscher nur werden, wer deutsche Vorfahren hatte – nun plötzlich sagen fast 80 Prozent der Bevölkerung, Deutscher sei, wer die deutsche Staatsangehörigkeit besitze.

Es erzeugt ein Gefühl von Konkretion, wenn zumindest bestimmt wird, was man nicht ist: Nationale Identität wird also *ex negativo* erzeugt.

Diese kognitive, also im Denken etablierte Einstellung bricht sich jedoch immer wieder auf emotionaler Ebene, wie wir feststellen konnten. Was ich zu denken bereit bin, setzt sich also nicht zwangsläufig auch in mein Gefühl um. So reichte die Anforderung, Deutsch sprechen zu können, offenbar doch nicht aus, denn 40 Prozent sagten, man müsse schon akzentfrei Deutsch können, und beinahe 40 Prozent waren der Meinung, man solle deutsche Vorfahren haben. Auch fand deutlich mehr als ein Drittel der Bevölkerung, wer ein Kopftuch trage, sei nicht deutsch – hier ist es also offenbar egal, ob die Person die deutsche Staatsangehörigkeit besitzt und akzentfrei Deutsch spricht – trägt sie ein Kopftuch, gehört sie nicht dazu zu dieser nationalen Identität.

Die deutsche Identität ohne den Islam

Der Islam scheint derzeit generell eines der dominanten Ausschlusskriterien zu sein. Auch hier gibt es jedoch ambivalente Positionierungen. So sind zwar 70 Prozent der Bevölkerung dafür, Muslimen mehr Anerkennung zuzugestehen – aber gleichzeitig würden 60 Prozent die Beschneidung aus religiösen Gründen verbieten, 50 Prozent sind für ein Verbot des Kopftuchs bei Lehrerinnen, und 40 Prozent möchten keine sichtbaren Moscheen.[16] Bei denen, die eine starke nationale Verbundenheit spüren, sind die Zahlen noch einmal signifikant höher. Die Menschen wissen wahrscheinlich, dass Artikel 4 des Grundgesetzes Gläubigen das Recht auf die freie Ausübung ihrer Religion garantiert – dazu gehört auch das Recht, religiöse Grundregeln zu befolgen. Aber wie schon verdeutlicht: Es gibt eine kognitive Akzeptanz und parallel dazu eine emotionale Distanz. Und das ist spürbar.

Was hat das mit der Idee der Nation zu tun?

Identität – zumal nationale Identität – ist amorph. An den Leitkulturdebatten der letzten Jahre konnten wir erkennen, wie schwer es ist zu definieren, wer *wir* sind. Es wird wohl niemand ernsthaft in Erwägung ziehen, dass sich das »deutsche Wir« dadurch definiert, dass man sich grüßt und die Hand gibt. Es erzeugt ein Gefühl von Konkretion, wenn zumindest bestimmt wird, was man nicht ist: Nationale Identität wird also *ex negativo* erzeugt. Dabei verändern sich unsere Selbstbilder mit der Zeit und somit auch die negativen Zuschreibungen

jenen gegenüber, die als die »Anderen« wahrgenommen werden. So wurden in den 1960er-Jahren die Gastarbeiter als unpünktlich, schmutzig und faul beschrieben – und gerade dadurch die als deutsch wahrgenommenen Tugenden der Pünktlichkeit, Sauberkeit und des Fleißes beschworen. Heute wird die deutsche Identität – eingebettet in den europäischen Kontext – als demokratisch, tolerant und aufgeklärt definiert.

Das Andere ist hingegen antidemokratisch, intolerant und hat nicht die Phase der Aufklärung durchlaufen. Genau diese Zuschreibungen werden besonders häufig mit dem Islam und den Muslimen verbunden. Die Aufklärung wird dabei wie eine Impfung wahrgenommen, die – einmal verabreicht – vor antidemokratischem und intolerantem Verhalten schütze, ganz so, als habe es Kolonialverbrechen, europäische Weltkriege und den Holocaust nicht erst nach der Aufklärung gegeben.

Selbstverständlich ist es auch richtig, sich die Frage zu stellen, ob im Islam selbst ein antireformatorischer Moment steckt. Dafür sollten wir mit Theologinnen und Theologen diskutieren, mit Wissenschaftlerinnen und Wissenschaftlern, mit islamischen Feministinnen – und konstruktiv streiten. Aber gleichzeitig müssen wir uns die Frage stellen, ob es wirklich der Islam ist, der diese Verhältnisse stabilisiert oder nicht vielleicht der von Trump abgeschlossene Waffendeal mit Saudi-Arabien über 180 Milliarden Dollar stärker zur Stabilisierung von Terror beitragen kann – und die ökonomische Abhängigkeit von Öl, Gas und anderen Rohstoffen, die auch mit uns gehandelt werden. Vielleicht ist es auch beides, sicher sind es multiple Faktoren – aber der Islam selbst ist genauso reaktionär oder reformatorisch, wie es die Lesart des Katholizismus, Protestantismus oder Hinduismus in der politischen Landschaft und im Kontext der Zeit ist.

Es bringt nichts, im Islam nach Suren zu suchen, die Homophobie begründen, wenn gleichzeitig Indonesien als eines der größten muslimischen Länder nachweist, dass es auch andere gesellschaftliche Umgangsformen damit gibt. In den USA zeigt die FBI-Statistik, dass Homosexuelle in Relation zu ihrer Gruppengröße am häufigsten Opfer von Gewaltattacken sind, und in Russland sind Homosexuelle akuten Gefahren ausgesetzt. Wir müssen also lernen, Homophobie als Gesellschaft zu sanktionieren oder Sexismus oder Antisemitismus – ohne diese antidemokratische Haltung auf eine Gruppe zu externalisieren und es mit deren Kultur oder Religion zu erklären. Das macht es zu einfach zu denken, das hätte nichts mit *uns* zu tun. Im Koran nach Suren zu suchen, die nachweisen, dass der Islam frauenfeindlich und antisemitisch sei – ergo den Muslimen solche Charakteristika inhärent –, ist genauso aus dem Zeitkontext gelöst, wie Protestanten zu kulturellen Antisemiten zu deklarieren, weil Luther die Meinung vertrat, die Juden seien ein »solch verzweifeltes, durchböstes, durchgiftetes, durchteufeltes Ding«, dass sie »1400 Jahre unsere Plage, Pestilenz und alles Unglück gewesen sind und noch sind«, und deswegen riet, man solle ihre Synagogen und Schulen mit Feuer anstecken.[17]

Nation und kollektive Identität neu erzählen

Auch scheint es zumindest die Position Kants heutzutage nicht zu schmälern, wenn uns Aussagen von ihm bekannt sind, dass die Juden »eine Nation von Betrügern« oder »Vampyre der Gesellschaft« seien.[18] Auch wenn Kant schreibt: »Die Menschheit ist in ihrer größten Vollkommenheit in der Race der Weißen«[19], beschreiben wir ihn als einen der Kerndenker, an denen sich die Aufklärung orientiert – nicht als Rassisten. Wir wissen, dass diese Zitate zeithistorisch einzuordnen sind, und zumindest ist die tiefe Verwurzelung des Antisemitismus in den Texten Kants und Voltaires sowie in der Bibel und bei Martin Luther kein Grund für uns, westliche Grundwerte auf der Basis der Aufklärung und des Christentums infrage zu stellen. Wir lesen sie heute neu. Gleiches gelingt mit dem Islam nicht.

Wir müssen wissen: Narrationen sind Geschichten, die nur teilweise auf historischen Erfahrungen beruhen. Sie besitzen zwar einen Moment von immer schon Dagewesenem und dadurch nicht Veränderbarem. Wir vergessen dabei aber, dass Narrationen immer wieder neu erdacht und in die Zeit zurückgedacht werden können.

> **Wir müssen lernen, Homophobie als Gesellschaft zu sanktionieren oder Sexismus oder Antisemitismus – ohne diese Haltung auf eine Gruppe zu externalisieren.**

So gehen wir zum Beispiel davon aus, dass für die USA das Etikett einer »Nation of Immigrants« ein sogenannter Gründungsmythos ist. Tatsächlich wurde aber dieses Narrativ erst in den 1960er-Jahren über den Verwaltungsweg etabliert, um die soziale Kohäsion in einer Gesellschaft, die durch akute gesellschaftliche Spaltungen geprägt war, zu stärken. Die Kanadier fanden ihr Leitbild »Unity in Diversity« in den 1970er-Jahren.

Inwiefern ist es möglich, konstitutive Narrative einer nationalen Gemeinschaft – in diesem Falle Deutschlands – neu zu erzählen? Und ist es möglich, Deutschland als heterogene Migrationsgesellschaft zu erzählen – oder als postmigrantische Gesellschaft? Damit ist eine Gesellschaft gemeint, die sich nicht in den binären Kategorien von migrantisch versus einheimisch erzählt. Shermin Langhoff, die Intendantin des Berliner Maxim Gorki Theaters, hat die postmigrantische Perspektive etabliert und beschrieben als »gemeinsamen Raum der Diversität jenseits von Herkunft«.[20]

Heimat stellt sich ein – als Stadtgefühl, als Sehnsuchtsort, als Scholle, als Kindheitserinnerung – bei jedem anders.

Wir wissen, Diversität ist zu beobachten und Heimat stellt sich ein – als Stadtgefühl, als Sehnsuchtsort, als Scholle, als Kindheitserinnerung – bei jedem anders. Multipel divers in der emotionalen Verankerung. Das Heimatgefühl variiert so wie die Erzählung, das Narrativ, von Heimat. Es wird fluide, verfestigt sich. Und jedes dritte Kind, das in diesem Land geboren wird, hat einen Migrationshintergrund und eine deutsche Heimat, von vielen vielleicht eher beschrieben als eine hamburgische, berlinerische, schwäbische. Die Diversität besteht darin, dass das Kind gleichzeitig migrantisch ist und deutsch und einheimisch. Die Trennung zwischen Migranten und Einheimischen wird schwieriger. Das ist die Empirie des neuen Deutschlands. Es widerspricht dem Narrativ der Homogenität.

Die Funktion von Narrativen liegt also in der Konstruktion eines kollektiven Gedächtnisses und somit in der Konstruktion vergangener und gegenwärtiger Wirklichkeit.

Narrationen sind also Erzählungen beziehungsweise Erzählstrukturen, die Gemeinschaften betreffen und die über Zeit und Raum eine Reproduktion erfahren. Narrationen müssen nicht unbedingt auf empirischen Fakten beruhen, sie können auch auf Deutungen basieren, die erst im Nachhinein oder mit Blick auf ein zukünftiges Ziel interpretiert werden. Sie müssen also nicht in der erzählten Form tatsächlich historisch erfolgt sein. Paul Ricœurs Begriff »Mimesis II« verdeutlicht, dass historische Erzählungen sowohl rekonstruktiv als auch schöpferisch sind. Sie erfinden sich in der Gegenwart immer wieder neu – durch kontextuelle Neudeutungen, neue Wissensbestände oder rückwirkende Traditionalisierung.[21] Sie erhalten jedoch durch die Annahme, schon immer da gewesen zu sein, Legitimität und prägen politisches Handeln.

»Deutschland ist kein Einwanderungsland und wird auch keines werden«, sagte Helmut Kohl als Kanzler der Einheit und ließ dies 1982 in den Koalitionsvertrag schreiben. Sein Narrativ erschien plausibel – auch wenn es vollkommen erfunden war. Nicht historisch grundiert und selbst zum damaligen Zeitpunkt empirisch nicht gedeckt – allein bis in die Mitte der 1970er-Jahre waren 14 Millionen Gastarbeiter nach Deutschland gekommen. Die Funktion von Narrativen liegt also in der Konstruktion eines kollektiven Gedächtnisses und somit in der Konstruktion vergangener und gegenwärtiger Wirklichkeit.

Hierbei sind rekonstruktive narrative Bezüge zur Vergangenheit, die sich auf Nation oder Ethnizität beziehen, häufig affektiv und Pathos-geladen und werden nur dem eigenen Kollektiv zugestanden. Sie simulieren eine gewachsene Beziehung über die Zeit hinweg, durch Erfahrungsbezüge wird so eine Gemeinschaft erzeugt. Eine durch Vergangenheit erarbeitete Gemeinschaft also, in welche diejenigen nicht eintreten können, die diese gemeinsame vermeintliche Historizität nicht teilen.

Zwei Axiome nationaler Identität

Der Kulturwissenschaftler Rogers Brubaker beschreibt nationale Identität grundsätzlich in zwei Axiomen: in einem Falle gründend auf Vergangenheit und Ahnenschaft, so ist es in Deutschland – und im anderen Fall

gründend auf einem ethisch-moralischen Verfügungswissen, einer Idee oder Ideologie, wie es beispielsweise in den USA der Fall ist.[22] Beides muss nicht stimmen, weder ist Deutschland aus der Ahnenschaft der Germanen entstanden, noch sind die USA das *Land of Freedom*. Aber die Narrative sind dichte Erzählungen, die das Selbstbild prägen und eine identitätsstiftende Erinnerungskultur erzeugen. Allerdings sind jene nationalen Narrative, die auf der Idee von Werten basieren, performativer und durchlässiger, weil sie sich an die Gegenwart anpassen und neue Praxen der Gemeinschaftsbildung – nämlich über Werte und Haltungen und weniger über Ereignisse – ermöglichen. So kann Freiheit als Leitbild einer nationalen Identität natürlich immer wieder weiterentwickelt werden. Demnach existieren rekonstruktive Narrative, also solche, die sich aus der Erzählung der Vergangenheit speisen, und aspirative Narrative, die auf ein Zukunftsziel, also einen »sinnstiftenden Endpunkt«[23] zusteuern.

Handlungsmöglichkeiten und narrative Strategien

Wenn Narrationen also historischem Wandel und kultureller Veränderung unterliegen können, heißt das auch: Sie sind veränderbar! Man kann sie auch aktiv vonseiten der Politik, Wissenschaft, aber auch auf Verwaltungsebene neu deuten, neu verknüpfen, neu erzählen. Sie müssen allerdings glaubwürdig sein und eine Plausibilität besitzen, um ihre Funktion erfüllen zu können – nämlich die Erzeugung eines kollektiven Gedächtnisses.[24] In Deutschland fehlt es der Politik und infolgedessen auch dem öffentlichen Raum an einem politischen und öffentlichen Narrativ, das Deutschland nicht nur kognitiv, sondern auch emotional als Einwanderungsland neu erzählt, in das es sich über einen langen Zeitraum hinweg entwickelt hat und nicht ad hoc – wie vielfach wahrgenommen. Mit »neu« erzählen ist gemeint, dass Migration und Integration nicht mehr einseitig aus einer Kosten-Nutzen-Perspektive von Etablierten und Außenseitern beschrieben werden sollten – nach dem Motto: »Die können hier

In Deutschland fehlt es der Politik und infolgedessen auch dem öffentlichen Raum an einem politischen und öffentlichen Narrativ, das Deutschland nicht nur kognitiv, sondern auch emotional als Einwanderungsland neu erzählt.

sein, wenn sie uns was bringen, habe ich nichts dagegen.« Das wird nicht tragen, wenn sich schon die dritte und vierte Generation von »Migranten« zu Bürgern dieses Landes zählen. Auch deren Erzählungen von Deutschland müssen Eingang in das Narrativ einer kollektiven Erzählung finden.

Ein weiteres Angebot der narrativen Neudeutung wäre es, Deutschland von seinen Leitkulturdebatten zu befreien. Deutschland eher basierend auf Wertevorstellungen zu denken und nicht vorrangig auf Vergangenheitskonstruktion wäre durchaus denkbar. Wie wäre es zum Beispiel damit, Willkommenskultur als einen Akt der narrativen Neudeutung von Deutschsein zu verstehen? Euphemistisch? Mehr als zehn Millionen Menschen haben im sogenannten Sommer der Migration Geflüchteten geholfen. Mehr als die Hälfte von ihnen neben ihrem täglichen Beruf und nicht, weil sie zu viel Zeit oder sonst nichts zu tun hatten.

Die Erzählung Deutschlands hat sich dadurch im Ausland nachhaltig verändert. Deutschland gilt plötzlich neben Kanada als modernes Land der pluralen Demokratie. Wer hätte das gedacht? Das neue Deutschland nun als Nation des Mitgefühls. Mit dem Ziel, gemeinsam zu einer Integrationsgesellschaft zu werden, die Ungleichheit sanktioniert? Gleichheit der Verschiedenen als sinnstiftender Endpunkt? Deutschsein nicht mehr intuitiv in Abhängigkeit von Vorfahren und Phänotyp gedeutet, sondern als neue Erzählung von Bürgern, die eine gemeinsame Vorstellung von der pluralen Demokratie als Grundwert und Ziel ihrer nationalen Selbstbeschreibung haben?

Dies würde eine neue Form der Narration nationaler Identität ermöglichen, eine aspirative, nach vorne weisende Erzählung. Dies eröffnet gerade in Zeiten, in denen sich die europäische Identität als postnationaler Bezugsanker zunehmend verflüchtigt, einen Raum kollektiver Identität, der stärker über die Etablierung einer politischen Gemeinschaft – also ein gestaltbares, konstruktives oder inklusives Narrativ – entsteht als über ein historisch geerbtes, exklusives Leitkulturdenken, das nicht von allen mitgestaltet werden kann, sondern nur von den »echten Deutschen«.

Nationale Identität

Wie wir handeln müssen

In Deutschland wurde bis dato politisch nicht formuliert, welche Vorstellungen von einem gemeinsamen Zusammenleben in einer Gesellschaft, die durch Migration wesentlich pluraler geworden ist, als Leitmotiv eines neuen nationalen Narrativs verhandelt werden könnten. Eine narrative Ausweitung der deutschen Identität hätte zur Folge, dass das Migrantische selbst zum konstitutiven Element des nationalen Narrativs und der deutschen Identität würde: Deutschland würde sich dann als »Einheit der Verschiedenen« neu erzählen, dem Deutschsein wäre das Migrantische dann inhärent und stünde ihm nicht mehr als Gegensatz gegenüber.

— Die Einwanderungsgesellschaft Deutschland braucht ein politisches Leitbild, das aspirativ ist und nach vorne weist und das eine neue plurale und heterogene nationale Identität formuliert, die sich in unser kollektives Gedächtnis einspeist.

— Integration von neu einwandernden Migranten muss einhergehen mit der Integration und Qualifikation der Gesamtgesellschaft für das Einwanderungsland Deutschland.

— Integrationspolitik sollte zum Ziel haben: eine gleichberechtigte ökonomische, rechtliche und politische Partizipation aller Bürgerinnen und Bürger an den zentralen Gütern der Gesellschaft zum Zwecke der Herstellung von Chancengleichheit und des Abbaus von Diskriminierung und Ungleichheit.

Kann menschlicher Wille wirklich alles versetzen? Wenn ja, dann sollten wir uns jetzt darum bemühen. Die Einspeisung von neuen narrativen Elementen in das kollektive Gedächtnis gestaltet sich mitunter schwierig. Nicht nur, weil dies einen konsequenten Widerstand durch etablierte Diskurspositionen erfährt, sondern weil die neuen Teil-Narrative kompatibel, glaubwürdig und logisch stringent sein müssen, um ihre Wirkung zu entfalten – und weil vermehrt Sprecherinnen und Sprecher aufgebaut werden müssen, die diese in den öffentlichen Diskurs hineintragen. Dabei geht es hier nicht nur um migrantische Sprecherinnen und Sprecher, sondern grundsätzlich um Menschen, die eine normative Perspektive auf diese plurale Realität teilen.

Es geht also um postmigrantische Allianzen in diesem Land, um Menschen, die gemeinsam für eine Haltung streiten und nicht um eine Herkunft. Ob herkunftsdeutsch, biodeutsch, migrantisch, ost- oder westdeutsch, mit Hintergrund oder ohne: Der normative, sinnstiftende Endpunkt unserer nationalen Identität ist die plurale Demokratie. Sie zu schützen und zu vollziehen ist in der Verfassung angelegt. Dieses plurale Narrativ der deutschen Identität muss also nicht erfunden werden – nur befreit von all den Erzählungen, die es überdecken.

PROF. DR. NAIKA FOROUTAN (46) *ist Professorin für Integrationsforschung und Gesellschaftspolitik an der Humboldt-Universität zu Berlin und dort Direktorin des Berliner Instituts für empirische Integrations- und Migrationsforschung (BIM). Außerdem ist sie Leiterin des Deutschen Zentrums für Integrations- und Migrationsforschung (DeZIM), ein bundesgefördertes Forschungszentrum zur Vernetzung der Migrationsforschung in Deutschland. Zu ihren Forschungsschwerpunkten gehören die Transformation von Einwanderungsgesellschaften und der Umgang mit Vielfalt in postmigrantischen Gesellschaften.*

»Der Erfolg der Nachhaltigkeitstransformation ent-scheidet sich an drei Wegscheiden: der Entkopplung des Wohlstands von Ressourcen und Emissionen, der Bekämpfung von nationalistischem Populismus und der Gestaltung der Digitalisierung. Die deutsche Gesellschaft ist darauf kaum vorbereitet.«

Die drei Wegscheiden für Deutschland und Europa

Von Dirk Messner

Viele Studien zeigen, dass eine Transformation zur Nachhaltigkeit notwendig und möglich ist.[1] Viele Voraussetzungen für den Übergang zur Nachhaltigkeit sind in den vergangenen Dekaden entstanden: Technologien, transformative Akteursnetzwerke, Leitbilder, sektorale Fahrpläne für Nachhaltigkeitstransformationen zum Beispiel in der Energiewirtschaft, dem Mobilitätssektor, der Agrarwirtschaft, unternehmerische Geschäftsmodelle, die auf Nachhaltigkeit ausgerichtet sind, sind in vielen Ländern, nicht zuletzt in Deutschland, entwickelt worden.

Die »Agenda 2030« und das Pariser Klimaabkommen, beide 2015 verabschiedet, können als Säulen eines globalen Gesellschaftsvertrages für den Wandel zur Nachhaltigkeit im 21. Jahrhundert verstanden werden. Die Bundesregierung hat die Eckpfeiler der globalen Nachhaltigkeitsagenden in eine 2017 vorgelegte »Deutsche Nachhaltigkeitsstrategie« übersetzt. Es geht darum, in der ersten Hälfte des 21. Jahrhunderts Wohlstand, Demokratie, Verteilungsgerechtigkeit von Emissionen, Ressourcenverbrauch und Druck auf die Ökosysteme zu entkoppeln, um Kipppunkte im Erdsystem und damit eine Gefährdung der Grundlagen menschlicher Existenz zu vermeiden[2] – eine schwierige, aber lösbare Herausforderung.

Wichtige »Bedingungen der Möglichkeit«[3] für die Transformation zur Nachhaltigkeit sind also vorhanden. Die weltweiten Nachhaltigkeitsbewegungen waren erfolgreich, viele Gesellschaften, nicht zuletzt Deutschland und seine europäischen Nachbarn, befinden sich in einer Kipppunkt-Konstellation, in der beschleunigte Übergänge zur Umsetzung der »Agenda 2030« und des Pariser Klimaabkommens möglich werden. Doch der Übergang zur Nachhaltigkeit koinzidiert mit zwei weiteren großen Veränderungsprozessen, die weder in der »Agenda 2030« noch in der deutschen Nachhaltigkeitsstrategie hinreichend reflektiert werden:

> **Es geht darum, in der ersten Hälfte des 21. Jahrhunderts Wohlstand, Demokratie, Verteilungsgerechtigkeit von Emissionen, Ressourcenverbrauch und Druck auf die Ökosysteme zu entkoppeln, um Kipppunkte im Erdsystem und damit eine Gefährdung der Grundlagen menschlicher Existenz zu vermeiden.**

nationalistische Gegentransformationen bedrohen Deutschland, Europa, westliche, aber auch viele andere Gesellschaften; die tief greifenden Dynamiken digitalen Wandels verändern Wirtschaft, Gesellschaft, das internationale System in großer Geschwindigkeit. Ob eine Nachhaltigkeitstransformation bis Mitte des Jahrhunderts gelingen kann, entscheidet sich also an drei großen Bifurkationen, oder auch Wegscheiden, die zeitgleich angegangen werden müssen: die Transformationen zur Nachhaltigkeit, die Bekämpfung von nationalistischem Populismus und die Gestaltung der digitalen Umbrüche. Darauf sind Politik, Gesellschaft, Wissenschaft und Wirtschaft derzeit kaum vorbereitet.

Die Nachhaltigkeitstransformation

Noch sind die Vorboten des Neuen, die Pioniere des Übergangs zur Nachhaltigkeit, nicht kraftvoll, mächtig und groß genug, um Wirtschaft und Gesellschaft in kurzer Frist und insgesamt auf Nachhaltigkeitspfade auszurichten. Wie in anderen Phasen des Übergangs, zum Beispiel in der »Verwandlung der Welt im 19. Jahrhundert«[4] von den Agrar- zu den Industriegesellschaften, kann es sprunghafte Fortschritte, aber auch Rückschritte geben. Transformationen basieren auf »Häufigkeitsverdichtungen« von Veränderungsprozessen in vielen Teilen von Gesellschaft und Wirtschaft in Richtung einer neuen Gesellschaftsformation.[5] Im Energiesektor haben in der vergangenen Dekade enorme Veränderungen zugunsten erneuerbarer Energieerzeugung stattgefunden, in Deutschland und an vielen Orten weltweit. Im Mobilitätssektor deuten sich gegenwärtig ähnliche Umbrüche an. Im Agrarsektor, beim Ressourcenverbrauch, beim weltweiten Bau der neuen Städte für die nächsten zwei bis drei Milliarden Menschen, die bis 2050 in die urbanen Räume ziehen, sind bisher nur zaghafte, verzögerte Dynamiken zur Nachhaltigkeit zu beobachten. Auch unterschiedliche Muster von Ungleichheit nehmen in vielen Ländern zu, reduzieren die Entwicklungsperspektiven von Menschen und untergraben die soziale Kohäsion von Gesellschaften – Europa und auch Deutschland sind hier keine Ausnahmen. Die Transformation zur Nachhaltigkeit ist kein Ereignis, sondern ein durch Ungleichzeitigkeiten gekennzeichneter Prozess. Wirkungsvolle Nachhaltigkeitspolitik wäre nötig, um schnell voranzukommen – daran mangelt es derzeit, in Deutschland und Europa.

Sicherung der Erdsystem-Dienstleistungen bis Mitte des 21. Jahrhunderts

Abb. 31: Empfehlungen des Wissenschaftlichen Beirats der Bundesregierung globale Umweltveränderungen.[6]

Planetarische Leitplanke	Empfehlung
Klimawandel auf 2°C begrenzen	Die globalen CO_2-Emissionen aus fossilen Quellen sollten bis Mitte des 21. Jh. vollständig eingestellt werden.
Ozeanversauerung auf 0,2 pH Einheiten begrenzen	Die globalen CO_2-Emissionen aus fossilen Quellen sollten bis Mitte des 21. Jh. vollständig eingestellt werden. Das Target ist kongruent mit dem Target zum anthropogenen Klimawandel.
Verlust von biologischer Vielfalt und Ökosystemleistungen stoppen	Die unmittelbaren anthropogenen Treiber des Verlusts biologischer Vielfalt sollten bis spätestens 2050 zum Stillstand gebracht werden.
Land- und Bodendegradation stoppen	Die Netto-Landdegradation sollte bis 2030 weltweit und in allen Ländern gestoppt werden.

Gefährdung durch langlebige anthropogene Schadstoffe begrenzen	
Quecksilber	Die substituierbare Nutzung sowie die anthropogenen Quecksilberemissionen sollten bis 2050 gestoppt werden.
Plastik	Die Freisetzung von Plastikabfall in die Umwelt sollte bis 2050 weltweit gestoppt werden.
Spaltbares Material	Die Produktion von Kernbrennstoffen für den Einsatz in Kernwaffen und für den Einsatz in zivil genutzten Kernreaktoren sollte bis 2070 gestoppt werden.
Verlust von Phosphor stoppen	Die Freisetzung nicht rückgewinnbaren Phosphors sollte bis 2050 gestoppt werden, sodass seine Kreislaufführung weltweit erreicht werden kann.

Bis Mitte des Jahrhunderts müssen der Druck auf zentrale Ökosysteme, die Emissionen von Treibhausgasen und anderen schädlichen Stoffen sowie der Verbrauch zentraler Ressourcen Richtung null reduziert werden. Wohlstandsentwicklung und Umweltverbrauch sowie der Druck auf die zentralen Bestandteile des Erdsystems (Klima, Ozeane, Böden, Wasser, Biodiversität) müssen voneinander entkoppelt werden. Die Dekarbonisierung der Wirtschaft und der Aufbau einer umfassenden Kreislaufökonomie sind wichtige Lösungsansätze. Ansonsten drohen irreversible Degradierungen im Erdsystem, bis hin zu Kipppunkten, wie zum Beispiel dem Abschmelzen des Grönlandeisschildes, der Erosion des Monsunsystems, der Wüstenbildung im Amazonasgebiet, der Abschwächung des Golfstromsystems – mit unabsehbaren Folgen für die neun bis zehn Milliarden Menschen, die 2050 den Planeten bevölkern werden.[7]

Um das Pariser Klimaabkommen und die »Agenda 2030« tatsächlich umzusetzen, geht es um das *scaling up* von Ansätzen der Nachhaltigkeitstransformation, die Beschleunigung von Veränderungsprozessen und Systemwandel, zum Beispiel zur Dekarbonisierung, zur umfassenden Kreislaufwirtschaft, zur Stadtentwicklung, die auch die unteren 30 Prozent der Städtebewohner einbindet. Der Übergang von den »Bedingungen der Möglichkeit« zur tiefen Transformation ist anspruchsvoll, er muss gestaltet werden, kann scheitern, Widerstände und Krisen hervorrufen.

Die Transformation zur Nachhaltigkeit ist kein Ereignis, sondern ein durch Ungleichzeitigkeiten gekennzeichneter Prozess.

Viele Analysen und Theorien sozialen Wandels zeigen[8], dass Neuorientierungen auf folgenden Ebenen notwendig sind, damit die Nachhaltigkeitstransformation gelingen kann.

Akteurskonstellationen des Wandels

Vergangenheitsinteressen sind stets besser organisiert als entstehende Zukunftsinteressen. Die Überwindung klimaschädlicher Produktionsmuster und Anreizsysteme scheitert oft an politischen Pfadabhängigkeiten und gut organisierten Interessen der fossilbasierten Wirtschaft – das gilt in der Energie-, Mobilitäts- und Agrarwirtschaft gleichermaßen. Die Unterstützung transformativer Partnerschaften und von Pionierallianzen für Nachhaltigkeitstransformationen ist daher besonders wichtig. Sektorenübergreifende Nachhaltigkeitskooperationen von Akteuren des Wandels aus der Wirtschaft, dem Finanzsektor, der Wissenschaft, der Politik, der Kultur und Gesellschaft schaffen Strukturwandel und brechen tradierte Netzwerke auf, die Vergangenheitsinteressen vertreten. Die Gesellschaft gerät in Bewegung. Neue Unternehmen und Geschäftsmodelle entstehen, zum Teil auch in den »alten« Sektoren selbst; Teile der Versicherungswirtschaft verabschieden sich von Investitionen in fossilbasierte Unternehmen; Teile der Automobilwirtschaft arbeiten

Die Überwindung klimaschädlicher Produktionsmuster und Anreizsysteme scheitert oft an politischen Pfadabhängigkeiten und gut organisierten Interessen der fossilbasierten Wirtschaft.

mit der Wissenschaft an emissionsfreier Mobilität; zivilgesellschaftliche Akteure, Städte und Wissenschaft können an vielen Orten zu Treibern der Nachhaltigkeitstransformation werden. Reformprozesse, zum Beispiel bei der Weltbank, signalisieren, wie aus Bastionen der »alten Wirtschaft« Akteure der Dekarbonisierung werden können. Wichtige Schlüsselakteure, wie der britische Notenbankchef Mark Carney, der eine klimaverträgliche Finanzwirtschaft einfordert, eröffnen aus dem Zentrum der globalen Ökonomie heraus Transformationsperspektiven zur Nachhaltigkeit. Das Pariser Klimaabkommen hat zu einer Multiplikation von Akteurspartnerschaften für den Klimaschutz beigetragen.[9]

Drei Motivationen, die Transformationsbereitschaft schaffen

Die Nachhaltigkeitsforschung hat gezeigt, dass im Verlauf des 21. Jahrhunderts Kipppunkte im Erdsystem mit weitreichenden Folgen für die menschliche Zivilisation ausgelöst werden können.[10] Sozialwissenschaftliche Forschung zeigt, wie die Auflösung gesellschaftlichen Zusammenhaltes Stabilität und Sicherheit gefährden und Konflikte auslösen kann.[11] Die Wissenschaft hat wichtige Beiträge dazu geleistet, die Risiken der Zukunft auszuleuchten und die Notwendigkeit einer Transformation zur Nachhaltigkeit zu begründen. Doch Krisenszenarien können Menschen auch paralysieren, Hilf- und Hoffnungslosigkeit, manchmal gar Wut erzeugen. Zukunftsorientierung kann durch attraktive, Perspektiven und Horizonte eröffnende Narrative über Möglichkeiten, Chancen und Pfade der Veränderung entstehen. Transformationen (zur Nachhaltigkeit), also tief greifender Wandel, gehen mit Disruption, Unsicherheiten, nicht planbaren, oft kaum antizipierbaren Effekten einher. Diese Kosten und Risiken der Transformation sind zugleich Ursachen für das Festhalten am Etablierten und von Widerständen gegen Nachhaltigkeitsreformen. Deshalb entsteht Veränderungswille häufig erst in tiefen Krisen. Die europäische Einigung, die Vereinten Nationen, die Herausbildung der europäischen Wohlfahrtsstaaten waren Folgen zweier verheerender Weltkriege. Nun müssen im 21. Jahrhundert irreversible Kipppunkte im Erdsystem vermieden werden. Der Transformationsmodus der Krise muss durch den Transformationsmodus des präventiven Handelns

ersetzt werden. Motivation für den Wandel zur Nachhaltigkeit muss also geschaffen, verstärkt, verbreitert werden.

Was treibt Menschen dazu an, sich für Nachhaltigkeitstransformationen zu engagieren? Drei Motivationsmotoren können hier eine zentrale Rolle spielen: Erstens reagieren Menschen auf normative Herausforderungen und als inakzeptable Zustände erkannte Entwicklungen – »wie können wir akzeptieren, dass ...?«, ist hier der Ausgangsimpuls. »Wie können wir akzeptieren, dass diese Generation die ökologischen Grundlagen für alle zukünftigen Generationen zerstört? Wie können wir akzeptieren, dass trotz allen Wohlstandes ein großer Teil der Weltbevölkerung noch immer keinen Zugang zu lebenswichtigen Infrastrukturen besitzt und 30 Prozent der jungen Menschen im Süden Europas keine Arbeit finden? »Moralische Revolutionen«[12] können Ausgangspunkt für Transformationen sein. Zweitens können Sorgen wegen der schwer absehbaren Folgen von Veränderungen (zum Beispiel der Dekarbonisierung der Energie- und Mobilitätssysteme) durch die Dokumentation von Beispielen erfolgreicher Transformation eingehegt werden. »Zeigen, was möglich ist«, verstärkt Veränderungsbereitschaft: Die erfolgreiche Energiewende in Deutschland, die ambitionierten Dekarbonisierungspläne in nordeuropäischen Städten, die positiven Arbeitsplatzeffekte ressourcenorientierten Wirtschaftens in China, Kanada, Schweden, die kluge und großzügige Flüchtlingspolitik eines armen Landes wie Uganda seit Ausbruch des Bürgerkrieges im Südsudan können Beispiele dafür geben, dass Transformation zur Nachhaltigkeit gelingen kann. Erfolgreiche Transformation ist ein wichtiger Motor, um Motivation und Mut für Veränderungen zu unterstützen. Der dritte Typus eines Motivationstreibers für schwierige Transformationen ist zugleich der wahrscheinlich wichtigste Motor der kulturellen Evolution der Menschen: Imagination,

Die Transformation zur Nachhaltigkeit erfordert, wie jeder große Zivilisationsschritt in der Geschichte der Menschheit, technologische, institutionelle und ökonomische Innovationen, die aber letztlich nur auf der Grundlage einer Neuerfindung der normativen Horizonte der Menschen gelingen werden.

Kreativität, die Lust, Neues, Schönes, Erstrebenswertes, Gutes zu schaffen – Visionen, also positive Narrative möglicher, besserer Zukünfte, haben Menschen immer wieder dazu motiviert, trotz aller Unsicherheiten des Wandels Veränderungen voranzubringen.[13] Die »Agenda 2030« ist eine solche universelle Erzählung über die Möglichkeiten eines guten Lebens für viele Menschen. Sie muss in vielen Ländern, Regionen, Städten, Gemeinschaften und Unternehmen in vielfältige, attraktive und konkrete Zukunftsentwürfe übersetzt werden, die den Eigenarten der jeweiligen Akteure entsprechen.

Vier normative Kerninnovationen im Übergang zur Nachhaltigkeit

Die Transformation zur Nachhaltigkeit erfordert, wie jeder große Zivilisationsschritt in der Geschichte der Menschheit, technologische, institutionelle und ökonomische Innovationen, die aber letztlich nur auf der Grundlage einer Neuerfindung der normativen Horizonte der Menschen gelingen werden.[14] Immanuel Kant hat die Essenz der Aufklärung als »die Veränderung der Denkungsart der Menschen« beschrieben – Menschenrechte, Rechtsstaatlichkeit, Demokratie wurden »erfunden« und verbreiteten sich dann sukzessive in vielen Gesellschaften. Der Übergang zur Nachhaltigkeit verlangt nach ähnlichen normativen Innovationen und Neuorientierungen, deren vier Kernelemente sich in der »Agenda 2030« und dem Pariser Klimaabkommen bereits finden:[15] 1. Erdsystemverantwortung der jeweils handelnden Generationen, um gefährlichen Erdsystemwandel zu vermeiden; 2. die Verbindung der Konzepte von nationalem und globalem Gemeinwohl, die ohne transnationalen Interessenausgleich, Fairness und Gerechtigkeit nicht gelingen kann; 3. die Übernahme von Verantwortung für die Folgen gegenwärtigen Handels für viele (oder, in Fällen wie dem klimainduzierten Meeresspiegelanstieg, gar alle) zukünftige(n) Generationen; 4. die Entwicklung einer globalen Kooperationskultur, die es erlaubt, die Vielfalt der Gesellschaften und ihrer Normensysteme als eine Ressource für zukünftige Problemlösungen zu mobilisieren.[16] Diese Kernelemente bilden die zentralen Referenzpunkte eines neuen Weltbildes globaler nachhaltiger Entwicklung. Diese durch Bildung, Wissensdiffusion, Kultur, gemeinsames Handeln, Standards, Normen, politische Regime und

Investitionen in unseren Gesellschaften zu verankern ist eine zivilisatorische Aufgabe.

Schutz des Erdsystems, soziale Kohäsion und globale Kooperation

Erfahrungen in vielen Ländern zeigen, dass ohne massive Investitionen in die Reduzierung von Ungleichheiten und zur Stärkung des gesellschaftlichen Zusammenhaltes keine Legitimation für Strukturreformen zum Schutz des Klimas und anderer Bestandteile des Erdsystems mobilisiert werden kann. Die sozialen und die ökologischen Fragen können nur integriert gelöst werden. Zugleich zeigt sich, dass soziale Gerechtigkeit und der soziale Zusammenhalt in Gesellschaften nicht nur eine Grundlage für Klima- und Erdsystemschutz darstellen, sondern auch für globale Kooperation.[17] Bröckelt der soziale Kitt in Gesellschaften, nehmen gefährliche Nationalismen zu, die Bereitschaft zur grenzüberschreitenden Zusammenarbeit für globale nachhaltige Entwicklung sinkt.

Vor allem in Europa sowie im transatlantischen Verhältnis stellen Regierungen, wie die von Trump, Orbán, Conte, und wachsende populistische Bewegungen und Parteien in nahezu allen Ländern eine Art »Gegentransformation« zur Nachhaltigkeitstransformation dar.

Es zeigt sich: Die »Bedingungen der Möglichkeit«[18] für eine große Transformation zur Nachhaltigkeit zu mobilisieren und deren Widerstände zu überwinden ist im Kern eine kulturell-zivilisatorische Herausforderung für die Menschheit, ähnlich den großen Zivilisationsschüben infolge der neolithischen Revolution vor etwa 10.000 Jahren und der industriellen Revolution, die vor gut 200 Jahren ihren Anfang nahm.

Die Nachhaltigkeitstransformationen finden in einem spezifischen historischen Moment statt, der durch zwei weitere grundlegende Veränderungsdynamiken charakterisiert ist, die in der Phase der Vorbereitungen und der Verabschiedungen der »Agenda 2030« und des Pariser Klimaabkommens im Jahr 2015, aber auch in der Nachhaltigkeitsstrategie der Bundesregierung von 2017, noch weitgehend ignoriert wurden: »Our country first«-Bewegungen einerseits und digitale Veränderungsprozesse andererseits. Die Nachhaltigkeitstransformation kann nur gelingen, wenn sie zugleich Antworten auf diese beiden Großtrends zu Beginn des 21. Jahrhunderts findet.

»Our country first«

In Deutschland, Europa und vielen Entwicklungs-, Schwellen- und Industrieländern gewinnen nationalistische, oft autoritär, xenophob, klimaskeptisch und wissenschaftsfeindlich orientierte Bewegungen und Regierungen an Bedeutung. Vor allem in Europa sowie im transatlantischen Verhältnis stellen Regierungen, wie die von Trump, Orbán, Conte, und wachsende populistische Bewegungen und Parteien in nahezu allen Ländern eine Art »Gegentransformation« zur Nachhaltigkeitstransformation dar. Multilaterale Kooperation, Klimaschutz, universelle Normen und Standards, Wissenschaft werden infrage gestellt. Aktuelle Gerechtigkeitsherausforderungen und Auswirkungen der Globalisierung sowie technologischer Dynamiken auf Gesellschaften werden von diesen Bewegungen thematisiert, aber auf eine nationalistische, rückwärtsgewandte Agenda verkürzt.[19]

Einfache Antworten auf diese regressiven Trends gibt es nicht, aber vier Merkposten sollen hier angesprochen werden. Die »Agenda 2030« und Nachhaltigkeitstransformationen in Deutschland und Europa können *erstens* einen Teil der Antworten auf diese Gegentransformation bieten: Mehr Investitionen in die Bekämpfung von Ungleichheiten und Armut und in die Schaffung von Arbeitsplätzen sowie Modernisierungsinitiativen (in Regionen, Städten, auf europäischer Ebene), die Verbindungen von ökonomischer und ökologischer Modernisierung sowie sozialer Inklusion herstellen, können zur Reduzierung der von vielen Menschen empfundenen Unsicherheiten und Zukunftsängste beitragen.[20]

Zweitens geht es in der Konfrontation der Nachhaltigkeitstransformation mit den »Our country first«-Bewegungen um grundsätzlich unterschiedliche Normen- und Wertesysteme, die aufeinanderprallen. Grundlage der »Agenda 2030«, des Pariser Klimaabkommens, aber auch der deutschen Nachhaltigkeitsstrategie sind universelle Menschenrechte sowie globale Kooperations-,

Gerechtigkeits- und Verantwortungsprinzipien, die von nationalistischen Bewegungen ausgehöhlt oder infrage gestellt werden. Dieser Konflikt um die »Leitkulturen« unserer Gesellschaften und die Deutungshoheit über die Zukunft muss ausgetragen werden. Was noch vor wenigen Jahren in Europa für unmöglich gehalten wurde, steht nun auf der Tagesordnung: die Verteidigung von Demokratie, Menschenrechten, der Idee globaler Kooperation.

Es ist in der Rückschau fast unverständlich, dass »Digitalisierung« in der »Agenda 2030« und auch in der deutschen Nachhaltigkeitsstrategie von 2017 nur ein Schattendasein führte.

Drittens sollten wir berücksichtigen, dass das »Programm« der Nachhaltigkeitstransformation (zum Beispiel *scaling up* von Dekarbonisierungsanstrengungen, Beschleunigung des Wandels zur Nachhaltigkeit, Disruption und systemischer Wandel als Charakteristika transformativen Wandels) wiederum selbst Unsicherheiten und Zukunftsängste bei Menschen erzeugen und verstärken könnte, die sich bereits durch die Dynamiken der Globalisierung oder des technologischen Wandels bedroht fühlen. Sozialpolitik und Bekämpfung von Ungleichheiten werden allein nicht ausreichen, um nationalistische Rückschläge einzuhegen. Disruptiver Wandel auf dem Weg zur Nachhaltigkeitstransformation kann nur gelingen, wenn zugleich Vertrauen in die Zukunft entsteht, gesellschaftlicher Zusammenhalt gepflegt, erodierende Identitäten durch neue lokale, nationale und transnationale Gemeinsamkeiten und Orientierungen ersetzt werden und so attraktive Zukunftsperspektiven entstehen. Gegen die rückwärtsgewandte Wut der Populisten hilft nur Zukunft. Strategien der Transformation zur Nachhaltigkeit müssen also die Verunsicherungen vieler Menschen berücksichtigen und Antworten darauf formulieren: durch inklusive Stadtpolitiken, soziale, ökonomische und politische Teilhabe, Bildungsangebote, Schaffung von Entwicklungsperspektiven für abgehängte Regionen, Flüchtlingsintegration, die zugleich die Lebensbedingungen der vulnerablen einheimischen Bevölkerung zu verbessern hilft, internationale Zusammenarbeit – aber auch durch klare Normen- und

Werteorientierungen: universelle Menschenrechte, globale Verantwortung, globale Kooperationskultur.

Taumelndes Europa

Viertens sollten die Erfahrungen in Europa zwischen 1890 und 1914[21], der Phase der ersten Globalisierungsbeschleunigung, Warnungen und Lehrmaterial für die Zukunft bieten. In vielerlei Hinsicht gleichen sich die Strukturmerkmale der aktuellen und der damaligen Dynamiken: Akzeleration grenzüberschreitender ökonomischer Aktivitäten, tief greifender Strukturwandel aufgrund technologischen Wandels, veränderte Arbeitsmärkte, sich vertiefende Stadt-Land-Gefälle, wissenschaftliche Durchbrüche (damals zum Beispiel in der Physik, der Mikrobiologie, der Gehirnforschung und Psychoanalyse – heute durch Digitalisierung, Nanotechnologien, Neurowissenschaften) – und infolge dieses beschleunigten Strukturwandels überforderte und gestresste Gesellschaften, deren Institutionen- und Wertegefüge nicht mehr dazu taugten, die sich Bahn brechenden Neuerungen und Innovationen zu gestalten. Die tiefen Umbrüche im Übergang zum 20. Jahrhundert mündeten in vielen Ländern Europas, insbesondere in Deutschland, in politischen Polarisierungen, autoritär-nationalistischen Bewegungen und letztlich zwei verheerenden Weltkriegen. Der Blick auf die Geschichte sollte Mahnung und Warnung für die zugleich zusammenwachsende und auseinanderstrebende Weltgesellschaft und das »taumelnde Europa« zu Beginn des 21. Jahrhunderts sein, in ihren Gesellschaften soziale Fliehkräfte zu bekämpfen und gemeinsame Lösungen für transnationale Interdependenzprobleme zu entwickeln, statt durch Nationalismus nationale und internationale Stabilität und Sicherheit zu unterminieren.

Digitale Technologien können dazu beitragen, Dekarbonisierung, Kreislaufwirtschaft, Dematerialisierung, Ressourcen- und Energieeffizienz sowie das Monitoring und den Schutz von Ökosystemen deutlich rascher voranzubringen.

Digitale Revolutionen

Die digitalen Revolutionen sind in der jüngsten Gegenwart in den gesellschaftlichen Diskursen Deutschlands und Europas angekommen (siehe Schieferdecker und Messner, Seite 335). Es ist in der Rückschau fast unverständlich, dass »Digitalisierung« in der »Agenda 2030« und auch in der deutschen Nachhaltigkeitsstrategie von 2017 nur ein Schattendasein führte. Nun wird immer deutlicher, dass die digitalen Veränderungen zu einem zentralen Motor gesellschaftlicher Umbrüche werden. Die Nachhaltigkeitstransformation muss mit der digitalen Transformation verbunden werden, indem die Möglichkeiten und Dynamiken der digitalen Umwälzungen an den Zielsystemen der »Agenda 2030« und des Pariser Klimasystems ausgerichtet werden.[22] Zugleich werden die digitalen Transformationen das Nachhaltigkeitsparadigma selbst tief greifend verändern. Fünf Zusammenhänge stehen im Zentrum der Integration der Nachhaltigkeits- und der digitalen Transformation.

Erstens zeigen viele Studien[23], dass digitale Technologien dazu beitragen können, Dekarbonisierung (in der Energiewirtschaft, von Mobilitätssystemen, in der Industrie), Kreislaufwirtschaft, Dematerialisierung, Ressourcen- und Energieeffizienz sowie das Monitoring und den Schutz von Ökosystemen deutlich rascher voranzubringen, als dies ohne diesen Technologieschub möglich wäre. Von allein geschieht dies nicht. Entsprechende Ordnungspolitiken (zum Beispiel CO_2-Bepreisung, wirkungsvolle Standards des Ressourcenverbrauches), die bisher weder in Deutschland noch in Europa hinreichend existieren, sind notwendig.

Zweitens könnte Digitalisierung, die nicht gestaltet und auf die Ziele der »Agenda 2030« ausgerichtet wird, bereits in vielen Gesellschaften existierende Problemlagen zusätzlich multiplizieren: Ungleichheiten (zum Beispiel am Arbeitsmarkt, in Bildungssystemen, in der internationalen Arbeitsteilungen) und soziale Fliehkräfte könnten weiter zunehmen; ökonomische und damit auch politische Macht könnten weiter konzentriert werden (siehe zum Beispiel die Bedeutung der »*big five*« Amazon, Apple, Google, Facebook und Microsoft für die digitale Transformation); Datensouveränität und Bürgerrechte könnten weiter eingeschränkt und Bürger- oder auch Konsumentenüberwachung weiter ausgebaut werden – vor allem in autoritären Gesellschaften; Regierungen könnten Gestaltungsfähigkeit verlieren, zum Beispiel weil digitale Geschäftsmodelle in virtuellen

Räumen nur schwer besteuert werden können. Digitalisierung könnte andererseits auch dazu genutzt werden, diese Schieflagen zu bekämpfen, doch bisher sind weltweit nur wenige politische Gestaltungsprozesse der digitalen Transformation zu beobachten, wie sie zum Beispiel Cédric Villani in seinem Bericht »For a meaningful artificial intelligence« an Präsident Macron fordert.[24] Die technologischen Beschleunigungen drohen Bürger und Regierungen gleichermaßen zu überfordern.

Die digitalen Revolutionen – »Worüber wir reden müssen!«

Drittens müssen die Anstrengungen von Politik, Wissenschaft, Unternehmen und zivilgesellschaftlichen Akteuren vervielfacht werden, die multiplen Wirkungen des digitalen Wandels zu verstehen und tiefen Strukturwandel zu antizipieren, um so Grundlagen dafür zu schaffen, die Digitalisierung überhaupt gestalten und an der »Agenda 2030«, dem Pariser Klimaabkommen oder auch der deutschen Nachhaltigkeitsstrategie ausrichten zu können. In der nahen Zukunft werden autonome technische Systeme, basierend auf lernenden Maschinen und *general-purpose artificial intelligence*, alle gesellschaftlichen und ökonomischen Bereiche grundlegend verändern:[25] die Mobilität, Industriesektoren und Produktionsprozesse, Wertschöpfungsketten und internationale Arbeitsteilung, Arbeitsmärkte, Finanzsysteme, Wissenschaft, Bildung, Gesundheitssysteme, politische Entscheidungsfindungsprozesse, das Gerichtswesen. Auf künstlicher Intelligenz basierende Maschinen werden auf der Grundlage der Verarbeitung enormer Datenmengen Produktionsprozesse und Verkehrs- oder auch Finanzflüsse steuern, die Krankendiagnostik revolutionieren, Entscheidungsprozesse von Versicherungsunternehmen verändern, Entscheidungsvorlagen für Parlamente und Regierungen zur Verfügung stellen, Vorhersagen über das Verhalten von Individuen und Gruppen generieren.

Die menschliche Zivilisation basiert auf menschlicher Intelligenz, die bisher unser »Alleinstellungsmerkmal«

Die menschliche Zivilisation basiert auf menschlicher Intelligenz, die bisher unser »Alleinstellungsmerkmal« ausmachte. Diese wird nun durch artifizielle Intelligenz ergänzt.

ausmachte. Diese wird nun durch artifizielle Intelligenz ergänzt, die menschlichem Analysevermögen zumindest in Teilbereichen schon heute bei Weitem überlegen ist. Die Verkopplung von menschlicher und artifizieller Intelligenz und die Schaffung von »meaningful artificial intelligence«, ausgerichtet an den Zielen menschlicher, nachhaltiger Entwicklung[26], werden zu einer Menschheitsaufgabe in der ersten Hälfte des 21. Jahrhunderts. Wie kann die Fehleranfälligkeit (weltweiter) vernetzter technischer Infrastrukturen reduziert und deren Robustheit gestärkt werden? Wie können unsere Rechtssysteme mit dem beschleunigten technologischen Wandel Schritt halten? Wie können die nicht intendierten Wirkungen von privaten Investitionen zum Aufbau selbstlernender technischer Systeme und virtueller Räume von Bürgern verstanden und von Regierungen, an unseren Normensystemen ausgerichtet, gestaltet werden? Wie kann Wohlstand durch Automatisierung vermehrt werden und zugleich das Prinzip »Leave no one behind« verfolgt werden? Was implizieren die technologischen Revolutionen für die ärmsten Entwicklungsländer? Bis zu welchem Punkt sollen Technologien genutzt werden, um die kognitiven, physischen, emotionalen Fähigkeiten von Menschen zu verändern und zu verbessern? Welche ethischen Leitplanken sollten in der Diskussion über »die Transformation des Menschen«, über »human enhancement«[27], gesetzt werden? Diese Fragen verdeutlichen die Größenordnung der Gestaltungsaufgaben, die mit der digitalen Transformation verbunden sind.

Viertens sind mit den technologischen Durchbrüchen zugleich kaum vorstellbare Entwicklungspotenziale für die menschliche Zivilisation verbunden, wenn eine Gestaltung der Digitalisierung und weiterer mit ihr verbundener Technologien gelänge: die zu erwartenden Explosionen des Wissens, Möglichkeiten der transnationalen Vernetzungen in virtuellen Räumen als Grundlage der Entstehung von transnationalen Kooperationskulturen, Chancen des umfassenden Monitorings und damit auch des Schutzes des Erdsystems, durch Netzwerkbildung vervielfachte horizontale Teilhabechancen für viele Menschen. Der Buchdruck, der aus der Sicht der artifiziellen Intelligenz geradewegs als ein eher kleiner Schritt für die Entwicklung der

Nachhaltigkeitspolitik
Wie wir handeln müssen

Um Kipppunkte im Erdsystem und Zivilisationskrisen zu vermeiden, müssen bis Mitte des Jahrhunderts eine Dekarbonisierung der Weltwirtschaft erreicht und Kreislaufökonomien etabliert werden. Deutschland und Europa sollten diese Herausforderungen nutzen, um in Europa Innovationen und Investitionen für Beschäftigung und nachhaltiges Wirtschaften voranzubringen.

— Die Nachhaltigkeitstransformation kann nur gelingen, wenn der grassierende autoritäre Nationalismus in Deutschland und Europa zurückgedrängt wird. Gegen die rückwärtsgewandte Wut der Populisten hilft nur, attraktive Zukunftsperspektiven zu schaffen, soziale Kohäsion zu stärken, Ungleichheiten zu bekämpfen sowie globale Kooperationsperspektiven und erdsystemkompatible Ökonomien zusammen aufzubauen.

— Die Nachhaltigkeitstransformation kann nur im digitalen Zeitalter gelingen. Zugleich kann ungesteuerte Digitalisierung völlig neue Herausforderungen hervorbringen. Bisher sind Digitalisierungs- und Nachhaltigkeitsforschung sowie Digitalisierungs- und Nachhaltigkeitspolitik weitgehend voneinander entkoppelt. Diese Missstände müssen rasch überwunden werden.

— Forschung, Ministerien, Politik, Bildung, Wirtschaft, Kultur sind auf diese drei großen Bifurkationen, die den Weg Deutschlands, Europas und anderer Gesellschaften bis Mitte des Jahrhunderts prägen werden, nicht vorbereitet. Jede der drei Wegscheiden kann gesellschaftliche Krisen auslösen und verstärken. Sicherheit, Wohlstand, Demokratie und globale Zusammenarbeit können nur gelingen, wenn alle drei Bifurkationen in ihrem Zusammenspiel gemeistert werden.

Menschheit erscheint, hat die Aufklärung, die Wissenschaft, die Demokratie und die industrielle Revolution überhaupt erst möglich gemacht.[28] Ist im Zusammenspiel von artifizieller Intelligenz und menschlicher Intelligenz, im Verbund mit menschlicher Empathie und sozialer Intelligenz, eine Art von neuer Aufklärung denkbar? Wie kann das Potenzial der Digitalisierung für die Lösung der großen Menschheitsherausforderungen des 21. Jahrhunderts genutzt werden?[29]

Fünftens wird eine Nutzung der Chancen der Digitalisierung, der Einhegung möglicher Risiken und der Verkopplung von digitaler und Nachhaltigkeitstransformation nur gelingen, wenn die digitale Forschungscommunity mit der Nachhaltigkeitsforschung zusammengeführt wird. Nach wie vor sind wir davon weit entfernt. Kraftanstrengungen, schnelles Handeln, neue Investitionen und langer Atem sind notwendig,

um die größten Innovationsschübe der Menschheitsgeschichte mit der großen Transformation zur Nachhaltigkeit im 21. Jahrhundert zu verbinden.

PROF. DR. DIRK MESSNER *(56) ist Direktor des Deutschen Instituts für Entwicklungspolitik (DIE), Bonn und Co-Direktor des »Käte Hamburger Kolleg/Centre for Global Cooperation Research« der Universität Duisburg-Essen. Er wird ab Ende 2018 Direktor des »Institute for Environment and Human Security« der United Nations University (UNU-EHS) sein. Aufbauend auf seinen Forschungsgebieten, ist er in politischen Beratungsgremien tätig: Seit 2013 ist er Co-Vorsitzender des Wissenschaftlichen Beirates der Bundesregierung Globale Umweltveränderungen (WBGU), seit 2014 Co-Vorsitzender des Sustainable Development Solutions Network Germany (SDSN) und seit 2017 der Wissenschaftsplattform Nachhaltigkeit 2030.*

Geht doch!
Globaler Fortschritt.

Abb. 32: Diese 14 Grafiken zeigen Indikatoren, die sich positiv entwickelt haben. Im Prognosezeitraum beruhen die Daten auf einer Verlängerung des Durchschnitts der bisherigen Veränderung.

☐ Prognosezeitraum

Alphabetisierung bei Erwachsenen über 15 Jahren[1]

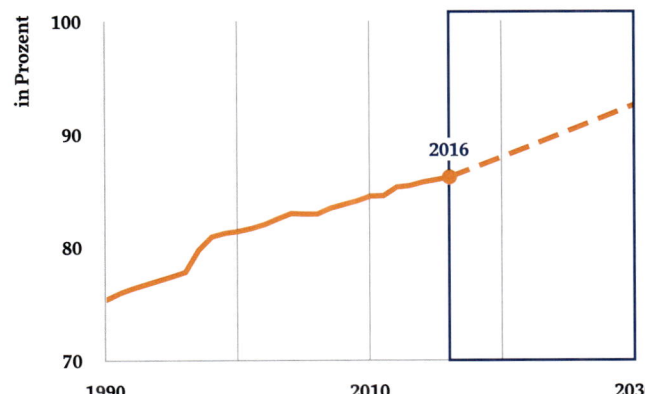

Anteil Erneuerbarer am Energieverbrauch[2]

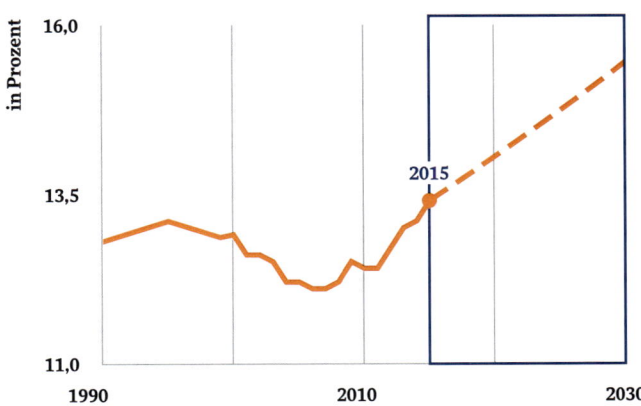

Kindersterblichkeit[3]

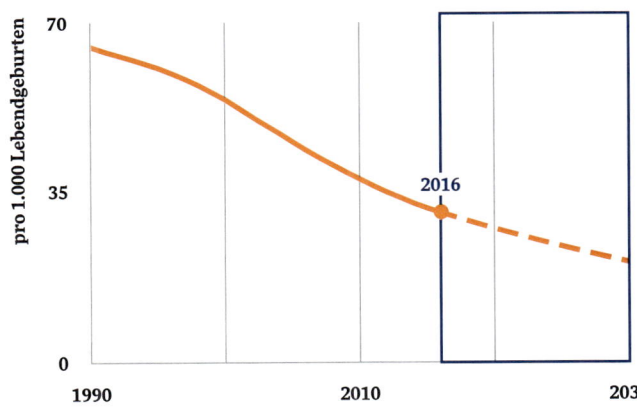

Anzahl der Menschen, die in Demokratien leben[4]

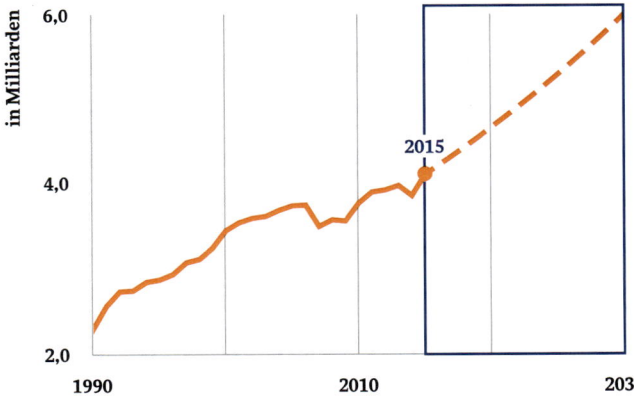

Eingeschulte Mädchen im Grundschulalter[5]

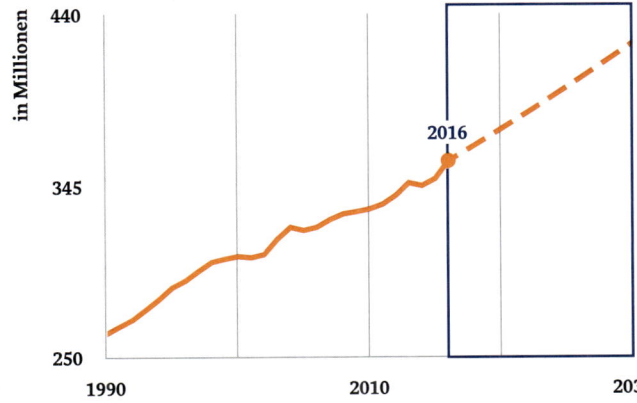

Anzahl neuer HIV-Infektionen[6]

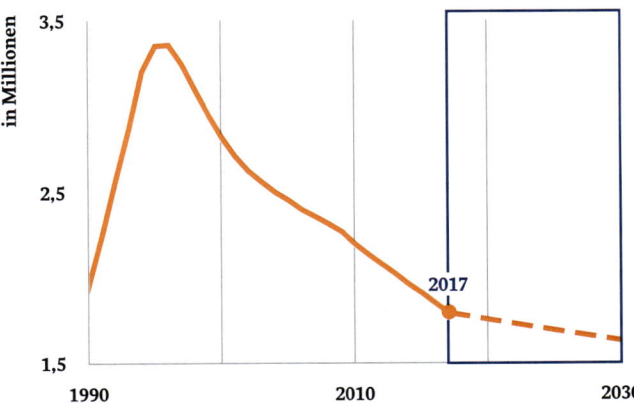

Anteil der Menschen, die das Internet nutzen[7]

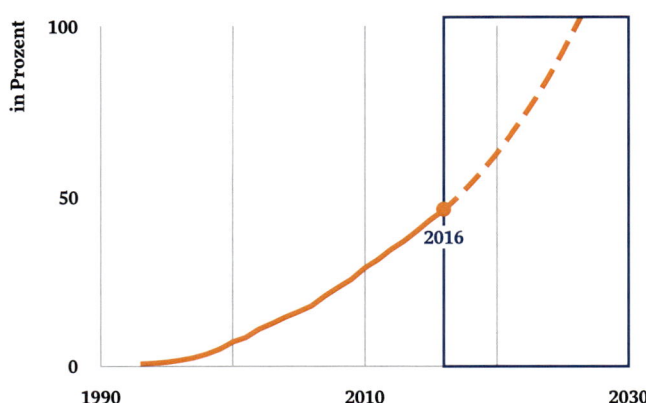

Anzahl nuklearer Sprengköpfe[8]

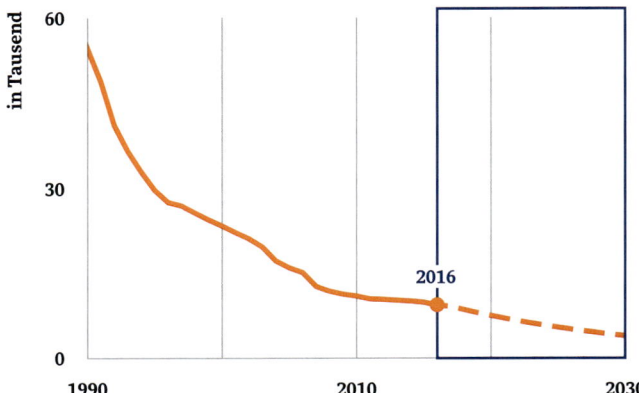

Anzahl der Menschen, die in extremer Armut leben[9]

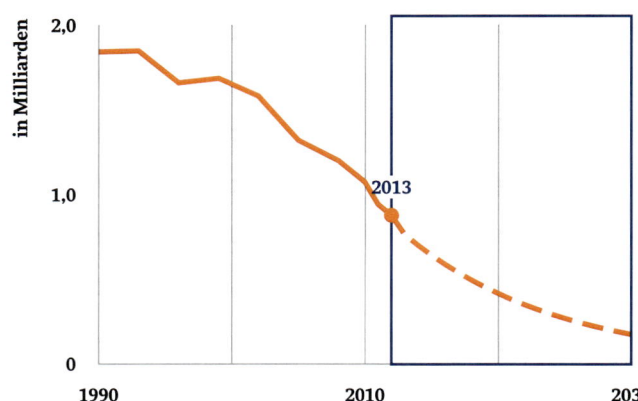

Meeresschutzgebiete in nationalen Gewässern[10]

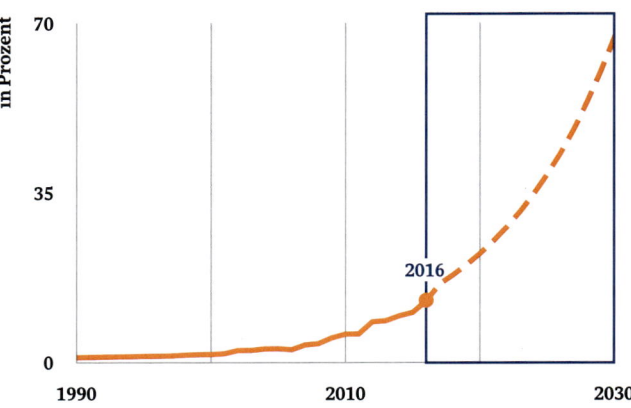

Anteil der unterernährten Menschen[11]

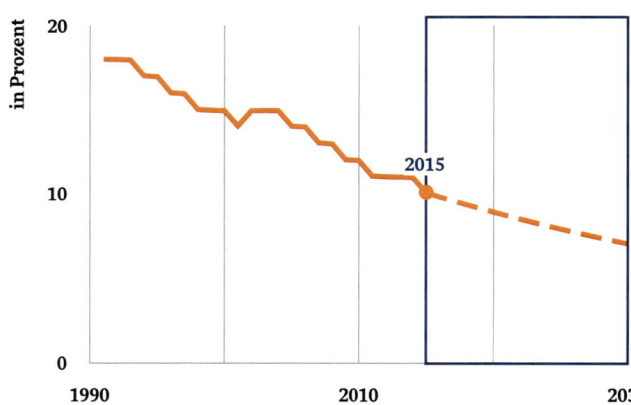

Getreideproduktion[12]

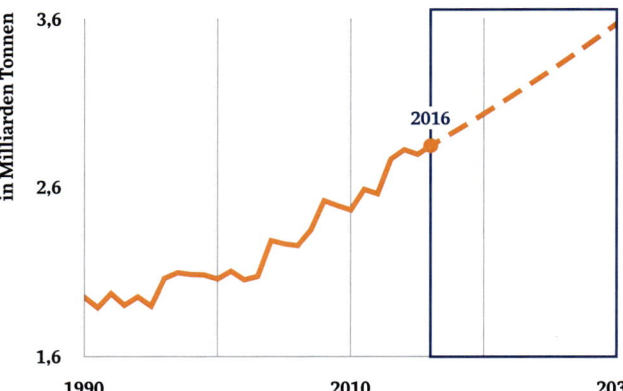

Berichtete Pockenfälle[13]

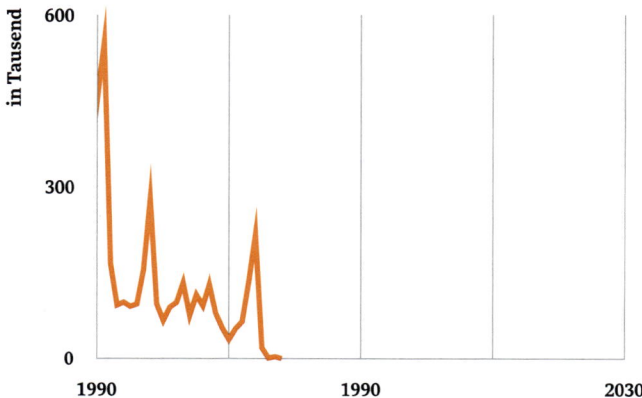

Patentanmeldungen[14]

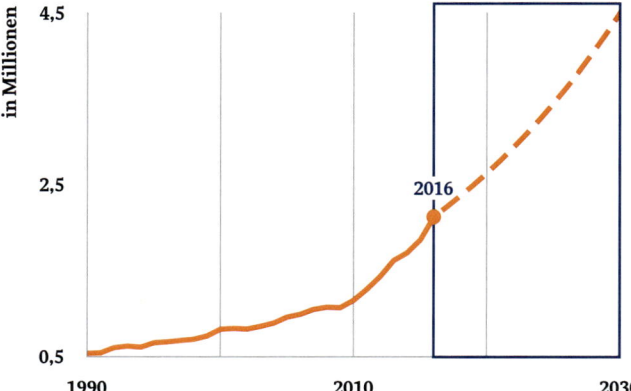

»Angesichts einer turbulenten Weltlage erwartet das Ausland mehr Führung von Deutschland, besonders als Fürsprecher Europas und als Schlichter in internationalen Konflikten.«

Deutschland in den Augen der Welt. Gefragter und geforderter denn je

Von Christoph Beier

Deutschland ist geachtet und geschätzt, aber es soll sich international entschiedener einbringen. Das ist das zentrale Ergebnis einer Befragung, die die GIZ – jetzt zum dritten Mal – rund um den Globus durchgeführt hat. »Deutschland sollte sich stärker global engagieren. Global Governance wird zu sehr von den USA dominiert. Ich hoffe auf ein starkes Europa – es ist wichtig für die Welt.« Mit diesen oder ähnlichen Worten fordern viele unserer Gesprächspartner, Deutschland möge seine historisch begründete Zurückhaltung nun rasch abstreifen.

In gut 70 Jahren hat sich Deutschland vom »Feindstaat«, wie es noch bei der Gründung der Vereinten Nationen geheißen hatte, zum mittlerweile geschätzten, geachteten und gebrauchten Mitglied der internationalen Staatengemeinschaft entwickelt: ein respektiertes Land, das zugleich mit großen Erwartungen bezüglich seiner internationalen Rolle bedacht wird. Ein Land, von dem man sich verspricht, dass es die Herausforderungen der Welt tatkräftig mit angeht, statt sich vornehm zurückzuhalten – das ins Spiel eingreift, statt als Zuschauer am »Spielfeldrand« der internationalen Politik zu verweilen, wie es Bundespräsident Frank-Walter Steinmeier vor einiger Zeit ausdrückte.

»Zieht die größeren Schuhe an, sie werden euch passen«, hatte es schon bei der ersten »Deutschlandstudie« aus dem Jahr 2012 geheißen. Deutschland solle eine aktivere Rolle in der Welt spielen und damit seiner Wirtschaftskraft und seinem politischen Ansehen besser entsprechen, lautete die Forderung. Dieser Befund überraschte seinerzeit, hatte Deutschland doch nach der Katastrophe des Zweiten Weltkriegs von herausgehobenen oder gar einsamen Handlungen Abstand genommen und gerade dadurch wieder international Vertrauen erlangt. Noch nach der Wiedervereinigung gab es massive Vorbehalte und Bedenken gegen ein größeres Deutschland in der Mitte Europas. Würden die Deutschen wieder großmannssüchtig? Würden sie massiv deutsche Interessen durchsetzen?

»Deutschland muss eine Vision entwickeln, welche Rolle es in der Welt spielen will.« INDIEN

Solche Ängste und Befürchtungen ließen sich damals nur durch wiederholte Versprechen einer weiteren Zurückhaltung zerstreuen. Und heute, gut ein Vierteljahrhundert später, scheint die Welt eine vollkommen andere, das Bild des »Ugly German« von einst in Auflösung begriffen.

Engagierte, aber wohlmeinende Führungsrolle

»Cool Germany« titelte der »Economist« sogar unlängst. Deutschland werde offener, vielfältiger und könnte ein Vorbild für den gesamten Westen werden, ist dort prominent zu lesen. Nicht ganz so locker und lässig wie das britische Magazin formulieren es die Gesprächspartner der GIZ, aber ihre Aussagen deuten in dieselbe Richtung: Die drei Studien mit dem Titel »Deutschland in den Augen der Welt« zeichnen einen Wandel im Deutschlandbild nach, der verbunden ist mit einem kontinuierlich stärker artikulierten Wunsch nach mehr internationalem Engagement.

Waren die Aussagen 2012 noch aufmunternd-lockend, so lesen sie sich 2018 entschieden-drängend: Stand seinerzeit die freundliche Aufforderung im Raum, die eigene hemmende Geschichte hinter sich zu lassen und sich mehr zuzutrauen, dominierte 2015 dann schon die Wahrnehmung, Deutschland habe sich im Zuge der Finanz- und Griechenlandkrise weiter hervorgewagt, allerdings nicht freudig und freiwillig. Damals habe es die größeren Schuhe tatsächlich angezogen, aber eher wider Willen und – Stichwort Austeritätspolitik – nicht zu jedermanns Gefallen.

Nun, in der dritten Studie, sind die leiseren Töne von vor sechs Jahren einem nahezu einvernehmlichen lauten Chor gewichen, der in etwa folgendes Lied anstimmt: Die Welt ist in Aufruhr, Europa wird gebraucht, ihr werdet gebraucht, als Hüter der Werte der westlichen Welt. Auch und gerade als Gegengewicht zu den drei Großen USA, Russland und China, die sich – neuerdings und jeder auf seine Weise – wieder eher auf sich selbst besinnen und dabei zugleich Reflexe aus den Zeiten des Kalten Krieges zeigen. Ein bedrohter Welthandel in Kombination mit einer Neuausrichtung der internationalen Macht- und Lastenteilung bekräftigen diese Rollenbeschreibung. Es sei ein weltpolitisches Vakuum entstanden, so war von den Befragten immer wieder zu hören, das zu füllen man nur wenigen Staaten zutraue,

darunter Deutschland. Aus der Kraftlosigkeit der EU und den Veränderungen im internationalen Gefüge ergeben sich höhere Erwartungen an Deutschland.

Zugespitzt zeigen die Aussagen von Studie zu Studie deutlicher, dass Deutschland weit mehr Aufgaben zugedacht bekommt, als es vermutlich erledigen kann und vielleicht auch möchte. Vom Vorbild beim Umweltschutz bis zum Schlichten von Krisen und Konflikten, vom Transfer neuer Technologien bis zum Schutz der Menschenrechte, vom Retten der EU bis zur Stütze der Vereinten Nationen –

»Deutschland spielt eine wesentliche Rolle bei der Bewahrung der EU, was im Interesse der ganzen Welt ist.« IRAN

es bleibt wenig, was man Deutschland nicht gedanklich überträgt und zutraut. Der frühere UN-Generalsekretär Kofi Annan sah deshalb bereits im Jahr 2017 Deutschlands »großen Moment« gekommen. Allerdings, und da wiederum bleibt die Linie zum Image aus der Vergangenheit intakt, ist es keine einsame und eigenwillige Führungsrolle, die man von Deutschland erwartet. Auch keine unsensible oder eurozentrische. Sondern eine mit Augenmaß und im Verbund. Kurz gesagt: eine wohlmeinende Führungsrolle, die zwar auch eigene Interessen im Blick hat und haben darf, aber diese eigenen Interessen am besten als Teil des Ganzen verfolgt sieht. Deutschland als *soft power* mit Weitblick und Gestaltungswillen, so könnte man die Aussagen der Studie bezüglich seiner künftigen internationalen Rolle paraphrasieren.

»Ich sehe einen Wandel gegenüber der letzten Studie. Deutschland hat jetzt ein humanitäres Gesicht.« USA

len Rolle paraphrasieren. Um diese Rolle entsprechend auszufüllen, brauche Deutschland jedoch ein stärkeres Bewusstsein bezüglich seines Platzes in der Welt, den Willen, strategisch zu denken und zu handeln, und – vielleicht am wichtigsten – eine Vision für die eigene Zukunft.

Ein weicheres, ein menschlicheres Antlitz

Der Umgang mit Flüchtlingen ab September 2015 mag im Inneren Deutschlands Mühe machen. Er mag kontroverse, auch schmerzhafte Debatten über Integration und die eigene Identität ausgelöst haben, draußen in der

Welt hat er dem Ruf nicht geschadet. Im Gegenteil, die Glaubwürdigkeit ist dadurch noch gewachsen.

Das heißt freilich nicht, dass die Herausforderungen, etwa bei der Integration der Zugezogenen oder bei der Frage »Was ist deutsch?«, im Ausland nicht gesehen werden. Es heißt auch nicht, dass Deutschland in den Augen der Befragten insgesamt nicht noch internationaler werden müsste. Genau das wünschen sich viele – von der größeren Offenheit gegenüber anderen bis hin zum aktiveren Gebrauch von Fremdsprachen in Deutschland. Aber der Umgang mit den Flüchtlingen hat das Bild vom tüchtigen und effizienten Deutschen gewissermaßen weichgezeichnet und um die Facette des humanitären Weltbürgers ergänzt.

Tatsächlich prägt kein Thema diese dritte Studie, im Vergleich zu den beiden vorherigen, so sehr wie der Zuzug nach Deutschland. Die sogenannte »Willkommenskultur« wirkt offenbar wie ein Katalysator des Imagewandels. Insofern zeigt der Studienreigen bei aller Kontinuität im Gesamttrend auch deutliche Unterschiede im Einzelnen. So ist festzuhalten, dass bei der jüngsten Erhebung das starke Drängen auf eine aktivere internationale Rolle Deutschlands sowie die Haltung während der Flüchtlingskrise die beiden hervorstechendsten Ergebnisse darstellen. Dazu gesellen sich weitere Themen, die den beiden Haupterkenntnissen aber nicht zuwiderlaufen, sondern diese ergänzen. Sie beziehen sich auf das Wertesystem, Deutschlands Institutionen, seine Wirtschaftskraft und seine bisherige Vermarktung in der Welt. Auch hier erhält Deutschland – trotz Abweichungen in Teilbereichen – überwiegend gute Zensuren, wodurch sich die Forderung nach größerer Verantwortung in der Welt noch steigert.

Stabile Werte

Trotz aller externen und internen Veränderungen bleibt sich Deutschland in den Augen der Welt treu. Es ist weiterhin ein werteorientiertes Land, hält Rechtsstaatlichkeit, Menschenrechte, Gleichheit und Eigenverantwortung hoch. Diese Werte gelten als Grundpfeiler des deutschen Systems. Die Gründe dafür vermutet man in der institutionellen Absicherung dieser Werte und in ihrer Vermittlung von klein auf.

Qualitative Interviews auf allen Kontinenten

Bereits zum dritten Mal hat die GIZ Menschen in verschiedenen Ländern der Welt nach ihrem Deutschlandbild befragt. Daraus ist diese Studie entstanden, die an die Erhebungen aus den Jahren 2011/2012 sowie 2014/2015 unmittelbar anknüpft und auch in Zukunft fortgesetzt wird. Das methodische Design blieb im Vergleich zu den beiden Vorgängerstudien nahezu unverändert: Es handelt sich um eine empirische Untersuchung, die auf qualitativen Interviews beruht. Insgesamt fanden Tiefeninterviews mit 154 Personen aus 24 Staaten aller Weltgegenden statt. Sie alle waren in irgendeiner Form Deutschlandkenner und daher »sprechfähig«. Die Länderauswahl erfolgte – wie schon bei den beiden Studien davor – nach folgenden Kriterien: historische Beziehungen zu Deutschland, wirtschaftliche Verflechtungen sowie Bedeutung der Länder für bi- und multilaterale Politikprozesse. Gleichzeitig sollten möglichst viele Kulturräume, Ethnien und Religionen vertreten sein. Jeweils zwei Personen führten ein Gespräch, das sie anschließend dokumentierten. Daraus ergaben sich insgesamt 4.175 Kernaussagen, die das Rohmaterial für die Auswertung bildeten. In einem mehrstufigen Verfahren der Analyse und Interpretation verdichteten sich Bilder von Deutschland. Der Mehrwert der Studie liegt in dem globalen qualitativen Blick auf Deutschland, der in dieser Art und Breite außergewöhnlich ist. Nicht beabsichtigt ist bei diesem Verfahren eine wissenschaftlich gültige Übertragung auf ganze Länder oder Regionen; dazu ist die Anzahl der Gesprächspartner pro Land – durchschnittlich sechs bis acht – zu gering. Die Studienergebnisse verstehen sich als »Fundgrube«, um die Debatte über internationale Zusammenarbeit zu bereichern. Sie können zum Beispiel Überlegungen beisteuern, wie die Ziele der »Agenda 2030« am besten zu erreichen sind und welche Rolle Deutschland dabei spielt oder spielen soll. Für nähere Informationen zur Deutschlandstudie 2018 siehe: www.giz.de/deutschlandbild

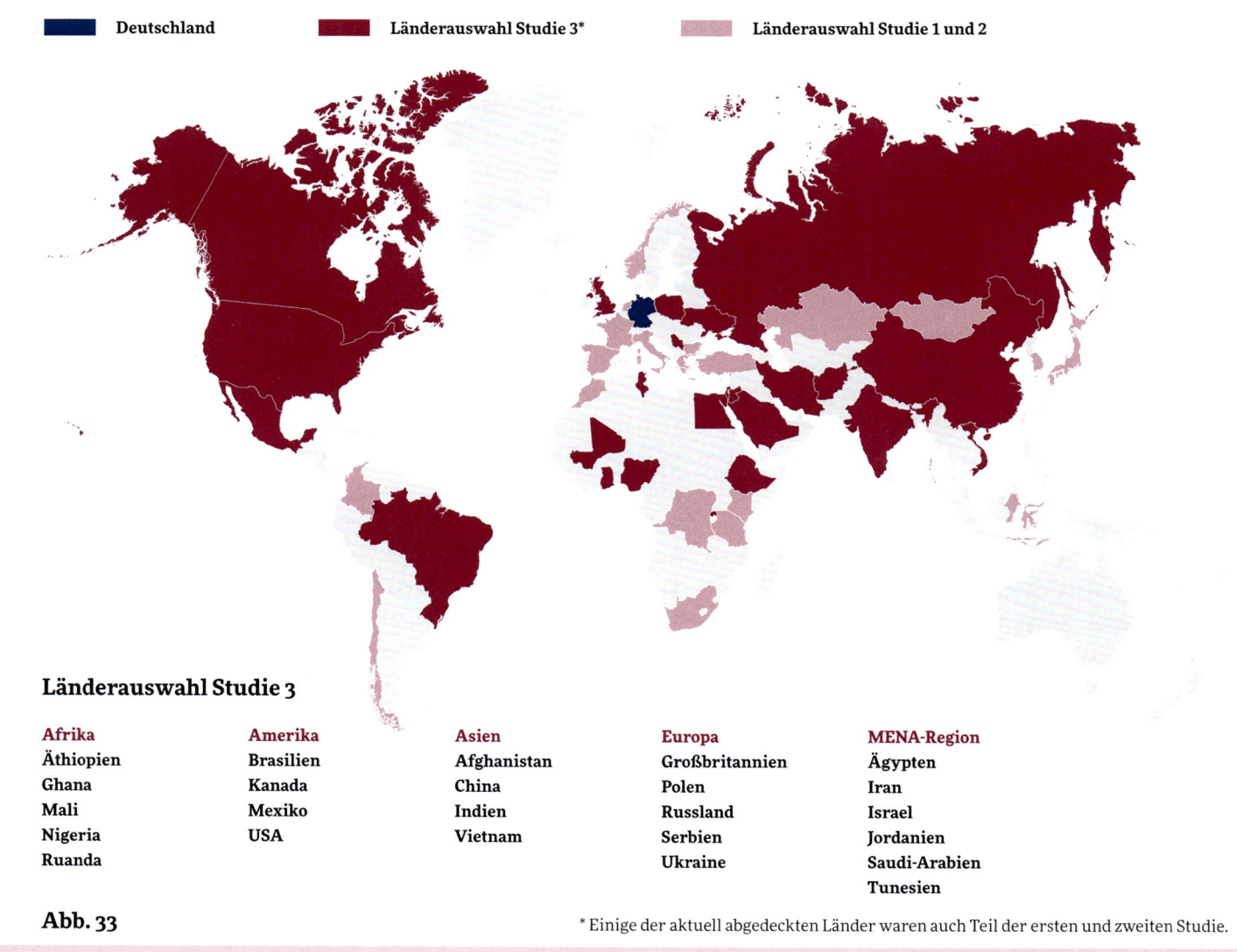

Deutschland **Länderauswahl Studie 3*** **Länderauswahl Studie 1 und 2**

Länderauswahl Studie 3

Afrika	Amerika	Asien	Europa	MENA-Region
Äthiopien	Brasilien	Afghanistan	Großbritannien	Ägypten
Ghana	Kanada	China	Polen	Iran
Mali	Mexiko	Indien	Russland	Israel
Nigeria	USA	Vietnam	Serbien	Jordanien
Ruanda			Ukraine	Saudi-Arabien
				Tunesien

Abb. 33

* Einige der aktuell abgedeckten Länder waren auch Teil der ersten und zweiten Studie.

Deutsche Gesetze gälten für alle, das Klassendenken sei – anders als in vielen anderen Ländern der Welt – nicht so stark ausgeprägt.

Und doch gibt es in den Augen der ausländischen Beobachter auch Brüche und Widersprüche; sie reichen von deutschen Waffenexporten bis zur Ungleichheit zwischen den Geschlechtern. Deutschland als einer der größten Produzenten und Exporteure von Waffen – wie passt das zu Humanismus und den Menschenrechten? Das fragt sich der eine oder andere Interviewte. Erstaunt registriert man auch, dass dieses ansonsten so moderne Land in gesellschaftlichen Fragen eher konservativ ist – Stichwort Gleichstellung der Geschlechter, Kinderbetreuung oder Organisation der Familien. Wie passt das zum Gleichheitsgrundsatz? Alles in allem aber respektieren und ja, bewundern die Befragten die klaren Kriterien, an denen sich die deutsche Gesellschaft orientiert.

»Deutschland basiert auf einem Wertefundament und will, dass es den Menschen gut geht.« GHANA

Kräftiges Fundament

Auch wegen seines fortschrittlichen Staatssystems wird Deutschland andernorts sehr geschätzt. Den Erfolg führt man dabei vor allem auf rechtsstaatliche Institutionen und die föderale Struktur zurück. Ein funktionierendes Parteiensystem – so wahrgenommen trotz des Erstarkens populistischer Strömungen –, das sich mit einer ausgesprochenen Debattenkultur verbindet, schafft ein kräftiges Fundament. Zusammen mit dem als intakt erachteten Wohlfahrtsstaat gilt Deutschland dem Ausland insgesamt als reif und vorbildlich, ungeachtet seines gelegentlichen Hangs zu Bürokratie. Eine aktive Zivilgesellschaft und eine ausgeprägte Konsens- und Debattenkultur runden das Bild ab. Dazu der hohe Lebensstandard, vergleichsweise große Sicherheit und ein funktionierendes Gesundheitssystem, all das ruft in vielen anderen Weltgegenden Anerkennung bis Sehnsucht hervor.

»Die Deutschen sollten nicht alles mehrfach umwälzen und prüfen, sondern etwas risikofreudiger werden. Wer etwas wagt, wird auch erfolgreich sein.« UKRAINE

Starke Wirtschaft

Der Wirtschaftsstandort gilt ebenfalls als hervorragend, obwohl nicht zuletzt der Dieselskandal den Ruf etwas angekratzt hat. Das Ausland sieht hier in erster Linie eine leistungsstarke Ökonomie mit etablierten Marken, die man achtet und würdigt. Qualität wird großgeschrieben. Den Erfolg der deutschen Wirtschaft führen die Befragten auch auf das Bildungssystem samt seinem dualen Zweig und seiner anwendungsorientierten Forschung zurück.

Zugleich werden Zweifel laut, ob *made in Germany* ungeachtet aller Qualität nicht einfach zu teuer ist. Auch fragt man sich, ob Deutschland nicht zu sehr von seinen Leistungen der Vergangenheit zehrt – sich zu wenig um seine Zukunftsfähigkeit kümmert. Ob es in Zeiten der Digitalisierung nicht den Anschluss verliert. Überrascht registrieren die Befragten neben einer generellen Risikoscheu auch eine gehörige Portion Technikfeindlichkeit – ausgerechnet in einem Land, das für seine technologischen Standards legendär ist. Die Art, Innovationen voranzutreiben, wird als nicht ausreichend zeitgemäß betrachtet. Statt Neues auszuprobieren und hervorzubringen, setzten die Deutschen zu sehr auf Sicherheit und weniger auf Rahmenbedingungen, die auch disruptive Veränderungen ermöglichen.

Land und Leute besser vermitteln

Bei aller Wertschätzung – oder gerade deshalb – wundern sich viele der Interviewten, warum Deutschland international so wenig aus sich macht. Warum zeigt sich Deutschland nicht deutlicher? Lautet eine der Fragen. Warum klappert es nicht mehr? Warum vermittelt es Land und Leute nicht besser oder vielmehr: breiter?

Bekannt sind im Ausland nach wie vor hauptsächlich die Klassiker, Mercedes, Porsches und BMWs genauso wie die Goethes und Schillers, aber den Rest kennt man nicht oder nicht genug. Hier herrscht eindeutig ein Vermittlungsdefizit, denn das Interesse an mehr Vielfalt und Breite scheint vorhanden. Und durch Berlin als »hippe« Metropole im Herzen Europas haben die Befragten auch einen ersten Eindruck von dieser anderen Seite erhalten, von der modernen, interessanten und pulsierenden Seite. Von der möchte man mehr sehen –

und fragt sich, warum Deutschland die Kulturvermittlung nicht noch mehr als strategisches Instrument nutzt, wie es andere Nationen längst tun.

Große Erwartungen an Deutschland

Die nunmehr dritte Erhebung in der Studienreihe offenbart anschaulich: Das Interesse an Deutschland ist nicht kleiner geworden, und die Erwartungen sind es ebenso wenig. Ausländische Beobachter setzen im Gegenteil große Hoffnungen in Deutschland, wenn es um die Zukunft der Weltordnung geht.

»Die Deutschen legen viele Eier, aber sie gackern nicht. Sie sollten manchmal mehr gackern und weniger Eier legen.« BRASILIEN

Sie trauen einer von Deutschland zusammen mit Frankreich gestärkten EU zu, die multilaterale Idee hochzuhalten und weiterzuentwickeln. Den »alten Kontinent« sehen sie also mitnichten auf dem »Altenteil«, wie eine populäre These vor einigen Jahren lautete, sondern sie hoffen auf seine Mittlerfunktion zwischen Ost, West und Süd – und das nicht nur geografisch.

Damit Deutschland die Kraft für einen aktiveren Part in der Weltpolitik aufbringt, muss es seine »begrenzende« Geschichte endgültig abstreifen und aus dem Schatten seiner Vergangenheit heraustreten, wie die Befragten immer wieder und inzwischen entschiedener betonen. Die Historie bleibt, sie soll auch niemals vergessen werden, aber sie soll nicht länger ein limitierender, sondern ein antreibender Faktor sein. Gerade seine besondere Art, die eigene Geschichte aufzuarbeiten, ist es, die Deutschland zu einem glaubhaften Verfechter internationaler Zusammenarbeit macht. Das Ausland traut Deutschland zu, mit Augenmaß zu agieren und nicht wieder in frühere Muster zurückzufallen.

»Die Deutschen schreiben noch Briefe. Mit der Hand. Sie stecken sie in einen Briefumschlag, dann gehen sie damit zum Postamt und stellen sich in eine lange Schlange. Und jetzt kommt das Beste: Sie bezahlen dafür noch mit Bargeld.« CHINA

Wenn man die Aussagen zuspitzt, lautet die Essenz der drei GIZ-Studien: Ein Land mit diesem Potenzial und Lebensstandard, das auf einem soliden Wertefundament ruht, über ein funktionierendes politisches System verfügt, intakte Institutionen hat sowie eine – noch – bärenstarke Wirtschaft, ein solches Land muss sich seiner Verantwortung in der Welt stärker stellen. Alles andere wäre fahrlässig angesichts der vielen globalen Herausforderungen – und leichtfertig gegenüber der eigenen Zukunft.

Im Jahr 2030 soll Deutschland deshalb zum Kreis jener Länder gehören, die in und mit einem stärkeren Europa die internationale Politik und Zusammenarbeit aktiv gestalten. So könnte man die Aufforderungen der Studienteilnehmer lesen. Dazu gehören die Vermittlung, Schlichtung und womöglich manchmal auch das Eingreifen in Konflikte. Dazu gehört aber insbesondere auch eine aktive Afrikapolitik auf Augenhöhe mit den afrikanischen Partnern – und manches mehr. Bei alldem soll Deutschland Werte wie Freiheit, Freihandel, Menschenrechte und das Prinzip der Nachhaltigkeit hochhalten, ohne der Welt zugleich einen deutschen oder europäischen Stempel aufzudrücken. Das ist eine wahrlich komplexe Aufgabe, weil schon allein der Teil zu Europa viele Herausforderungen birgt, von den restlichen »Hausaufgaben« ganz zu schweigen. Aber die Meinung des Auslands ist an dieser Stelle eindeutig: Genau das betrachtet es als den künftigen Auftrag und Anspruch dieser europäischen Mittelmacht. Damit ist auch klar: Deutschland steht erst am Anfang einer langen Debatte darüber, wo und wie es sich in der Welt von morgen verorten möchte.

DR. CHRISTOPH BEIER (56) ist Vorstandsmitglied der Deutschen Gesellschaft für Internationale Zusammenarbeit (GIZ) GmbH und stellvertretender Sprecher des Vorstands. Er kam vor mehr als zwei Jahrzehnten zur GIZ, hatte seither verschiedene Posten im In- und Ausland inne, unter anderem in Indonesien und als Leiter des Bereichs Planung und Entwicklung. Seine berufliche Laufbahn begann Beier im Saarland bei der Gesellschaft für Wirtschaftsförderung sowie im Ministerium für Wirtschaft. Auch eine Zeit als Lehrender und Forschender an der Ruhr-Universität Bochum gehört zu seinen beruflichen Stationen. Beier hat an allen drei »Deutschlandstudien« der GIZ als zuständiger Vorstand aktiv mitgewirkt.

Die Welt 2030. Extrem verbunden und extrem gespalten

Von Mark Leonard

Konnektivität kann Konflikte verursachen. Das haben wir in den letzten Jahren gelernt. Wir erkennen zunehmend, dass genau dieselben Kräfte, die die Menschen einst zusammenbrachten und mithilfe derer Grenzen zwischen Völkern und Nationen überwunden wurden, heute zu Nationalismus, Protektionismus und dem Wunsch nach Kontrolle führen, statt ein harmonisches globales Dorf zu schaffen.

Hyper-Konnektivität und Hyper-Fragmentierung

Die Welt im Jahr 2030 wird daher wohl enger miteinander verbunden sein als je zuvor in der Geschichte. In dieser Zeit wird die politische Zersplitterung allerdings auch ihren Höchststand erreicht haben. Es wird eine Welt sein, in der Verbindungen zwischen Menschen und Ländern instrumentalisiert und als Waffe genutzt werden.

Hyper-Konnektivität, Hyper-Fragmentierung und das Ausnutzen der Verbindungen zwischen uns werden all die Elemente umfassen, die die Welt zusammenbringen: Handels- und Lieferketten werden sowohl Quellen für Kontakte sein als auch Schlachtfelder des Wettbewerbs konkurrierender Länder. Die digitale Revolution hat die Menschen in einem Netzwerk zusammengeführt und wird zu einer weiteren Zersplitterung von Gesellschaften führen. Migrationsbewegungen werden als Waffen genutzt und zudem mehr denn je eine Herausforderung für die Politik sein. In der Vergangenheit haben wir Gesetze und Institutionen als Wettbewerbsbeschränkung und als Möglichkeit zur Regelung unserer Beziehungen angesehen. Sie werden nun sowohl zu einem wesentlichen Mittel als auch zu einem Betätigungsfeld für diesen Wettbewerb werden.

Wir erkennen zunehmend, dass genau dieselben Kräfte, die die Menschen einst zusammenbrachten und mithilfe derer Grenzen zwischen Völkern und Nationen überwunden wurden, heute zu Nationalismus, Protektionismus und dem Wunsch nach Kontrolle führen.

Deutschland wird von dieser Entwicklung besonders betroffen sein. Erstens werden die Exportabhängigkeit und die engen Verbindungen zu anderen Märkten und Machtzentren den Exportweltmeister auch für die Instrumentalisierung dieser Verbindungen besonders anfällig machen. Donald Trump hat mit seinen Angriffen auf wichtige deutsche Industriezweige den Entscheidungsträgern in Berlin einen ersten Vorgeschmack gegeben, was noch kommen könnte.

Zweitens ist Deutschland wohl das Land mit dem größten Interesse an einer Umwandlung der internationalen Arena von einer Welt der Macht in eine Welt der Regeln. Der Rückschlag gegen diese Vision hat viele überrascht und in ihrem Handeln verunsichert. Viele werden in den kommenden Jahren die Bedeutung des Völkerrechts und der internationalen Institutionen noch stärker betonen. Ihr Vorteil ist, dass die Welt der instrumentalisierten Konnektivität Foren für Dialoge und Vorschriften braucht, um eine Eskalation zu vermeiden. Wir sollten weiter für den Erhalt globaler Normen und Institutionen kämpfen und prüfen, ob wir in einigen Fragen ein liberales Archipel mit verschiedenen Ländern aufbauen können.

Während die Vereinigten Staaten sich von der multilateralen Weltordnung distanzieren und nicht westliche Mächte wie China, Russland, die Türkei und Indien ihre liberalen Grundlagen infrage stellen, wird die Schlüsselfrage für Deutschland sein, was wir tun können, um auf dem eigenen Kontinent eine auf Regeln fußende Ordnung zu erhalten.

Die EU als Herzstück eines liberalen Archipels

Auch wenn wir akzeptieren, dass wir in unserer Interaktion mit anderen Teilen der Welt von 2030 zu einer eher westfälischen Vergangenheit zurückkehren müssen, kann die EU das Herzstück eines liberalen Archipels für Menschenrechte, Demokratie und regulierte Märkte bilden.

MARK LEONARD (44) ist Mitbegründer und Direktor des Europäischen Rates für Auswärtige Beziehungen (ECFR), der ersten europaweiten Denkfabrik. Er schreibt über globale Angelegenheiten für das »Project Syndicate« und war bis zum Jahr 2016 Vorsitzender des Global Agenda Council für Wirtschaftsgeografie des World Economic Forum. Leonard ist Autor von »Warum Europa die Zukunft gehört« (2005) und »Was denkt China?« (2008). Beide Bücher wurden in mehr als 15 Sprachen übersetzt.

»In einer Welt der instrumentalisierten Konnektivität muss Berlin als höchstes Ziel verfolgen,
die Europäische Union als kantische Insel in einer
zunehmend Hobbes'schen Welt zu verteidigen.«

»Die Nachhaltigkeitstransformation muss mit der digitalen Transformation verbunden werden, um Kipppunkte im Erdsystem zu vermeiden. Doch die digitalen Technologieschübe sind nicht nur Hilfswerkzeuge für den Übergang zur Nachhaltigkeit, sie leiten selbst eine neue Zivilisationsepoche ein.«

Die digitalisierte Nachhaltigkeitsgesellschaft

Von Ina Schieferdecker und Dirk Messner

Das digitale Zeitalter öffnet die Tür zu einem neuen Zeitalter menschlicher Zivilisation. Große Gestaltungsaufgaben entstehen, um die digitale Revolution mit der notwendigen Transformation zur Nachhaltigkeit, also der Entwicklung von Wohlstand, Sicherheit und Demokratie für bald zehn Milliarden Menschen in den Grenzen des Erdsystems, zusammenzuführen. Die Transformation zur Nachhaltigkeit muss bis etwa Mitte dieses Jahrhunderts gelingen, um Kipppunkte im Erdsystem – wie das Abschmelzen des Grönlandeisschildes, den Kollaps des Monsunsystems oder des Amazonasregenwaldgebietes – zu vermeiden.[1]

Im Kern geht es darum, Wohlstandssteigerung und die sozioökonomische Entwicklung in den kommenden drei bis vier Dekaden von Treibhausgasemissionen zu entkoppeln, Ressourcen in wirtschaftlichen Kreisläufen zu führen und den Druck auf die Ökosysteme radikal zu reduzieren. Nimmt man die »Agenda 2030« mit ihren umfassenden Nachhaltigkeitszielen ernst, geht es zudem um die Abschaffung der extremen Armut und die Reduzierung von Ungleichheiten, die die soziale Kohäsion und die Stabilität vieler Gesellschaften gefährden.[2] Kann die Digitalisierung helfen, diese Menschheitsaufgaben zu bewältigen? Dazu müssen zunächst die Dynamik, die Treiber und die Charakteristika des digitalen Zeitalters entschlüsselt werden. Dabei wird deutlich: Mit dem Wandel zur Nachhaltigkeit und den digitalen Veränderungen müssen zwei zeitgleich stattfindende große Transformationen zusammengeführt werden, worauf Politik, Wirtschaft und Gesellschaft bisher nicht eingestellt sind.

Nun entstehen technische Systeme, die dazu in der Lage sind, auch die kognitiven Potenziale des Menschen zunehmend und enorm zu erweitern.

Zivilisationsschübe der Menschheit

Um digitale Innovationen und ihre Wirkungen auf die Gesellschaften zu verstehen und die Größenordnung des Wandels einzuordnen, hilft ein Blick zurück auf das Laboratorium der Menschheitsgeschichte. Menschheitsgeschichtlich war die sukzessive und immer raffiniertere Substitution und Erweiterung menschlicher Fähigkeiten im Umgang mit der Welt durch Technik(en) zentral. Beim Übergang von Jäger- und Sammlergesellschaften zur Sesshaftigkeit vor etwa 10.000 Jahren war der erste große Zivilisationsschub der Menschheit – die neolithische Revolution – durch die Substitution und Erweiterung physischer Kraft gekennzeichnet: Werkzeuge und die Domestizierung sowie Nutzung von Tieren erlaubten die »Erfindung der Landwirtschaft«.[3] Erstreckte sich diese Transformation noch über einige Jahrtausende, so erschütterte die zweite große Veränderung der Welt im 19. Jahrhundert – die industrielle Revolution – die Menschheit innerhalb eines Jahrhunderts.[4] Entscheidender Treiber war wiederum die Substitution und Erweiterung menschlicher Fähigkeiten und Praktiken durch technische Innovationen – nun durch die Nutzung fossiler Energieträger und durch immer komplexere Maschinen für die industrielle Produktion. Zu den Folgen gehörten nie gekannte Umwälzungen der Produktion, Produktivitätsexplosionen, enorme Wohlstandsteigerungen für Teile der Weltbevölkerung, aber auch tief greifende und schmerzhafte Umgestaltungen der wirtschaftlichen und sozialen Verhältnisse,[5] Bevölkerungswachstum und zunächst lokale, dann globale Umweltzerstörungen – bis an die Grenzen der Belastbarkeit des Planeten.[6] Erst in langwierigen sozialen und politischen Auseinandersetzungen und nach zwei Weltkriegen entstanden in den westlichen Gesellschaften nachholend einhegende Ordnungssysteme[7]: progressive, aber eben auch zerstörerische Marktdynamiken wurden durch Demokratie zur Begrenzung von Machtkonzentrationen, soziale Sicherungssysteme zur Inklusion und nach und nach auch durch allerdings bis heute völlig unzureichende Umweltregulierungen zur Minderung des Raubbaus an natürlichen Ressourcen beschränkt.

Nun zeichnet sich ein dritter global wirksamer Veränderungsprozess ab, der erneut durch technische Innovationen vorangetrieben wird: Im Zeitalter der Digitalisierung geht es jedoch nicht mehr nur um die Unterstützung der physischen Fähigkeiten und Möglichkeiten der Menschen. Nun entstehen technische Systeme, die dazu in der Lage sind, auch die kognitiven Potenziale des Menschen zunehmend und enorm zu erweitern, vielleicht gar zu substituieren. Vom Menschen geschaffene künstliche (maschinelle) Intelligenzen (KI) mit ihren Algorithmen und digitalisierten Daten inklusive selbstlernender technischer Systeme fordern

bisherige »Alleinstellungsmerkmale« des Menschen, nicht zuletzt seine kognitiven Fähigkeiten und seine Kreativität, sowie die gegenwärtigen Denk-, Wirtschafts- und Gesellschaftsweisen radikal heraus.[8]

Zugleich zeigt die Nachhaltigkeitsforschung, dass die große Entwicklungsherausforderung des 21. Jahrhunderts nun darin besteht, Wohlstand in den Grenzen des Erdsystems zu schaffen, um eine Erosion der natürlichen Grundlagen menschlicher Zivilisation abzuwenden.

Digitale Lösungsansätze

Zentrale Fragen, die sich vor dem Hintergrund der notwendigen Transformation zur Nachhaltigkeit im Zeitalter der Digitalisierung stellen, lauten etwa: Welche Auswirkungen wird die digitale Automatisierung für die Arbeitsmärkte und die internationale Arbeitsteilung haben? Werden sich national wie international Ungleichheitstrends verstärken? Lassen sich Wohlstand und Erdsystemstabilität im digitalen Zeitalter eher vereinbaren als in der industriellen Ära? Steigen oder sinken im digitalen Zeitalter die Chancen, die Ziele der »Agenda 2030«[9] und des Pariser Klimaabkommens zu erreichen? Fordern die Eigendynamiken der Datenökonomien die Demokratie heraus?[10] Wie wird die Zukunft aussehen, in der technische selbstlernende Systeme und menschliche Zivilisation koexistieren?[11] Und einen Schritt weiter in die Zukunft gedacht: Werden die »intelligenten« Systeme die kognitiven Fähigkeiten der Menschen überholen, und werden wir die technischen Systeme kontrollieren oder sie uns? Die Richtung der Fragen deutet an: Die Nachhaltigkeitsforschung und -politik wird durch die Digitalisierung selbst herausgefordert. Vieles spricht dafür, dass wichtige soziale, ökonomische und ökologische Nachhaltigkeitsherausforderungen können nur im Kontext der digitalen Veränderungen gestaltet und gelöst werden. Doch das ist einfacher gesagt als getan, denn bisher forschen die Nachhaltigkeitswissenschaften und die

Im Zeitalter der Digitalisierung entstehen technische Systeme, die dazu in der Lage sind, auch die kognitiven Potenziale des Menschen zunehmend und enorm zu erweitern, vielleicht gar zu substituieren.

Pioniere der digitalen Zukunft in zwei Silos, zwischen denen es nur wenige Verbindungen gibt.

Das wird sich ändern müssen: Wir werden die Konzepte nachhaltiger Entwicklung und unsere Vorstellungen von menschlicher Entwicklung, wie sie zum Beispiel in der »Agenda 2030« formuliert sind, in der die Digitalisierung praktisch nicht vorkommt, überdenken und weiterentwickeln müssen.[12] Seit Langem wird die Verantwortung der Wissenschaft im Umgang mit digitalen Technologien und ihren Anwendungen diskutiert. Einer der Pioniere einer kritischen, verantwortungsvollen Informatik war J. Weizenbaum.[13] Entwickelt haben sich Ansätze wie *responsible computing*[14] und *social computing*[15], die Richtlinien verantwortungsvollen IT-Umgangs formuliert haben und den Menschen ins Zentrum stellen. Zudem ist in den letzten Jahren auch in der Öffentlichkeit ein intensiver Diskurs rund um ethische Fragen der Digitalisierung zu beobachten.[16] Diese Diskurse müssen nun systematisch mit der Nachhaltigkeitsforschung zusammengebracht werden.

Wo steht die digitale Revolution?

Bereits heute ist unsere Gesellschaft massiv entlang der digitalen Vernetzung technisiert: Robotik, autonome Systeme, Virtualisierung, Edge- und Cloud-Computing, Datenanalytik, *augmented realities* und KI verändern substanziell die Art und Weise des Arbeitens und Lebens. Über Jahrtausende entwickelte Verfahren, Methoden und Prozesse werden durch die Digitalisierung in kürzesten Zeiträumen modernisiert und revolutioniert: So ist einer der tradiertesten Bereiche – die Landwirtschaft – bereits heute wesentlich automatisiert und digitalisiert. Kaum ein Ei oder Weizenkorn gelangt ohne Einsatz von Sensorik und Datenanalytik im Produktionsprozess in den Handel. Andere Bereiche wie die Medienwirtschaft erlebten bereits massive Umbrüche, weitere Sektoren wie die Automobilbranche stehen aktuell vor großen Veränderungen entlang des vernetzten, autonomen Fahrens, der E-Mobilität, multimodaler Mobilitätsdienste und neuer Ansätze aus der Sharing-Economy. Ebenso wird die Energiewirtschaft durch Digitalisierung revolutioniert. Auch wenn es für viele schwer zu greifen ist: In all den hier genannten Entwicklungen geht es zentral um Daten. Daten sind

Durch die digitale Transformation beeinflusste Systemebenen

Abb. 34: Wirkungen der digitalen Transformation auf die Erde, Gesellschaft, Infrastruktur, Wirtschaft und Individuen.

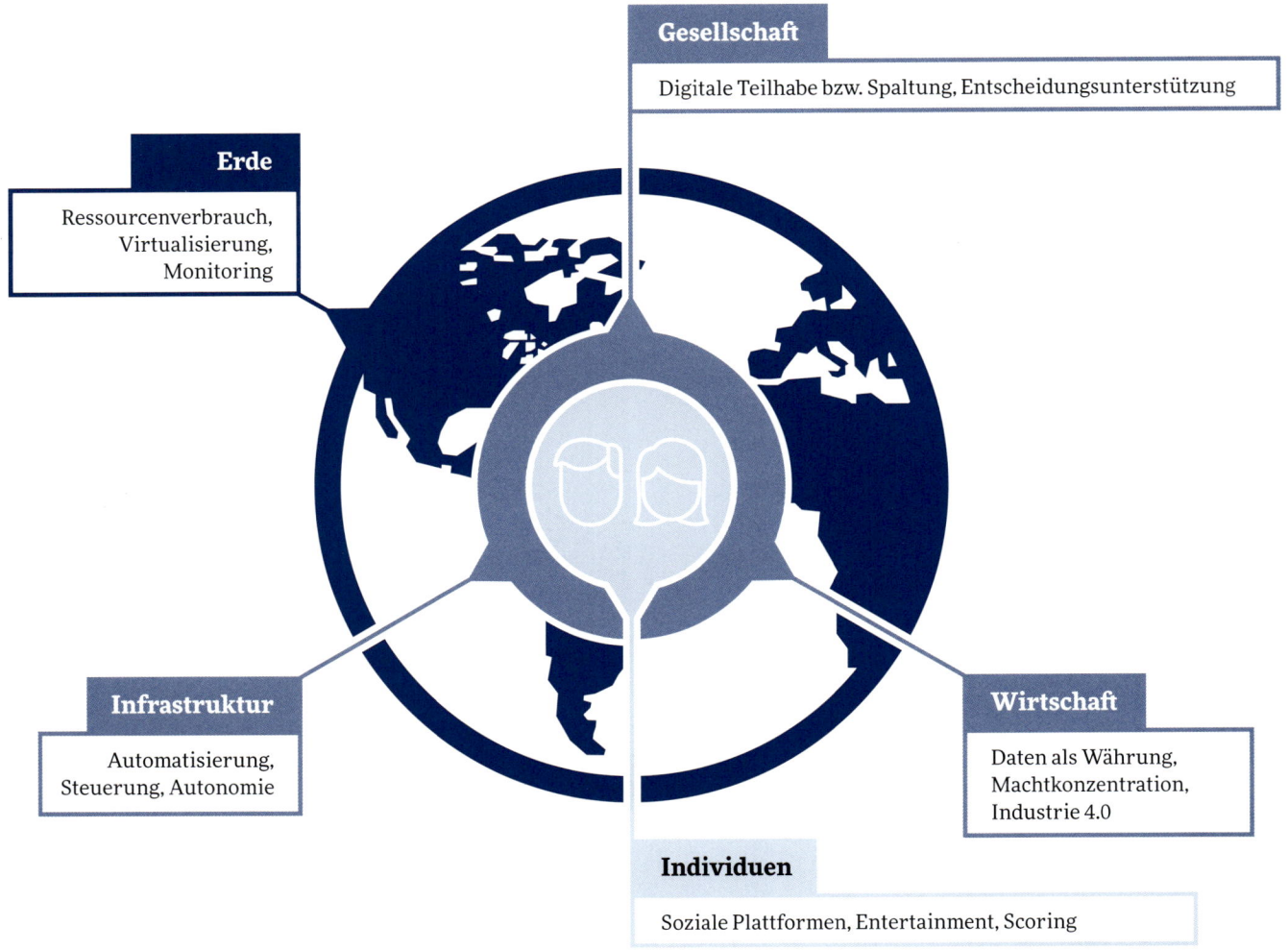

Gesellschaft
Digitale Teilhabe bzw. Spaltung, Entscheidungsunterstützung

Erde
Ressourcenverbrauch, Virtualisierung, Monitoring

Infrastruktur
Automatisierung, Steuerung, Autonomie

Wirtschaft
Daten als Währung, Machtkonzentration, Industrie 4.0

Individuen
Soziale Plattformen, Entertainment, Scoring

abstrakt, oftmals technisch und eben digitalisierbar. Als Teil der Software sind sie wie diese und deren Algorithmik kaum fassbar oder in anderer Form haptisch. Sie wirken über Entscheidungsunterstützung, Visualisierungen oder automatisierte Entscheidungen und Steuerungen zunehmend auf für unsere Gesellschaften zentrale Abläufe wie die Produktions-, Energie- oder Verkehrssteuerung. Digitalisierung wird sich letztlich auf Organisation und Steuerung der ökonomischen, politischen und sozialen Relationen unserer Gesellschaften auswirken.

Das sich entwickelnde digitale Zeitalter kann zunächst über die Wucht der technischen Veränderungen und ihre multiplen Auswirkungen beschrieben werden. Individuen, die Gesellschaft, die Ökonomie, die Erde sowie das Techniksystem selbst werden von der digitalen

Transformation wesentlich beeinflusst und verändert. Die digitale Transformation stellt sogar unser durch die Aufklärung geprägtes Menschenbild infrage: Wie wird eine mögliche maschinelle Zivilisation zur menschlichen stehen? Und schon jetzt fordert die zunehmende digital unterstützte Automatisierung von Entscheidungsprozessen ein Kernelement westlicher Demokratien heraus: die Deliberation.[17] Werden zukünftig immer mehr gesellschaftliche Verhandlungs- und Entscheidungsprozesse, gar in der Justiz, in den Parlamenten oder auch in der Wissenschaft, auf autonome, selbstlernende technische Systeme übertragen?[18]

Multiple Systemveränderungen
Die Wirkungen der digitalen Transformation werden oft vor allem aus wirtschaftlicher Perspektive (Innovationsgewinne; Verdrängungseffekte in ganzen Sektoren)

oder aus individueller Sicht (Chancen und Risiken der Nutzung digitaler Technologien, wie zum Beispiel bessere Vernetzung versus Überwachung) beschrieben, doch weitere Ebenen, sowohl die Gesellschaft und ihre Infrastruktursysteme als auch der Planet, werden durch die Digitalisierung beeinflusst (siehe Abbildung 34).

Eine Analyse der Wirkungen der Digitalisierung auf die genannten fünf Ebenen – Individuen, Gesellschaftssysteme, Wirtschaftssysteme, Infrastruktursysteme und das Erdsystem – ergibt folgendes Bild:

Bisher forschen die Nachhaltigkeitswissenschaften und die Pioniere der digitalen Zukunft in zwei Silos, zwischen denen es nur wenige Verbindungen gibt.

Bei den Menschen ist das Internet in der Breite angekommen. Laut Statistiken[19] verfügen seit 2017 mehr als 50 Prozent der Weltbevölkerung über einen Internetanschluss. 1995 war es noch weniger als ein Prozent der Weltbevölkerung! Von 1999 bis 2013 hat sich die Zahl der Internetnutzer verzehnfacht, wobei die erste Milliarde bereits im Jahre 2005, die zweite Milliarde 2010 und die dritte Milliarde 2014 erreicht wurde.

Als Teil unserer technischen Infrastruktur gibt es seit 2014 mehr Mobiltelefone als Menschen. So gab es 2014 in der Welt 7,2 Milliarden aktive SIM-Karten, deren Zahl zudem fünffach schneller als die Menschheit wächst.[20] Zudem wird für 2018 damit gerechnet, dass das Internet der Dinge und damit die mit dem Internet verbundenen Sensoren und Steuergeräte die Mobiltelefone als größte Gruppe der verbundenen Geräte mit einer jährlichen Wachstumsrate von 23 Prozent im Zeitraum von 2015–2021 überholen wird.[21]

In der digitalisierten Wirtschaft haben E-Commerce-Geschäfte[22] einen Umsatz von über 1,5 Billionen US-Dollar erreicht. Für 2022 wird ein Umsatz von über 2,5 Billionen US-Dollar erwartet. Dabei wird das kommerzielle Internet von einigen wenigen Anbietern beherrscht.[23] Neben E-Commerce werden wesentliche Weiterentwicklungen mit der »Industrie 4.0« erwartet.[24]

Auch in der Gesellschaft geht die Digitalisierung rasant voran. Smart-City-Ansätze werden weltweit propagiert, um die Lebens- und Arbeitsqualitäten in urbanen Räumen zu erhöhen.[25] National und international werden E-Government-Ansätze diskutiert und umgesetzt[26], um Politik und Verwaltung zu modernisieren und die Interaktionen mit den Bürgerinnen und Bürgern, Unternehmen und Organisationen der Zivilgesellschaft zu effektivieren.

Auch die Einhaltung der planetaren Leitplanken könnte massiv von einer verbesserten Beobachtung, Simulation und Vorhersage von Stoffströmen, Emissionen, Erdsystemdynamiken durch digitale Technologien und unterstützt durch KI profitieren.[27]

Die positiven Möglichkeiten der Digitalisierung können jedoch nur mobilisiert werden, wenn die technologischen Umbrüche gestaltet und auf Nachhaltigkeitsziele ausgerichtet werden. Dies setzt wiederum voraus, dass die Qualität und die Richtung der digitalen Veränderungen verstanden werden.

Eine Charakterisierung

Die Wechselwirkungen der digitalen Infrastrukturen mit dem Erdsystem, der Gesellschaft und Wirtschaft, den Menschen sowie mit anderen Techniksystemen lassen sich über die wesentlichen Charakteristika des digitalen Zeitalters erfassen. Diese fünf wesentlichen Charakteristika – Vernetzung, Kognition, Autonomie, Virtualität und Wissensexplosion –, die sich von den sechs Grundfunktionen[28] der Digitalisierung – Berechnen, Erinnern, Wahrnehmen, Kommunizieren, Kooperieren und Agieren – ableiten lassen, produzieren in ihren Interaktionen enorme Veränderungskräfte, die alle Systemebenen maßgeblich rekonfigurieren werden. Dabei ist keines dieser fünf Charakteristika fundamental neu, sondern vielfach historisch verankert. Doch die Digitalisierung macht aus ihnen mächtige Veränderungskräfte. Getrieben durch rasante Dynamiken oder enorme Quantitäten der digitalen Transformation entsteht

Das digitale Anthropozän bedarf einer Einbettung in normative Narrative und Rahmenbedingungen, die erst noch erfunden und entwickelt werden müssen.

qualitativ Neues auf allen Systemebenen und in ihren Wechselwirkungen.

Vernetzung von Dingen, Personen und Organisationen

Die massive *Vernetzung technischer Systeme und von Dingen, Personen und Organisationen auf jeder Akteursebene* ist bereits so gegenwärtig, dass man ihre Radikalität und Konsequenz fast übersehen könnte. Seit Jahrzehnten können Maschinen miteinander in einfachen kommunikativen Austausch treten und damit basale *kommunikative* Fähigkeiten der Menschen übernehmen, erweitern oder substituieren.[29] Nicht zuletzt im Zuge der Entstehung und Verbreitung des Internets und dessen aktueller Fortentwicklung durch das Internet der Dinge nimmt die Möglichkeit zur engmaschigen und alle Lebens- sowie Arbeitsbereiche durchdringenden Vernetzung massiv zu.[30]

So ist die Vernetzung global weit fortgeschritten. Selbst abgelegene Regionen haben Anschluss an das Internet, die wirtschaftliche Globalisierung und die Möglichkeiten transnationaler Kooperation zwischen Gesellschaften sind Konsequenz *und* Treiber dieser technischen Vernetzung. Vergleichbar zur Grundstruktur des Internets als Netz von Netzen bilden sich polyretische Strukturen aus Interaktion, Verknüpfung bis hin zur Verflechtung von einer Vielzahl von individuellen und kollektiven Akteuren unterschiedlicher Größe und Konstitution.

Positiv gedacht ermöglicht diese intensive Vernetzung Austausch und Kooperation in ungeahntem Ausmaß. Wie die Druckerpresse im 16. Jahrhundert multipliziert die Digitalisierung die Vernetzung zwischen Menschen, die Diffusion von Wissen, Lernprozesse. Neue Interdependenzbeziehungen und Ordnungsmuster entstehen. Hierzu gehören beispielsweise die Beziehungen zwischen Endnutzern und transnationalen Großkonzernen (wie Google), zwischen Staaten und Staatengemeinschaften und transnationalen Großkonzernen (wie Microsoft) oder Individuen untereinander. Diese Dynamiken überfordern vielfach tradierte staatliche Ordnungspolitiken und erfordern politische Innovationen, um die Digitalisierung demokratisch gestaltbar zu machen.

Ein weiterer Effekt der zunehmenden digitalen Vernetzung technischer Systeme ist die mögliche Verstärkung der Kritikalität von Infrastrukturen. Schon heute gilt in der Mehrzahl, dass die Energie-, Wasser-, Wärme-, Lebensmittel-, Mobilitäts- oder Gesundheitsversorgung ohne eine zuverlässige, sichere und leistungsfähige Digitalisierung nicht mehr funktionieren.[31] Die nötige Resilienz und Robustheit muss neu geregelt und eingefordert werden. Cyberangriffe sind mit der nötigen Konsequenz zu verhindern und sollten prinzipiell international verboten werden.

Gehirngesteuerte Neuroprothesen

Ein zweites fundamentales Charakteristikum betrifft die Übertragung kognitiver Fähigkeiten auf technische Systeme und damit eine weitreichende Erweiterung, zum Teil auch Substitution menschlicher Intelligenz. Bereits heute besitzen Maschinen die Fähigkeit zur Wahrnehmung, Analyse, Bewertung, zu logischem Schließen, zum Planen und Lernen bis hin zur Problemlösung.[32] Zwar handelt es sich bei zahlreichen der heutigen Anwendungen noch um relativ einfaches kognitives Verhalten, jedoch zeigen Entwicklungen im Bereich der KI, in neuronalen Netzen und maschinellem Lernen die Möglichkeiten weitergehender kognitiver Eigenständigkeit maschineller Systeme.[33]

Andererseits beinhalten dieselben digitalen Möglichkeiten die Risiken verfälschter Daten oder Fakten, korrumpierter Modelle oder Analysen, sodass der mögliche Wissenszuwachs durch eine Zunahme von Unwahrheiten ausgebremst werden kann.

Eine weitere Entwicklungslinie umfasst Forschung zu Gehirn-Maschine-Schnittstellen und gehirngesteuerten Neuroprothesen.[34] Die computerbasierte Medizintechnik kann bislang unheilbare neurologische Krankheiten mildern oder durch Unfälle verursachte Behinderungen korrigieren. Diese zu fördernden Entwicklungen können jedoch ebenso zur Verbesserung und Optimierung des Menschen an sich genutzt werden, sodass für den unnötigen Einsatz von technischen Komponenten am und im Menschen die Analogien zu Drogen oder nicht medizinisch indizierten Eingriffen abzuklären und zu regeln sind.

Die Menschheit bewegt sich auf einen kritischen Punkt zu: Nachdem der Mensch infolge der industriellen Revolution zur stärksten Veränderungskraft des Erdsystems wurde, erlauben die technologischen Dynamiken des digitalen Zeitalters eine neue Tür zu öffnen: Menschen können Menschen grundlegend transformieren, das Menschsein an sich neu bestimmen. Dabei sind vielerlei und womöglich auch irreversible »Nebenwirkungen« denkbar. Das digitale Anthropozän bedarf einer Einbettung in normative Narrative und Rahmenbedingungen, die erst noch erfunden und entwickelt werden müssen.

Autonomie technischer Systeme

Ein drittes folgenreiches Charakteristikum betrifft die zunehmende Autonomie technischer Systeme. Hier geht es im Kern um die selbstständigen Entscheidungen technischer Systeme, beispielsweise in der Industrierobotik, beim automatisierten Fahren, in der Flugkontrolle oder der Zugsteuerung.[35] Durch die Kombination von KI, Datenanalytik und Vernetzung erweitern sich die Möglichkeiten der Automatismen fortlaufend: Technische Systeme können Muster erkennen, die potenziell auf Korrelationen beruhen, die der menschlichen Kognition nicht zugänglich sind. Weitere Anwendungsbereiche sind Krisenfrüherkennung oder die Voraussage wahrscheinlicher Verläufe bei der Strafverfolgung durch die Polizei, die Steuer- und Finanzbehörden.

Zudem entwickelt sich die Robotik (beispielsweise Industrierobotik, Medizinrobotik oder humanoide Robotik) funktional, sensorisch und motorisch rasant weiter.[36] Entlang der seit Jahrhunderten währenden Übertragung von körperlich schweren Tätigkeiten auf Maschinen sowie der Übertragung von ansonsten für den Menschen unlösbaren Aufgaben[37] stellt die Entwicklung intelligenter Robotik einen nächsten Schritt dar und birgt das Potenzial zur Lösung sozialer und ökologischer Probleme, etwa durch massive Effizienzsteigerungen oder auch durch den simplen Fakt, dass Roboter ausdauernder, zuverlässiger und sicherer fungieren als Menschen. Die Übertragung der Umsetzungsverantwortung auf Robotik ist so oftmals sehr erfolgreich; die Übertragung der Lösungs- und Entscheidungsverantwortung jedoch aus guten Gründen noch in der Diskussion.

Autonome technische Systeme bieten Potenziale schneller und effizienterer Verwaltung, schnelleren (individualisierten) Informationszugang oder Früherkennung in verschiedensten Bereichen (Gesundheit, Verkehrsregelung und so weiter).

Virtualisierung erlaubt eine intensive transnationale Vernetzung von Individuen und Organisationen.

Die Risiken liegen in Intransparenz und möglicher individueller oder gruppenbezogener Diskriminierung; Fragen der Verantwortung und Haftung sind noch ungeklärt. Im Extrem kann es zum substanziellen Kontrollverlust oder zu einer technischen Sphäre kommen, in der anstelle von Menschen Maschinen domänenspezifisch oder gar umfassend eigenständig handeln. Es muss sowohl ein geteiltes Verständnis darüber etabliert werden, wann die Verantwortungsübergabe sinnvoll ist, als auch darüber, ob es Bereiche gibt, in denen nach der Entscheidungsunterstützung durch technische Systeme immer dazu legitimierte Menschen (Individuen oder Gremien) Entscheidungen treffen. Die Gesellschaft und die Politik müssen festlegen, in welche gesellschaftlichen, ökonomischen und sozialen Bereiche autonome Systeme mit welchen Rollenzuschreibungen vordringen sollen. In diesem Terrain können sich Freiheit und Demokratie, deren Erosion, Zerstörung oder vielleicht auch Weiterentwicklung entscheiden.

Virtualität und hybride Erlebnisse

Ein viertes zentrales Charakteristikum des digitalen Zeitalters ist die Substitution von Elementen und (Teil-)Systemen der physischen Welt durch das *Virtuelle* und seine Erweiterungen.[38]

Intelligentes Design, Reparierbarkeit und automatisierte Dekonstruktion am Ende der Lebensdauer von Produkten vermindern den Bedarf an neuen Rohstoffen erheblich und ebnen den Weg zu einer globalen Kreislaufwirtschaft.

Angefangen von virtualisierten Treffen (von Individuen an verschiedenen Orten und demnächst in verschiedenen Zeiten) sowie hybriden Diskussionen zwischen Individuen, Avataren und Bots über Veranstaltungen mit Hunderttausenden Teilnehmerinnen und Teilnehmern in virtuellen Räumen bis hin zu individuellen und gemeinsamen virtuellen beziehungsweise hybriden Erlebnissen (unter Nutzung von *augmented reality*-Technologien) werden auch Planungen, Designs, selbst die Produktion und in Zukunft vielleicht gesellschaftliche Prozesse virtualisiert, um genauere Vorhersagen, präventives Handeln, bedarfsgerechtere Produkte, eine optimierte Produktion oder auch Kreislaufwirtschaften zu ermöglichen.

Dazu werden immer vollständigere digitale Abbilder, modellhafte Ausschnitte und Modelle der physischen Welt entwickelt, die durch Monitoring, Simulation und Validierung weiterentwickelt und kalibriert werden. Ebenso können aus bislang unerreichbaren Teilen (wie auf Mikro- oder Nanoebene oder aus anderen Zeitperioden) unserer Welt, aus unserer Welt entlehnte (wie zur Vorhersage möglicher Zukünfte) oder auch vollständig andere Welten (wie zur Konzipierung alternativer Welten) virtuell geschaffen und zur Unterhaltung, Ausbildung, Forschung oder Entscheidungsfindung genutzt werden. Die Menschheit erschließt sich so neue Räume.

Virtualisierung erlaubt eine intensive transnationale Vernetzung von Individuen und Organisationen. Sie kann genutzt werden, um die Verletzlichkeit von Individuen, Gruppen, ganzer Ökosysteme oder des Planeten unmittelbar erfahrbar zu machen oder auch um reale Geschehnisse zu vermitteln oder auch zu antizipieren.[39] Gleichsam kann Virtualisierung ins Negative umschlagen, wenn die bloße Unterstützung und Erweiterung physischer Existenz in eine umfassende Verlagerung wesentlicher Aspekte des menschlichen Lebens ins Virtuelle umkippt.

Wissensexplosion

Das fünfte grundlegende Charakteristikum ist die explosionsartige Vermehrung des Wissens der Menschheit entlang der digitalen Transformation. In diesem Kontext wird typischerweise der enorme Daten- und Informationszuwachs zuerst genannt[40], der durch das Web, soziale Plattformen, das Internet der Dinge, Satellitenbeobachtung befördert wird. Dieser enorme Datenzuwachs ist dabei Treiber und Ergebnis viel größerer Umbrüche: Bald werden alle Wissenschaften wesentlich durch Computing, Vernetzung, Virtualisierung und KI weiterentwickelt. Heutige Klimaforschung, Gentechnologie, moderne Physik und Materialwissenschaften

beruhen bereits fundamental auf der Digitalisierung. So werden neue Zusammenhänge erkannt, Vermutungen nachgewiesen oder gar Theoreme gefunden und bewiesen.

In Kombination mit den neuen Möglichkeiten zu der Aufbereitung, Vermittlung und dem umfassenden Zugang zum Wissen, zur Kunst, Kultur und der natürlichen Umwelt der Menschheit und zu neuen Erkenntnissen der Wissenschaft könnte so das Wissen der Menschheit nicht nur quantitativ, sondern qualitativ weiterentwickelt werden. Andererseits beinhalten dieselben digitalen Möglichkeiten die Risiken verfälschter Daten oder Fakten, korrumpierter Modelle oder Analysen, sodass der mögliche Wissenszuwachs durch eine Zunahme von Unwahrheiten ausgebremst werden kann. Auch die Absicherung des digitalen Gedächtnisses der Menschheit entwickelte sich zu einer zentralen und weltweiten Herausforderung. Dabei geht es darum, den Individuen ein Recht auf Vergessen im digitalen Raum einzuräumen. Zudem stellt sich die Frage, wie Entwicklungsländer und vulnerable Gruppen von diesen Dynamiken profitieren könnten.

Die digitalisierte Nachhaltigkeitsgesellschaft folgt dem Prinzip des »Open Government«.

In Summe von digitaler Vernetzung, Kognition, Autonomie, Virtualisierung und dem damit verbundenen enormen Wissenszuwachs ergibt sich ein Instrumentarium mit für die Menschheit bislang unbekannter Wirkkraft – mit enormen utopischen wie dystopischen Potenzialen. Die zentrale Frage dabei ist, ob und wie es gelingen kann, diese Potenziale des digitalen Zeitalters für die Erreichung der Nachhaltigkeitsziele sowie für menschliche Entwicklung zu nutzen und zugleich die neuen, skizzierten Herausforderungen und Risiken durch Digitalisierung einzuhegen.

Digitalisierung impliziert also eine enorme Gestaltungsaufgabe für alle unsere Gesellschaften.

Vision einer digitalisierten Nachhaltigkeitsgesellschaft 2030

Eine digitalisierte Nachhaltigkeitsgesellschaft könnte gelingen: Energie wird zu 100 Prozent aus erneuerbaren Quellen gewonnen.[41] Präzisionslandwirtschaft, bei der mithilfe von Sensoren und Robotern Pflanzen und Tiere optimal versorgt sowie Düngemittel und Wasser präzise eingesetzt werden, schont die Umwelt und erlaubt die Versorgung einer zehn Milliarden Menschen umfassenden Zivilisation.[42] Intelligentes Design, Reparierbarkeit und automatisierte Dekonstruktion am Ende der Lebensdauer von Produkten vermindern den Bedarf an neuen Rohstoffen erheblich und ebnen den Weg zu einer globalen Kreislaufwirtschaft.[43] Über Austauschplattformen bildet sich bei den Individuen ein globales Bewusstsein zur Verantwortung jedes Einzelnen für übergreifende Nachhaltigkeits- und Menschheitsfragen heraus.[44] *Global commons*, die für den Erhalt der natürlichen Lebensgrundlagen und für das Fortbestehen der Menschheit in friedlichem Zusammenleben unabdingbar sind, werden vereint geschützt.[45] In virtuellen Räumen entstehen polyzentrische Netzwerke als Grundlage einer Global Governance, basierend auf einer Kultur globaler Kooperation, die zwischenstaatlichen Multilateralismus mit der Beteiligung vieler Menschen an grenzüberschreitenden Prozessen ermöglicht.[46]

Globale Mindeststeuern und globales Wettbewerbsrecht verhindern, dass Weltunternehmen Staaten und Gesellschaften gegeneinander ausspielen. Digitale Plattformen halten passende Informationen für jedermann, an jedem Ort, zu jeder Zeit und nach jeder Präferenz sowohl im privaten wie im beruflichen Umfeld bereit.[47] Das Verhältnis von Datennutzung und Privatsphäre ist ausgewogen, die digitale Selbstbestimmung ist garantiert.[48] Datenschutz und Datensicherheit haben höchste Priorität. Die digitalisierte Nachhaltigkeitsgesellschaft folgt dem Prinzip des »Open Government«.[49] So ist demokratische Partizipation gewährleistet; an Entscheidungen, die das Gemeinwohl betreffen, können sich Bürgerinnen und Bürger gleichermaßen beteiligen. Zudem ist der Mensch digital gestärkt. Digitale Technologien versprechen große Fortschritte in der personalisierten Diagnostik und Therapie.[50] Ein Leben frei von physischem und psychischem Leid sowie würdevolles Altern werden durch den Ersatz oder die Optimierung von Körperfunktionen (»Cyborg«) erreicht.[51]

Wie wir handeln müssen

Nachhaltigkeit kann nur im digitalen Zeitalter gelingen. Dafür ist die Ausrichtung der Digitalisierung an den Zielen globaler Nachhaltigkeit und menschlicher Entwicklung notwendig. So sollte Deutschland rasch seine Nachhaltigkeitsstrategie, seine Beiträge zur weltweiten Umsetzung der »Agenda 2030« und seine Innovationsstrategie entsprechend weiterentwickeln.

— Digitale Kompetenzen stärken: Digitalisierung und die Wirkungen der damit verbundenen weitreichenden Automatisierung, insbesondere durch autonome Systeme und künstliche Intelligenz, erfassen alle gesellschaftlichen Bereiche. Daher sollten digitale Kompetenzen massiv verstärkt und mit Nachhaltigkeitsperspektiven verknüpft werden: an Schulen und Universitäten, in Politik und Verwaltung, in Unternehmen und Gewerkschaften, in der Zivilgesellschaft. Dieser Prozess steht noch ganz am Anfang.

— Zielbilder bestimmen: Um das digitale Zeitalter zu gestalten, seine enormen Potenziale zu heben und mögliche Risiken zu minimieren, sollten vielfältige gesellschaftliche Debatten angestoßen, Zielbilder bestimmt und der nötige Technik- und Gesellschaftswandel entsprechend gestaltet werden.

— Ein nachhaltiges digitales Leitbild für Europa: Auch Europa braucht sein Leitbild für nachhaltige Entwicklung im digitalen Zeitalter: Europa sollte Digitalisierung mit Demokratie, mit guter menschlicher Entwicklung, Bekämpfung von Ungleichheiten, der Stabilisierung des Planeten und globaler Zusammenarbeit für digitale Nachhaltigkeit zusammenbringen.

Schon Marx und Keynes haben im 19. und zu Beginn des 20. Jahrhunderts utopische Zukunftsentwürfe für die Weiterentwicklung der Industriegesellschaften entwickelt. Es kam dann zunächst ganz anders: Klassenkämpfe, Nationalismus, Weltkriege – erst danach stabilisierten sich (in Europa) Demokratie, europäische Kooperation, Wohlfahrtsstaaten, in Institutionen eingebettete Märkte. Es gehört nicht viel Fantasie dazu zu beschreiben, dass die Vision der digitalen Nachhaltigkeitsgesellschaft nur allzu leicht scheitern könnte. Digitalisierung impliziert also eine enorme Gestaltungsaufgabe für alle unsere Gesellschaften. Soziale, normative, kulturelle und politische Innovationen werden notwendig sein, um Digitalisierung, Nachhaltigkeit und menschliche Entwicklung zu verbinden. Am Anfang steht: zu begreifen, was ist, zu beschreiben, was sein sollte, zu entwickeln, wie Brücken in eine wünschenswerte Zukunft ausschauen könnten – damit müssen wir nun rasch beginnen.

PROF. DR.-ING. INA SCHIEFERDECKER (51) *ist Institutsleiterin des Fraunhofer-Instituts für Offene Kommunikationssysteme (FOKUS) und hat eine Professur für Quality Engineering von offenen verteilten Systemen an der Technischen Universität Berlin (TU Berlin). Sie ist Gründerin des Weizenbaum-Instituts für die vernetzte Gesellschaft, das Deutsche Internet-Institut. Sie ist die Präsidentin des Arbeitskreises Software-Qualität und Fortbildung (ASQF), ehrenamtliches Mitglied des Vorstands der Technologiestiftung Berlin (TSB) sowie Mitglied des Wissenschaftlichen Beirats der Bundesregierung für Globale Umweltveränderungen (WBGU).*

Der Lebenslauf von Prof. Dr. Dirk Messner findet sich auf Seite 323.

»Die vierte industrielle Revolution wird einen starken Einfluss auf das Stadtleben haben. In den Smart Citys der Zukunft müssen digitale und physische Räume besser integriert werden.«

Städte und die vierte industrielle Revolution

Von Carlo Ratti

Eine neue Form der Kommunikation breitete sich im frühen 20. Jahrhundert explosionsartig aus und veränderte das Wesen der menschlichen Konnektivität auf einen Schlag: die Massenmedien. Die Art und Weise, wie Menschen schon immer miteinander in Beziehung gestanden hatten – der persönliche Dialog zwischen Nachbarn und Freunden –, weitete sich zu einer neuen Größenordnung aus. Mit dieser Erweiterung nahmen Elemente des Dorfes, seien sie sozial oder funktional, neue reaktive Eigenschaften an, und die Welt schrumpfte dramatisch. Marshall McLuhan, ein Vater der Social-Media-Theorie, beschrieb das Paradigma der universellen Verbindung als »globales Dorf«: Menschen, die in enger Nachbarschaft zusammenlebten, erhielten plötzlich Mittel, um sich rund um den Globus zu verständigen oder in alle Welt hinauszuschreien. Die Menschheit war von jedem Ort aus miteinander verbunden.[1]

In McLuhans Zeit umfasste die Idee des globalen Dorfes aber nur unidirektionale Massenmedien wie Radio und Fernsehen. Dort flossen Informationen von privilegierten Contentproduzenten über Verteiler zu Konsumenten, die wesentlich passiv waren. Die universelle Kommunikation funktionierte eher wie ein Megafon, nicht wie ein Telefon, und sie verstärkte Spannungen in der Gesellschaft, statt ihren Zusammenhalt zu fördern. Was auch McLuhan erkannte: »Je mehr dörfliche Verhältnisse man schafft«, desto mehr erzeugen sie »Diskontinuität, Trennung and Diversität. Das globale Dorf sorgt für komplette Unstimmigkeit in allen Belangen. Ich bin nie auf die Idee gekommen, das globale Dorf sei von Uniformität gekennzeichnet oder besonders beschaulich. Es herrschen dort Boshaftigkeit und Neid vor. Die räumlichen und zeitlichen Abstände zwischen den Menschen werden entfernt. In dieser Welt kommen sich die Menschen wieder und wieder sehr nahe. Das globale Dorf, von Stämmen bevölkert und konfliktgeladen, schafft mehr Entzweiung, als das der Nationalismus je vermocht hat. Ein Dorf führt zur Spaltung, nicht zur Verschmelzung, und das geht immer sehr tief.«[2]

Unidirektionale Massenmedien haben mit Polemik ausgetragene Konflikte auf eine globale Ebene gehoben.

Unidirektionale Massenmedien haben mit Polemik ausgetragene Konflikte auf eine globale Ebene gehoben. Kurz nach McLuhans Zeit entstand eine neue Verbindungsinfrastruktur, die Veränderungen mit sich brachte, die weitaus tief greifender und dramatischer waren. Die bidirektionale Verbindungsschnittstelle des Internets erzeugte ein Wirrwarr aus Top-down- und Bottom-up-Energie. Mehr als das je durch Fernsehen oder Radio möglich gewesen wäre, teilten die Menschen Ideen, Meinungen, Erzeugnisse ihrer Arbeit, Obsessionen und Intimitäten bis in die letzten Enden des Netzes.

Der Tod der Distanz

Hatten sich Medienanbieter zuvor als Engpässe erwiesen, wurden sie nun geweitet (aber nicht beseitigt), und Inhalte wurden bis zu einem gewissen Grad demokratisiert. Medien wurden dialogisch statt monologisch, und die Menschheit begann sich zu einem echten Dorf zusammenzuschließen, das sich über Kultur, Ideen und Diskussion austauschte. Die Menschen wurden in einem allgegenwärtigen »Raum der Ströme« (»*space of flows*«) vereint. »Es gibt eine neue räumliche Form, die für soziale Praktiken prägend ist, die die Netzwerkgesellschaft formen und dominieren: den Raum der Ströme«, schreibt der Soziologe Manuel Castells, von dem der Begriff stammt. »Der Raum der Ströme ist die materielle Organisation in Echtzeit geteilter sozialer Handlungen, die über Ströme ablaufen. Unter Strömen verstehe ich gezielte, sich wiederholende, programmierbare Austausch- und Interaktionssequenzen zwischen physisch getrennten Positionen, die von sozialen Akteuren eingenommen werden.«[3] Demnach kann der physische Raum nicht länger als absolut betrachtet werden. Er ist nicht von seiner digitalen Dimension zu trennen.

Die Zukunft der physischen Stadt

Dieses neue System kann nicht neutral sein. Im Raum der Ströme zeigt sich eine Verschmelzung von virtuellen Netzwerken und materiellem Raum – darin beeinflussen sich digitale und physische Strukturen wechselseitig. Aber wie? Welchen Einfluss hat der Raum der Ströme auf die physische Stadt? Ist die Spezifität eines Ortes im bedrohlichen Schatten des allgegenwärtigen Internets noch von Bedeutung?

In diesem entscheidenden Moment der Kulturgeschichte des Menschen ging man davon aus, dass Distanz keine Rolle mehr spielte, dass sie ihr Ende gefunden hatte. Körperlichkeit schien alle Relevanz zu verlieren, da sie vom verbindenden Gewebe des Internets aufgehoben wurde. Alle Orte seien gleichwertig, hieß es, wenn man Informationen sofort überallhin und an jeden übertragen konnte. Warum sollte es noch von Bedeutung sein, wo ich bin, wenn ich verbunden bin? »Das Postinformationszeitalter wird die Beschränkungen der Geografie beseitigen. Digitales Leben wird immer weniger davon abhängen, zu einer bestimmten Zeit an einem bestimmten Ort zu sein, und die Übertragung des Ortes selbst wird möglich werden«, schreibt der Gründer des MIT Media Lab, Nicholas Negroponte.[4] Das Arbeitsleben ist dafür ein gutes Beispiel: Warum ins Büro gehen, wenn das Büro zu Ihnen nach Hause kommt?

Warum sollte es noch von Bedeutung sein, wo ich bin, wenn ich verbunden bin?

Die Erwartung war, dass das Internet die Bedeutung des Standortes für jeden Aspekt des Lebens neutralisieren werde: in der Unterhaltung ebenso wie in der Arbeit. Die Instrumente für Interaktion, Handel und Informationsmanagement wurden digitalisiert und entmaterialisiert. Dadurch wurden sie effizient, zugänglich und vor allem räumlich neutral. Die Ökonomin Frances Cairncross führte diesen Trend logisch mit einer offenen Hypothese zu Ende, die sie den »Tod der Distanz« betitelte. Das Internet leite eine »communications future« ein, in der Entfernung irrelevant sei.[5]

Berechnungen legen nahe, dass die Stadtbevölkerung täglich um eine Viertelmillion wächst, was jeden Monat einem neuen London entspricht.

Diese Prognosen klingen drastisch, sie wurden jedoch (bisher) von der Geschichte als falsch entlarvt. In den vergangenen zwei Jahrzehnten sind Städte gewachsen wie nie zuvor. Die Menschheit ist kopfüber in die Ära der Urbanität gestürmt, und in der ganzen Welt boomt der urbane Raum. Berechnungen legen nahe, dass die Stadtbevölkerung täglich um eine Viertelmillion wächst, was jeden Monat einem neuen London

entspricht.[6] 2008 war ein entscheidender Wendepunkt, als mehr als die Hälfte der Menschheit in Städten lebte; das Wachstum hat sich seither beschleunigt. Statistiken der World Health Organization (WHO) deuten darauf hin, dass 75 Prozent der Menschen bis 2050 Städter sein könnten. Allein in China ist die Stadtbevölkerung in den 30 Jahren seit der wirtschaftlichen Liberalisierung um mehr als 500 Millionen gestiegen. Dies entspricht der Bevölkerung der Vereinigten Staaten plus drei Mal der Großbritanniens. Selbst nach konservativen Schätzungen ist dies die größte und schnellste Veränderung der Menschheit, die der Planet je erlebt hat.[7]

Kopfüber in die urbane Ära
Mehr denn je sind Städte Menschenmagnete. Warum? Es scheint, als hätten die Theoretiker, die angesichts des kollektiven Wahnsinns im Netz vom Tod der Distanz sprechen, etwas vergessen, was für die menschliche Erfahrung zentral und wichtig ist: die physische Interaktion zwischen den Menschen und von Menschen mit der Umwelt. Das Buch *E-Topia*, 1999 vom Architekten und Universitätsprofessor William Mitchell geschrieben, stimmt hierbei nachdenklich. Mitchell, Leiter der Smart-Citys-Gruppe des MIT-Medienlabors, illustriert seine Argumentation mit der humorvollen Geschichte eines Mannes, der auf einem Berggipfel lebt und von dort aus sein Geschäft führt. Obwohl er an einem der entlegensten Orte der Welt arbeitet, ist der Mann dabei nicht weniger effizient. Doch Mitchell fragt sich: Welcher normale Mensch würde so arbeiten wollen? Diese Einsicht ergibt sich intuitiv, sie kann aber auch empirisch belegt werden. Forscher am Senseable City Lab analysierten Telekommunikationsdaten und Verabredungen und fanden heraus, dass sich Menschen, die digital kommunizieren, eben auch persönlich treffen.[8] Menschen möchten grundsätzlich mit anderen Menschen zusammen sein, an einem schönen Ort und im Mittelpunkt von allem sein: Menschen möchten in Städten leben.

»Traditionelle urbane Strukturen können nicht mit dem Cyberspace koexistieren. Es lebe die neue, vernetzte Metropole des digitalen Zeitalters!« Die heutige Realität ist eine mächtige Kollision des Physischen und des Digitalen, die beide verstärkt – ein Triumph der Atome

und Bits. »Um diese Agenda wirkungsvoll zu verfolgen, müssen wir die Definitionen von Architektur und von Städtebau so erweitern, dass sie virtuelle und physische Orte zugleich umfassen, Software genauso wie Hardware.«[9]

Das Netzwerk ersetzt nicht den Raum, vielmehr verstricken sich beide zunehmend ineinander. Kurz gesagt, die digitale Revolution hat städtische Räume nicht abgeschafft – bei Weitem nicht –, aber sie hat sie auch nicht verschont. Die Einführung des Internets, des Raumes der Ströme, des verbindenden Gewebes, von dem Theoretiker von Cairncross bis Negroponte erwartet hatten, dass es physische Nähe beseitigen würde, wirkte sich in der Tat deutlich auf die Städte aus. Ströme ersetzten nicht die Räume, und Bits nahmen nicht den Platz von Atomen ein. Stattdessen sind Städte heute ein hybrider Raum an ihrer Schnittstelle. Physisches und Virtuelles verschmelzen durch eine produktive Kollision, Nähe und Vernetzung spielen dabei eine wichtige Rolle.

Menschen möchten grundsätzlich mit anderen Menschen zusammen sein, an einem schönen Ort und im Mittelpunkt von allem sein: Menschen möchten in Städten leben.

Die intelligente oder sensorgesteuerte Stadt
Die neue Domäne des digital integrierten Stadtraums hat sich unter dem Namen »Smart City« etabliert. Die allgegenwärtige Technologie durchdringt jede Dimension des urbanen Raums und verwandelt ihn in einen Wohncomputer (um Le Corbusier zu paraphrasieren, den Schweizer Architekten, der Anfang des 20. Jahrhunderts mit seinem ikonischen Konzept der »Wohnmaschine« den damaligen Zeitgeist auf den Punkt gebracht hatte).[10] Die neue Stadt ist ein grundverschiedener Raum – einer, in dem digitale Systeme einen sehr realen Einfluss darauf haben, wie wir Erfahrungen machen, wie wir navigieren und Kontakte knüpfen. Was heute dem Stadtraum widerfährt, ähnelt dem, was vor zwei Jahrzehnten beim Formel-1-Motorsport geschehen ist.[11] Zuvor war der Erfolg auf der Rennstrecke vor allem der Mechanik und den Fähigkeiten des Fahrers zugeschrieben worden. Aber die Technologie der Telemetrie veränderte den Wettkampf vollkommen. Digitale Systeme ermöglichten

es einem Fahrzeug, schnell und direkt mit der Crew zu kommunizieren. Das Auto wurde zu einem »Computer auf Rädern«, überwacht von Tausenden Sensoren und in Echtzeit auf Leistung optimiert. Formel-1-Sieger arbeiten heute mit »intelligenten« Fahrzeugen, die die Gegebenheiten eines Rennens blitzschnell wahrnehmen und darauf reagieren. Der Erfolg hängt genauso vom Team hinter den Computern ab wie vom Fahrer hinter dem Lenkrad.

Das Formel-1-Auto wurde dadurch zu einem Echtzeitkontrollsystem – einem Regelkreis mit Sensoren und Antriebskomponenten. Die Sensoren liefern konstant Informationen über Gegebenheiten und Leistungen, die Antriebselemente können sich wiederum auf die Leistung auswirken. Da sich Sensoren und Antriebselemente gegenseitig informieren, arbeiten sie gemeinsam an der Systemoptimierung. Im Falle des Formel-1-Rennwagens können sie mit den Wetterbedingungen und der Beschleunigung in einer Kurve umgehen. Eine ähnliche Entwicklung deutet sich nun in den Städten an.

Der intelligente Raum
Bereits 2001 stellte ein Bericht des National Research Council fest, dass »Netzwerke mit Tausenden oder Millionen von Sensoren die Umwelt, das Schlachtfeld oder die Fabrikhalle überwachen könnten; intelligente Räume mit Hunderten intelligenter Oberflächen und Anwendungen könnten Zugang zu Rechenressourcen bieten«.[12] In Smart Citys sammelt ein Ökosystem von Sensoren Informationen aus dem Stadtraum, und eine Reihe von netzwerkfähigen Aktoren kann diesen Raum wiederum transformieren.

Datengetriebene Feedbackschleifen machen die Stadt zu einem reflexiven Testfeld und einem Workshop für vernetztes Wohnen in einem verwobenen digitalen und physischen Raum mit einer gemeinsamen Plattform für das *ubiquitous computing*, die allgegenwärtige rechnergestützte Informationsverarbeitung. Im Bereich der Smart Citys hat sich eine Vielfalt theoretischer Ansätze und praktischer Lösungen herausgebildet, die sich mit wichtigen Themen befassen, angefangen beim zivilen Hacking über Datenmanagement bis hin zu

programmierbarer Architektur, sogar autonome, empfindungsfähige Räume werden dabei erörtert.

Diese neuen Modi beeinflussen den digitalen Raum: Fast jede Aktion und Interaktion erzeugt heute Daten. Breitband-Glasfaser- und Mobilfunknetze unterstützen Mobiltelefone, Smartphones und Tablets, die immer erschwinglicher werden. Gleichzeitig werden alle Arten von Informationen in offenen Datenbanken angehäuft – wobei Bürgerinnen und Bürger und Regierungen informell zusammenarbeiten. Die daraus resultierende Fülle von urbaner Big Data bietet fruchtbaren Boden für Forschung, Theorie und Praxis. Was früher, im analogen Zeitalter, nur aus Grundlagenerhebungen oder teuren Beobachtungsstudien ersichtlich wurde, ist heute in beträchtlichem Umfang sofort »spürbar«. Von den Sozialwissenschaften über die Mathematik bis hin zu Wirtschaftswissenschaften können wir diese Daten nun nutzen, um weitreichende Fragen darüber zu beantworten, wie die Menschheit lebt. Die Bürgerinnen und Bürger werden dadurch zum Denken und Handeln ermächtigt sowie zur Gestaltung des öffentlichen Raums; sie schaffen den Nährboden für eine urbane Innovation, die gerade erst ihren Anfang nimmt. Wir erleben eine »Neuorientierung von Wissen und Macht« in der Stadt, die so tief greifend ist wie die Transformationen, die der Anthropologe Christopher Kelty in der virtuellen Welt wahrnimmt.[13] Es ist eine neue Ära für das globale Dorf: ein über das Internet vermittelter Kommunikations- und Lebensraum.

Von den Sozialwissenschaften über die Mathematik bis hin zu Wirtschaftswissenschaften können wir diese Daten nun nutzen, um weitreichende Fragen darüber zu beantworten, wie die Menschheit lebt

»Industrie 4.0«

Wir haben gesehen, dass das, was oft »Smart City« genannt wird, nur die Anwendung eines breiteren technologischen Trends im urbanen Raum ist: die Verbreitung des Internets im traditionellen Bereich der Architektur – dem physischen Raum. Während das Internet zu einem Internet of Things (IoT) wird, können wir eine Vielzahl von Sensor- und Aktivierungsschleifen erstellen, die vorher nicht möglich waren. Hier sind vielfältige Anwendungen möglich: von der Abfallwirtschaft über die Mobilität bis hin zu Energie, öffentlicher Gesundheit und Bürgerbeteiligung. Die Möglichkeiten in diesem Szenario sind so groß, dass sich innerhalb weniger Jahre nach Erfindung des Labels »Smart City« Anfang der 2000er-Jahre ein weiterer Begriff für den technologischen Fortschritt herausgebildet hat, der noch ehrgeiziger ist: die vierte industrielle Revolution (4IR).

Wenn man sich so unterschiedliche Phänomene wie Drohnen, selbstfahrende Autos oder virtuelle Assistenten ansieht, könnte man viele verschiedene Definitionen dafür finden, was die 4IR ist. In aller Kürze könnten wir auch sagen, die 4IR ist das, was sich ereignet, wenn das IoT und die neuesten Fortschritte in der Robotik aufeinander abgestimmt werden. Es mag uns nicht auffallen, aber Roboter sind so sehr in unser Leben integriert, dass unsere Existenz ohne sie kaum mehr vorstellbar ist. Laut der »Encyclopædia Britannica« ist ein Roboter »jede automatisch betriebene Maschine, die menschliche Anstrengung ersetzt«.[14] Für diesen Beitrag verwenden wir aber eine engere Definition: Wir verstehen unter einem Roboter eine Einheit, die Sensoren, eine gewisse Intelligenz und Aktoren hat. Mit anderen Worten, sie kann die Welt lesen, diese Informationen verarbeiten und dann zielgerichtet reagieren. Nach unserer Definition kann ein Roboter viele verschiedene oder gar unerwartete Formen annehmen. Ein Thermostat ist ein Roboter. Ein Auto mit Fahrassistent ist ein Roboter. Unser Ofen ist ein Roboter. Ein Armband, das unsere körperliche Leistungsfähigkeit misst, wenn wir trainieren, ist ein Roboter. Sogar ein Fahrrad kann ein Roboter sein, wenn es ein Copenhagen Wheel enthält, das jedes Fahrrad in ein Hybridfahrzeug verwandelt und in der Lage ist, Daten von unseren täglichen Fahrten zu sammeln.[15] Auch unser allgegenwärtiges Smartphone ist offensichtlich ein Roboter.

Die Interaktion mit der Menschheit

So gesehen unterscheidet sich unsere Definition von traditionellen Ansichten darüber, was einen Roboter ausmacht, zumindest von der Vorstellung, die Künstler oder Literaten davon haben – es sind Ansichten, die oft bis zu einem gewissen Grad mit Anthropomorphismus einhergehen. Der Begriff »Roboter« stammt vom

tschechischen Wort *robota* (»Zwangsarbeiter« oder »Leibeigener«) ab, das 1920 Karel Čapek in seinem Stück »W. U. R. Werstands universal Robots«[16] prägte, um die Möglichkeit – und vor allem die Bedrohung – extrem geschickter und scheinbar unterwürfiger automatisierter Arbeiter zu beschreiben. Die Idee des Roboters war also in ein Framework eingebunden, in dem es um Interaktion mit der Menschheit geht. Und zwar so tief, dass das Konzept – von »La Joueuse de Tympanon«, einem Musikautomaten mit einer Hackbrettspielerin[17], im 18. Jahrhundert bis hin zu der von den Hanna-Barbera-Studios produzierten Zeichentrickserie »Die Jetsons« – fast untrennbar mit der Idee des Androiden verbunden ist.

Zwar erscheinen uns die von Verschwörungen heimgesuchten Welten von Filmen wie »Terminator« (1984), »Robocop« (1987) und sogar dem neueren »Automata« (2014) viel verlockender als tatsächlich existierende Apps, die unsere Jogginggewohnheiten, die Temperatur in unserem Schlafzimmer und den Garprozess eines gefüllten Truthahns überwachen. Das bedeutet jedoch nicht, dass zeitgenössische Roboter keinen Einfluss auf uns haben. Ganz im Gegenteil: Es mag paradox erscheinen, aber je diskreter die Gegenwart der Roboter, je »natürlicher« unsere Interaktion mit ihnen ist, desto stärker wird de facto ihr Einfluss. Das ist das neue Universum, in dem wir heute leben. Ein Beispiel ist der Thermostat »Nest« der gleichnamigen Firma,

Es mag uns nicht auffallen, aber Roboter sind so sehr in unser Leben integriert, dass unsere Existenz ohne sie kaum mehr vorstellbar ist.

mit dem wir die Temperatur in unseren Häusern fernsteuern können und der – wenn er Verbreitung findet – den Energieverbrauch in Gebäuden stark beeinflussen könnte. Die Eigenschaften von Nest sind kaum wahrnehmbar, ja fast zurückgenommen und so fern von jedem extravaganten Design, dass wir gezwungen sind, neue Ausdrucksmöglichkeiten dafür zu erfinden. Die Herausforderungen eines solchen Ansatzes haben wir vor einigen Jahren bei der Entwicklung unseres Projekts für die Renovierung des Hauptsitzes der Agnelli-Stiftung in Turin erkannt. Die bemerkenswerteste Innovation innerhalb des Gesamtkonzepts dieses Projekts befindet sich im Herzen der Büroräume des

Unternehmens. Sie hat noch keine erkennbare, greifbare Gestalt. Es handelt sich um ein Steuerungssystem für Heizung, Kühlung und Beleuchtung am Arbeitsplatz – ein System, das den Menschen im Gebäude folgen kann und sich automatisch auf ihre Bedürfnisse und Vorlieben einstellt. Um den Kunden für das Design zu gewinnen, haben wir die Visualisierung einer individuell angepassten »Thermoblase« erstellt. Zugleich wussten wir natürlich, dass selbst hinter einer so anthropozentrischen Metapher ein riesiges Bataillon winziger Sensorroboter steckt.

Von künstlicher Intelligenz umgeben
Klaus Schwab, der Gründer und Vorstandsvorsitzende des World Economic Forum, hat der Entstehung des 4IR einen historischen Rahmen gegeben: »Die Erste Industrielle Revolution nutzte Wasser und Dampfkraft, um die Produktion zu mechanisieren. Bei der Zweiten war es die Elektrizität, welche die Massenproduktion ermöglichte. Die Dritte machte sich Elektronik und die Informationstechnologie zunutze, um die Produktion zu automatisieren. Nun baut die vierte Industrielle Revolution auf der Dritten auf – die digitale Revolution, die in der Mitte des vergangenen Jahrhunderts begann.«[18] Letztendlich sei die 4IR charakterisiert durch »die Verschmelzung von Technologien, das heißt, die Grenzen zwischen der physikalischen, der digitalen und der biologischen Sphäre verschwimmen«.

Schwabs Worte sind erfüllt mit einem Gefühl des Möglichen: »Wir sind jetzt schon von künstlicher Intelligenz umgeben – vom selbstfahrenden Auto und von Drohnen, die sich selbst lenken, über virtuelle Assistenten und Software, die übersetzen oder investieren kann. Die sogenannte AI (Artificial Intelligence) hat in den zurückliegenden Jahren beeindruckende Fortschritte gemacht, unterstützt von dem exponentiellen Wachstum der Computerkapazitäten und der Verfügbarkeit von riesigen Datenmengen. Software ermöglicht mittlerweile die Entdeckung von neuen Medikamenten und sie sagt unsere kulturellen Interessen voraus. (...) Ingenieure, Designer und Architekten experimentieren mit computerbasiertem Design, Additive Manufacturing, Werkstofftechnologie und synthetischer Biologie, um eine Symbiose zwischen Mikroorganismen, unseren

Körpern, den Produkten, die wir konsumieren, und selbst den Gebäuden, in denen wir wohnen, zu erzielen.«

Schwab weiter: »Die Möglichkeiten von Milliarden von Menschen, die über Mobilgeräte mit einer noch nie da gewesenen Verarbeitungs- und Speicherkapazität miteinander verbunden sind, sind nahezu unbegrenzt, ebenso wie der Zugang zu Wissen. Und diese Möglichkeiten werden potenziert durch sich abzeichnende technische Durchbrüche in Bereichen wie künstliche Intelligenz, Robotik, das Internet der Dinge, autonome Fahrzeuge, 3-D-Druck, Nano- und Biotechnologie, Materialwissenschaften, Energiespeicherung und Quantencomputing.«[19]

Neue Produktionsmodelle und ihre Auswirkungen auf Städte

Wir haben gesehen, dass die industriellen Revolutionen der vergangenen Jahrhunderte die Städte umgestaltet haben. Die heutige dezentrale Fertigung könnte das urbane Gefüge nicht minder tief greifend beeinflussen. Die 4IR wird die Weisen verändern, wie wir produzieren und konsumieren, und das Stadtleben dramatisch prägen – von neuen Produktionsformen über künstliche Intelligenz bis hin zur Sharing-Economy.

Es mag paradox erscheinen, aber je diskreter die Gegenwart der Roboter, desto stärker wird de facto ihr Einfluss.

Digital gesteuerte Maschinen, 3-D-Drucker, Open-Source-Software und neue Sharing-Geräte ermöglichen es fast jedem, seine eigenen Produkte, Ideen, Häuser oder Arbeitsräume zu entwerfen und zu gestalten, oft unter Verwendung von Daten, um seine Erfahrungen mit der gebauten Umgebung zu personalisieren.

Während die Produktion die Fabrik verlässt, könnte sich die Produktion neu am Alltag ausrichten. Die Gesellschaft kehrt dabei zu einem vorindustriellen Modell zurück, das lokal und nutzerorientiert ist. Neue Typologien der Wohnens für das 21. Jahrhundert mögen an mittelalterliche Häuser in Großbritannien erinnern, an Peranakan-Ladenhäuser in Singapur oder an die Machiya in Kyotos Handwerkervierteln, wo Wohnen und Fabrikation verschmolzen sind.[20] Wenn sie nicht

in einzelnen Häusern lokalisiert ist, kann sich die Herstellung von Gemeinschaftsprodukten zu einer Plattform entwickeln, die über die ganze Stadt verteilt ist. Dadurch entsteht eine offene Infrastruktur, die die Mitglieder der Gemeinschaft zu Produzenten macht und die dem Austausch von Wissen, schöpferischen Tätigkeiten und der Sozialisierung ein Zentrum bietet. Diese Vision, die ultimative Überwindung der Zoneneinteilung aus der industriellen Ära, ist sicherlich für viele Länder der Welt relevant. Aber besonders für Deutschland, dessen Bevölkerung geografisch in einem Netz aus mittelgroßen bis kleinen Städten verteilt ist.

Wenn die Arbeitsstätte und die Wohnunterkunft zu einer hybriden Einheit zusammenwüchsen und ein sozialeres, gemeindebasiertes Modell ehemals voneinander geschiedene Stadtteile ineinander übergehen ließe, würde das Stadtgefüge vollkommen umgestaltet. Die Stadt könnte auf neue Weise lebendig werden. »Wo es die Einteilung in Zonen und andere städtebauliche Maßnahmen erlauben, wäre die Clusterbildung neuartiger Wohn-/Arbeitsstätten in 24-Stunden-Vierteln denkbar, in denen sich lokale Anziehungspunkte und globale Verbindungen wirkungsvoll verknüpfen. Diese unabhängigen, aber nicht isolierten elektronischen *cottages* werden die wirklich interessanten Bestandteile urbaner Strukturen im 21. Jahrhundert sein.«[21] Design und Produktion werden nicht nur nachhaltig und zielgerichtet auf lokale Bedingungen reagieren, die Stadt wird auch lebenswerter. Wohn- und Gewerbegebiete werden funktionell so weit gemischt, dass sie weitgehend homogen und zugleich lebendig sind. Wenn die Fabrik überall ist, werden Städte in einem feinkörnigen (menschlichen) Maßstab produktiv sein.

Drei wesentliche Veränderungen

Die erste ist die Möglichkeit, Materialformen durch digital gesteuerte additive Prozesse zu erzeugen – das heißt durch präzise Materialablagerungen zum Aufbau einer Form mithilfe von 3-D-Druckern. Das ermöglicht nicht nur viel komplexere Geometrien als je zuvor, sondern sprengt auch die bisherigen Gesetze der Massenproduktion und Skaleneffekte. Die Fabriken des industriellen Zeitalters produzierten große Mengen identischer Objekte und reduzierten die Kosten

durch Wiederholung. Nach diesem Modell war ein maß-
geschneiderter Artikel, etwa ein maßgefertigter Rolls-
Royce, außerordentlich teuer. Beim 3-D-Druck und bei
der digitalen Fertigung gibt es hingegen praktisch kei-
nen Unterschied zwischen der Herstellung von identischen Objekten und der von Unikaten. Artikel können zu etwa gleichen Kosten hergestellt werden, ob es sich um Tausende, Hunderte oder ein Einzelstück handelt. Das ist eine völlige
Umkehrung der fordschen Produktionsstraße, die iden-
tische Produkte nach dem ironischen Mantra produ-
zierte: »Sie können das Auto in jeder Farbe haben, vorausgesetzt, es ist schwarz.« Die digitale Fertigung wird
eine Ära einleiten, die durch individuelle Kontrolle definiert ist. »Die Fabrik der Zukunft wird sich auf kunden-
individuelle Massenproduktion konzentrieren – und
sie könnte eher einem Weberhäuschen ähneln als der
Fließbandfertigung bei Ford.«[22]

Digital gesteuerte Maschinen, 3-D-Drucker, Open-Source-Software und neue Sharing-Geräte ermöglichen es fast jedem, seine eigenen Produkte, Ideen, Häuser oder Arbeitsräume zu entwerfen.

Die zweite Transformation ist die Möglichkeit eines flie-
ßenden Übergangs von digitalem Output zu physischen
Objekten. Dank subtraktiver CNC-Maschinen (compu-
tergesteuerte Maschinen zum Bohren, Schneiden, Frä-
sen und so weiter) und additiver 3-D-Drucker kann digitaler Code mit einem Klick zu physischem Material
werden oder eine Aktion auslösen. So wie es der Dru-
cker zu Hause ermöglicht, Dokumente im Homeoffice
zu erstellen, werden sich Dinge schnell und unmit-
telbar herstellen sowie leicht anpassen lassen. Da die Grenze zwischen
Software und Hardware verwischt ist, wird bei Bedarf
eine Sonderanfertigung durchgeführt. Der Herstellungsprozess von Objekten wird mehr dem Kompilieren
und Ausführen von Codes gleichen als dem Holzhand-
werk in einer Schreinerei, das eine mühsame, spezialisierte und zeitintensive Tätigkeit ist.

Die digitale Fertigung wird eine Ära einleiten, die durch individuelle Kontrolle definiert wird.

Die dritte Transformation – ein Ergebnis des flie-
ßenden Übergangs zwischen dem Digitalen und dem
Physischen – wird sozialer Natur sein. Mithilfe intuiti-
ver Software kann jeder selbst ein Design erstellen und
online hochladen, um es mit Freunden, Communitys
oder einer breiten Öffentlichkeit zu teilen. Der Architekt David Benjamin, der in seiner Arbeit die Grenzen
des physischen Materials und des sozialen Prozesses
verschiebt, schreibt über diese Entwicklung: »Es ist viel
einfacher, (digitale) Werkzeuge zu benutzen, und die
Ausrüstung ist billiger, wodurch die Projekte immer interessanter werden. Aber am wichtigsten ist, dass um
solche Projekte herum eine Community wächst: Leute führen ein Projekt durch, veröffentlichen den Prozess und ihre Ergebnisse, wozu wiederum andere Leute
Fragen haben, wie das gelungen sei, sie diskutieren das
Projekt. Sobald es diese Community gibt, in der Menschen ihre Projekte mit einem Open-Source-Ethos teilen,
ist das alles nicht mehr aufzuhalten. Hier geht's nicht
in erster Linie um den technischen Kram; der soziale
Kram zählt.«[23] Ein Marktplatz, auf dem herunterladba-
re und druckbare Objekte gehandelt werden, könnte
professionelle Designer ersetzen oder ihnen eine neue
Rolle geben. Daraus entstünde eine alternative Wirtschaft, angetrieben durch finanzielle oder soziale Transaktionen. Der Herstellungsprozess selbst könnte im
häuslichen Rahmen stattfinden, in individuellen Häusern, wenn 3-D-Drucker so allgegenwärtig wie Tinten-
strahldrucker wären – oder in Produktionsstätten auf
Nachbarschaftsebene.

Weltweites Netzwerk lokaler Gemeinschaften
Der Aufbau eines weltweiten Netzwerks lokaler Gemeinschaften auf der Basis von Nachbarschafts-Produk-
tionsstätten ist die Vision des FabLab-Programms, das
beim MIT begann. Seit der Eröffnung des ersten FabLab
im Jahr 2001 sind weltweit viele neue Läden entstanden,
auf dem Campus, in Innenstädten, in Dörfern. Sie bieten
Werkzeuge für die digitale und die physische Fertigung.
Die daraus hervorgehenden Projekte haben einen lokalen Bezug, da dort Gemeinschaften zusammenkommen,
um Probleme zu lösen oder neue Ideen zu entwickeln.
In einem FabLab in Norwegen haben Hirten beispielsweise Radiofrequenz-ID-Tags hergestellt, um umher-
ziehende Schafe zu verfolgen. Der Gründer von FabLab,
Neil Gershenfeld, erläutert in einer TED-Präsentation
die Idee und Entstehung des Projekts: »Anstatt nur zu

Wie wir handeln müssen

Wie können Regierungen Smart-City-Politik umsetzen? Diese Frage ist von hoher Bedeutung in Deutschland und in vielen Ländern dieser Welt.

— Regierungen sollten von der Versuchung ablassen, eine Top-down-Rolle zu spielen. Es ist nicht ihr Vorrecht zu entscheiden, was die nächste Smart-City-Lösung sein sollte – oder öffentliche Gelder dafür zu verwenden, um die Position eines in diesem Bereich tätigen Technologie-Multis zu stärken.

— Die öffentliche Verwaltung sollte ihre Mittel nutzen, um ein organisches Ökosystem zu entwickeln, das auf Smart Citys ausgerichtet ist. Es müssen regulatorische Rahmenbedingungen geschaffen werden, die das Gedeihen von Innovationen ermöglichen. Angesichts der rechtlichen Hürden, die Anwendungen wie Uber oder Airbnb einengen, ist dieses Maß an Unterstützung dringend erforderlich.

— Regierungen sollten bei der Stadtentwicklung jedoch keinen passiven Ansatz verfolgen. Sie spielen eine wichtige Rolle bei der Unterstützung akademischer Forschung und der Förderung von Anwendungen in Bereichen, die für Risikokapitalanleger weniger attraktiv sind, wie beispielsweise Abfallbeseitigung oder Wasserdienstleistungen. Der öffentliche Sektor kann auch die Nutzung offener Plattformen fördern, wodurch deren Annahme in Städten landesweit beschleunigt würde.

— Das Hauptziel sollte darin bestehen, sich auf Innovationsökosysteme zu konzentrieren und den Bürgerinnen und Bürgern Handlungsspielräume zu lassen. Sie sind am besten in der Lage, Entscheidungen zu treffen, die sich auf das städtische Leben auswirken.

---

reden, würde ich den Leuten Werkzeuge geben. Das soll nicht provokativ oder wichtigtuerisch klingen, aber wir haben da diese ›FabLabs‹ zusammengestellt, und sie verbreiteten sich explosionsartig rund um den Globus. (...) Die wirkliche Chance liegt darin, die Erfindungsgabe der ganzen Welt zu nutzen, um lokale Lösungen für lokale Probleme zu entwerfen und zu produzieren.«[24] Das ist eine neue Form der Ermächtigung – FabLabs ermöglichen es Menschen, die Welt um sich herum zu verändern oder zu »hacken«, anstatt passiv Informationen aufzusaugen und fertige Produkte zu übernehmen. Wenn Menschen Technologie selbst entwerfen und konstruieren, wird sie lokal, instrumentell und praktisch. FabLabs sind Orte, an denen man nicht nur produziert, sondern auch lernt. Entscheidend ist, dass jedes Labor der Kern einer auf die Herstellung fokussierten Gemeinschaft ist.

Wenn Menschen Technologie selbst entwerfen und konstruieren, wird sie lokal, instrumentell und praktisch.

Viele Labs bieten wöchentliche Kurse, Workshops und gesellschaftliche Veranstaltungen an. »Die Botschaft der FabLabs ist, dass die anderen fünf Milliarden Menschen auf dem Planeten nicht nur Senken sind, in denen Technologie abfließt, sie sind auch Quellen«, und sie sind angetrieben von einer neuen Möglichkeit, Bildung, Experiment und Schaffen miteinander zu verschmelzen.«[25]

PROF. CARLO RATTI (47) *lehrt als Architekt und Ingenieur am* MIT, *wo er das Senseable City Laboratory leitet. Er ist Gründungspartner der internationalen Design- und Innovationspraxis* CRA. *Als führende Stimme in der Debatte um die Auswirkung neuer Technologien auf das Stadtleben wurde seine Arbeit weltweit an verschiedenen Orten ausgestellt, darunter die Biennale in Venedig, das New Yorker Museum of Modern Art, das Londoner Science Museum und das Designmuseum in Barcelona. Derzeit ist er Co-Vorsitzender des Global Future Council on Cities des World Economic Forum und als Sonderberater für urbane Innovation bei der Europäischen Kommission tätig.*

»Um die vielfältigen Herausforderungen, vor denen die Welt heute steht, gut anzugehen, ist internationaler Austausch zwingend erforderlich. Bildungs- und Kulturpolitik bietet für diesen Austausch eine einmalige Plattform und sollte gestärkt werden.«

Die Chancen der auswärtigen Kultur- und Bildungspolitik

Von Johannes Ebert und Ronald Grätz

Die Herausforderungen, vor denen die Welt heute steht, sind vielfältig: globale Klimaveränderungen, Migration und Flucht, Chancen und Risiken der Digitalisierung, liberal-demokratische Ordnungen unter Druck, globale Machtverschiebungen bis hin zu drohenden Handelskriegen – um nur einige Beispiele zu nennen. In Zeiten der Globalisierung sind wir alle von solchen Verwerfungen und Umbrüchen betroffen. Sie können daher auch nicht mehr allein auf nationaler Ebene diskutiert und geklärt werden, sondern erfordern einen weitreichenden internationalen Diskurs über gemeinsame zukunftsfähige Lösungen. Und sie erfordern neue und innovative Wege und Kanäle des internationalen Austauschs.

Vor diesem Hintergrund hat die Bedeutung von Kultur, Wissenschaft und Bildung als Plattformen, auf denen jenseits tages-, wirtschafts- und sicherheitspolitischer Fragen ein offener Austausch und eine konstruktiv-kritische Auseinandersetzung über Chancen und Herausforderungen, über unterschiedliche Weltentwürfe und gesellschaftliche Modelle stattfinden, zugenommen. Sie wird angesichts der wachsenden Unübersichtlichkeit in der Welt bis 2030 weiter steigen.

Die Bedeutung von Kultur, Wissenschaft und Bildung

Angesichts der globalen Verortung Deutschlands sind »außen« und »innen«, auswärtige Kulturbeziehungen und Innenkulturpolitik, nicht mehr zu trennen. Die Politik nimmt Ansätze der außenkulturpolitischen Akteure als modellhaft auch für die Innenkulturpolitik auf und regt darüber hinaus neue Verknüpfungen beider Bereiche an.

Kulturaustausch kann nicht die Welt retten. Aber er kann horizonterweiternde und kreative Impulse zu zentralen globalen Fragen und lokalen Problemen geben. Er kann unter schwierigen politischen Verhältnissen wichtige Kommunikationskanäle offen halten, kann in restriktiver werdenden Gesellschaften zivilgesellschaftliche Akteure stärken und zum Verständnis aufgeklärter Wertvorstellungen beitragen. In einer multipolaren Welt ist ein internationaler Kulturaustausch, der auf den Prämissen freier Meinungsäußerung sowie der Unabhängigkeit von Wissenschaft und Kunst basiert, deshalb wichtiger denn je.

Das oberste Ziel ist, mit Kultur und Bildung zu einem friedlichen Zusammenleben der Nationen beizutragen.

Das oberste Ziel ist, mit Kultur und Bildung zu einem friedlichen Zusammenleben der Nationen beizutragen. Die Auswärtige Kultur- und Bildungspolitik Deutschlands orientiert sich an den Wertvorstellungen einer freiheitlichen demokratischen Gesellschaft. Gleichzeitig sehen wir heute im globalen Gefüge nach jahrzehntelanger Dominanz »des Westens« neue geopolitische Machtzentren entstehen, die diese Werte infrage stellen oder anders gewichten. Deshalb ist es für uns wichtig, unsere Haltungen und Positionen in einen vielstimmigen globalen Dialog einzubringen und andere Perspektiven zu reflektieren, um idealerweise zu einem gegenseitigen Verständnis, zu Wertschätzung und Verständigung zu gelangen. Migration, Flucht und Integration oder die Stabilisierung von Entwicklungs- und Transformationsländern sind Felder, in denen die Auswärtige Kultur- und Bildungspolitik wichtige Beiträge leistet: mit Sprachförderung, gemeinsamen künstlerischen Prozessen, kulturellen Diskursen, dem Aufbau von Plattformen oder der Förderung der Kreativwirtschaft.

Internationale Bildungs- und Kulturkooperation

Wie sich die internationale Kulturpolitik eines Landes gestaltet und welche Akteure und Institutionen sie tragen, ist tief im gesellschaftlichen und politischen Selbstverständnis eines Landes verwurzelt. Um unser »Modell« zu verstehen, ist ein Blick in die jüngere Geschichte Deutschlands notwendig: Aufgrund der Verantwortung für die Katastrophe des Zweiten Weltkriegs waren die ersten Jahrzehnte nach Kriegsende von dem Bemühen geprägt, Deutschland wieder zu einem anerkannten Mitglied der internationalen zivilisierten Staatenwelt zu machen. Mit Blick auf den Missbrauch von Bildung, Kultur und Kunst im »Dritten Reich« zur nationalsozialistischen Propaganda fiel in der jungen Bundesrepublik auch die Entscheidung, die internationale Bildungs- und Kulturkooperation dem direkten Zugriff der Regierung zu entziehen und eigenständigen Organisationen anzuvertrauen, die sich als Teil der deutschen

Zivilgesellschaft verstehen. Der Deutsche Akademische Austauschdienst (DAAD), das Goethe-Institut, das Institut für Auslandsbeziehungen (ifa) und zahlreiche weitere Akteure arbeiten im Auftrag des Staates, strategisch mit dem Auswärtigen Amt abgestimmt, aber inhaltlich weitgehend unabhängig. Dieses Konzept hat sich bis heute erfolgreich bewährt: Gerade in der Außendarstellung eines pluralistischen Staatswesens mit einer aktiven und breit aufgestellten Zivilgesellschaft verleiht die Eigenständigkeit der Mittlerorganisationen im Ausland Glaubwürdigkeit und Vertrauen.

In den 70er-Jahren erfuhr die Auswärtige Kultur- und Bildungspolitik eine deutliche Aufwertung, die bis in die Gegenwart wirkt. Willy Brandt, damals noch Außenminister, bezeichnete sie schon 1967 als einen der drei Pfeiler moderner Außenpolitik, gleichrangig mit der Diplomatie im engeren Sinn und der Außenwirtschaftspolitik. Außenkulturpolitik diene zwar der »Selbstdarstellung unseres Volkes«[1], gleichzeitig müsse aber die internationale Kooperation – der Austausch von Wissenschaftlern, Künstlern und Schriftstellern – verstärkt werden. Brandt betonte, dass die Auswärtige Kulturpolitik sich dabei stärker an einer langfristigen Planung zu orientieren habe.[2] Ralf Dahrendorf erklärte den erweiterten Kulturbegriff zur Grundlage, der über die Kunst hinaus alle Ausdrucksformen gesellschaftlichen Zusammenlebens zum Gegenstand dieses Politikfeldes machte. Offener Dialog, partnerschaftliche Entwicklung und Gestaltung von Kulturprojekten – sämtliche dieser Prinzipien erfuhren damals ihre grundlegende Prägung.

Das Eigene nicht als überlegen anzusehen, sondern dem Anderen mit einer gewissen Demut zu begegnen ist eine wichtige Voraussetzung für das Zuhören, die empathische Wahrnehmung und somit für einen echten Dialog.

Die Geisteshaltung, die hinter dem globalen Kulturdialog Deutschlands steht, bleibt dabei von historischer Erfahrung geprägt: das Eigene nicht als überlegen anzusehen, sondern dem Anderen mit einer gewissen Demut zu begegnen – eine wichtige Voraussetzung für das Zuhören, die empathische Wahrnehmung und somit für einen echten Dialog. Besonders gilt dies auch für die Auseinandersetzung mit unserem kolonialen Erbe: Die Gewalt, die einstmals bei der Aneignung von Artefakten aus kolonialen Gebieten ausgeübt wurde, tritt heute sowohl in Deutschland als auch in den Partnerländern einer immer größeren Öffentlichkeit vor Augen und befeuert eine kritische Hinterfragung der eigenen Geschichte für die kommenden Jahre.

Idealiter verstehen wir die Auswärtige Kultur- und Bildungspolitik heute als Ausgangspunkt für die gleichberechtigte, dialogische und offene Begegnung von Menschen – als Ebene, auf der globale Fragen mit den Mitteln der Kunst, des Diskurses und der konstruktiven Auseinandersetzung thematisiert werden. Die Unterstützung multilateraler kultureller Prozesse gewinnt gegenüber der eigenen Selbstpräsentation an Bedeutung. Die Auswärtige Kultur- und Bildungspolitik setzt auf Formen und Formate, die unseren liberalen Wertvorstellungen entsprechen: auf Offenheit, auf Kritik und Selbstkritik, auf Diskursfähigkeit und das Prinzip der Freiheit.

Das Konzept des kulturellen Dialogs, institutionell initiierter Kooperationen und zivilgesellschaftlich organisierter Koproduktionen steht indes vor einer neuen Dimension. Im Rahmen der von der EU betriebenen Erweiterung ihres kulturpolitischen Mandats ergibt sich die Frage nach der Zukunft des Nationalstaats als eines Referenzmodells unserer langfristig sich notwendig verändernden gesellschaftlichen Ordnung in Europa. Postnationalstaatliche Organisation, Konzeption und Praxis kultureller Beziehungen lauten die Schlagwörter in dieser Diskussion. Natürlich ist die Außenkulturpolitik Deutschlands in gewisser Weise bereits postnationalstaatlich – weil sie sich der Verantwortung für eine funktionierende Weltgemeinschaft verpflichtet fühlt. Aus der Vielzahl strukturrelevanter, strategischer und konzeptioneller Herausforderungen, vor denen die Außenkultur- und Bildungspolitik wie eingangs beschrieben steht, möchten wir die wichtigsten und drängendsten im Folgenden exemplarisch diskutieren:

Die EU in der Krise

Die Europäische Union steht für Menschenrechte, Demokratie, Meinungsfreiheit, Frieden, Wohlstand, kulturelle Vielfalt und internationale Verantwortung.

Es gibt für Deutschland und die anderen europäischen Staaten keine Alternative zur Europäischen Union. Gerade angesichts der globalen Machtverschiebungen der letzten Jahre sichert allein ein geeintes Europa den notwendigen Einfluss in der Welt, um demokratische Werte zu stärken und in der Diskussion um die globalen Herausforderungen mit einer Stimme zu sprechen.

Natürlich ist die Außenkulturpolitik Deutschlands in gewisser Weise bereits postnationalstaatlich – weil sie sich der Verantwortung für eine funktionierende Weltgemeinschaft verpflichtet fühlt.

Aktuell jedoch tut sich Europa schwer mit dieser Einigkeit: Schuldenkrise, Brexit, erstarkender Nationalismus und Populismus sorgen für Skepsis; terroristische Bedrohungen schüren die Angst. Transformationsprozesse, ausgelöst durch neue Technologien und digitale Kommunikation, weltweite Migrationsbewegungen sowie eine zunehmende soziale Ungleichheit verunsichern die Bürger der Europäischen Union.

Derzeit scheinen drei Zukunftsszenarien für die Europäische Union im Jahre 2030 möglich: Der schlimmste Fall wäre ein Auseinanderbrechen der Staatengemeinschaft mit verheerenden Folgen. Der entgegengesetzte Entwurf wären die Vereinten Nationen von Europa mit einer weitgehenden Übertragung nationaler Souveränität an europäische Institutionen. Die Reaktion der Europäischen Union auf die ersten mutigen Gedanken Emmanuel Macrons in diese Richtung lassen jedoch Zweifel an der raschen Verwirklichung eines solchen Szenarios aufkommen. Der dritte – und wahrscheinlichste – Weg ist ein langsames Voranschreiten, eine Abfolge von nationalen Forderungen und Kompromissen, hin zu einer weiteren europäischen Integration, so wie es auch Ivan Krastev beschreibt: »...die Kunst des Überlebens (ist) eine Kunst ständiger Improvisation. (...) Nur Kompromissbereitschaft wird die Wahrscheinlichkeit eines Überlebens der EU erhöhen.«[3]

Kultur und Bildung sind Schlüssel einer erfolgreichen und zukunftsweisenden Europapolitik.

Kultur und Bildung sind dabei Schlüssel einer erfolgreichen und zukunftsweisenden Europapolitik, die zum Fortschritt der Integration im kommenden Jahrzehnt wesentlich beitragen kann. Gerade durch Kulturaustausch werden Neugier und Empathie für den Nachbarn geweckt. »In einen Binnenmarkt verliebt sich niemand«, konstatierte schon der langjährige Präsident der Europäischen Kommission, Jacques Delors. Dies ist umso wichtiger, als das Narrativ vom geeinten Europa als Friedensprojekt nach der Katastrophe des Zweiten Weltkriegs gerade bei jungen Menschen an Strahlkraft verliert. Es scheint, als müsse sich jede Generation ihre Vision von Europa neu erarbeiten.

Europäisch! Den Zusammenhalt stärken

Neben dem Koalitionsvertrag der deutschen Regierungsparteien 2018 ist die »Neue Agenda für Kultur« der Europäischen Union vom Mai 2018[4] hervorzuheben, die in die Zukunft weist. Sie betont die dreifache Dimension von Kultur in europäischen Zusammenhängen: die soziale Dimension, die vor allem für Zugänge und mehr kulturelle Partizipation sorgt; die ökonomische Dimension von Kultur, mit der die Themen Bildung, Förderung von Städten und Regionen sowie die Kreativ- und Kulturindustrie verknüpft sind; und schließlich die externe Dimension von Kultur, die auf soziale und nachhaltige Entwicklung, interkulturellen Dialog und Kooperationen im Bereich kulturelles Erbe setzt.

Die Europäische Union ist eine zentrale Gestaltungskraft unseres gesellschaftlichen und politischen Lebens. Sie ist vor allem auch das kulturelle Projekt einer Gemeinschaft, Einheit in der Vielfalt zu erreichen. Der kulturelle Dialog obliegt außenkulturpolitischen Akteuren, seien sie zivilgesellschaftlich oder staatlich organisiert. Diese müssen ein weitgehendes Mandat erhalten, europäische Kulturpolitik multilateral mitzugestalten. Europäische Austauschprogramme sollten stärker gefördert werden, ebenso wie Kultur- und Bildungsprojekte, die sich an junge Europäerinnen und Europäer richten und an Menschen, die der europäischen Idee kritisch gegenüberstehen.

Der Austausch junger Europäer

Eben diese realen Begegnungen junger Europäerinnen und Europäer sind besonders entscheidend: Seit 1987 haben über neun Millionen Europäer im Rahmen des

Erasmus-Programms über Grenzen hinweg nachhaltige Kontakte geknüpft. Nicht zuletzt ist daraus eine neue Generation mit über einer Million »Erasmus-Babys« entstanden. Das Programm ist der Prototyp, den es für ganz unterschiedliche Zielgruppen auszubauen gilt. Besonders sollte dafür auch in Regionen und sozialen Schichten geworben werden, die bisher wenig gereist sind, um so auch deren Teilhabe an Europa zu stärken. Die Alumni der Austauschprogramme sollten noch stärker ermutigt werden, ihre positiven Erfahrungen mit den Gesellschaften ihrer Länder zu teilen.

Die Begriffe Nation und Region haben gegenwärtig Hochkonjunktur.

Mit vielen weiteren Projekten können auch abseits der Metropolen junge Zielgruppen für die europäische Begegnung gewonnen werden. Daneben ist vor allem eine stärkere Förderung von Mehrsprachigkeit wichtig – schließlich sind Sprachen ein essenzieller Schlüssel zum Verständnis anderer Länder. Darüber hinaus sollten auch die Vernetzung und die Europäisierung von Kultur- und Bildungsinstitutionen forciert werden, um Europa kompetenter und inhaltsreicher thematisieren zu können. Das kann die Stärkung bilateraler Kooperationen meinen, wie sie jüngst am Beispiel der Einrichtung gemeinsamer deutsch-französischer Kulturinstitute diskutiert wurde, und reicht bis zu der erfolgreichen Zusammenarbeit im Dachverband der nationalen europäischen Kulturinstitute EUNIC und ähnlicher Verbände, die in zahlreichen Projektkooperationen die europäische Einigung vorbildhaft vorantreiben.

Postnationalstaatlich? Die Verschiebung der Referenzrahmen

Die Begriffe Nation und Region haben gegenwärtig Hochkonjunktur. Von Unabhängigkeitsbewegungen in Schottland und Katalonien bis zu einem erstarkenden Nationalismus in Osteuropa und darüber hinaus: Das Spannungsfeld der Abgrenzungstendenzen beherrscht die politische und auch kulturpolitische Debatte in Europa. Es geht um alte und neue Modelle gesellschaftlicher Organisation, mithin um Ordnungsrahmen im Kontext von Regionen, Kultur und Identität.

Der Historiker Theodor Schieder sagte bereits 1963 in einer Rede: »Nation, das bedeutet in erster Linie Staatsbürgergemeinschaft, nicht Sprach- oder Volksgemeinschaft.« Was Nation ausmacht, ist nach Schieder nicht Kultur, sondern eine Rechtsgemeinschaft. Das Europa als Einheit in der Vielfalt würde also ein Europa als rechtliche Einheit bei kultureller Vielfalt bedeuten.

Postnationalstaatliche Kulturpolitik verneint die vorrangige Verfolgung staatlicher Interessen als Erlangung von Vorteilen gegenüber anderen, nenne man sie Konkurrenten oder Wettbewerber.

Das wäre postnationalstaatlich. Eine solche begriffliche Verschiebung von der Kultur zum Recht würde darüber hinaus bedeuten, dass Europa weder eine einheitliche Identität noch einen Demos, also ein Volk, braucht, um zur Nation zu werden.

Der Begriff Nation meint den Rechtsrahmen einer »institutionalisierten Solidarität« und »den Sinn für das Soziale«, wie es der französische Soziologe Marcel Mauss fasst. Diese Solidarität bildet sich aus vernetzten Wissensräumen gleichartiger Erfahrungen, aus historischen Räumen ähnlicher Erinnerung, homogenen Sprachräumen und verdichteten Kommunikationsräumen, zum Beispiel Regionen und Nachbarschaften. Nation ist nicht identisch mit Identität. Identität ist ein hybrider, höchst flexibler Begriff der Persönlichkeitsbildung, des individuellen Selbstverständnisses und der eigenen Verortung, die man Heimat nennen kann. »Regionen sind Heimat, Nationen sind Fiktion«, schreibt der österreichische Schriftsteller Robert Menasse. Das Nationale ist meist nur eine Erzählung, das Regionale ist die Sprache, die Küche – die Kultur.

Diversität und Perspektivenvielfalt sind für demokratische Gesellschaften lebenswichtig.

Für die auswärtige Kulturpolitik Deutschlands folgt daraus, dass der Region, der Heimat und dem Identitätsrahmen der Zielgruppen durch die Orientierung an örtlichen kulturellen Rahmenbedingungen zentrale Bedeutung beigemessen werden muss. Außenkulturpolitik und ihre Akteure sehen sich nicht als unmittelbares oder mittelbares staatliches Handeln im Rahmen der Diplomatie (*cultural diplomacy*, *soft power*). Akteuren und Institutionen der Zivilgesellschaft, der Städte und Regionen kommt in diesem Sinne bei der Gestaltung der Außenbeziehungen eine stärkere Rolle zu. Die Bedeutung der zivilgesellschaftlich verfassten Mittlerorganisationen der Auswärtigen Kultur- und Bildungspolitik als Schnittstelle und Verbindungsglied im internationalen Austausch gerade dieser Gruppen wird weiter wachsen. Postnationalstaatliche Kulturpolitik verneint die vorrangige Verfolgung staatlicher Interessen als Erlangung von Vorteilen gegenüber anderen, nenne man sie Konkurrenten oder Wettbewerber. Sie verneint eine nationalistische Rückbesinnung auf das Konzept einer Leitkultur und Kulturpolitik als Abgrenzungen zu Kulturen anderer Herkunft.

Die Welt aus kultureller Perspektive zu sehen, zu verstehen und zu strukturieren, eine Landkarte der Kulturen, der Sprachen und Identitäten zu zeichnen, das bedeutet, Kulturräume und kulturelles Erbe als Referenzpunkte des Handelns zu bestimmen. Der Staat wird in historisch gewachsenen wie in globalisierten Zusammenhängen verstanden. Die »Nationalstaaten« wurden dabei auch gegen bestehende kulturelle Räume durch die kolonialen Grenzen zum Beispiel in Afrika und Lateinamerika erzwungenermaßen gebildet. Diese Geschichte gilt es aufzuarbeiten und neue, »postnationalstaatliche« Konzepte zu entwickeln. Die Netzwerke der Zivilgesellschaft sind es vor allem, die Konzepte des Austauschs konkretisieren, in die Praxis umsetzen und prüfen. Sie gilt es zu befähigen und in Kontakt zu bringen. Das ist die Aufgabe der Mittlerorganisationen.

Digital in die Zukunft

Die Digitalisierung durchdringt alle Lebensbereiche und bietet unzählige Chancen: vereinfachter Zugang zu Wissen und neue Bildungsformate durch das Internet oder *augmented reality*, optimierte Prozesse durch Algorithmen, Robotik oder künstliche Intelligenz, globale Vernetzung mit empathischen Erlebnissen, neue Einblicke mittels *virtual reality*.

Gleichzeitig bringen die damit verbundenen Veränderungsprozesse große gesellschaftliche Herausforderungen mit sich: Der anfängliche Enthusiasmus, der offene

Zugang zu Daten und der freie Informationsfluss würden einen weltweiten Demokratisierungsprozess befördern, ist einer realistischeren Einschätzung gewichen.

Das Digitale hat unseren beruflichen und privaten Alltag bereits so weit durchdrungen, dass die Deutungshoheit über unsere Welt immer stärker durch die großen kommerziellen Netzwerke und Plattformen geprägt wird – mit den bekannten Gefahren. Die Kommerzialisierung und der Einfluss von Google, Facebook, Instagram, Amazon und Co. werden auch in den nächsten Jahren weiter zunehmen.

Sich selbst ein Bild zu machen ist der wirksamste Schutz gegen Irreführungen.

Um die eigene Relevanz und Informationskraft in der digitalen Welt zu behaupten, ist es deshalb für die Kulturmittler und andere Akteure der Auswärtigen Kultur- und Bildungspolitik einerseits wichtig, über einen zeitgemäßen eigenen digitalen Auftritt zu verfügen, zum anderen sich aktiv auf anderen digitalen Plattformen und in den sozialen Netzen zu positionieren. Denn nur so können Diversität und Perspektivenvielfalt erhalten werden, die für demokratische Gesellschaften lebenswichtig sind.

Kultur- und Bildungsinstitutionen aus Deutschland, die seit vielen Jahrzehnten international arbeiten, haben die Bedeutung dieser Entwicklungen früh erkannt und zu erproben begonnen, wie mittels digitaler Medien die Intensität des internationalen Kulturaustausches erhöht und neue Zielgruppen erreicht werden könnten. Dieser Prozess hält aber aktuell nicht mit der rasanten Entwicklung neuer Technologien und Kommunikationsformen mit. Öffentliche Investitionen sind notwendig und erfolgen im großen Feld der Digitalisierung nur zögerlich. Im Bereich von Kultur, Kommunikation und Bildung geht es dabei neben den technischen Voraussetzungen vor allem darum, Spezialistinnen und Spezialisten zu finden, die Inhalte aufbereiten, soziale Netzwerke betreuen, digitale Bildungsangebote

Wird Europa 2030 die letzte Bastion weltweit sein, in der die persönliche Freiheit nicht weitgehend durch Algorithmen und das massive Zusammenführen und Speichern persönlicher Daten eingeschränkt wird?

entwickeln und neue Plattformen und Formate schaffen, um die sich schnell wandelnden Nutzeransprüche zu bedienen.

Das bereits bestehende Überangebot an Inhalten in den digitalen Medien wird sich bis 2030 exponenziell steigern. Auf der einen Seite eine positive Entwicklung, da sich die Auswahlmöglichkeiten vervielfachen, auf der anderen Seite eine große Herausforderung, auf die Kultur- und Bildungsinstitutionen reagieren müssen: »In der Vergangenheit funktionierte Zensur dadurch, dass der Informationsfluss blockiert wurde. Im 21. Jahrhundert bedeutet Zensur, die Menschen mit irrelevanten und falschen Informationen zu überschwemmen. Die Menschen wissen einfach nicht, worauf sie achten sollen (...). In früheren Zeiten bedeutete Macht, Zugang zu Daten zu haben. Heute bedeutet Macht zu wissen, was man ignorieren kann«[5], analysiert Yuval Harari.

Digital 2030

Angesichts dieser Informationsflut und ihrer Folgen muss die Kompetenz im Umgang mit Digitalisierung deutlich stärker gefördert werden als bisher und bereits in den Schulen vermittelt werden. Auch hier kommt dem internationalen Austausch große Bedeutung zu. Denn die Bilder, die wir uns von anderen Kulturen und Gesellschaften machen und die – umgekehrt – andere sich von uns machen, werden zunehmend im Internet geprägt.

Gleichzeitig haben wir in den vergangenen Jahren einen Boom von Kulturfestivals und Kunstbiennalen erlebt, bei denen die Nutzung und Bedeutung des öffentlichen Raums im Zentrum standen. Das Bedürfnis nach realer Begegnung, aber auch nach aktivem politischem Engagement scheint proportional zur Ausweitung des digitalen Raumes zu wachsen. Wenn wir diese Trends auf den internationalen Kulturaustausch im Jahr 2030 projizieren, lässt sich voraussagen, dass die Bedeutung von offenen Räumen beispielsweise in Kulturinstituten, von Residenzprogrammen, Festivals und Aktionen im öffentlichen Raum zunehmen wird – ebenso wie der Bedarf an Austauschprogrammen auf allen Ebenen der Gesellschaft.

Gefahren des digitalen Wandels

Sich selbst ein Bild zu machen ist der wirksamste Schutz gegen die Irreführungen, die vor allem in den sozialen Kanälen drohen. Fake-News, Filterblasen und hybride Kriegsführung sind nur die Spitze des Eisbergs, dem wir weltweit mit dem Aufbau deutlich höherer Medienkompetenz in allen Gesellschaftsschichten begegnen müssen. »Angesichts der Tatsache, dass viele Millionen Menschen durch ein Medium miteinander verbunden sind, das gelegentlich deren schlimmste Neigungen hervortreten lässt, ist es keine abwegige Sorge, dass plötzlich riesige faschistoide Mobs entstehen können. Ich mache mir Sorgen um die nächste Generation junger Menschen in aller Welt, weil sie mit einer internetbasierten Technologie aufwächst, die ganz auf kollektive Aggregationstechniken setzt«, schreibt Friedenspreisträger Jaron Lanier.[6]

Kultur ist nicht per se gut oder schlecht, friedenssichernd oder konfliktfördernd, sondern sie kann je nach Kontext und Gebrauch unterschiedlich wirken und im gleichen Maße aufklärerischen wie unterdrückenden Charakter haben.

Was das nächste Jahrzehnt bringen könnte, lässt sich schon heute in China sehen: Ein Social-Scoring-System verteilt – basierend auf einer Kombination von Gesichtserkennungstechnologie und Algorithmus – Punkte für gesellschaftliches Wohlverhalten und bestraft Abweichungen durch Punkteabzug. »Eine ganz neue Versuchung für all jene autoritären Herrscher, die George Orwells ›1984‹ nicht als Mahnung lesen, sondern als Gebrauchsanweisung«, schreibt die »Süddeutsche Zeitung«.[7]

Die europäische Datenschutzgrundverordnung erscheint vor diesem Hintergrund in einem positiven Licht: Wird Europa 2030 die letzte Bastion weltweit sein, in der die persönliche Freiheit nicht weitgehend durch Algorithmen und das massive Zusammenführen und Speichern persönlicher Daten eingeschränkt wird? Vielleicht ein zu pessimistisches Szenario, doch die Thematik hält große Aufgaben für die Kulturinstitutionen bereit: Wir werden eine »Kultur der Algorithmen« brauchen, die bewusst macht, wie sie entstehen, von wem sie programmiert werden und welche Weltsicht sie

vertreten. Hier liegt auch die Chance, Open Communitys oder alternative unabhängige Netzwerke und Plattformen, die auf freiwilliger und nicht kommerzieller Zusammenarbeit basieren, zu unterstützen. Das globale Netzwerk deutscher Kultur- und Bildungsinstitutionen sollte weiterhin dazu genutzt werden, ein Gegengewicht zu den weltweiten, digital gestützten autokratischen Tendenzen und kommerziell orientierten Monopolisten zu schaffen, die unsere demokratischen Zivilgesellschaften gefährden. Nur so können die positiven Potenziale der Digitalisierung und das Ideal eines »guten Netzes« auch über 2030 hinaus Bestand haben.

Kulturelle Möglichkeiten der Konfliktbearbeitung

Bereits 2004 verabschiedete das Bundeskabinett den Aktionsplan »Zivile Krisenprävention, Konfliktlösung und Friedenskonsolidierung«. Er beschreibt unter anderem Aspekte der Sicherung von Menschenrechten, des Aufbaus rechtsstaatlicher Strukturen, des Klimaschutzes und der Armutsbekämpfung.

Zwei wichtige Erkenntnisse lagen dem Papier zugrunde: Kultur ist nicht per se gut oder schlecht, friedenssichernd oder konfliktfördernd, sondern sie kann je nach Kontext und Gebrauch unterschiedlich wirken und im gleichen Maße aufklärerischen wie unterdrückenden Charakter haben. Kunst und Kultur stehen zwar meist für Multikulturalität, Toleranz und Pluralismus, befördern mitunter aber auch autokratische oder diktatorische Herrschaftsverhältnisse. Kultur bildet in beiden Fällen die individuelle Identität und kann Kraft ihrer Symbolik auch kollektive Identität erzeugen.

In gleicher Weise wie Kultur ist auch der Begriff eines Konflikts ambivalent. Konflikte können reinigenden, klärenden und insofern sogar friedensstiftenden Charakter haben, wie sie auf der anderen Seite zu Gewalt führen oder diese befeuern können. In einer zivilisierten Streitkultur beobachten wir das Ringen um die bestmögliche Lösung einer Frage und eines beiderseits tragfähigen Kompromisses. Die Schaffung von Feindbildern, das Beschwören von Bedrohungsszenarien legitimieren dagegen Gewalt (zum Beispiel Migranten oder Geflüchteten gegenüber).

Auswärtige Kultur- und Bildungspolitik spielt in einer von Konfrontationen dominierten Welt, die in der medial gesteuerten Wahrnehmung durch Konflikte strukturiert zu sein scheint, eine entscheidende Rolle zur Befriedung und gegebenenfalls sogar zur Prävention von Gewalt. Wie können Künstler und Kulturschaffende in Konfliktsituationen, in Gesellschaften, die von Auseinandersetzungen bestimmt sind, aber auch in Nachkonfliktsituationen für Frieden sorgen?

Konfliktparteien benutzen häufig Kultur und Religion, um Gewalt zu rechtfertigen oder Konflikte emotional aufzuladen. Dabei geht es aber nicht selten um politische Macht, militärische Ziele und geostrategische sowie ökonomische Faktoren.

Kulturmittler berücksichtigen und analysieren vor Ort kulturelle Einflüsse auf Konflikte und agieren mittels Kunst und Kultur in Konflikten. Aufgabe ihrer Projekte ist es, strukturelle Ursachen von Verwerfungen und Konfrontationen zu analysieren, Mechanismen, die zum Konflikt führten, zu thematisieren sowie neue Formate der Konfliktbearbeitung zu erarbeiten und zu fördern. Kulturelle Praxis in Form von Theater, bildender Kunst, Literatur oder Musik kann Wege zur Lösung von Problemen aufzeigen.

Kunst und Kultur bieten ästhetische Brechungen, alternative Diskursformate zweckfreie Räume für Konfliktlösungen. Insofern leisten sie zentrale Beiträge zur Transformation von Gesellschaften. Künstlerinnen und Künstler sind die Agenten dieses Wandels. Kulturelle Ausdrucksformen haben die besondere Macht, Tabus und Konfliktpunkte in einem geschützten Rahmen anzusprechen, da im Spiel die Realität transzendiert werden kann, Rollen eingenommen und Wege zur Problemlösung probiert werden können, weil bestenfalls durch Dialog Vertrauen zwischen ehemals verfeindeten Parteien entsteht. Künstlerische Auseinandersetzungen tragen zur Aufarbeitung und Vergangenheitsbewältigung in vielen Konfliktkontexten und zum Abbau von Stereotypen bei.

Gerade die Vielstimmigkeit einer funktionierenden Zivilgesellschaft wird jedoch zunehmend zum Ziel staatlicher Repressionen.

Kulturakteure müssen Traditionen und Mechanismen, Konventionen und soziale Verhaltensweisen fördern, die eine Alternative zu Gewalt und eine neue Form von Konfliktlösung bedeuten. Nur so können Krisen überwunden und Gesellschaften positiv verändert werden.

Wenn Zivilgesellschaften unter Druck geraten

Wir beobachten, dass weltweit der Druck auf die Zivilgesellschaften steigt. Gesellschaftliche Freiräume werden zusehends eingeschränkt. Laut dem Transformationsindex BTI der Bertelsmann Stiftung ist die Qualität von Demokratie, guter Regierungsführung und Marktwirtschaft auf den niedrigsten Stand seit zwölf Jahren gefallen.[8] Dies betreffe, so der BTI, heute nicht mehr nur autokratische Regime, auch in Demokratien versuchten Regierungen zusehends, mit harter Hand durchzugreifen.

Dabei ist eine aktive und pluralistische Zivilgesellschaft nach unserem Verständnis ein wesentlicher Faktor, um die Freiheit und Teilhabe des Einzelnen zu gewährleisten, die Verantwortung des Bürgers für das Gemeinwesen zu stärken, die Entwicklung von Gesellschaften auf ein breites Fundament zu stellen und so nachhaltig zu gestalten. Gerade die Vielstimmigkeit einer funktionierenden Zivilgesellschaft, die es zu moderieren gilt, wird jedoch zunehmend zum Ziel staatlicher Repressionen. Besonders die freien Kulturszenen mit ihren oft widerständigen Filmemachern, Schriftstellerinnen und Regisseuren, die in ihren Arbeiten gesellschaftliche Entwicklungen kritisch reflektieren und künstlerische Experimente fördern, sind davon betroffen. Die staatlichen Instrumente, die hier zum Einsatz kommen, ähneln sich vielerorts: Verschärfung der NGO-Gesetzgebungen, Einschränkung der Versammlungs- und Pressefreiheit[9] sowie eine Förderpolitik, die kritischen Institutionen die öffentlichen Zuwendungen limitiert oder ganz entzieht. Für viele Regierungen scheint eine auch durch Repression erkaufte Ruhe im Inneren ein adäquates Mittel zu sein, die Stabilität des Staates in einer unübersichtlichen Weltlage zu erhalten. Deutsche Kulturinstitutionen im Ausland sind in dieser Situation gefordert: Sie müssen alle Möglichkeiten ausloten, physische und digitale Freiräume anzubieten, um unter Druck geratenen Partnern einen Ort des offenen und zensurfreien Dialogs zu schaffen.

Wie wir handeln müssen

Um die vielfältigen Herausforderungen, vor denen die Welt heute steht, gut anzugehen, ist internationaler Austausch zwingend erforderlich. Als Plattform für diesen Austausch hat die Bedeutung von Kultur, Wissenschaft und Bildung zugenommen. Diese Entwicklung wird weitergehen. Um die Auswärtige Kultur- und Bildungspolitik zu verbessern, sollten Entscheidungsträger folgende Handlungsempfehlungen berücksichtigen:

— Eigenständige Kulturmittlerorganisationen müssen gestärkt und ihr Handlungsfeld in Fragen europäischer Kulturpolitik, digitaler Prozesse, des Beitrags der Außenkulturpolitik für die Innenkulturpolitik und der Friedenssicherung erweitert und nachhaltig unterstützt werden.

— Deutschland sollte im Einigungsprozess Europas Vorreiter sein. Es besitzt die dazu notwendigen kulturellen Infrastrukturen durch starke Mittler und Institutionen.

— Kultur muss stets befragt werden nach ihrer Expertise, um die Ursachen und Lösungsmöglichkeiten von Konflikten besser zu verstehen. Kulturelle Ausdrucksformen und Formate können problemlösend wirken und sollten stärker genutzt werden.

— Die Rolle zivilgesellschaftlicher Akteure und Institutionen ist weiter zu stärken. In Ländern, in denen Zivilgesellschaften bedroht sind, gilt es, Freiräume zu schaffen.

— In die Digitalisierung der internationalen Kultur- und Bildungspolitik muss weiter investiert werden. Programme zur Medienkompetenz sind in internationaler Kooperation aufzubauen. Ebenso wichtig wie eine tiefgehende Reflexion über digitale Prozesse im internationalen Austausch ist es, echte Orte der physischen Begegnung und Austauschprogramme auszubauen beziehungsweise neu zu schaffen.

Mit Qualifizierungsangeboten und Mobilitätsprogrammen stärken die deutschen Mittlerorganisationen lokale Netzwerke inhaltlich und strukturell und vernetzen sie mit Partnerorganisationen weltweit. Denn gerade die Einbettung in internationale Kontexte stärkt Akteure vor Ort. Im schlimmsten Fall einer konkreten Gefährdung von Kulturschaffenden oder zivilgesellschaftlichen Akteuren ist es notwendig, Schutzprogramme einzurichten, die ein Weiterarbeiten auch außerhalb des eigenen Landes ermöglichen. Gerade in diesem Feld trägt Deutschland aufgrund der eigenen Vergangenheit eine besondere Verantwortung gegenüber seinen Partnern in Ländern, in denen die Zivilgesellschaft durch antidemokratische und autokratische Entwicklungen zu erodieren droht.

JOHANNES EBERT (55) *ist seit 2012 Generalsekretär des Goethe-Instituts. Er studierte Islamwissenschaft und Wissenschaftliche Politik in Freiburg und in Damaskus. Anschließend absolvierte er eine journalistische Ausbildung in Heilbronn. Nach Stationen als Dozent am Goethe-Institut in Prien, als Referent für Sprachkursarbeit am Goethe-Institut Riga und als stellvertretender Leiter des Bereichs Öffentlichkeitsarbeit in der Münchner Zentrale leitete er von 1997 bis 2002 das Goethe-Institut Kiew. Von 2002 bis 2007 war er Leiter des Goethe-Instituts Kairo und der Region Nordafrika/Nahost. Anschließend leitete er von 2007 bis 2012 das Goethe-Institut Moskau und die Region Osteuropa/Zentralasien.*

RONALD GRÄTZ (59) *ist seit September 2008 Generalsekretär des Instituts für Auslandsbeziehungen und Herausgeber der Zeitschrift »KULTURAUSTAUSCH«. Er studierte Germanistik, katholische Theologie und Philosophie in Tübingen und Frankfurt am Main. Er war als Programmlehrkraft der Internationalen Organisation für Migration (IOM) in São Paulo tätig sowie als Vizedirektor einer UNESCO-Projektschule. In Barcelona arbeitete er als Lehrbeauftragter an der Universitat de Barcelona für Didaktik und Methodik und als Sprachlehrer am Goethe-Institut. Es folgten Positionen als Leiter der Programmarbeit für die Region Osteuropa/Zentralasien am Goethe-Institut Moskau, als Referent des Vorstands in der Zentrale des*

»Die parlamentarische Demokratie muss gestärkt werden, nicht geschwächt durch falsch verstandene Verheißungen prinzipiell notwendigen zivilgesellschaftlichen Engagements oder gar Effizienzverlockungen autoritärer Systeme.«

Die Zukunft der parlamentarischen Demokratie

Von Suzanne S. Schüttemeyer

Der Parlamentarismus befindet sich im Niedergang – diese Behauptung ist ein Gemeinplatz, und zwar nicht seit zehn, sondern seit mindestens 100 Jahren. Die Honoratiorenparlamente des 19. Jahrhunderts wurden schon in den 1920er-Jahren als Glanzzeit des Parlamentarismus verherrlicht, bezeichnenderweise also zu einem Zeitpunkt, als die politischen Systeme Europas durch die Erkämpfung des allgemeinen, gleichen und freien Wahlrechts demokratisiert worden waren; und die daraus entstandene parlamentarische Demokratie erschien vielen als defekt.

Der radikal antiparlamentarische Parlamentarismuskritiker Carl Schmitt sah mit den modernen Massendemokratien das Ende des bürgerlichen Zeitalters gekommen und hielt den Parlamentarismus mit den von ihm konstruierten obersten Prinzipien Diskussion und Öffentlichkeit für prinzipiell nicht in der Lage, die notwendigen Entscheidungen zu treffen und den »wahren« Volkswillen zu ermitteln. Seine Devise hieß: Wahrheit statt Mehrheit, Dezision statt Diskussion.[1]

Aber auch Freunde des Parlamentarismus diagnostizierten Leistungsdefizite. Sie beklagten sinkende Kompetenz der Abgeordneten, wachsenden Parteieneinfluss und mangelnde Führungskraft, zunehmende Korruption, zu wenig Responsivität und zu geringe Resonanz in der Öffentlichkeit – mit der Folge eines rapiden Ansehensverlustes der Parlamente.

Seither sind 100 Jahre vergangen. In Europa wurden nach dem Zweiten Weltkrieg wie nach dem Fall des Eisernen Vorhangs – ganz selbstverständlich – demokratische Parlamente etabliert; sie bildeten geradezu das Herzstück des Neuanfangs nach Regimen des Terrors und Totalitarismus. Diese Parlamente erwiesen sich als Garanten des inneren und äußeren Friedens.

Parlamente erwiesen sich als Garanten des inneren und äußeren Friedens.

Dennoch werden seit einigen Jahren wieder einmal Zweifel angemeldet, ob die politische Ordnung der verfassungsstaatlich gebundenen parlamentarischen Demokratie die Herausforderungen meistern kann, die sich im 21. Jahrhundert politisch, gesellschaftlich, ökonomisch und technisch stellen. Und die Krisenbefunde ähneln verblüffend jenen der 1920er.

Als extern hervorgerufene Problemlagen gelten vor allem die Auswirkungen der europäischen Integration und die Globalisierung; intern werden die Langwierigkeit von Entscheidungsprozessen, ihre hochgradige Kompromisshaftigkeit und auch die »Entmachtung« des Parlaments insgesamt durch Lobbyisten und Experten – in summa also mangelnde parlamentarische Problemlösungsfähigkeit – kritisiert, gleichzeitig aber mehr Partizipation und Transparenz gefordert. Hinzu kommen die Schwierigkeiten, die für die Parteien als zentrale Institutionen der parlamentarischen Demokratie entstanden sind, weil sich die Gesellschaft durch Modernisierung und Säkularisierung massiv verändert hat. Neben die einst übersichtliche Struktur der Interessen, ihre relativ leichte politische Organisierbarkeit und die folglich auch vergleichsweise unproblematische Legitimation politischer Entscheidungen sind Entwicklungen exponentieller Pluralisierung und Individualisierung getreten.

Die EU und der Parlamentarismus

Hier ist nicht der Ort, um die vielfältigen Kompetenzübertragungen von der nationalen Ebene der Mitgliedstaaten der Europäischen Union (EU) auf die supranationale Ebene der Institutionen der EU im Einzelnen nachzuzeichnen. Zwar trifft es nicht zu oder ist mindestens eine missverständliche Information, dass 80 Prozent der deutschen Gesetzgebung auf einen »europäischen Impuls« zurückgehen[2]; Faktum ist aber, dass fast alle Bereiche der Landwirtschaft von der EU geregelt werden und auch in der Wirtschaftspolitik, insbesondere in Fragen der Währungs- und Geldpolitik mehr als drei Viertel der Rechtsetzung entspringen europäischen Verfahren und etliche weitere Politikfelder sind partiell vergemeinschaftet. Faktum ist ebenfalls, dass dem Bundestag pro Wahlperiode um die 4.000 Vorlagen der EU zugeleitet werden und er nur bei den Richtlinien noch eigenständig gesetzgeberisch tätig werden kann, wobei auch hier der parlamentarische Gestaltungsspielraum häufig eng bemessen ist, da die Absprachen der nationalen Regierungen in der europäischen Rechtsetzung oft sehr detailliert ausfallen. Als praktische Probleme kommen die Arbeitskapazität der Abgeordneten und der zur Verfügung stehenden Stäbe wie auch die in der Regel knappen Fristen hinzu.

Auch wenn das Grundgesetz nach dem Vertrag von Maastricht durch die neu gefassten Artikel 23 und 45 dem Bundestag Mitwirkungschancen eröffnet hat, bleibt festzuhalten[3]:

Das deutsche Parlament hat – wie auch die anderen nationalen Parlamente der EU-Mitgliedstaaten – objektiv Gesetzgebungskompetenzen eingebüßt, und zwar auf innenpolitisch wichtigen Feldern. Diese Kompetenzverluste werden nur symbolisch dadurch aufgefangen, dass der Bundestag ihnen selbst zustimmen musste und, im Interesse der europäischen Integration, auch keineswegs widerwillig zugestimmt hat.

Das deutsche Parlament hat objektiv Gesetzgebungskompetenzen eingebüßt, und zwar auf innenpolitisch wichtigen Feldern.

Durch die Übertragung von Kompetenzen ist die gesetzgeberische Eigenständigkeit des Bundestages eingeschränkt. Der Ausschuss für Angelegenheiten der EU hat diesen Verlust durch (wenigstens nachträgliche) Kontrolle der europäischen Gesetzgebung nicht zu kompensieren vermocht. Tatsächlicher Einfluss auf die Regierung im europäischen Entscheidungsprozess ist für die Opposition naturgemäß gar nicht gegeben, für die regierungstragenden Fraktionen – anders als im nationalen Kontext – auch nur begrenzt, da sich die Regierung mit dem Hinweis auf supranationale Kompromisserfordernisse parlamentarischen Mitsteuerungsversuchen entziehen kann.

Wichtig ist eine kohärent gestaltete europäische Kompetenzordnung, die den Anforderungen des Mehrebenenparlamentarismus Rechnung trägt.

Eine ausschließlich auf den deutschen Parlamentarismus gerichtete Perspektive muss also zu dem Schluss kommen, dass der Bundestag durch die europäische Integration an Einfluss auf die Gestaltung nationaler Politik und damit an Bedeutung verloren hat. Dies ist die Argumentationslinie, die die in Regierungsverantwortung gelangten euroskeptischen bis -feindlichen Politiker in ostmitteleuropäischen Mitgliedsländern gegen weitere Integrationsschritte ins Feld führen und mit der sie sich notwendiger europäischer Loyalität verweigern.

Einem apodiktischen Befund des Bedeutungsverlustes des Bundestages stehen aber nicht nur die politischen und wirtschaftlichen Gewinne entgegen, die durch die Mitgliedschaft in der EU erzielt werden. Vielmehr muss außerdem zweierlei in Rechnung gestellt werden: Erstens haben Bundestag, Abgeordnete und Parlamentsverwaltung keineswegs alle Möglichkeiten ausgeschöpft, durch sachpolitisches Engagement, durch die Etablierung neuer und besserer Nutzung bestehender formeller wie informeller Verfahren und Netzwerke europapolitisch eine größere Rolle zu spielen. Zweitens kann – grundsätzlich und gleichsam gesamtparlamentarisch gesehen – von einer »Re-Parlamentarisierung Europas« (Andreas Maurer) gesprochen werden, denn das Europäische Parlament hat im Verlauf der institutionellen Entwicklung der EU an Funktionen und Kompetenzen deutlich hinzugewonnen.

Es bedarf also der konsequenten Fortsetzung der Bemühungen, das Europäische Parlament zu stärken, wozu nicht zuletzt gehört, dass die Bürger es deutlicher als einen politischen Akteur wahrnehmen, der wesentliche Entscheidungen für ihr Leben (mit-) trifft. Ebenso wichtig ist eine kohärent gestaltete europäische Kompetenzordnung, die den Anforderungen des Mehrebenenparlamentarismus Rechnung trägt und mit einer vernünftig begründeten Aufteilung von lokalen, regionalen, nationalen und supranationalen Zuständigkeiten dem Bedürfnis nach Durchschaubarkeit und Mitwirkung seitens der Bürger ebenso nachkommt wie dem sachlichen Erfordernis einheitlicher Regelungen. Deutschland kann hierzu in besonderer Weise beitragen, denn es kann auf einschlägige Erfahrungen zurückgreifen: Im Laufe der Entwicklung zu einem unitarischen Bundesstaat haben die Landesparlamente erheblich an Gesetzgebungskompetenzen verloren, die über die notwendige Mitwirkung des Bundesrates an die Landesregierungen zurückflossen. Derartige Einbußen an parlamentarischer Substanz zugunsten der Exekutiven schaden im Saldo der demokratischen Legitimität. Solche Fehler sollten bei der weiteren Gestaltung der Institutionen der EU nicht wiederholt werden.

Globalisierung und Parlamentarismus

Sind die Verluste an Einfluss auf Gesetzgebung und Kontrolle im Falle der deutschen Landtage weitgehend durch den Bundestag, im Falle des Bundestages wenigstens schon zu einem gewissen Teil durch das Europäische Parlament aufgefangen worden – also durch demokratisch legitimierte parlamentarische Institutionen –, trifft dies für die Ebene internationaler Verhandlungs- und Entscheidungsprozesse nicht zu. Nur in Ansätzen kann man bei internationalen Organisationen von einer Parlamentarisierung sprechen, gar nicht mehr bei globalen Policynetzwerken, die nicht selten als große Errungenschaft weltweiten »zivilgesellschaftlichen« Engagements gepriesen werden.

Bei internationalen Organisationen kann man nur in Ansätzen von einer Parlamentarisierung sprechen, gar nicht mehr bei globalen Policynetzwerken, die nicht selten als große Errungenschaft weltweiten »zivilgesellschaftlichen« Engagements gepriesen werden.

Nun sind zwar bislang keine förmlichen Rechtsetzungsbefugnisse mit direkter Bindungswirkung für deutsche beziehungsweise Unionsbürger auf Organe außerhalb der Nationalstaaten beziehungsweise der EU übertragen worden; aber die Festlegungen und Verfügungen, die international auf Konferenzen und in Verhandlungsrunden, beispielsweise zum Klimaschutz oder über Welthandelsbedingungen, getroffen werden, entfalten erhebliche faktische Bindung und konkrete Bedeutung im Inland. Daran sind aber höchst selten Parlamentsabgeordnete beteiligt; in der Regel agieren Vertreter der nationalen Regierungen, inzwischen auch von Nichtregierungsorganisationen.

Insgesamt ist festzuhalten, dass die in bestimmten ökonomischen und politischen Bereichen einerseits integrierte, andererseits entgrenzte Welt zur Folge hat, dass Parlamente – und auch die von ihnen in den parlamentarischen Demokratien abhängigen Regierungen –

immer weniger autonom entscheiden können. Probleme und Regelungsbedarf entstehen immer häufiger in supranationalen beziehungsweise globalen Kontexten und können national nicht angemessen gelöst werden. Die einzelstaatlichen Institutionen verfügen nicht mehr über die notwendigen Instrumente und die Kapazität zur hierarchischen Steuerung der supranational und international operierenden Akteure. Deshalb können sie gegenüber weiten Teilen der Bürgerschaft keine oder nur eingeschränkte Responsivität zeigen oder diese nur vorspielen. In der Folge verliert die Politik an Glaubwürdigkeit. Politische Entscheidungen werden als unbefriedigend wahrgenommen, weil die Bürgerinnen und Bürger nicht mehr erkennen (können), welches Band der Repräsentation und Verantwortlichkeit noch zwischen ihren Interessen und den politischen Akteuren, den verzwickten Entscheidungsprozessen und Verhandlungslösungen besteht. Und die Entscheidungen können auch in der Sache nicht überzeugen, weil die skizzierten supranationalen und internationalen Handlungsrestriktionen gar keine effektiven, durchgreifenden Lösungen allein auf nationalstaatlicher Ebene zulassen.

Entscheiden durch Verhandeln und die Rolle des Bundestages

Nicht nur die Entwicklungen auf der supranationalen und internationalen beziehungsweise globalen Ebene hin zum Entscheiden durch Verhandeln bedrohen die Funktionserfüllung durch Parlamente und ihre Bedeutung für die Herstellung demokratischer Legitimität. Schon seit geraumer Zeit wird behauptet, der Deutsche Bundestag sei »entmachtet«, »entmachte« sich gar selbst.[4] In dieser Sicht verhandelt die Regierung direkt mit Interessengruppen, kündigt eine bestimmte Gesetzgebung an oder verspricht diese sogar über den Kopf des Bundestages hinweg. In Politiknetzwerken kooperiert die Exekutive, also die Regierung und ihre Ministerialbürokratie, mit Vertretern der Verbände und sucht nach einem »Konsens«. Das heißt, es wird eine Lösung angestrebt, die die politischen Ziele der Regierung mit den Positionen der betroffenen wirtschaftlichen und gesellschaftlichen Kräfte in Einklang bringt, um die Akzeptanz und damit die Umsetzbarkeit der politischen Entscheidung zu sichern. Dem Parlament

bleibe dann nur noch, die Vereinbarung »abzunicken«. Korrekturen im Detail, so die Kritik, seien gar nicht mehr möglich; der Kompromisscharakter, die Tauschbeziehungen solcher Verhandlungslösungen erlaubten es nicht, irgendeinen Teil des Pakets aufzuknüpfen, ohne es als Ganzes zu gefährden. Angesichts der Logik des parlamentarischen Regierungssystems bleibe der Parlamentsmehrheit nicht die Möglichkeit, Nein zu sagen, da dies die eigene Regierung desavouieren und zu einem negativen Bild in der Öffentlichkeit führen würde. Damit werde, so diese Behauptung, das parlamentarische Ja erzwungen, ohne dass der Bundestag und mit ihm die Allgemeinheit »substanziell an der materiellen

Entscheidungsfindung beteiligt gewesen wäre«. An seine Stelle seien neben die Bundesregierung »ausgewählte Verhandlungspartner« getreten, »die nicht in den demokratischen Legitimations- und Verantwortungszusammenhang des Grundgesetzes einbezogen sind«.[5] Das Bündnis für Arbeit oder der sogenannte Atomkonsens werden als Beispiele für solche neokorporatistischen beziehungsweise kooperativen Strukturen in den Entscheidungsprozessen angeführt.

Hinzu kommt der Einfluss von Experten. Ihre Einbeziehung in die Politik der Bundesregierung, so die Befürchtung beziehungsweise die Kritik[6], diene nicht primär der besseren Information von Kanzler und Ministern. Vielmehr sei das Ziel, mit ihrer Hilfe Konsens zu finden und breitere gesellschaftliche Legitimität mittels des vermeintlich objektiven Sachverstandes herzustellen. Auch diese Entwicklung marginalisiere den Bundestag, insbesondere wenn informale Beratungsgremien mediengerecht funktionalisiert würden und die Bundesregierung die Umsetzung ihrer Empfehlungen »eins zu eins« verspreche.

Eine Regierung existiert im Parlamentarismus nur so lange, wie sie das Vertrauen der sie tragenden Fraktionen genießt.

Dieser Einschätzung liegt offenbar eine Fehlwahrnehmung von Norm und Praxis der parlamentarischen Demokratie zugrunde. In ihr ist das Übergewicht der Regierung systemgewollt und systemnotwendig und steht strikt unter Erfolgsvorbehalt. Eine Regierung existiert im Parlamentarismus nur so lange, wie sie das Vertrauen der sie tragenden Fraktionen genießt. Sie wird ins Amt gebracht, um politisch zu führen und damit zu sichern, dass die parlamentarische Mehrheit bei der nächsten Wahl erhalten bleibt, weil überzeugende Politikangebote gemacht werden. Dieses Ziel kann nur in engen Abstimmungs- und Rückkopplungsprozessen zwischen dem Kabinett und den regierungstragenden Fraktionen, also gemeinsam erreicht werden. Diese Prozesse verlaufen aber im Interesse der von der Öffentlichkeit als Nachweis der Handlungsfähigkeit geforderten Geschlossenheit vernünftigerweise und in aller Regel hinter verschlossenen Türen. Will oder muss die Regierung ohne konkrete Rückversicherung Position beziehen, hängt ihre Durchsetzungsfähigkeit vor allem davon ab, ob sie den politischen Willen ihrer Mehrheit zutreffend zu antizipieren vermag.

Der Bundestag, seine Fraktionen und Abgeordneten sind keine Ratifizierungsmaschinen anderweitig getroffener Entscheidungen.

Dies zeigt sich gerade im Umgang der Regierungsfraktionen mit den Ergebnissen prominenter von der Regierung eingesetzter Expertenkommissionen. Von einer nahtlosen und fraglosen Ratifizierung kann keine Rede sein, sondern es wurde stets ausgiebig gestritten: zwischen den Fraktionen und ihrer Regierung, zwischen den Abgeordneten innerhalb der Koalition, zwischen Opposition und Regierungsmehrheit und zwischen den verschiedenen Fraktionen der Opposition sowieso. Der Ort dieser Auseinandersetzungen war nur nicht immer das Plenum des Deutschen Bundestages. Dies mag man kritisieren, es muss aber zur Kenntnis genommen werden, wenn ein realitätsgerechtes Urteil über das Parlament und seine »Entparlamentarisierung« gefällt werden soll.

Falsch verstandener Parlamentarismus
Der Bundestag, seine Fraktionen und Abgeordneten sind keine Ratifizierungsmaschinen anderweitig getroffener Entscheidungen. Diesen Eindruck kann nur gewinnen, wer seine Beobachtungen auf die Oberfläche (verfassungs-) rechtlich fixierter Strukturen und formal geregelter Verfahren beschränkt. Auch scheinen sich solche Urteile an einem normativen Parlamentsverständnis des 19. Jahrhunderts zu orientieren. Und obwohl Walter Bagehot, der kluge Kenner des britischen Parlamentarismus dieser Periode, schon 1867 schrieb, die Regierung sei der wichtigste Ausschuss des Parlaments, und obwohl diese Regierungsform seit nunmehr fast 70 Jahren in der Bundesrepublik praktiziert wird, wird der sogenannte neue Dualismus der parlamentarischen Demokratie immer noch nicht hinreichend verstanden: In ihr sind die Mehrheit im Parlament und »ihre« Regierung eng miteinander verzahnt, und zwar personell wie durch Organisationsstrukturen, in denen Mitwirkung und Kontrolle stattfinden, die formal wie informal, aber vor allem um des Mehrheitserhalts willen überwiegend nicht-öffentlich praktiziert werden. Dieser Handlungseinheit, für die Winfried Steffani, ein Nestor der deutschen Politikwissenschaft, den Begriff der Regierungsmehrheit geprägt hat, steht die Opposition gegenüber, der die Aufgabe zufällt, öffentlich Kritik und Kontrolle zu üben sowie der Wählerschaft personelle und politisch-inhaltliche Alternativen zu präsentieren. Dies ist die Folie, vor der geprüft werden muss, ob in den Beziehungen zwischen der Bundesregierung und den sie tragenden Fraktionen, zwischen Bundestag und Bundesregierung Mängel oder Defizite bestehen, auch ob der Grad der Informalisierung und das Ausmaß des Verhandelns die glaubwürdige demokratische Legitimation politischer Entscheidungen durch den Bundestag gefährdet.

Damit es innerhalb der Regierungsmehrheit nicht zu einem letztlich kontraproduktiven Übergewicht der Exekutive kommt, die Regierung die parlamentarischen Positionen antizipierend einbezieht oder die Abgeordneten tatsächlich schon in die Verhandlungs- und Vorentscheidungsprozesse eingebunden werden, müssen diese ernst zu nehmende Partner sein. Hier können nicht die Untersuchungen zur Professionalisierung und Professionalität des Bundestages und seiner Abgeordneten ausgebreitet werden. Zusammenfassend kann gesagt werden, dass mittlerweile circa vier Fünftel der Mitglieder des Bundestags eine Hochschulbildung vorweisen können, dass ein differenziertes Spektrum von Berufen anzutreffen ist (entgegen der landläufigen Meinung, es handele sich um ein Beamten-, Juristen- oder Lehrerparlament) und dass die durchschnittliche Verweildauer zweieinhalb Wahlperioden beträgt. Es gibt klare Karrieremuster; fachliche Spezialisierung ist unerlässlich für den Aufstieg in Fraktion, Parlament oder exekutive Ämter. Arbeitsteilung und Hierarchisierung bestimmen die parlamentarische Praxis. So wird dem Bundestag von der Forschung attestiert, ein fleißiges Arbeitsparlament zu sein. Auch aus Umfragen geht hervor, dass die Abgeordneten effizienzorientiert sind und als Gesetzgeber die ordentliche Aufgabenerledigung in den Vordergrund stellen.

Fachliche Spezialisierung ist unerlässlich für den Aufstieg. Arbeitsteilung und Hierarchisierung bestimmen die parlamentarische Praxis.

Die Einschätzung, der Bundestag verfüge nicht über genügend Informationen und Kapazitäten zu ihrer Verarbeitung, und die daraus abgeleitete Forderung, er müsse »aufgerüstet« werden, um – als Beispiel dient oft der US-Kongress – der Ministerialbürokratie ebenbürtig zu sein, ist die falsche Messlatte und verrät im Übrigen erneut die irrige Vorstellung eines Gegenübers von Regierung und Gesamtparlament. Der Bundestag muss nicht die beamteten Spezialisten ersetzen, sondern diese kompetent kontrollieren können.

Für die Legitimation des politischen Handelns sind die Ergebnisse, der Output, des Parlaments von großer Bedeutung.

Der Mehrheit steht ohnehin der Apparat »ihrer« Regierung zur Verfügung, um Informationen zu erhalten und Initiativen zu generieren; und die Abgeordneten der Opposition machen häufig von der Ministerialbürokratie in jenen Bundesländern Gebrauch, in denen ihre jeweilige Partei an der Regierung beteiligt ist.

Legitimation und Repräsentation als Kernaufgaben des Parlaments

Für die Legitimation des politischen Handelns sind die Ergebnisse, der Output, des Parlaments von großer Bedeutung. Für die Bürger sind sie der Maßstab, an dem sie das Gelingen von Repräsentation sofort messen können: Sind die Entscheidungen fair und gerecht? Lösen sie bestehende Probleme? Sind sie am Gemeinwohl orientiert, oder bedienen sie nur die Interessen Einzelner oder bestimmter Gruppen in der Gesellschaft? Nutzen sie mir persönlich? Bis in die 80er-Jahre hinein wurde die große Zustimmung zum politischen System in der Bundesrepublik von der Zufriedenheit mit dem Output, mit den konkreten (gesetzgeberischen) Leistungen der politischen Institutionen gespeist. Der seither gewachsene Verdruss über Politik, über Parteien und Politiker dürfte wesentlich auf Eindruck und Erfahrung der Bürger zurückzuführen sein, dass die Leistungsfähigkeit des Systems abgenommen hat, dass Probleme – zum Beispiel mit der Vertiefung und Erweiterung der EU, mit der Globalisierung – entstanden sind, die nicht oder nur schwierig in den Griff zu bekommen sind, dass Unsicherheit – mittlerweile in jeder Hinsicht – gewachsen ist. Folglich müssen die Repräsentanten weiter ihr Hauptaugenmerk darauf richten, dass die Ergebnisse ihres Handelns zufriedenstellen – der Output muss stimmen.

In dem Maße, wie die Legitimation des Bundestages durch die ihm zugeschriebenen gesetzgeberischen Leistungen seit einiger Zeit brüchig geworden ist, sind die Entscheidungsprozesse und die Akteure in den Fokus der Repräsentierten geraten. Nun ist die Zufriedenheit mit dem politischen System auch abhängig vom Input: Wie »inklusiv« sind die Entscheidungsverfahren, wer partizipiert daran? Wie transparent sind sie? Werden die Interessen der Bürger hinreichend aufgenommen? Wie verbunden sind die Abgeordneten mit ihren Wählern? Diese Aspekte, also die *linkage*-Funktion von Parlamenten, die Verbindung zwischen Repräsentierten und Repräsentanten, die Herstellung von Öffentlichkeit für die politischen Entscheidungen und ihre Gründe, für Konflikt und Kompromiss, die Artikulation von Interessen und ihr Abgleich mit Vorstellungen von Gemeinwohl – all dies ist ebenso Bestandteil parlamentarischer Repräsentation wie das Handeln als Gesetzgeber. Werden diese beiden Dimensionen von Repräsentation – in der Wahrnehmung der Repräsentierten – dauerhaft vernachlässigt oder schlecht erfüllt, droht der Legitimationsverlust der politischen Ordnung.

Es darf also nicht zu dem kommen, was »postparlamentarische« Rezepte empfehlen: zu einer Beschränkung der Parlamente auf die kommunikative Funktion.

Es darf also nicht zu dem kommen, was »postparlamentarische« Rezepte empfehlen: zu einer Beschränkung der Parlamente auf die kommunikative Funktion. Der Bundestag als Arbeitsparlament mit seinen professionellen Strukturen ist sehr wohl ein aktiver (Mit-) Gestalter von Politik; die politische Kommunikation mit der Öffentlichkeit ist aber weitgehend aus der Arena des Parlaments in die der Medien abgewandert. Die Beschränkung des Bundestags auf »die Abbildung und Austragung gesellschaftlicher Interessendivergenzen in der Öffentlichkeit«, wie ein postparlamentarisches Institutionendesign es vorschlägt, würde in der Tat seine Entmachtung bedeuten, würde das Parlament zum Sprachrohr kleiner Entscheidungszirkel degradieren, die – im Falle exekutiver Teilnehmer – wenigstens noch indirekt demokratisch legitimiert wären, im Falle von Interessenvertretern, Sachverständigen und »Betroffenen« aber keiner sanktionsbewährten Rechenschaftspflicht für ihr Handeln gegenüber dem Wahlvolk unterlägen. Reden und Entscheiden dürfen nicht entkoppelt werden.

Durch die Veränderungen der skizzierten externen Bedingungen für die Leistungsfähigkeit der Politik haben sich die Ansprüche an die Repräsentanten und deren Beurteilung also deutlich gewandelt. Dies findet zusätzliche Ursachen in massiven gesellschaftlichen Veränderungen und ihren Auswirkungen auf die Parteien als die zentralen Akteure im politischen System.

Parteien als Bindeglied und Lernort

In den ersten Jahrzehnten der Bundesrepublik trugen sozioökonomisch und soziokulturell lange verfestigte Konfliktlinien zur Kalkulierbarkeit und Stabilität der politischen Verhältnisse bei. Sie hatten die Herausbildung eines Parteiensystems bewirkt, das schon bald nur noch drei – oder zweieinhalb – Parteien zählte. Sie integrierten eine Wählerschaft in das politische System, die in ihren Interessen primär durch ihre soziale Herkunft beziehungsweise ihre Kirchenbindung bestimmt war. Zum Glück für die demokratische Entwicklung Westdeutschlands agierten die Parteien verantwortungsvoll: Sie fanden die passende Balance zwischen hinreichend klientelistischer Interessenvertretung einerseits, genügend Gemeinwohlorientierung und Kompromissbereitschaft mit der »Gegenseite« andererseits, sodass die Überzeugung der weitaus meisten Bürger wachsen konnte, dass die repräsentative parlamentarische Demokratie inneren und äußeren Frieden herstellen und garantieren kann.

Die stabilen Orientierungen der Wähler und ihre dauerhafte Identifikation mit den Parteien sind zwar nicht verschwunden, sie sind aber bei immer weniger Menschen anzutreffen, und dort, wo sie vorhanden sind, sind sie schwächer und anfälliger für Wechsel geworden. Der Einzelne – jedenfalls in den hoch entwickelten (post-) industriellen Ländern der westlichen Welt – ist nur noch selten in seinen Interessenlagen allein von seiner sozioökonomischen oder soziokulturellen Herkunft bestimmt. Er ist mittlerweile Träger einer Vielzahl von Interessen, die über die Zeit unterschiedliche Priorität genießen, sich verändern, auch zu inneren Widersprüchen und Unvereinbarkeiten führen können. Entsprechend wandeln sich politische Einstellungen und Verhaltensweisen. Verfügten die Parteien in der Bundesrepublik, insbesondere die beiden Großparteien, früher über eine große Stammwählerschaft, die sie zuverlässig mit generalisiertem Führungsvertrauen ausstattete, bestimmen heute volatile Wähler das Bild. Bei ihnen wechselt (zumeist medial gesteuert) die Aufmerksamkeit für Themen und die Einschätzung ihrer

Wichtigkeit; sie sind meinungsstärker, aber damit nicht unbedingt urteilssicherer geworden – mehr Information ist nicht gleichbedeutend mit fundierterem Wissen; sie sind eher bereit, bei konkreter Betroffenheit auf politische Entscheidungen einzuwirken, aber weniger bereit zu dauerhaftem generalisiertem Engagement.

Bei volatilen Wählern wechselt (zumeist medial gesteuert) die Aufmerksamkeit für Themen und die Einschätzung ihrer Wichtigkeit; sie sind meinungsstärker, aber damit nicht unbedingt urteilssicherer geworden.

Diese Entwicklungen stellen die Parteien vor große Probleme – und mit ihnen die repräsentative parlamentarische Demokratie.

Mitgliederschwund der Parteien

Eine besondere Herausforderung bedeutet es, dass sich die Mitgliederzahl der Parteien in den letzten 25 Jahren nahezu halbiert hat. Ende 1989 gehörten noch 3,6 Prozent der beitrittsberechtigten Bevölkerung einer der im Bundestag vertretenen Parteien an, Ende 2016 waren es nur noch 1,7 Prozent.[7] Dies hat zwei gravierende Folgen:

Zum einen wird die Verwurzelung der Parteien in der Gesellschaft deutlich schwächer, was ihre Chancen auf angemessene Artikulation von Interessen und Responsivität reduziert. Die Unzufriedenheit mit der Politik und ihren Akteuren wächst, auch das Risiko des Argwohns gegen »die da oben«, letztlich einer populismusanfälligen Anti-Establishment-Haltung. Längerfristig entstehen Repräsentationslücken, was die Entstehung neuer Parteien fördert, das Parteiensystem fragmentiert und die Bildung stabiler parlamentarischer Mehrheiten erschwert.

Es ist zu erwarten, dass die Kritik an dem Monopol der Parteien zunehmen wird.

Zum anderen verringert sich das Reservoir, aus dem die Parteien bislang das Personal für die Besetzung von Ämtern und Mandaten auf allen Ebenen des politischen Systems schöpfen konnten – und allein für die Parlamente in Ländern, Bund und EU sind dies circa 2.600. Dass diese Positionen mit Personen gefüllt werden konnten, die über bestimmte in der Politik benötigte Charakteristika, Kenntnisse und Fähigkeiten verfügten, oblag bisher den Parteien. Sie sind der Lernort, an dem vermittelt wird, dass Politik in der Demokratie vor allem bedeutet, immer wieder Mehrheiten zu schaffen für das jeweils als richtig Erkannte, also Konflikte auszuhalten und Kompromisse zu schmieden.[8] Eine erheblich verringerte Mitgliedschaft der Parteien heißt, dass der Pool von geeigneten und gewillten Kandidaten für Mandate und Ämter schrumpft und/oder dass dieser Pool selektiver wird.[9]

Nun wird zwar prognostiziert, dass die Mitgliederparteien nicht verschwinden, sondern sich auf stark abgesenktem Niveau stabilisieren werden.[10] In der Tat ist dennoch zu erwarten, dass die Kritik an dem Monopol der Parteien zunehmen wird, die politische Elite zu rekrutieren und die programmatisch-inhaltliche Richtung zu bestimmen.[11]

So verwundert es auch nicht, dass schon seit geraumer Zeit die Ergänzung der parteiendemokratisch vermittelten parlamentarischen Entscheidungsmechanismen um sogenannte direktdemokratische Instrumente gefordert wird. Weitergreifend mag man theoretisch sogar fragen, ob Idee und Institution parlamentarischer Repräsentation überhaupt noch passend und funktional sind für die heutige Gesellschaft.

Der gegenwärtige Funktionsverlust des Bundestages durch die europäische Integration und die Entparlamentarisierung durch die faktische Verlagerung von Entscheidungsprozessen in internationale Gremien und Netzwerke ist nicht zu übersehen. Nicht zu übersehen ist auch die Faszination, die von autoritären Regimen ausgeht, die vielen als erfolgreicher, weil schneller und durchgreifender in ihren Entscheidungen erscheinen. Drängend ist daher die Frage nach dem Fortbestand demokratischer Legitimation als Kerngedanke und Praxis unseres politischen Systems.

Vorschlägen, die die parlamentarische Mitwirkung an Entscheidungen durch Verhandlungen, sogar deren Kontrolle durch Parlamente zugunsten einer höheren Steuerungseffizienz der Regierungen beschränken wollen, ist entgegenzuhalten: Wie soll das dadurch entstandene Defizit in der demokratischen Legitimation aufgefangen werden? Zivilgesellschaftliche Akteure und »das

Wie wir handeln müssen

— Die *Abgeordneten* des Deutschen Bundestages müssen die *europäische Politik wichtiger nehmen*, mehr Zeit und Anstrengungen darauf verwenden, dass sie auch in den europäischen Entscheidungs- und Rechtsetzungsprozessen die vorhandenen *Einflussmöglichkeiten* – formaler wie informaler Art – *besser ausschöpfen* als bisher.

— Die Mitwirkungs- und Entscheidungskompetenzen im *Mehrebenenparlamentarismus* – von der lokalen und regionalen bis zur nationalen und europäischen Ebene – sollten in einer kohärenten *Kompetenzordnung* neu gefasst werden, die den Anforderungen gesetzgeberischer Effektivität ebenso Rechnung trägt wie den geänderten Teilnahme- und Transparenzansprüchen der Bürger.

— Vor der – unumgänglichen – Auslagerung von Politik in *globale Gremien* und Netzwerke darf der Bundestag nicht kapitulieren. Vielmehr müssen sich seine Abgeordneten – insbesondere die der Regierungsmehrheit – als *inhaltlich wie politisch kompetente Teilhaber* in solchen Strukturen empfehlen.

— Die für die politischen Entscheidungen notwendigen Fähigkeiten, aus der Gesellschaft Interessen aufzunehmen, sachkundig zu bearbeiten und gemeinwohlorientiert angemessen auszugleichen, müssen auch weiterhin im Deutschen Bundestag vorhanden sein. Dafür müssen die *Parteien* dringend mehr Bürger zur *Mitgliedschaft* bewegen. Sie sind der *Lernort* für das »politische Geschäft« in der Demokratie und die *unverzichtbare Rekrutierungsbasis* für das politische Personal in den Parlamenten auf allen Ebenen.

Volk«, das über Sachfragen entscheidet – oft angeführt in diesem Zusammenhang –, sind kein Ersatz. Bei ihnen handelt es sich um selbst ernannte »Betroffene«, um sporadisch Aktive. Und auch wenn mündige Bürger als Voraussetzung von Demokratie gelten müssen, muss die Demokratie sie erst und immer wieder schaffen. Wie steht es um diese Mündigkeit?

Wie steht es um Gerechtigkeit und Gemeinwohlorientierung, wenn im Nationalstaat wie über seine Grenzen hinaus immer vielfältigere und komplexere Interessen ausgeglichen werden müssen? Dichotomische Entscheidungskonstellationen, der umstandslose Gebrauch einer einmal errungenen Mehrheit passen nicht zu den vielfach gebrochenen Interessen, den erweiterten Verhaltens- und Handlungsoptionen und gewandelten Teilhabeansprüchen des Individuums

Drängend ist die Frage nach dem Fortbestand demokratischer Legitimation als Kerngedanke und Praxis unseres politischen Systems.

in der Gesellschaft des 21. Jahrhunderts. Daher mag man das Verhältnis von parlamentarisch verantworteter Entscheidung und bürgerschaftlicher Mitsprache im Detail anders gestalten. Eine prinzipielle Alternative zu rechenschaftspflichtigen, mit einem generalisierten und sanktionsfähigen Mandat ausgestatteten Repräsentanten und die allgemeingültige letzte Entscheidung verantwortenden Parlamenten ist nicht in Sicht, wenn Demokratie auch künftig gelingen soll.

PROF. DR. SUZANNE S. SCHÜTTEMEYER *(65) ist Professorin für Regierungslehre und Policyforschung an der Martin-Luther-Universität Halle-Wittenberg, Chefredakteurin der »Zeitschrift für Parlamentsfragen« (ZPARL), Gründungsdirektorin des Instituts für Parlamentarismusforschung (IPARL) der Stiftung Wissenschaft und Demokratie sowie Trägerin des Wissenschaftspreises des Deutschen Bundestages.*

»Die Menschen in Deutschland sind optimistisch, blicken zuversichtlich nach vorn und helfen den neu Angekommenen beim Einstieg ins neue Leben. Vielen jedoch rauben Unsicherheit und Angst vor der Zukunft die Kraft zur Veränderung. Sie brauchen Respekt, Rat und Orientierung.«

Die Lebensträume für Deutschland 2030

Von Jutta Allmendinger

Auch Träume kann man in Zahlen fassen. In einer großen Studie haben wir über 3.100 dieser Träume gesammelt, sie katalogisiert und analysiert. Es waren Träume von Männern und Frauen, die zwischen 14 und 80 Jahren alt waren, in ganz Deutschland lebten, in Ost und West, Süd und Nord, in Städten und auf dem Land, mit oder ohne Migrationserfahrung. Gesprochen haben wir nicht über die Träume von heute, für das Hier und Jetzt. Es ging uns darum zu erfahren, welche Welt sich die vielen Menschen für die kommende Generation wünschen.

Nun sind Generationenspannen so einfach nicht zu definieren, wir wissen also nicht präzise zu sagen, ob sich die Menschen bei der Befragung Deutschland im Jahr 2030 oder 2040 vorgestellt haben. Allerdings spricht vieles dafür, dass sie eher eine relativ kurze Zeitspanne ins Auge gefasst haben. Die Menschen äußerten keine futuristischen Träume, sie bewegten sich eher in der nahen Zukunft, in einem Rahmen, den sie zu überblicken glaubten. 2030 kommt da schon hin.

Was also haben wir erfahren? Zu betonen und nicht hoch genug zu bewerten ist zunächst, dass sich die Träume der Menschen, ihr Vermächtnis an die nächste Generation, so sehr gar nicht unterscheiden.

Das Vermächtnis verbindet die Menschen

Die Menschen teilen über alle Unterschiede in ihrem sozialen und ethnischen Hintergrund, ihrer Bildung, ihrem Erwerbsstatus, ihrem Geschlecht und ihrer familiären Situation hinweg eine gemeinsame Vision dessen, wie sie in Zukunft leben wollen.[1] Sie haben ähnliche Vorstellungen davon, wie Bildungschancen verteilt, der Sozialstaat organisiert und welche Rolle Technik in unserem Leben spielen sollte.

Die Menschen weichen in ihren Empfehlungen an die kommenden Generationen viel weniger voneinander ab als in ihren Einstellungen heute. Dies gilt für alle Lebensbereiche.

Diese Erkenntnis können wir daraus ableiten, dass die Menschen in ihren Empfehlungen an die kommenden Generationen viel weniger voneinander abweichen als in ihren Einstellungen heute. Dies gilt für alle Lebensbereiche. Warum ist das wichtig? Viele Menschen fühlen sich heute zwar abgehängt und die soziale Ungleichheit zwischen den Menschen ist zweifellos sehr groß. Dennoch sind sie in vielen Lebensbereichen durch gemeinsam getragene Vorstellungen verbunden, wie die Zukunft aussehen sollte.

Die Menschen sind offen für Selbstkritik

Die eigenen Einstellungen werden nicht einfach über alle Bereiche hinweg an die nächste Generation weitergegeben. Bei allen Fragen, die sich mit dem Lernen befassen, liegen die Einstellungen heute und die Empfehlungen an die kommenden Generationen weit auseinander. Die Menschen wissen, sie sollten sich stärker für die Technik und Möglichkeiten des Internets interessieren, sie sollten sich mehr über die Entwicklungen in Politik und Kultur informieren. Ebenso ist man sich bewusst, dass man die Haus- und Familienarbeit gerechter aufteilen und mehr auf die eigene Gesundheit achten sollte, wie auch auf gesundes Essen und die Nahrungsmittelproduktion. All dies legen sie den kommenden Generationen nahe. Die Selbstkritik ist deutlich. Unsere Studien zeigen aber auch, dass die meisten Menschen davon überzeugt sind, dass sie es selbst immer noch besser machen als der Rest der Gesellschaft. Solange man diese Rechtfertigung heranzieht, wird sich nichts bewegen. Selbstreflexion ist sympathisch, aber sie allein reicht nicht aus. Es braucht den Impuls von außen.

Die Vermächtnisstudie belegt das an vielen Beispielen. Allein ihre Offenheit für Neues und ihre Fähigkeit zur Selbstreflexion zeigen, dass die Menschen nicht jammern, wenn sich die Welt verändert. Auch in dem, was die Menschen in Zukunft erwarten, sehen wir keine Hysterie. Es kommt nicht immer so, wie sie es sich wünschen, aber es wird auch nicht ganz schlecht. Dieses Muster finden wir sogar bei jenen, denen es heute nicht so gut geht. Von tiefer Resignation keine Spur. Eher signalisiert man, Hilfe zu brauchen und nicht zu wissen, wer informieren und unterstützen könnte.

Die Menschen wissen, was sie wollen

Sie beurteilen die gesellschaftliche Dynamik bereichsspezifisch sehr unterschiedlich. Die Erwerbsarbeit ist den Menschen äußerst wichtig. In ihrem Vermächtnis formulieren fast alle den Wunsch, dass es auch so bleibt. Aber sie ist anders bei der Familie. Die »Normalfamilie«

ist nicht mehr das Maß der Dinge, vielfältige Modelle werden gelebt, und jedes wird von den jeweiligen Menschen so geschätzt, dass es auch der nachfolgenden Generation vermacht werden soll. Vielfalt und Pluralität dominieren. Und wie sieht es im Umgang mit der Technik aus? Die Menschen wissen, sie müssen sich bewegen, um mit der dynamischen Entwicklung Schritt zu halten. Sich schulen, sich anstrengen, sich interessieren. Ein »Mehr« wird vermacht, doch eine Überforderung zeichnet sich ab.

Die Menschen wissen, sie müssen sich bewegen, um mit der dynamischen Entwicklung Schritt zu halten. Sich schulen, sich anstrengen, sich interessieren.

Soweit einige übergreifende Ergebnisse. Was hat die Vermächtnisstudie nun zu den aktuellen politischen und gesellschaftlichen Diskursen zu sagen? Kann sie die Politik informieren? Ich begrenze die Ausführungen auf den großen Bereich der sozialen Ungleichheit und schließe mit einigen Beobachtungen zur gesellschaftlichen Dynamik.

Wie beurteilen die Menschen die soziale Gerechtigkeit in Deutschland?

Für die Menschen spielt die erbrachte Leistung eine zentrale Rolle. Wer mehr leistet, soll auch mehr haben, da sind sich alle Befragten einig. Es ist das Konzept der Ergebnisgerechtigkeit. Das Äquivalenzprinzip lebt. Was nicht selbstverständlich ist. Und in gewisser Weise sehr hart. Denn die unterschiedlichen Zugangschancen zu wichtigen Ressourcen werden nicht berücksichtigt. Betrachtet wird nur das Äquivalent von Leistung und Gegenleistung heute. Nun weiß man, dass Menschen aus sogenannten bildungsfernen Elternhäusern in Deutschland wesentlich geringere Chancen haben, Zugang zu guter Bildung und Ausbildung zu erhalten und entsprechend zu gut bezahlter Arbeit. Doch um diesen umfassenderen Gerechtigkeitsbegriff scheint es den Menschen weniger zu gehen. Oder ihnen ist der Zusammenhang nicht immer bewusst. Aber selbst wenn nur Ergebnis und Äquivalenz zählen, sehen die Menschen Probleme. Die Befragten weisen auf Missstände in drei Bereichen hin: die zu hohe Lohnspreizung, das Unterhöhlen der Äquivalenz durch zu niedrige Lohnersatzleistungen, insbesondere bei der Rente, und die Diskriminierung, also ungleicher Lohn für vergleichbare Arbeit.

— Die Menschen in Deutschland kritisieren die zu hohe Bandbreite der Vergütung von Leistungen. Leistung kennt ein natürliches Unten und Oben, die Spreizung ist nicht endlos. Sprich: Eine Arbeitsstunde muss einen bestimmten Mindestbetrag wert sein, und dieser kann eine gewisse Höhe nicht überschreiten. Überhaupt nicht vermittelbar sind Bonuszahlungen, die auch dann gewährt werden, wenn eine schlechte oder keine Leistung erbracht wurde. Die Befragten unserer Studie fordern daher einen Mindestlohn und eine Mindestsicherung bei der Rente auf der einen Seite und Obergrenzen für das erzielte Einkommen auf der anderen. Hier tut sich ein politischer Gestaltungsspielraum auf, sei es bei den Primäreinkommen oder bei ihrer steuerrechtlichen Behandlung.

— Die Menschen in Deutschland beklagen die zu niedrigen Lohnersatzleistungen. Sie erleben, dass das Äquivalenzprinzip von innen ausgehöhlt wird. Sehr viele Rentnerinnen und Rentner bezeichnen sich als subjektiv arm, obgleich sie es rein statistisch gesehen nicht sind. Trotz erbrachter Lebensleistung können sie ihren Lebensstandard im Alter nicht halten und sehen den Staat in der Pflicht. Auch Diskriminierung führt dazu, dass sich Menschen subjektiv arm fühlen. Beispielsweise Menschen in den neuen Bundesländern, deren Löhne durchschnittlich geringer sind als die Löhne im Westen. Oder Menschen mit eigener Migrationsgeschichte, die oft niedrigere Einkommen beziehen, auch weil ihre Qualifikationen nicht entsprechend anerkannt werden. Diskriminiert fühlen sich aber auch Frauen, die davon überzeugt sind, nicht ihrer Leistung entsprechend entlohnt zu werden. Wie richtig diese Wahrnehmung ist, bestätigen alle offiziellen Statistiken.

Erwerbsarbeit – (auch) ein Weg zu mehr sozialem Zusammenhalt

Die Menschen in Deutschland wollen erwerbstätig sein. Wie unsere Studien zeigen, würde die große Mehrheit auch dann arbeiten, wenn sie das Geld nicht brauchte. Im Vermächtnis gibt man diese Einstellungen mit größtem Nachdruck weiter. Warum ist das so? Erwerbsarbeit steht für mehr als Leistung und Einkommen. Es geht um ein Miteinander, um Zugehörigkeit, um Teilhabe, neue Erfahrungen und Selbstentfaltung. Erwerbsarbeit

steht für ein Stück Leben außerhalb der Familie und für Räume, die häufig unterschiedliche soziale Kreise zusammenbringen.

Über die Jahrzehnte haben wir aber viele solcher Räume verloren. Die Bedeutung der traditionellen Religionen in Deutschland hat abgenommen. Damit entfällt das Miteinander in den Kirchen und Gemeinden, im Kommunions- und Konfirmationsunterricht. Schulen werden verstärkt zu einem Ort, an dem sich Kinder aus vergleichbaren sozialen Lagen treffen. Gleiches gilt für Stadtteile. Aufgrund teilweise dramatisch gestiegener Mieten und hoher Immobilienpreise wohnen Menschen unterschiedlicher Schichten zunehmend weniger in einer gemeinsamen Nachbarschaft. Damit entfallen weitere Orte der Begegnung. Den Militärdienst haben wir abgeschafft und, noch einschneidender, den Zivildienst. Hier entfallen ebenfalls Schnittpunkte zu anderen gesellschaftlichen Kreisen. Ich sehe nicht, wie wir den Menschen das für sie notwendige Miteinander und der Gesellschaft die Gemeinschaft erhalten können, wenn wir den Menschen systematisch Orte der Begegnung nehmen, auch jene, die sich oft durch die Erwerbsarbeit ergeben.

Natürlich werden sich Menschen selbst organisieren, sich treffen und miteinander etwas unternehmen. Inwieweit dies aber über soziale und ethnische Schranken hinweg erfolgen wird, ist und bleibt die große Frage. Wir sollten daher alles dafür tun, soziale Marktplätze wieder aufzubauen. Ein verpflichtender Zivildienst für Männer und Frauen als soziale Innovation wäre ein Weg von vielen. Eine Änderung der Wohnungsbau-, Immobilien- und Mietpolitik ist zwingend. In Kindergärten und Schulen ist dringend zu investieren, damit nicht bereits deren Ausstattung und Qualität zu einer weiteren Segregation unserer Kinder führt.

Beschäftigung fördern und Einkommensspreizung verkleinern

Soziale Gerechtigkeit ist also weniger durch ein bedingungsloses Grundeinkommen für alle zu erreichen. Vielmehr müsste man den Mindestlohn anheben und die sehr hohen Einkommen stärker begrenzen oder besteuern. Es müsste auf der einen Seite gewährleistet werden, dass der Mindestlohn flächendeckend gilt, also auch Menschen einschließt, die in neuen Beschäftigungsformen außerhalb des tarifgebundenen Bereichs arbeiten, wie etwa Crowdworker.

Es bedarf somit der Ausweitung der Tarifbindung auf arbeitnehmerähnliche Beschäftigungsformen, wie sie im »Weißbuch« des Bundesministeriums für Arbeit und Soziales und auch von der Kommission »Arbeit der Zukunft« gefordert wird.[2] Das Einkommenstransparenzgesetz wiederum kann helfen, den Gender Wage Gap und die damit verbundene Diskriminierung, insbesondere von Frauen, abzubauen. Hinzukommen muss allerdings auch eine den Leistungen im Sorgesektor angemessene Bezahlung. Weiterhin bestünde die Notwendigkeit, das rechnerische Rentenniveau von 48 Prozent anzuheben und so einer empfundenen Aushöhlung des Äquivalenzprinzips zu begegnen.

Wir sollten daher alles dafür tun, soziale Marktplätze wieder aufzubauen. Ein verpflichtender Zivildienst für Männer und Frauen als soziale Innovation wäre ein Weg von vielen.

Auf der anderen Seite der Einkommensverteilung wäre eine stärkere Progression in der Einkommensteuer mit höheren Spitzensteuersätzen oder einer Obergrenze für den steuerlichen Abzug wohl eher durchsetzbar als der von den meisten Befragten unterstützte Maxilohn. Ein deutliches Zeichen läge in einer freiwilligen Selbstverpflichtung der Unternehmen, die Lohnspanne innerhalb des eigenen Unternehmens zu begrenzen, etwa durch die Kopplung der Vorstandsgehälter an das durchschnittliche Einkommen der Beschäftigten. Dies gilt natürlich nur dann, wenn anders als bei der Anzahl von Frauen in Vorstandspositionen nicht die Null als Zielgröße und damit der Status quo formuliert würde.

Stärkung der Zugangsgerechtigkeit

Einstellungen zum Leben in Deutschland werden heute insbesondere durch den Bildungsstand geprägt, und zwar in allen Lebensbereichen. Bildungsarme fühlen sich vor allem in Bezug auf ihre Einkommen, die Sicherheit ihres Arbeitsplatzes, den Einfluss der Technik, die Stabilität von Partnerschaften und Familien unsicher. Gleiches gilt für Menschen mit mittlerer oder gar höherer Bildung in Berufen, die sie durch den Wandel hin zur digitalen Gesellschaft für gefährdet halten. Maßnahmen gegen soziale Ungleichheit, auch im Empfinden von Unsicherheit, müssen daher gezielt Bildung, Ausbildung und Weiterbildung in den Blick nehmen. Konkret müssen wir neben den bereits angesprochenen notwendigen Investitionen in unsere Schulen, einer Qualitätsoffensive und mehr Chancengerechtigkeit im frühkindlichen und schulischen Bereich verstärkt an die Weiterbildung denken.[3]

Die Teilnahme an Weiterbildung unterscheidet sich sehr nach Bildungsniveau, Beruf und Betriebsgröße, ganz abgesehen von der Dauer und den Inhalten, die von der kurzen Auffrischung einer Fremdsprache bis hin zu einer kompletten Umschulung reichen. Viele Beschäftigte in Routineberufen, in arbeitnehmerähnlichen Beschäftigungsverhältnissen der digitalen Ökonomie und Selbstständige haben keinen Zugang zu betrieblicher Weiterbildung.

Etablieren einer vorausschauenden Qualifizierungspolitik

Die gute Botschaft unserer Untersuchung ist jedoch, dass Menschen mit geringer Bildung durchaus motiviert sind, über (Weiter-) Bildung am Ball zu bleiben. Aufgegeben haben sie sich nicht. Lässt man sie allerdings allein, so verlieren sie über die Jahre das Vertrauen in ihre eigenen Fähigkeiten und empfinden die Aufforderung zu lebenslanger Bildung als Bedrohung und Zumutung. Jede Wissensgesellschaft muss daran gemessen werden, wie gut es ihr gelingt, eine Gemeinschaft zu bleiben und alle mitzunehmen. Eine Gemeinschaft lebt vom gegenseitigen Respekt. Menschen mit niedriger Bildung sind nicht dumm. Sie spüren die gesellschaftlichen Umbrüche sehr genau und oft aus erster Hand. Rasenmäher und Staubsauger erledigen ihre Arbeiten selbst. »Wie lange geht es mir noch gut?«, fragt sich entsprechend der Straßenreiniger. »An wen kann ich mich wenden?«

Wir brauchen also eine Kultur der Weiterbildung und müssen sie zur Regel machen. Eine institutionalisierte Weiterbildung muss selbstverständlicher und integrierter Teil unseres Bildungssystems sein.[4] Anders geht es nicht. Die Umbrüche während eines Lebens sind mittlerweile zu groß, um ihnen mit einer einzigen Bildung und Ausbildung zu Beginn des Lebens gewachsen zu sein. Eine wichtige Voraussetzung für lebenslange Weiterbildung ist bereits gegeben: Wir haben mehr Zeit. Unsere durchschnittliche Lebenserwartung bei guter Gesundheit steigt stetig. Wenn wir von einem Zeitfenster von etwa 55 Jahren zwischen dem Eintritt in und dem Austritt aus dem Arbeitsmarkt ausgehen, könnte jede und jeder Auszeiten von insgesamt zehn Jahren nehmen, ohne dass wir das traditionelle Soll einer

45-jährigen Beschäftigungsdauer als Berechnungsmaßstab der Rentenversicherung antasten müssten. Wir brauchten also keine Verlängerung der Beschäftigungsdauer, wohl aber eine andere Ordnung der noch immer klar sequenziert gedachten Phasen Bildung, Erwerbstätigkeit, Ruhestand. Solche Erwerbsverläufe, unterbrochen von Sorgearbeit für Kinder und Eltern, Qualifizierung und Auszeiten für sich selbst, verlangen nach neuen Beratungs- und Finanzierungsinstrumenten.

Während wir bei der Erziehung von Kindern und der Pflege der Eltern schon die entsprechenden Instrumente haben und in diesen Zeiten finanziell mehr oder weniger gut abgesichert sind, gilt das für die Weiterbildung in weit geringerem Maße. Eine Qualifikationsberatung über den Lebensverlauf existiert nicht. Finanziell gesehen gibt es bislang lediglich eine Aufstiegsförderung, bekannt als Meister-BAföG und von den Gesetzgebern umständlich als Aufstiegsfortbildungsförderung bezeichnet. Vorhanden sind auch finanzielle Unterstützungen, wenn man bereits arbeitslos geworden und die Vermittlung in einen anderen Job gescheitert ist. Manche Arbeitssuchende erhalten darüber hinaus eine Weiterbildung, die einer Beschäftigungstherapie nahekommt, da sie nicht den Erfordernissen des Marktes entspricht und die Menschen nicht befähigt, sich aktiv einzubringen.

Wir brauchen also eine Kultur der Weiterbildung und müssen sie zur Regel machen. Eine institutionalisierte Weiterbildung muss selbstverständlicher und integrierter Teil unseres Bildungssystems sein.

Das aber ist zu wenig. Wir brauchen eine vorausschauende, strategische Qualifizierungspolitik. Dabei ist meines Erachtens die etablierte »Aufgabenteilung« zwischen Betrieben und der Solidargemeinschaft neu zu justieren. Bisher gilt weitgehend, dass während eines Beschäftigungsverhältnisses die Betriebe für die Weiterqualifikation zuständig sind. Nach Eintritt in die Arbeitslosigkeit und nach einer gescheiterten Rückvermittlung in den Arbeitsmarkt ist die Solidargemeinschaft für die Weiterqualifikation verantwortlich.[5] Wir brauchen also eine Art Arbeitslosengeld Qualifizierung, wie es gegenwärtig auch diskutiert wird, allerdings ohne die Zugangsbedingung, bereits arbeitslos

geworden zu sein. Über die Finanzierung dieser Leistung müssen sich die Sozialpartner und die Politik dringend und zügig verständigen.

Gleichwertige Anerkennung aller Familienmodelle und gezielte Unterstützung von Eltern

Unsere Untersuchung zeigt, dass viele Familienmodelle gelebt werden, und die Menschen wünschen, dass diese auch weiterhin bestehen bleiben. Noch immer sind wesentliche Teile der Steuerpolitik aber auf nur ein Modell zugeschnitten: die Ehe. Hier braucht es eine Alternative zum Ehegattensplitting, die Eltern mit Kindern, also auch Alleinerziehende, besser unterstützt. Das neue Gutachten zum Gleichstellungsbericht zeigt – wie viele Berichte und Gutachten zuvor –, wie neue Steuermodelle aussehen könnten, die weg von der Institution der Ehe und hin zu einer weiteren Förderung von Eltern gehen.[6] Dies ist nur ein Beispiel von vielen: Wir brauchen gleiche Rechte für die unterschiedlichen Familienformen.

Die Vermächtnisstudie belegt auch, dass Eltern gemeinsam für ihre Kinder sorgen möchten. Väter empfehlen, für die Kinder mehr Opfer zu bringen. Frauen raten dazu, zukünftig über eine kleine Teilzeit hinaus erwerbstätig zu sein. Noch aber sind Sorge- und Erwerbsarbeit zwischen Männern und Frauen sehr ungleich verteilt. Dieser Gender Care Gap hat auch zur Folge, dass der Gender Pay Gap mit 21 Prozent und daher auch der Gender Pension Gap mit 23 Prozent in den neuen Bundesländern und 42 Prozent in den alten Bundesländern nach wie vor sehr hoch sind.[7] Frauen in Führungspositionen sind noch immer viel zu selten anzutreffen. Um Teilzeit nicht zur Falle werden zu lassen, braucht es dringend längst überfällige Maßnahmen.[8] Beispielsweise das Rückkehrrecht auf eine Vollzeitbeschäftigung, das politisch bereits diskutiert wird. Weitergehend könnte man eine Angleichung von Sorge- und Erwerbsarbeit zwischen Männern und Frauen auch durch eine Umverteilung der Erwerbsarbeit zwischen den Geschlechtern anstreben, wie sie im Elterngeld Plus angelegt ist. Eine Ausweitung auf die gesamte Erwerbsphase würde die Gleichstellung von Frauen und Männern aber noch deutlicher unterstützen.[9] Eine solche Umverteilung in Gestalt einer 32-Stunden-Woche für alle habe ich bereits an anderer Stelle skizziert.[10] Auch

Betriebe können viel für eine partnerschaftliche Aufteilung von Sorge- und Erwerbsarbeit tun. In einer großen Studie haben wir dargelegt, welche Rahmenbedingungen in Betrieben nötig und möglich sind, um dieses Ziel zu erreichen: Neben einem klaren Bekenntnis zur Vereinbarkeit von Beruf und Familie braucht es Maßnahmen zur Karriereförderung der Eltern – und eben keine *mommy* (oder *daddy*) *tracks*.[11]

Wie viele andere Studien zuvor belegt auch unsere Forschung, dass insbesondere Alleinerziehende und deren Kinder von statistischer Armut betroffen sind.

Wie viele andere Studien zuvor belegt auch unsere Forschung, dass insbesondere Alleinerziehende und deren Kinder von statistischer Armut betroffen sind. Wenn wir anerkennen, dass diese Familienform mittlerweile breit akzeptiert und gelebt wird, müssen wir mit höherer Dringlichkeit als bisher Maßnahmen wie das Unterhaltsvorschussgesetz umsetzen. Ebenso helfen Ganztagseinrichtungen von der Kita bis zur Schule sowie weitere Unterstützung bei Krankheit oder in Ferienzeiten der Kinder.

Die Förderung aller Formen von Partnerschaft und Familie heißt aber auch, dass hier auch kinderlose Beschäftigte berücksichtigt werden sollten. In der betrieblichen Praxis hat sich gezeigt, dass die Mehrbelastung durch Einarbeitung von Vertretungen für junge Mütter und Väter oder die temporäre Übernahme zusätzlicher Arbeiten durch die Kolleginnen und Kollegen meist ohne Murren und selbstverständlich erfolgt. Zu irritieren scheinen nun aber die Postkarten aus aller Welt, wenn junge Eltern, die sich dies leisten können, Elterngeld beziehen und mit ihrem Kind gemeinsam auf Reisen gehen. Auch vor diesem Hintergrund ist es nicht überraschend, dass zunehmend auch bei kinderlosen Menschen der Wunsch entsteht, sich für einige Zeit aus der täglichen Routine auszuklinken. Diesem berechtigten Anliegen sollte Rechnung getragen werden.

Solche »unbedingten Auszeiten« werden aus vielen Gründen empfohlen. Sie erhöhen die Zufriedenheit und Motivation der Beschäftigten und leisten damit einen wichtigen Beitrag für eine präventive und inklusive Gesundheits-, Arbeits- und Sozialpolitik. Noch fehlen ausgearbeitete Finanzierungsmodelle. Hier könnte das von Anthony Atkinson vorgeschlagene Startkonto für alle[12] helfen, ebenso Ansparzeiten über den Erwerbsverlauf hinweg, bei denen alle Erwerbstätigen pro Jahr einen Anspruch von 24 Stunden für Weiterbildung erhalten, der über die Jahre angesammelt werden kann.

Zur gesellschaftlichen Dynamik – wie kommt Neues in unser Land?

Die Antriebs- und Veränderungswucht durch die Generationen X, Y oder Millennium wird überschätzt. Das lässt sich aus den Ergebnissen der Vermächtnisstudie schlussfolgern. Natürlich haben die Jungen heute oft andere Einstellungen als die Älteren. Viele aber wachsen sich aus, die Unterschiede sind im Vermächtnis verschwunden. In ihren Wertvorstellungen stimmen die Jungen und die Älteren überein. Erwerbsarbeit ist und bleibt wichtig, verschiedene Liebeskonzepte und Partnerschaftsformen haben kein Alter, und auch bei der Wichtigkeit von Gesundheit und Wohnen sehen wir keinen Riss. Natürlich sind die Jungen »Digital Natives« und auf diesem Gebiet allen anderen oft weit voraus. Die älteren Menschen in Deutschland scheinen ihrerseits aber nicht auf die Jungen zu warten. Sie nehmen Veränderungen auf und sind manchmal progressiver als die Jungen.

In vielen gesellschaftlich wichtigen Bereichen zeigen sich die Menschen in Deutschland über alle sozioökonomischen Merkmale hinweg sehr aufgeschlossen. Man möchte Technik verstehen, ist an Politik und Kultur interessiert. Man strebt aktiv eine Gleichheit von Männern und Frauen an, und vor allem: Deutschland bekennt sich zur Solidarität. Das ist ein großes Pfund. Hier erkennen wir aber Unterschiede zwischen einzelnen sozialen Gruppen.

Sehr optimistisch blicken Eltern in die Zukunft. Sie sind weniger unsicher und haben weniger Zukunftsangst. Die Analysen legen nahe, dass sie ihre Kinder als verlängerten Arm in die Zukunft sehen, die sie auf diese Weise ein gutes Stück mitgestalten. Über ihre Kinder bereiten sie sich selbst auf die Zukunft vor und werden in sie hinein begleitet. Auch Menschen mit eigener Migrationserfahrung lassen diesen Optimismus und eine gewisse Unerschrockenheit erkennen. Allerdings aus

Wie wir handeln müssen

Folgt man den Träumen der Menschen in Deutschland, so ergeben sich drei Aufträge an die Politik:

— Erwerbsarbeit schützen: Die Menschen sehen ihre Arbeit nicht nur als Broterwerb. Erwerbsarbeit schafft Nähe zu anderen, baut Stereotypisierungen ab, gibt Anerkennung und ein Selbstwertgefühl. Es braucht eine aktive und vorausschauende Arbeitsmarktpolitik.

— Verteilungsgerechtigkeit erhöhen: Die Menschen akzeptieren Gehalts- und Vermögensunterschiede. Das Mantra »Leistung muss sich lohnen« steckt in ihrer DNA. Aber die Gehaltsunterschiede sind zu groß, ebenso die Bonuszahlungen und die Vermögenswerte. Gefordert wird eine geringere Spreizung und klare Kappung nach oben.

— Zugangsgerechtigkeit erhöhen: Noch immer bestimmt die Bildung den Zugang zu wertvollen Ressourcen. Dieser Zugang hängt stark von der Bildung der Eltern ab. Es ist deutlich mehr und gezielter in bessere Bildungschancen für Kinder aus benachteiligten Familien zu investieren. Neben der Grundbildung gilt dies auch für die Weiterbildung.

— Auf gemeinsame Räume und Orte der Begegnung achten: Menschen sind Nähe und Zusammenhalt sehr wichtig. Gleichzeitig zersplittern unsere Städte entlang sozialer Kriterien und des Alters. Orte der Begegnung gehen verloren, die gemeinsame Schulzeit, der Zivil- oder Wehrdienst, Bibliotheken. Ein verpflichtendes soziales Jahr, sozialer Wohnungsbau in guten Stadtlagen und inklusive Schulen wären geeignete politische Maßnahmen.

einem ganz anderen Grund: Sie sind überzeugt, dass die Zukunft besser als die Vergangenheit und das Heute wird. Es ist die Vision von Aufstieg, von Ankommen, die Erwartung von und die Hoffnung auf Respekt. In einigen Bereichen sehen wir das bis heute auch bei Menschen aus den neuen Bundesländern.

Fast furchtsam sind dagegen Menschen mit fehlenden Ressourcen, Kranke, alleinstehende ältere Menschen, Einkommens- und Bildungsarme. Ihre Zukunftsangst raubt nicht nur der gesellschaftlichen Dynamik Kräfte, sie zehrt auch und insbesondere an den Menschen selbst. Die bereits skizzierten Ansätze hin zu einer höheren Zugangs- und Ergebnisgerechtigkeit können diesen Menschen Mut geben und sie befähigen, zuversichtlicher in die Zukunft zu blicken. Aber auch Freunde und Gemeinsamkeit helfen, das Miteinander und das Gefühl der Zugehörigkeit, das sich alle Menschen in Deutschland so sehr wünschen.

Die Menschen in Deutschland bewegen sich. Die meisten sind optimistisch, blicken zuversichtlich nach vorn und helfen den neu Angekommenen beim Einstieg ins neue Leben. Vielen jedoch rauben Unsicherheit und Angst vor der Zukunft die Kraft zur Veränderung. Sie brauchen Respekt, Rat, Orientierung und helfende Hände.

Es lohnt sich, dafür zu streiten, dass sie die »helfende Hand« zur rechten Zeit, am rechten Ort und mit den rechten Mitteln ausstrecken.

Die meisten Parteien sehen inzwischen viele der Probleme und greifen sie auf. Sie bewegen und positionieren sich zu diesen Themen unterschiedlich und nicht sehr systematisch, sodass die Einteilung in »konservativ« und »progressiv« nur begrenzt weiterhilft. Es lohnt sich, dafür zu streiten, dass sie die »helfende Hand« zur rechten Zeit, am rechten Ort und mit den rechten Mitteln ausstrecken. Dabei kommt es oft nicht unbedingt auf die Spitzenpolitiker an, sondern auf diejenigen, die in den Ressorts die Weichen stellen und die bei genügend großem Handlungsspielraum wirklich helfen.

PROF. DR. H. C. JUTTA ALLMENDINGER, PH. D. *(61) ist seit 2007 Präsidentin des Wissenschaftszentrums Berlin für Sozialforschung (WZB) und Professorin für Bildungssoziologie und Arbeitsmarktforschung an der Humboldt-Universität zu Berlin sowie seit 2012 Honorarprofessorin für Soziologie an der Freien Universität Berlin. Von 1992 bis 2007 war sie Professorin an der Ludwig-Maximilians-Universität München und von 2003 bis 2007 Direktorin des Instituts für Arbeitsmarkt- und Berufsforschung der Bundesagentur für Arbeit in Nürnberg.*

Deutschland, Frankreich und die Welt im Jahr 2030

Von Thierry de Montbrial

Global betrachtet wird der Wettbewerb zwischen China und den Vereinigten Staaten wahrscheinlich das Leitmotiv des 21. Jahrhunderts sein. Bestehende Sicherheitsventile der Global Governance sorgen trotz ihrer Defizite dafür, dass das Risiko eines gewaltsamen Konflikts zwischen den beiden Mächten (laut Graham Allison die »Falle des Thukydides«) in den nächsten zehn bis 20 Jahren sehr gering ist. Die einzige Ausnahme könnte Taiwan sein. Konfrontationen sind eher in der neuen »Dritten Welt« im weiteren Sinne zu erwarten. Hierzu gehören auch Westeuropa und die ehemalige Sowjetunion. Die Konsequenzen werden angesichts der Heterogenität dieser neuen »Dritten Welt« gefährlich sein, die zunehmend aufgrund der unaufhaltsam voranschreitenden technologischen Revolution, Arbeitslosigkeit, Destabilisierung durch soziale Medien und Propagandakriege, wachsende Ungleichheit und unkontrollierte Flüchtlings- und Migrationsströme unter Druck gerät. Selbst die Vereinigten Staaten und China sind gegen diese Herausforderungen nicht gefeit.

> **Frankreich und Deutschland können ihr Schicksal nicht in die Hände der beiden Supermächte des 21. Jahrhunderts legen.**

Nationalstaaten werden in absehbarer Zukunft weiterhin entscheidende Akteure des internationalen Systems bleiben. Daher besteht die einzige Möglichkeit, einen Verlust der Kontrolle über das System zu verhindern, darin, die Global Governance zu stärken. Dies erfordert eine Stärkung der zwischenstaatlichen Zusammenarbeit und eine Anpassung des UN-Systems. Es gibt mindestens drei Gründe, weshalb die Bewältigung dieser Aufgabe so schwierig erscheint. Erstens: Je schwächer Staaten sind, desto mehr widerstrebt es ihnen, miteinander zu kooperieren. Zweitens: Es ist wahrscheinlich, dass die Vereinigten Staaten mit oder ohne Donald Trump in eine lange Phase der Introversion eingetreten sind. Darüber hinaus hegt China keinerlei Absichten, eine globale Führungsrolle zu übernehmen. Ist Global Governance ohne Führung möglich (Joseph Nye spricht von einer »Kindleberger-Falle«)? Drittens steckt die gemeinsame Bewältigung von großen, interdependenten globalen Herausforderungen noch in den Kinderschuhen, obwohl sich die damit verbundenen Probleme verschärfen.

Länder wie Frankreich und Deutschland können ihr Schicksal nicht in die Hände der beiden Supermächte des 21. Jahrhunderts legen. Warum China für diese Rolle nicht infrage kommt, scheint recht offensichtlich.

Russland steht näher bei Europa als bei China

Was die Vereinigten Staaten anbelangt, verschiebt sich ihre Sichtweise der Welt je nach den Umständen. Aus unserer Sicht ist somit kein Projekt wichtiger als die Anpassung und Stärkung der EU. Die EU steht jedoch vor schwerwiegenden Problemen, die durch ihre plötzliche massive Expansion nach dem Zerfall der Sowjetunion in den Jahren 1990–1991 verursacht wurden. Die jüngsten Krisen – die Eurozone, Flüchtlinge, Brexit und Populismus – haben gezeigt, dass die europäischen Bürger auf dem Kontinent an der Union festhalten. Deutschland und Frankreich müssen zusammenarbeiten, damit die Vision eines starken und geeinten Europas wahr wird. Die Aufgabe ist immens. Die wirtschaftliche und finanzielle Anpassung an sich ist schon eine Herkulesaufgabe, ganz zu schweigen von der Verteidigung, zumal die beiden Länder derart unterschiedliche strategische Kulturen und häufig gegenläufige industrielle Interessen haben. Die Harmonisierungsbemühungen müssen sich auf die Nachbarn der Union konzentrieren, d. h. die ehemalige Sowjetunion, der Nahe Osten und Afrika. Der kleine kalte Krieg, der dem großen folgte, ist eine Tragödie, denn auf lange Sicht steht fest, dass Russland näher bei Europa als bei China steht.

THIERRY DE MONTBRIAL (75) ist der Gründer und Präsident des Französischen Instituts für internationale Beziehungen (Ifri). Im Jahr 2008 gründete er die World Policy Conference. Er ist Mitglied des Institut de France, war Leiter der Abteilung für Wirtschaftswissenschaften an der École polytechnique (1974–1992) und der erste Direktor des Planungsstabs im französischen Außenministerium (1973–1979). Überdies ist er Autor von 20 Büchern, wie etwa »Action and Reaction in the World System« (UBC Press, Toronto, 2013). In vielen Ländern wurde er mit Staats- und Ehrentiteln ausgezeichnet.

»Wir müssen von einer EU träumen, die dazu in der Lage ist, einen positiven Einfluss auf das gesamte internationale System auszuüben. Damit diese Vision Realität wird, müssen Deutschland und Frankreich zusammenarbeiten.«

»Die globale Ordnung hat lange an ihrem eigenen Ast gesägt. Inzwischen sind die Gegner so mächtig, dass nur noch eine Reform helfen kann. Sie muss umgestaltet werden, damit sie bei uns und im globalen Süden als legitim wahrgenommen wird.«

Die Zukunft der liberalen Weltordnung. Szenarien für Deutschland

Von Michael Zürn

Nach dem Zweiten Weltkrieg entstand unter amerikanischer Führung eine regelgeleitete internationale Ordnung, die das Chaos der Zwischenkriegszeit überwand, eine lange Phase des Wohlstands und des Friedens ermöglichte und in letzter Instanz auch den Antagonismus zwischen Ost und West abzubauen half. Diese Ordnung wurde nach dem Ende des Kalten Krieges entscheidend vertieft und kann von da an als liberale Weltordnung bezeichnet werden.

Eine solche liberale Weltordnung enthält Anreize zur Demokratisierung der beteiligten Staaten, baut auf internationale Institutionen zur Behandlung von Interdependenzproblemen sowie zur Absicherung einigermaßen offener Grenzen und zielt auf die Anerkennung von Individualrechten ab. Diese liberale Weltordnung und die damit verbundene Global Governance ist den letzten Jahren unter doppelten Beschuss geraten.

Die liberale Weltordnung unter Beschuss

Innerhalb westlicher Demokratien greifen die immer stärker werdenden rechtspopulistischen Bewegungen und Parteien Grundfeste dieser Ordnung von innen an. Alle rechtspopulistischen Gruppierungen bekämpfen offene Grenzen, internationale Institutionen und setzen den postulierten Willen der Mehrheitskultur gegen eine umfassende Definition von Individual- und Minderheitenrechten sowie von Toleranz. Brexit und Trump sind die beiden wichtigsten Erfolge dieser Bewegung. Außerhalb der westlichen Welt feiert in vielen Staaten der Autoritarismus Urständ. Recep Tayyip Erdoğan und Wladimir Putin sind die bekanntesten Vertreter dieser Entwicklung. Aber selbst in Europa verfolgen Viktor Orbán und, in leicht abgeschwächter Form, Jarosław Kaczyński einen ähnlichen Kurs. Diese autoritären Regierungen brandmarken die liberalen Elemente der Global Governance als eine verkappte Form der Herrschaft kosmopolitischer Eliten im Westen. Rechtspopulistische Parteien und autoritäre Regime sind gut miteinander vernetzt. Sie arbeiten gemeinsam und bemerkenswert erfolgreich gegen die liberale Weltordnung. Geht das liberale Zeitalter also zu Ende? Verliert der Liberalismus

> **Innerhalb westlicher Demokratien greifen die immer stärker werdenden rechtspopulistischen Bewegungen und Parteien Grundfeste der Ordnung von innen an.**

seine Attraktivität, und schaffen autoritäre politische Systeme eine neue Weltordnung?

Diese Fragen möchte ich in diesem Beitrag auf eine spezifische Weise beantworten. Ich verwende eine »Theory of Global Governance« und die in dieser Theorie identifizierten Determinanten der Entwicklung, um die Frage nach den möglichen Zukünften der liberalen Weltordnung durch die Diskussion von drei denkbaren Szenarien zu erhellen. Dabei gehe ich in drei Schritten vor. Nach einer kurzen *note of caution* zu sozialwissenschaftlichen Prognosen im Allgemeinen und insbesondere zu theoriegeleiteten Prognosen möchte ich im zweiten Schritt die für die Zukunftsprojektionen zugrunde gelegte Theorie skizzieren, um dann drei Szenarien zur Entwicklung der liberalen Weltordnung zu unterscheiden. Im letzten Schritt nenne ich Handlungsempfehlungen, die aus der Analyse folgen.

Die Grenzen von Prognosen und Szenarien

Es gibt verschiedene Methoden und Verfahren der Szenarienbildung. Ganz grob gesprochen lassen sich zwei Grundformen unterscheiden.[1] Eine beruht auf der sorgfältigen Analyse der Gegenwart inklusive vorhandener Trends und schreibt sie abhängig von externen Einwirkungen auf sie fort. Das einfachste Beispiel für diese Vorgehensweise dürften Wahlprognosen sein. Eine Wahlprognose zieht im Allgemeinen die letzten Umfragen zu den Parteienpräferenzen heran und prognostiziert auf dieser Grundlage das Ergebnis – vorausgesetzt, es passiert nichts Unvorhergesehenes. Solche Prognosen beruhen auf Wahrscheinlichkeitseinschätzungen und können anhand von unterschiedlichen Szenarien von anderen Entwicklungen abhängig gemacht werden. Beispielsweise können zwei Wahlergebnisse abhängig davon, wie die Debatte der Spitzenkandidatinnen ausfällt, als zwei Szenarien dargestellt werden. Solche Prognosen und Szenarien werden aber häufig durch unerwartete Ereignisse (Ungewissheit) – wie beispielsweise unerwartete Berichte über die Kandidatinnen kurz vor der Wahl – über den Haufen geworfen. Demgegenüber gibt es auch theoriebasierte Prognosen, die mehr oder weniger formalisiert sein können. Im Beispielfall bauen solche theoriebasierten Prognosen eine Reihe von Wahldeterminanten wie »Wachstum«, »Ungleichheit«,

»Nationalstolz«, »Reputation der Kandidatinnen« oder Ähnliches in ein Gesamtmodell ein und bestimmen das Wahlergebnis dann aufgrund einer Berechnung. Diese Modelle können zwar scheinbare Überraschungen im Modell berücksichtigen, scheitern aber spätestens dann, wenn »unknown unknowns« ins Spiel kommen. Theoriegeleitete Prognosen sind nicht zwingend besser als Status-quo-Fortschreibungen. Im Allgemeinen liegt man ganz gut, wenn man das Ergebnis der letzten Sonntagsumfrage einfach fortschreibt. Aber eben nicht immer: Das Wahlergebnis der letzten amerikanischen Präsidentschaftswahl ist von einigen der theoretischen Modelle prognostiziert worden, die meisten Umfrageinstitute hingegen lagen falsch.

Die durchschnittliche Prognosefähigkeit der versammelten Expertenschaft ist nicht besser als die von mit Wurfpfeilen ausgestatteten Schimpansen.

Expert Political Judgement

Dennoch bleibt in den Sozialwissenschaften die Theorie ein bestenfalls bedingt geeignetes Prognoseinstrument. Philip Tetlock hat dies in seiner bahnbrechenden Studie über »Expert Political Judgement« nachgewiesen. Er brachte Ende der 80er-Jahre 284 politische Expertinnen und Experten aller Art dazu, Vorhersagen über allgemeine politische Entwicklungen bis 2003 zu machen, und wertete die Daten nach allen Regeln moderner Methodik aus. Das Ergebnis ist für die Sozialwissenschaften wenig schmeichelhaft. Er schreibt:

»When we pit (the average of all, M. Z.) experts against minimalist performance benchmarks – dilettants, dart-throwing chimps, and assorted extrapolation algorithms – we find few signs that expertise translates into greater ability to make (good, M. Z.) forecasts.«[2]

Mit anderen Worten: Die durchschnittliche Prognosefähigkeit der versammelten Expertenschaft ist nicht besser als die von mit Wurfpfeilen ausgestatteten Schimpansen.

Dennoch unterwirft sich Tetlock nicht dem wissenschaftstheoretischen Skeptizismus. Er sucht weiter und findet systematisch Varianzen, das heißt Merkmale von Expertinnen und Experten, die signifikant besser vorhersagen als das Zufallsprinzip. Erstaunlich ist dabei zunächst, was alles keinen Unterschied macht. So ist die mangelnde Prognosefähigkeit keinesfalls ein spezifisches Problem der Politikwissenschaft: Die Studie macht deutlich, dass es in dieser Frage keine systematischen Unterschiede zwischen Historikern, Ökonomen, Journalisten und Politikwissenschaftlern gibt. Andere Disziplinen sind also nicht besser. Weiterhin: Linke oder rechte politische Ausrichtung, Institutionalisten oder Realisten, Frauen oder Männer, mehr oder weniger Erfahrung – und übrigens auch die Frage des Doktortitels – sind allesamt irrelevant für die Prognosefähigkeit.

Was aber nun macht einen wirklichen Unterschied aus? Wer prognostiziert besser als der Durchschnitt? Zur Beantwortung dieser Frage identifiziert Tetlock unterschiedliche »kognitive Stile« als relevant. Dabei benutzt er die Unterscheidung von Isaiah Berlin zwischen *hedgehogs* und *foxes*.[3] »Igel« wissen meistens »eine große Sache«, weiten die Erklärungsreichweite ihrer Theorie zumeist in deduktiver Weise aus, arbeiten nicht selten mit anspruchsvollen methodischen Instrumenten und sind voller Selbstvertrauen, was die Prognosefähigkeit ihrer Theorie anbetrifft. Sie machen aber schlechte Vorhersagen. Füchse hingegen wissen viel Unterschiedliches, changieren permanent zwischen Theorie und Empirie, bekennen sich zu einem gewissen Grad zum analytischen Eklektizismus und sind skeptisch, was ihre eigene Prognosefähigkeit anbetrifft. Füchse prognostizieren aber deutlich besser als der Durchschnitt der Experten. Eine Prognose auf der Grundlage *einer* Theorie ist also mit besonderer Vorsicht zu genießen. Genau das möchte ich aber im Folgenden versuchen.

Globale politische Systeme unterminiert

»A Theory of Global Governance. Authority, Legitimation, and Contestation« ist der Titel eines Buches, das eine Erklärung dafür anbietet, wie sich das in den 90er-Jahren entstandene globale politische System gleichsam selbst unterminiert hat.[4] Es bietet eine endogene Erklärung dafür, weshalb sich die liberale Weltordnung seit einigen Jahren in der Krise befindet und von vielen Seiten beschossen wird. Die Argumentation lässt sich wie folgt zusammenfassen.

Nach dem Ende des Kalten Krieges hat sich im Kontext einer kritischen Weggabelung (*critical juncture*) ein globales politisches System herausgebildet, das durch gemeinsame Prinzipien und Gemeinwohlvorstellungen, spezifische internationale und transnationale Institutionen sowie das Zusammenspiel dieser Institutionen gekennzeichnet ist.

Drei der konstitutiven Prinzipien

Es lassen sich grundlegend rudimentäre Formen eines globalen Gemeinwohls identifizieren. Die Rede beispielsweise vom gemeinsamen Erbe der Menschheit, von Krieg und Armut als Geißel der Menschheit und von der kollektiven Verantwortung für zukünftige Generationen verweisen auf gemeinsame Ziele, die die Vorstellung von zwischenstaatlicher Kooperation als einem Ergebnis bloßer Aggregation von nationalen Interessen transzendieren. Die Anerkennung eines rudimentär entwickelten globalen Gemeinwohls führt dazu, dass die Ausübung von Autorität durch transnationale und internationale Institutionen als möglich angesehen wird. Demnach können internationale Institutionen wie der Sicherheitsrat der Vereinten Nationen auch Entscheidungen treffen, die tief in nationale Gemeinschaften hineinwirken und gegen die Interessen einzelner Staaten verstoßen.

Die Anerkennung eines rudimentär entwickelten globalen Gemeinwohls führt dazu, dass die Ausübung von Autorität durch transnationale und internationale Institutionen als möglich angesehen wird.

Die Intervention im Irak ist ein extremes Beispiel hierfür. Die Erzwingung von Austeritätspolitiken durch den International Monetary Fund (IMF), das Verbot von bestimmten Produktregelungen im Rahmen der World Trade Organization (WTO) oder umweltpolitische Vorschriften sind andere Beispiele. Das Konsensprinzip internationaler Politik gilt also nicht mehr uneingeschränkt. Internationale Institutionen, die Autorität ausüben, müssen sich aber rechtfertigen, und zwar nicht nur gegenüber Staaten und Regierungen, sondern auch gegenüber den betroffenen nationalen Gesellschaften und der Weltgesellschaft. Insofern hat das Recht auf Rechtfertigung[5] auch die Weltgesellschaft erreicht. Selbst ein autoritärer Herrscher wie Wladimir Putin wendet sich an die Völker dieser Welt und nicht nur an die Regierungen, wenn er den Westen als heuchlerisch brandmarkt.

Autonome Entscheidungen der Gerichtshöfe

Die Analyse spezifischer internationaler und transnationaler Institutionen zeigt tatsächlich, dass die Möglichkeit von Mehrheitsentscheidungen oder autonomer Entscheidungen durch Gerichtshöfe und internationale Bürokratien seit 1990 deutlich zugenommen hat. Das gilt natürlich für die European Union (EU), aber auch für den Sicherheitsrat, die WTO, die Weltbank, die World Health Organization (WHO) und selbst für transnationale Autoritäten wie Standard & Poors. Generell gilt, dass insbesondere die Anzahl und die Bedeutung von Institutionen mit epistemischer Autorität zugenommen haben. Neben den Ratingagenturen sind dabei der International Accounting Standards Board, das Intergovernmental Panel on Climate Change und generell die internationalen Evaluierungsinstanzen im Bereich der Umweltpolitik, die OECD im Bereich der Bildungspolitik sowie die internationalen Schiedsgerichte und Streitbeilegungsinstanzen zu nennen.

In vielen Fällen hat diese Entwicklung die Problemlösungsfähigkeit des internationalen Systems vergrößert. Politische und epistemische Autoritäten produzieren aber auch zugleich Gewinner und Verlierer, sie verweisen auf Hierarchien und Stratifikation sowie auf Unterordnungs- und Überordnungsverhältnisse. Das globale politische System ist wie jedes politische System: Es produziert Ungleichheiten, Ungerechtigkeiten und Konflikte über die Politikinhalte und die Prozesse, mit denen über Politiken entschieden wird.

Deswegen hängen die Ausübung von öffentlicher Autorität und das Funktionieren eines politischen Systems von erfolgreicher Legitimation ab. Das gilt auch für das globale politische System. Als internationale Institutionen noch weitgehend auf der Grundlage des Konsensprinzips walteten, war ihre Legitimation unproblematisch. Es bedurfte der Zustimmung aller Regierungen, bevor eine internationale Verpflichtung erwuchs. Insofern ergab sich die Legitimation internationaler Institutionen als ein direktes Derivat der Legitimität nationaler Regierungen. Wie aber schon Max Weber festhielt: Das Entstehen von öffentlicher Autorität ist mit dem stetigen Versuch verbunden, »den Glauben an ihre Legitimität zu erwecken und zu pflegen«.[6] Mit dem Entstehen eines globalen politischen Systems in den 90er-Jahren erreichte das Legitimationsproblem die internationale Politik.

Das Zusammenspiel der Institutionen

Ein entscheidender Faktor für die Legitimation politischer Systeme ist das Zusammenspiel der Institutionen. Genau an dieser Stelle erweist sich die liberale Weltordnung als defizitär. Zum einen mangelt es an institutionellen Orten, an denen die Koordination verschiedener Sphären der Autorität nachvollziehbar erfolgt. Demokratische politische Systeme im nationalen Rahmen lösen Zielkonflikte zwischen beispielsweise Wirtschafts- und Umweltinteressen entweder durch die Regierungschefin, das Verfassungsgericht oder in letzter Instanz die öffentliche Meinung. Solche Institutionen fehlen im globalen politischen System. Konflikte zwischen dem internationalen Handelsregime und Umweltregimen treten zwar seit 1990 verstärkt auf, sie werden aber nicht durch Metaautoritäten geregelt. Dadurch fehlen öffentliche Auseinandersetzungen über weltgesellschaftliche Zielkonflikte, und alle Regelungsfragen werden eingekapselt innerhalb von institutionell definierten Sektoren behandelt. Die übergreifende Auseinandersetzung, die den politischen Wettbewerb der Parteien und der Weltanschauungen befeuern kann, fehlt. Folgerichtig dominieren technokratische Legitimationsversuche auf der internationalen Ebene. Die Rechtfertigung internationaler Autorität erfolgt also primär über Expertise und Effektivität, nicht über demokratische Deliberation, politische Partizipation und Wahlen. Die Tiefe der politischen Eingriffe durch internationale Institutionen ist aber häufig nicht mehr durch das demokratische Legitimationsnarrativ gedeckt. Militärische Interventionen durch die internationale Staatengemeinschaft oder die Erzwingung von Austeritätspolitiken können nicht ausschließlich technokratisch begründet werden.

> **Die Ausübung von öffentlicher Autorität und das Funktionieren eines politischen Systems hängen von erfolgreicher Legitimation ab.**

Zum anderen fehlt es an einer effektiven Gewaltenteilung. Internationale Institutionen werden zumeist von wenigen Exekutiven der mächtigen Staaten dominiert. Am Beispiel des UN-Sicherheitsrates lässt sich das Problem bestens illustrieren. Die fünf Vetomächte sind entscheidend für legislative Entscheidungen (Was gilt als Gefährdung des internationalen Friedens?), für die exekutive Anwendung (Gefährdet ein bestimmter Staat den Frieden?) und für die Implementierung eventueller Interventionen (es bedarf der militärisch stärksten Staaten, um Eingriffe durchzuführen) – und das alles in Abwesenheit einer effektiven Gerichtsbarkeit. Aufgrund dieser »institutionellen Ungleichheit« werden systematisch gleiche Fälle ungleich behandelt. Damit erodiert die grundlegendste Legitimationsquelle überhaupt: nämlich, dass eine öffentliche Autorität gleiche Fälle gleichbehandelt. Die Kritik an den westlichen Doppelstandards kann inzwischen als beinahe universell bezeichnet werden.

Zwei Gegenbewegungen zur liberalen Weltordnung

Aufgrund dieser Legitimationsprobleme verliert das globale politische System zunehmend an Legitimität und Unterstützung. Seit Beginn des neuen Jahrtausends mehren sich die entsprechenden Zeichen. Insofern kann der Anschlag auf die Twin Towers in New York am 11. September 2001 und die begriffliche Geburt der BRICS wenige Wochen danach als Wendepunkt angesehen werden. Der liberale Enthusiasmus der 90er-Jahre verlor an Kraft, und zwei Gegenbewegungen gewannen an Bedeutung. Zum einen ließ sich eine zunehmende *Politisierung* internationaler Institutionen beobachten.[7] Im Zuge der Politisierung werden Institutionen und Politiken ans Licht der Öffentlichkeit gezerrt, die bis dato im unpolitischen Raum technokratisch oder administrativ agiert haben. Das technokratische Narrativ internationaler Autorität wurde zunächst durch globalisierungskritische transnationale Protestbewegungen infrage gestellt. Zunehmend gewannen aber innerhalb der politischen Systeme in Westeuropa und Nordamerika Akteure an Bedeutung, die generell ein Zurückschneiden internationaler Autorität fordern. Ein erstes untrügliches Zeichen war die Zurückweisung der Europäischen Verfassung durch Referenda in den Niederlanden und Frankreich. Die EU und internationale Institutionen wurden damit zum Gegenstand des politischen Streits. Ihre demokratische Legitimation wurde infrage gestellt und der Verbleib der politischen Autorität auf der Ebene des Nationalstaates eine politische Position mit wachsender Attraktivität.

Gleichzeitig setzen die *rising powers* wie China, Brasilien und Indien, aber auch Russland und die westlichen Mächte vermehrt auf *Gegeninstitutionalisierung*.[8] Im Zuge der Gegeninstitutionalisierung werden neue internationale Institutionen geschaffen oder bereits bestehende als Instrumente eingesetzt, um ungeliebte Institutionen zu schwächen und Verpflichtungen zu umgehen. Nachdem die Doha-Runde der weiteren Handelsliberalisierung gescheitert ist, haben zunächst vor allem westliche Staaten auf bilaterale Investment- und Handelsabkommen gesetzt. Die Minderheitenposition des Westens in der WHO wurde überkommen, indem mithilfe von privaten Stiftern wie der Bill & Melinda Gates Foundation der Global Fund aufgebaut wurde, der die WHO via Wettbewerb um knappe Ressourcen zu einem Kurswechsel zwang. Ganz ähnlich baut China neuerdings auf eine eigene Entwicklungsbank, und es wurden Organisationen genutzt, um die Politik hinsichtlich der geistigen Eigentumsrechte seitens der WTO zu schwächen. Diese Gegeninstitutionalisierungen haben die Effektivität vorhandener internationaler Institutionen geschwächt und gleichzeitig für ein komplett unübersichtliches Kompetenzgewirr gesorgt.

> **Es fehlt an einer effektiven Gewaltenteilung. Internationale Institutionen werden zumeist von wenigen Exekutiven der mächtigen Staaten dominiert.**

Die Politisierung und Gegeninstitutionalisierung verweisen auf den wachsenden Widerstand gegen internationale Institutionen. Sie werden nicht mehr als unhinterfragte Rahmenbedingung der Politik akzeptiert, sondern sind Teil der politischen Auseinandersetzung geworden. Politisierung und Gegeninstitutionalisierung müssen aber nicht zwingend zum Niedergang der liberalen Weltordnung führen. Vieles hängt vom Ausmaß des Widerstandes und den dahinterliegenden Intentionen sowie von den Reaktionen der Verfechter der liberalen Weltordnung ab.

Gleiche Fälle gleich behandeln

Die Zukunft der liberalen Weltordnung ist offen. Die weitere Entwicklung des globalen politischen Systems hängt laut der skizzierten Theorie der Global Governance insbesondere von zwei Faktoren ab. Zum einen sind die Legitimationsprobleme nicht unüberwindbar. Eine Veränderung der institutionellen Strukturen kann die Legitimationsprobleme mindern. Dabei müssen die internationalen Autoritäten und die hinter ihnen stehenden Nationalregierungen Mechanismen entwickeln, die dafür Sorge tragen, dass gleiche Fälle gleichbehandelt werden, und ergebnisoffenen politischen Wettbewerb in den Institutionen ermöglichen. Die internationalen und transnationalen Institutionen dürfen also nicht den Eindruck erwecken, als seien sie das Instrument einer kleinen globalen Elite zur Durchsetzung ihrer Interessen. Zum anderen ist zu beachten, dass die Global-Governance-Gegner keinesfalls eine homogene Gruppe darstellen. Es gibt eine radikale Gegnerschaft, die sich systematisch gegen jegliche Übertragung von politischer Autorität wendet und mithin jegliche Schwächung nationaler Souveränität bekämpft. Es gibt aber auch solche Kritiker der transnationalen und internationalen Institutionen, die ihre grundsätzliche Bedeutung und Notwendigkeit anerkennen, aber eine deutliche Reform für notwendig halten. Aus der Kombination dieser beiden Bestimmungsfaktoren lassen sich drei denkbare Szenarien ableiten.

Das Niedergangsszenario

Für viele ist der Niedergang der liberalen Weltordnung bereits eine ausgemachte Sache. In dieser Sichtweise hängt die Aufrechterhaltung einer liberalen Weltordnung von der Hegemonie einer Führungsmacht ab, die die liberale Weltordnung gegen Widerstand durchsetzt und bereit ist, einseitig Kosten für alle zu übernehmen. Mit dem Aufstieg neuer Mächte hat die USA in dieser Sichtweise ihre Hegemonialstellung verloren. Das hat weitreichende Konsequenzen. Zum einen führt es zum Aufstieg von neuen Großmächten, die nun militärisch und ideologisch mit den USA konkurrieren. Solche Staaten zielen auf die Abschaffung der alten Ordnung und die Schaffung einer neuen Ordnung ab, die den eigenen Vorstellungen entgegenkommt. Das globale politische System, das nach dem Niedergang der Sowjetunion errichtet worden ist, gilt es zu zerstören. Genauso wie sich Deutschland am Ende des 19. Jahrhundert gegen die alte Hegemonialmacht Großbritannien und die alte Ordnung stellte, wird nun eine ähnliche Politik von der chinesischen Regierung erwartet. Hinzu kommt, dass aufgrund der verstärkten Wettbewerbssituation die USA nicht mehr willens sind, die Kosten der liberalen Weltordnung zu übernehmen. Genau das ist das Credo der Trump-Administration: »America first«, und deswegen die Auslagerung der Kosten für internationale Kooperation. Damit gelingt es nicht mehr, Unterstützung für die liberale Weltordnung zu generieren. Die neue Binnenorientierung der USA untergräbt das globale politische System. Der Niedergang ist die Folge dieser Doppelbewegung.

Das Transformationsszenario

Ausgangspunkt dieses Szenarios ist die Globalisierung. Demnach haben die Möglichkeiten und Funktionsnotwendigkeiten der gesellschaftlichen Globalisierung ein globales politisches System hervorgebracht. Dieses globale politische System produziert genauso wie die Globalisierung selbst Gewinner und Verlierer. Gewinner sind die weltgesellschaftlichen Schichten, deren Fähigkeiten mobil einsetzbar sind, die transnationales soziales Kapital besitzen und einen weltoffenen Lebenswandel haben. Sie setzen sich für offene Grenzen, internationale Institutionen sowie liberale Grundrechte ein und neigen dem Kosmopolitismus zu. Verlierer sind die gesellschaftlichen Schichten, die immobil sind, die sich vor allem in der eigenen nationalen Kultur gut zurechtfinden und, abgesehen von Urlaubsreisen, wenig unterwegs sind. Diese tendenziell kommunitaristisch orientierten Gruppierungen treten für feste Grenzen, die nationale Souveränität und die Mehrheitskultur ein.[9] Gemäß dieser Perspektive haben die gesellschaftliche Globalisierung und das globale politische System eine soziale Revolution ausgelöst, die eine neue Konfliktlinie zwischen Kosmopoliten und Kommunitaristen geschaffen hat, die die primäre Konfliktlinie des 20. Jahrhunderts – die zwischen Sozialismus und Kapitalismus als Folge der industriellen Revolution – ergänzt und

Die internationalen und transnationalen Institutionen dürfen nicht den Eindruck erwecken, als seien sie das Instrument einer kleinen globalen Elite.

überlagert. Während die damit verbundene Herausforderung für die liberale Weltordnung dauerhaft und grundlegend ist, kann durch geschickte Reformen der Kosmopolitismus über den Kommunitarismus langfristig die Oberhand gewinnen. Zwar wird die Konfliktlinie alle politischen Systeme, wie wir sie kennen, verändern, aber durch eine angemessene Reaktion auf diese Auseinandersetzungen, in Form von institutionellen Reformen, können die Grundfeste der liberalen Weltordnung im Rahmen einer dauerhaften Auseinandersetzung weiterbestehen. Genauso wie die kapitalistische und bürgerliche Ordnung durch die Schaffung der Demokratie und des Wohlfahrtsstaates durch Transformation ihren Bestand sicherte.

Das Backlash-Szenario

Der amerikanische Politologe Seymour Martin Lipset ist einer der wichtigsten Protagonisten der Theorie der gesellschaftlichen Konfliktlinien. Wenige Jahre nach einem enorm einflussreichen Aufsatz mit Stein Rokkan[10] hat er zusammen mit Earl Raab ein reichhaltiges Buch zum Backlash in der amerikanischen Geschichte publiziert.[11] Demnach kann die amerikanische Geschichte als eine Fortschreibung der liberalen Gleichheitsrechte und des sukzessiven Abbaus von Diskriminierungen bestimmter ethnischer Gruppen, der Farbigen, der Frauen und bestimmter sexueller Orientierungen gesehen werden. Dieser liberale Fortschritt sei freilich immer durch Phasen des Backlash unterbrochen und teilweise zurückgedrängt worden, getragen von weißen, alten Männern, die jeweils ihre Privilegien und Sonderstellungen verloren hatten. Demnach haben sich Backlash-Bewegungen zumeist ohne erhebliche Zugeständnisse innerhalb einer Dekade wieder aufgelöst. Man kann nun die zahlreichen Widerstände gegen das liberale globale politische System als einen solchen Backlash deuten. In der Tat ist er vielerorts vor allem von weißen Männern getragen, die sich ihrer Privilegien beraubt sehen und die Welt vor das Zeitalter der Globalisierung zurückdrehen wollen. Wenn dieses Szenario eintritt, dann sind es vor allem die Schwäche und die zeitliche Begrenztheit des Widerstands, welche die Zukunft bestimmen. Die Reaktion der Vertreter der liberalen Weltordnung ist weniger gewichtig.

Liberale Weltordnung
Wie wir handeln müssen

Die Schwächung der liberalen Weltordnung beruht auf ihrer normativen Infragestellung. Die Erhaltung der liberalen Weltordnung bedarf also eines ideellen Verteidigungsprogramms. Erst dann wird es möglich sein, der Hauptgefahr unserer Zeit entgegenzutreten: die Angriffe auf die liberale Weltordnung von innen und außen abzuwehren. Es wird ein lang anhaltender Kampf sein, der sich zugleich auf der nationalen und der internationalen Ebene widerspiegeln wird. Drei Maßnahmen sind notwendig:

— *Die Verfechter der liberalen Weltordnung in Deutschland müssen raus aus der politischen Defensive und mit offenem Visier eine kosmopolitische Weltanschauung als wertorientierte Politik offensiv und proaktiv vertreten.* Die Neigung, auf der globalen Ebene vernünftige Dinge zu vereinbaren und sie dann zu Hause als alternativlos zu verkaufen, mag kurzfristig die einfachste Strategie sein. Langfristig ist sie aber schädlich, da sie gesellschaftliche Debatten und eine ergebnisoffene öffentliche Auseinandersetzung über die Weltpolitik verhindert.

— *Die Auseinandersetzungen in europäischen und internationalen Institutionen über den richtigen Weg müssen transparent gemacht und es muss Raum für Opposition geschaffen werden.* Damit sich Unzufriedenheit mit Politiken internationaler und europäischer Institutionen nicht immer in Institutionenkritik übersetzen lässt, bedarf es der Möglichkeit von politischer Opposition innerhalb dieser Institutionen. Dafür muss sich Deutschland einsetzen.

— *Deutschland muss Koalitionspartner für eine liberale Weltordnung im globalen* Süden suchen. Die langfristige Arbeit an solchen Koalitionen ist erfolgversprechender, als allein auf fragwürdige Deals mit autoritären Potentaten zu setzen.

Ich persönlich halte das Niedergangs- und das Backlash-Szenario für weniger wahrscheinlich. Gegen das Niedergangsszenario spricht vor allem die Funktionalität und Notwendigkeit der Global Governance im Zeitalter der Globalisierung. Dementsprechend ist es auch weniger die aufstrebende Supermacht China, die die liberale Weltordnung grundlegend infrage stellt. Zwar betont die chinesische Außenpolitik gern die nationale Souveränität, außerhalb des Bereichs der Menschenrechte werden viele Komponenten des globalen politischen Systems bisher aber eher verteidigt als angegriffen. Das Backlash-Szenario hingegen unterschätzt das Mobilisierungspotenzial der Nationalisten und Antikosmopoliten. Dabei handelt es sich nicht nur um eine Gruppe alter, weißer Männer, die sich an den Entzug von Privilegien gewöhnen müssen. Die Globalisierung und das globale politische System haben vielmehr transnational und weltweit Verlierer und Gewinner geschaffen, die sich vermutlich noch lange in der politischen Auseinandersetzung in den nationalen politischen Systemen und im globalen politischen System gegenüberstehen werden. Wie diese Auseinandersetzung ausgeht, wird entscheidend davon abhängen, ob sich das globale politische System so reformieren kann, dass es an Legitimität gewinnt.

Die neue Binnenorientierung der USA untergräbt das globale politische System.

Wenn die Zukunft der liberalen Weltordnung also von *political choices* abhängt, dann stellt sich unweigerlich die Frage, welche Politiken und institutionellen Reformen notwendig werden, um die neue Konfliktlinie produktiv zu bearbeiten. Wie kann die liberale Weltordnung angesichts der inneren und äußeren Herausforderungen verteidigt werden? Was müssen die Vertreter der globalen Verantwortungspolitik anders machen als in den letzten Jahrzehnten?

PROF. DR. MICHAEL ZÜRN (59) *ist Direktor der Abteilung »Global Governance« im Wissenschaftszentrum Berlin für Sozialforschung (wzb) und Professor für Internationale Beziehungen an der Freien Universität Berlin. Er war Gründungsdirektor der Hertie School of Governance und zuvor zehn Jahre Professor für Internationale Beziehungen an der Universität Bremen, wo er den Forschungsbereich 597, »Staatlichkeit im Wandel«, mitbegründete. Weiterhin ist er Mitglied der Berlin-Brandenburgischen Akademie der Wissenschaften sowie der Academia Europaea und Direktor der Berlin Graduate School for Transnational Studies.*

Anhang

Quellen und Endnoten

Lutz Meyer
Deutschland und die Welt. Warum wir auf 2030 nicht vorbereitet sind

1 An diesem Beitrag hat Anton Kleihues mitgewirkt.

2 The China in Africa Podcast ist Teil des »The China Africa Project«, einer integrierten Themenkampagne mit Website sowie Auftritten bei Facebook, Twitter und Instagram, www.chinaafricaproject.com

3 2017. *Die Welt im Jahr 2035, gesehen von der CIA und dem National Intelligence Council*, herausgegeben von National Intelligence Council und Karin Schuler. München: C. H. Beck.

4 Fink, Larry. 2018. *Annual Letter to CEOs – A Sense of Purpose*. Blackrock.com, www.blackrock.com/corporate/investor-relations/larry-fink-ceo-letter

5 Vgl. Burmeister, Klaus, Andreas Neef und Bert Beyers. 2004. *Corporate Foresight: Unternehmen gestalten Zukunft*. Hamburg: Murmann.

6 Vgl. Steinle, Claus, Friedel Ahlers und Christoph Rutter. 2000. *Zukunftsforschung und Strategieentwicklung in Finanzdienstleistungsunternehmungen: Konzept, empirisches Schlaglicht und Gestaltungsoptionen*. In *Kredit und Kapital*. Berlin: Duncker & Humblot. 33.2000, 4, S. 571–604;

7 Keine Auskunft erteilen konnten unter anderem Allianz, Axel Springer, Bayer, Bosch, Daimler, Deutsche Bahn, Lufthansa, Deutsche Telekom, Siemens.

8 Bundesministerium der Verteidigung. 2016. *Weißbuch zur Sicherheitspolitik und Zukunft der Bundeswehr*. www.bmvg.de/resource/blob/13708/015be272f8c0098f1537a491676bfc31/weissbuch2016-barrierefrei-data.pdf

9 Bundesministerium für wirtschaftliche Zusammenarbeit und Entwicklung (BMZ). 2018. *Development Policy in 2032: Global Trends and Hypotheses on Future Development Cooperation*. BMZ-Paper 2. Berlin: BMZ.

10 *Future Scenarios for R&I Policies in Europe. The report describes a range of futures we might be facing in the 2030s*. European Commission, ec.europa.eu/research/foresight/index.cfm

11 Commission for Consultation of Sector Councils (COS). 2008. *Horizon Scan Report 2007: Towards a Future Oriented Policy and Knowledge Agenda*. Den Haag: COS. stt.nl/stt/wp-content/uploads/2013/02/STT-horizonscan_2007-rapport_horizonscan_2007_EN-binnenwerk.pdf

12 *Bundeskanzleramt (BKAmt):* Normenkontrollrat, Stiftung Wissenschaft und Politik, Rat für nachhaltige Entwicklung, Deutscher Ethikrat, Regierungskommission Deutscher Corporate Governance Kodex.
Auswärtiges Amt (AA): Arbeitskreis Forum globale Fragen, Völkerrechtswissenschaftlicher Beirat, VN-politischer Beirat, Beirat »Zivile Krisenprävention«, Deutsches Komitee für Katastrophenvorsorge.
Bundesministerium für Arbeit und Soziales (BMAS): Sozialbeirat, Technische Ausschüsse im Arbeitsschutz, Ausschuss für Betriebssicherheit, Ausschuss für Arbeitsstätten, Ausschuss für Gefahrstoffe, Ausschuss für biologische Arbeitsstoffe, Ausschuss für technische Arbeitsmittel und Verbraucherprodukte, Beirat für die Teilhabe behinderter Menschen, Bundesausschuss der Kriegsbeschädigten- und Kriegshinterbliebenenfürsorge, Ärztlicher Sachverständigenrat, Sektion Versorgungsmedizin, Ärztlicher Sachverständigenrat »Berufskrankheiten«, Hauptausschuss für Mindestarbeitsentgelte.
Bundesministerium für Bildung und Forschung (BMBF): Forschungsunion »Wirtschaft – Wissenschaft zu Technologieperspektiven für Zukunftsmärkte«, Beirat für Ausbildungsförderung, Gesundheitsforschungsrat, Innovationskreis Berufliche Bildung, Innovationskreis Weiterbildung.
Bundesministerium für Ernährung, Landwirtschaft und Verbraucherschutz (BMELV): Wissenschaftlicher Beirat Verbraucher- und Ernährungspolitik, Wissenschaftlicher Beirat für Agrarpolitik, Beirat für Biodiversität und genetische Ressourcen, Wissenschaftlicher Beirat für Düngungsfragen, Deutsche Wissenschaftliche Kommission für Meeresforschung.
Bundesministerium der Finanzen (BMF): Wissenschaftlicher Beirat.
Bundesministerium für Familie, Senioren, Frauen und Jugend (BMFSFJ): Bundesjugendkuratorium, Bundesprüfstelle für jugendgefährdende Medien, Stiftung Deutsch-Russischer Jugendaustausch gGmbH, Beirat für den Zivildienst, Wissenschaftlicher Beirat für Familienfragen, Bundesweite Arbeitsgruppe Frauenhandel, Bund-Länder-Arbeitsgruppe Häusliche Gewalt, Ausschuss für die Bundesjugendspiele.
Bundesministerium für Gesundheit (BMG): Zulassungs- und Nachzulassungskommissionen für den humanmedizinischen und für den veterinärmedizinischen Bereich, Sachverständigenrat zur Begutachtung der Entwicklung im Gesundheitswesen, Nationaler AIDS-Beirat, Sachverständigenausschuss nach § 1 Abs. 2 des Betäubungsmittelgesetzes, Ständige Impfkommission am Robert Koch-Institut, Kommission für Krankenhaushygiene und Infektionsprävention am Robert Koch-Institut, Zentrale Ethik-Kommission für Stammzellenforschung, Arzneibuchkommissionen, Kommission für Arzneimittel für Kinder und Jugendliche, Sachverständigen-Ausschüsse Standardzulassungen, Apothekenpflicht und Verschreibungspflicht, Wissenschaftlicher Beirat der Bundeszentrale für gesundheitliche Aufklärung, Ständiger Koordinierungsausschuss, Gemeinsamer wissenschaftlicher Beirat im Bundesministerium für Gesundheit.
Bundesministerium des Innern (BMI): Sachverständigenausschuss für explosionsgefährliche Stoffe, Beschussrat, Beirat für schießsportliche Fragen, Strategischer Beirat für den Zivil- und Katastrophenschutz, Kommission zum Schutz der Zivilbevölkerung, Beirat bei der Bundesakademie für öffentliche Verwaltung, Beratender Ausschuss für Fragen der dänischen Minderheit, Beratender Ausschuss für Fragen des sorbischen Volkes, Beratende Ausschüsse für Fragen der niederdeutschen Sprachgruppe und der friesischen Volksgruppe, Beirat für Spätaussiedlerfragen, Beirat jüdische Zuwanderung, Beirat bei dem Sondervermögen »Versorgungsrücklage des Bundes nach § 11 Versorgungsrücklagegesetz«, Beirat Verwaltungsverfahrensrecht beim Bundesministerium des Innern.
Bundesministerium der Justiz (BMJ): Bundesstelle zur Verhütung von Folter, Beirat für Verbraucherfragen.
Bundesministerium für Umwelt (BMU): Sachverständigenrat für Umweltfragen, Wissenschaftlicher Beirat der Bundesregierung Globale Umweltveränderungen, Strahlenschutzkommission, Reaktorsicherheitskommission, Kommission für Anlagensicherheit, Umweltgutachterausschuss.
Bundesministerium für Verkehr, Bau- und Stadtentwicklung (BMVBS): Wissenschaftlicher Beirat, Beirat für Raumordnung, Beirat Radverkehr, Sachverständigenrat zur Begutachtung der gesamtwirtschaftlichen Entwicklung.
Bundesministerium der Verteidigung (BMVg): Beirat für Fragen der Inneren Führung, Beirat für die Bundesakademie für Sicherheitspolitik, Beirat für das Militärgeschichtliche Forschungsamt und die Museen, Wehrmedizinischer Beirat, Tierschutzkommission beim Bundesministerium der Verteidigung. Rüstungswirtschaftlicher Arbeitskreis, Ausschuss für Marinehydrodynamik, Ausschuss zur Minderung von Geräuschen auf Schiffen der Bundeswehr, Arbeitskreis Wehrdienst und Berufswelt.
Bundesministerium für Wirtschaft und Technologie (BMWi): Akkreditierungsbeirat, Außenwirtschaftsbeirat, Mittelstandsbeirat, Monopolkommission, Tourismusbeirat, Wissenschaftlicher Beirat.
Bundesministerium für wirtschaftliche Zusammenarbeit und Entwicklung (BMZ): Wissenschaftlicher Beirat. Beratungsgremien ohne Ressortzuordnung, Beratende Kommission mit der Rückgabe NS-verfolgungsbedingt entzogener Kulturgüter, insbesondere aus jüdischem Besitz, Wissenschaftsrat.

Zusammengestellt in WD 3 – 3000 – 327/10, Wissenschaftliche Beratungsgremien bei der Bundesregierung und im Bundestag. Eine aktuellere Aufstellung liegt nicht vor.

13 Nentwich, Michael, Petra Schaper-Rinkel, Leo Capari et al. 2017. *Foresight und Technikfolgenabschätzung: Monitoring von Zukunftsthemen für das österreichische Parlament.* www.parlament.gv.at/SERV/FTA

14 Aktion »Stummer Frühling‹. Erst sterben Biene & Co, dann die Auswahl. Gemeinschaftsaktion von Umweltministerium Niedersachsen, PENNY und NABU«, 14. Mai 2018.

Joachim Krause
Der Wandel der internationalen Ordnung

1 Vgl. Ruggie, John G. (Hrsg.). 1993. *Multilateralism Matters. The Theory and Praxis of an Institutional Form.* New York: Columbia University Press; Ruggie, John G. 1996. *Winning the Peace. America and World Order in the New Era.* NewYork: Columbia University Press; Bobbitt, Philip. 2002. *The Shield of Achilles. War, Peace, and the Course of History.* New York: Anchor Books.
2 Vgl. Kissinger, Henry A. 1962. *Großmachtdiplomatie. Von der Staatskunst Castlereaghs und Metternichs.* Düsseldorf/Wien: Econ Verlag; Gilpin, Robert. 1987. *The Political Economy of International Relations.* Princeton, N. J.: Princeton University Press; Schwaller, Randall L. 1999. *The Problem of International Order Revisited: A Review Essay.* In *International Security*, Jg. 26, Nr. 1: S. 161–186; Gilpin, Robert. 2000. *The Challenges of Global Capitalism. The World Economy in the 21st Century.* Princeton, N. J.: Princeton University Press.
3 Vgl. Bull, Hedley. 1977. *The Anarchical Society. A Study of Order in World Politics.* New York/London: Columbia University Press; Craig, Gordon, und Alexander George. 1984. *Zwischen Krieg und Frieden. Konfliktlösung in Geschichte und Gegenwart.* München: Beck Verlag.
4 Vgl. Mandelbaum, Michael. 2002. *The Ideas that Conquered the World. Peace, Democracy, and Free Markets in the Twenty-first Century.* New York: Public Affairs.
5 Vgl. Gaddis, John Lewis. 1972. *The United States and the Origins of the Cold War 1941–1947.* New York: Columbia University Press; Stromberg, Roland N. 1963. *Collective Security and American Foreign Policy.* New York: Praeger.
6 Vgl. Trachtenberg, Marc. 1999. *A Constructed Peace. The Making of the European Settlement 1945–1963.* Princeton: Princeton University Press; Ikenberry, G. John. 2001. *After Victory. Institutions, Strategic Restraint, and the Rebuilding of Order After Major Wars.* Princeton, N. J.: Princeton University Press; Ikenberry, G. John. 2011. *Liberal Leviathan. The Origins, Crisis, and Transformation of the American World Order.* Princeton, N. J.: Princeton University Press.
7 Vgl. Zartman, I. William (Hrsg.). 2009. *Imbalance of Power. US Hegemony and International Order.* Boulder, Col./London: Lynne Riener.
8 Vgl. Steil, Benn. 2018. *The Marshall Plan. Dawn of the Cold War.* Oxford: Oxford University Press.
9 Vgl. Krause, Joachim. 2017. *Die neue Zeitenwende in den internationalen Beziehungen: Konsequenzen für deutsche und europäische Politik.*

In *Sirius – Zeitschrift für strategische Analysen*, Band 1, Heft 1: S. 3–24.
10 Vgl. Adomeit, Hannes. 2017. *Innenpolitische Determinanten der Putinschen Außenpolitik.* In *Sirius – Zeitschrift für strategische Analysen*, Band 1, Heft 1: S. 33–52.
11 Vgl. Krause, Joachim. 2013. *The United Nation's Role in Preserving Peace.* In *Routledge Handbook on the European Union and International Institutions*, herausgegeben von Knud Erik Jørgensen und Katie Verlin Laatikainen, S. 141–156. London: Routledge.
12 Vgl. Krause, Joachim, und Natalino Ronzitti (Hrsg.). 2012. *The EU, the UN and Collective Security. Making Multilateralism Effective.* London/New York: Routledge.
13 Vgl. Bundesregierung. 2016. *Weißbuch zur Sicherheitspolitik und zur Zukunft der Bundeswehr.* S. 30 f. Berlin: Bundesministerium der Verteidigung.

Ayad Al-Ani und Jörg Stenzel
Verteidigungsplattformen als Streitkräfte der Zukunft

1 Zu den massiven Auswirkungen der Digitalisierung auf die Ökonomien des Südens siehe: United Nations Conference on Trade and Development (UNCTAD). 2016. *Policy Brief No. 50. Robots and Industrialization in Developing Countries.* UNCTAD, aufgerufen 06.11.2017, unctad.org/en/PublicationsLibrary/presspb2016d6_en.pdf
2 Al-Ani, A., und W. Petritsch. 2017. *Using the Crowd to Detect and Resolve Conflicts.* In *Administratio Publica* Vol. 25, 3/2017: S. 5–27, 13 ff.
3 Etwa das Beispiel der PeaceFactory-Plattform, die iranische und israelische Bürger verbindet und einen neuen Diskurs abseits der politischen Konfliktlinien ermöglicht: PeaceFactory, aufgerufen am 06.11.2017, thepeacefactory.org. Ohne eine solche Komponente, die unwillige Kontrahenten »überspielt« oder umgehen kann beziehungsweise bislang ungehörte Stimmen in den Konflikt bringt, kann eine Militärplattform im neueren Sinne wohl nicht entstehen: »We need to develop robust counter-concepts to the war machine: the paramount task is to counter the representation and continuation of violence through infowar with a new concept for the prevention and resolution of conflict (...).« (Der Derian, J. 2009. *Virtuous War. Mapping the Military-Industrial Media-Entertainment Network.* S. 245. New York.)
4 Zu den Dienstleitungen im Bereich Bildung und Sicherheit, die in diesem »Crowdmodus« ablaufen und Betroffene zu Produzenten machen vgl. Al-Ani und Petritsch 2017, S. 18 ff.
5 Hier wäre eine Plattform denkbar, die, ähnlich der Plattform »Beteiligungskompass« der Bertelsmann Stiftung, www.beteiligungskompass.org, Entscheidungsprozesse und -verfahren vorschlägt und diese auch moderiert beziehungsweise betroffene Parteien untereinander verbindet und so Lernprozesse ermöglicht.
6 Vgl. Turse, N. 2017. *Pentagon Video Warns of Unavoidable Dystopian Future for the World's Biggest Cities.* The Intercept, aufgerufen am 06.11.2017, theintercept.com/2016/10/13/pentagon-video-warns-of-unavoidable-dystopian-future-for-worlds-biggest-cities

7 So müssen zur Beeinflussung des »gegnerischen Willens« Plattformen in der Lage sein, »(...) militärische Aktionen im Informationsraum begleiten und gestalten zu können. Dazu zählt auch die Fähigkeit, ggf. zusammen mit anderen, als eigenständige oder begleitende Operation im Informationsraum (gegen-) wirken zu können.« (Autorenteam Kdo H II 1 (2). 2017. *Thesenpapier. Wie kämpfen Landstreitkräfte künftig?* S. 9. Pivot Area, aufgerufen am 06.11.2017, www.pivotarea.eu/wp-content/uploads/2017/09/000.pdf)
8 »In the short term, advances in AI will likely allow more autonomous robotic support to warfighters and accelerate the shift from manned to unmanned combat missions.« (Allen, G., und T. Chan. 2017. *Artificial Intelligence and National Security.* S. 16. Cambridge/Mass.: Belfer Center for Science and International Affairs.)
9 Jeschke, S. 2015. *Kybernetik und die Intelligenz verteilter Systeme. Nordrhein-Westfalen auf dem Weg zum Digitalen Industrieland.* In *Exploring Cybernetics. Kybernetik im interdisziplinären Diskurs*, herausgegeben von S. Jeschke et al., S. 277–370, S. 279. Wiesbaden.
10 Hierzu: Al-Ani, A. 2017. *CPS and the Worker. Reorientation and Requalification.* In *Industrial Internet of Things*, herausgegeben von S. Jeschke et al., S. 563–574. Wiesbaden.
11 Vgl. etwa die Versuche der US-Marine, ganze Teile von U-Booten »auszudrucken«: Liptak, A. 2017. *The US Navy 3D Printed a Concept Submersible in Four Weeks. 'Fleet-capable prototypes' could be available for use by 2019.* The Verge, aufgerufen am 06.11.2017, www.theverge.com/2017/7/29/16062608/us-navy-3d-printing-submersible-manufacturing-military
12 Zu verschiedenen Experimenten/Projekten mit *software agents* vgl. *Software Agents Group.* MIT Media Lab, aufgerufen am 10.06.2018, agents.media.mit.edu
13 Vgl. Steele, R. D. 2012. *The Open Source Everything Manifesto: Transparency, Truth, and Trust.* Berkeley; Politi, A. 2003. *The Citizen as 'Intelligence Minuteman'.* In *International Journal of Intelligence and Counterintelligence* 16, 2003: S. 34–38.
14 Hier werden sich militärische Plattformen wohl nicht anders verhalten als zivile, welche ebenfalls einen Hang zur Monopolbildung aufweisen, um möglichst umfassende Daten zu sammeln und zusätzliche Services anzubieten: Srnicek, N. 2017. *Platform Capitalism.* S. 93 ff. Cambridge.
15 Über die Plattform Wikistrat sind etwa Tausende von Politikexperten verfügbar, die geopolitische Herausforderungen jeglicher Art bearbeiten können: aufgerufen am 06.11.2017, www.wikistrat.com
16 Hier ist der nationale »Next Generation Artificial Intelligence Development Plan« der Volksrepublik China instruktiv: »Notably, this new plan explicitly highlights an approach of military-civil fusion (or civil-military integration) to ensure that advances in AI can be rapidly leveraged for national defense. Certain next generation AI technologies that have been prioritized will likely be used to enhance China's future military capabilities. For instance, China intends to pursue advances in big data, human-machine hybrid intelligence, swarm

intelligence, and automated decision-making, along with in autonomous unmanned systems and intelligent robotics. Accordingly, China seeks to ensure that scientific and technological advances can be readily turned to dual-use applications, while military and civilian innovation resources will be ›constructed together and shared‹« (Kania, E. 2017. *China's Artificial Intelligence Revolution. A New AI Development Plan Calls for China to Become the World Leader in the Field by 2030. The Diplomat*, aufgerufen am 06.11.2017, thediplomat.com/2017/07/chinas-artificial-intelligence-revolution)

17 Srnicek 2017, S. 93 ff.

18 The Hague Center for Strategic Studies. 2017. *Artificial Intelligence and the Future of Defense. Implications for Small and Medium Sized Force Providers.* S. 76 f. Den Haag. Eigene Übersetzung.

19 Ebd.

20 Letztlich geht es beim ML um das induktive Schließen: von Beispielen auf die Gesamtheit beziehungsweise den Zusammenhang. Manchmal kann die Lösung analytisch berechnet werden, manchmal kommen numerische Verfahren und Simulationen oder Optimierungen zum Einsatz. Der Schwerpunkt des ML liegt hierbei auf der Optimierung: Jede Fragestellung wird in eine Zielfunktion übersetzt, die bezüglich der Nebenbedingungen optimiert wird. Das Optimum stellt die Lösung der Lernaufgabe dar. Eine sehr operative Definition von ML erfolgte von Mitchell: »A computer program is said to learn from experience E with respect to some class of tasks T and performance measure P, if its performance at tasks in T, as measured by P improves with experience E.« (Mitchell, T. 1997. *Machine Learning.* S. 2. Maidenhead). Je mehr Erfahrungen E wir machen, desto besser können wir die Aufgabe T lösen (gemessen an Leistung P).

21 Vgl. Steele 2012; Politi 2003.

22 Eine weitere Entlastung wird durch die Verwendung von autonomen und teilautonomen Maschinen erreicht. Diese Maschinen können analog dem »Industrie 4.0«-Konzept im Rahmen ihrer Programmierung selbstständig tätig sein und belasten den zentralen Steuerungskreis weniger: »Die Agenten ›vertreten‹ eine Entität oder eine bestimmte Aufgabe in dem Gesamtsystem. Sie handeln autonom miteinander die Lösung aus, typischerweise ›ohne Masterbrain‹. Sie haben die Fähigkeit, Umgebungsinformationen aufzunehmen und damit in einer sich verändernden Umgebung zu agieren. Dabei haben sie stets eine lokale Perspektive, d. h. kein Agent hat die volle Systemübersicht. Der Ansatz geht davon aus, dass in Systemen hoher Komplexität und einer Vielzahl dynamischer Veränderungen eine globale Systemkenntnis weder möglich noch sinnvoll ist – stattdessen müssen die Träger der lokalen Informationen miteinander kommunizieren und in Verhandlungen treten. In der Regel liegt kein gemeinsamer Speicher der Einzelentitäten vor.« (Jeschke 2015, S. 302 f.)

23 Siehe hierzu die Direktive des Pentagons, welche den Einsatz tödlicher Maschinen regelt: United States Department of Defense. 2012. *Directive 3000.09. Executive Services Directorate*, aufgerufen am 06.11.2017, www.esd.whs.mil/Portals/54/Documents/DD/issuances/dodd/300009p.pdf

24 »Like humans pushed out of labor markets by cheaper and better robotic workers, owners will be pushed out of capital markets by much cheaper and better robotic decision makers.« (Moravec, H. 1999. *Robot. Mere Machine to Transcendent Mind.* S. 133. New York.) Zu frühen Versuchen der kybernetischen Steuerung auf nationaler Ebene (Chile) etwa: Medina, E. 2011. *Cybernetic Revolutionaries. Technology and Politics in Allende's Chile.* London. Zu ersten Schritten der Steuerung militärischer Entscheidungen durch ML im Vietnamkrieg etwa: Madriga, C. 2017. *The Computer that Predicted the U. S. Would Win the Vietnam War. A Cautionary Tale about the Dangers of Big Data. The Atlantic*, aufgerufen am 06.11.2017, www.theatlantic.com/technology/archive/2017/10/the-computer-that-predicted-the-us-would-win-the-vietnam-war/542046

25 Ferguson, A. 2017. *The Rise of Big Data Policing. Surveillance, Race, and the Future of Law enforcement.* S. 1 f. New York. Eigene Übersetzung.

26 So ist wohl auch die Aussage des russischen Präsidenten zu ML beziehungsweise KI zu verstehen: »Whoever becomes the leader in this sphere (AI), will become the ruler of the world.« (Vincent, J. 2017. *Putin says the nation that leads in AI 'will be the ruler of the world'. The Russian president warned that artificial intelligence offers 'colossal opportunities' as well as dangers. The Verge*, aufgerufen am 06.11.2017, www.theverge.com/2017/9/4/16251226/russia-ai-putin-rule-the-world)

27 Allen und Chan 2017, S. 11. Eigene Übersetzung.

28 Rosenberg, S. 2017. *Firewalls Don't Stop Hackers. AI Might. Wired*, aufgerufen am 06.11.2017, www.wired.com/story/firewalls-dont-stop-hackers-ai-might Eigene Übersetzung.

29 Shane, S., et al. 2018. *How a Pentagon Contract Became an Identity Crisis for Google. The New York Times*, 30.5.2018, aufgerufen am 12.06.2018, www.nytimes.com/2018/05/30/technology/google-project-maven-pentagon.html. Eigene Übersetzung.

30 Franklin, H. B. 2008. *War Stars. The Superweapon and the American Imagination.* S. 207. Amherst.

31 Tesla. N. 1900. *The Problems of Increasing Human Energy with Special References to the Harnessing of the Sun's Energy.* In *Century Illustrated Magazine*, June: S. 177–211, S. 184 f. Eigene Übersetzung.

32 Vgl. Grossmann, D. 2009. *On Killing. The Psychological Cost of Learning to Kill in War and Society.* New York. Zu einer Diskussion und Kritik dieser Zahlen vgl. Gray, C. H. 1997. *Post Modern War. The New Politics of Conflict.* S. 201. New York. Zu einem offenen Brief amerikanischer Drohnenpiloten: *Drohnenpiloten erheben Vorwürfe gegen Obama. Zeit Online*, 15.11.2015, aufgerufen am 06.11.2017, www.zeit.de/politik/ausland/2015-11/drohnen-piloten-offener-brief-obama

33 Dort scheint sich momentan eine geradezu laborhafte Situation für ML-Kriegsführung aufzutun: »I remember doing one of the interviews with an Air Force officer and asking him, ›What do you think the experience of a predator drone attack is like?‹ And he said: ›You know, it's probably like the opening scene of the Terminator movies, where the humans are hiding out in caves and the bunkers, and this sort of relentless

robotic foe is coming at them. That's what I bet it's like for the Al-Qaeda and Taliban.‹« (Sirius, R. U. 2015. *Transcendence. The Disinformation Encyclopaedia of Transhumanism and the Singularity.* S. 259. San Francisco.) Diese Einschätzung der Effekte wurden durch umfassende Interviews in den betroffenen Gebieten bestätigt: »US drone strike policies cause considerable and under-accounted-for harm to the daily lives of ordinary civilians, beyond death and physical injury. Drones hover twenty-four hours a day over communities in northwest Pakistan, striking homes, vehicles, and public spaces without warning. Their presence terrorizes men, women, and children, giving rise to anxiety and psychological trauma among civilian communities. Those living under drones have to face the constant worry that a deadly strike may be fired at any moment, and the knowledge that they are powerless to protect themselves.« (Stanford Law School und NYU School of Law. 2012. *Living Under Drones. Death, Injury, and Trauma to Civilians from US Drone Practices in Pakistan.* S. VI. *Center for Human Rights and Global Justice*, aufgerufen am 06.11.2018, chrgj.org/wp-content/uploads/2012/10/Living-Under-Drones.pdf.) Zur Initiative von Silicon-Valley-Protagonisten zur Einschränkung von Tötungsrobotern: Ghose, T. 2017. *Elon Musk: Regulate AI Before Robots Start 'Killing People'. Live Science*, aufgerufen am 06.11.2017, www.livescience.com/59826-elon-musk-wants-ai-regulated.html

34 Eshel, T. 2015. *Russian Military to Test Combat Robots in 2016. Defense Update*, aufgerufen am 06.11.2017, defense-update.com/20151231_russian-combat-robots.html

35 Zu diesem Militärzynismus vgl. Sloterdijk, P. 1983. *Kritik der zynischen Vernunft.* S. 416 ff. Frankfurt a. M.

36 Etwa im Nahen Osten: »[T]he Israeli dot-com generation seems not to have the stomach for mortal combat. They have started to ask why they should risk their lives when precision weapons can reduce war to a video game. For the pony-tailed youth of Tel Aviv's night spots, the war in Lebanon was becoming their Vietnam and they would rather their government fought it by remote control.« (*Daily Telegraph*, 23.05.2000, zitiert nach: Der Derian, J. 2000. *Virtuous War/Virtual Theory.* In *International Affairs* 76 (4), Oktober 2000: S. 771–788, S. 773.) In geradezu prophetischer Weise sah der Militärhistoriker Keegan diese Entwicklung schon in den 70er-Jahren voraus. Er vermutete, dass die erfahrenen Grausamkeiten offener Schlachten gerade bei der jungen Generation zu einem Umdenken führen würden, wobei er auch die asymmetrischen Konflikte antizipieren konnte: »The young have made their decision. They are increasingly unwilling to serve as conscripts in armies they see as ornamental. The militant young have taken their decision a stage further. They will fight for a cause they profess not through mechanisms of state and its armed power but, where necessary, against them, by clandestine and guerrilla methods. It remains for armies to admit that battles of the future will fought in never-neverland.« (Keegan, J. 1976. *The Face of Battle. A Study of Agincourt, Waterloo and the Somme.* S. 343. London.)

37 »We can rattle off casualty rates of proto-typical virtuous conflicts like the Gulf war (270 Americans lost their lives – more than half through accidents), the Mogadishu raid (18 Americans killed), and the Kosovo air campaign (barring accidents, a remarkable zero casualty conflict for the NATO forces). Yet, in spite of valorous efforts by human rights organizations, most people would probably come up short on acceptable figures for the other side of the casualty list. Post-Vietnam, the United States has made many digital advances; public body counts of the enemy are not one of them.« (Der Derian 2000, S. 772.)

38 Franklin 2008, S. 3 ff.

39 Sloterdijk 1983, S. 421.

40 Vgl. etwa das geplante chinesische System zur Steuerung der Wirtschaft, aber auch von Individuen über ein zentrales Social-Credit-Scoringsystem: Meissner, M. 2017. *China's Social Credit System. A Big-Data Enabled Approach to Market Regulation with Broad Implications for Doing Business in China.* Berlin.

41 Al-Ani, A., und J. Stenzel, 2018. *Die Zukunft verteidigen.* In *Cicero* 4/2018, S. 90–95, S. 94.

42 Zur Verbindung von KI und den Tools der Außenpolitik siehe: Scott, B., S. Heumann und P. Lorenz. 2018. *Artificial Intelligence and Foreign Policy.* Berlin.

43 »Immensely powerful reasoning and simulation modules will plan complex actions, but the desirability of possible outcomes will be defined by much simpler positive and negative conditioning modules. The conditioning suite will shape the character of the entire entity by defining its likes and dislikes. A company will be as unlikely to do something triggering strong negative signals as a human would be to thrust an arm in fire. If the super-rational style of intelligent machines works out, robot character may instead reside in an elaborate body of axioms, contrived to be inconsistent with prohibited behaviours.« (Moravec 1999, S. 140.)

Daniela Schwarzer
Das nächste Europa.
Die EU als Gestaltungsmacht

1 Schwarzer, Daniela. 2017. *Europe, the End of the West and Global Power Shifts.* In *Global Policy* 8: S. 18–26, S. 23–24.

2 European Commission. 2017. *Designing Europe's future. Special Eurobarometer 461,* April 2017. S. 43. ec.europa.eu/commfrontoffice/publicopinion/index.cfm/Survey/getSurveyDetail/instruments/SPECIAL/surveyKy/2173

3 Müller, Bettina, Marianne Haase, Axel Kreienbrink und Susanne Schmid. 2012. *Klimamigration: Definitionen, Ausmaß und politische Instrumente in der Diskussion.* WorkingPaper 45. Bundesamt für Migration und Flüchtlinge. www.bamf.de/SharedDocs/Anlagen/DE/Publikationen/WorkingPapers/wp45-klimamigration.pdf?_blob=publicationFile

Abbildung 3
Erzwungene Migration. Flüchtlinge,
Asylbewerber und Binnenvertriebene

1 Daten der UNHCR Population Statistics Database, Werte gerundet, aufgerufen am 18.08.2018, www.popstats.unhcr.org/en/overview

Muriel Asseburg
Konflikt- und Krisenlandschaft in Europas
Nachbarschaft. Naher und Mittlerer Osten

1 In der Regel werden drei Subregionen – Nordafrika, die Levante und die Länder am Persischen Golf – unterschieden. Dabei nimmt insbesondere das OECD-Mitglied Israel eine Sonderstellung ein. Aber auch sonst unterscheiden sich die einzelnen Länder erheblich, was das Pro-Kopf-Einkommen, den Entwicklungsstand, die Ausstattung mit natürlichen Ressourcen, das politische System, die Bevölkerungszusammensetzung und die Stabilität angeht. Das Spektrum reicht von ressourcenreichen Ländern mit hohem Lebensstandard (Katar, Vereinigte Arabische Emirate) zu unterentwickelten Ländern (Jemen) sowie von relativ stabilen Regimen (Saudi-Arabien) bis zu Staaten, die durch internationale Interventionen oder Bürgerkriege nachhaltig destabilisiert sind (Jemen, Syrien, Irak, Libyen).

2 Berücksichtigt sind hier: Ägypten, Algerien, Bahrain, Irak, Israel, Jemen, Jordanien, Kuwait, Libanon, Libyen, Marokko, Oman, Palästina, Katar, Saudi-Arabien, Sudan, Syrien, Tunesien, die Vereinigten Arabischen Emirate und die Westsahara. Siehe: United Nations, Department of Economic and Social Affairs, Population Division. 2017. *World Population Prospects: The 2017 Revision – Special Aggregates,* aufgerufen am 26.06.2018, esa.un.org/unpd/wpp

3 Vgl. United Nations Development Programme. 2016. *Youth and the Prospects for Human Development in a Changing Reality. Arab Human Development Report (AHDR),* S.74 ff., aufgerufen am 26.06.2018, www.arab-hdr.org/reports/2016/english/AHDR2016En.pdf

4 Vgl. The World Bank. 2017. *ILO Labour Force Estimates and Projections,* aufgerufen am 26.06.2018, data.worldbank.org/indicator/SL.TLF.CACT.FE.ZS?locations=DZ-BH

5 Ausführlich bei Asseburg, Muriel. 2011. *Der Arabische Frühling. Herausforderung und Chance für die deutsche und europäische Politik.* In *SWP Studie S 17.* Berlin: Stiftung Wissenschaft und Politik (SWP). Für entsprechende Indikatoren vgl. dort auch die Tabelle im Anhang, S. 34–39.

6 BP. 2017. *BP Statistical Review of World Energy. June 2017,* S. 13, aufgerufen am 26.06.2018, www.bp.com/content/dam/bp/en/corporate/pdf/energy-economics/statistical-review-2017/bp-statistical-review-of-world-energy-2017-oil.pdf; statista. 2018. *Oil consumption in the Middle East from 1990 to 2017,* aufgerufen am 26.06.2018, www.statista.com/statistics/264375/oil-consumption-in-the-middle-east; Clemente, Jude. 2015. *The Middle East's Growing Oil Demand Problem.* Forbes, 29.03.2015, aufgerufen am 26.06.2018, www.forbes.com/sites/judeclemente/2015/03/29/the-middle-easts-growing-oil-demand-problem/#7a6b130e44af

7 *Saudi Vision 2030,* aufgerufen am 26.06.2018, vision2030.gov.sa/en; *Qatar National Vision 2030,* aufgerufen am 26.06.2018, www.mdps.gov.qa/en/qnv1/pages/default.aspx

8 Vgl. die Grafik zu Militärausgaben in: Müller, Ruth, Stephan Sievert und Reiner Klingholz. 2016. *Krisenregion Mena.* S. 5. Berlin: Berlin-Institut für Bevölkerung und Entwicklung.

9 Vgl. ausführlich: Asseburg, Muriel, Wolfram Lacher und Mareike Transfeld. 2018. *Mission Impossible? UN Vermittlung in Libyen, Syrien und dem Jemen.* SWP Studie S 12. Berlin: SWP.

10 Heidelberg Institut for International Conflict (HIIK). 2018. *Conflict Barometer 2017.* Heidelberg, www.hiik.de/konfliktbarometer/aktuelle-ausgabe

11 Vgl. ausführlich Asseburg, Muriel. 2018. *The Eastern Mediterranean Dynamics and the Evolving War in Syria.* In *The Eastern Mediterranean: New Dynamics and Potential for Cooperation, Joint Policy Study* 9, herausgegeben von Nimrod Goren et. al., S. 60–82. Barcelona: EuroMeSCo/Iemed.

12 Vgl. Heydemann, Steven. 2018. *Beyond fragility: Syria and the challenges of reconstruction in fierce states.* Washington, D. C.: The Brookings Institution.

13 Vgl. Asseburg, Muriel. 2009. *Naher und Mittlerer Osten: Regionale (Un)Sicherheit seit dem 11. September 2001.* In *Internationale Politik als Überlebensstrategie,* herausgegeben von Mir A. Ferdowsi, S. 445–471. München: Bayerische Landeszentrale für politische Bildungsarbeit.

14 Perthes, Volker. 2004. *Naher und Mittlerer Osten. Unvollständige Regimebildung und die Suche nach regionaler Sicherheit.* In *Sicherheit und Frieden zu Beginn des 21. Jahrhunderts. Konzeptionen – Akteure – Regionen,* herausgegeben von Mir A. Ferdowsi, S. 461–475, S. 470. München: Bayerische Landeszentrale für politische Bildungsarbeit.

15 Vgl. Asseburg, Muriel, und Guido Steinberg. 2007. *Konfliktdynamik im Nahen und Mittleren Osten.* In *Aus Politik und Zeitgeschichte* 19, 2007.

16 Vgl. Asseburg, Muriel. 2018. *Die Palästinensische Autonomiebehörde und die Hamas-Regierung: Erfüllungsgehilfen der Besatzung?* In *Akteure des israelisch-palästinensischen Konflikts,* herausgegeben von Peter Lintl, S. 31–47. Berlin: SWP.

17 Vgl. Zakaria, Sherouk. 2018. *UN Official: UNRWA facing »most severe crisis« after Trump's aid cut.* The Jerusalem Post, 06.03.2018, aufgerufen am 02.07.2018, www.jpost.com/Middle-East/UN-Official-UNRWA-facing-most-severe-crisis-after-Trumps-aid-cut-544322

18 Vgl. United Nations Country Team in Palestine. 2012. *Gaza in 2020 – A liveable place?* UNRWA, aufgerufen am 02.07.2018, www.unrwa.org/userfiles/file/publications/gaza/Gaza%20in%202020.pdf

19 Vgl. Asseburg, Muriel. 2017. »*Shrinking Spaces*« in Israel. SWP-Aktuell 2017/A 61, August 2017. Berlin: SWP.

20 Vgl. Asseburg, Muriel, und Heiko Wimmen. 2015. *Die bittere Ernte des Arabischen Frühlings – Transformation, Elitenwandel und neue soziale Mobilisierung.* SWP Studie 22, Dezember 2015. Berlin: SWP.

Stephen Szabo
Deutschland muss einen Ausgleich jenseits
der Westbindung finden

1 Siehe: Szabo, Stephen F. 2015. *Germany, Russia, and the Rise of Geo-Economics.* London: Bloomsbury.

2 Bundesregierung. 2012. *Globalisierung gestalten – Partnerschaften ausbauen – Verantwortung teilen: Konzept der Bundesregierung* 4. Siehe auch: Bagger, Thomas. 2013. *The Networked Diplomat.* In *Internationale Politik* 3 (August).

3 Die Pazifikachse wurde von der Obama-Regierung angekündigt, nicht von Trump. Siehe: Campbell, Kurt M. 2016. *The Pivot: The Future of American Statecraft in Asia.* New York: Twelve.
4 Wie eine Reihe von deutschen Regierungschefs, darunter Bundeskanzlerin Merkel und der damalige Außenminister Gabriel, 2017 erklärt hat, hat sich dies nun grundlegend geändert und die Veränderungen in den Beziehungen Amerikas zu Europa werden auch nach der Präsidentschaft Trumps fortbestehen. Mehr zu den Zusammenhängen in Trumps Politik mit der amerikanischen Vorkriegspolitik siehe: Wright, Thomas. 2016. *Trump's 19th Century Foreign Policy.* In *Politico*, 20.01.2016, www.politico.com/magazine/story/2016/01/donald-trump-foreign-policy-213546; Kupchan, Charles A. 2018. *The Clash of Exceptionalisms.* In *Foreign Affairs*, Nr. 97/2 (März/April): S. 139–148.

Stefan Mair
Von der Geopolitik zur Geoökonomie
1 Rudd, Kevin. 2018. *Understanding China's Rise Under Xi Jinpin, Sinocism China Newsletter*, aufgerufen am 08.06.2018, nb.sinocism.com/p/understanding-chinas-rise-under-xi-jinping-by-the-honourable-kevin-rudd
2 Vgl. dazu: Fishman, Edward. 2017. *Even Smarter Sanctions. How to Fight in the Era of Economic Warfare.* In *Foreign Affairs* Vol. 96 (6): S. 102–110.
3 Fritsch, Manuel, Thorsten Lang und Edgar Schmitz. 2018. *Industrie in Europa: Gutachten im Auftrag des Bundesverbands der Deutschen Industrie e. V.* Köln: IW Consult GmbH.

Bill Gates
Deutschland als weltweiter Innovationsführer
1 WHO. 2017a. *World malaria report 2017.* S. 159. Aufgerufen am 09.07.2018, apps.who.int/iris/bitstream/handle/10665/259492/9789241565523-eng.pdf?sequence=1. Genf: World Health Organization.
2 WHO. 2017b. *Global Health Observatory data repository.* Aufgerufen am 09.07.2018, apps.who.int/gho/data/view.main.81605?lang=en

Christoph M. Schmidt
Die großen Herausforderungen der Weltwirtschaft
1 Ich bedanke mich herzlich für die umfangreiche Unterstützung durch den Stab des Sachverständigenrates, insbesondere bei Sebastian Breuer, und für konstruktive Kommentare bei Wim Kösters.
2 Diese Aussage ergibt sich beispielsweise, wenn man die jeweiligen Pro-Kopf-Einkommen in Kaufkraftparitäten des Jahres 1985 umrechnet und die Grenze für absolute Armut bei zwei Dollar je Einwohner ansetzt, siehe unter anderem: SVR – Sachverständigenrat zur Begutachtung der gesamtwirtschaftlichen Entwicklung. 2017. *Für eine zukunftsorientierte Wirtschaftspolitik*, Jahresgutachten 2017/18, Kapitel 7: *Protektionismus verhindern, Strukturwandel unterstützen.* Wiesbaden.
3 So schildert beispielsweise W. Abelshauser den deutschen Weg der Wirtschaftspolitik als »eine Strategie der Ordnungspolitik der sichtbaren Hand«: Abelshauser, W. 2016. *Einleitung: Der deutsche Weg der Wirtschaftspolitik.* In *Das*

Bundeswirtschaftsministerium in der Ära der Sozialen Marktwirtschaft: Der deutsche Weg der Wirtschaftspolitik, herausgegeben von W. Abelshauser, S. 1–21. Berlin/Boston: de Gruyter.
4 Der Sachverständigenrat hat die wirtschaftlichen Konsequenzen des demografischen Wandels für Deutschland ausführlich diskutiert und diese Analyse in den darauffolgenden Jahren immer wieder aktualisiert. Vgl. SVR. 2011. *Herausforderungen des demografischen Wandels: Expertise im Auftrag der Bundesregierung.* Wiesbaden.
5 Darüber hinaus wird die Stabilität der sozialen Sicherungssysteme dadurch bedroht, dass immer weniger Beitragszahler immer mehr Leistungsempfängern gegenüberstehen. Insbesondere wäre daher für die Zeit nach dem Jahr 2030 eine Verlängerung der Lebensarbeitszeit zu diskutieren. Diese Konsequenz des demografischen Wandels wird hier allerdings nicht weiter diskutiert.
6 Dass dies alles andere als ein Selbstläufer ist, zeigt sich am deutschen »Produktivitätsparadoxon« – eine führende Rolle in der Entwicklung der »Industrie 4.0« und hohe Investitionen in die Digitalisierung haben sich bislang noch nicht erkennbar in einer nennenswerten Steigerung der gesamtwirtschaftlichen Arbeitsproduktivität niedergeschlagen, siehe: Elstner, S., L. P. Feld und Ch. M. Schmidt. 2018. *The German Productivity Paradox: Facts and Explanations.* Mimeo.
7 Siehe dazu beispielsweise die Ausführungen des Hightech-Forum. 2017. *Gute Ideen zur Wirkung bringen: Umsetzungsimpulse des Hightech-Forums zur Hightech-Strategie.* Berlin.
8 Daten des EIA, Statistischen Bundesamts, der Weltbank und eigene Berechnungen.
9 Gruppe »high income« gemäß Definition der Weltbank. Insgesamt 78 Volkswirtschaften mit einem Bruttonationaleinkommen je Einwohner von mehr als 12.235 US-Dollar im Jahr 2016.
10 Gruppe »middle income« gemäß Definition der Weltbank. Insgesamt 109 Volkswirtschaften mit einem Bruttonationaleinkommen je Einwohner zwischen 1.006 und 12.235 US-Dollar im Jahr 2016, unter anderem China, Brasilien, Russland, Indien.
11 Restgröße, die neben dem Anteil der Entwicklungsländer auch statistische Inkonsistenzen erfasst.
12 Prognose der Vereinten Nationen (UN).
13 SL – Schwellenländer (»middle income«) und IL – Industrieländer (»high income«) gemäß Definition der Weltbank, DE – Deutschland.
14 Anteil an der jeweiligen Gesamtbevölkerung.
15 Im Inland. Bis 1990 früheres Bundesgebiet. 1970 bis 1990: Klassifikation der Wirtschaftszweige, Ausgabe 2003 (WZ 2003). Ab 1991: Klassifikation der Wirtschaftszweige, Ausgabe 2008 (WZ 2008).
16 Land- und Forstwirtschaft, Fischerei.
17 Produzierendes Gewerbe.
18 Dienstleistungen, übrige Wirtschaftsbereiche.
19 Reales Bruttoinlandsprodukt je Erwerbstätigenstunde. Werte für das frühere Bundesgebiet wurden mit den Veränderungsraten zurückverkettet.
20 Ab 2016 geschätzte Werte. Für Deutschland wird unterstellt, dass im Jahr 2030 das Ziel erreicht wird, nur noch 45 % der CO_2-Emissionen

des Jahres 1990 auszustoßen; der unterstellte Anpassungspfad ist linear.
21 Siehe stellvertretend für die wirtschaftshistorische Literatur: Clark, G. 2007. *A Farewell to Alms: A Brief Economic History of the World.* Princeton/Oxford: Princeton University Press; Mokyr, J. 2017. *A Culture of Growth: The Origins of the Modern Economy.* Princeton/Oxford: Princeton University Press.
22 Dass aus Eigeninitiative gestartete Weiterbildungsanstrengungen dazu beitragen können, anspruchsvollere Tätigkeiten zu erreichen, zeigen beispielsweise: Görlitz, K., und M. Tamm. 2016a. *The returns to voucher-financed training on wages, employment and job tasks.* In *Economics of Education Review* 52: S. 51–62.
23 Dabei dürften durch die kumulative Natur von Bildungsanstrengungen erhebliche Pfadabhängigkeiten entstehen. Unterschiede in der Teilnahme an Weiterbildungsmaßnahmen nach dem schulischen Bildungshintergrund zeigen beispielsweise: Görlitz, K., und M. Tamm. 2016b. *Revisiting the Complementarity between Education and Training – The Role of Job Tasks and Firm Effects.* In *Education Economics* 24 (3): S. 261–279.
24 Entsprechende Vorschläge hat beispielsweise das von der Bundesregierung zur intellektuellen Unterfütterung ihrer Hightech-Strategie eingerichtete Hightech-Forum ausgearbeitet (Hightech-Forum 2017).
25 Zur aktuellen Verteilungsdiskussion in Deutschland siehe beispielsweise: Feld, L. P., und Ch. M. Schmidt. 2016. *Jenseits der schrillen Töne: Elemente für eine rationale Diskussion über die Ungleichheit von Einkommen und Vermögen in Deutschland.* In *Perspektiven der Wirtschaftspolitik* 17 (2): S. 188–205.
26 So hat beispielsweise ein interdisziplinäres Team von Wissenschaftlern (Rockström, J., W. Steffen, K. Noone, Å. Persson, F. S. Chapin III, E. F. Lambin, T. M. Lenton, M. Scheffer, C. Folke, H. J. Schellnhuber, B. Nykvist, C. A. de Wit, T. Hughes, S. van der Leeuw, H. Rodhe, S. Sörlin, P. K. Snyder, R. Costanza, U. Svedin, M. Falkenmark, L. Karlberg, R. W. Corell, V. J. Fabry, J. Hansen, B. Walker, D. Liverman, K. Richardson, P. Crutzen und J. A. Foley. 2009. *A safe operating space for humanity.* In *Nature* 461: S. 472–475) aufbauend auf dem Konzept der »planetaren Leitplanken« quantitative Belastungsgrenzen für zehn Dimensionen, wie Biodiversität oder CO_2-Konzentration in der Atmosphäre, ermittelt, deren Überschreitung zu irreversiblen und plötzlichen Umweltveränderungen führen könnte. Bei der CO_2-Konzentration ist dieser ausgewiesene Grenzwert bereits überschritten.
27 Hier gilt es, eine Vermischung von Zielen und Instrumenten zu vermeiden. Die Steigerung des Anteils von erneuerbaren Ressourcen bei der Versorgung und der effiziente Umgang mit Energie sind zwar Instrumente auf dem Weg hin zu reduzierten Emissionen, stellen aber keine sinnvollen eigenständigen Ziele dar. Siehe: Bradshaw, A., U. Erdmann, W. Münch, K. Pittel, C. Rehtanz, K. Sedlbauer, E. Umbach und U. Wagner. 2015. *Priorisierung der Ziele – Zur Lösung des Konflikts zwischen Zielen und Maßnahmen der Energiewende.* Schriftenreihe Energiesysteme der Zukunft. Nationale Akademie der Wissenschaften Leopoldina, acatech – Deutsche

Akademie der Technikwissenschaften, Union der deutschen Akademien der Wissenschaften. München.

28 Eine ausführliche Diskussion dieser Zusammenhänge findet sich beispielsweise in: SVR. 2016. *Zeit für Reformen*, Jahresgutachten 2016/17, Kapitel 11: *Energiewende: Umsteuern zu einer globalen Klimapolitik*. Wiesbaden.

29 Die mit der Umsetzung als Projekt nationaler Industriepolitik verbundene planwirtschaftliche – und damit volkswirtschaftlich ineffiziente – Ausgestaltung der deutschen Energiewende wird seit Jahren in der ökonomischen Literatur stark kritisiert, siehe beispielsweise: SVR. 2009. *Die Zukunft nicht aufs Spiel setzen*, Jahresgutachten 2009/10, Kapitel 6: *Industriepolitik: Marktprozesse wirken lassen und Innovationen ermöglichen*. Wiesbaden; oder: acatech – Deutsche Akademie der Technikwissenschaften. 2012. *Die Energiewende finanzierbar gestalten: Effiziente Ordnungspolitik für das Energiesystem der Zukunft*. Heidelberg: Springer.

30 Diesen Lösungsansatz diskutieren unter anderem: acatech – Deutsche Akademie der Technikwissenschaften, Nationale Akademie der Wissenschaften Leopoldina und Union der deutschen Akademien der Wissenschaften. 2015. *Die Energiewende europäisch integrieren: Neue Gestaltungsmöglichkeiten für die gemeinsame Energie- und Klimapolitik*. München; acatech – Deutsche Akademie der Technikwissenschaften, Nationale Akademie der Wissenschaften Leopoldina und Union der deutschen Akademien der Wissenschaften. 2017. *Stellungnahme: Sektorkopplung – Optionen für die nächste Phase der Energiewende*. Schriftenreihe zur wissenschaftsbasierten Politikberatung. München.

Srirupa Roy
Indien 2030 und die Grenzen der kompetitiven Zukunft

1 Kaviraj, Sudipta. 2012. *The Empire of Democracy: Reading Indian Politics Through Tocqueville*. In *The Anxieties of Democracy*, herausgegeben von Partha Chatterjee und Ira Katznelson. Neu-Delhi: Oxford University Press.

2 Der Indische Nationalkongress (oder auch »Kongress«) ist eine der sechs großen nationalen Parteien Indiens.

3 PricewaterhouseCoopers (PwC). 2017. *The World in 2050*. PwC, aufgerufen am 14.05.18, www.pwc.com/gx/en/issues/economy/the-world-in-2050.html

4 Economist Intelligence Unit. 2015. *India Country Report*. Hongkong.

5 United Nations Department of Economic and Social Affairs (UN DESA). 2017. *World Population Prospects, The 2017 Revision*. UN DESA, aufgerufen am 14.05.18, esa.un.org/unpd/wpp/publications/Files/WPP2017_KeyFindings.pdf

6 Manyika, James, Michael Chui, Mehdi Miremadi, Jacques Bughin, Katy George, Paul Willmott und Martin Dewhurst. 2017. *Harnessing Automation for a Future that Works. McKinsey & Company*, aufgerufen am 14.05.18, www.mckinsey.com/featured-insights/digital-disruption/harnessing-automation-for-a-future-that-works

7 UN DESA. 2014. *World Urbanization Prospects, The 2014 Revision*. UN DESA, aufgerufen am

14.05.18, esa.un.org/unpd/wup/Publications/Files/WUP2014-Report.pdf

8 World Economic Forum. 2018. *The Inclusive Development Index. World Economic Forum*, aufgerufen am 14.05.18, www.weforum.org/reports/the-inclusive-development-index-2018

Julia Leininger
Afrika der vielen Geschwindigkeiten

1 Siehe: Institute for Security Studies (ISS). 2017. *African futures: Horizon 2025*. Paris: EU Institute for Security Studies; Brahima, Coulibaly S. 2018. *Foresight Africa. Top Priorities for the Continent in 2018*. Washington, D. C.: Brookings Institution; Bello-Schünemann, Julia, Jakkie Cilliers, Zachary Donnenfeld, Ciara Aucoin und Alex Porter. 2017. *African Futures: Key Trends*. Pretoria: Institute for Security Studies; Lundsgaarde, Erik. 2011. *Africa Toward 2030. Challenges for Development Policy*. London: Routledge.

2 Sippel, Lilli, Tanja Kiziak, Franziska Woellert und Reiner Klingholz. 2011. *Afrikas demografische Herausforderung. Wie eine junge Bevölkerung Entwicklung ermöglichen kann*. Berlin: Berlin-Institut für Bevölkerung und Entwicklung; Stiftung Weltbevölkerung.

3 ISS 2017; Deutsche Stiftung Weltbevölkerung. 2017. *Soziale und demografische Daten weltweit. DSW-Datenreport 2017*. Berlin: Deutsche Stiftung Weltbevölkerung.

4 Filmer, Deon, und Louise Fox. 2014. *Africa Regional Report on Youth Employment*. Washington, D. C.: World Bank.

5 Wissenschaftlicher Beirat der Bundesregierung Globale Umweltveränderungen (WBGU). 2017. *Der Umzug der Menschheit: Die transformative Kraft der Städte*. Berlin: Geschäftsstelle WBGU.

6 United Nations Development Program (UNDP). 2017. *Income Inequality Trends in sub-Saharan Africa: Divergence, Determinants, and Consequences*. New York: UNDP.

7 Brahima 2018.

8 Shimeles, Abebe, und Tiguene Nabassaga. 2017. *Why is inequality high in Africa?* In *Journal of African Economies* 27 (1): S. 108–126.

9 Heidelberg Institute for International Conflict Research (HIIK). 2017. *Conflict Barometer 2017*. Heidelberg: HIIK.

10 International Telecommunication Union (ITU). 2017. *ICT Facts and Figures 2017*. Genf: ITU.

11 Serianu. 2016. *Africa Cyber Security Report 2016*. Lavington: Serianu.

12 Lee, Ching Kwan. 2018. *The specter of global China: politics, labor, and foreign investment in Africa*. Chicago: University of Chicago Press.

13 Die Länder-Codes richten sich nach dem amtlichen Gebrauch des Auswärtigen Amts: Ägypten (EG), Algerien (DZ), Angola (AO), Äquatorialguinea (GQ), Äthiopien (ET), Benin (BJ), Botsuana (BW), Burkina Faso (BF), Burundi (BI), Côte d'Ivoire (CI), Dschibuti (DJ), Eritrea (ER), Gabun (GA), Gambia (GM), Ghana (GH), Guinea (GN), Guinea-Bissau (GW), Kamerun (CM), Kenia (KE), Kongo (CG), Demokratische Republik Kongo (CD), Lesotho (LS), Liberia (LR), Libyen (LY), Madagaskar (MG), Malawi (MW), Mali (ML), Marokko (MA), Mauretanien (MR), Mosambik (MZ), Namibia (NA), Niger (NE), Nigeria (NG), Ruanda (RW), Sambia (ZM), Senegal (SN), Sierra Leone (SL), Simbabwe (ZW), Somalia (SO), Südafrika (ZA), Sudan

(SD), Südsudan (SS), Swasiland (SZ), Tansania (TZ), Togo (TG), Tschad (TD), Tunesien (TN), Uganda (UG), Zentralafrikanische Republik (CF).

14 IMF Regional Economic Outlook 2018, World Bank Data 2017. International Monetary Fund. 2018. *World Economic Outlook. Real GDP growth*, www.imf.org/external/datamapper/NGDP_RPCH@WEO/OEMDC/ADVEC/WEOWORLD

15 Acled Data. 2018. *Regional Overview-Africa 02 July 2018*, www.acleddata.com/2018/07/03/regional-overview-africa-02-july-2018

16 Deutsches Institut für Entwicklungspolitik. Constellations of State Fragility, www.die-gdi.de/statefragility

17 The V-Dem Institute. 2017. *Codebook, Version 7*, v-dem.net

18 Grävingholt, Jörn, Sebastian Ziaja, Constantin Ruhe, Patrick Fink, Merle Kreibaum und Christopher Wingens. 2018. *Constellations of State Fragility v1.0*. Deutsches Institut für Entwicklungspolitik (DIE). DOI: 10.23661/CSF1.0.0.

19 Leininger, Julia. 2017a. *Demokratieförderung schafft Stabilität*. In *Deutschlands neue Verantwortung: die Zukunft der deutschen und europäischen Außen-, Entwicklungs- und Sicherheitspolitik*, herausgegeben von Wolfgang Ischinger und Dirk Messner, S. 194–197. Berlin: Econ.

20 Lewis, David, John Heathershaw und Nick Megoran. 2018. *Illiberal peace? Authoritarian modes of conflict management*. In *Cooperation and Conflict*, April 2018. DOI: 10.1177/0010836718765902.

21 Deutsches Evaluierungsinstitut der Entwicklungszusammenarbeit (DEval). 2016. *German Aid from a Partner Perspective. Experience-based Perceptions from AidData's 2014 Reform Efforts Survey*. Bonn: Aid Data.

22 Leininger, Julia. 2017b. *New wine in an old bottle? The German 'Marshall Plan with Africa'*. The Broker Online, www.thebrokeronline.eu/Blogs/Inclusive-Economy-Africa/New-wine-in-an-old-bottle-The-German-Marshall-Plan-with-Africa

23 Leininger, Julia, und Benjamin Schraven. 2017. *Weg mit diesem Afrikabild! Zeit Online*, 27.03.2017, www.zeit.de/politik/ausland/2017-03/migration-fluechtlinge-afrika-europa-grenzen-replik-theo-sommer

Timothy Nunan
Deutschlands Verantwortung zwischen Russland und dem Iran

1 PricewaterhouseCoopers. 2017. *The Long View: How Will the Global Economic Order Change By 2050?* PwC.com, aufgerufen am 24.04.2018, www.pwc.com/gx/en/issues/economy/the-world-in-2050.html

2 Dawisha, Karen. 2014. *Putin's Kleptocracy: Who Owns Russia?* New York: Simon & Schuster.

3 Novokmet, Filip, Thomas Piketty und Gabriel Zucman. 2017. *From Soviets to Oligarchs: Inequality and Property in Russia 1905–2016*. In *WID.world WORKING PAPER SERIES* 2017/09.

4 Thomas, Landon, Jr. 2017. *Deutsche Bank Fined in Plan to Help Russians Launder $10 Billion*. The New York Times, 30.01.2017, www.nytimes.com/2017/01/30/business/dealbook/deutsche-bank-fined-for-helping-russians-launder-10-billion.html

5 So war der Schah von Iran in den 70er-Jahren an zwei umfassenden ausländischen

Interventionen gegen linke Bewegungen im Oman und in Pakistan beteiligt und unterstützte die irakisch-kurdischen Gruppen während der frühen 70er-Jahre. In ähnlicher Weise unterhielt die Geheimpolizei des Schahs ein ausgedehntes Netz von Informanten im Nahen Osten und in Europa und führte Ermordungen ehemaliger Regierungsbeamter im Ausland durch.

Ottmar Edenhofer, Kira Vinke, Jacob Schewe
Warum Sicherheitspolitik auf eine effektive Klimapolitik angewiesen ist
1 Eine Analyse der aktuellen Treibhausgasminderungszusagen und ihrer Bedeutung für die globale Mitteltemperatur findet sich unter climateactiontracker.org
2 Im, Eun-Soon, Jeremy S. Pal und Elfatih A. B. Eltahir, 2017. *Deadly heat waves projected in the densely populated agricultural regions of South Asia*. In *Science Advances* 3 (8): S. 1–8.
3 Vinke, Kira, Hans Joachim Schellnhuber, Dim Coumou, Tobias Geiger, Nicole Glanemann, Veronika Huber, Jürgen Kropp, Steffen Kriewald, Jascha Lehmann, Anders Levermann, Anastasia Lobanova, Maria Knaus, Christian Otto, Christopher Reyer, Alexander Robinson, Diego Rybski, Jacob Schewe, Sven Willner, Michel Wortmann, Fang Zhao und Bin Zhou. 2017. *A Region At Risk – The Human Dimensions of Climate Change in Asia and the Pacific*. Manila: Asian Development Bank.
4 Das Internal Displacement Monitoring Center, www.internal-displacement.org, Teil des Norwegian Refugee Council, berichtet regelmäßig über diese Vorgänge.
5 Rigaud, Kanta Kumari, Alex de Sherbinin, Bryan Jones, Jonas Bergmann, Viviane Clement, Kayly Ober, Jacob Schewe, Susana Adamo, Brent McCusker, Silke Heuser und Amelia Midgley. 2018. *Groundswell: Preparing for Internal Climate Migration*. Washington, DC: World Bank, openknowledge.worldbank.org/handle/10986/29461
6 Ebd.
7 Schleussner, Carl-Friedrich, Jonathan F. Donges, Reik V. Donner und Hans Joachim Schellnhuber. 2016. *Armed-conflict risks enhanced by climate-related disasters in ethnically fractionalized countries*. In *Proceedings of the National Academy of Sciences of the United States of America* 113 (33): S. 9216–21.
8 Hsiang, Solomon M., Kyle Meng, Mark A. Cane. 2011. *Civil conflicts are associated with the global climate*. In *Nature* 476 (7361): S. 438–41. Von Uexkull, Nina, Mihai Croicu, Hanne Fjelde und Halvard Buhaug. 2016. *Civil conflict sensitivity to growing-season drought*. In *Proceedings of the National Academy of Sciences of the United States of America* 113 (44): S. 12391–12396.
9 Esteban, Joan, und Debraj Ray. 1999. *Conflict and Distribution*. In *Journal of Economic Theory* 87, S. 379–415; Esteban, Joan, und Debraj Ray. 2011. *Linking Conflict to Inequality and Polarization*. In *American Economic Review* 101: S. 1345–1374.
10 Dieses Beispiel ist einer Vorlesung von Debraj Ray (*Uneven Growth, Ethnicity and Conflict*, 04.10.2013, Cornell University) entnommen, Video-Link: www.youtube.com/watch?v=mP6grXotpqs

11 Pacific Sea Level Monitoring Project. 2018. *Monthly Sea Level and Meteorological Statistics*, aufgerufen am 18.04.2018, www.bom.gov.au/oceanography/projects/spslcmp/data/monthly.shtml
12 Mengel, Matthias, Anders Levermann, Katja Frieler, Alexander Robinson, Ben Marzeion und Ricarda Winkelmann. 2016. *Future sea level rise constrained by observations and long-term commitment*. In *Proceedings of the National Academy of Sciences of the United States of America* 113 (10): S. 2597–602.
13 Storlazzi, Curt, Stephen B. Gingerich, Ap van Dongeren, Olivia M. Cheriton, Peter Swarzenski, Ellen Quataert, Clifford Voss, Donald W. Field, Hariharasubramanian Annamalai, Greg A. Piniak und Robert McCall. 2018. *Most atolls will be uninhabitable by the mid-21ˢᵗ century because of sea-level rise exacerbating wave-driven flooding*. In *Science Advances* 4, eaap9741. S. 1–10.
14 Wang, Guojian, Wenju Cai, Bolan Gan, Lixin Wu, Agus Santoso, Xiaopei Lin, Zhaohui Chen und Michael J. McPhaden. 2017. *Continued increase of extreme El Niño frequency long after 1.5 °C warming stabilization*. In *Nature Climate Change* 7 (8): S. 568–572.
15 Chand, Savin S., Kevin J. Tory, Hua Ye und Kevin J. E. Walsh. 2017. *Projected increase in El Niño-driven tropical cyclone frequency in the Pacific*. In *Nature Climate Change* 7 (2): S. 123–127.
16 Weber, Eberhard. 2015. *Envisioning South-South relations in the fields of environmental change and migration in the Pacific Islands – past, present and futures*. In *Bandung: Journal of the Global South* 2:6, doi.org/10.1186/s40728-014-0009-z
17 Call, Charles T. 2010. *Beyond the 'failed state': Toward conceptual alternatives*. In *European Journal of International Relations* 17 (2): S. 303–326.
18 United Nations Environment Programme. 2007. *Sudan Post-Conflict Environmental Assessment*. Nairobi: UNEP.
19 Bennett, Kimberly, Alexandra Bilak, Noah Bullock, Ledio Cakaj, Margarite Clarey, Bina Desai, Justin Ginnetti, Capucine Maus de Rolley, Padraic McClusky, Lisa Monaghan, Sorcha O'Callaghan, Catherine Osborn, Andrés Lizcano, Rodriguez, Elizabeth J. Rushing, Dan Tyler, Michelle Yonetani. 2017. *Global Report on Internal Displacement*. Norwegian Refugee Council, Internal Displacement Monitoring Centre, www.internal-displacement.org/global-report/grid2017/pdfs/2017-GRID.pdf
20 Edenhofer, Ottmar, Jan C. Steckel, Michael Jakob und Christoph Bertram. 2018. *Reports of coal's terminal decline may be exaggerated*. In *Environmental Research Letters* 13 (2).
21 Siehe hierzu etwa Edenhofer, Ottmar. 2018. *Klima, Kohle, Kapital – Ökonomische Hebel in der internationalen Klimapolitik*. In *Politik und Zeitgeschichte*, 68. Jahrgang, 21–23/2018: S. 26–33.
22 United Nations Environment Programme. 2017. *The Emissions Gap Report*. Nairobi: UNEP.
23 Zu den Chancen einer effektiven CO_2-Bepreisung siehe z. B. Edenhofer, Ottmar und Michael Jakob. 2017. *Klimapolitik – Ziele, Konflikte, Lösungen*. München: C. H. Beck.
24 Edenhofer, Ottmar. 2015. *King Coal and the queen of subsidies*. In *Science* 349 (6254): S. 1286–1287.

25 Stiglitz, Joseph E., et al. 2017. *Report of the High-Level Commission on Carbon Prices*. Washington: The World Bank.

Abbildung 16
Keine schöne Aussicht.
Globale Umweltprognosen
1 Fujino, J., et al. 2006. *Multi-gas mitigation analysis on stabilization scenarios using AIM global model*. In *The Energy Journal* Vol. 27 Special Issue; Hijioka, Y., et al. 2008. *Global GHG emissions scenarios under GHG concentration stabilization targets*. In *Journal of Global Environmental Engineering* 13: S. 97–108. Im Prognosezeitraum wurde das mittlere Emissionsszenario RCP6.0 des IPCC ausgewählt.
2 Collins, M., et al. 2013. *Long-term Climate Change: Projections, Commitments and Irreversibility*. In *Climate Change 2013: The Physical Science Basis. Contribution of Working Group I to the Fifth Assessment Report of the Intergovernmental Panel on Climate Change*. Cambridge/United Kingdom und New York, USA: Cambridge University Press. Der Temperaturanstieg bezieht sich auf den vorindustriellen Referenzzeitraum 1850–1900. Im Prognosezeitraum wurde das mittlere Emissionsszenario RCP6.0 des IPCC ausgewählt.
3 Daten von Our World in Data auf Grundlage der Food and Agriculture Organization, aufgerufen am 18.08.2018, www. ourworldindata.org/meat-and-seafood-production-consumption. Ab 2014 eigene Berechnungen.
4 Daten von PlasticsEurope, aufgerufen am 18.08.2018, www.plasticseurope.org/en/resources/market-data. Ab 2017 eigene Berehnungen.

Gabriel Felbermayr
Dienstleistungen als nächste Stufe des Außenhandels
1 Federico, Giovanni, und Antonio Tena-Junguito. 2017. *A tale of two globalizations: gains from trade and openness 1800–2010*. In *Review of World Economics* 153: S. 601–626.
2 Ebd.
3 Steinwender, Claudia. 2018. *Real Effects of Information Frictions: When the States and the Kingdom Became United*. In *American Economic Review* 108 (3): S. 657–696.
4 Baldwin, Richard. 2016. *The Great Convergence*. Harvard University Press.
5 Goldberg, Pinelopi, und Giovanni Maggi. 1999. *Protection of Sale: An Empirical Investigation*. In *American Economic Review* 89 (5): S. 1135–1155; Ricardo, David. 1815. *An Essay on the Influence of a low Price of Corn on the Profits of Stock*. London: John Murray.
6 Bernhofen, Daniel, Zouheir El-Sahli und Richard Kneller. 2016. *Estimating the Effects of the Container Revolution on World Trade*. In *Journal of International Economics* 98: S. 36–50.
7 Aichele, Rahel, Gabriel Felbermayr und Inga Heiland. 2013. *Neues aus der Basarökonomie*. In *ifo Schnelldienst* 66 (6): S. 13–28.
8 Milanovic, Branko. 2016. *Global Inequality: A New Approach for the Age of Globalization*. Harvard University Press.
9 Die Analyse von Milanovic sagt *nicht*, dass das Einkommen einer Person, die etwa im Jahr 1988 das Medianeinkommen (fünfzigstes Perzentil)

verdient hat, einen Zuwachs von 70 Prozent bis 2008 zu verzeichnen hat, sondern sie vergleicht unterschiedliche Personen, die jeweils für sich 1988 und 2008 das Medianeinkommen verdienten.

10 Die allerärmsten zwei Prozent hatten hingegen deutliche Einbußen zu verzeichnen (was allerdings wenig mit Entwicklungen der Weltwirtschaft und viel mit bürgerkriegsähnlichen Zuständen zu tun haben dürfte).

11 Rodrik, Dani. 2011. *The Globalization Paradox: Democracy and the Future of the World Economy.* W. W. Norton & Company.

12 Felbermayr, Gabriel, Michele Battisti und Sybille Lehwald. 2016. *Einkommensungleichheit in Deutschland, Teil 1: Gibt es eine Trendumkehr?* In *ifo Schnelldienst* 69 (13): S. 28–37.

13 Felbermayr, Gabriel, Jasmin Gröschl und Benjamin Jung. 2017. *Wohlfahrtseffekte der Handelsliberalisierung,* Arbeitspapier 03/2017, Sachverständigenrat zur Beurteilung der gesamtwirtschaftlichen Entwicklung.

14 Hoekman, Bernard. 2015. *The Global Trade Slowdown: A New Normal.* VoxEU.org, voxeu.org/sites/default/files/file/Global%20Trade%20Slowdown_nocover.pdf

15 Bughin, Jacques, und Susan Lund. 2017. *The ascendancy of international data flows.* VoxEU.org, voxeu.org/article/ascendancy-international-data-flows

16 BEA: Bureau of Economic Analysis. 2016. *BEA Estimates of International Trade in Digitally Enabled Services.* www.esa.doc.gov/economic-briefings/new-bea-estimates-international-trade-digitally-enabled-services

17 Bughin und Lund 2017.

18 Pring-Mill, David. 2018. *Why hasn't AI mastered language translation? Singularity Hub,* singularityhub.com/2018/03/04/why-hasnt-ai-mastered-language-translation

19 Bigot, Régis, Patricia Croutte, Jörg Muller und Guillaume Osier. 2012. *The Middle Classes in Europe: Evidence from the LIS Data.* In *LIS Working Paper Series* 580 (Luxembourg Income Study).

20 Dauth, Wolfgang, Sebastian Findeisen, Jens Südekum und Nicole Wößner. 2017. *German Robots – The Impact of Industrial Robots on Workers.* CEPR Discussion Paper 12306.

21 OECD. 2018. *GDP long-term forecast.* data.oecd.org/gdp/gdp-long-term-forecast.htm

Michael Hüther
Chancen für eine dritte Globalisierung.
Ausbruch aus der Erschöpfung

1 Zentrale Thesen und Argumentationsmuster beruhen auf: Hüther, Michael, Matthias Diermeier und Henry Goecke. 2018. *Die erschöpfte Globalisierung. Zwischen transatlantischer Orientierung und chinesischem Weg.* Wiesbaden: Springer.

2 Maddison-Project. 2009. *The Maddison-Project,* www.ggdc.net/maddison/maddison-project/home.htm

Henning Kagermann und Johannes Winter
Die zweite Welle der Digitalisierung.
Deutschlands Chance

1 Kagermann, H., H. Österle und J. Jordan. 2010. *IT-Driven Business Models.* Hoboken/NJ.

2 Geisberger, E., und M. Broy. 2012. *agendaCPS.* Heidelberg.

3 acatech und Forschungsunion. 2013. *Deutschlands Zukunft als Produktionsstandort sichern. Umsetzungsempfehlungen für das Zukunftsprojekt Industrie 4.0.* München.

4 acatech. 2017. *Wegweiser Smart Service Welt.* Berlin.

5 Wahlster, W. 2014. *Semantic Technologies for Mass Customization.* In *Towards the Internet of Services,* herausgegeben von W. Wahlster et al., S. 3–14. Heidelberg.

6 Kagermann, H., und J. Winter. 2017. *Industrie 4.0 und plattformbasierte Geschäftsmodellinnovationen.* In *Praxishandbuch Industrie 4.0,* herausgegeben von K. Lucks. Stuttgart.

7 Ramge, T., und V. Mayer-Schönberger. 2017. *Das Digital.* Berlin.

8 acatech – Deutsche Akademie der Technikwissenschaften und Hightech-Forum der Bundesregierung, 2017. *Fachforum Autonome Systeme.* Berlin.

9 Wahlster, W. 2017. *Künstliche Intelligenz als Grundlage autonomer Systeme.* In *Informatik-Spektrum* 40 (5): S. 409–418.

10 Daugherty, P., und P. H. J. Wilson. 2018. *Human + Machine.* Cambridge.

11 Accenture. 2018. *The Platform Economy,* aufgerufen am 09.05.2018, www.accenture.com/us-en/insight-digital-platform-economy

12 McAfee, A., und E. Brynjolfsson. 2017. *Machine, Platform, Crowd.* New York.

13 Tiwana, A. 2013. *Platform Ecosystems.* Waltham.

14 Moore, J. F. 1993. *Predators and prey: a new ecology of competition.* In *Harvard Business Review* 71 (3): S. 75–86.

15 Christensen, C. M., M. E. Raynor und R. McDonald. 2015. *What Is Disruptive Innovation?* In *Harvard Business Review, Special Feature.*

16 Jürgens, K., R. Hoffmann und C. Schildmann. 2017. *Arbeit transformieren!* Bielefeld.

17 Jacobs, J. C., H. Kagermann, T. Sattelberger und T. Lange. 2018. *Zukunft der digitalen Transformation gestalten.* In *Arbeit 4.0 aktiv gestalten,* herausgegeben von S. Werther und L. Bruckner, S. 24–29. Berlin.

18 acatech. 2016. *Die digitale Transformation gestalten.* München.

19 Bundesministerium für Verkehr und digitale Infrastruktur (BMVI). 2017. *Ethik-Kommission Automatisiertes und Vernetztes Fahren.*

20 Otto, B., M. ten Hompel und S. Wrobel. 2018. *Industrial data space.* In *Digitalisierung,* herausgegeben von R. Neugebauer, S. 113–133.

21 Frey, C., und M. Osborne. 2013. *The Future of Employment.* Oxford.

22 Arntz, M., T. Gregory und U. Zierahn. 2018. *Digitalisierung und die Zukunft der Arbeit.* Mannheim.

23 Spath, D. 2018. *Lernende Systeme in Wirtschaft und Gesellschaft.* In *Digitalisierung im Spannungsfeld von Politik, Wirtschaft & Recht,* herausgegeben von K. Mayr. Heidelberg.

24 Evans, P., und A. Gawer. 2016. *The Rise of the Platform Enterprise.* New York.

Rudolf Stichweh
Wissensproduktion der Zukunft

1 Vgl. ergänzend: Stichweh, Rudolf. 2014. *Wissensordnungen und Wissensproduktion im 21. Jahrhundert.* In *Merkur* 68 (4): S. 336–44.

2 Schütz, Alfred. 1972. *Der gut informierte Bürger. Ein Versuch über die soziale Verteilung des Wissens.* In *Gesammelte Aufsätze II. Studien zur soziologischen Theorie (von Alfred Schütz),* herausgegeben von Arvid Brodersen, S. 85–101. Den Haag: Martinus Nijhoff.

3 Hallerberg, Mark, und Jochen Wehner. 2018. *When Do You Get Economists as Policy Makers?* S. 1–47. dx.doi.org/10.2139/ssrn.2191490

4 Schumpeter, Joseph A. 1947. *The Creative Response in Economic History.* In *The Journal of Economic History* 7 (2): S. 149–59.

5 Goldin, Claudia, und Lawrence F. Katz. 2008. *The Race between Education and Technology.* Cambridge, Mass./London: The Belknap Press of Harvard University Press.

6 Rescher, Nicholas. 1989. *Cognitive Economy. The Economic Dimension of the Theory of Knowledge.* Pittsburg, PA: University of Pittsburgh Press.

7 Zu technologischer Eskalation faszinierend: Liu, Cixin. 2015/2017. *The Three-Body Problem (Vol. 1–3).* London: Head of Zeus.

8 Stichweh, Rudolf. 2016b. *Religion als globale Kategorie. Zur Theorie funktionaler Differenzierung.* In *Säkularität und Moderne,* herausgegeben von Karl Gabriel und Christoph Horn, S. 97–118. Freiburg und München: Herder.

9 Stichweh, Rudolf. 2015. *Analysing Linkages between Science and Politics. Transformations of Functional Differentiation in Contemporary Society.* In *Interfaces of Science and Policy and the Role of Foundations,* herausgegeben von Stiftung Mercator, S. 38–47. Essen.

10 Wilensky, Harold L. 1964. *The Professionalization of Everyone?* In *American Journal of Sociology* 70 (1): S. 137–58.

11 Bundesamt für Gesundheit, Schweiz. 2017. *Förderprogramm, Interprofessionalität im Gesundheitswesen, 2017–2020,* herausgegeben von Eidgenössisches Department des Innern, S. 1–16. Bern.

12 Hagel III, John, John Seely Brown und Lang Davison. 2009. *Measuring the Forces of Long-Term Change. The 2009 Shift Index.* Deloitte Center for the Edge. www.edgeperspectives.com/shiftindex.pdf

13 Renaer, Allen H., und Carole L. Palmer. 2009. *Strategic Reading, Ontologies, and the Future of Scientific Publishing.* In *Science* 325: S. 828–32.

14 Power, Michael. 1997. *The Audit Society: Rituals of Verification.* Oxford: Oxford University Press.

15 Stichweh, Rudolf. 2016a. *Inklusion und Exklusion. Studien zur Gesellschaftstheorie (2. erweiterte Auflage).* Bielefeld: Transcript.

16 Gerhards, Jürgen. 2001. *Der Aufstand des Publikums. Eine systemtheoretische Interpretation des Kulturwandels in Deutschland zwischen 1960 und 1989.* In *Zeitschrift für Soziologie* 30 (3): S. 163–84.

Wilhelm Krull
Wissenschaft und Gesellschaft.
Der Transfer zum richtigen Handeln

1 Wissenschaft im Dialog 2017. *Wissenschaftsbarometer 2017,* herausgegeben von Wissenschaft im Dialog, S. 11–12.

2 Online einsehbar unter: www.hrk.de/positionen/beschluss/detail/memorandum-dialog-wissenschaft-und-gesellschaft

3 *Wissenschaftsbarometer* 2017.

4 Ebd.

5 Deutsche Akademie der Naturforscher Leopoldina e. V. 2014. *Die Synthetische Biologie in der öffentlichen Meinungsbildung. Überlegungen im Kontext der wissenschaftsbasierten Beratung von Politik und Öffentlichkeit.* S. 77, 82.

6 Hendriks, F., Kienhues, D., Bromme, R. 2016. *Trust in science and the science trust.*

7 VolkswagenStiftung. IMPULSE-*Magazin*, 2018. S. 12–15.

8 Marcinkowski, Frank, und Matthias Kohring. 2014. *Impulsreferat »Nützt Wissenschaftskommunikation der Wissenschaft? Anmerkungen zu einer umgestellten Frage«.* Hannover, 30.06.2014. www.volkswagenstiftung.de/sites/default/files/downloads/Programmteil_I_Frank_Marcinkowski_und_Matthias_Kohring.pdf

9 Steinmeier, Frank-Walter. *Eröffnung der Podiumsdiskussion »Ist die Vernunft noch zu retten? Verantwortliches Handeln in der Gegenwart«.* Berlin, 27.05.2017. www.bundespraesident.de/SharedDocs/Reden/DE/Frank-Walter-Steinmeier/Reden/2017/05/170527-Panel-Kirchentag-Berlin.html

10 Vgl. dagegen, mit Blick auf die notwendige Interaktivität: Krull, Wilhelm. 2003. *Wissenschaft, Kommunikation und öffentliches Interesse.* In *science + fiction. Zwischen Nanowelt und globaler Kultur.* S. 9–14. Berlin: Jovis.

11 Vgl. IMPULSE-*Magazin*, 2018.

12 Fachforum Partizipation und Transparenz des High-Forums. Partizipatives Agenda-Setting – Gesellschaft an Forschung und Innovation beteiligen. Berlin, April 2017. www.hightech-forum.de/fileadmin/PDF/hightech-forum_partizipation_und_transparenz.pdf

13 Deutsche Akademie der Naturforscher Leopoldina e. V. 2014. *Die Synthetische Biologie in der öffentlichen Meinungsbildung. Überlegungen im Kontext der wissenschaftsbasierten Beratung von Politik und Öffentlichkeit.* S. 54.

14 Nationale Akademie der Wissenschaften Leopoldina, acatec, Union der deutschen Akademien der Wissenschaften. 2017. *Social Media und digitale Wissenschaftskommunikation. Analyse und Empfehlungen zum Umgang mit Chancen und Risiken in der Demokratie*, herausgegeben von Acatech et al. S. 14.

15 Vgl. *Frankfurter Allgemeine Zeitung*, 24.1.2018.

16 Wissenschaften im Dialog, Bundesverband Hochschulkommunikation. 2016. *Leitlinien zur guten Wissenschafts-PR*, herausgegeben von Wissenschaft im Dialog. www.wissenschaft-im-dialog.de/fileadmin/user_upload/Ueber_uns/Gut_Siggen/Dokumente/LEITLINIEN_WISSPR_17_11_Druck_komprimiert.pdf

17 Allmendinger, Jutta. 2017. *Die Werte der Wissenschaft. Reden und Gedanken zum »March for Science« in Deutschland*, herausgegeben von Reiner Korbmann. S. 13 f. wissenschaftkommuniziert.files.wordpress.com/2017/09/die_werte_der_wissenschaft_final.pdf

18 Vgl. Krull, Wilhelm. 2017. *In turbulent times trust is crucial for universities. University World News*, 10.11.2017, www.universityworldnews.com/article.php?story=20171107085924596

Dietmar Harhoff mit Alexander Suyer
Von klassischer Forschungs- zu moderner Innovationspolitik

1 Statistisches Bundesamt, GENESIS-Online-Datenbank, Tabellen-Code 21341-0001.

2 Statistisches Bundesamt. 2018. *Finanzen der Hochschulen*, Fachserie 11, Reihe 4.5, Tabellenblatt 1.2.4. Zudem wurde der vergleichbare Wert für das Jahr 2005 auf Anfrage vom Statistischen Bundesamt übermittelt.

3 Berechnungen in: EFI – Expertenkommission Forschung und Innovation. 2017. *Gutachten zu Forschung, Innovation und technologischer Leistungsfähigkeit Deutschlands 2017.* Berlin. Auf Basis von Statistisches Bundesamt 2018 und schriftlicher Auskunft des Statistischen Bundesamtes.

4 Zwar hat die Deutsche Forschungsgemeinschaft eine 20-Prozent-Pauschale für Overheadkosten eingeführt. Diese deckt die tatsächlichen Overheadkosten jedoch nicht.

5 Deutsche Forschungsgemeinschaft (DFG). 2013. *Exzellenzinitiative auf einen Blick – Der Wettbewerb des Bundes und der Länder zur Stärkung der universitären Spitzenforschung.* 5. überarbeitete Auflage. Bonn.

6 *Exzellenzstrategie des Bundes und der Länder.* DFG, www.dfg.de/exzellenzstrategie

7 *Pakt für Forschung und Innovation. Gemeinsame Wissenschaftskonferenz*, www.gwk-bonn.de/themen/foerderung-von-ausseruniversitaeren-wissenschaftseinrichtungen/pakt-fuer-forschung-und-innovation

8 Stephan, P. 1996. *The Economics of Science.* In *Journal of Economic Literature* 34 (3): S. 1199–1235.

9 Detailinformationen zu den Programmen des Bundesministeriums für Bildung und Forschung finden sich in: EFI – Expertenkommission Forschung und Innovation. 2017. *Gutachten zu Forschung, Innovation und technologischer Leistungsfähigkeit Deutschlands 2017.* S. 54 f. Berlin.

10 Porter, M. 1998. *Clusters and the New Economics of Competition.* In *Harvard Business Review* 76 (6): S. 77–91.

11 Schasse, U., B. Gehrke und G. Stenke. 2018. *Forschung und Entwicklung in Staat und Wirtschaft – Deutschland im internationalen Vergleich. Studien zum deutschen Innovationssystem.* Berlin.

12 *Anteile kleiner und mittlerer Unternehmen an ausgewählten Merkmalen 2015. Statistisches Bundesamt*, aufgerufen am 16.07.2018, www.destatis.de/DE/ZahlenFakten/GesamtwirtschaftUmwelt/UnternehmenHandwerk/KleineMittlere UnternehmenMittelstand/Tabellen/Insgesamt.html

13 Rammer, C., S. Gottschalk, B. Peters, J. Bersch und D. Erdsiek. 2016. *Die Rolle von KMU für Forschung und Innovation in Deutschland, Studien zum deutschen Innovationssystem Nr. 10-2016.* Berlin.

14 Das Programm richtet sich an Forscherteams in den Lebenswissenschaften, die ein Unternehmen gründen wollen, und trägt den langen Entwicklungszyklen und dem hohen Ressourcenbedarf in der Biotechnologie Rechnung.

15 Sternberg, R., M. Wallisch, N. Gorynia-Pfeffer, J. von Bloh und A. Baharian. 2017. *Global Entrepreneurship Monitor 2017/2018, Unternehmensgründungen im weltweiten Vergleich – Länderbericht Deutschland 2017/18.* Eschborn.

16 *Economy Rankings. Doing Business*, www.doingbusiness.org/rankings

17 Zum Beispiel: EFI – Expertenkommission Forschung und Innovation. 2012. *Gutachten zu Forschung, Innovation und technologischer Leistungsfähigkeit Deutschlands 2012.* Berlin.

18 Eßig, M., und M. Schaupp. 2016. *Ermittlung des innovationsrelevanten Beschaffungsvolumens des öffentlichen Sektors als Grundlage für eine innovative öffentliche Beschaffung.* Neubiberg: Kompetenzzentrum innovative Beschaffung des Bundesministeriums für Wirtschaft und Energie und Universität der Bundeswehr München.

19 EFI – Expertenkommission Forschung und Innovation. 2017. *Gutachten zu Forschung, Innovation und technologischer Leistungsfähigkeit Deutschlands 2017.* Berlin.

20 Müller, S. C., M. Böhm, M. Schröer, A. Bakhirev, B. Baiasu, H. Krcmar und I. Welpe. 2016. *Geschäftsmodelle in der digitalen Wirtschaft, Studien zum deutschen Innovationssystem* Nr. 13-2016. Berlin.

21 EFI – Expertenkommission Forschung und Innovation. 2017. *Gutachten zu Forschung, Innovation und technologischer Leistungsfähigkeit Deutschlands 2017.* Berlin.

22 Jetter, M. 2011. *A Smarter Planet – Der Wandel in Richtung Dienstleistungen.* In *Internet der Dienste*, herausgegeben von L. Heuser und W. Wahlster. Berlin/Heidelberg.

23 GfK – Gesellschaft für Konsumforschung. 2014. *Umfrage in mittelständischen Unternehmen zum Thema Digitalisierung – Bedeutung für den Mittelstand, Umfrage im Auftrag der DZ Bank*, Nürnberg. www.dzbank.de/content/dam/dzbank_de/de/library/presselibrary/pdf_dokumente/DZ_Bank_Digitalisierung_Grafiken.pdf

24 EFI – Expertenkommission Forschung und Innovation. 2017. *Gutachten zu Forschung, Innovation und technologischer Leistungsfähigkeit Deutschlands 2017.* Berlin.

25 Fromm, J., C. Welzel, L. Nentwig und M. Weber. 2015. *E-Government in Deutschland: Vom Abstieg zum Aufstieg.* Berlin.

26 UN DESA – United Nations Department of Economic and Social Affairs. 2016. *UN E-Government Survey – E-Government in Support of Sustainable Development.* New York.

27 Harhoff, D., H. Kagermann und M. Stratmann (Hrsg.). 2018. *Impulse für Sprunginnovationen in Deutschland.* München: acatech Diskussion.

28 *Berliner Rede 1997 von Bundespräsident Roman Herzog. Der Bundespräsident*, www.bundespraesident.de/SharedDocs/Reden/DE/Roman-Herzog/Reden/1997/04/19970426_Rede.html

Ilona Kickbusch
Umfassende Gesundheitssicherheit als Baustein nachhaltiger deutscher Außenpolitik

1 Steinmeier, F. 2014. *Menschen nicht mit Ebola alleinlassen. Welt Am Sonntag*, 21.09.2014.

2 WHO. 2018. *Ebola Virus Disease Fact Sheet.* www.who.int/en/news-room/fact-sheets/detail/ebola-virus-disease. Genf: World Health Organisation.

3 Kickbusch, I., C. Franz, A. Holzscheiter, I. Hunger, A. Jahn, C. Köhler und J. Schmidt. 2017. *Deutschlands wachsende Bedeutung in der globalen Gesundheitspolitik.* In *The*

Lancet 6736 (17): S. 31460–5. dx.doi.org/10.1016/
S0140-6736(17)31460-5

4 Siehe Horton, R., und P. Das. 2015. *Global health security now*. In *The Lancet* 385
(9980): S. 1805–1806. doi.org/10.1016/S0140-
6736(15)60909-6; Merkel, A. 2015. *Statement by Fe-
deral Chancellor Angela Merkel at the 68th session
of the WHO World Health Assembly in Geneva on
18 May 2015*, aufgerufen am 31.01.2017, www.who.
int/mediacentre/events/2015/wha68/merkel-
speech-wha68.pdf

5 Ischinger, W., und D. Messner. 2017. *Deutschlands Neue Verantwortung*. www.deutschlands-
verantwortung.de/buch. Berlin: Econ.

6 IPCC. 2014. *Climate Change: Synthesis Report.
Contribution of Working Groups I, II and III to the
Fifth Assessment Report of the Intergovernmental
Panel on Climate Change* [Core Writing Team, R.
K. Pachauri and L. A. Meyer (eds.)]. Genf: IPCC.

7 UNISDR. 2015. *Making Development Sustainable: The Future of Disaster Risk Management.
Global Assessment Report on Disaster Risk Reduc-
tion*. Genf: UNISDR.

8 World Bank. 2017. *From panic and neglect to
investing in health security: financing pandemic
preparedness at a national level*. Washington
D.C.: The World Bank Group, documents.
worldbank.org/curated/en/979591495652724770/
From-panic-and-neglect-to-investing-in-health-
security-financing-pandemic-preparedness-at-
a-national-level

9 Jamison, D., L. Summers, G. Alleyne, K. Arrow,
S. Berkley, A. Binagwaho, F. Bustreo, D. Evans, R.
Feachem, J. Frenk, G. Ghosh, S. Goldie, Y. Guo, S.
Gupta, R. Horton, M. Kruk, A. Mahmoud, L. Mo-
hohlo, M. Ncube, A. Pablos-Mendez, K. Reddy, H.
Saxenian, A. Soucat, K. Ulltveit-Moe und G. Ya-
mey. 2013. *The Lancet Commissions Global health
2035: a world converging within a generation*.
In *The Lancet* 382 (9908): S. 1898–1955. dx.doi.
org/10.1016/S0140-6736(13)62105-4

10 Daten der Weltbank.

11 Daten, abgerufen am 04.02.2018,
ourworldindata.org/life-expectancy

12 Daten, abgerufen am 10.02.2018, www.who.
int/gho/mortality_burden_disease/life_tables/en

13 World Bank. 2015. *Update on the Economic
Impact of the 2014–2015 Ebola*. Washington D.C.:
World Bank Group. documents.worldbank.org/
curated/en/480751468266708176/pdf/
958040WP00U0900e0April150Box385458B.pdf

14 World Bank. 2010. *People, Pathogens and Our
Planet –Volume one: towards a one health ap-
proach for controlling zoonotic diseases*. Report
No. 50833-GLB. Washington D.C.: The World
Bank Group.

15 Lee, B. Y., J. A. Alfaro-Murillo, A. S. Parpia, L.
Asti, P. T. Wedlock, P. J. Hotez und A. P. Galvani.
2017. *The potential economic burden of Zika in
the continental United States*. In *PLOS Neglected
Tropical Diseases* 11 (4), e0005531. doi.org/10.1371/
journal.pntd.0005531

16 Quelle: Smith et al 2014. Zitiert in Quick, J.
D., und B. Fryer. 2018. *The End of Epidemics: The
Looming Threat to Humanity and How to Stop It*.
New York: St. Martin's Press.

17 Stenberg, K., O. Hanssen, T. T. T. Edejer, M.
Bertram, C. Brindley, A. Meshreky, A. Soucat et
al. 2017. *Financing transformative health systems
towards achievement of the health Sustainable
Development Goals: a model for projected resource

needs in 67 low-income and middle-income countries*. In *The Lancet Global Health* 5 (9), e875–e887.

18 World Bank. 2017. *From panic and neglect to investing in health security: financing pandemic preparedness at a national level*. Washington, D.C.:
The World Bank Group. documents.worldbank.
org/curated/en/979591495652724770/pdf/
115271-REVISED-FINAL-IWG-Report-3-5-18.pdf

19 Quick und Fryer 2018.

20 WHO. 2018. *WHO R&D Blueprint 2018 –
Annual review of diseases (Meeting Report)*.
Genf: World Health Organization. www.who.
int/emergencies/diseases/2018prioritization-
report.pdf

21 Chiu, Y.-W., Y.-H. Weng, Y.-Y. Su, C.-Y. Hu-
ang, Y.-C. Chang und K. N. Kuo 2009. *The nature
of international health security*. In *Asia Pacific
Journal of Clinical Nutrition* 18 (4): S. 679–683.

22 Jonas, O. B. 2014. *Pandemic Risk (Background
Paper to the World Development Report 2014)*.
Washington D.C.: World Bank.

23 Gates, B. 2017. *A new kind of terrorism could
wipe out 30 million people in less than a year —
and we are not prepared*. *Business Insider
Deutschland*, aufgerufen am 18.02.2017, www.
businessinsider.de/bill-gates-op-ed-bio-
terrorism-epidemic-world-threat-2017-2

24 JMP. 2017. *Estimates on the use of water, sanitation and hygiene by country (2000–2015)*. Genf:
Joint Monitoring Program for Water Supply,
Sanitation and Hygiene (World Health Organisation and Unicef). washdata.org/data

25 International Civil Aviation Organization,
Civil Aviation Statistics of the World and ICAO
staff estimates. Daten abgerufen von data.world-
bank.org/indicator/IS.AIR.PSGR

26 Morse, S. S., J. A. K. Mazet, M. Woolhouse,
C. R. Parrish, D. Carroll, W. B. Karesh, P. Daszak
et al. 2012. *Prediction and prevention of the next
pandemic zoonosis*. In *The Lancet* 380 (9857): S.
1956–1965. doi.org/10.1016/S0140-6736(12)61684-5

27 Jetten, T. H., und D. A. Focks. 1997. *Potential
changes in the distribution of dengue transmission under climate warming*. In *The American
Journal of Tropical Medicine and Hygiene* 57 (3):
S. 285–297.

28 Allen, T., K. A. Murray, C. Zambrana-Tor-
relio, S. S. Morse, C. Rondinini, M. Di Marco, P.
Daszak et al. 2017. *Global hotspots and corre-
lates of emerging zoonotic diseases*. In *Nature
Communications* 8 (1): S. 1–10. doi.org/10.1038/
s41467-017-00923-8

29 Raslan, R., S. El Sayegh, S. Chams, N. Chams,
A. Leone und I. Hajj Hussein. 2017. *Re-Emerging
Vaccine-Preventable Diseases in War-Affected Peo-
ples of the Eastern Mediterranean Region –An
Update*. In *Frontiers in Public Health* 5 (October):
S. 1–8.doi.org/10.3389/fpubh.2017.00283

30 The National Academies of Sciences/Engi-
neering/Medicine. 2017. *Infectious Diseases, Pan-
demic Infmuenza, and Antimicrobial Resistance:
Global Health Security Is National Security*. In
*Global Health and the Future Role of the United
States*, S. 43–98. Washington D.C.: National
Academies Press.

31 Kickbusch, I. 2016. *Governing the global health security domain*. Global Health
Programme Working Paper 12. repository.
graduateinstitute.ch/record/293810/files/
working paper 12GHP_2015.pdf

32 WHO. 2016. *WHO's new Health Emergencies
Programme*. Genf.

33 »Canada, Denmark, Estonia, Germany, the
Republic of Korea, Kuwait, Luxembourg, Malta,
Netherlands, Norway, and the United Kingdom
of Great Britain and Northern Ireland announ-
ced contributions ranging from US$20,000 to
US$5.6 million at a conference hosted at WHO
headquarters in Geneva, Switzerland on Mon-
day (March 26) – increasing CFE funding levels
to US$23 million.«

34 WHO. 2018. *Donors pledge over US$15 million
to WHO's Contingency Fund for Emergencies*. Re-
liefweb, aufgerufen am 27.04.2018, reliefweb.int/
report/world/donors-pledge-over-us15-million-
who-s-contingency-fund-emergencies

35 World Bank. 2017. *World Bank Launches
First Ever Pandemic Bonds to Support $500 Mil-
lion Pandemic Emergency Financing Facility*. Washington, D.C. treasury.worldbank.org/
cmd/htm/World-Bank-Launches-First-Ever-
Pandemic-Bonds-to-Support-500-Million-
Pandemic-Emergenc.html

36 Daten, abgerufen am 28.01.2018
von www.who.int/about/who_reform/
emergency-capacities/contingency-fund/en

37 World Bank. 2017. *Pandemic Emergency
Financing Facility*. Worldbank.org, aufgerufen
am 27.07.2017, www.worldbank.org/en/topic/
pandemics/brief/pandemic-emergency-
financing-facility

38 Osewe, P. 2016. *Preparing for the catastro-
phe we hope will never happen*. Worldbank.org,
aufgerufen am 10.19.2016, blogs.worldbank.
org/health/pandemic-simulations-preparing-
catastrophe-we-hope-will-never-happen

39 Daten. abgerufen 27.01.2018 von projects.
worldbank.org/P111556/east-africa-public-
health-laboratory-networking-project?lang=en

40 CEPI, www.cepi.org

41 Coalition for Epidemic Preparedness Innovations. *Priority Diseases*, aufgerufen am
03.03.2018, cepi.net/resources#Priority-diseases

42 Osewe, P. 2016. *Preparing for the catastro-
phe we hope will never happen*. Worldbank.org,
aufgerufen am 10.19.2016, blogs.worldbank.
org/health/pandemic-simulations-preparing-
catastrophe-we-hope-will-never-happen

43 Daten abgerufen am 27.01.2018 von projects.
worldbank.org/P154807?lang=en

44 Global Health Security Agenda, www.
ghsagenda.org. Über: Mitgliedsländer: www.
ghsagenda.org/members

45 Quick 2018, Übersetzung der Autorin.

46 WHO. 2016. *Joint external evaluation tool:
International Health Regulations (2005)*. Genf:
World Health Organisation.

47 Daten abgerufen am 13.02.2018 von www.
who.int/ihr/procedures/mission-reports/en

48 Tambo, E., A. Kazienga, M. Talla, CF Cheng-
ho und C. Fotsing. 2017. *Digital Technology and
Mobile Applications Impact on Zika and Ebola
Epidemics Data Sharing and Emergency Response*.
In *Journal of Health & Medical Informatics* 8 doi.
org/10.4172/2157-7420.1000254

49 Ebd.

50 United Nations General Assembly. 2016.
*Resolution adopted by the General Assembly on 15
December 2016 Global health and foreign policy:
health employment and economic growth*. United
Nations, New York, aufgerufen am 18.01.2017,

51 Maas, H. 2018. *Rede von Außenminister Heiko Maas anlässlich des Global Solutions Summit 2018*. Berlin: Auswärtiges Amt. www.auswaertiges-amt.de/de/newsroom/maas-global-solutions-summit/2098388

52 Siehe Kickbusch, I. 2016. *Governing the global health security domain*. Global Health Programme Working Paper 12; Moon, S., D. Sridhar, M. A. Pate, A. K. Jha, C. Clinton, S. Delaunay, P. Piot et al. 2018. *Will Ebola change the game? Ten essential reforms before the next pandemic. The report of the Harvard-LSHTM Independent Panel on the Global Response to Ebola*. In *The Lancet* 386 (10009): S. 2204–2221.

53 Farrow, R. 2018. *War on Peace: The End of Diplomacy and the Decline of American Influence*. New York: W. W. Norton & Company.

54 Beck, U. 2007. *Weltrisikogesellschaft – Auf der Suche nach der verlorenen Sicherheit*. Frankfurt am Main: Suhrkamp.

55 Kickbusch, I., C. Franz, A. Holzscheiter, I. Hunger, A. Jahn, C. Köhler, J. Schmidt et al. 2017. *Deutschlands wachsende Bedeutung in der globalen Gesundheitspolitik*. In *The Lancet* 6736 (17): S. 31460–5.

56 One Health Global Network. *What is One Health?*, aufgerufen am 03.03.2018, www.onehealthglobal.net/what-is-one-health

57 Bangert, M., D. H. Molyneux, S. W. Lindsay, C. Fitzpatrick und D. Engels. 2017. *The cross-cutting contribution of the end of neglected tropical diseases to the sustainable development goals*. In *Infectious Diseases of Poverty* 6 (1): S. 73.

Silja Vöneky
Biotechnologie und der rechtliche Rahmen der künftigen Weltgesellschaft

1 Prof. für Völkerrecht und Rechtsethik, Universität Freiburg. Der Beitrag beruht insbesondere auf den folgenden, weiterführenden Beiträgen der Autorin: Voeneky, Silja. 2018, erscheint demnächst. *Human Rights, and Legitimate Governance of Existential and Global Catastrophic Risks*. In *Human Rights, Democracy, and Legitimacy in a World of Disorder*, herausgegeben von Silja Voeneky und Gerald Neuman, S. 139–162. Cambridge: Cambridge University Press; Vöneky, Silja. 2015. *Biosecurity – Freedom, Responsibility, and Legitimacy of Research*. In *Ordnung der Wissenschaft* 2, S. 117–128. www.ordnungderwissenschaft.de/2015-2/pdfs/10_2015_voeneky_biosecurity_odw.pdf

2 So auch zur Biosicherheit: Rees, Martin. 2014. *We are in Denial about Catastrophic Risks*. In *What Should We Be Worried About*, herausgegeben von John Brockman, S. 12. New York: Harper Perennial.

3 Brynjolfsson, Erik, und Andrew McAfee. 2014. *The Second Machine Age*. New York City: W. W. Norton & Company. National Academies of Sciences, Engineering, and Medicine. 2016. *Gene Drives on the Horizon, Advancing Science, Navigating Uncertainty, and Aligning Research with Public Values*, S. 253. Washington, D. C.: The National Academies Press. doi.org/10.17226/23405

4 Ein existenzielles Risiko kann als ein hypothetisches zukünftiges Ereignis definiert werden, das das Potenzial hat, das Auslöschen der Menschheit auf der Erde zu verursachen. Ein katastrophales Risiko ist ein hypothetisches zukünftiges Ereignis, das das Potenzial hat, den Tod einer großen Anzahl von Menschen oder die Zerstörung eines großen Teils der Erde zu verursachen. Ein Risiko ist global, wenn das Risiko potenziell zu einem globalen Schaden führen kann. Zu ähnlichen Definitionen: Bostrom, Nick. 2014. *Superintelligence: Paths, Dangers, Strategies*. S. 115. Oxford: Oxford University Press.

5 Sun, Lena. 2018. *Bill Gates calls on U. S. to lead fight against a pandemic that could kill 33 million. Washington Post*, aufgerufen am 15.05.2018, www.washingtonpost.com/news/to-your-health/wp/2018/04/27/bill-gates-calls-on-u-s-to-lead-fight-against-a-pandemic-that-could-kill-millions

6 Obwohl der Begriff »Risiko« verschiedene Bedeutungen hat, verwende ich ihn nach der Bestimmung, wonach ein Risiko ein unerwünschtes Ereignis ist, das eintreten kann oder nicht eintreten kann. Siehe: Hansson, Sven. 2011. *Risk*. In *Stanford Encvclopedia of Philosophy*, herausgegeben von Edward Zalta, plato.stanford.edu/entries/risk. Dieser Begriff umfasst auch Situationen der Unsicherheit, in denen keine Wahrscheinlichkeiten nachgewiesen werden können. Für einen anderen, engeren Risikobegriff, der diese Fälle der Unsicherheit von dem Risikobegriff ausnimmt (also: »Unsicherheit versus Risiko«), siehe Sunstein, Cass. 2002. *Risk and Reason: Safety, Law and the Environment*. S. 129. Cambridge: Cambridge University Press; Sunstein, Cass. 2007. *Worst-Case Scenarios*. S. 146 f. Cambridge: Harvard University Press.

7 Dies sind Versuche, bei denen die pathogenen Effekte eines Mikroorganismus entweder direkt oder durch Erhöhung seiner Übertragbarkeit oder durch Anpassung an neue Wirtsorganismen erhöht werden. Siehe auch: Deutscher Ethikrat. 2014. *Biosicherheit – Freiheit und Verantwortung in der Wissenschaft*. S. 293. Berlin: Deutscher Ethikrat, Glossar. www.ethikrat.org/dateien/pdf/stellungnahme-biosicherheit.pdf. Zur weiteren Diskussion siehe: National Academies of Sciences, Engineering and Medicine. 2016. *Gain-of-Function Research: Zusammenfassung des zweiten Symposiums vom 10–11 März 2016*. Washington, D. C.: The National Academies Press. doi.org/10.17226/23484

8 Die fragliche Dual-Use-Forschung ist Forschung, von der man heute annehmen kann, dass sie Wissen, Produkte oder Technologien hervorbringt, die von anderen direkt dahingehend missbraucht werden könnten, dass die öffentliche Gesundheit und Sicherheit, landwirtschaftliche Nutzpflanzen und andere Pflanzen, Tiere, die Umwelt oder Materialien durch die Anwendung gefährdet würden. Siehe: National Science Advisory Board for Biosecurity (NSABB). 2007. *Proposed Framework for the Oversight of Dual Use Life Science Research*, aufgerufen am 15.05.2018, fas.org/biosecurity/resource/documents/NSABB%20draft%20guidelines%20on%20dual%20use%20research.pdf. Der Begriff wurde vom sogenannten Fink-Report geprägt, siehe: National Research Council. 2004. *Biotechnology Research in an Age of Terrorism*. Washington, D. C.: The National Academies Press. doi.org/10.17226/10827

9 Virologen modifizierten das H5N1-Vogelgrippevirus so, dass es aerogen übertragbar wurde und auf Frettchen, die ein gutes Modell für Menschen sind, übertragen werden konnte, und veröffentlichten ihre Ergebnisse. Siehe: Casadevall, Arturo, und Michael Imperiale. 2014. *Risks and Benefits of Gain-of-Function Experiments with Pathogens of Pandemic Potential, such as Influenza Virus: A Call for a Science-Based Discussion*. In *mBio* 5, Nr. 4: e01730-14. mbio.asm.org/content/5/4/e01730-14.extract. Einige Schätzungen legen nahe, dass Hunderte Millionen Todesfälle auftreten könnten, wenn dieses modifizierte Virus aus dem Labor entweichen würde; siehe: Evans, Nicholas Greig, Marc Lipsitch und Meira Levinson. 2015. *The Ethics of Biosafety Considerations in Gain-of-Function Research Resulting in the Creation of Potential Pandemic Pathogens*. In *Journal of Medical Ethics* 41 (11): S. 905. doi.org/10.1136/medethics-2014-102619

10 Maddalo, Danilo, et al. 2014. *In Vivo Engineering of Oncogenic Chromosomal Rearrangements with the CRISPR/Cas9 System*. In *Nature* 516: S. 423 f., www.nature.com/nature/journal/v516/n7531/pdf/nature13902.pdf

11 Siehe in der im Jahr 2017 von der Deutschen Gesellschaft für Virologie abgegebenen Stellungnahme zur Gefährlichkeit dieser Versuche und des Pockenvirus als biologischer Waffe: »Es bedeutet aber auch, dass weiterhin vorgesorgt werden muss für den Notfall eines Wiederauftretens des Pockenerregers infolge einer absichtlichen Freisetzung von konventionellem oder neugeschaffenem Virusmaterial zum Zweck der biologischen Kriegsführung.« Gesellschaft für Virologie. 2017. *Herstellung von Pferdepockenvirus mittels Gensynthese*, aufgerufen am 15.05.2018, www.g-f-v.org/sites/default/files/Stellungnahme%20Horsepox%20final.pdf

12 CRISPR (*clustered regularly-interspaced short palindromic repeats*) sind Segmente von bakterieller DNA, die mit spezifischen Leitproteinen wie Cas9 (CRISPR-assoziiertes Protein 9) gepaart verwendet werden können, um gezielte Schnitte im Genom eines Organismus vorzunehmen. Cas9 ist ein Enzym, das mit RNA-Guides programmiert werden kann, um zielspezifisch jede beliebige DNA-Sequenz zu adressieren: Das CRISPR-Molekül ist so programmiert, dass es nach bestimmten Sequenzen wie einem mutierten DNA-Code eines lebenden Organismus sucht (dies kann eine Pflanze, ein Tier oder ein Mensch sein). Sobald die Mutation gefunden ist, öffnet CRISPR die verdrehten DNA-Stränge und schneidet die Ziel-DNA-Sequenz mit ihrer molekularen »Schere« heraus; der Organismus kann sich dann selbstständig reparieren oder Forschende können in einer korrigierten Sequenz etwas einfügen; siehe: Charpentier, Emmanuelle, und Jennifer A. Doudna. 2013. *Rewriting a Genome*. In *Nature* 495: S. 50–51, www.nature.com/articles/495050a.pdf

13 Allerdings beschränken sich die Risiken der Biotechnologie nicht allein auf das Entwickeln neuer Krankheitserreger, siehe: Nouri, Ali, und Christopher Chyba. 2011. *Biotechnology and biosecurity. In Global Catastrophic Risks*, herausgegeben von Nick Bostrom und Milan Cirkovic, S. 450. Oxford: Oxford University Press. National Academies of Sciences, Engineering, and Medicine. 2016.

14 Natürliche Populationen von Arten mit kurzen Generationsabständen könnten innerhalb

kurzer Zeiträume durch Gene-Drives verändert oder ausgelöscht werden. Siehe dazu: Nuffield Council on Bioethics. 2016. *Genome Editing: An Ethical Review*, S. 79. nuffieldbioethics.org/wp-content/uploads/Genome-editing-an-ethical-review.pdf. London: Nuffield Council on Bioethics. Im Jahr 2015 berichtete eine US-amerikanische Forschergruppe von einem effizienten Gene-Drive-System, das in nur zwei Generationen bei 97 Prozent der Nachkommen eine Mutation bewirken kann, siehe: ebd., S. 81.

15 Siehe: Yong, Ed. 2017. *One Man's Plan to Make Sure Gene Editing Doesn't Go Haywire. The Atlantic*, aufgerufen am 15.05.2018, www.theatlantic.com/science/archive/2017/07/a-scientists-plan-to-protect-the-world-by-changing-how-science-is-done/532962. Vgl. dort das Zitat des MIT-Forschers Kevin Esvelt: »For gene drive, the closed-door model is morally unacceptable. You don't have the right to go into your lab and build something that is ineluctably designed to affect entire ecosystems. If it escapes into the wild, it would be expected to spread and affect people's lives in unknown ways. Doing that in secret denies people a voice.«

16 DARPA. 2016. *Broad Agency Announcement Insect Allies, Biological Technologies Office*, HR001117S0002. Die Beschreibung des Forschungsprogramms durch die DARPA als Förderstelle ist abrufbar unter www.darpa.mil/program/insect-allies. Zur Bewertung dieses Programms siehe: Reeves, Guy, Silja Voeneky et al. 2018. *Simplification of a U. S. defense agency program generates a new bioweapon and its means of delivery*. In *Science* (manuscript submitted and under review).

17 Für eine Analyse siehe: Wittes, Benjamin, und Gabriela Blum. 2015. *The Future of Violence*. S. 17–43. New York: Basic Books.

18 Vom 18. Mai 1977, angenommen durch die Resolution 31/72 der Generalversammlung der Vereinten Nationen am 10. Dezember 1976.

19 Konvention über das Verbot der Entwicklung, Herstellung und Lagerung biologischer Waffen und Toxinwaffen sowie über die Vernichtung solcher Waffen vom 16. Dezember 1971, 1015 U.N.T.S. 163, am 26. März 1975 in Kraft getreten.

20 Vom 5. Juni 1992, 1760 U.N.T.S. 79, am 29. Dezember 1993 in Kraft getreten.

21 Vom 29. Januar 2000, 2226 U.N.T.S. 208, am 11. September 2003 in Kraft getreten.

22 Vom 15. Oktober 2010, in Kraft getreten am 5. März 2018, abrufbar unter treaties.un.org/doc/source/docs/UNEP_CBD_BS_COP_MOP_5_17-E.pdf

23 Art. 3 Cartagena-Protokoll: »Im Sinne dieses Protokolls (...) (i) bedeutet ›moderne Biotechnologie‹ die Anwendung a. von In-vitro-Nukleinsäure-Techniken, einschließlich rekombinanter Desoxyribonukleinsäure (DNS) und der Direkteinspritzung von Nukleinsäure in Zellen oder Organellen, oder b. der Verschmelzung von Zellen über die taxonomische Familie hinaus, wodurch natürliche physiologische Grenzen für die Vermehrung oder Rekombination überschritten werden, sofern dies keine Techniken sind, die bei der herkömmlichen Zucht und Auswahl eingesetzt werden; (...)«.

24 Art. 1 Cartagena-Protokoll: »Im Einklang mit dem Vorsorgeprinzip in Grundsatz 15 der Erklärung von Rio über Umwelt und Entwicklung zielt dieses Protokoll darauf ab, zur Sicherstellung eines angemessenen Schutzniveaus bei der sicheren Weitergabe, Handhabung und Verwendung der durch moderne Biotechnologie hervorgebrachten lebenden veränderten Organismen, die nachteilige Auswirkungen auf die Erhaltung und nachhaltige Nutzung der biologischen Vielfalt haben können, beizutragen, wobei auch Risiken für die menschliche Gesundheit zu berücksichtigen sind und ein Schwerpunkt auf der grenzüberschreitenden Verbringung liegt.«

25 Nicht gebunden sind die USA, siehe die Liste der Vertragsparteien, abrufbar unter bch.cbd.int/protocol/parties

26 Beitritt der Europäischen Gemeinschaft im Jahr 2002; vgl. Entscheidung des Rates 2002/628/EC, abrufbar unter eur-lex.europa.eu/legal-content/EN/TXT/PDF/?uri=CELEX:32002D0628&from=en

27 Was einen Schaden darstellt, ist in Art. 2 Abs. 2 lit. b definiert. Zu den Ausnahmen vgl. Art. 6 des Nagoya/Kuala-Lumpur-Protokolls.

28 Zur den vertraglichen Kausalitätsanforderungen, die keinen universalen Standard normieren, sondern auf das innerstaatliche Recht verweisen, vgl. Art. 4 Nagoya/Kuala-Lumpur-Protokoll: »A causal link shall be established between the damage and the living modified organism in question in accordance with domestic law.«

29 Art. I BWÜ: »Each State Party to this Convention undertakes never in any circumstances to develop, produce, stockpile or otherwise acquire or retain: (1) Microbial or other biological agents, or toxins whatever their origin or method of production, of types and in quantities *that have no justification for prophylactic, protective or other peaceful purposes*; (2) Weapons, equipment or means of delivery designed to use such agents or toxins *for hostile purposes or in armed conflict*.« Hervorhebung hinzugefügt.

30 Die Verhandlungen über ein Implementierungsprotokoll scheiterten am Widerstand weniger Staaten, siehe: Svarc, Dominaka. 2012. *Biological Weapons and Warfare*. In *Max Planck Encyclopedia of Public International Law*, Bd. 1, herausgegeben von Rüdiger Wolfrum, S. 948. Oxford: Oxford University Press.

31 »Internationales *soft law*« wird hier definiert als die Normen, die keiner formellen Rechtsquelle des Völkerrechts zugeordnet werden können und daher nicht unmittelbar rechtsverbindlich sind, aber von völkerrechtlichen Subjekten vereinbart werden (insbesondere Staaten, internationalen Organisationen), die im Prinzip auch internationales Recht vereinbaren könnten; für eine ähnliche Definition siehe: Thürer, Daniel. 2012. *Soft Law*. In *Max Planck Encyclopedia of Public International Law*, Bd. 9, herausgegeben von Rüdiger Wolfrum, S. 271.

32 Zur Gene-Drive-Forschung siehe: National Academies of Sciences, Engineering, and Medicine. 2016. *Gene Drives on the Horizon, Advancing Science, Navigating Uncertainty, and Aligning Research with Public Values*. S. 29. Washington, D.C.: The National Academies Press. doi.org/10.17226/23405

33 Mit Dank an Guy Reeves und Derek Caetano-Anolles, eigene Übersetzung.

34 Verabschiedet von der 18. WMA-Generalversammlung, Helsinki, Finnland, Juni 1964; zuletzt revidiert durch die 64. WMA-Generalversammlung, Fortaleza, Brasilien, Oktober 2013. Abrufbar unter www.wma.net/policies-post/wma-declaration-of-helsinki-ethical-principles-for-medical-research-involving-human-subjects

35 Siehe: Max-Planck-Gesellschaft. 2010, rev. 2017. *Guidelines and Rules of the Max Planck Society on a Responsible Approach to Freedom of Research and Research Risks*. Diese sind nicht auf bestimmte Forschungsbereiche beschränkt oder für diese spezifiziert. Aufgerufen am 15.05.2018, www.mpg.de/197392/researchFreedomRisks.pdf. Für weitere Hinweise und eine Bewertung von Verhaltenskodizes, die durch private Akteure im Bereich der *Biosafety*, *Biosecurity* und Dual-Use-Forschung erlassen wurden, siehe: Deutscher Ethikrat. 2014. *Biosicherheit – Freiheit und Verantwortung in der Wissenschaft*, S. 122–146. www.ethikrat.org/dateien/pdf/stellungnahme-biosicherheit.pdf. Berlin: Deutscher Ethikrat.

36 Abrufbar unter futureoflife.org/ai-principles

37 Dies war der Fall bei einem Moratorium für bestimmte risikoreiche Influenza-Forschung (DURC/GOFsoc) von 2012–2013: Von Januar 2012 bis Januar 2013 stellten Forschende die Experimente ein, die Vogelgrippe gefährlicher machen konnten. Sie beschlossen ein freiwilliges Moratorium, siehe: Fouchier, Ron A. M., et al. 2012. *Pause on Avian Flu Transmission Research*. In *Science* 335: S. 400–1. www.sciencemag.org/site/feature/data/hottopics/biosecurity/Fouchier.Express.pdf

38 Callaway, Ewen. 2016. *'Gene Drive' Moratorium Shot Down at UN Biodiversity Meeting*. In *Nature*, aufgerufen am 15. 05.2018, www.nature.com/news/gene-drive-moratorium-shot-down-at-un-biodiversity-meeting-1.21216

39 Für eine Diskussion des Begriffs der »Legitimität« vertiefend: Vöneky, Silja. 2010. *Recht, Moral und Ethik*: S. 130–162. Tübingen: Mohr Siebeck. Zur Diskussion der Legitimität besonders des Völkerrechts siehe: Buchanan, Allen. 2010. *The Legitimacy of International Law*. In *The Philosophy of International Law*, herausgegeben von Samantha Besson und John Tasioulas. S. 79–96. Oxford: Oxford University Press; Tasioulas, John. 2010. *Legitimacy of International Law*. In: ebd., S. 97–116.

40 Dies bedeutet, dass die Wahrscheinlichkeit des Eintritts eines bestimmten Schadens *gering, jedoch nicht gleich null ist* und die Realisierung des Risikos (möglicherweise) schwerwiegende, sogar existenzielle oder katastrophale Folgen haben kann.

41 Dies bedeutet, dass die Wahrscheinlichkeit des Eintritts eines bestimmten Schadens *unbekannt, jedoch nicht gleich null ist* und die Realisierung des Risikos (möglicherweise) schwerwiegende, sogar existenzielle oder katastrophale Folgen haben kann.

42 Zur Antwort auf die Frage »Warum ist es gut, rational zu sein?« siehe: Putnam, Hillary. 2008. *Reason, Truth, and History*, S. 181–188. Cambridge: Cambridge University Press.

43 Diese sind die internationalen Menschenrechtsnormen. Zum Zusammenhang zwischen Menschenrechten, internationalen Menschenrechtsnormen und dem Konzept der internationalen Legitimität siehe: Buchanan, Allen. 2010.

The Legitimacy of International Law. In The Philosophy of International Law, herausgegeben von Samantha Besson und John Tasioulas, S. 94–96. Oxford: Oxford University Press.

44 Art. 18, 19 ICCPR; Art. 9, 10 ECHR. Anders jedoch Art. 13 Charta der Grundrechte der Europäischen Union (Freiheit der Künste und Wissenschaften). Dort wird ausdrücklich festgelegt: »Kunst und Forschung sind frei. Die akademische Freiheit wird geachtet.« Ähnliche Normen sind in den nationalen Verfassungen enthalten, siehe zum Beispiel Art. 5 Abs. 3 des deutschen Grundgesetzes (GG), in dem es heißt: »Kunst und Wissenschaft, Forschung und Lehre sind frei. Die Freiheit der Lehre entbindet nicht von der Treue zur Verfassung.«

45 Die legitimen Ziele, für die das Recht auf freie Meinungsäußerung und das Recht auf Wissenschaftsfreiheit gemäß dem Internationalen Pakt über bürgerliche und politische Rechte und der Europäischen Menschenrechtskonvention begrenzt werden können, sind noch weitgehender. Siehe Art. 19 Abs. 3 ICCPR; Art. 10 Abs. 2 ECHR.

46 Es ist eine Pflicht zum Schutz und nicht nur eine Verpflichtung zur Achtung; siehe U. N. Comm'n Hum. Rts., Res. 2005/69, 29.04.2005, U. N. Dok. E/CN.4/2005/L.10/Add.17; Ausschuss für wirtschaftliche, soziale und kulturelle Rechte, Allgemeiner Kommentar Nr. 13, Abs. 46 (1999), neu aufgelegt in U. N. Dok. HRI/GEN/1/Rev.9, 72 (2008).

47 171 Vertragsstaaten hatten den ICCPR bis Mai 2018 ratifiziert.

48 Zum Recht auf Leben, vgl. Art. 6 Abs. 1 ICCPR; der zweite Satz sieht für das Recht auf Leben ausdrücklich vor, dass dieses »gesetzlich zu schützen« ist. Darüber hinaus ist das menschliche Leben die Voraussetzung für die Ausübung aller anderen Menschenrechte, das Recht auf Leben ist Teil des Völkergewohnheitsrechts und in allen wichtigen Menschenrechtskonventionen verankert. Der Europäische Gerichtshof für Menschenrechte hat die positive Verpflichtung zum Schutz des menschlichen Lebens zudem in vielen seiner Entscheidungen betont.

49 Vgl. auf der Grundlage der Grundrechte des Grundgesetzes zu der Frage, ob die Bundesrepublik verpflichtet ist, gegen die Versuchsreihen im CERN einzuschreiten, der Beschluss des Bundesverfassungsgerichts vom 18.02.2010 – 2 BvR 2502/08 – Rn. 1–30, abrufbar unter www.bverfg.de

50 Ich danke Cass R. Sunstein, der mit mir diese Szenarien erörtert hat.

51 Da ein auf Menschenrechten basierender Ansatz Verfahrensrechte für Individuen fordert, damit diese an Entscheidungen teilhaben können, die sie betreffen, sind dies *Vorschläge*, wie die mit den Menschenrechten geschützten Werte in Bezug auf die Fragen der Biosicherheit zu präzisieren sind und wie existenzielle und globale katastrophale Risiken normativ einzuhegen sind.

52 Abgeleitet aus der Spieltheorie, steht Maximin für das Maximieren des Minimums.

53 Zum Beispiel als Teil der Europäischen Menschenrechtskonvention.

54 Diese Empfehlungen basieren auf den Empfehlungen des Deutschen Ethikrats, siehe: Deutscher Ethikrat. 2014. *Biosicherheit – Freiheit und Verantwortung in der Wissenschaft*, S. 190 ff. www.ethikrat.org/dateien/pdf/stellungnahme-biosicherheit.pdf. Berlin: Deutscher Ethikrat.

55 Wenn sich die Wissenschafts- und Biotech-Gemeinschaft zusätzlich auf einen »Verhaltenskodex für verantwortungsvolle Biotechnologie und Biosicherheit« als Teil der privaten Regelsetzung einigt, dürfte der Kodex nicht den Regeln der »Deklaration (oder: Vertrages) für verantwortungsvolle Biotechnologie und Biosicherheit« widersprechen. Die Deklaration müsste zudem einen Anwendungsvorrang besitzen.

56 Beispielsweise Forschung, die darauf gerichtet ist, die schädlichen Folgen gefährlicher/gelisteter Agenzien zu verbessern; Forschung zur Verbesserung der Anfälligkeit einer Wirtspopulation für gefährliche/gelistete Agenzien; Forschung, die dazu bestimmt ist, die Resistenz gefährlicher/gelisteter Agenzien gegen therapeutische oder prophylaktische antimikrobielle oder antivirale Substanzen zu induzieren oder zu erhöhen; Forschung zur Erhöhung der Übertragbarkeit und des Infektionspotenzials gefährlicher/gelisteter Agenzien; Forschung zur Änderung des Wirtsspektrums gefährlicher/gelisteter Agenzien; Forschung zur Erhöhung der Stabilität gefährlicher/gelisteter Agenzien; Forschung, die den Nachweis gefährlicher/gelisteter Agenzien erschweren soll; Forschung zur Verringerung der Wirksamkeit von medizinischen Gegenmaßnahmen wie Impfungen und therapeutischen und prophylaktischen Substanzen in Bezug auf gefährliche/gelistete Agenzien. Siehe: Deutscher Ethikrat. 2014. *Biosicherheit – Freiheit und Verantwortung in der Wissenschaft*, S. 194 ff. www.ethikrat.org/dateien/pdf/stellungnahme-biosicherheit.pdf. Berlin: Deutscher Ethikrat.

Abbildung 28
Der Westen wird abgehängt.
Forschung und Entwicklung

1 Daten des UNESCO Institute for Statistics, aufgerufen am 18.08.2018, www.data.uis.unesco.org. Ab 2016 eigene Berechnung.

Neil Thurman
Veröffentlichung von Nachrichten im Zeitalter der Automatisierung

1 Siehe z. B.: Schifferes, Steve, et al. 2014. *Identifying and Verifying News through Social Media: Developing a User-centred Tool for Professional Journalists*. In *Digital Journalism* 2 (3): S. 406–418.

2 Siehe z. B.: Fletcher, Richard, Steve Schifferes und Neil Thurman. 2017. *Building the 'Truthmeter': Training Algorithms to Help Journalists Assess the Credibility of Social Media Sources.* In *Convergence: The International Journal of Research into New Media Technologies*, doi. org/10.1177/1354856517714955

3 Siehe z. B.: Thurman, Neil, Konstantin Dörr und Jessica Kunert. 2017. *When Reporters Get Hands-on with Robo-writing: Professionals Consider Automated Journalism's Capabilities and Consequences.* In *Digital Journalism* 5 (10): S. 1240–1259.

4 Siehe z. B: Thurman, Neil. 2011. *Making 'The Daily Me': Technology, Economics and Habit in the Mainstream Assimilation of Personalized News.* In *Journalism: Theory, Practice & Criticism* 12 (4): S. 395–415.

5 Thurman, Neil, et al. 2016. *Giving Computers a Nose for News: Exploring the Limits of Story Detection and Verification.* In *Digital Journalism* 4 (7): S. 838–848.

6 Dataminr, www.dataminr.com

7 Thurman, Neil. 2017. *Social Media, Surveillance, and News Work: On the Apps Promising Journalists a 'Crystal Ball'.* In *Digital Journalism* 6 (1): S. 76–97.

8 Siehe z. B.: Graefe, Andreas, et al. 2016. *Readers' Perception of Computer-generated News: Credibility, Expertise, and Readability.* In *Journalism: Theory, Practice & Criticism*, doi. org/10.1177/1464884916641269

9 Gregory, Julia. 2017. *Press Association Wins Google Grant to Run News Service Written by Computers. The Guardian*, 06.07.2016, www. theguardian.com/technology/2017/jul/06/ press-association-wins-google-grant-to-run-news-service-written-by-computers

10 Kerschbaumer, Ken. 2018. *Cricket Australia Taps WSC Sport for Automated Content Creation. SVG News*, 09.01.2018, www.sportsvideo.org/2018/ 01/09/cricket-australia-taps-wsc-sport-for-automated-content-creation

Naika Foroutan
Nationale Identität in der pluralen Demokratie

1 Vgl. Gehlen, Martin. 2016. *Das Ende jeden Friedens, Zeit Online*, www.zeit.de/politik/ ausland/2016-05/sykes-picot-abkommen-syrien-irak-islamischer-staat

2 Anderson, Benedict. 1998. *Die Erfindung der Nation. Zur Karriere eines folgenreichen Konzepts*. Berlin.

3 Tönnies, Ferdinand. 1991. *Gemeinschaft und Gesellschaft. Grundbegriffe der reinen Soziologie*, 3. unveränderte Auflage. Darmstadt.

4 Bruckstein Çoruh, Shulamit. 2010. *Die jüdisch-christliche Tradition ist eine Erfindung. Tagesspiegel*, www.tagesspiegel.de/kultur/ islam-debatte-die-juedisch-christliche-tradition-ist-eine-erfindung/1954276.html

5 Smith, Anthony D. 1998. *The ethnic origins of nations*. Oxford.

6 Weber, Max. 1922. *Wirtschaft und Gesellschaft – Grundriss der verstehenden Soziologie*. Tübingen.

7 Statistisches Bundesamt. 2017. *Bevölkerung mit Migrationshintergrund um 8,5 Prozent gestiegen*, Pressemitteilung Nr. 261 vom 01.08.2017, www.destatis.de/DE/PresseService/Presse/ Pressemitteilungen/2017/08/PD17_261_12511.html

8 Pressekonferenz von Bundeskanzlerin Merkel, Bundesaußenminister Gabriel, dem Präsidenten des Zentralverbandes des Deutschen Handwerks, Wollseifer, und dem Vorsitzenden des Deutschen Gewerkschaftsbundes, Hoffmann, beim 8. Meseberger Zukunftsgespräch, www. bundesregierung.de/Content/DE/Mitschrift/ Pressekonferenzen/2017/06/2017-06-14-pk-meseberg.html

9 *Karamba Diaby als erster Schwarzer im Bundestag, Die Welt*, 25.11.2013.

10 Weichselbaumer, Doris. 2016. *Discrimination against Female Migrants Wearing Headscarves.* In *Discussion Paper Series* No. 10217.

11 SVR-Forschungsbereich. 2014. *Diskriminierung am Ausbildungsmarkt. Ausmaß, Ursachen und Handlungsperspektiven*. Berlin.

12 Foroutan, Naika, et al. 2014. Deutschland postmigrantisch I. Gesellschaft, Religion, Identität. Erste Ergebnisse. Berlin, S. 26. www.projekte.hu-berlin.de/de/junited/deutschland-postmigrantisch-1.

13 Ebd., S. 35.

14 Foroutan, Naika, Jan Schneider und Petra Stanat. 2017. *Vielfalt im Klassenzimmer. Wie Lehrkräfte gute Leistung fördern können.* Berlin.

15 Foroutan et al. 2014.

16 Ebd., S. 35.

17 Luther, Martin. 1543. *Von den Juden und ihren Lügen.*

18 Kant, Immanuel. 1798. *Anthropologie in pragmatischer Hinsicht.*

19 Kant, Immanuel. 1802. *Physische Geographie.*

20 Bundeszentrale für politische Bildung. 2011. *Die Herkunft spielt keine Rolle – »Postmigrantisches« Theater im Ballhaus Naunynstraße.* In *Dossier: Kulturelle Bildung,* www.bpb.de/gesellschaft/bildung/kulturelle-bildung/60135/interview-mit-shermin-langhoff

21 Hobsbawm, Eric. 2012. *Introduction: Inventing Traditions.* In *The Invention of Tradition,* 20. Auflage, herausgegeben von Eric Hobsbawm und Terrence Ranger, S. 1–14. Cambridge.

22 Brubaker, William Rogers. 1990. *Immigration, Citizenship, and the Nation-State in France and Germany: A Comparative Historical Analysis.* In *International Sociology* 5 (4): S. 379–407.

23 Vgl. Gergen, Kenneth J., und Mary M. Gergen. 1988. *Narrative and the Self as Relationship.* In *Advances in Experimental Social Psychology* 21: S. 17–56. San Diego: Academic Press.

24 Vgl. Assmann, Jan. 1992. *Das kulturelle Gedächtnis. Schrift, Erinnerung und politische Identität in den frühen Hochkulturen.* München. Halbwachs, Maurice. 1991. *Das kollektive Gedächtnis.* Frankfurt am Main.

Dirk Messner
Die drei Wegscheiden für Deutschland und Europa

1 WBGU – Wissenschaftlicher Beirat der Bundesregierung Globale Umweltveränderungen. 2016. *Der Umzug der Menschheit – die transformative Kraft der Städte.* Berlin: WBGU; World Bank. 2016a. *Climate Change Action Plan.* Washington: World Bank.

2 WBGU. 2011. *Gesellschaftsvertrag für eine große Transformation.* Berlin: WBGU.

3 Kant, Immanuel. 1781. *Critik der reinen Vernunft.* Riga: Hartknoch.

4 Osterhammel, Jürgen. 2009. *Die Verwandlung der Welt. Eine Geschichte des 19. Jahrhunderts.* München: Beck.

5 Messner, Dirk. 2016. *A social contract for low carbon and sustainable development: reflections on non-linear dynamics of social realignments and technological innovations.* In *Technological Forecasting and Social Change* 98: S. 2060–270.

6 Wissenschaftlicher Beirat der Bundesregierung Globale Umweltveränderungen (WBGU). 2014a. *Zivilisatorischer Fortschritt innerhalb planetarischer Leitplanken.* Berlin: WBGU.

8 Appiah, Kwame Anthony. 2010. *How moral revolutions happen.* New York: Norton; Mayntz, Renate. 2002. *Kausale Rekonstruktion.* Mannheimer Vorträge Nr. 17. Mannheim: MZEW; Leach, Melissa, et al. 2005. *Science and Citizens.* London:

ZED Press; Chan, Sander, et al. 2018. *Linkages: understanding their role in polycentric governance.* In *Governing climate change,* herausgegeben von Andrew Jordan et al., S. 169–187. Cambridge: University Press; Messner 2016.

9 Von Asselt, Harro, und Fariborz Zelli. 2018. *International Governance.* In *Governing climate change,* herausgegeben von Andrew Jordan et al., S. 29–46. Cambridge: University Press.

10 Steffen, Will, et al. 2011. *The Anthropocene: conceptual and historical perspectives.* In *Philosophical Transactions of a Royal Society A.* 369(1938): S. 842–867.

11 Allmendinger, Jutta. 2014. *Mythen – Fakten – Ansatzpunkte. Dimensionen sozialer Ungleichheit in Europa.* Stuttgart: Stiftung Bundespräsident Theodor Heuss; World Bank. 2016b. *Taking on Inequality.* Washington, D. C.: World Bank.

12 Appiah 2010.

13 Cremin, Teresa, et al. 2013. *Reciprocity between narrative, questioning, and imagination; examining the role of narrative in possibility thinking.* In *Thinking Skills and Creativity* 9, August 2013: S. 135–151.

14 Osterhammel 2009; Roeck, Bernd. 2017. *Der Morgen der Welt: Geschichte der Renaissance.* Berlin: Beck.

15 WBGU. 2014b. *Climate protection as a world citizen movement.* Berlin: WBGU.

16 Messner, Dirk, und Silke Weinlich. 2016. *Global cooperation and the human factor.* London: Routledge.

17 WBGU 2016.

18 Kant 1781.

19 Ash, Timothy Garton. 2017. *Does European populism exist? Social Europe,* 27.10.17, www.socialeurope.eu/european-populism-exist; Messner, Dirk. 2017. *Passt das Ökologische zum Sozialen? Überlegungen in turbulenten Zeiten.* In *Frankfurter Hefte* 3, 2017: S. 4–11.

20 WBGU 2016.

21 Blom, Philipp. 2008. *Der taumelnde Kontinent. Europa 1900–1914.* Berlin: dtv; Kandell, Eric. 2012. *Das Zeitalter der Erkenntnis.* Berlin: Pantheon.

22 WBGU. 2018. *Digitalisierung: Worüber wir jetzt reden müssen.* Berlin: WBGU.

23 Foundation, E. E. M. 2017. *Cities in the Circular Economy: An Initial Exploration.* S. 16. Cowes: The Ellen MacArthur Foundation; acatech. 2014. *Resilience-by-Design: Strategien für die technologischen Zukunftsthemen.* Berlin: acatech.

24 Villani, Cédric. 2018. *For a meaningful artificial intelligence.* Paris: Nationales Parlament.

25 Tegmark, Max. 2017. *Life 3.0.* London: Random House; Domingos, Pedro. 2015. *The Master Algorithm: How the Quest for the Ultimate Learning Machine Will Remake Our World.* New York: Basic Books; Villani 2018.

26 Villani 2018.

27 Bostrom, Nick. 2014. *Superintelligence.* Oxford: University Press.

28 Roeck 2017.

29 WBGU 2018; WBGU. 2019 (im Erscheinen). *Nachhaltigkeit im digitalen Zeitalter.* Berlin: WBGU.

Abbildung 32
Geht doch! Globaler Fortschritt.

1 Daten vom UNESCO Institute for Statistics, aufgerufen am 18.08.2018, www.data.uis.unesco.org. Ab 2016 eigene Berechnungen.

2 Daten des Bundesministeriums für Wirtschaft und Energie auf Grundlage der Internationalen Energie Agentur (IEA), aufgerufen am 18.08.2018, www.bmwi.de/Redaktion/DE/Artikel/Energie/energiedaten-gesamtausgabe.html. Ab 2015 eigene Berechnungen.

3 Daten der Weltbank auf Grundlage der UN Inter-agency Group for Child Mortality Estimation (UN IGME), aufgerufen am 18.08.2018, www.data.worldbank.org/indicator/SP.DYN.IMRT.IN. Ab 2016 eigene Berechnungen.

4 Daten von Our World in Data, aufgerufen am 18.08.2018, www.ourworldindata.org/democracy. Ab 2015 eigene Berechnungen.

5 Daten vom UNESCO Institute for Statistics, aufgerufen am 18.08.2018, www.data.uis.unesco.org. Ab 2016 eigene Berechnungen.

6 Daten von UNAIDS, aufgerufen am 18.08.2018, www.aidsinfo.unaids.org. Ab 2017 eigene Berechnungen.

7 Daten der Weltbank auf Grundlage der International Telecommunication Union, World Telecommunication/ICT Development Report, aufgerufen am 18.08.2018, www.data.worldbank.org/indicator/IT.NET.USER.ZS?end=2016&start=1990. Ab 2016 eigene Berechnungen.

8 Daten des Bulletin of the American Atomic Scientists, aufgerufen am 18.08.2018, www.thebulletin.org/nuclear-notebook. Ab 2016 eigene Berechnungen.

9 Weltbank. 2016. *Poverty and Shared Prosperity 2016: Taking on Inequality.* Washington, D. C.: World Bank. Ab 2013 eigene Berechnungen.

10 UNEP-WCMC IUCN. 2016. *Protected Planet Report 2016.* Cambridge, Großbritanien und Gland, Schweiz: UNEP-WCMC und IUCN. Ab 2016 eigene Berechnungen.

11 Daten von Our World in Data auf Grundlage der Food and Agriculture Organization, aufgerufen am 18.08.2018, www.ourworldindata.org/hunger-and-undernourishment. Ab 2015 eigene Berechnungen.

12 Daten der Food and Agriculture Organization, aufgerufen am 18.08.2018, www.fao.org/faostat/en/#data/QC. Ab 2016 eigene Berechnungen.

13 Daten von Our World in Data auf Grundlage der World Health Organization, aufgerufen am 18.08.2018, www.ourworldindata.org/smallpox

14 Daten der Weltbank auf Grundlage der World Intellectual Property Organization, aufgerufen am 18.08.2018, databank.worldbank.org/data/reports.aspx?source=2&series=IP.PAT.RESD&country=. Ab 2016 eigene Berechnungen.

Ina Schieferdecker und Dirk Messner
Die digitalisierte Nachhaltigkeitsgesellschaft

1 WBGU. 2011. *Welt im Wandel. Gesellschaftsvertrag für eine Große Transformation.* Berlin: WBGU; Rockström, J., W. Steffen, K. Noone, Å. Persson, F. S. Chapin, III, E. Lambin, T. M. Lenton, M. Scheffer, C. Folke, H. Schellnhuber, B. Nykvist, C. A. De Wit, T. Hughes, S. van der Leeuw, H. Rhode, S. Sörlin, P. K. Snyder, R. Costanza, U. Svedin, M. Falkenmark, L. Karlberg, R. W. Corell, V. J. Fabry, J. Hansen, B. Walker, D. Liverman, K. Richardson, P. Crutzen und J. Foley. 2009. *Planetary boundaries: exploring the safe operating space for humanity.* In *Ecology and Society* 14 (2): S. 32; Crutzen, P. J., und E. F. Stoermer. 2000. *The »Anthropocene«.* In *Global Change Newsletter* 41:

S. 17–18. International Geosphere–Biosphere Programme (IGBP).

2 Messner, D. 2015. *A social contract for low carbon and sustainable development: reflections on non-linear dynamics of social realignments and technological innovations in transformation processes*. In *Technological Forecasting and Social Change* 98: S. 260–270; WBGU – Wissenschaftlicher Beirat der Bundesregierung Globale Umweltveränderungen (2016). *Welt im Wandel – Der Umzug der Menschheit: Die transformative Kraft der Städte*. Berlin: WBGU.

3 Dyson, R. 1964. *On the Origins of the Neolithic Revolution*. In *Science* 144 (3619): S. 672–675.

4 Schäfers, B. 2016. *Die Veränderung der Lebensgrundlagen durch die Industrielle Revolution*. In *Sozialgeschichte der Soziologie*. S. 15–26. Springer.

5 Marx, K. 1947. *Das Kapital (Band 1)*. Berlin: Dietz Verlag; Smith, A. 1838. *An Inquiry into the Nature and Causes of the Wealth of Nations*. London: Black and Tait; Osterhammel, J. 2009. *Die Verwandlung der Welt. Eine Geschichte des 19. Jahrhunderts*. München: Beck; Braudel, F. 1985. *Sozialgeschichte des 15.–18. Jahrhunderts*. München: Kindler.

6 Steffen et al. 2011

7 Polanyi, K., R. M. MacIver. 1944. *The great transformation*. Boston: Beacon Press; Habermas, J. 1992. *Faktizität und Geltung*. Berlin: Suhrkamp; Messner, Dirk. 1997. *The network society*. London: Routledge.

8 Vodafone Institute for Society and Communications. 2018. *The Impact Of Artificial Intelligence On Politics, The Economy And Society*.

9 Griggs, D., M. Stafford-Smith, O. Gaffney, J. Rockström, M. C. Öhman, P. Shyamsundar, W. Steffen, G. Glaser, N. Kanie und I. Noble. 2013. *Policy: Sustainable development goals for people and planet*. In *Nature* 495 (7441): S. 305.

10 OECD – Organisation for Economic Co-operation and Development. 2014. *Data-driven Innovation for Growth and Well-being. Interim Synthesis Report*. S. 86. Paris: OECD.

11 Gasser, U., und V. A. F. Almeida. 2017. *A Layered Model for AI Governance*. In *IEEE Internet Computing* 21 (6): S. 58–62.

12 TWI2050. 2018. *The six transformations towards sustainability*. Wien: IIASA.

13 Weizenbaum, J. 2008. *Social and political impact of the long-term history of computing*. In *IEEE Annals of the History of Computing* 30 (3): S. 40–42.

14 Friedman, B. 1997. *Human values and the design of computer technology*. Cambridge: Cambridge University Press.

15 Manovich, L. 2016. *The science of culture? Social computing, digital humanities and cultural analytics*. In *The datafield society. social research in the age of Big Data*. manovich.net/index.php/projects/cultural-analytics-social-computing. Amsterdam: University Press.

16 Baum, K., H. Hermanns und T. Speith. 2018. *From Machine Ethics To Machine Explainability and Back*. S. 8. Saarbrücken: Universität des Saarlands; Gotterbarn, D., A. Bruckman, C. Flick, K. Miller und M. J. Wolf. 2018. *ACM code of ethics: a guide for positive action*.

17 Habermas, J. 1981. *Theorie des kommunikativen Handelns*. Frankfurt: Suhrkamp; Jacob, D., T. Thiel (Hrsg.). 2017. *Politische Theorie und Digitalisierung*. Baden-Baden: Nomos.

18 Tegmark, M. 2017. *Being human in the age of artificial intelligence*. New York: Random House.

19 Stats, I. W. 2018. *World Internet Users and Population Statistics*.

20 statista. 2016. *Number of smartphone users worldwide from 2014 to 2020 (in billions)*.

21 Cerwall, P. 2016. *Ericsson mobility report, mobile world congress edition, February 2016*.

22 statista. 2018. *Digital Economy Compass 2018*.

23 Dolata, U., und J. F. Schrape. 2018. *Collectivity and Power on the Internet: A Sociological Perspective*. Springer International Publishing.

24 Fontaine, S. 2017. *Quo vadis Digitalisierung? Von Industrie 4.0 zur Circular-Economy*. In *EIKV-Schriftenreihe zum Wissens-und Wertemanagement*. Luxemburg: European Institute for Knowledge & Value Management (EIKV).

25 WBGU – Wissenschaftlicher Beirat der Bundesregierung Globale Umweltveränderungen 2016.

26 EU-Kommission. 2006. *EU-eGovernment-Aktionsplan 2016–2020. Beschleunigung der Digitalisierung der öffentlichen Verwaltung*. COM (2016) 179 final. Brüssel: EU-Kommission.

27 Kramer, H. J. 2002. *Observation of the Earth and its Environment: Survey of Missions and Sensors*. Springer Science & Business Media; Belward, A. S., und J. O. Skøien. 2015. *Who launched what, when and why; trends in global land-cover observation capacity from civilian earth observation satellites*. In *ISPRS Journal of Photogrammetry and Remote Sensing* 103: S. 115–128.

28 Geisberger, E., und M. Broy 2012. *Integrierte Forschungsagenda Cyber-Physical Systems, Acatech Studie*. S. 297. München: Acatech.

29 Ellison, N. B. 2007. *Social network sites: Definition, history, and scholarship*. In *Journal of computer-mediated Communication* 13 (1): S. 210–230; Leiner, B. M., V. G. Cerf, D. D. Clark, R. E. Kahn, L. Kleinrock, D. C. Lynch, J. Postel, L. G. Roberts und S. Wolff. 2009. *A brief history of the Internet*. In *ACM SIGCOMM Computer Communication Review* 39 (5): S. 22–31.

30 Chen, G., und D. Kotz. 2000. *A survey of context-aware mobile computing research, Technical Report TR2000-381*. Dept. of Computer Science, Dartmouth College; Al-Fuqaha, A., M. Guizani, M. Mohammadi, M. Aledhari und M. Ayyash. 2015. *Internet of things: A survey on enabling technologies, protocols, and applications*. In *IEEE Communications Surveys & Tutorials* 17 (4): S. 2347–2376.

31 Byres, E., und J. Lowe. 2004. *The myths and facts behind cyber security risks for industrial control systems*. Proceedings of the VDE Kongress; Roman, R., P. Najera und J. Lopez. 2011. *Securing the internet of things*. In *Computer* 44 (9): S. 51–58.

32 Maren, A. J., C. T. Harston und R. M. Pap. 2014. *Handbook of neural computing applications*. Academic Press.

33 Eberl, U. 2016. *Smarte Maschinen. Wie künstliche Intelligenz unser Leben verändert*. München: Hanser.

34 Kehl, C., und C. Coenen. 2016. *Technologien und Visionen der Mensch-Maschine-Entgrenzung. Sachstandsbericht zum TA-Projekt »Mensch-Maschine-Entgrenzungen: zwischen künstlicher Intelligenz und Human Enhancement«*. S. 170. Berlin: Büro für Technikfolgen-Abschätzung beim Deutschen Bundestag (TAB).

35 Kirn, S., und C. D. Müller-Hengstenberg. 2014. *Intelligente (Software-) Agenten: Von der Automatisierung zur Autonomie? Verselbstständigung technischer Systeme*. In *MultiMedia und Recht* 17: S. 225–232.

36 Kopacek, P. 2013. Robotik. In *e & i Elektrotechnik und Informationstechnik* 130 (2): S. 41–41.

37 Peterson, S., und M. Sahinol. 2009. *Jahrestagung der Gesellschaft für Technikgeschichte (GTG) 2009 »Geschichte(n) der Robotik«*. In *TG Technikgeschichte* 77 (1): S. 49–56.

38 Lévy, P., und R. Bononno. 1998. *Becoming Virtual: Reality in the Digital Age*. New York: Plenum Press; Dörner, R., W. Broll, P. Grimm und B. Jung. 2016. *Virtual Reality und Augmented Reality (VR/AR)*. In *Informatik-Spektrum* 39 (1): S. 30–37.

39 Fan, S., Y. Zhang, J. Fan, Z. He und Y. Chen. 2010. *The Application of Virtual Reality in Environmental Education: Model Design and Course Construction*. S. 1–4. Piscataway Township, NJ: Institute of Electrical and Electronics Engineers (IEEE); Ahn, S. J., J. Bostick, E. Ogle, K. L. Nowak, K. T. McGillicuddy und J. N. Bailenson. 2016. *Experiencing nature: Embodying animals in immersive virtual environments increases inclusion of nature in self and involvement with nature*. In *Journal of Computer-Mediated Communication* 21 (6): S. 399–419.

40 Beath, C., I. Becerra-Fernandez, J. Ross und J. Short. 2012. *Finding value in the information explosion*. In *MIT Sloan Management Review* 53 (4): S. 18.

41 Jacobson, M. Z., M. A. Delucchi, Z. A. F. Bauer, S. C. Goodman, W. E. Chapman, M. A. Cameron, C. Bozonnat, L. Chobadi, H. A. Clonts und P. Enevoldsen. 2017. *100% clean and renewable wind, water, and sunlight all-sector energy roadmaps for 139 countries of the world*. In *Joule* 1 (1): S. 108–121.

42 Eberl 2016.

43 The Ellen MacArthur Foundation. 2016. *Intelligent Assets: Unlocking the circular economy potential*. S. 39; The Ellen MacArthur Foundation. 2017. *Cities in the Circular Economy: An Initial Exploration*. S. 16; The Ellen MacArthur Foundation. 2017. *Cities in the Circular Economy: The Role of Digital Technology*. S. 10. Cowes: The Ellen MacArthur Foundation.

44 Hehl, W. 2016. *Strömende Software und Bewusstsein*. In *Wechselwirkung*, S. 129–153. Springer.

45 UNEP – United Nations Environment Programme. 2017. *International Environmental Governance of the Global Commons*. Nairobi: UNEP.

46 Messner, D., und S. Weinlich. 2016. *Global Cooperation and the Human Factor in International Relations*. London: Routledge.

47 Arbanowski, S., P. Ballon, K. David, O. Droegehorn, H. Eertink, W. Kellerer, H. Van Kranenburg, K. Raatikainen und R. Popescu-Zeletin. 2004. *I-centric communications: personalization, ambient awareness, and adaptability for future mobile services*. In *IEEE Communications Magazine* 42 (9): S. 63–69.

48 Helbing, D., B. S. Frey, G. Gigerenzer, E. Hafen, M. Hagner, Y. Hofstetter, J. van den Hoven, R. V. Zicari und A. Zwitter. 2017. *Digitale Demokratie statt Datendiktatur*. In *Unsere digitale Zukunft*, S. 3–21. Springer.

49 Lathrop, D., und L. Ruma. 2010. *Open government: Collaboration, transparency, and participation in practice*. O'Reilly Media, Inc.; Janssen,

M., Y. Charalabidis und A. Zuiderwijk. 2012. *Benefits, adoption barriers and myths of open data and open government*. In *Information systems management* 29 (4): S. 258–268; Andriessen, J., M. Baker, G. Cordasco, R. De Donato, D. Malandrino, G. Palmieri, M. Pardijs, A. Petta, D. Pirozzi und V. Scarano. 2017. *Increasing Public Value through Co-Creation of Open Knowledge*. Fourth International Conference on eDemocracy & eGovernment (ICEDEG). IEEE.

50 Stone, P., R. Brooks, E. Brynjolfsson, R. Calo, O. Etzioni, G. Hager, J. Hirschberg, S. Kalyanakrishnan, E. Kamar und S. Kraus. 2016. *Artificial Intelligence and Life in 2030*. S. 52. Stanford, CA: Stanford University.

51 Bostrom, N., und A. Sandberg. 2009. *The wisdom of nature: an evolutionary heuristic for human enhancement*. In *Human Enhancement*, herausgegeben von J. Savulescu und N. Bostrom, S. 375–416. Oxford, New York: Oxford University Press.

Carlo Ratti
Städte und die vierte industrielle Revolution

1 Dieser Aufsatz greift Argumente folgender Veröffentlichungen auf, in denen Sie eine detailliertere Analyse finden: Ratti, Carlo, und Daniele Belleri. 2017. *A Robot for Living in*. In *Hello, Robot: Design between Human and Machine*. S. 226–38. Weil am Rhein: Vitra Design Museum, MAK; Ratti, Carlo, und Matthew Claudel. 2016. *The City of Tomorrow: Sensors, Networks, Hackers and the Future of Urban Life*. New Haven: Yale University Press; Ratti, Carlo, und Matthew Claudel. 2015. *Open Source Architecture*. London: Thames & Hudson.

2 McLuhan, Marshall, und Gerald E. Stearn. 1967. *Hot and Cool – A Primer for the Understanding of and a Critical Symposium with Responses by McLuhan*. New York: Dial. Eigene Übersetzung.

3 Castell, Manuel. 1996. *The Rise of the Network Society*. In *The Information Age: Economy, Society and Culture*. S. 412. Cambridge, MA: Blackwell. Eigene Übersetzung.

4 Negroponte, Nicolas. 1995. *Being Digital*. New York: Alfred A. Knopf. Eigene Übersetzung.

5 Cairncross, Frances. 1997. *The Death of Distance: How the Communications Revolution Will Change Our Lives*. Cambridge, MA: Harvard Business Press.

6 Rogers, Lord Richard. 1995. *Sustainable City, Lecture 1: The Culture of Cities*. In *Reith Lectures*, BBC Radio 4.

7 Langfang. 2015. *The great sprawl of China*. *The Economist*, aufgerufen am 13.06.2018, www.economist.com/china/2015/01/22/the-great-sprawl-of-china

8 Mitchell, William J. 1999. *E-topia: Urban Life, Jim—But Not as We Know It*. Cambridge, MA: MIT Press; Calabrese, F., et al. 2011. *Interplay between Telecommunications and Face-to-Face Interactions: A Study Using Mobile Phone Data*. In *PLoS ONE* 6, Nr.7.

9 Ebd.

10 Le Corbusier. 2007. *Vers une Architecture (Kommende Baukunst)*. Eigene Übersetzung nach der englischen Übersetzung von John Goodman. Los Angeles: Getty Research Institute.

11 Ratti, Carlo, und Anthony Townsend. 2011. *Harnessing Residents' Electronic Devices Will Yield Truly Smart Cities*. In *Scientific American* 305 (3): S. 42–48.

12 National Research Council. 2001. *Embedded, Everywhere: A Research Agenda for Networked Systems of Embedded Computers*. Washington, D.C.: National Academy Press. Eigene Übersetzung.

13 Kelty, Christopher. 2008. *Two Bits: The Cultural Significance of Free Software*. Durham, NC: Duke University Press Books.

14 Moravec, Hans Peter. 2016. *Robot. Encyclopaedia Britannica*, aufgerufen am 28.09.2016, www.britannica.com/technology/robot-technology

15 *Copenhagen Wheel*. Superpedestrian.com, aufgerufen am 20.05.2018, www.superpedestrian.com

16 Čapek, Karel. 1922. *W. U. R. Werstands universal Robots*. Deutsch von Otto Pick. Prag/Leipzig: Orbis. Das tschechische Original erschien 1920 unter dem Titel *R. U. R.*

17 CERIMES. 2012. *David Roentgen's Automation of Queen Marie Antoinette, The Dulcimer Player (La Joueuse de Tympanon)*. Metropolitan Museum of Art, aufgerufen am 28.06.2016, www.metmuseum.org/metmedia/video/collections/esda/automaton-of-queen-marie-antoinette

18 Schwab, Klaus. 2016. *Die Vierte Industrielle Revolution*. Handelsblatt.com, aufgerufen am 25.07.18, www.handelsblatt.com/politik/international/davos-2016/davos-2016-die-vierte-industrielle-revolution/12836622-all.html

19 Ebd.

20 Mitchell 1999.

21 Ebd.

22 O. V. 2012. *The Third Industrial Revolution*. *The Economist*, aufgerufen am 20.05.2018, www.economist.com/node/21553017

23 David Benjamin in einem Interview von: Liss, Jessica, und Anne Rieselbach. 2014. *The Living. Emergency Voices. Architectural League of New York*, aufgerufen am 22.06.2015, archleague.org/article/the-living. Eigene Übersetzung.

24 Gershenfeld, Neil. 2006. *Unleash Your Creativity in a Fab Lab*. TED Conference. Portola Plaza Hotel, Monterey, CA. Eigene Übersetzung.

25 Ebd.

Johannes Ebert und Ronald Grätz
Die Chancen der auswärtigen Kultur- und Bildungspolitik

1 *Zweiter Jahresbericht der Kulturabteilung des Auswärtigen Amtes* (KULTURABTEILUNG 1967).

2 Ebd.

3 Krastev, Ivan. 2017. *Europadämmerung*. S. 132. Berlin: Suhrkamp.

4 European Commission. 2018. *A New European Agenda for Culture*. ec.europa.eu/culture/sites/culture/files/commission_communication_-_a_new_european_agenda_for_culture_2018.pdf

5 Harari, Yuval Noah. 2017. *Homo Deus*. S. 536. München: C. H. Beck.

6 Lanier, Jaron. 2012. *Gadget*. S. 91. Berlin: Suhrkamp.

7 Kai Strittmatter. 2017. *Chinas digitaler Plan für den besseren Menschen*. Sueddeutsche.de, 22.05.2017, www.sueddeutsche.de/politik/neuer-ueberwachungsstaat-chinas-digitaler-plan-fuer-den-besseren-menschen-1.3517017

8 *Demokratie unter Druck: Polarisierung und Repression nehmen weltweit zu*. Bertelsmann Stiftung, www.bertelsmann-stiftung.de/de/themen/aktuelle-meldungen/2018/maerz/demokratie-unter-druck-polarisierung-und-repression-nehmen-weltweit-zu

9 »Verrechtlichung der Repression« nennt dies zutreffend: Grimm, Jannis. 2015. *Repressionen gegen Ägyptens Zivilgesellschaft*. SWP-Aktuell 2015/A 60, S. 2.

Suzanne S. Schüttemeyer
Die Zukunft der parlamentarischen Demokratie

1 Vgl. Wirthensohn, Andreas. 1999. *Dem »ewigen Gespräch« ein Ende setzen: Parlamentarismuskritik am Beispiel von Carl Schmitt und Hans Herbert von Arnim*. In *Zeitschrift für Parlamentsfragen*, 30. Jg., Heft 2: S. 500–534, S. 507.

2 Für Einzelheiten zum sogenannten 80-Prozent-Mythos und zur Messung der Europäisierung der deutschen Gesetzgebung siehe: Töller, Annette Elisabeth. 2008. *Zur Messung der Europäisierung der Gesetzgebung des Deutschen Bundestages jenseits des 80-Prozent-Mythos*. In *Zeitschrift für Parlamentsfragen*, 39. Jg., Heft 1: S. 3–17; Hölscheidt, Sven, und Tilman Hoppe. 2010. *Der Mythos vom »europäischen Impuls« in der deutschen Gesetzgebungsstatistik*. In *Zeitschrift für Parlamentsfragen*, 41. Jg., Heft 3: S. 543–551.

3 Vgl. Schüttemeyer, Suzanne S. 2007. *Modewort oder Alarmsignal? Befunde und Überlegungen zur Entparlamentarisierung*. In *Res publica semper reformanda (Festschrift für Heinrich Oberreuter zum 65. Geburtstag)*, herausgegeben von Werner J. Patzelt, Martin Sebaldt und Uwe Kranenpohl, S. 241–253, S. 248 f. Wiesbaden: VS Verlag für Sozialwissenschaften.

4 Insbesondere Hans Jürgen Papier hat schon während seiner Amtszeit als Präsident des Bundesverfassungsgerichts diese Auffassung propagiert und zu einer breiten Diskussion Anstoß gegeben, siehe zum Beispiel den Abdruck einer seiner Reden in der »FAZ« vom 31. Januar 2003. Siehe zum Folgenden: Schüttemeyer 2007, S. 242 ff.

5 Ebd.

6 Gar von einer »heiligen Hetzjagd« spricht Sven Siefken in seiner Untersuchung (2007) *Expertenkommissionen zwischen Politikberatung und Verhandlungsarena. Eine Bilanz der rot-grünen Bundesregierung 1998 bis 2005*. Wiesbaden: VS Verlag für Sozialwissenschaften.

7 Für eine lückenlose Dokumentation der Parteimitgliederzahlen, der Rekrutierungsfähigkeit der Parteien und der soziodemografischen Zusammensetzung der Mitgliedschaften siehe die jährlich aktualisierten Beiträge von Oskar Niedermayer in der *Zeitschrift für Parlamentsfragen*, zuletzt in Heft 2/2018 (49. Jg.), S. 346–371.

8 Was passiert, wenn ein solcher Lernort fehlt, lässt sich an der fragwürdigen Praxis der Selbstrekrutierung von Politikern, zum Beispiel in den USA, ablesen.

9 Für Einzelheiten siehe die Ergebnisse der umfassenden Studie über die Kandidatenaufstellung zum Deutschen Bundestag 2017, die das Institut für Parlamentarismusforschung (IParl) durchgeführt hat.

10 Vgl. Wiesendahl, Elmar, Benjamin Höhne und Malte Cordes. 2018. *Mitgliederparteien – Niedergang ohne Ende?* In *Zeitschrift für Parlamentsfragen*, 49. Jg., Heft 2: S. 304–324.

11 Vgl. ebd., S. 324.

Jutta Allmendinger
Die Lebensträume für Deutschland 2030
1 Siehe zu diesem und den folgenden Abschnitten ausführlich: Allmendinger, Jutta. 2017. *Das Land, in dem wir leben wollen.* München: Pantheon Verlag.
2 Bundesministerium für Arbeit und Soziales. 2017. *Weißbuch Arbeit 4.0. Arbeit weiter denken.* Berlin: Bundesministerium für Arbeit und Soziales; Jürgens, Kerstin, Reiner Hoffmann und Christina Schildmann. 2017. *Arbeit transformieren! Denkanstöße der Kommission »Arbeit der Zukunft«.* Bielefeld: transcript.
3 Die Schuldiskussion und den Bildungsauftrag zusammenfassend, siehe: Allmendinger, Jutta. 2012. *Schulaufgaben. Wie wir das Bildungssystem verändern müssen, um unseren Kindern gerecht zu werden.* München: Pantheon.
4 Zum Rechtsanspruch auf Weiterbildung siehe: Kocher, Eva, und Felix Welti. 2013. *Wie lässt sich ein Anspruch auf Weiterbildung rechtlich gestalten?*, WISO-Diskurs, Expertise im Auftrag der Abteilung Wirtschafts- und Sozialpolitik der Friedrich-Ebert-Stiftung, Februar 2013. library. fes.de/pdf-files/wiso/09665.pdf
5 Allerdings gibt es Ausnahmen. So stehen im Rahmen des WeGebAU-Gesetzes (Weiterbildung Geringqualifizierter und beschäftigter älterer Arbeitnehmer in Unternehmen) arbeitsmarktpolitische Maßnahmen für gering qualifizierte Beschäftigte und Beschäftigte in kleinen und mittleren Unternehmen zur Verfügung. Nach dem Weiterbildungsstärkungsgesetz hat Weiterbildung bei Arbeitslosigkeit (SGB III) Vorrang vor der Vermittlung.
6 Sachverständigenkommission zum Zweiten Gleichstellungsbericht der Bundesregierung. 2017. *Erwerbs- und Sorgearbeit gemeinsam neu gestalten*, Kapitel C. IX, S. 124–127. Berlin.
7 Allmendinger, Jutta, und Ellen von den Driesch. 2018. *The extra years: creating more opportunities for women and men by redistributing (working) time.* In *Justice over the Course of Life*, herausgegeben von Christina Woopen. Wiesbaden: Springer (im Erscheinen); Grabka, Markus M., Björn Jotzko, Anika Rasner und Christian Westermeier. 2017. *Der Gender Pension Gap verstärkt die Einkommensungleichheit von Männern und Frauen im Rentenalter.* In DIW Wochenbericht 5: S. 87–96.
8 Zur Teilzeitfalle siehe: Kelle, Nadiya, Julia Simonson und Laura Romeu Gordo. 2017. *Is part-time employment after childbirth a stepping-stone into full-time work? A cohort study for East and West Germany.* In *Feminist Economics* 23 (4). doi.org/10.1080/13545701.2016.1257143
9 Siehe dazu auch das Konzept eines Wahlarbeitszeitgesetzes, vorgelegt vom Deutschen Juristinnenbund. www.djb.de/themen/wahlarbeitszeit/wazg-konzept
10 Zuletzt siehe: Allmendinger, Jutta, und Ellen von den Driesch. 2018. *The extra years: creating more opportunities for women and men by redistributing (working) time.* In *Justice over the Course of Life*, herausgegeben von Christina Woopen. Wiesbaden: Springer (im Erscheinen).
11 Bernhardt, Janine, Lena Hipp und Jutta Allmendinger. 2016. *Warum nicht fifty-fifty? Betriebliche Rahmenbedingungen der Aufteilung von Erwerbs- und Fürsorgearbeit in Paarfamilien.* WZB Discussion Paper, SP I 2016-501. Berlin: WZB.

12 Atkinson, Anthony. 2016. *Ungleichheit. Was wir dagegen tun können.* Stuttgart: Klett-Cotta.

Michael Zürn
Die Zukunft der liberalen
Weltordnung. Szenarien für Deutschland
1 Vgl. generell: Schoemaker, Paul J. H. 1995. *Scenario Planning: A Tool for Strategic Thinking.* In *Sloan Management Review* 36 (2): S. 25–40. Cambridge. Siehe auch: Kosow, Hannah, und Robert Gaßner. 2008. *Methods of Future and Scenario Analysis: Overview, Assessment, and Selection Criteria.* Bonn: Deutsches Institut für Entwicklungspolitik gGmbH. Kosow und Gaßner unterscheiden verschiedene Verfahren der Szenarienbildung.
2 Tetlock, Philip. 2005. *Expert Political Judgement. How Good Is It? How Can We Know?* S. 20. Princeton N. J.: Princeton U. P.
3 Berlin, Isaiah. 1953. *The Hedgehog and the Fox. An Essay.* London: Weidenfeld and Nicolson.
4 Zürn, Michael. 2018. *A Theory of Global Governance. Authority, Legitimation, and Contestation.* Oxford: Oxford U. P.
5 Forst, Rainer. 2007. *Das Recht auf Rechtfertigung. Elemente einer konstruktivistischen Theorie der Gerechtigkeit.* Frankfurt a. M.: Suhrkamp.
6 Weber, Max. (1921) 2013. *Kapitel III. Typen der Herrschaft.* In *Max Weber Gesamtausgabe, Band I/23. Wirtschaft und Gesellschaft*, herausgegeben von Knut Borchardt, Edith Hanke, Wolfgang Schluchter, S. 449–591. Tübingen: Mohr.
7 Vgl. Zürn, Michael, und Matthias Ecker-Ehrhardt (Hrsg.). 2013. *Die Politisierung der Weltpolitik. Umstrittene internationale Institutionen.* Berlin: Suhrkamp.
8 Morse, Julia, und Robert O. Keohane. 2014. *Contested Multilateralism.* In *Review of International Organizations* 9 (4): S. 385–412.
9 Vgl. de Wilde, Pieter, Ruud Koopmans, Wolfgang Merkel, Oliver Strijbs und Michael Zürn. 2019. *Struggle Over Borders. The Political Sociology of Cosmopolitanism and Communitarianism.* Cambridge: Cambridge University Press, i. p.
10 Lipset, Seymour Martin, und Stein Rokkan. 1967. *Cleavage Structures, Party Systems and Voter Alignments. An Introduction.* In *Party Systems and Voter Alignments. Cross-National Perspectives*, herausgegeben von Martin Seymour Lipset und Stein Rokkan, S. 1–64. New York: Free Press.
11 Lipset, Seymour Martin, und Earl Raab. 1970. *The Politics of Unreason: Right-Wing Extremism in America, 1790–1970.* New York: Harper and Row.

Bildnachweise

Die Bildrechte der Porträtfotos liegen bei den
Autoren. Bei Ausnahmen werden diese hier aufgeführt.

44   lux fotografen, Philipp von Recklinghausen
58   Stiftung Wissenschaft und Politik (SWP)
82   Bundesverband der Deutschen
          Industrie (BDI)
109 Adrian Parvulescu
262 David Ausserhofer
270 HC-S. Deshapriya
304 Nina Pierrot
333 ECFR – Margot L´Hermite
344 Lars Kruger
354 Institut für Auslandsbeziehungen e. V.
          (ifa)/Luca Biermann
354 Viktoria Tomaschko/Goethe-Institut

6, 14, 256, 320, 368
Christian Reister/bobsairport

30, 251
Marcus Hammerschmitt/bobsairport

36, 152, 364, 383
Shutterstock.com/Pla2na

44
Shutterstock.com/luna4

57, 141
iStock.com/YiuCheung

64
Shutterstock.com/Din Mohd Yaman

69, 120
Shutterstock.com/Here

72, 92, 326, 344
Shutterstock.com/tereshkov andrey

86, 358
Hendrik Rauch/bobsairport

98, 354
iStock.com/ivanastar

102, 276
Marion Blomeyer/bobsairport

134
Ben de Biel/bobsairport

187, 262, 270, 314, 333
Shutterstock.com/Champiofoto

238
Martina Issler/bobsairport

282, 304, 384
iStock.com/mangpor_2004

285
Carla Brno/bobsairport

338
Lutz Wallroth/bobsairport

353
Peter Rauch/bobsairport

377
Chris Keller/bobsairport

Impressum

© **Ullstein Buchverlage GmbH, Berlin 2018**
Alle Rechte vorbehalten.
Econ ist ein Verlag der
Ullstein Buchverlage GmbH
ISBN 978-3-430-20271-8

Herausgeber
Stefan Mair
Mitglied der Hauptgeschäftsführung des
Bundesverbands der Deutschen Industrie

Dirk Messner
Direktor des Deutschen Instituts
für Entwicklungspolitik

Lutz Meyer
Geschäftsführender Gesellschafter
Lutz Meyer & Company

Projektpartner
VolkswagenStiftung
vertreten durch Wilhelm Krull

Goethe-Institut
vertreten durch Johannes Ebert

Institut für Auslandsbeziehungen
vertreten durch Ronald Grätz

Bundesverband der Deutschen Industrie
vertreten durch Stefan Mair

Deutsches Institut für Entwicklungspolitik
vertreten durch Dirk Messner

Lutz Meyer & Company
vertreten durch Lutz Meyer

Idee, Konzept und Koordination
Lutz Meyer & Company, Berlin

Redaktion
Anton Kleihues
Lucie Rüdisühli
Donald Sandmann

Gestaltung und Satz
Hannes Schulze, Nur Mut, www.nur-mut.com
Gesetzt in FF More

Bildbearbeitung
Hannes Schulze, Nur Mut

Übersetzung
lengoo GmbH | We power the future of translation
www.lengoo.de

Lektorat
Robert Pitterle, www.rpi.berlin

Druck
Druck und Bindung: Kösel GmbH & Co. KG,
Altusried-Krugzell, www.koeselbuch.de

Printed in Germany

Die Einreichung der Beiträge erfolgte
bis Ende Juli 2018.

Die Beiträge der Autoren geben
ausschließlich deren eigene
Meinung wieder.

Die politischen Empfehlungen geben
ausschließlich die Meinung der
Herausgeber wieder

Die Website zum Buch.
Alle Beiträge und Grafiken
zum Teilen

www.deutschland-und-die-welt-2030.de